火星會創立

安東郡內各團體及有志諸氏는지난七日午後七時에懇親會를開하엿다함은旣報한바어니와同會席上에서權泰錫權五卨外諸氏의發起로火星會를組織하기로決議하엿는데지난八日午前十一時에開地錄南旅館內에서二十餘名이모여火星會創立總會를開하엿는데決議事項과選擧執行委員氏名은如左하다고(安東)

執行委員

金元鎭 李準泰外七人

決議事項

一、毎月月例會開催의件
二、勞農運動의件
三、靑年運動의件
四、衡平運動의件
五、勞働共濟會의件
六、圖書部設置의件

화성회 창립을 알리는
《동아일보》 1925년 1월 12일자 기사

• 1925. 2
서울에서 인쇄공 파업지도

• 1925. 2
전조선민중운동자대회준비회 준비위원

• 1925. 4
조선공산당(제1차당) 창당, 중앙집행위원회 위원. 고려공산청년회 결성, 7인 중앙집행위원회 위원, 조직부 책임자. 모스크바동방노력자공산대학 유학생 21명을 파견(동생 오직 포함).

• 1925. 6
일본노총특파 도선위원渡鮮委員 환영대표로 시모노세키 출장

• 1925.10
조선노농총동맹 서면대회 개최, 50인 중앙집행위원

• 1925.11
신의주사건 발생, 은신

• 1925.12
제2차 고려공산청년회 책임비서에 피선, 조직부 책임자. 고려공산청년회 강령 제정, 회칙 작성

• 1925.12
제2차 조선공산당 7인 중앙집행위원회 위원

• 1926 초
상해지역에서 여운형 · 조봉암 · 김단야 · 김찬을 만나고 귀국

• 1926. 2
제2차당 중앙집행위원

• 1926. 5
고려공산청년회 간부회에서 6·10만세운동 추진 총책으로 선정

• 1926. 5
선전문(5종) 작성, 인쇄총책 박래원에게 전달

• 1926. 6.7
체포됨

작년신의주사건에도관계잇다던
권오설동무도잡히엇다

권오설이 검거되었음을 알리는
《선봉》 1926년 6월 27일자 기사

• 1927. 2
예심 종결

• 1927. 9
공판개정

• 1928. 2
7년형 구형, 5년형 확정

권오설 신원카드

• 1930. 4.17
옥중에서 순국
(만기 출옥 100여 일을 앞두고)
고향 가일마을 공동묘지에 잠듦

• 2005
건국훈장 독립장

안동독립운동기념관 자료총서 2

권오설 2

엽서와 편지

안동독립운동기념관 자료총서 2

권오설 2

엽서와 편지

푸른역사

책머리에

안동독립운동기념관은 2007년 8월 12일 문을 열면서 소중한 자료를 많이 맞이하였다. 그 가운데는 계몽운동과 노농운동을 펼치고, 6·10만세운동을 이끌어낸 권오설의 자료도 들어 있었다. 일제강점기만이 아니라 광복 이후에도 권오설의 자료를 소장하는 그 자체가 어렵고 어려운 일이었다. 이렇게 많은 자료가 살아 있을 수 있는 데는 이를 목숨만큼 귀하게 여겨 간직해온 가족, 특히 권오설의 조카자 양자인 권대용 선생님의 노력이 결정적이다. 그는 숨죽이며 갈무리해온 자료들을 조심스럽게 내놓았다. 두 번이나 원인 모를 화재를 겪은 자료라 불에 타거나 연기에 그을린 것이 많으니, 더욱 조심스럽다. 또 비록 2005년 3·1절을 맞아 독립유공자로 서훈을 받았지만, 사회주의 독립운동가의 후손이 짊어진 멍에는 완전히 벗어진 것 같지 않은 탓이다. 우리 기념관과 후손 사이에 오간 대화가 길었고, 그만큼 애를 태운 적도 많았다.

후손의 처지와 생각을 잘 알고 있기에 우리 기념관은 조급해도 조급증을 보일 수 없었다. 기다리면서 자료를 조금씩 받아 검토하면서, 좋은 자료에 흥분하기도 했다. 이제 우리 기념관은 두 번째 자료총서로서 《권오설》을 발간한다. 1권에는 신문조서와 공판조서, 신문·잡지와 같은 공식자료를, 2권에는 엽서와 편지자료를 담았다. 1권에 수록된 자료들은 그동안 학계에 알려진 것이 대부분이다. 이에 반해 2권에 담긴 자료는 대부분 처음 알려지는 것이다. 권오설이 부모와 형제, 그리고 동지들과 주고받은 편지와 엽서가 주를 이룬다. 이 자료들은 1920년대 안동지역의 독립운동과 서울에서 펼쳐진 노농투쟁, 그리고 조선공산당 1·2차당과 6·10만세운동의 전반적인 상황을 보여주고, 또 옥살이의 고통과 가족들의 애환을 알게 해준다. 항일투쟁기를 헤쳐나간 젊은 지성인의 민족문제 인식과 항일투쟁, 그리고 가족들의 삶에 대한 연구에 큰 도움이 될 것으로 확신한다.

한 가지 아쉬운 사실은 여기에 미처 담지 못한 자료들이 있다는 점이다. 학계에 이미 널리 알려진 일제의 정보문건은 여기에 싣지 않았다. 또 가족들끼리 주고받은 글 가운데서 권오설에 관한 자료를 더 찾아낼 수 있을 것 같지만, 더 기다릴 수 없는 행정적인 한계 때문에 이번 작업을 여기에서 멈춘다. 몇 가지 아쉬움은 나중의 작업 과제로 남긴다.

이 자료집을 묶어내는 과정에 여러 사람의 도움이 있었다. 무엇보다 자료를 제공한 권대용 선생님의 도움에 감사드린다. 용단이었음을 우리는 잘 알고 있다. 여기에 고령에도 필을 놓지 않고 한문초서 자료들을 일일이 번역해주신 이완재 선생님의 도움도 컸다. 그리고 일문자료를 번역해준 정해열 선생님과 국한문자료를 초역한 정민호 학예사, 이를 교열해준 김승균·안귀남 선생님께도 감사를 드린다. 또 1년 가까이 자료를 선별·정리하고, 교정 작업에 노력을 기울인 우리 기념관의 강윤정 학예연구실장을 비롯한 한준호 학예연구원과 김주현·최미정 전문해설사에게도 고마움을 전한다. 끝으로 무엇보다 쉽지 않은 작업에 선뜻 응해준 푸른역사 박혜숙 사장과 오정원 편집자에게도 깊은 감사를 드린다.

2010년 1월

안동독립운동기념관장 김희곤

목차

I. 엽서자료

II. 편지자료

1910년대 및 1920년대 전반기

1923~24년 추정

1920년대 후반기 옥중편지

III. 기타자료

Ⅰ. 신문자료

사회 및 대중운동

옥중 생활 및 순국

II. 잡지자료

III. 신문 · 공판조서 및 판결문

권오설(1897~1930), 그의 생애와 기록

김희곤(안동대 교수 / 안동독립운동기념관장)

시작하면서

2005년 3·1절에는 특별한 일이 있었다. 사회주의운동을 벌인 인물들이 대거 독립유공자로 포상된 것이다. 항일투쟁을 벌여 나라를 되찾기 위해 몸 바쳤으나 그 길이 사회주의였다고 해서 포상하지 않았던 틀을 바꾸게 된 때가 바로 그날이었다. 반론도 적지 않았지만, 큰 걸음을 내딛은 판단에 고개를 끄덕이며 박수를 보내는 소리가 매우 컸다. 오랜 기간 사회주의운동가들에 대한 평가는 분단과 전쟁 때문에 극단적인 성향을 보였다. 더구나 정치적 환경이 이를 더욱 부채질했다. 따라서 이들에 대해 진솔하게 들여다보는 행위 그 자체도 힘든 시절을 보냈다. 그런 형편에 이들에 대해 평가하고 포상하자는 말은 꺼낼 수도 없던 나날이었다.

1980년대 이후 사회주의운동에 대한 연구는 폭넓게 진행되었다. 극단적인 주장과 갈등이 없지는 않았지만, 그것은 지극히 당연한 과정이었다. 소용돌이를 거친 뒤 점차 연구는 평정을 찾아갔고, 객관성을 띤 결과물이 뿌리를 내려갔다. 그러면서 독립유공자로 포상하자는 목소리가 힘을 얻었다. 거기에는 몇 가지 조건이 내세워졌다. 맨 먼저 독립운동가와 국가 이름으로 포상할 독립유공자를 분리해서 생각하자는 것이다. 독립운동을 했다고 모두 포상할 수 있는 것이 아니라는 점 때문이다. 다음은 사회주의운동가들 가운데 민족의 독립과 해방을 위해 투쟁한 경우 이를 항일민족투쟁으로 인정하자는 것이다. 여기에 대한민국 정부가 국가유공자로 포상하려면 한 가지 중요한 조건을 충족해야 했다. 항일투쟁의 공적이 있는 사람이라도 대한민국 정부 수립이나 그 후 존립에 해를 끼치지 않아야 한다는 전제 조건이 그것이다. 대한민국 정부가 포상하는 것이므로 그 존재를 부정한 사람에게는 포상할 수 없다는 뜻이 거기에 담겼다. 따라서 대한민국 정부를 부정하거나 북한을 편들거나, 또는 북한 정권에 참여한 인물은 포상하지 않는다는 전제가 섰다.

여기에 전형적으로 맞는 인물이 바로 권오설이다. 그의 뜻과 삶을 찾아가노라면 대한민국 정부가 왜 그를 국가유공자로 포상해야 하는지, 그 이유를 확실하게 보여준다. 우리가 그를 너무 오래 외면해왔다는 생각마저 지울 수 없게 되기도 한다.

권오설의 삶

1- 풍산 가일마을에서 태어나다

권오설의 이름은 여러 가지다. 홍일헌洪一憲 · 권일權一 · 박철희朴喆熙 · 김삼수金三洙 · 김형선金亨善 등 다양한 이름만큼이나 그의 활동도 대단했다. 호는 막난莫難이다. 뜻은 다양하게 풀이할 수 있는데, 막상 소리 내어 불러보면 그의 속뜻을 짐작할 만하다.

그는 1897년 11월 25일(양 12월 18일) 안동군 풍서면豊西面 가곡리佳谷里(현재 안동시 풍천면 가곡리)에서 태어났다. '가일' 이라고도 불리는 이 마을은 안동에서는 보기 드문 넓은 들판, 풍산들을 끼고 자리 잡았다. 그것도 살짝 비켜 산골 안으로 들어앉아 있어 북풍을 피하면서 따뜻한 햇살을 가득 받아들일 수 있는 천혜의 조건을 가진 곳이다. 이 마을은 15세기 초에 권항權恒이 입향하여 안동권씨 동성마을의 단초를 열었고, 그의 손자 권오설의 15대조인 화산花山 권주權柱는 1480년 문과에 급제하여 가일마을을 우뚝 세웠다. 또 9대조 병곡屛谷 권구權榘는 이현일의 문인이며 18세기 안동을 대표하는 학자로 이름을 떨치기도 했다. 이처럼 가일문중은 퇴계학맥을 잇고, 한편으로는 주요 명가들과 혼맥을 맺으면서 안동문화권에서 전통명가로서 자리 잡았다.

권오설이 성장하던 시절 가세는 상당히 기울어 있었다. 그의 7대조부터 점차 가세가 어려워졌고, 그가 태어날 무렵에는 논 2마지기, 밭 1마지기 정도를 소유한 빈농으로 전락한 처지였다. 그럼에도 불구하고 그의 집안은 양반유림으로서의 틀을 지키고 있었다. 조부 권준하權準河와 부친 소암小巖 권술조權述朝는 서당 훈장을 지내며 학문을 숭상하는 가풍을 지켜갔던 것이다. 그렇기 때문에 그도 부친이 운영하던 한문사숙에서 어린 시절부터 한학을 공부하고, 만 열 살이던 1907년 남명학교南明學校를 다니며 신학문과 전통 한학을 배웠다. 이 학교에서 그는 배우기도 하고, 또한 아버지를 도와 학생을 지도하기도 했다. 남명학교가 신학문도 가르쳤다는 말은 그의 부친이 전통적인 유학의 범주를 넘어섰다는 점을 의미하기도 한다. 그러다가 1909년 남명학교가 하회에 세워진 동화학교東華學校로 편입됨에 따라 그도 거기로 옮겼다. 1910년 그는 부림홍씨와 결혼하였다. 만 13세, 어린 나이였다. 그는 1914년 동화학교를 졸업한 뒤 가정 형편 때문에 진학을 늦추다가 1916년 만 19세에 대구고등보통학교(경북고등학교 전신)에 입학하였다. 집안 사정이 어려워 경주 최부자로 널리 알려진 최준의 도움을 받았

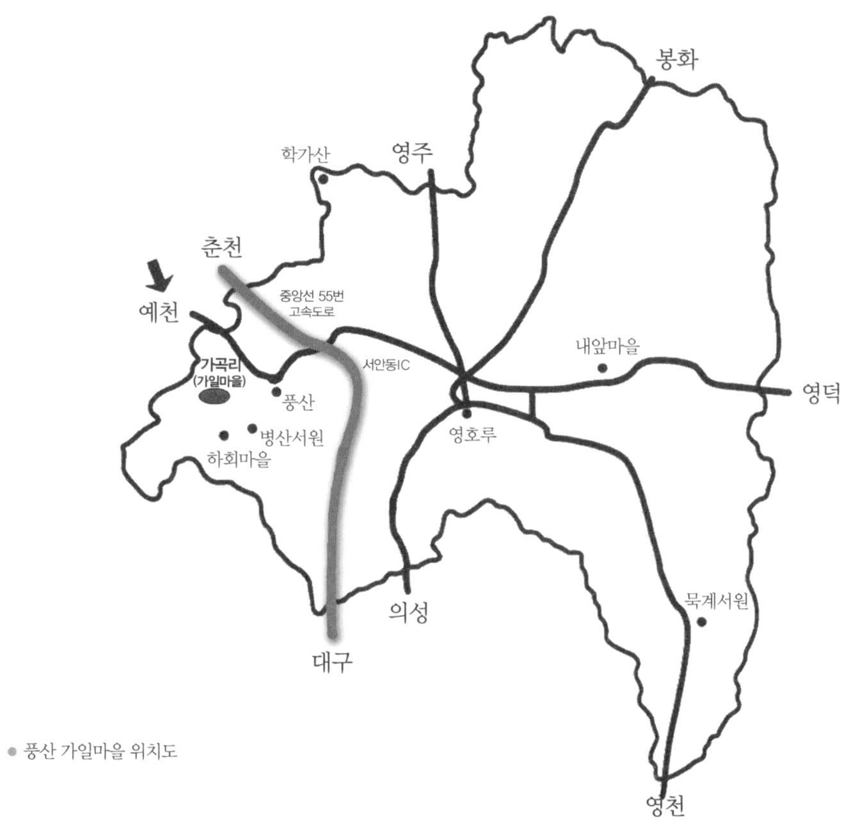

● 풍산 가일마을 위치도

● 풍산 가일마을

• 권오설 가계도

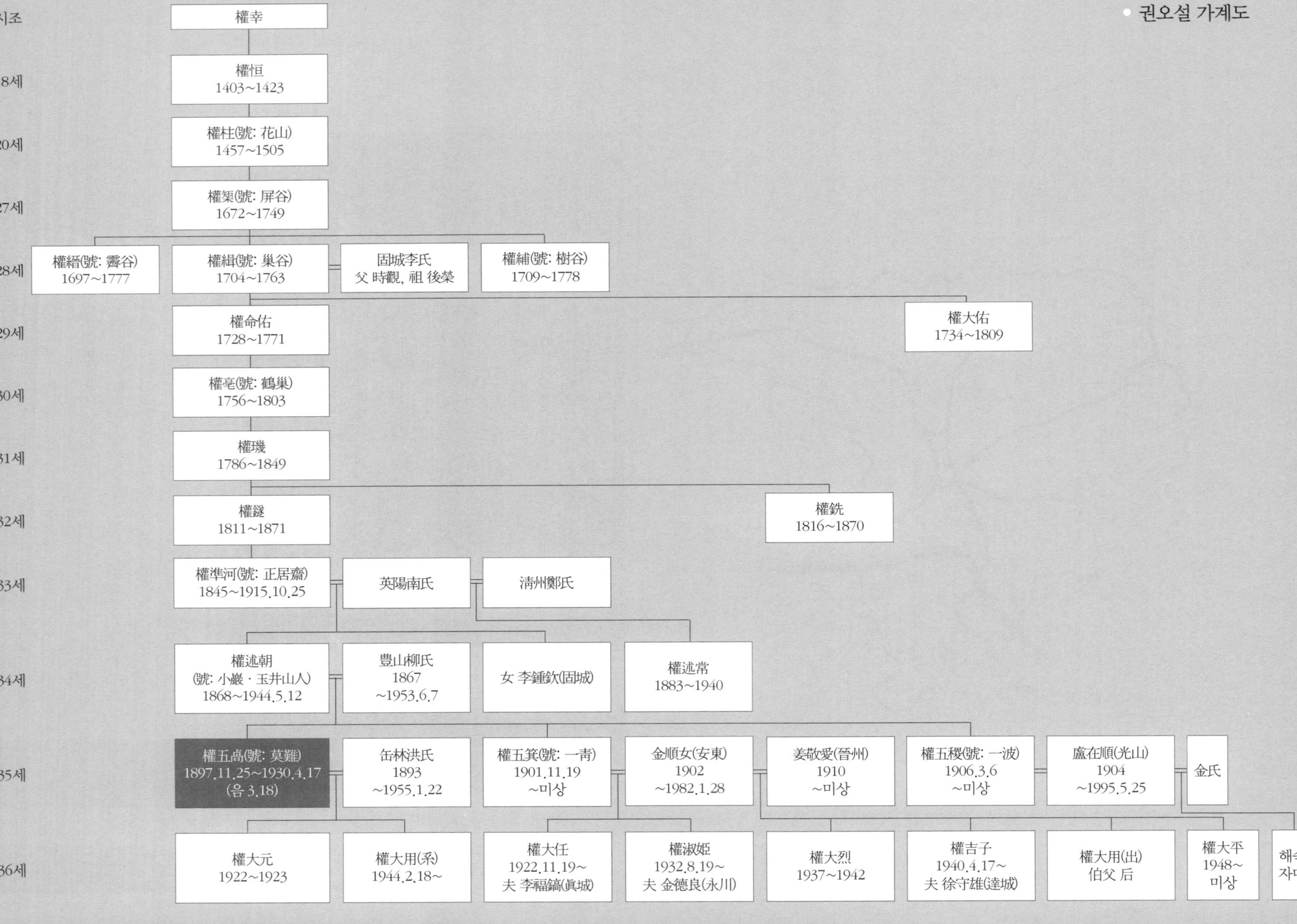

시조
權幸
18세
權恒
1403~1423
20세
權柱(號: 花山)
1457~1505
27세
權榘(號: 屏谷)
1672~1749
28세
權縉(號: 霽谷)
1697~1777
權緝(號: 巢谷)
1704~1763
固城李氏
父 時觀, 祖 後榮
權紬(號: 樹谷)
1709~1778
29세
權命佑
1728~1771
權大佑
1734~1809
30세
權亳(號: 鶴巢)
1756~1803
31세
權璣
1786~1849
32세
權鎹
1811~1871
權銑
1816~1870
33세
權準河(號: 正居齋)
1845~1915.10.25
英陽南氏
清州鄭氏
34세
權述朝
(號: 小巖 · 玉井山人)
1868~1944.5.12
豊山柳氏
1867
~1953.6.7
女 李鍾欽(固城)
權述常
1883~1940
35세
權五卨(號: 莫難)
1897.11.25~1930.4.17
(음 3.18)
缶林洪氏
1893
~1955.1.22
權五箕(號: 一靑)
1901.11.19
~미상
金順女(安東)
1902
~1982.1.28
姜敬愛(晉州)
1910
~미상
權五稷(號: 一波)
1906.3.6
~미상
盧在順(光山)
1904
~1995.5.25
金氏
36세
權大元
1922~1923
權大用(系)
1944.2.18~
權大任
1922.11.19~
夫 李福鎬(眞城)
權淑姬
1932.8.19~
夫 金德良(永川)
權大烈
1937~1942
權吉子
1940.4.17~
夫 徐守雄(達城)
權大用(出)
伯父 后
權大平
1948~
미상
해숙
자매

다는 이야기가 집안을 통해 전해진다. 그러다가 2년 만에 대구고등보통학교를 그만두었는데, 학내 문제 때문이라고 알려질 뿐이다. 그는 상경하여 중앙고등보통학교를 2학기 동안 다니다가 학자금이 모자라는 바람에 중도 퇴학하고(공판조서), 경성부기학교京城簿記學校에 입학 후 다시 퇴학하였다. 이 모두가 돈 없는 탓이었다.

서울에서 그는 어려운 시간을 보냈다. 의성 산운마을 출신 이숙李淑은 하숙집에서 자신의 밥을 권오설과 나누어 먹고 지냈다는 이야기를 《죽사회고록竹槎回顧錄》(1993)에 썼다. 하숙집 주인의 눈치까지 보면서 지내던 시절이 이 무렵이다. 마침 같은 하숙집에 머물던 전라남도 보성 출신의 어느 인사가 권오설의 사람 됨됨이와 어려운 형편을 보고 전남도청에 자리를 알선해주었다. 그래서 내려간 때가 1918년 10월이다(신문조서). 그가 어머니에게 보낸 편지에는 "보성에 있다가 도청에서 한 달에 90냥을 받고 있다"고 썼다. 뒷날 권오설이 세상을 떠난 뒤 2년 지나 맞은 대상에서 아버지는 그가 전남 광양에서 1년을 보냈다고 제문에 적었다. 이 무렵은 가일마을이 광복회에 자금을 지원했다가 쑥밭이 되는 시절이다. 가일마을로서는 외지로 나간 마을 청년이 이 문제에 엮이지 않은 다행스런 순간이기도 했을 터다. 하지만 민족문제가 권오설 앞을 그냥 비켜가지는 않았다. 오히려 직장생활을 하던 전남 광주에서 민족문제에 맞서 나가는 계기를 맞은 것이다.

2- 민족문제 눈 뜨고 교육운동 펼치다

그가 전남지방으로 가서 자리 잡은 지 5개월 뒤에 3·1운동이 일어났다. 광주에서 일어난 3·1운동에 그가 배후 인물로 지목되어 경찰에 체포된 뒤 6개월 형을 치렀다고 전해지지만, 어떤 활동을 벌였는지 알 수 없다. 판결문이나 형사기록부, 혹은 수형카드 등 어느 하나 확인되지 않는 까닭이다. 다만 그가 서대문형무소에서 순국한 이틀 뒤 《중외일보》 보도문은 그가 3·1운동과 관련하여 경찰에 잡혀 고생했다고 알려준다. 그런데 조선공산당과 6·10만세운동으로 재판을 받던 과정에서 있은 제15회 공판조서에는 전과가 없는가라는 판사의 질문에, "없다"고 답했다. 이로 미루어보면, 그가 재판을 거쳐 징역형을 받았다기보다는 구류 상태로 6개월을 고생했다고 보는 것이 옳겠다.

찬바람이 불기 시작하던 1919년 11월, 권오설은 고향 가일마을로 돌아왔다. 그는 새로운 문물을 마을 청소년에게 가르치려고 원흥의숙元興義塾이라고도 불리는 원흥학술강습소元興

學術講習所를 세웠다. 문중에서 지원하고 나섰다. 건물이야 문중 소유 재사를 사용하지만, 일단 운영비가 필요했다. 가일 8부자로 불리기도 하면서 광복회에 자금을 지원했던 권준흥權準興이 설립에 앞장섰고, 준흥의 생가 동생인 권준표權準杓가 교사로 참가하였다. 권오설 스스로 교장 겸 교사를 맡았으니, 비로소 본 마을 출신 신식교육 이수자가 마을 청소년 교육을 책임진 것이다. 이 학교에서 수학한 마을 청년 가운데 서울로 유학하는 인물들이 나왔다. 이들이 곧 1920년대 새롭게 떠올랐으니, 권오설의 영향권 속에서 성장한 인물들이다.

그의 활동은 가일마을에 국한되지 않았다. 구국교육을 안동 전체로 확산시켜가면서 농민운동과 청년운동을 펼쳐나가기 시작했다. 청소년을 키워내는 것이 내일을 향한 일이라면, 농민들과 청년들을 묶어 세우는 일은 당장 오늘 실천해야 하는 시급한 과제였다. 그것을 보는 안목이 그에게 있었다. 1920년 4월 일직서숙一直書塾과 1922년 풍산학술강습회를 설립하여 청소년을 가르친 것은 교육운동이었다. 그리고 1920년에 가곡농민조합 조직, 8월 안동청년회 집행위원, 9월 4일 안동 일직면금주회一直面禁酒會 창립과 회장 취임, 9월 23일 조선노동공제회 안동지회 입회, 1922년 풍산청년회 결성 등이 모두 그러한 길이었다. 교육만이 아니라 청년·농민·노동운동을 벌이기 시작한 시점이 바로 1920년과 그 이듬해였다.

권오설에게 새로운 도약 단계는 소작운동을 벌이던 1923년이었다. 그해 11월 11일, 그는 풍산소작인회 집행위원이 되어 본격적인 농민운동을 시작했다. 그가 본격적으로 풍산소작인회를 결성하기 앞서 거기에 필요한 인재를 키워야 했다. 그것이 바로 풍산학술강습회였다. 이 강습회에 대해 두 가지 자료가 전해지고 있다. '풍산하기강습회 청강생 명부'와 '지출장'이 그것이다. 이것은 아마 1922년이거나 그 이듬해 기록인 것 같다. 즉 풍산소작인회 결성 직전의 강습회 기록인 셈이다. 이들 기록은 권오설이 필요한 인력을 육성하고 있었음을 보여준다.

● 풍산하기강습회 청강생 명부와 지출장(안동독립운동기념관 소장)

청강생 명부에는 남자 129명, 여자 13명 등 142명의 이름이 들어 있다. 주학부晝學部, 곧 '낮반'이라는 제목으로 명단이 적힌 점이나, '지출장'에 석유 램프와 유류비 명목 지출 사항이 있는 점으로 보아 야간부가 있

● 풍산들 그림

● 풍산들을 둘러싼 마을

었던 것으로 생각된다. 그렇다면 청강생은 200명가량 되었으리라 추정된다. 참가자들은 '풍산들' 을 둘러싼 마을, 즉 가일 · 소산 · 상리 · 하리 등 4개 마을 출신이 주류를 이루었고, 안교 · 갈전 · 현애 · 노동 등 그 주변마을 출신이 소수 참여하였다. 즉 풍산하기강습회에 참여한 수강생들은 풍산들을 둘러싼 마을 출신 청년과 여성이었고, 특히 가일과 바로 이웃 소산, 그리고 동쪽으로 건너편의 상리(우롱골)와 하리가 중심이었다는 말이다.

가일마을에서 하기강습회에 참가한 인물은 대개 권오설의 집안 형제들이다. 친동생인 오기五箕와 오직五稷을 비롯하여, 오헌五憲 · 오운五雲 · 오경五敬 · 오성五燮 · 영목寧穆 등이다. '풍산하기강습회豊山夏期講習會 청강생 명부聽講生名簿' 를 보면, 이웃 소산마을 출신으로 김문현金文顯 · 주현周顯 · 국현國顯 · 김병천金炳千 · 김위규金渭圭 등이, 또 풍산들 동쪽 편 상리마을 출신은 이중철李重轍(혹은 준철準轍) · 이교구李敎龜(혹은 교룡敎龍) · 이용인李用寅 · 이준극李準極 · 이두문李斗文 · 이준창李準昌 · 이재홍李在洪 · 이준옥李準玉 · 김호근金琥根 · 김상학金相鶴, 하리마을은 이상봉李相鳳 · 이종렬李宗烈 등이며, 안교동의 권태성權泰晟 등도 확인된다. 가일마을 청년 가운데 권오운이나 권오헌의 진로를 보면 권오설의 영향력을 받았음을 알 수 있다. 얼마 뒤에 권오운이 서울로 유학하면서 6·10만세운동에 나섰고, 안교동 출신 권태성도 6·10만세운동에 앞장선 뒤, 안동지역의 사회운동에서 뚜렷한 족적을 남기게 되었다. 권오설이 풍산소작인회 결성을 앞두고 강습회를 개최한 이유가 바로 자신의 진로에 필요한 인물을 양성하는 데에도 목적을 둔 것이라 생각된다.

3- 사회운동 시작하다

풍산소작인회 결성에는 서울에서 활약하던 고향 선배들이 깊게 연관을 가졌다. 뒷산 너머 오미동 출신 김재봉金在鳳(1891~1944)과 풍산들 건너편 하리 우롱골의 이준태李準泰(1892~1950)가 바로 그들이다. 두 사람 모두 경성공업전습소 출신이다. 김재봉은 안동에서 부농에 속한 주손胄孫이고, 서울에서 《만주일보》 경성지국에서 기자로 근무한 뒤 대한민국 임시정부 지원활동을 펴다가 체포되어 징역 6개월 형을 살았다. 출옥하자마자 그는 모스크바에서 열린 극동민족대표대회에 조선노동대회 대표 이름으로 참석한 뒤, 코민테른의 지시를 받고 조선공산당 건설을 목표로 삼고 귀국했으며, 1923년 8월에는 꼬르뷰로 내지부 책임자가 되었다.

이준태는 측량기사로 활동하다가 3·1운동을 보면서 민족운동에 투신했고, 서울에서 청년운동과 노동운동을 펼치면서 위상을 탄탄하게 굳혀나갔다. 그는 1922년에 무산자동맹회를 이끌고, 신사상연구회를 만들었다. 1923년 여름에 귀국한 김재봉이 바로 신사상연구회에 가입한 것도 그 때문이다. 김재봉이 1년 넘게 국외에 있다가 서울에 돌아오자마자 쉽게 중심 위치에 설 수 있던 바탕에는 바로 이준태의 활약이 있었다. 이제 당 건설의 기반이 될 조선노농총동맹 준비에 나섰다. 고향 안동에도 하부조직이 있어야 하고, 또 뒤를 받쳐줄 인물도 필요했다. 거기에 합당한 인물이 바로 권오설과 김남수金南洙(1899~1945)였다. 김남수가 안동읍내에서 사회문제 전반에 관심을 가졌다면, 권오설은 풍산들을 중심으로 농민운동에 초점을 두었다.

1923년 11월에 풍산소작인회를 결성한 권오설이 그 대표 자격을 갖고 서울로 갔다. 가일마을에서는 원흥의숙에 동참하고 안동청년회에도 열성이던 권준표가 고향에서 권오설의 뒤를 받쳤다. 권오설에게는 집안 할아버지지만, 권준표가 한 살 많았으므로 서로 형제 같은 사이였다. 이듬해 2월에 그는 신흥청년동맹과 한양청년연맹의 중앙집행위원이 되고, 4월 조선노농총동맹에 풍산소작인회 대표로 참가한 뒤, 10인으로 구성된 상무위원회 위원을 거쳐 책임자가 되었다.

갑자기 그런 위치에 불쑥 솟아오를 수 있는 것은 아닐 것이다. 김재봉과 이준태가 그를 부르고, 그 부름에 권오설이 화답한 정황은 누가 보아도 쉽게 헤아릴 수 있다. 안동 출신 인물들이 조선 후기 내내 중앙무대에 진출한 일이 없지 않은가. 그런데 갑자기 코민테른이란 국제조직의 지시를 받아 정통성을 확보하였지만, 마음 놓고 일을 펼쳐나가기 위해서는 깊게 결속할 인물이 필요한 것은 당연했다. 거기에 적당한 인물이 바로 권오설과 김남수였다. 마침 경성고무여공파업을 지원하고 파급시키다가 김남수가 투옥된 상태였으며, 권오설이 풍산소작인회를 결성하면서 그 역할을 맡고 나섰다.

조선노농총동맹 선두에 나선 권오설은 1924년 4월 하순에 조선노농총동맹 임시대회를 열었다가 간부 26명과 함께 구속되고, 5월 3일에 무죄로 풀려나면서 일제 탄압을 겪었다. 그해 연말에는 조선노농총동맹 상무위원으로서 남부지방을 순시하면서 조직을 확대시키는 데 힘을 쏟았다. 당시에 그는 무산자동맹회와 혁청단, 불꽃사[火花社] 동인으로 활동했다. 한편 서울에서 그는 인쇄직공조합을 조직하고, 1925년에 인쇄공파업을 선두로 양말직공 · 고무직공 · 양화직공의 파업을 지도하였다. 이 무렵 안동의 풍산소작인회는 이준태가 내려와서 지도하고 있었으니 역할을 맞바꾸어 활동했던 셈이다. 그리고 화요회가 서울에서 결성된 지 두 달 만에 안동에서는 그 지방조직 성격을 지닌 화성회가 조직되었다. 여기에 그가 참가한 것은 당연하지만, 그것을 책임진 인물은 김남수였다.

1925년 4월 17일 조선공산당이 창당되었다. 두 달 앞선 2월에 권오설은 김재봉·김찬·조봉암·박헌영·김단야 등과 김재봉의 하숙집에 모여 조선공산당 창당을 결의하였다. 그리고 4월에 조선공산당이 정식으로 결성되어 김재봉이 책임비서에, 권오설은 중앙집행위원에 선출되었다. 그리고 권오설은 조선노농총동맹 대표로서 고려공산청년회 조직에 참석하여 7인중앙집행위원회 위원 및 조직부 책임자가 되었다. 또 그는 주로 청년·학생들의 규합에 노력하였고, 모스크바 동방노력자공산대학에 유학생을 파견하는 일을 추진했다. 유학생 21명 가운데 안동 출신으로 자신의 친동생 권오직과 안동 와룡 중가구동 출신 안상훈이 포함되었다. 여기에서 권오설의 영향력 일부를 확인할 수 있다.

1925년 11월 조선공산당 조직은 일제에 탐지되어 와해되었다. 주역들이 대거 검거되고 말았다. 그는 붕괴된 조직을 새로 일으키기 위해, 박헌영 다음으로 고려공산청년회 책임비서를 맡고서 조직 재정비에 나섰다. 염창렬·이병립·이지탁·박민영·김경재 등을 중앙집행위원 후보로 추천하고, 염창렬·김효종·권오상·조두원·정달헌·이병립·민창식·강균환·고윤상·윤기현 등 10명을 입당시켜 입지를 강화시켰다. 여기에 등장하는 권오상·조두원·정달헌·이병립·윤기현이 조선학생과학연구회 간부였다는 점은 권오설이 학생운동계 대표들을 장악하고 있다는 사실을 알려준다. 특히 권오상은 광복회 고문이었던 권준희의 손자요, 권오설을 따르는 집안 동생이었다.

당시 조선공산당의 판도를 보면, 이준태와 권오설이 조선공산당과 고려공산청년회를 장악하고 있었다. 여기에 해외로 망명한 김찬·김단야 등이 연결되고 있었다. 권오설은 조선공산당 임시상해부에서 들어오는 자금을 관리하고 있었으며, 이준태는 조선공산당을 장악하고 있었던 것이다.

권오설이 서울을 오르내리며 활동하던 기간에 가일마을 사람들은 풍산소작인회를 이끌어 나가고 있었다. 맨 선두에 선 지도자는 풍산들 건너 동편 마을인 우롱골 출신 이준태였다. 서울에서 김재봉에게 교두보를 확보해주고, 권오설을 불러올려 활동무대를 만들어준 이준태는 다시 안동으로 돌아와 풍산소작인회를 지도해나갔던 것이다. 풍산소작인회 자체에 가일마을에서 얼마나 많은 인물이 참여했는지 알 수 없다. 다만 풍산들을 둘러싼 마을 가운데 하회나 소산마을, 그리고 상리와 하리의 지주들이 농무회農務會를 구성하고 소작쟁의를 방해하고 나섰지만, 가일마을 지주들은 거기에 별로 참가하지 않았다. 선두에 선 권오설이나, 그의 영향 아래 성장한 청년들의 영향 때문이라 여겨진다.

4- 6·10만세운동을 이끌다

1926년 3월, 권오설은 해외 망명을 계획하였다. 조선공산당이 만주에 민족통일전선체로서 국민당을 세운다는 계획을 마련했던 것이다. 하지만 이것은 계파별 의견 차이로 중단되었다. 그러자 권오설은 5월 1일 서울에서 메이데이 시위를 기획하였다. 대대적인 연합시위를 펼치고, 그 과정에서 민족통일전선을 이루자는 것이 계획의 핵심이었다. 1926년 4월 24일에 정우회·전진회·조선청년총동맹·조선노농총동맹 대표가 모여 방법을 논의하고, 조선노농총동맹이 진행을 책임지도록 결의하였다. 그런데 다음날 갑작스런 일이 벌어졌다. 융희황제 순종이 숨을 거둔 것이다. 일제의 경계와 탄압이 엄중해지고, 민중들의 애도 분위기가 점증되자, 권오설은 김단야와 논의한 끝에 메이데이 시위를 철회하고 인산일에 대중적 시위를 일으키는 쪽으로 운동 방향을 수정하였다.

4월 말경부터 6·10만세운동이 기획되기 시작했다. 그 기획자가 바로 권오설이었다. 순종 장례에 참가함으로써 사회주의운동을 전국에 뿌리내리는 계기로 삼자는 것이 그의 생각이었다. 권오설은 1926년 5월 1일 상주 차림으로 변장하고서 압록강을 건너 안동현 역전 근처 초원에서 김단야를 만나 활동 방향을 논의하고 돌아왔다. 만세시위를 펼치는 것, 제2의 3·1운동을 일으키는 것이 그 핵심이었다. 여기에는 조선공산당의 찬동이 필요했다. 이 문제는 이준태와 협의하여 해결했다. 그러나 추진과정에서 자칫 조선공산당이 붕괴될 수도 있으므로, 일단 투쟁 지도부를 당 중앙과 분리했다는 이야기도 전해진다. 그런데 권오설은 조선노농총동맹 중진이자 학생운동계의 중심 조직인 조선학생과학연구회에도 깊은 영향력을 가지고 있었으므로, 이를 가지고 '6·10투쟁특별위원회'를 구성하였다. 권오설 지휘 아래 투쟁지도부가 조직된 것이다. 그리고서 3·1운동 당시처럼 민족운동체의 결속을 다져나갔다.

시위를 일으킬 조건은 3·1운동 당시보다 훨씬 나빴다. 3·1운동과 같은 시위가 다시는 발생하지 않게 만들기 위해 일제가 군대와 경찰을 모두 동원하였기 때문이다. 정말 물샐틈없었다. 일제 경찰은 움직일 만한 인물들을 한 사람씩 철저하게 분석하고 추적하고 있었다. 즉 3·1운동이 일어나던 무렵과는 비교될 수 없을 만큼 통제가 철저하게 이루어지고 있었다. 그런 와중에 국장 인산에 맞춰 시위를 일으킨다는 것은 사실상 불가능한 일이었다.

대중시위를 펼치자면 통일전선체 구성이 필요했다. 그 해결 방향이 천도교 진영의 구파와 조선노농총동맹, 그리고 조선학생과학연구회가 연대를 이루는 것인데, 협의과정을 거쳐 이를 달성했다. 그리고서 서로 역할을 분담했다. 천도교청년동맹이 격문 인쇄와 만세운동의 지방 확산을 맡았고, 권오설은 조선학생과학연구회에 임무와 역할을 지시하였다. 또 학생들에게 주어진 임무는 바로 인산 당일 행렬에서 시위를 이끌어내는 것이었다. 즉 만세를 선창하고 격문을 살포하여 거족적인 시위에 불을 지피는 것이다. 이를 밀고 나가기 위해 이병립·이선호·이천진·조두원 등 조선학생과학연구회 간부들이 구체적으로 논의를 거듭하였다.

여기에서 주목할 점은 안동 출신 학생, 특히 가일마을 출신 학생들이 주도적으로 참가한 사실이다. '권오설과 안동그룹'이라고 이름 붙일 수 있을 정도다. 권오상權五尙(본명 권오돈權五敦)과 권오운權五雲은 집안 동생들이고, 권태성權泰晟은 풍산들 북쪽에 있는 풍산 안교동 출신, 그리고 이선호李先鎬는 안동 예안의 부포, 류면희柳冕熙는 예안의 삼산 출신이다. 이선호는 중앙고보 재학생으로 역시 조선학생과학연구회 상무를 맡던 핵심인물이다. 격문 배포를 맡은 그는 당일 만세를 선창하여 시위를 이끌어냈고, 이로 말미암아 옥고를 치렀다. 류면희는 중앙고보생으로, 류인식의 동생인 류만식의 아들이다. 그는 출옥한 뒤에 1929년 조선학생과학연구회 집행위원으로 활약했다. 권태성은 중앙고보 재학생이었는데, 안동유학생회장을 맡기도 했다. 앞에서도 본 것처럼, 권오운과 권태성은 상경하기 앞서 풍산하기강습회에서 권오설의 교육을 받은 인물이기도 하였다.

6·10만세운동에서 안동그룹은 권오설을 정점으로 삼고 역할을 철저하게 나누어 맡았다. 물론 이병립을 중심으로 움직인 학생들이나, 천도교 구파의 활동도 대단했다. 그런데 권오설이 이들 학생 조직을 움직이면서 가일마을 형제들을 비롯한 안동 출신 학생들을 선두에 내세웠다. 그러니 1926년은 서울에 유학한 가일마을 청년들이 6·10만세운동 한 복판에서 움직이고 있던 해였던 것이다.

만세시위가 일어나기 직전, 6월 4일에 시위준비 작업 일부가 일제 경찰에 노출되었다. 권오설이 6월 7일에 체포되고, 시위는 불발로 끝날 위기에 부딪쳤다. 하지만 인산 당일 종로4가 네거리에서 중앙고보생 이선호가 길 가운데로 뛰쳐나가며 만세를 부르기 시작했고, 이것이 제2의 3·1운동이라는 6·10만세운동의 신호탄이었다. 6·10만세운동이 확산되면서 권오상과 권오운도 체포되었다.

5- 서대문형무소에서 순국하다

권오설은 6월 7일에 종로경찰서에 체포된 뒤 힘든 재판과정을 거쳤다. 판결이 마무리된 것이 1928년 2월이니, 무려 20개월 동안 미결수 생활을 버텨내야 했다. 그는 고문에 항거하며 투쟁을 벌였고, 큰 동생 권오기가 옥바라지를 위해 동분서주했다. 더러는 안동 출신 동지인 김남수가 사식을 들여보내며 옥바라지를 도왔다. 김남수는 통일조선공산당이라는 3차당 활동으로 말미암아 구속되기 이전까지 권오설을 지원하였다.

7년형 구형에 5년형을 선고받은 권오설은 감형이 되어 1930년 7월에 출옥할 예정이었다. 그런데 출옥 100일을 앞둔 1930년 4월 17일, 그는 서대문형무소에서 갑자기 순국하였다. 숨을 거두기 전날, 전보를 받고 서울에 도착한 동생 오기가 형을 만났으나 이미 돌이킬 수 없는 상황이었다. 그래서 오기는 가출옥시켜달라고 부탁했지만 거절당했다. 그러자 동생이 감옥에서 하루만이라도 형 곁을 지키게 해달라고 빌었지만, 거절당한 것은 말할 것도 없다. 그는 피멍투성이었다고 전해진다. 두 달 전까지만 하더라도 건강하게 지낸다면서 집으로 글을 보낸 권오설이었다. 그런데 갑자기 그의 건강이 이처럼 악화된 이유는 무엇일까? 왜 이 무렵 그런 일이 벌어졌을까? 거기에는 동생 권오직이 관련되었을 것 같다.

조선공산당이 만들어지던 1925년 권오설이 앞장서서 모스크바에 유학생을 보냈다. 이는 정확한 이론으로 무장한 청년들이 있어야 한다는 필요성 때문에 나온 것이다. 그 가운데 동생 권오직이 들어 있었다. 모스크바 동방노력자공산대학을 졸업한 권오직은 1929년 가을에 국내로 잠입하여 전국적으로 활동을 펼치다가 경찰에 붙잡혔다. 그날이 1930년 2월 26일이다. 그리고 한 달 20일쯤 지나 권오설이 서대문형무소에서 순국하였다. 그렇다면 그의 최후는 권오직이 붙들린 것과 관련이 있을 것이다. 그 연관성을 캐묻는 일제 취조에 권오설이 끝까지 버티다가 참혹한 최후를 맞은 것이라 짐작해도 무리가 없다.

4월 20일 서울에서 장례가 치러졌다. 유해는 고향으로 향했고, 서푼짜리 송판으로 만든 관을 두꺼운 함석으로 곽을 만들어 감싸고 덮어 용접하여 밀봉하였다. 고향에 돌아온 그의 시신은 경찰의 반대로 정상적인 나무관에 옮겨지지 못하고 함석철관 그대로 가일마을 앞 공동묘지에 묻힐 수밖에 없었다. 그것도 봉분이 없는 평장이었다. 더구나 장례 참석이 철저하게 봉쇄되었다. 이 모두 일제 경찰의 집요한 방해와 압력 때문이었다. 그 뒤로는 비바람만이 묘소를 스쳐갈 뿐이었다. 그리고서 그의 이름을 역사무대에 다시 불러내기까지 70년 넘는 세월이 흘렀다.

● 권오설 기적비(가일마을 입구, 2001년 11월 11일 세움)

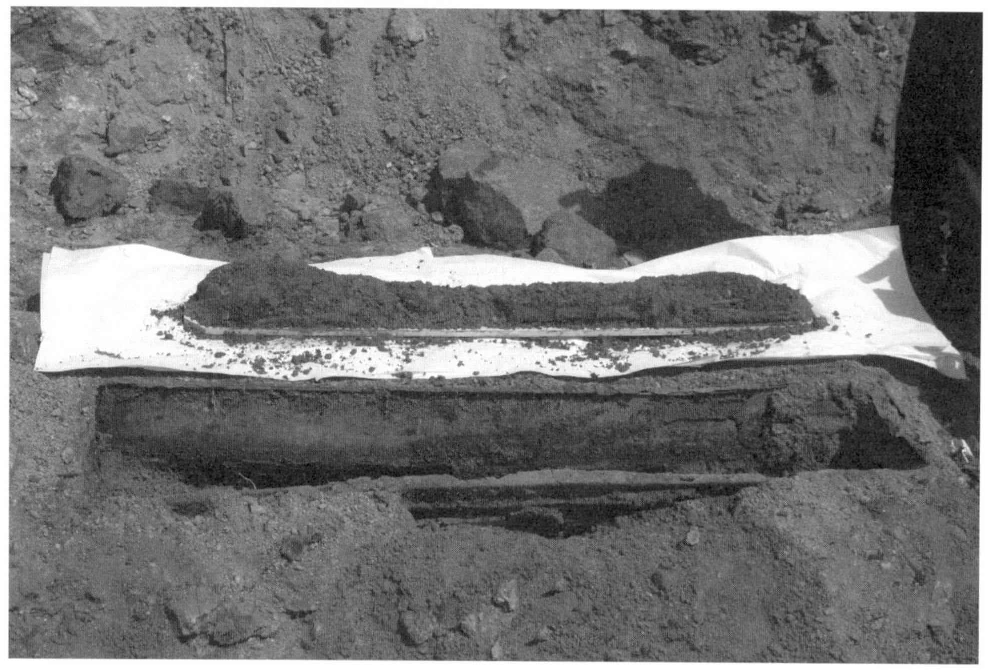

● 권오설이 묻혔던 함석철관. 이야기로 전해지던 것인데, 2008년 현장에서 수습되어 복원되었다(안동독립운동기념관 전시).

6– 그를 따른 가일마을 청년들

가일마을 청년들에게 권오설은 신선한 바람을 일깨워준 인물이다. 8부자댁은 대개 청년들을 서울로 유학 보냈다. 이 가운데 권오상은 가일마을에서 가장 세가 좋은 수곡파의 종가에서 셋째 아들로 태어났다. 그러므로 그는 누가 보아도 가일마을의 권씨문중을 대표할 만한 청년이었다. 그가 중앙고보를 졸업하고 연희전문학교 수리과數理科 1학년이 되어, 마을에서 기대를 모으고 있었다. 권오상은 1925년에 창립된 조선학생과학연구회에 가입하여 10인 위원 가운데 한 사람으로, 또 서무부 집행위원으로 활약하였다. 또 그는 신흥청년동맹과 혁청단革淸團에도 참가하였다. 더구나 그는 권오설의 추천으로 조선공산당원이 되고, 제7야체이카에 소속되어 움직였으며, 특히 권오설이 책임비서를 맡은 고려공산청년회에도 가입하여 활동하였다. 그러니 권오상은 권오설에게 가장 가까이에서 활약하는 인물이 되었다. 그래서 6·10만세운동에서는 권오설이 가장 믿을 만한 인물은 권오상이었다. 그는 연희전문학교를 중심으로 격문을 살포하고 잠적하여 한동안 일제의 집중적인 추적을 받았다. 그러다가 8월 1일 안동경찰서에 붙들린 그는 1년형을 선고받았다. 옥고를 치르다가 건강이 심하게 악화되자, 1928년 5월 15일 병보석으로 서대문형무소에서 풀려났다. 신문에는 폐병과 뇌병이라 보도되었다. 동지들이 그를 안국동 1번지에 유숙시키고 진료를 받게 하였지만, "병세가 이미 기울어 위급하므로" 5월 17일 고향으로 보냈다. 5월 19일 고향집에 도착한 그는 6월 3일 오전 7시 29세 나이로 사망하였다. 고문 후유증에다가 처참한 옥고가 가져온 결과였으니, 이는 장렬한 순국이 아닐 수 없다. 서울에서는 6월 8일 수표정水標町 42번지에 있던 조선교육협회에서 인광회隣光會 주최로 추도식이 열렸다.

권오운은 권동호權東浩의 아들이다. 동호는 수곡종손 권준희의 아들이지만 남천댁으로 양자 들었다. 그도 역시 가일 8부자 권역에 속한 인물이었다. 중앙고보를 다니던 권오운의 집(남천고택)도 세가 아주 좋았는데, 바로 그 집 마당 곁에 권오설 집이 붙어 있었다. 그는 6·10만세운동 직후에 일경에 붙잡혀 고생하였다. 풀려난 그는 이듬해 신간회 안동지회에 참가하였다. 1927년 2월 15일 서울에서 신간회가 결성되고, 그해 8월 26일 안동지회가 조직되었다. 보광학교 대강당에서 열린 총회에서 류인식이 회장, 정현모가 부회장에 뽑히고, 간사 24명이 선출되었다. 권오운은 권태석·이운호·안상길 등과 더불어 간사로 뽑혔다. 신간회 안동지회는 출발할 때 197인으로 시작했으나, 곧 700명이 넘어, 전국에서 평양지회에 이어 두 번째로 큰 지회가 되었다. 이 가운데에 권오운이 움직이고 있었던 것이다. 또한 그는 신간회와 같은 시기에 안동청년동맹에도 가입하여 활동하였다. 1927년 안동청년동맹 풍산지부 상무위원으로 활약했던 것이다. 그러나 권오운은 머지않아 세상을 떠났다. 감옥에서 나온 뒤로 몸이 좋지 않았지만, 잠시도 쉬지 않고 뛰어다니던 그였다. 그러다가 1927년 12월 23일 24세 젊은 나이에 병사한 것이다. 그런데 무슨 이유인지는 몰라도 그를 떠나보내는 장례는 해를 넘기고서도 8월이 되어서야 이루어졌다고 보도되었다(《동아일보》 1928년 8월 9일자).

서울에서 권오설을 따르던 집안 동생 두 사람, 권오상과 권오운이 저 세상으로 떠난 뒤, 권오설마저 1930년 4월 서대문형무소에서 옥사했다. 가일마을은 3년 사이에 세 사람의 주역들을 잃었으니, 기가 막힌 날들이 아닐 수 없었다.

1920년대 초기에 청년운동과 노동운동에 나선 인물로 권영식權寧植이 보인다. 그는 1910년대 후반 권준희 · 권준흥 등과 더불어 광복회에 자금을 지원했다가 재판받는 과정에서 곤욕을 치른 인물이다. 권영식은 또 안동에서 등장한 최초의 노동운동 단체 조선노동공제회朝鮮勞働共濟會 안동지회에 참가하였다. 1920년 4월 서울에서 조선노동공제회가 조직되자, 같은 해 9월 23일 안동지회가 설립되었다. 권영식은 그 의사에 선출되었다. 그는 안동청년회 소속으로 활동을 시작했고, 이 무렵에는 노동운동을 비롯한 사회혁신운동에도 뛰어든 것이다. 1921년 당시 회원은 무려 1,400명에 이르고 거두어들인 의연금이 5,000원이 넘었으니, 안동의 혁신을 꿈꾸던 청년들의 열기를 짐작할 만하다.

권오헌은 신간회 안동지회와 안동청년동맹 풍산지부에서 활동하였다. 그는 1929년 8월 강력한 투쟁을 촉구하는 글을 썼다가 일제에 붙들려 고생하고, 1929년 10월 보안법 위반으로 징역 8월에 집행유예 2년형을 선고받았다. 또 권오설의 영향을 받은 집안 청년으로 권영달權寧達도 있다. 권오설의 편지와 엽서에 간혹 등장하는 그는 어문민족주의 길을 걸었다. 경성고등상업학교(서울상대 전신) 재학 시절, 6·10만세운동으로 일경에 쫓기던 그는 학교를 그만두고, 예천 대창학교에서 교편을 잡으면서 나랏말 연구에 매달렸다. 나랏말을 되살리는 것이야말로 겨레를 지키고 나라를 되찾는 지름길이라고 판단한 때문이다. 그는 1941년 8월 《조선어문정체朝鮮語文正體》(서울 덕흥서림德興書林)를 펴내고, 〈조선문철자법朝鮮文綴字法〉(원고본)을 유작으로 남겼다.

권오설을 따른 가일청년에는 누구보다도 그의 친동생 권오직이 두드러진다. 권오상과 권오운이 일찍 세상을 떠나는 바람에 1930년대 이후 활동에 권오직만이 뚜렷하게 남았고, 또 그의 족적도 그리 만만하지 않기 때문이기도 하다. 그는 권선득權善得 · 남병철南秉喆 · 보스또

꼬프Boctokob라는 이름을 사용했고, 감옥에서 창씨된 이름으로는 행전오직幸田五稷이라 칭했다. 1906년생으로 권오설보다 아홉 살 적은 오직은 형의 영향으로 17세가 되던 1923년부터 사회운동에 참여하였다. 1924년 2월에 신흥청년동맹과 혁청단, 1925년 4월 고려공산청년회에 참여하였다. 특히 1925년 1월 14일에 서울 기독교청년회관에서 열린 혁청단 강연회를 보면, 그가 혁청단의 대표라는 사실을 확인할 수 있다. 600명이나 모인 자리에서 "제1조 조선 민중의 해방운동을 촉진한다"로 시작되는 강령을 낭독하는 것으로 시작하여 4개 주제의 강연이 이루어졌다. 그 자리에 권오직은 단장이었으니, 서울에서 터를 잡은 그의 위상을 헤아릴 수 있다.

권오설이 고려공산청년회 주역이 되면서 청년들을 모스크바 동방노력자공산대학에 유학시키는 일을 추진하자, 권오직은 여기에 참가했다. 그는 1925년 9월 이 대학에 입학했다. 여기에는 같은 안동 출신인 안상훈安相勳 등 20명이 참가했는데, 안상훈은 형 안상길安相吉과 그 사촌형제들이 대거 사회운동에 참가하여 이름을 떨친 집안 출신이다.

권오직은 모스크바에서 동방노력자공산대학에 입학하여 1929년 3월에 졸업했다. 그해 8월에 국제공산청년동맹으로부터 고려공산청년회 재조직이라는 사명을 부여받은 그는 9월과 10월 무렵에 귀국하였다. 귀국하자마자 다음 달인 11월에 조선공산당조직준비위원회를 결성하고 선전부 책임자가 된 것이다. 이어서 1930년 1월에 조선공산당 경성지구조직위원회를 결성한 그는 3·1운동 11주년 기념일을 맞아 광주학생운동으로 고조된 반일감정을 격발시키기 위해 2월에 전국 청년동맹 · 농민조합 · 노동단체에 반일격문을 찍어 돌렸다. 이로 말미암아 그는 2월 26일 일본 경찰에 체포되었다.

막내 아들이 붙잡혔다는 소식은 집안을 더욱 뒤집어놓았다. 오설은 머지않아 출옥한다는 기다림을 두고 있지만, 막내가 붙들림에 따라 부모나 형제 권오기의 삶은 기구해졌다. 권오직이 붙들린 뒤 50일 만에 권오설은 옥사했다. 형의 사망 소식을 동생은 감옥에서 들었다. 그는 1931년 10월 28일 경성지방법원에서 징역 6년형을 선고받고 옥고를 치렀다. 또 1933년 1월 26일 보안법위반 혐의로 징역 8월이 추가되었다.

1936년 4월 30일 출옥한 그는 또다시 민족운동에 나섰다. 학생들에게 '조선 독립과 공산주의 사회 건설'의 필요성을 강조하고 이를 향한 활동에 몰입하였다. 예를 들면, 1940년 6월 2일, 서울 관훈정寬勳町 13번지 한흥여관漢興旅館에서 있은 모임에서 "일제의 정책이 민족문화를 말살하는 착취정책이며, 일제 치하에서는 어떻게 하더라도 경제적 피폐를 벗어날 수 없으니, 이를 극복하려면 독립하는 길뿐이다"고 주장했다. 또 1940년 6월에도 그는 러시아와 한국을 비교하면서 독립해야 하는 당위성을 설파하였다. 그러한 자리에 있던 인물 가운데 있던 풍산 상리 출신이자 배재중학 1년생이던 이해직李海稙은 권오직에게서 받은 감화가 컸다. 1940년 12월 권오직은 다시 종로경찰서에 검거되어 징역 8년형을 선고받고 복역하다가 해방을 맞아 출옥하였다. 참으로 기나긴 고난의 행로였다.

그의 삶과 꿈을 알려주는 자료

1– 자료를 간직해온 기적 같은 이야기

대개 알 만한 사람은 권오설의 자료가 남아 있으리라 짐작조차 하지 못했다. 지나온 세월이 그런 자료를 간직한다든가 남아 있으리라 상상하기도 힘들었기 때문이다. 그런데 실제 그에 관한 자료는 다양하게 남아 있다. 물론 판결문이나 일제 정보문건, 그리고 신문기사와 같이 공공기관들이 남긴 자료들이야 남아 있고, 또 찾을 수 있다는 점은 쉽게 짐작할 수 있다. 하지만 그가 직접 남긴 자료는 예상과 다르게 상당히 많다.

그가 남긴 자료는 다양하다. 그의 인생 33년, 짧은 날이었지만 자료는 결코 적지 않다. 부모와 형제, 동지들 사이에 주고받은 편지와 엽서가 주류를 이룬다. 여기에 그가 읽고 소장하던 서적, 기고문, 강연 원고, 장부 등도 있다. 풍산학술강습회 출석부나 지출장 등이 대표적이다.

이처럼 생각 밖으로 많은 자료가 전해지는 데에는 사연이 있게 마련이다. 그것도 기막힌 사연들이다. 권오설은 3형제 가운데 장남이다. 아래에 두 동생 오기·오직이 있었다. 오기는 1901년생으로 네 살 아래, 오직은 1906년생으로 아홉 살 아래였다. 오설이 1925년 서울로 가고, 막내 동생 오직이 모스크바로 떠난 뒤, 집안을 돌보고 지키는 몫은 오로지 큰 동생 오기의 것이었다. 1926년 형이 서대문형무소에 갇힌 뒤로, 또 1930년 2월에는 동생마저 옥살이에 들어가면서 그 모든 옥바라지를 도맡은 인물이 바로 둘째 오기였다. 참으로 고단한 세월이었다. 조모와 부모, 그리고 형수가 지키는 집을 드나들면서 생계를 이어나갈 길을 찾고, 서울과 대구, 안동을 오가며 형과 동생의 옥바라지를 위해 인고의 세월을 보냈다.

하지만 이것은 광복 이후에 비하면 별 일이 아니라고 말할 수 있다. 일제의 통치를 받던 시절에야 오로지 민족문제를 해결하는, 곧 나라 찾는 것이 최고 과제였지만, 광복 이후에는 앞과 너무나 다른 문제들이 얽혀 나타났기 때문이다. 물론 항일투쟁기에 오설이 옥사하고 오직도 옥고를 치르는 과정에서 오기와 집안 가족들의 삶이 힘겨운 것이 사실이지만, 광복 이후에는 더 힘든 나날이 들이닥쳤다. 좌우갈등과 남북분단문제가 겹겹으로 얽히면서, 가일마을을 지키고 살던 가족으로서는 숨쉬기 조차 힘든 날들을 맞을 수밖에 없었다. 더구나 전쟁을 겪으면서 그 고난은 절정을 치달았고, 마을 사람들이 권오직을 따라 대거 북한으로 갔다. 오기 가족도 동생 가족과 함께 북으로 갔다. 감시와 찬바람이 휘몰아치는 속에서도 집을 지키고 남은 사람은 오로지 여자뿐이었다. 부친 권술조는 1944년 작고해버렸고, 어머니 풍산류씨, 오설의 아내 부림홍씨, 오기의 첫 아내 김순녀金順女, 오직의 첫 아내 노재순盧在順이 그들이다. 결국 집안의 서적과 자료를 지키는 일은 이들 고부들의 몫이었다.

자료는 초가집 뒤 처마 아래에 간직되었다. 그곳은 뒷집 남천고택의 담과 오설의 집 방벽 사이에 만들어진 공간이다. 그런데 어느 날 불이 났다. 집은 모두 잃었고 이 자료를 보존하는 일은 다음 세대의 몫으로 넘어왔다. 오기에게 1남 3녀가 있다. 오설의 외동아들은 일찍 죽었고, 오직에게는 두 딸이 있었다. 오기의 외아들 권대용은 백부 오설의 아들로 입양되었다. 오설의 아내자 백모이던 부림홍씨는 권대용이 만 11세 되던 1955년 작고했다. 권대용은 백부 오설과 생부 오기, 그리고 숙부 오직의 제사를 모두 받들어왔다. 그가 맡은 일은 결코 제사만이 아니었다. 바로 권오설의 3형제가 남긴 자료를 간직하는 일도 오로지 권대용의 몫이었다. 그는 야유당 뒤 비탈에 초가를 지어 자료를 간직했다. 하지만 이마저도 다시 원인 모를 화재로 잿더미가 되었다. 그 와중에 끄집어내 되살린 것이 바로 여기에 소개되는 자료들이다.

분단과 전쟁을 겪은 상황에서 사회주의운동가의 자료를 간직해온 일이 얼마나 힘든 것인지는 굳이 물어보지 않아도 알 만하다. 숱하게 잦은 경찰의 발걸음과 감시, 이웃의 멸시와 냉정한 눈길, 그 속에서 두 번이나 원인 모를 화재를 겪었다. 그 틈에서 끄집어내고 살려낸 자료들이다. 그래서 책이나 편지를 비롯한 문서들의 끝부분이 까맣게 타고 그을려 있다. 자료를 만지는 것조차 두려울 정도다. 손으로 들추어보는 것만으로도 새까맣게 타버린 모서리가 부석부석 떨어지기 때문이다. 자료 상태가 바삭바삭 타들어간 가족들의 속마음 같다. 그래서 지금까지 간직해온 사실 하나만으로도 기적 같고, 이를 지켜온 후손의 집념은 숭고하게 여겨질 정도다.

자료는 본인과 가족이 남긴 것, 신문에 보도된 것, 판결문과 일제 문서 등이 있다. 신문과 판결문 등은 그의 혁명적이자 투쟁적인 면이 가득 담겼다면, 편지와 엽서는 다정다감한 인간적인 면모가 고스란히 담겨 있다.

2- 편지

그가 남긴 유품에는 편지와 엽서가 가장 많다. 성격은 대개 세 시기로 구분된다. 첫째는 1915년 대구고등보통학교에 유학한 뒤부터 1919년 12월 고향으로 돌아올 때까지 부친과 주고받은 글인데, 그 양은 적다. 둘째는 그가 고향에서 활동하던 시기인 1920년부터 1924년 초까지의 자료들이다. 풍산학술강습소를 중심으로 오고간 편지들이 주류를 이룬다. 셋째는 1924년부터 1930년까지 글이다. 서울로 가서 조선노농총동맹에서 맹활약하고 6·10만세운동을 기획·지휘하다가 갇혀서 서대문형무소에서 옥사하기까지가 이 시기에 해당한다. 가족들과 주고받은 서신이 대부분이다. 그 가운데서도 동생 오기와 오고간 서신이 가장 많고, 부친의 글이 다음이다.

그가 쓴 편지는 국한문도 있지만, 한문 서신이 주를 이룬다. 그 가운데 봉투를 함께 남긴 자료가 많다. 봉투는 대개 누런색 종이로 만들어진 것이고, 내용물은 한지다. 편지가 쓰인 정확한 시기를 알려주는 것도 있지만, 그렇지 못한 경우도 많다. 편지 끝부분에 시기를 적어두었지만, 연도가 없고 달과 날짜만 적힌 것이 대부분이다. 그래서 시기를 찾아내기 위해 봉투 우표에 찍힌 소인을 하나하나 확인해보았다. 또 내용으로 보아 대체적인 시기가 잡히기도 한다. 하지만 끝내 그 시기를 정확하게 밝혀내지 못한 자료도 더러 있다.

첫 시기의 글은 그의 나이 10대 후반에 대구고등보통학교에 유학하던 때로부터 시작했다. 당시를 보여주는 편지로 부친에게 보낸 한문 서신이 눈에 띈다. 경주 최부자의 지원이 끊어진 뒤, 학교장을 비롯한 교사들과 친구들의 도움을 받은 사연, 그리고 그 덕에 대구에서 '유명한 신사' 서병주 댁에 들어가서 융숭한 대접을 받는 장면이 기록되어 있다. 그러면서 한 해 전의 밥값을 갚지 못한 것에 대한 걱정이 쓰여 있다. 하지만 그는 더 이상 견뎌내지 못하고 학교를 그만두었다. 서울로 올라간 그는 여러 번 학교에 도전했지만, 학비와 생활비가 없어 끝내 이를 마치지 못했다. 그러다가 1918년 다른 사람의 소개로 전남도청에 자리를 얻어 갔는데, 그 시절 집으로 보낸 편지 두 통이 남아 있다. 하나는 어머니에게 "보성이라는 데서 이곳으로 곧 와서 도청이라는 관청에 한 달 구십량씩 받고 잇습니다"라고 썼다. 그러다가 1919년 말 고향으로 돌아왔다.

고향에서 그는 계몽운동을 펴나갔다. 1920년대 초반 자료는 대개 그가 다른 지역의 동지들과 주고받은 편지들이다. 수신처나 발신처가 대개 풍산학교라거나 풍산강습소, 혹은 풍산학술강습회 등이라고 기록되었다. 안동군 일직면 소호리 처가 마을에 일직서숙一直書塾이라는 학교를 열고 근무하던 때에는 이곳으로 오간 편지가 몇 점 있다. 그러나 대개 풍산에서 지냈다. 이 시절 편지 내왕자는 대개 함께 활동하던 동지들이었다. 멀리 경남 밀양군 부북면에서 학교 일을 의논하면서 방문을 요청하는 편지도 있고, 예천군 예천면에 있던 대창학교大昌學校에서 초빙한다고 제안한 편지도 있다. 풍산학술강습소에 권오설 담임에게 보내온 결석계도 눈길을 끈다. 1923년 12월에 풍산학술강습소 5학년에 재학하던 이준창李準昌이 '담임擔任 권선생權先生'에게 다리 붓는 병으로 결석한다는 사연을 담은 자료가 그것이다. 또 이 무렵 북간도 대성중학교大成中學校에서 풍산청년회장 권오설에게 기부금을 모집한다는 뜻을 담아 보내온 편지가 있다. 나라 안팎으로 이어진 교육구국운동의 한 조각을 보는 셈이다.

셋째 시기가 되는 1924년 이후 편지는 달라졌다. 그가 풍산소작인회를 결성한 뒤 서울로 가서 노농운동에 몸을 던지면서 그랬다. 조선노농청년동맹과 관련된 것이 몇몇 남아 있다. 하지만 주된 것은 가족들과 주고받은 것들이다. 부모와 동생들 사이에 오간 것이 대부분이다. 그가 아버지에게 보낸 서신은 늘 당당하게 살아가고 있는 모습을 드러내려 애를 쓴 흔적을 느끼게 만든다. 이에 반해 아버지의 글은 돈을 제대로 지원하지 못해 그가 마음대로 날개를 펼 수 없게 만든 데 대해 안타까워하는 마음을 나타냈다. 서울에서 사회운동을 벌이기 시작하던 1924년 5월 경찰서에 붙들려가기 시작하여 그런 일이 잦아지자, 부친의 불안을 누그러뜨리려는 내용을 담은 글이 많았다.

그러다가 1926년 6월 일제에 붙들리고 서대문형무소에 들어간 뒤에는 가족들이 그에게 보낸 편지가 주를 이룬다. 형무소에서 그가 쓴 글은 봉합엽서였다. 그래서 감옥에 있던 시절의 편지자료는 부모와 동생들의 것이 대부분이다. 그 편지들은 한결같다. 건강을 염려하는 가족들의 이야기에, 부친에게는 괜찮다고 표현하면서도, 동생에게는 아픈 이야기를 털어놓았다. 이에 부친은 다음과 같이 늘 걱정하는 글을 보냈다.

> 무병하다는 말은 나를 위로하기 위한 핑계일 뿐 더위가 혹심하니 평소 병이 없는 사람도 쉽게 병이 날 일이거늘 하물며 기가 약하고 건강하지 못한 사람이 어찌 견뎌낼 수 있겠느냐? 부디 마음을 굳게 먹고 편안하게 지내기 바란다.

사식私食을 넣어달라는 간절한 부탁이 많고, 이를 위해 돈을 마련해보라고 부탁했다. 그러면서도 그는 어려우면 그만두라고 탄식하기도 했다. 자료 가운데 우편환 봉투가 남아 있다. 이는 동생이 1927년 6월에 20원을 감옥으로 보낸 것이다. 또 여름과 겨울을 맞아 옷을 보내달라는 주문이 절절하다. 겨울에는 솜을 많이 넣은 두툼한 옷을 거듭 부탁했다. 옷의 세탁도 힘든 일이었다. 옷을 밖으로 내와서 세탁하고 다시 들여보내는 일은 짧은 순간에 이루어지는 것이 아니므로, 한 번 들여보낸 옷은 상당한 시간이 지난 뒤에 밖으로 나왔던 것이다. 그는 또 다양한 책들을 주문했다. 동생은 이를 갖추어 보내느라 애를 썼다. 편지에 등장하는 책들은 《서양사개론西洋史概論》·《신자전新字典》·《영문해석연구英文解釋研究》·《노자독학강의老子獨學講義》·《세계역사의연구世界歷史の研究》·《정본중용집주正本中庸集註》·《장자남초경莊子南草經》·《세계世界의 운명運命》·《고등보통학교수신서高等普通學校修身書》·《최근最近의 자연과학自然科學》·《철학개론哲學概論》·《속수국어독본速修國語讀本》·《영어英語복겟도用사전》 등이다.

책을 구해 보내는 일은 당연히 동생 오기의 몫이었다. 1930년 2월 4일 오기가 오설에게 보낸 편지를 보면 얼마나 애를 썼는지 알 수 있다.

> 通俗世界全史는 어데서 파는지요. 新聞 廣告를 보아도 없고 다른 동무들의게 무러 보아도 모르고요. 다른 册子라도 差入할까요.

편지자료 가운데 눈길을 끄는 것 하나는 1928년 12월 부친의 회갑일에 들어온 부조 내용을 적은 글이다. 1927년 모친의 회갑에 이어 부친 회갑일을 맞아, 그 자리에 참석하지 못한 오설이 위로와 안부의 편지를 보내면서 그 날짜에 있었던 일을 상세하게 적어 보내달라고 동생 오기에게 부탁했다. 이에 맞추어 친척들이 보내온 부조 내용이 조목조목 적혀 있다. 이는 당시 무엇을 어떻게 부조했는지 사정을 자세하게 알려준다.

3- 엽서

엽서자료는 일반엽서와 봉함엽서로 나뉜다. 일반엽서는 그가 풍산학교를 운영하던 시절의 것과 동생이 서대문형무소로 보낸 것이 주를 이룬다. 반면에 봉함엽서는 그가 서대문형무소에서 바깥으로 보낸 것이 대부분이다.

1919년 12월 고향으로 돌아온 뒤 주고받은 엽서는 한문으로 쓰인 것이 많다. 1920년 7월에는 안동청년회에서 공립보통학교에 강연회를 개최한다는 안내문이 담겼고, 안동군 일직면 소호동蘇湖洞에 일직서숙을 만들고 지내던 시절에 안동읍내에서 권형묵權寧默이 보낸 엽서에 '學校內' 라는 글이 있어서 그 정황을 엿볼 수 있다. 그러다가 1921년 1월이면 권오설의 수신처가 풍산학교豊山學校로 적혀 있어, 그가 일직면에서 교육사업을 펼치던 한 면을 보여준다. 1923년 10월에는 수신처가 풍산학술강습회로 되어 있다. 발송자 조선교육협회 박춘도朴春濤가 교사로 요청한 것을 수락하지 못해 미안하다는 글이 있고, 미곡 중개업으로 자금을 마련할 터니 돈을 마련해달라는 주문도 담겨 있다. 또 조선교육협회 인우회隣友會 김일영金一泳의 글도 있다.

이 시절에 엽서에는 교육과 관련된 글이 대부분이다. 안동계명학원安東啓明學院 이운형李運衡이 보낸 글, 대구에서 권영식이 학생을 추천하여 풍산으로 보내는 글, 강습회의 근황을 문의하는 후배의 글, 밀양 정진학교 류장영이 심상소학교 국어독본 교재를 부탁하고, 또 풍산학교의 졸업식 날짜를 물으면서 밀양 방문을 청하는 글, 서울 인사동에서 이승렬李承烈이 교구제작으로 보이는 주문과 선금에 감사하는 글, 자금 마련에 실패했다는 권태석權泰錫의 글, 1923년 12월 휘문고등보통학교에서 사립풍산학교장 권오설에게 휘문고보 입학지원에 따른 일정을 답변한 글, 1924년 1월 예천군 유천柳川의 사설광명의숙私設廣明義塾 권원주權元周(금당실)가 풍산학술강습회로 보내온 연하장, 서울 수표정에서 안동 가일마을 권오운權五雲이 풍산학교 권오설에게 부탁받은 역사부도를 구입했지만 독본 11권은 서점에 없어, 전과참고서 6책은 돈이 없어 구입하지 못한 사실을 알리는 글 등이 있다.

이 시절 글을 주고받은 인물에는 뒷날 사회주의운동에 이름을 드러낸 안동군 와룡면 가구동의 안상형安相炯, 영양군 일월면 주실마을 출신으로 뒷날 신간회 동경지회장을 지내게 되는 조헌영趙憲泳, 안동군 임하면 내앞마을 김창노金昌魯 등도 눈에 띈다. 1923년과 이듬해에는 두 동생이 일본에 있었는데, 그에게 보낸 엽서가 남아 있다. 1923년 10월 오설이 일본 도쿄 선인상애회鮮人相愛會 주소로 머물던 오기에게 빨리 돌아오라고 거듭 주문하자, 오직은 걱정하지 말라고 답했고, 오기에게 한 번 다녀가라고 거듭 명하였다. 더구나 1924년 1월 관동지역에서 지진이 일어났다는 소식을 듣고서는 크게 걱정하는 글도 남아 있다.

1924년 여름에 들 무렵, 엽서는 노농운동과 관련된 내용으로 바뀌어갔다. 1924년 6월에는 마산 삼산노농연합회三山勞農聯合會에 머무는 얼마 동안 해운대에서 그를 초대하거나, 진해

소작회에서 마산으로 그에게 엽서를 보내기도 했다. 또 당시 그의 주소지가 서울 한양청년총동맹으로 기록된 엽서도 있다. 이와 관련된 사실은 1926년에서 1927년 사이에 진행된 심문과정에서도 드러난다.

1926년 6월부터 서대문형무소를 오가는 엽서가 나타나기 시작했다. 권오설이 일경에 붙들린 뒤 일주일 지난 6월 15일자로 동생 오기가 형에게 보낸 것이 첫 엽서다. 거기에는 긴박한 느낌과 함께 엽서 10장을 사서 감옥으로 넣었다는 기록이 담겨 있다. 그가 어느 동지에게 보낸 엽서에서 발신처를 "서대문 우리 속에서"라고 표현했다. 돼지우리처럼 그곳도 '우리'라는 것이다. 그 속에서 벌어지는 삶은 악조건일 수밖에 없었다. 그가 가장 애타게 주문한 것이 사식私食이라는 데서 이를 알 수 있다. 그냥 배고픈 것이 아니었다. 구속되어 일본 경찰에게 온갖 고문을 다 이겨내야 하고, 그러면서 진행되던 심문을 버텨내노라니 체력이 견뎌내기 힘들던 터였다. 그래서 동생에게 보낸 엽서에는 주위 친척들에게 부탁하여 돈을 마련하고, 사식을 넣어달라고 애타게 주문했다.

그 뒤로는 옷과 책을 부탁하는 엽서가 줄을 이었다. 계절이 바뀔 때마다 거기에 맞는 옷이 꼭 있어야 했고, 양말과 두루마기 등에 대한 글이 이어졌다. 세탁 문제는 쉽게 해결할 수 있는 것이 아니었다. 이를 해결하자면 돈이 필요했다. 그러나 그것이 그리 쉬운 일이 아니었다. 심문을 받느라, 병과 싸우느라 힘이 들자, 심하게는 동생 오기에게 "구루마를 끌더라도 돈을 구하라"고 썼다. 절박한 모습이 가슴을 아리게 만든다. 더구나 몸이 아프다는 글도 이어졌다. 왜 그렇지 않았겠는가.

편지와 마찬가지로 엽서자료에도 그가 요구한 책이 자주 등장한다. 정칙영어학교正則英語學校 교재, 서양사, 암파문고岩波文庫 철학서, 《통속세계전사通俗世界全史》, 《자해속성영어字解速成英語》, 와세다대학 통신강의록, 《언해言海》(일본어책), 《신자전新字典》 등이 그렇다. 그런데 《자조론自助論》은 차입시켰지만 반입이 허용되지 않아 오설에게 도달하지 못하는 상황도 들어 있다.

엽서자료도 그가 부모님께 가지는 죄스러운 마음이 곳곳에서 드러난다. 몸이 아픈 이야기를 쓸 때에도 부모님께는 결코 알리지 말라고 당부했다. 모친 회갑과 진갑, 부친 회갑을 감옥에서 맞는 그로서는 자신의 불효를 가슴 아파하면서, 동생에게 즐겁게 해드리라고 당부했다. 모친은 아들이 감옥에서 나오면 잔치하겠다고 답했다. 그러나 그는 아들이 감옥에 있다고 그냥 넘기면 자신이 너무 가슴 아프다면서 잔치를 거듭 부탁했다. 그러면서 그날 생기는 일들을 자세하게 알려달라고 목이 빠져라 기다렸다. 1928년 음력 11월 어머니 환갑날에 맞추어 그는 시를 적어 보냈다.

늘 푸린 솔잣나무
눈 올사록 더 푸리고
꼿감촌 아름단 풀
어름 얼되 새싹 틈은
지나간 골해 잘해도 그러 그러코
닿아올 골해 잘해도 그러 그러리
이와 같이
우리 아버님! 우리 아마님도
온갖 풍상! 가즌 고초 가운대
오늘 환갑 지나신디 오고 오는 날과 달에
한글같이 굿세고 튼튼하시와 우리 집의 바담이 갈사록 새롤진저

늘 푸른 소나무 잣나무가 눈이 올수록 더 푸르고, 곶감촌의 아름다운 풀이 얼음 얼어도 새싹 틔우는 것은 지나간 해도 그랬고 다가올 해도 그렇다네. 그러니 우리 부모님도 오늘 환갑을 지나신 뒤 늘 한결같이 굳세고 튼튼하셔서 우리 집의 바람이 날이 갈수록 새롭길 빕니다. 그렇다, 그는 차디찬 감옥 속에서나마 어머니의 환갑을, 이듬해에는 어머니의 진갑과 아버지의 환갑을 맞아 건강을 빌고 빌었다.

동생은 오직 건강에만 주의하라고 거듭 글을 썼다. 집안 걱정은 아예 하지를 말고, 오직 '형님의 몸씨', 곧 몸만을 건강하도록 유의하라고 애절하게 말했다. 그러면서 어쨌든 돈을 구해 보겠다고 다짐했다. 또 동생은 서울에서 지내는 동안 형의 명성 덕분에 많은 사람을 알게 되었다는 말도 보탰다. 동생은 돈을 마련하기 위해 대구로 가서 공인대구염매장公認大邱廉賣場에서 상업에 종사한 장면도 엽서자료가 보여준다. 그러다가 돈 마련이 어렵게 되자, 1928년 동생은 형 이름으로 되어 있는 밭 한 마지기를 팔겠다는 의견을 내놓았다. 이에 권오설은 한 번 팔면 다시 마련하기 힘드니 가능하면 팔지 말고 견뎌보라고 재삼 부탁하였다. 동생으로서는 힘든 일이었다. 옥바라지와 가족 봉양이라는 두 가지 짐이 한꺼번에 닥친 것이니 그럴 수

밖에 없었다. 그러다가 얼마 동안 동생 소식이 뚝 끊기는 일도 생겼다. 그 순간을 보여주는 엽서가 있다. 내종內從, 곧 고종사촌 류종우柳宗佑에게 보낸 엽서를 보면, 오기 소식이 끊기고 답도 없는데, 며칠 전에 감옥 건너편 산 위에서 '형님, 형님' 이라고 낮밤 울부짖는 소리 들리더니 그것이 동생 오기 목소리가 아닌지 궁금하다면서, 휴가 내서라도 상경하여 동생을 찾아달라고 부탁하는 장면도 보인다.

그 어렵던 시절에 사식을 보내준다거나 돈을 보내주는 사람들도 여럿 있었다. 안동 출신 김남수와 권태동, 그리고 염상진의 이름이 자주 나타났다. 신문조서에 보면 돈을 들여 넣었다가 공범으로 몰리는 경우도 볼 수 있다. 그런 형국이니 감옥으로 돈을 보내는 일도 그리 자유로운 일만은 아니었다. 그런 속에서도 그를 돕는 인물들이 줄을 이었다. 또 옥중에서 그가 주고받은 엽서에는 서울에서 활약하던 여성운동가들도 보인다. 주세죽朱世竹과 조원숙趙元淑, 그리고 황신덕黃信德을 '누이' 라고 부르는 장면이 여러 차례 등장한다. 이들에게 독서의 중요성을 강조하기도 하고, 소식을 궁금해하기도 했다. 그러다가 자신을 따라 6·10만세운동에까지 동참했다가 옥고를 치르기도 했던 권오운과 권오상의 죽음 소식을 듣고 가슴을 치던 장면도 드러난다. 오운이 죽기 직전 1927년 신년에 오설은 오운에게 "가정에 있어서 성효誠孝의 자손이 되며, 동네에서는 진실한 노동자가 되기를!" 이라고 연하엽서를 보내기도 했다.

편지와 엽서 외에 전보자료도 있다. 그것이 바로 그의 옥사 소식을 전하는 것이다. 1930년 4월 17일 옥사하고, 그 다음날인 18일자로 전보가 고향에 도착했다. "작야오설옥사", 지난 밤 오설이 감옥에서 사망했다는 말이 간단하게 담겨 있다. 봉투와 용지, 소인이 뚜렷하다.

4- 기타자료

그가 남긴 문서자료는 그리 많지 않다. 하지만 무척 귀중한 것들이 들어 있어 눈길을 끈다. 그의 학창시절을 알려주는 자료가 몇 점 있다. 사립동화학교 수업증서와 졸업증서에는 그의 어릴 때 이름인 권오서權五敍로 적혀 있다. '삽앙론揷秧論' 이란 모심기를 논하는 글이 남아 있다. 이것은 그가 대구고등보통학교 시절 방학 과제로 제출한 것으로 보이는데, 완본完本이 아니다. 더구나 뒷부분에는 누구의 것인지 모르는 제문이 붙어 있다.

다음으로 풍산청년회 전단傳單, 곧 알림 쪽지가 두 장 보인다. 한 장은 단결하라는 것이고, 다른 하나는 조혼을 금지하라는 것이다. 두 가지 모두 펜으로 내리 쓴 것인데, 그의 자필인지는 확실하지 않다.

우리는

서로 갈리어 딴판을 벌리지 말지어다.

서로 얼근거리어 남 보듯 하지 말지어다.

서로 멀그머니 보아 눈쌀 찌푸리지 말지어다.

갈리면,

얼근거리면,

멀그머니 보면,

업더진다.

잡바진다.

고만이다.

오직, 우리는,

서로 손목을 꽉 잡고 한 곳으로 한 길로 같이 나아갈지며,

서로 마음을 가치하여 한 뜻으로 한 일로

늘 힘쓸지며,

서로 언제던지 함끠하여, 모지고 굳세인

뭉테기를 이룰지어다.

이라하여야,

일어난다.

살지로다,

오래도록.

서로 갈라서지도, 으르렁거리지도, 멀거니 쳐다보지도 말고, 오로지 한 길, 한 일로 힘쓰라는 주문이 담겼다. 그러면서 서로 함께 힘을 합쳐서 모질고 굳세게 한 뭉치를 이루어야 일어서고 오래도록 살 수 있다고 주장했다.

풍산학술강습회와 관련한 자료가 눈길을 끈다. 우선 풍산면 하리동 이광렬李光烈 이름으로 경상북도지사에게 사설학술강습회 개설을 인가해달라고 제출한 신청서가 있다. 학습목적과

강습기간 및 장소, 강습의 정도와 구성, 강습대상자, 강사진과 그 경력, 경비 마련 방법과 수입·지출 계획이 자세하게 적혀 있다. 권오설은 강사 5명 가운데 한 사람으로 들어 있다.

풍산하기강습회 청강생 명부와 지출장은 그가 1920년대 초반에 고향에서 펼친 교육운동의 한 단면을 보여주기에 충분한 자료다. 풍산학술강습회의 하기강습회라는 존재, 거기에 남학생반과 여학생반의 명부, 낮반과 야간반의 구성, 재정 운영을 보여주는 지출장부까지 남아 있다. 원흥학술강습소를 비롯하여 일직서숙까지 여러 학교를 만들고 운영했지만, 구체적인 운영 내용을 보여주는 자료는 이것뿐이다. 또 안동강습회연합회운동회가 열리던 1924년 그에게 '사령司令'의 임무가 주어진 임명장과 편지·엽서자료를 연결시켜보면, 그의 교육구국운동의 전반적인 틀을 확인할 수 있다. 나아가 다른 지역의 동지들과 연계되는 현상도 찾을 수 있다.

다음으로 안동조선물산장려회취지서安東朝鮮物産奬勵會趣旨書는 지방에서 펼쳐진 물산장려운동의 한 단면을 보여주는 것이어서 가치가 크다. 1923년 1월 조선물산장려회가 결성되면서 그 운동은 전국적으로 확산되었다. 주요 활동은 민족자본의 육성을 강연회나 유인물 및 회지 발간을 통해 홍보하는 것이었다. 지방에서도 여기에 호응하여 지회를 만들고 나섰다. 안동에는 1923년 2월 26일 안동조선물산장려회라는 이름으로 조직되었다. 최고지도자는 류인식이요, 회장은 김원진이며, 안동유지들이 여기에 참여하였다. 안동조선물산장려회에서 중앙위원을 초빙하여 강연회를 가졌고, 위생문제를 청년회와 더불어 안동군청에 건의했다는 신문기사가 확인된다. 안동조선물산장려회가 출범하는 장면을 보여주는 중요한 자료가 바로 이 취지서다. 끝부분이 불탄 흔적을 보여주고 있어서 자료가 전해지는 과정을 보여준다. 또 혁풍단革風團 전단이 눈에 띈다. 미신을 타파하고 새 시대를 열어가자는 내용이 담겨 있다. 아마 그가 혁청단에 가입했을 때, 안동에 만들어진 것이 혁풍단이 아닌가 짐작된다.

끝으로 제문이 있다. 아버지 권술조權術祚가 아들 오설이 죽은 뒤 2년 만인 1932년 음력 3월 19일자로 쓴 제문이다. 대상을 치르면서 아들에게 영원한 이별의 한을 여기에 쏟아냈다. 그렇게도 믿고 아끼며 대견스러워하던 아들을 먼저 보낸 아버지의 통한痛恨이 절절히 배어 있다. 첫 구절부터 가슴을 저리게 만든다.

아! 원통하고 슬프도다! 내가 너와 인간세상에서 부자라는 이름으로 정해진 것이 겨우 33년인데, 이 33년 사이에 일찍이 부자의 정을 나눈 것이 어찌 일찍이 그 삼분의 일이라도 되었겠으며 노심초사한 기간을 제외하면 실로 십분의 일도 되지 않을 것이다.

어릴 때부터 총명하여 주변 사람들의 칭송을 모았던 아들이었다. 상급학교로 진학했지만 가난하여 이를 이어가기 힘들던 일, 뒷날 구속되었다는 소식에 경황없는 마음도 썼다.

비록 아홉 번 죽더라도 후회하지 않겠다는 그 초심은 차라리 몸이 해체解體되는 한이 있더라도 변하지 않고 굳게 지켰던 것이다. 그러기에 저들은 위력을 함부로 행사하고 독수毒手를 마구 써서 수족을 묶고 단근질하며 꺾고 비틀면서 이기지 못할까 두려워하는 듯하였으니, 어찌 기운이 빠지지 않을 수 있으며 목숨이 끊어지지 않을 수 있겠는가? …… 좋은 날이나 명절에 사방 이웃에서 노래와 웃음소리가 집집마다 떠들썩하게 들리면 나는 귀를 막아 가리고자 하였고, 백설 같은 떡, 구슬알 같은 쌀밥이며 사철의 맛 좋은 음식이 반 위에 올라도 나는 목구멍으로 내려가지 않았으며, 구곡의 연한 창자가 마치 녹을 듯하여도 오히려 강건한 척한 것이 네 아비였느니라.

어느 아버지가 아들을 먼저 보내고 슬프지 않을까? 나라와 겨레 위해 살다가 서른세 살, 젊고도 젊은 나이로 떠난 아들을 보낸 아버지의 심정을 어찌 쉽게 헤아릴 수 있을까? 아버지가 쓴 제문은 깊은 바다 속에서 울려나오는 무겁고도 거대한 울림과 같다.

5– 신문조서 · 공판조서 · 판결문

신문조서 및 공판조서 날짜별 목록

번호	문서제목	저필자/신문자	작성 장소/작성일
1	예심 이송 결정서	조선총독부재판소 서기 申彦浩	1926년 7월 12일
2	피의자 권오설 신문조서(제2회)	경성지방법원 검사국 조선총독부 검사 中野俊助 조선총독부재판소 서기 植山健藏	1926년 8월 16일 서대문형무소
3	피의자 권오설 신문조서(제2회)	경성지방법원 검사국 조선총독부 검사 中野俊助 조선총독부재판소 서기 植山健藏	1926년 8월 17일 서대문형무소
4	의견서	경성 종로경찰서 사법경찰관 조선총독부 경부 三輪和三郎이 경성지방법원 검사국 검사정 조선총독부 검사 長尾戒三에게 보낸 것	1926년 8월 30일

번호	문서제목	저필자/신문자	작성 장소/작성일
5	피의자 신문조서	경성 종로경찰서 사법경찰관 사무취급 도순사 高木義雄	1926년 9월 1일 서대문형무소
6	피의자 신문조서	경성지방법원 검사국 조선총독부 검사 中野俊助 조선총독부재판소 서기 植山健藏	1926년 9월 15일 서대문형무소
7	권오설 피고인 신문조서	경성지방법원 豫審掛 朝鮮總督府判事 五井範藏 朝鮮總督府 裁判所 書記 福田淸吉	1926년 10월 7일 서대문형무소
8	권오설 피고인 신문조서(제2회)	경성지방법원 豫審掛 朝鮮總督府判事 五井範藏 朝鮮總督府 裁判所 書記 福田淸吉	1926년 10월 8일 서대문형무소
9	권오설 피고인 신문조서(제3회)	경성지방법원 豫審掛 朝鮮總督府判事 五井範藏 朝鮮總督府 裁判所 書記 福田淸吉	1926년 10월 11일 서대문형무소
10	권오설 피고인 신문조서(제4회)	경성지방법원 豫審掛 朝鮮總督府判事 五井範藏 朝鮮總督府 裁判所 書記 福田淸吉	1927년 3월 5일 서대문형무소
11	권오설 피고인 신문조서(제5회)	경성지방법원 豫審掛 朝鮮總督府判事 五井範藏 朝鮮總督府 裁判所 書記 福田淸吉	1927년 3월 7일 서대문형무소
12	권오설 피고인 신문조서(제6회)	京城地方法院 豫審掛 朝鮮總督府判事 五井範藏 朝鮮總督府 裁判所 書記 福田淸吉	1927년 3월 8일 서대문형무소
13	(구류기간) 更新決定 (권오설 외 10명)	경성지방법원 형사부 재판장 조선총독부 판사 脇鐵一 조선총독부 판사 小野勝太郎 조선총독부 판사 中島仁	1927년 6월 28일
14	(구류기간) 갱신결정 (권오설 외 11명)	경성지방법원 형사부 재판장 조선총독부 판사 矢本正平 조선총독부 판사 脇鐵一 조선총독부 판사 中島仁	1927년 9월 29일
15	송달증서(權五卨)	발송자 : 경성지방법원 수신자 : 서대문형무소	1927년 9월 30일
16	출두수서 (權五卨 외 100명)	발송자 : 변호인 李升雨 · 許憲 · 李仁 · 韓相億 수신자 : 경성지방법원 형사부	1927년 10월 2일

번호	문서제목	저필자/신문자	작성 장소/작성일
17	高允相 외 91명 공판조서 (제15회)	경성지방법원 형사부 조선총독부재판소 서기 吉岩正隆 재판장 조선총독부 판사 矢本正平	1927년 10월 18일 경성지방법원
18	高允相 외 91명 공판조서 (제16회)	경성지방법원 형사부 조선총독부재판소 서기 松澤尙三 재판장 조선총독부 판사 矢本正平	1927년 10월 20일 경성지방법원
19	高允相 외 91명 공판조서 (제17회)	경성지방법원 형사부 조선총독부재판소 서기 吉岩正隆 재판장 조선총독부 판사 矢本正平	1927년 10월 22일 경성지방법원
21	판결문	경성지방법원	1928년 2월 13일 경성지방법원
20	형무소신원카드	서대문 형무소	1928년 2월 17일 서대문형무소

1번 자료는 1926년 7월 12일, 그가 신의주지방법원에서 경성지방법원의 예심으로 이송한다는 결정서다. 그 뒤로 모든 신문과 공판은 서울에서 진행되었다. 2와 3번 자료는 '이봉수李鳳洙 홍남興南 7 · 5 제1사건' 이란 이름의 문서철에 들어 있는 것이고, 4에서 6번은 '정진무鄭晉武 외 22명 조공재건투쟁 협의사건' 에 관련된 신문이다. 7번부터 12번까지는 예심판사의 신문조서, 13과 14번은 구류기간을 다시 연장하는 문서다. 15와 16번은 송달증서와 출두수서, 17번부터 19번까지 자료는 공판조서다.

신문과 공판 내용은 크게 두 가지로 나뉜다. 하나는 조선공산당과 고려공산청년회에 대한 내용이고, 다른 하나는 6·10만세운동에 대한 것이다. 조선공산당과 고려공산청년회의 결성 과정, 조직과 구성원, 각자 맡은 활동과 권오설의 위치 등이 상세하게 담겨 있다. 특히 그가 고려공산청년회를 이끌면서 입당시킨 사람들, 각종 사회조사표를 작성하고 스스로 회칙을 만든 내용이 눈에 띈다. 또 모스크바 동방공산대학에 20여 명 청년들을 보낸 것이나 해외로부터 들어오는 자금을 받아 사업을 펼친 그의 활동과 위상이 돋보인다.

크게 보아 전반부 경찰과 검사의 심문에 대해서 밝힌 것을 공판 과정에서 뒤집는 것이 많다. 판사가 진술을 뒤집는 이유를 묻자, 그는 경찰과 검사의 요구대로 말하지 않으니 "좋아하지 않아서 거짓으로 진술했다"고 밝혔다. 고문과 협박이 계속되니, 차라리 그들이 원하는 대로 말해서 넘어간 것이다. 그는 요시노 경부보로부터 고문당하던 일을 공판과정에서 말하면서, 일일이 사실을 강조하였다. 고문당하는 바람에 앞니가 덜거덕거려 바람만 스쳐도 고통스럽다거나, 밥 굶기기, 종로경찰서에서 죽도록 두들겨 맞던 일, 다리 안쪽에 각목 2개를 끼우고 하루 밤낮을 고문당한 일, 손가락 사이에 부채를 끼우고 양쪽을 쥐어 고문당한 일 등이 그것이다.

공판조서에 나타난 그의 주장은 일제 통치를 냉철하게 비판하는 것이었다. 일제 통치가 가지는 문제를 조목조목 따지는 내용은 설득력이 대단하다. 스무한두 살 때, 고향에 고바야시라는 일본인 지주가 돈 2,000~3,000원을 가지고 와서 고리대금업을 벌여 사람들을 괴롭힌 끝에 3년 만에 500마지기 토지를 가진 지주가 되었다고 말하면서, 일제 통치의 결함을 비난했다. 이어서 그는 군벌통치와 문화정치의 가증스러움, 전국을 하나의 커다란 감옥으로 만든 폭압성, 재령평야를 사례로 들어 일제의 자원 수탈의 악질성, 식민지 교육의 노예 양성 정책, 총독정책의 사기성 등을 하나하나씩 따져 말하면서, 투쟁 이유와 목적을 분명하게 밝혔다. 그런 가운데 예심판사를 비웃는 장면도 나온다. 예심판사가 치안유지법 핵심조차 제대로 이해하지 못하면서 신문하더라고 비아냥거린 것이다.

서른 살 나이의 청년이 쏟아내는 말은 일제에 대한 도전이자 전쟁이었다. 총독정치의 결함을 맹렬하게 비난하면서 '조선인 본위'의 산업과 교육을 요구하였다. 그의 주장은 전반적으로 항일투쟁의 이유와 목적, 방향을 논리정연하게 발표한 것이었다.

6- 신문

권오설의 움직임이 보도된 신문은 《조선일보》·《동아일보》·《시대일보》·《중외일보》·《조선중앙일보》 등이다. 권오설에 관한 기사는 사회운동 전반의 동향과 같다. 그가 풍산소작인회를 결성한 뒤 서울로 가자마자 그의 동정이 신문에 오르내렸다. 1924년 5월 4일자에 그가 종로경찰서에서 풀려난 기사가 실려 있다. 조선노농총동맹이 집회금지 처분을 받았지만, 중앙집행위원이던 그가 몇몇 간부와 모여 논의하다가 종로경찰서에 붙들렸고, 십여 일 동안 취조받다가 풀려난 내용이 거기에 담겼다. 1925년 1월 안동에서 만들어진 화성회火星會 소식이 보도되었다. 이는 두 달 앞서 서울에서 결성된 화요회의 안동지회 성격을 가진 조직이다. 4월에는 종로 '적기사건赤旗事件'에 얽혀 심문을 받기도 했다. 그해 12월에는 김재봉을 비롯하여 제1차 조선공산당 핵심인물들이 검거될 당시 그도 붙들렸다가 풀려난 기사가 있다.

권오설에 관련된 보도는 역시 1926년 6월부터 집중적으로 등장했다. 6·10만세운동의 상세한 내용이 하나씩 보도되면서 권오설이 최고 기획자요 지휘자라는 사실이 매일 크게 보도되었다. 《시대일보》는 이를 '륙륙사건'이라 이름 붙였다. 6월 16일부터 7월 초까지 거의 매일 신문마다 그의 이름이 오르내렸다. 상해로 망명하여 활약하던 김단야와 연초부터 만나고 메이데이 투쟁을 준비하다가 6·10민족운동으로 방향을 바꾼 과정, 상해에서 자금이 권오설에게로 전달되고, 또 선천에서 광산을 경영하던 안정식에게서 자금을 확보한 과정 등이 자세하게 보도되었다. 이어서 경찰이 권오설이 쓴 격문을 찾아내면서 검거에 들어가는 과정 등도 알려졌다. 그러다가 1926년 7월부터는 그도 조선공산당과 관련된 인물이라는 사실이 보도되고, 그해 연말에는 공판 소식이 나오기 시작했다.

1년 뒤 권오설은 강달영·전정관·홍덕유·이준태와 더불어 종로경찰서 고등계 주임경부를 비롯한 형사들을 폭행혐의로 고소했다. 1926년 6월 14일부터 8월 10일 사이에 종로경찰서 2층 신문실과 (경기도)경찰부 신문실에서 주임경부를 비롯한 형사들에게 폭행을 당했고 이로 말미암아 권오설은 앞니 두 개가 부러지기도 했다. 일제 검사가 불기소 결정을 내리자 이들은 다시 항고했지만 기각되었다. 일제 검사가 고등계 형사들을 불기소로 처분하거나 판사가 항고를 기각한 것은 불을 보듯 뻔한 일이지만, 고문경찰들을 고소하여 취조받게 만들고 재판정에 세우는 그 자체가 '사건'이었다.

1928년 2월에는 법원 판결 내용이 보도되었다. 1928년 8월에는 권오설이 신장염으로 고생하지만 영치금이 없어 주사도 맞지 못한다거나 병감에 수용되어 있다는 내용이 알려졌다. 그러다가 1930년 4월 17일과 19일자에 그의 병환이 급하다는 것과 급성폐렴으로 옥사했다는 보도가 나왔다.

마무리하며

여기에 나라와 겨레를 살리기 위해 살다간 한 젊은이, 위대한 청년 지도자 권오설의 자료를 소개한다. 신문이나 경찰기록을 보면 그는 반듯한 논리를 가진 투사지만, 가족과 주고받은 편지와 엽서를 보면, 한없이 여린 사람이었다. 한 인간으로서 가지는 그의 면모가 오롯이 여기에 드러난다.

이 자료들은 1910년 나라를 잃은 뒤, 유학적 바탕 위에 성장하는 한 청년이 민족문제에 눈을 뜨고, 새롭게 들어온 이념을 받아들여 대응해나가는 상황을 잘 보여준다. 특히 사회주의 이념과 민족문제의 만남, 그 과정에서 사회주의운동이 왜 독립운동인가를 말해주는 내용들이 여기에 고스란히 담겨 있다. 그가 왜 포상이 되어야 했는지, 그를 왜 기려야 하는지를 이 자료들은 웅변으로 보여준다.

끝으로 자료집에 담지는 못하지만, 그가 남긴 책을 소개한다. 대부분이 불에 타거나 그슬린 흔적이 남아 있다. 그 가운데는 동생 오기와 오직이 사용하던 것도 일부 포함되어 있다. 그런데 책 앞면이나 속표지 등에 권오설이 스스로 이름을 적어둔 것도 있고, 도장을 찍어둔 것도 있다. 또 스탬프처럼 이름을 찍어둔 것도 보인다. 이처럼 그의 이름이 적힌 자료만을 보면 다음의 것들이 있다.

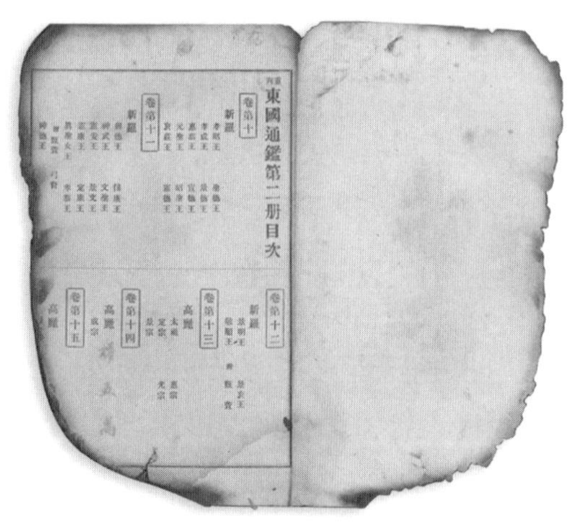
東國通鑑第二册目次
卷第十
新羅
卷第十一
新羅
卷第十二
新羅
卷第十三
高麗
卷第十四
高麗
卷第十五
高麗

● 권오설이 소장한 것으로 짐작되는 《동국통감》

《訂正 算學通編》, 《代數學》, 《算術新教科書》, 《舊約全書》, 《基督教の宇宙觀及び人生觀》(白石喜之助), 《朝鮮佛教略史》(權相老), 《英語辭典》, 《最新六法全書》, 《朝鮮叢書》, 《重刑東國通鑑》(제2-5책), 《史記國字解 豫約見本》(早稻田大學), 《三一神誥》(金教獻)

수학책이 우선 눈에 들어온다. 그가 수학에 관심을 갖고 학습했는지 아니면 교육용으로

소장했는지 알 수 없다. 영어사전이 있고, 유품에는 영어학습서가 초등 · 중등 · 고등과정이 있지만, 거기에는 동생의 이름이 적혀 있다. 종교 서적으로 기독교와 불교 서적이 있다. 또 법률 서적에 이어 역사 서적이 두드러진다. 끝으로 대종교 교주 김교헌이 지은 《삼일신고》가 있다. 이 가운데에는 그가 서대문형무소에서 읽은 것도 있을 것이다. 동생과 주고받은 서신을 보면, 그가 감옥에서 동생에게 주문한 책들이 많다. 더러는 동생에게 다시 돌려주어 간직하라고 일러두는 장면도 보인다.

이 밖에도 그의 이름이 적혀 있지 않지만, 그가 간직했던 것이라 여겨지는 잡지들도 있다. 《大韓自强會月報》, 《大韓協會會報》, 《共濟》(조선노동공제회 잡지), 《嶠南教育會雜誌》 등이 그것이다. 또 《英文法捷徑》, 《哲學槪論》, 《東國通鑑》 등도 그의 책이라 여겨진다. 회보를 제외한 영문법 · 철학 · 역사 서적은 그가 직접 이름을 써둔 위의 자료들과 분야가 같다.

郵便はがき

慶尚北道醴泉邑

安東郡豊西面佳太洞

權五卨本第入納

엽서자료

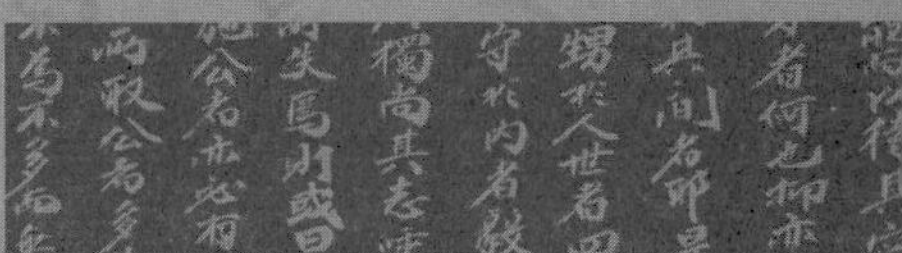

· 李鍩和가 權五卨에게 (1919년 12월 24일자 소인)
· 李가 權五卨에게 (1920년 1월 22일자 소인)
· 吳貞秀가 權五卨에게 (1920년 2월 8일자 소인)
· 安東青年會長 金省吾가 權五卨에게 (1920년 6월 13일자 소인)
· 安東青年會에서 權五卨에게 (1920년 7월 12일자)
· 五卨이 權五箕에게 (1923년 8월 3일자 소인)
· 朝鮮教育協會隣友會 內 金一泳이 豊山學術講習會 權五卨에게 (1923년 9월 8일자 소인)
· 五卨이 豊山學校에 있을 때 二六新報社 權五稷에게 (1923년 9월 23일자 소인 추정)
· 朝鮮教育協會 內 朴春濤가 豊山學術講習會 權五卨에게 (1923년 10월 10일자 소인)
· 豊山學校 五卨이 鮮人相愛會 權五箕에게 (1923년 10월 15일자 소인)
· 五卨이 朝鮮人相愛會 權五箕에게 (1923년 10월 21일자 소인)
· 五稷이 學校 內 權五卨에게 (1923년 10월 30일자 소인)
· 權景錫이 市場學校 內 權五卨에게 (1923년 10월 ○일자 소인)
· 五卨이 權五稷에게 (1923년 11월 17일자 소인)
· 五卨이 權五箕에게 (1923년 11월 17일자 소인)
· 五卨이 權五箕에게 (1923년 12월 21일자 소인)
· 大邱公立農業學校에서 私立豊山學校에 (1923년 12월 25일자 소인)
· 徽文高等普通學校에서 私立豊山學校長에게 (1923년 12월 25일자 소인)
· 私設廣明義塾 權元周가 豊山學術講習會 權五卨 · 李光淵에게 (1924년 1월 9일자 소인)
· 李衡國이 豊山講習會 權五卨에게 (1924년 1월 11일자 소인)
· 京山講習會 徐逢春이 豊山學校 內 廉尙進 · 權五卨에게 (1924년 1월 11일자 소인)
· 李會國이 學術講習會 內 權五卨에게 (1924년 1월 11일자 소인)
· 五雲이 豊山學校 內 權五卨에게 (1924년 1월 13일자 소인)
· 李完基가 豊山學術講習會長 權五卨에게 (1924년 1월 13일)
· 內從弟 宗이 豊山私立學校 內 權五卨에게 (1924년 1월 16일자 소인)
· 李春岡이 豊山學術講習會 權五卨에게 (1924년 1월 20일자)
· 趙學元이 豊山市講習所 內 權五卨 · 李會春에게 (1924년 1월 23일자 소인)
· 一直 較가 풍산시장 學校 內 權五卨에게 (1924년 1월 31일자 소인)
· 南廷煥이 啓城學校 內 權五卨에게 (1924년 1월 31일자 소인)
· 私設廣明義塾 權元周가 豊山學術講習會 權五卨에게 (1924년 ○월 ○일자 소인)
· 姜裕文이 豊山學術講習會 內 權五卨에게 (1924년 ○월 ○일자 소인)
· 永生醫院 巽錫圭가 豊山私立學校 權五卨에게 (1924년 ○월 11일자 소인)
· 東明講習會에서 豊山講習會에 (1924년 ○월 ○일자 소인)
· 門生 李文益이 豊山學校 內 權五卨에게 (1924년 2월 ○일자 소인)
· 權泰根이 豊山學校 權五卨에게 (1924년 2월 2일자 소인)
· 柳正元이 豊山學校 內 權先生 肅範에게 (1924년 2월 4일자 소인)
· 嘯卿가 豊山學校 權五卨에게 (1924년 2월 15일자 소인)
· 金昌魯가 豊山學校 內 權五卨에게 (1924년 2월 17일자 소인)
· 權五卨이 朝鮮勞農總同盟에 있을 때 부모님께 (1924년 5월 26일자 소인)
· 權五卨이 三山勞農聯合會에 있을 때 받은 엽서 (1924년 6월 25일자 소인)
· 鎭海小作會 內 金鍾健이 三山聯合會 內 權五卨에게 (1924년 6월 24일자 소인)

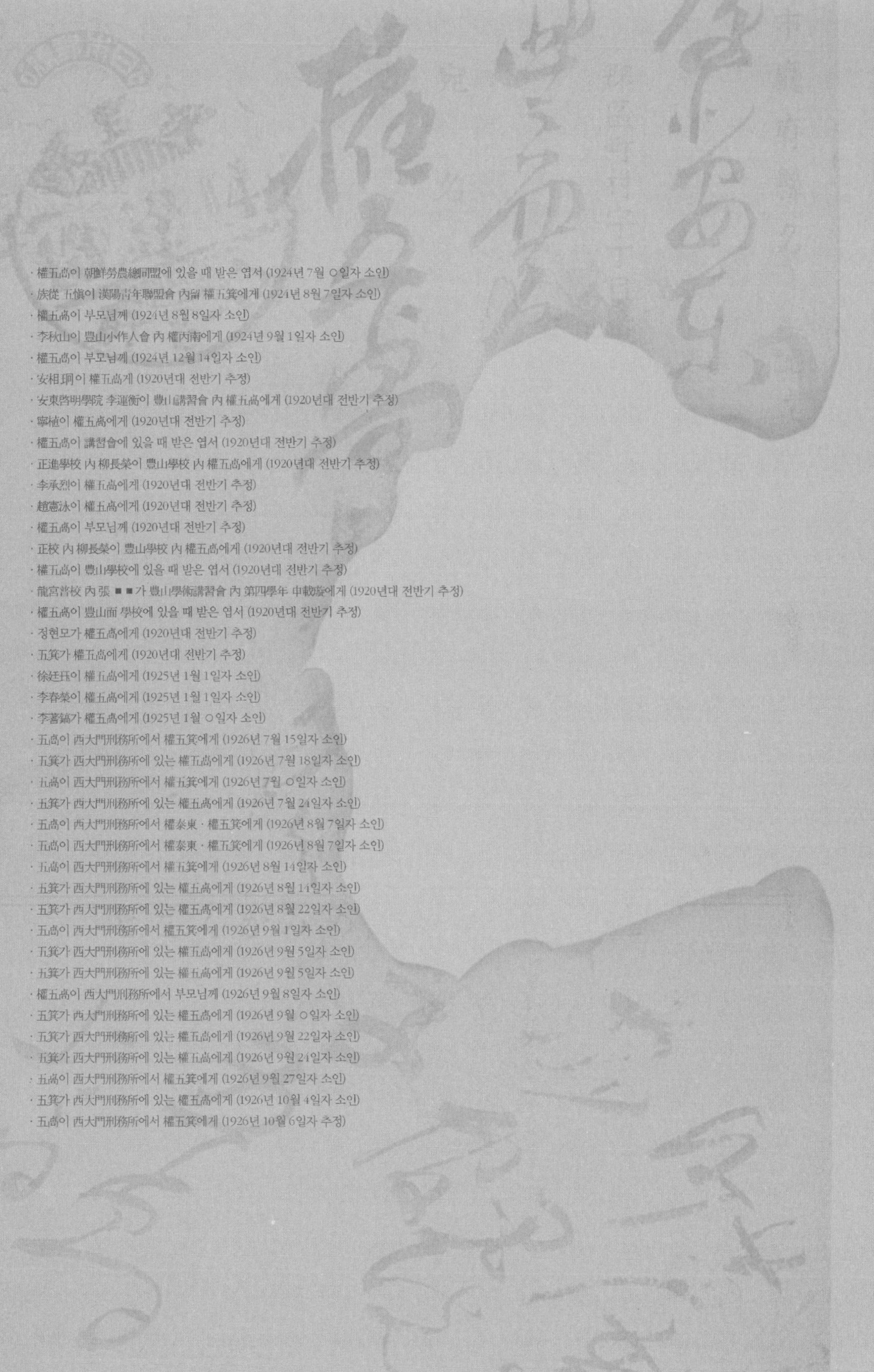

· 權五卨이 朝鮮勞農總同盟에 있을 때 받은 엽서 (1924년 7월 ○일자 소인)
· 族從 五愼이 漢陽青年聯盟會 內留 權五箕에게 (1924년 8월 7일자 소인)
· 權五卨이 부모님께 (1924년 8월 8일자 소인)
· 李秋山이 豊山小作人會 內 權內南에게 (1924년 9월 1일자 소인)
· 權五卨이 부모님께 (1924년 12월 14일자 소인)
· 安相珂이 權五卨게 (1920년대 전반기 추정)
· 安東啓明學院 李運衡이 豊山講習會 內 權五卨에게 (1920년대 전반기 추정)
· 寧植이 權五卨에게 (1920년대 전반기 추정)
· 權五卨이 講習會에 있을 때 받은 엽서 (1920년대 전반기 추정)
· 正進學校 內 柳長榮이 豊山學校 內 權五卨에게 (1920년대 전반기 추정)
· 李承烈이 權五卨에게 (1920년대 전반기 추정)
· 趙憲泳이 權五卨에게 (1920년대 전반기 추정)
· 權五卨이 부모님께 (1920년대 전반기 추정)
· 正校 內 柳長榮이 豊山學校 內 權五卨에게 (1920년대 전반기 추정)
· 權五卨이 豊山學校에 있을 때 받은 엽서 (1920년대 전반기 추정)
· 龍宮普校 內 張 ■ ■가 豊山學術講習會 內 第四學年 中載旋에게 (1920년대 전반기 추정)
· 權五卨이 豊山面 學校에 있을 때 받은 엽서 (1920년대 전반기 추정)
· 정현모가 權五卨에게 (1920년대 전반기 추정)
· 五箕가 權五卨에게 (1920년대 전반기 추정)
· 徐廷珏이 權五卨에게 (1925년 1월 1일자 소인)
· 李春榮이 權五卨에게 (1925년 1월 1일자 소인)
· 李蓍鎬가 權五卨에게 (1925년 1월 ○일자 소인)
· 五卨이 西大門刑務所에서 權五箕에게 (1926년 7월 15일자 소인)
· 五箕가 西大門刑務所에 있는 權五卨에게 (1926년 7월 18일자 소인)
· 五卨이 西大門刑務所에서 權五箕에게 (1926년 7월 ○일자 소인)
· 五箕가 西大門刑務所에 있는 權五卨에게 (1926년 7월 24일자 소인)
· 五卨이 西大門刑務所에서 權泰東 · 權五箕에게 (1926년 8월 7일자 소인)
· 五卨이 西大門刑務所에서 權泰東 · 權五箕에게 (1926년 8월 7일자 소인)
· 五卨이 西大門刑務所에서 權五箕에게 (1926년 8월 14일자 소인)
· 五箕가 西大門刑務所에 있는 權五卨에게 (1926년 8월 14일자 소인)
· 五箕가 西大門刑務所에 있는 權五卨에게 (1926년 8월 22일자 소인)
· 五卨이 西大門刑務所에서 權五箕에게 (1926년 9월 1일자 소인)
· 五箕가 西大門刑務所에 있는 權五卨에게 (1926년 9월 5일자 소인)
· 五箕가 西大門刑務所에 있는 權五卨에게 (1926년 9월 5일자 소인)
· 權五卨이 西大門刑務所에서 부모님께 (1926년 9월 8일자 소인)
· 五箕가 西大門刑務所에 있는 權五卨에게 (1926년 9월 ○일자 소인)
· 五箕가 西大門刑務所에 있는 權五卨에게 (1926년 9월 22일자 소인)
· 五箕가 西大門刑務所에 있는 權五卨에게 (1926년 9월 24일자 소인)
· 五卨이 西大門刑務所에서 權五箕에게 (1926년 9월 27일자 소인)
· 五箕가 西大門刑務所에 있는 權五卨에게 (1926년 10월 4일자 소인)
· 五卨이 西大門刑務所에서 權五箕에게 (1926년 10월 6일자 추정)

· 五卨이 西大門刑務所에서 權五箕에게 (1926년 10월 15일자 소인)
· 權五卨이 西大門刑務所에서 어머님께 (1926년 10월 20일자 소인)
· 權五卨이 西大門刑務所에서 동생에게 받은 엽서 (1926년 10월 24일자 소인)
· 五卨이 西大門刑務所에서 權五箕에게 (1926년 10월 26일자 소인)
· 五卨이 西大門刑務所 拘置監에서 權五箕에게 (1926년 10월 27일자 소인)
· 權五箕가 西大門刑務所에 있는 權五卨에게 (1926년 11월 10일자 소인)
· 五箕가 西大門刑務所에 있는 權五卨에게 (1926년 11월 20일자 소인)
· 五卨이 西大門刑務所에서 부모님께 (1926년 11월 24일자 소인)
· 五卨이 西大門刑務所에서 아버지께 (1926년 11월 30일자 소인)
· 五卨이 西大門獄에서 權五箕에게 (1926년 12월 25일자 소인)
· 五卨이 西大門獄에서 權五箕에게 (1927년 1월 8일자 소인)
· 五卨이 西大門獄에서 權五箕에게 (1927년 1월 25일자 소인)
· 權五箕가 西大門刑務所에 있는 權五卨에게 (1927년 2월 12일자 소인)
· 權寧達이 西大門刑務所에 있는 權五卨에게 (1927년 3월 15일자 소인)
· 五卨이 西大門刑務所에서 부모님께 (1927년 3월 17일자 소인)
· 權寧植이 西大門刑務所에 있는 權五卨에게 (1927년 3월 20일자 소인)
· 權五卨이 西大門刑務所에 있을 때 받은 엽서 (1927년 3월 29일자 소인)
· 五箕가 西大門刑務所에 있는 權五卨에게 (1927년 4월 8일자 소인)
· 五卨이 西大門刑務所에서 權五箕에게 (1927년 5월 2일자 소인)
· 權五卨이 刑務所에서 秦東에게 (1927년 5월 23일자 소인)
· 五卨이 西大門刑務所에서 權五箕에게 (1927년 5월 24일자 소인)
· 五卨이 西大門刑務所에서 權五箕에게 (1927년 7월 4일자 소인)
· 五卨이 西大門刑務所에서 權五箕에게 (1927년 7월 29일자 소인)
· 五卨이 西大門刑務所에서 權五箕에게 (1927년 8월 4일자)
· 權五卨이 西大門刑務所에서 동생에게 받은 엽서 (1927년 8월 11일자 소인)
· 五卨이 西大門刑所에서 權五箕에게 (1927년 8월 17일자 소인)
· 權五卨이 西大門刑務所에서 柳淵榮 氏宅에게 (1927년 8월 17일자 소인)
· 五卨이 西大門刑務所에서 權五箕에게 (1927년 8월 25일자 소인)
· 五箕가 西大門刑務所에 있는 權五卨에게 (1927년 9월 9일자 소인)
· 五箕가 西大門刑務所에 있는 權五卨에게 (1927년 10월 5일자 소인)
· 五箕가 西大門刑務所에 있는 權五卨에게 (1927년 10월 14일자 소인)
· 五卨이 西大門刑務所에서 權五箕에게 (1927년 11월 14일자 소인)
· 五卨이 西大門刑務所에서 어머님께 (1927년 11월 28일자 소인)
· 權五箕가 西大門刑務所에 있는 權五卨에게 (1927년 12월 8일자 소인 추정)
· 五箕가 西大門刑務所에 있는 權五卨에게 (1927년 12월 17일자 소인)
· 權五卨이 西大門刑務所에서 동생에게 받은 엽서 (○년 12월 25일자 소인)
· 五卨이 西大門獄에서 權五箕에게 (1927년 12월 29일자 소인)
· 五箕가 西大門刑務所에 있는 權五卨에게 (1928년 1월 3일자 소인)
· 五箕가 西大門刑務所에 있는 權五卨에게 (1928년 1월 20일자 소인)
· 五卨이 西大門獄에서 할머니와 부모님께 (1928년 1월 25일자 소인)
· 五卨이 西大門獄에서 아버지께 (1928년 2월 7일자 소인)

· 權五卨이 西大門刑務所에서 權泰東에게 (1928년 2월 18일자 소인)
· 五卨이 西大門刑務所에서 할머니와 부모님께 (1928년 2월 24일자 소인)
· 五箕가 西大門刑務所에 있는 權五卨에게 (1928년 7월 30일자 소인)
· 權五箕가 西大門刑務所에 있는 權五卨에게 (1928년 8월 17일자 소인)
· 五箕가 西大門刑務所에 있는 權五卨에게 (1928년 9월 18일자 소인)
· 五卨이 西大門刑務所에서 權五箕에게 (1928년 9월 24일자 소인)
· 權五卨이 西大門 우리 속에서 金鶴山(南洙)에게 (1928년 10월 7일)
· 權五卨이 西大門 우리 속에서 金鶴山에게 (1928년 11월 2일자 소인)
· 五卨이 權五箕에게 (1928년 11월 26일자 소인)
· 五卨이 아버지께 (1928년 12월 28일자 소인)
· 五潤이 西大門刑務所에 있는 權五卨에게 (1929년 1월 2일자 소인)
· 五卨이 權五箕에게 (1929년 2월 18일자 소인)
· 五卨이 權五箕에게 (1929년 4월 17일자 소인)
· 權五箕가 西大門刑務에 있는 權五卨에게 (1929년 6월 14일자 소인)
· 五箕가 西大門刑務所에 있는 權五卨에게 (1929년 11월 1일)
· 五箕가 西大門刑務所에 있는 權五卨에게 (1929년 12월 11일자 소인)
· 五卨이 西大門獄에서 權五箕에게 (1929년 12월 추정)
· 五箕가 西大門刑務所에 있는 權五卨에게 (1930년 2월 20일자 소인)
· 五卨이 權五箕에게 (1930년 2월 25일자 소인)
· 權五稷이 안동 집에 (1931년 7월 13일자 소인)
· 族從 五愼이 西大門刑務所에 있는 權五卨에게 (○년 7월 23일자 소인)
· 權五箕가 西大門刑務所에 있는 金南洙에게 (날짜 미상)
· 五卨이 西大門獄에서 權泰東에게 (날짜 미상)
· 權五卨이 西大門刑務所에서 柳宗佑에게 (날짜 미상)
· 權五卨이 西大門獄에서 黃信德 · 趙元淑에게 (날짜 미상)
· 權五卨이 西大門獄에서 黃信德에게 (날짜 미상)
· 五卨이 西大門獄에서 權泰東에게 (날짜 미상)

1919년 12월 24일자 소인

李鉐和가 權五卨에게

慶北 安東郡 豊西面 佳谷洞 權五卨 仁兄受鑑

京城府 桂洞 四七ノ一 李鉐和

別已幾何 三餘已半 一陽初生 前
月付葉自達城發而卽轉覽 然萍
踵未知初在何方故尙未謝復若其
後在家則必致利于何地矣隨使便
聞則旅事之汨雖不勝感懷然書範
是絕挫之而終爲礙者哉 弟 無懩
住在而所得者亦可笑可歎耳 餘所蘊
者多而都閣不備禮

헤어진 후 이미 얼마나 되었습니까? 겨울도 이미 반이 지나 동지가 되었습니다. 지난달 부친 엽서는 달성에서 왔는데 곧 돌려 보았으나 떠돌아다니는 몸이라 애당초 어디 있는지를 알지 못하여 여태껏 회답을 드리지 못했습니다. 만약 그 후 집에 있었다면 반드시 어디엔가 이익이 있었을 것입니다. 심부름한 사람에게 들으니 여러 가지 일로 골몰한 점에 대해서는 특히 감회를 이길 수 없으나 편지를 끊어 버리시니 마침내 벽을 쌓으려는 겁니까? 저는 성취한 것 없이 지내고 있어 소득은 가소롭고 한탄스럽습니다. 나머지 할 말이 많으나 모두 그만두고 이만 그칩니다.

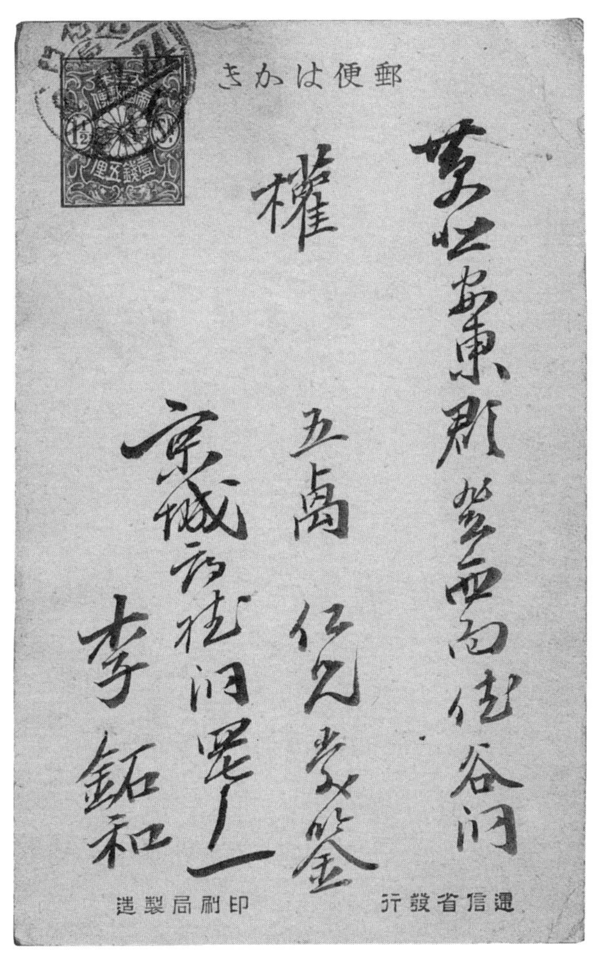
郵便はがき

慶北安東郡豊西面佳谷洞

權五卨

京城府桂洞

李[illegible]和

遞信省發行　印刷局製造

❶

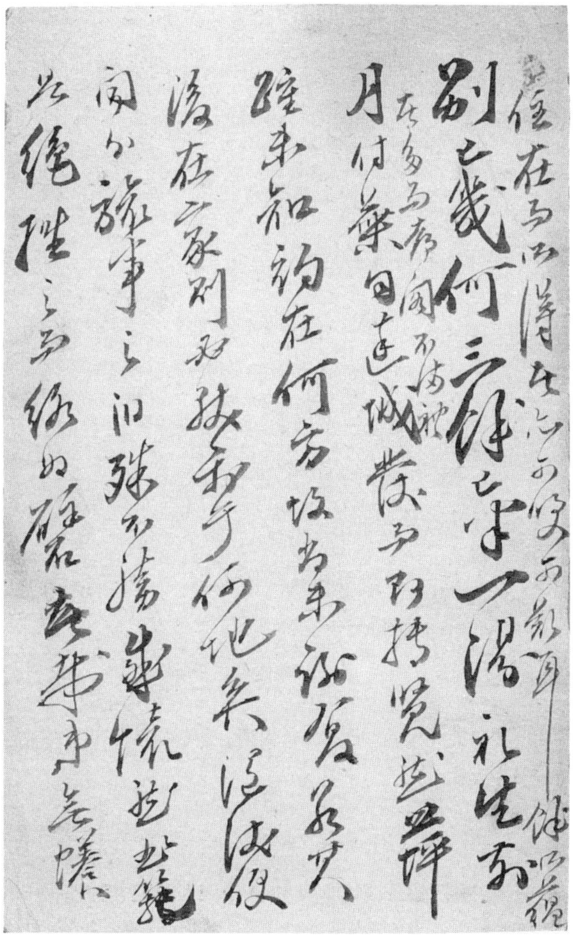

❷

1920년 1월 22일자 소인
李가 權五卨에게

安東郡 豊西面 佳日 權五卨 兄

安東郵便局過

一月 二十二日 李弟 上

敬複雪寒

侍餘兄體大安耳 第示事朴

氏數十日前 自平地成事歸第

而故未見來 通寄于榮川本宅

如何 五愼兄近樣如何 只是遠外

憧憧 聞訃時 弟 出他不在故 未得

趨時回答悚恨 兄 驚

刼之餘 貴體無損否 侄

忙未盡暄凉之如何

삼가 회신을 드립니다. 심한 추위에 어른을 모시고 평안하시지요? 전에 말씀하신 일의 박씨가 수십 일 전에 아무 일없이 일을 성사시켜 집으로 돌아왔는데 아직 만나보지는 못했습니다. 영천의 본집으로 통기를 해줌이 어떻겠습니까? 오신형의 근황은 어떠합니까? 다만 멀리서 그립고 그립습니다. 부고를 들었을 때는 제가 출타해서 없었기 때문에 때맞추어 회답을 드리지 못하여 죄송합니다. 형은 경겁을 당한 나머지 몸에 다친 곳은 없습니까? 조카는 바빠서 자주 안부도 드리지 못합니다.

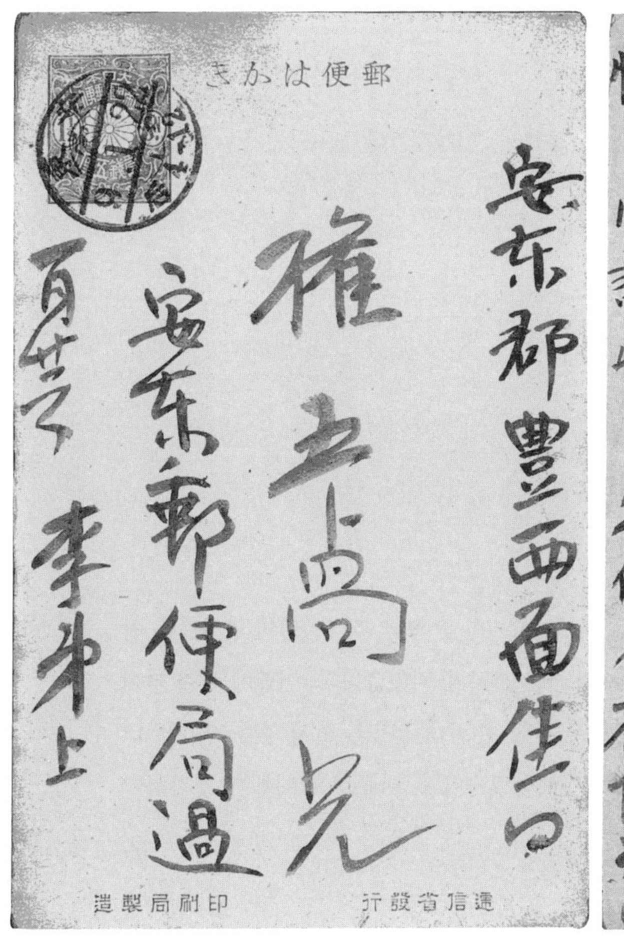

郵便はかき

安東郡豐西面佳口

權五高 兄

安東郡便局過

百廿三 李中上

遞信省發行 印刷局製造

❶

❷

1920년 2월 8일자 소인
吳貞秀가 權五卨에게

安東郡 豊西面 佳日洞 權五卨 兄

一直面 望湖洞 吳貞秀

答禮ガ遲シトテ恕ツテハイケマセン先達ノ年
賀狀ハ誠ニ有難存ジ候 鶯ノ新シフ聲
ニテ立春ノ夢ヲ醒メラレ候如何ニ有之
候ヤ日和モヨク雪モ溶シ道路モ乾
燥シアリ南行ヲ御一度期セサルヤ
余リ濟マサルモ去日例ノ一件ニ付テハ
失禮致候何卒惡シク御取ラサル
樣御願申上候　右迄

답례가 늦었다고 화내시면 안 됩니다(恕자는 怒자의 오기인 듯—역자 주). 전번의 연하장은 참으로 감사합니다. 꾀꼬리의 새로운 소리로 입춘의 꿈을 깨우게 되었습니다. 어떻게 이런 일이 있겠습니까? 날씨도 좋고 눈도 녹아서 길도 말랐으니 한 번 남쪽 걸음을 하지 않겠습니까? 너무 미안합니다마는 지난날 예의 일에 대해서는 실례하였습니다. 아무쪼록 나쁘게 생각하지 마시기를 바랍니다. 이만.

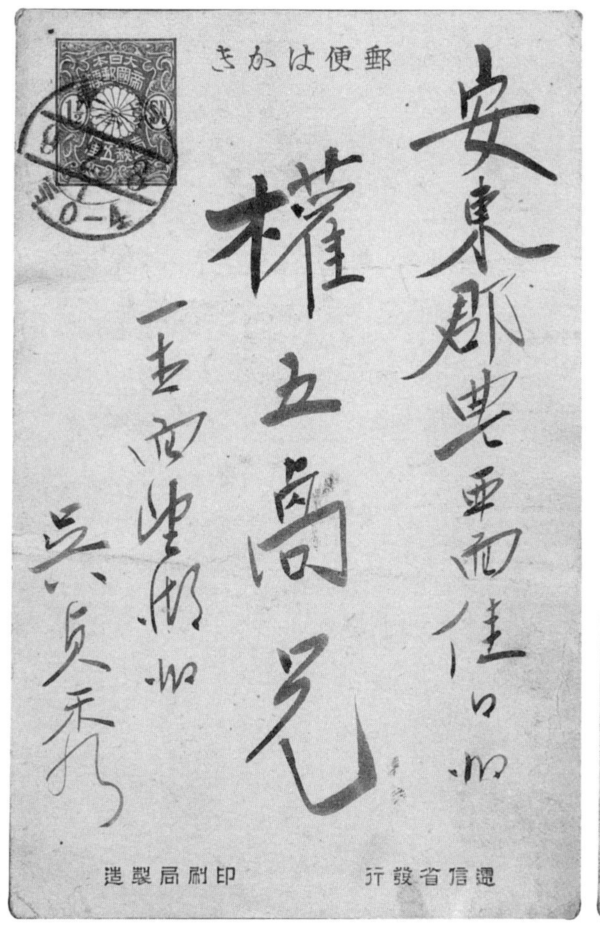
郵便はかき

安東郡豊西面佳口洞

權五尚兄

逓信省發行　印刷局製造

❶

❷

1920년 6월 13일자 소인

安東靑年會長 全省吾가 權五卨에게

安東郡 豊西面 佳谷洞 權五卨 氏

敬啓者

本月 十九日(陰 五月 四日) 午后 一時부터 太師廟 崇報堂 內에셔 本會 臨時總會를 開ᄒᆞ깃숩기 玆以 通知ᄒᆞ오니 屆期 出席ᄒᆞ심을 爲要.

追而曩日義捐ᄒᆞ신 金額은 整理上 必要가 有ᄒᆞ오니 本月 末日까지 本會會計(金厦鎭氏 又ᄂᆞᆫ 權重淇氏)의게 無違 送付ᄒᆞ심을 切望.

大正 九年 六月 十二日

安東靑年會長 全省吾

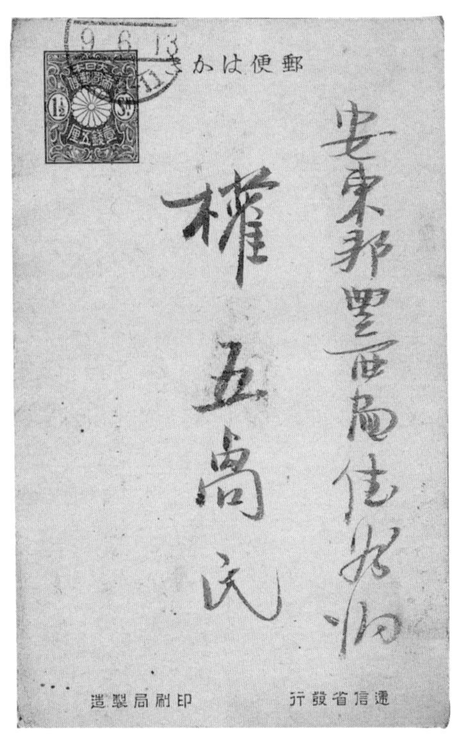
郵便はかき
安東郡豐西面佳谷洞
權五卨氏
遞信省發行 印刷局製造

❶

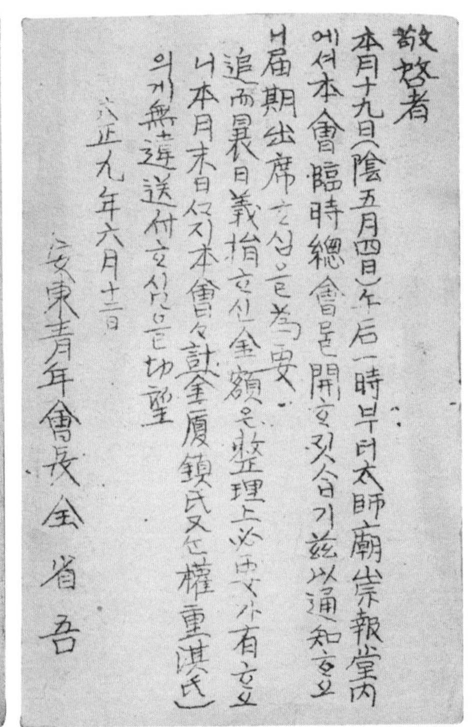
敬啓者
本月十九日(陰五月四日)午后一時부터太師廟崇報堂內에셔本會臨時總會를開ᄒᆞ깃숩기玆以通知ᄒᆞ오니屆期出席ᄒᆞ심을爲要
追而曩日義捐ᄒᆞ신金額은整理上必要가有ᄒᆞ오니本月末日ᄭᆞ지本會會計金厦鎭氏又ᄂᆞᆫ權重淇氏의게無違送付ᄒᆞ심을切望
大正九年六月十二日
安東靑年會長全省吾

❷

1920년 7월 12일자

安東靑年會에서 權五卨에게

豊西面 佳谷洞 權五卨 氏

拜啓

本月 十七日(陰六月 二日) 下午 一時 公立普通學校 構內에서

講演會를 開催하오니 届期光臨爲要.

大正 九年 七月 十二日 安東靑年會

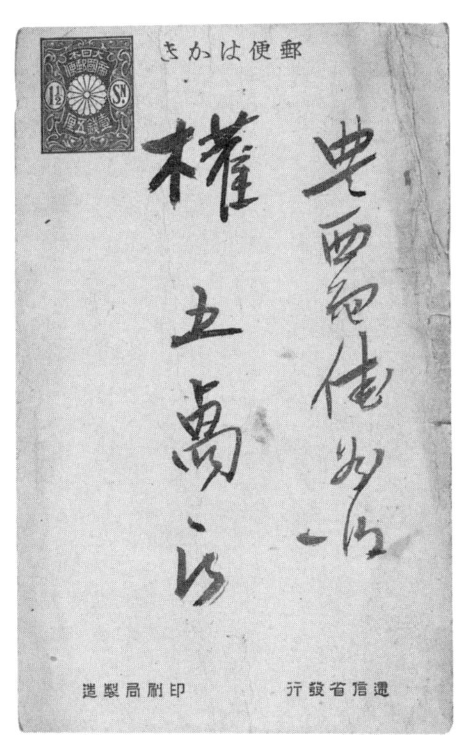
郵便はかき

豊西面佳谷洞

權五卨 氏

遞信省發行 印刷局製造

❶

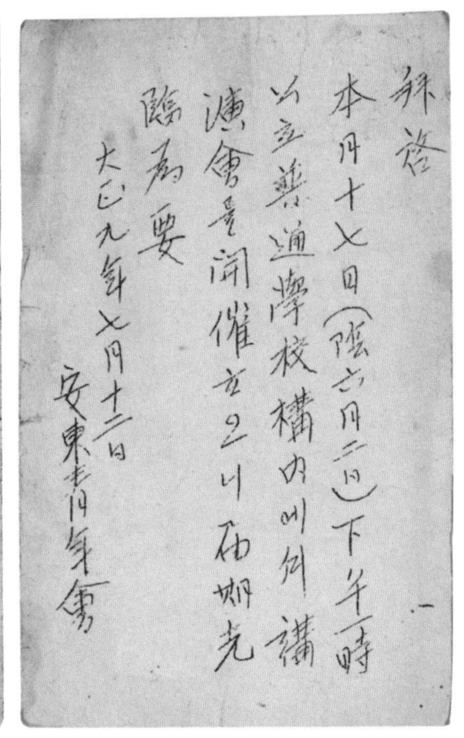
拜啓

本月十七日(陰六月二日)下午一時公立普通學校構內에서講演會를開催하오니届期光臨爲要

大正九年七月十二日

安東靑年會

❷

1923년 8월 3일자 소인

五高이 權五箕에게

日本 東京府 下吾嬬町 淸地 三七一 八田方 權五箕 君

朝鮮 安東 豊山 五高 寄

또 일의 場所를 옮어 區役所 일 보기 되었나. 金錢에 利益이 덜하더라도 한곳에 오래 있는 것이 좋지 안이한가? 勿論 窮謀에서 허는 수 없슬 줄은 諒解한다. 그러나 窮謀의 狂에 엇더한 不倖에 빠지지나 안이할가 저어하야 말하는 것이다. 잘 알아서 失敗가 없도록 하기를 千萬 바랜다. 이만.

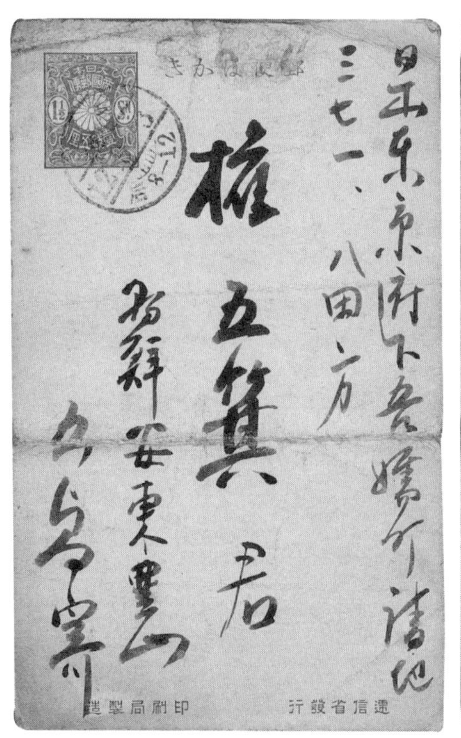

❶

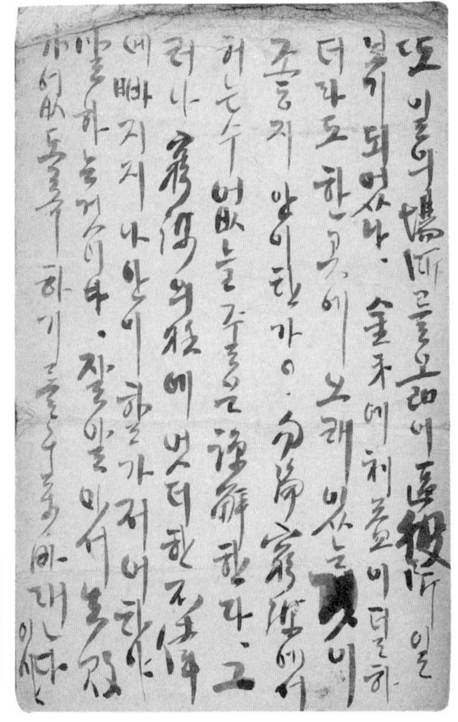
❷

1923년 9월 8일자 소인

朝鮮教育協會隣友會 內 金一泳이 豊山學術講習會 權五卨에게

慶北 安東郡 豊山面 豊山學術講習會 權五卨 兄任

京城府 水標町 四十二番地 朝鮮教育協會隣友會 內 金一泳 告

오~ 나의 兄任이여. 요사이에 무슨 障碍나 업싸오며 別故나 업습니가. 사랑을 바든 弟은 昨日 夕陽에 京城 南大門驛으로 到着하여셔 방가운 우리 同僚을 만나셔 握手로 寄宿舍에 와셔 모든 情談을 다하다가 十二時가 됨에 困한 몸으로 고만 자습니다. 아참 일곱 시에 이려나셔 첫 生覺으로 아아 k兄은 져 日本 消息을 듯고 얼마나 걱정을 하시나 아마 k兄의게 片紙나 하여셔 k兄의 걱정에 慰勞도 하며 消息도 알아보려고 붓대을 잡고 두어 글자로 별노 가춘 것 업스나마 사량으로 바다 보시오. 끝으로 k兄의 健康을 祝하고 이로 끝치옵니다.

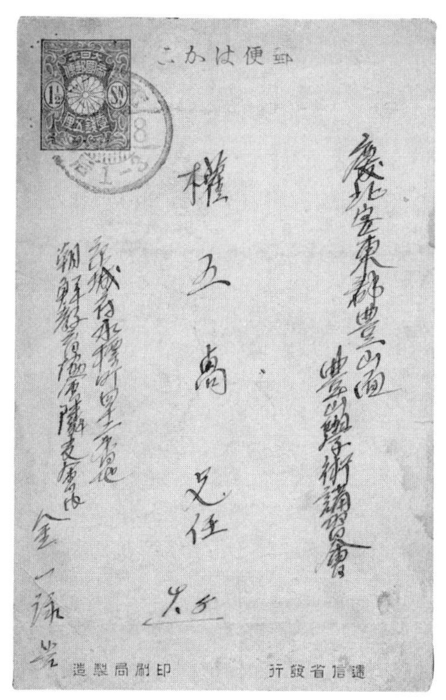

❶

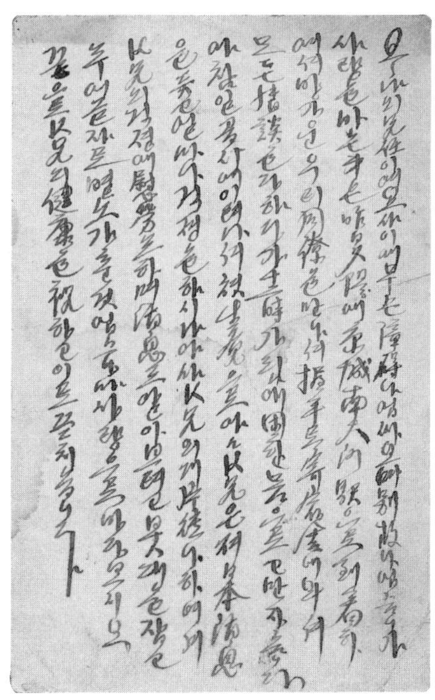

❷

1923년 9월 23일자 소인 추정

五卨이 豊山學校에 있을 때 二六新報社 權五稷에게

東京府 下龜戶町 二四00番地 二六新報社 權五稷 君

朝鮮 慶北 安東 豊山學校 五卨

五箕君은 無事히 있다고 習志野兵舍에서 片紙 오앗다. 너는 엇덯게 있느냐 알리어다고. 알리어주면 곳 送金하겠다. 이만.

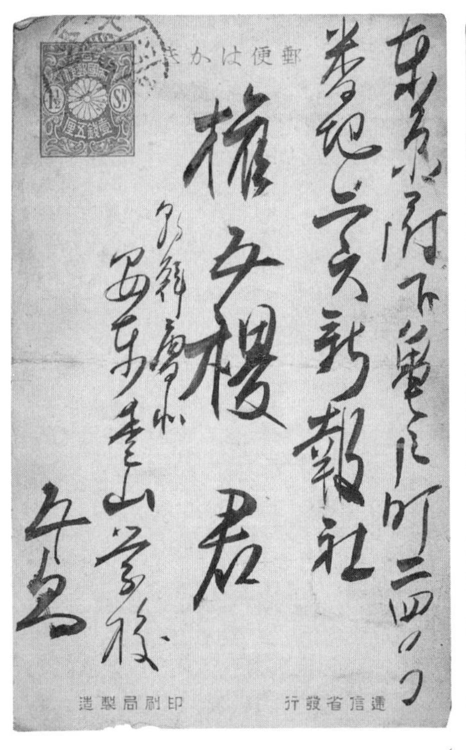
郵便はかき

東京府下龜戶町二四00

番地二六新報社

權五稷 君

朝鮮慶北

安東豊山學校

五卨

遞信省發行 印刷局製造

❶

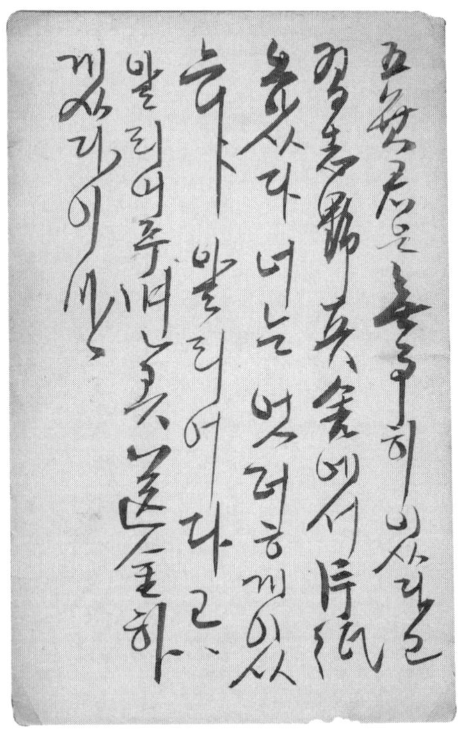
五箕君은 無事히 잇다고

習志野兵舍에서 片紙

오앗다 너는 엇더케 잇는

냐 알리어다고、

알리어주면 곳 送金하

겟다 이만

❷

1923년 10월 10일자 소인

朝鮮教育協會 內 朴春濤가 豊山學術講習會 權五卨에게

慶北 安東郡 豊山面 豊山學術講習會 權五卨 先生

京城 水標町 四十二 朝鮮教育協會 內 春濤

悤悤作別한 일은 只今까지 섭섭하외다. 學校敎師의 請을 듯지 못하고 도라온 일은 퍽 未安하외다. 나 自身은 못할지라. 將次他人이나 보아 紹介하지요. 그런데 日前 그곳서 타고 오든 車運轉手 成東燁君에게 醴安서 仔細한 付託한 것은 곳 보앗는지요. 만일 못 보왓거든 安邑齊藤自動車部에 가서 或 過豊하는데 成君을 무러서 그 付託대로 하야 쥬시요. 曾呂君과 奎鎬君에 잘 말삼하야 할 슈 잇는 대로는 資金을 多數히 準備하야 가지고 쏙 나를 만나서 仲介業을 共營하게 하야 쥬시요. 서울 그져 와서 米豆營業하자면 참 幾千人 幾萬人의 期米營業者가 仁川과 京城間에 깔녀 잇는지라 信用할 슈 업는 사람에게 約失하기 十中八九가 될 터이오. 이 点은 特히 注意하고 期米에 虛慾이 업스면 모르나 不然하면 쏙 나의 經營하는 仲介店에 關係하도록 하야 쥬시요. 또 文券에 關한 일은 幾日間 더 생각하야 가지고 그 證明價額과 實價도 斟酌하며 또는 이곳 會社側에 돈쓸 方向도 定하야 놋코 便利한 方法을 取하야 資金을 運用하도록 합시다. 前에도 한 말이지만 近來 우리들이 空然히 무슨 事業이니 무슨 活動이니 하얏스나 그는 다 虛事라 金力의 準備가 업시는 다 甕算이오 虛計라 무슨 所用이 잇스리요. 一穫萬金하는 營業이 아니고는 道理 업소. 그럼으로 期米業을 하지 안코는 道理가 또다시 업는 줄 아오. 내가 將次 資金을 엇어 가지고 期米仲買店을 내야 그 營業을 하면 社會客들이 펵쥭일 놈이라고 謀利輩라고 辱할 터이지요. 그러나 나는 다 不關하고 自今으로 資金만 準(備자를 빠뜨림-필자 주)되면 期米業과 株式業에 쏙 三年만 專力할 決心이 鋼鐵 갓소. 前書에도 한 말이지만 曾呂와 鎬君은 最速한 日字로 融通하야 쥬도록 信信 付(託자를 빠뜨림-필자 주)하오. 特히 請囑懇託할 것은 아무리 느져도 十三日 內로 金 百五六十圓 以上 約 三百圓만 쏙 水標町 四二番地 致弟에게 쏙 電換하야 쥬시요. 爲先 大必要로 쓰겟소. 정 할 슈 업스면 高利貸人에게서 엇어라도 쥬면 未久에 返報하게 하지요. 꼭 可及的 三百數만 쥬시요. 十四五日 ■■■■이 數

는 十三日 內로 電換하야 쥬시오.

九日 朴春濤 拜上

十三日 內로 쏙 三百數만 졍 不可能하면 百五十數 以上으로, 만일 이 글 보고 絶對 不可能하시면 곳 絶對 不能으(로가 빠짐-필자 주) 一刻도 滯延 말고 打電하야 쥬시(오가 빠짐-역자 주).

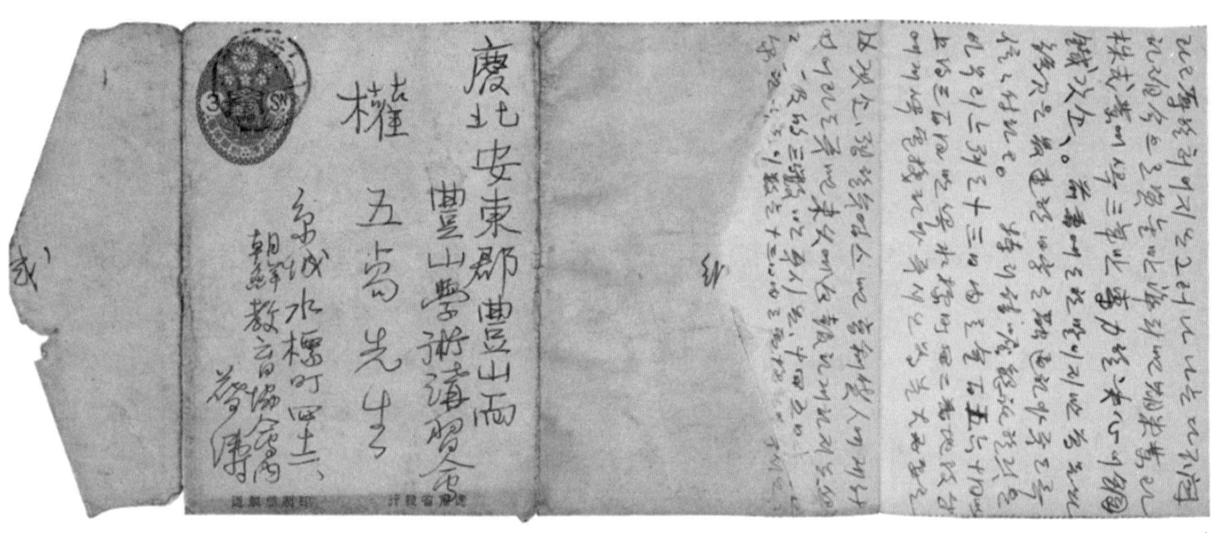
慶北 安東郡 豊山面
豊山學術講習會
權五卨 先生

❶

❷

1923년 10월 15일자 소인

豊山學校 五高이 鮮人相愛會 權五箕에게

東京市 日本橋區 人形町 鮮人相愛會 權五箕 君

朝鮮 慶尙北道 安東郡 豊山學校 五高

五稷의 通知가 오았다고 부친 便紙는 아직 못 보았느냐. 去月 卄三日 龜戶町 前住所에서 無事하다는 消息은 電報로 便紙로 거듭 들었다. 念慮 말아라. 다만 速히 돌아오기만 바래고 尤先 이만. 집은 無事하다. 너는 困難을 엇덯게 견듸나?

十月 十三日

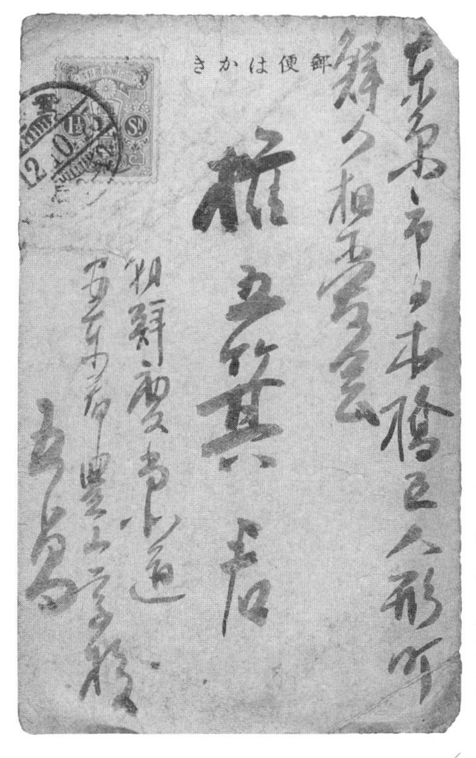

❶

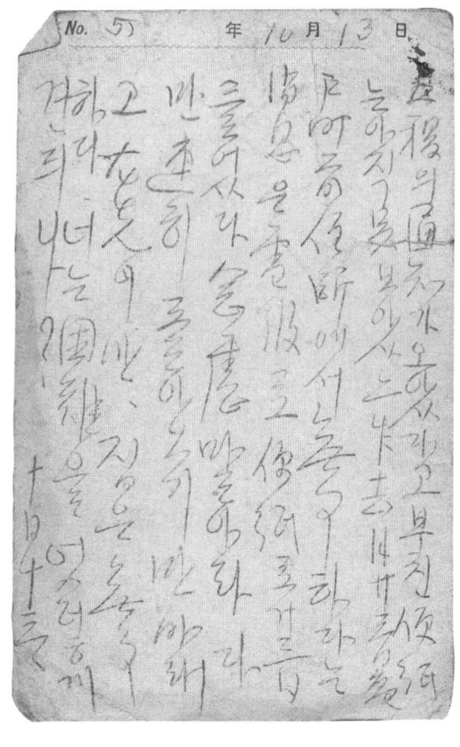

❷

1923년 10월 21일자 소인

五卨이 朝鮮人相愛會 權五箕에게

日本 東京 日本橋區 人形町 朝鮮人相愛會 權五箕 君

安東 五卨

오너라 오너라 速히 오너라. 올 도리가 있거든 兄弟 다 速히 오너라. 집에서 어른들의 걱정은 勿論이고 그곳에서 工夫할 도리 없는 바에는 있어서 무엇하는냐. 아모조록 速히 올 도리 하여라. 바래는 것은 이뿐.

十月 卄一日

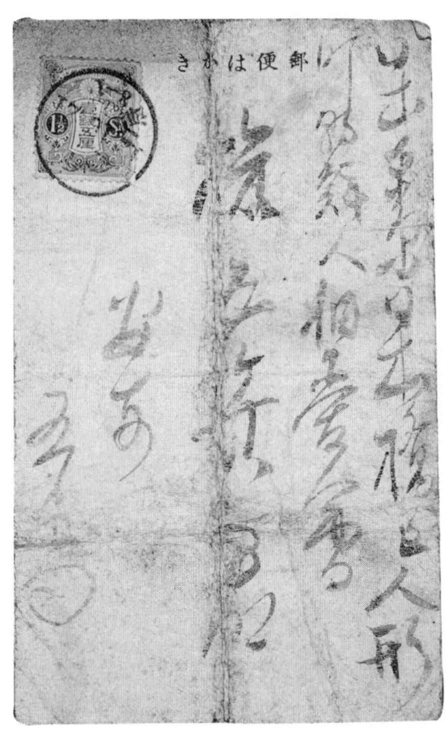

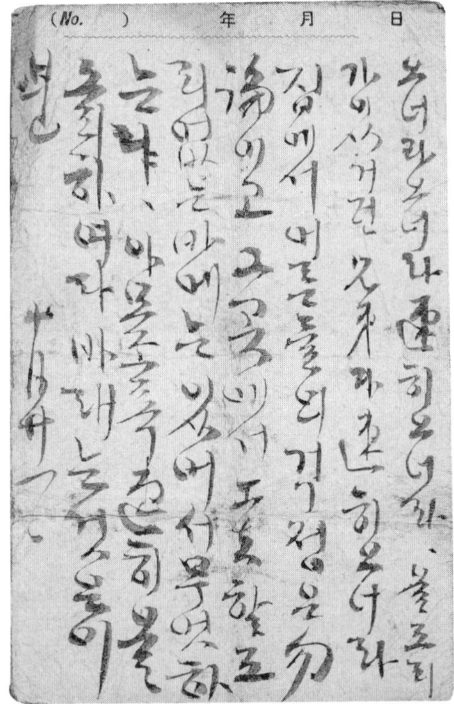

❶ ❷

1923년 10월 30일자 소인

五稷이 學校 內 權五卨에게

朝鮮 慶北 安東郡 豊山面 學校 內 權五卨 氏

東京府 下龜戶 二四00番 五稷 올림

廿九日 夜

伏未審日間에 客中 氣體候 平安하시온지. 千萬敬祝하옵니다. 그른대 兄主시여 또 거듯 엿주을 것은 다름 아니라 先者 上書한 바와 같이 正말노 第一 몬저 걱정을 마시기 心慮 하시지 마시기를 바람니다. 某條록 以萬으로 生覺하시고 以萬으로 料量하시기를 바람니다. 하여서 父母께서도 兄主께서도 부대 이놈들의 泰平無事하다고 짐작하시를 그른대 다른 말삼은 어제와 다름이 없읍니다. 仲兄主는 只今 吾嬬町 山村井 三五一 大西三次郎 方에 잇습니다.

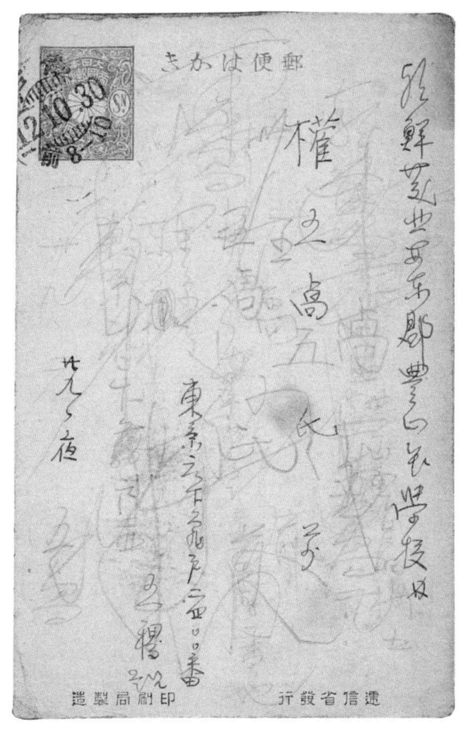

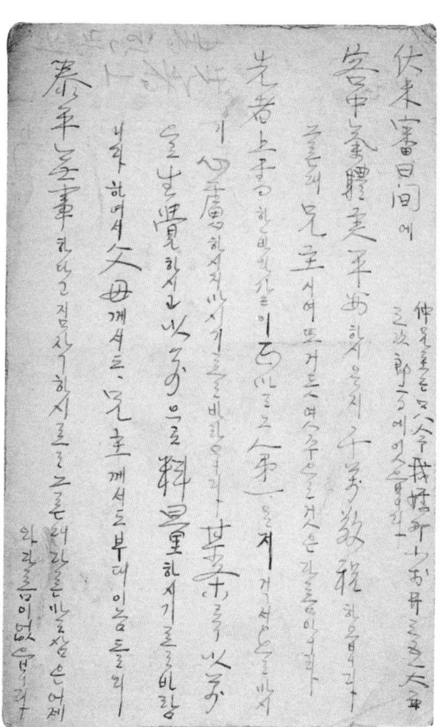

❶ ❷

1923년 10월 ○일자 소인

權景錫이 市場學校 內 權五卨에게

安東郡 豊山面 市場學校 內 權五卨 어니 앞

留安內 權景錫

언니 못 뵈온 지 벌서 週間되엿음니다. 먼저 平安하십니까 하고 문나이다. 아우난 望山涉水의 閑味를 맛보다가 도라와서난 또 複雜 그것뿐이웨다. 那事之難에서 融通을 不許함으로 그만 水泡에 가고 마럿나이다. 우리의 앞에난 그저 魔障뿐이엿나이다. 하지만 忿鬪만 하는 中이올시다. 爲先略禮.

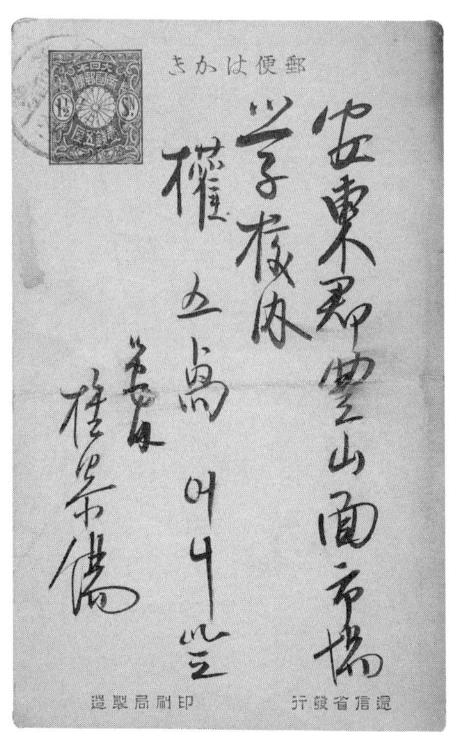

❶

❷

1923년 11월 17일자 소인

五嵩이 權五稷에게

東京府 下龜戶町 二四00 宮地 方 權五稷 君

朝鮮 安東 五嵩

어듸가 엇덯게 앞아, 듯기에 놀납다. 요사이 조곰 나으냐. 곳 알리어다고. 나는 늘 편ㅎ다. 큰 周旋이 없거든 나아오너라. 深量하야서.

十一月 十四日 夜 兄 書

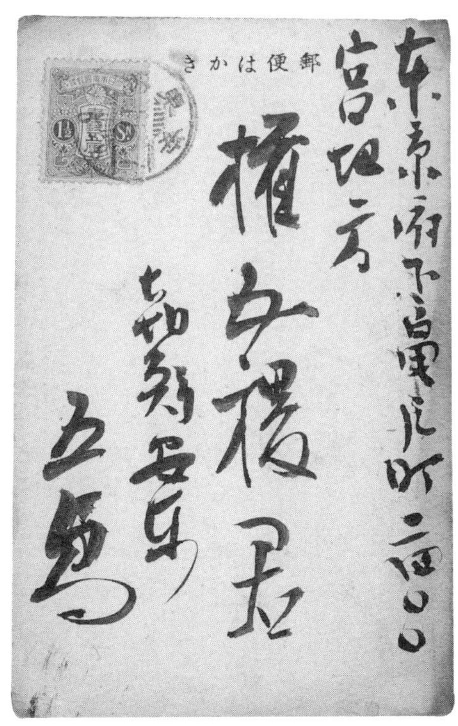

❶

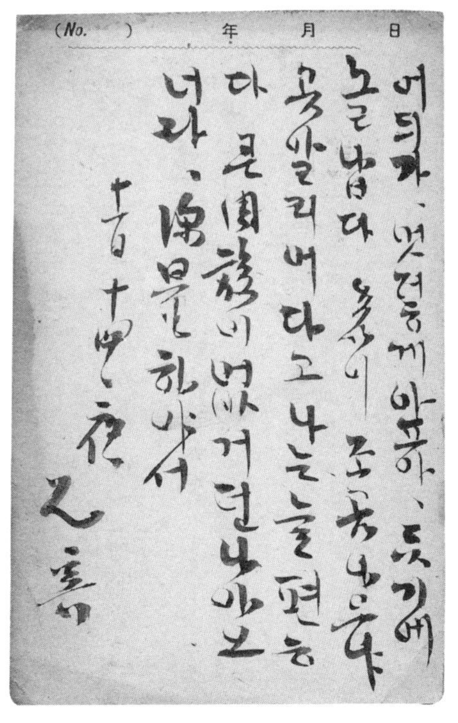

❷

1923년 11월 17일자 소인

五高이 權五箕에게

東京府 吾嬬町 山村井 三五一 大西三次郎 方 權五箕 君

朝鮮 安東 五高 寄

요사이 일하는 것은 무엇이며 몸 平康하냐 알고 십다. 兄은 一樣으로 지난다. 다른 좋은 道理 없거던 速히 돌아올 道理를 하는 것이 좋다. 深量하야서 하기 바랜다. 이만.

十一月 十四日 夜

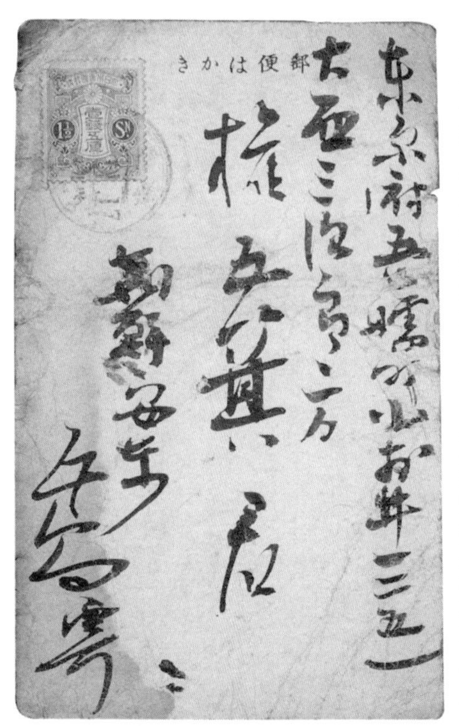

❶

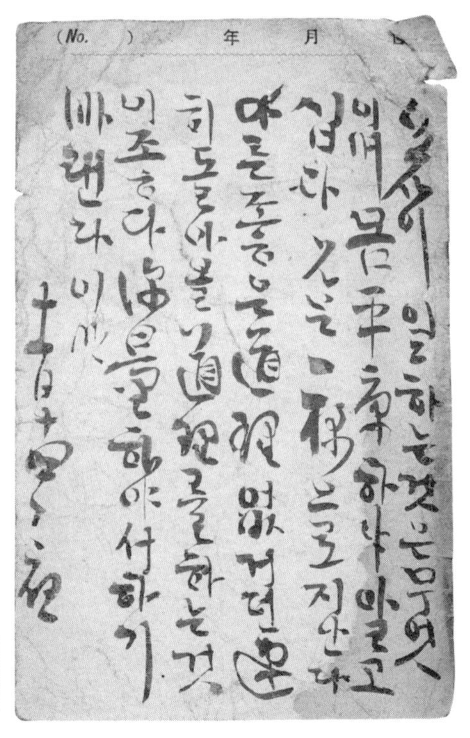

❷

1923년 12월 21일자 소인

五嵩이 權五箕에게

東京府 下吾嬬町 山村井 三五一番地 大西三次郎 方 權五箕 君

日前 너의 片紙 보니 반갑다. 몸 편한 것은 깃브다. 섯달에 나아 오아야 할 터이지만 다시 들어가겠다는 約束을 하고 단기어 가거라. 집에서 걱정이 如干이 안이다. 이만.

五嵩 寄

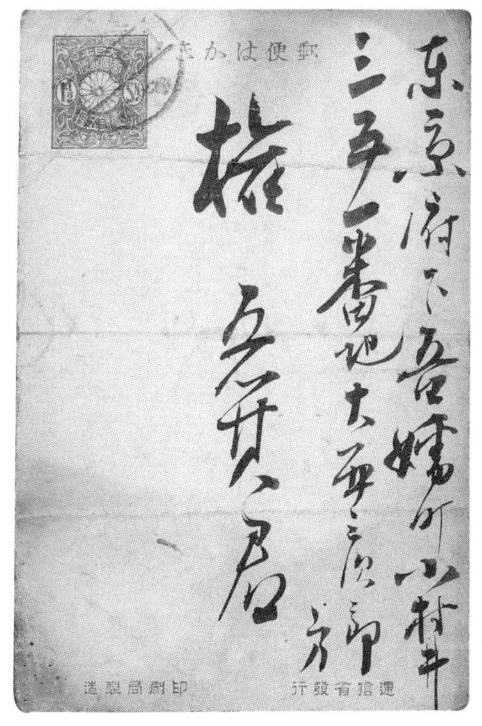

郵便はかき

東京府下吾嬬町山村井
三五一番地大西三次郎方
權五箕君

逓信省發行　印刷局製造

❶

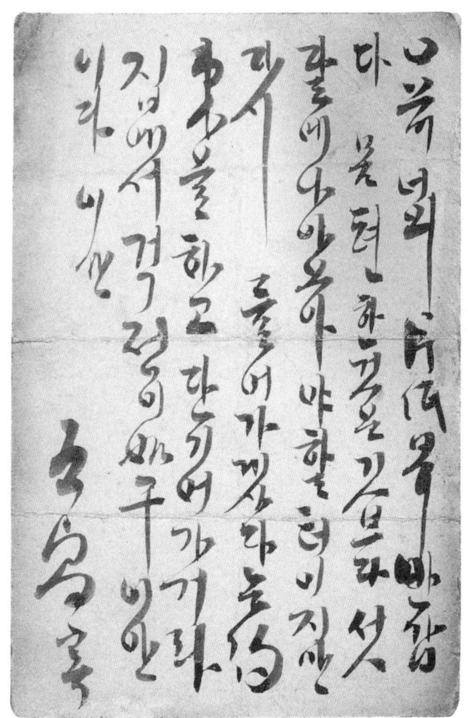

日前 너의 片紙 보니 반갑다
몸 편한 것은 깃브다 섯
달에 나아 오아야 할 터이지만
다시 들어가겟다는
約束을 하고 단기어 가거라
집에서 걱정이 如干이 안
이다 이만
五嵩 寄

❷

1923년 12월 25일자 소인

大邱公立農業學校에서 私立豊山學校에

慶尙北道 安東 邑內 私立豊山學校 口中

大邱公立農業學校

大正 十二年 十二月 卄四日

本校入學試驗ニ關スル規定并ニ入學志願書送付方御照會ノ趣坪承仕明學年度ヨリ修學年限延長ニ付規則等改正ヲ要スル爲大正十三年二月末日頃ナラテハ發送ノ運ニ至ラサルヘク候ニ付左樣御諒承被下度先ハ右不取敢御通知迠 如此御座候也.

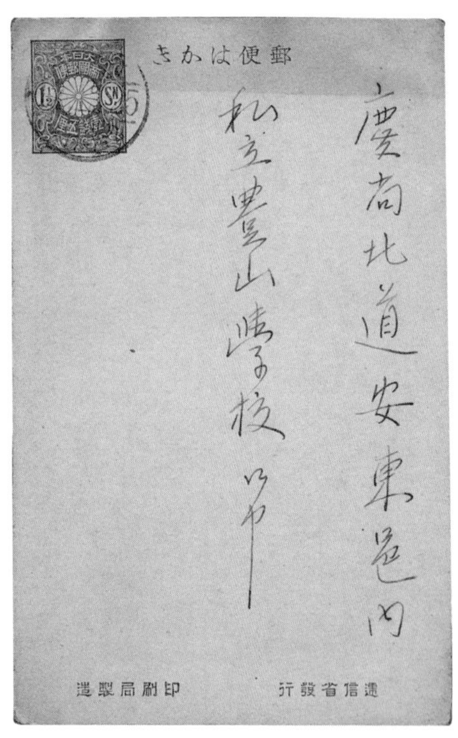

❶

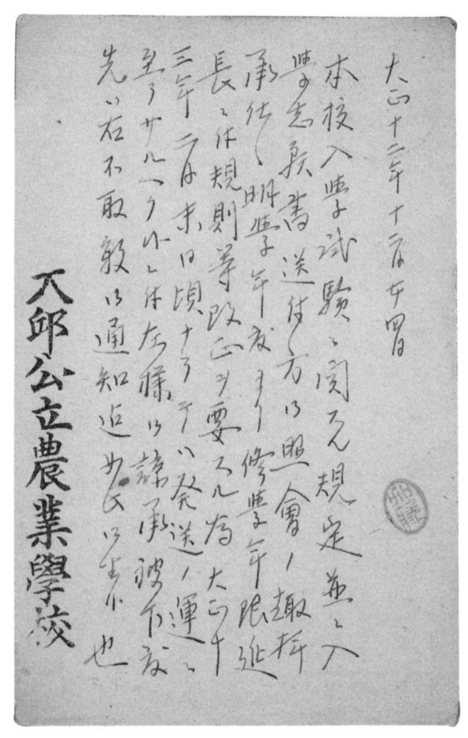

❷

1923년 12월 25일자 소인

徽文高等普通學校에서 私立豊山學校長에게

慶北 安東郡 私立豊山學校長 殿

京城府 苑洞 二百六番地 徽文高等普通學校

敬復書

貴椷은 拜讀하엿사오며 本校入學試驗에

關한 規定은 陽明年二月末三月初旬頃 官報나

新聞에 發布될터이옵고 入學志願書도 三月

初旬에가서야 發行되갯사오니 以此

照亮하심을 敬衷

十二月 二十五日

삼가 회신을 드립니다. 보내주신 편지는 잘 읽었으며 본교 입학시험에 관한 규정은 양력 명년 2월 말이나 3월 초순경에 관보나 신문에 발표될 예정이고 입학지원서도 3월 초순에야 발행되겠사오니 이렇게 알아주실 것을 삼가 바랍니다.

12월 25일

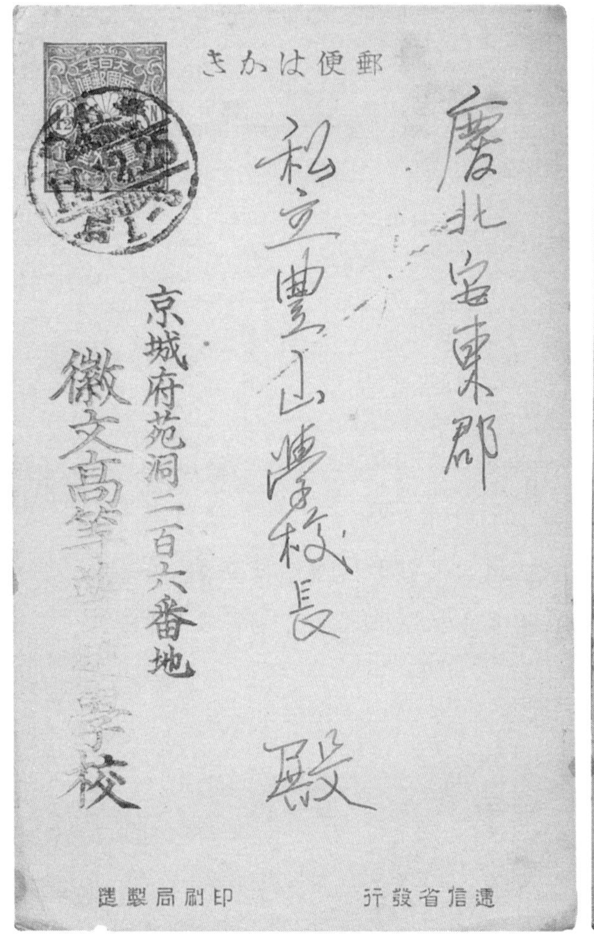
郵便はかき

慶北安東郡
私立豐山學校長 殿

京城府苑洞二百六番地
徽文高等普通學校

遞信省發行 印刷局製造

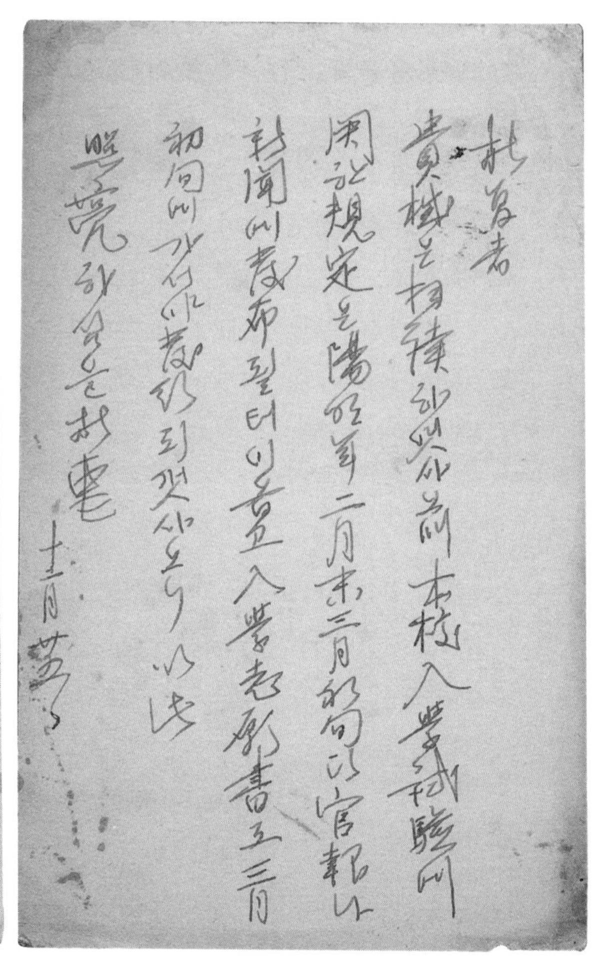
拜復者
貴翰은 拜讀하였사오나 前에 本校入學試驗에
關한 規定은 陽曆明年二月末三月初旬의 官報나
新聞에 發布될 터이온대 入學志願書는 三月
初旬에 가서 發表될 것이오니 以此
照亮하심을 敬要

十二月 廿[illegible]

1924년 1월 9일자 소인

私設廣明義塾 權元周가 豊山學術講習會 權五卨·李光淵에게

安東 豊山學術講習會

權五卨 · 李光淵 兩兄

謹 賀 新 年

元籍 醴泉 龍門面 上金谷

現住 柳川 私設廣明義塾

一月 七日 權元周

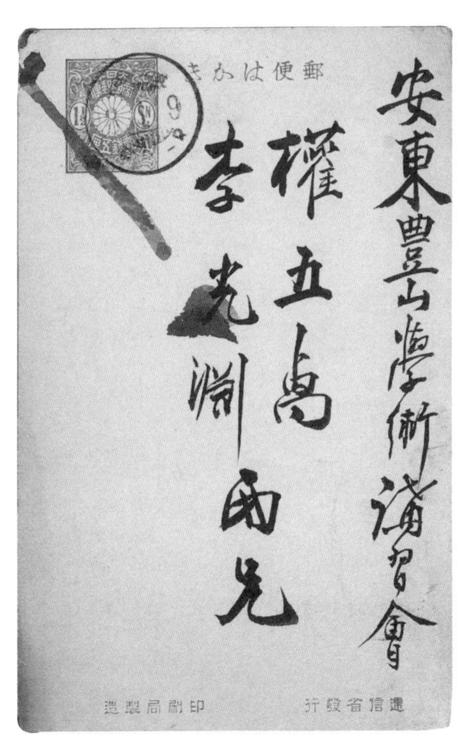

❶

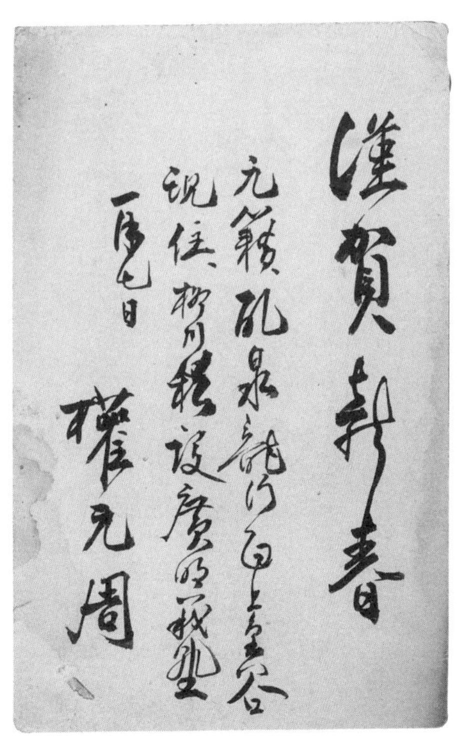

❷

1924년 1월 11일자 소인

李衡國이 豊山講習會 權五卨에게

豊山講習會 權五卨 氏

東後面 道谷洞 李衡國

새해예 밋치어 과거와 미래를 축하올 셰 먼저 건강하심을 빔내다. 힘 잇게 굿세게.

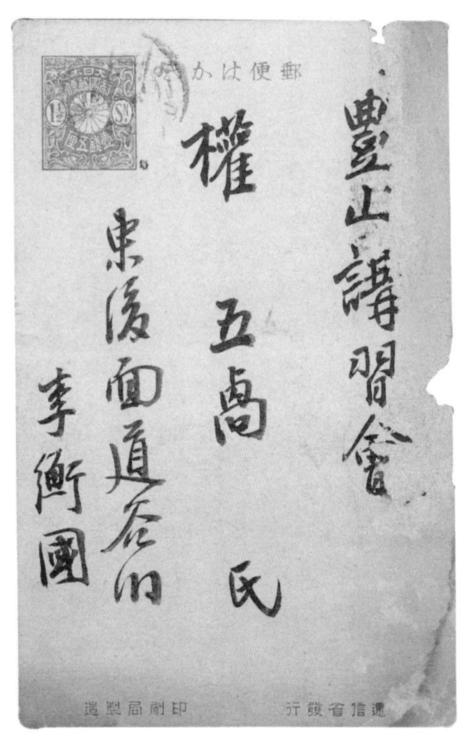
郵便はがき

豊山講習會

權 五卨 氏

東後面道谷洞

李衡國

遞信省發行 印刷局製造

❶

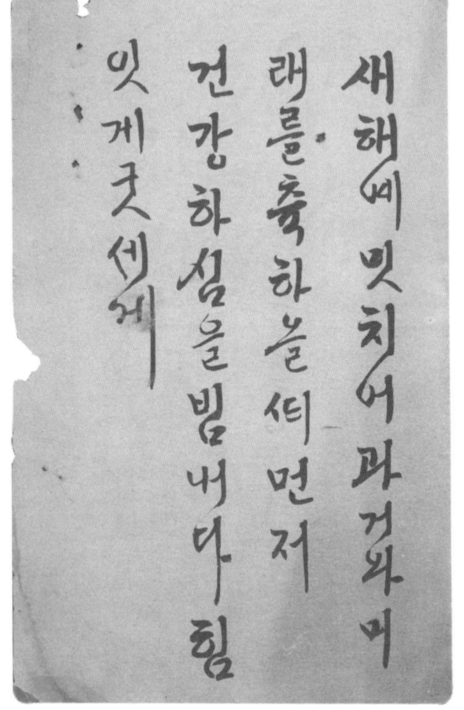
새해예 밋치어 과거와 미

래를 축하올 셰 먼저

건강하심을 빔내다 힘

잇게 굿세게

❷

1924년 1월 11일자 소인

京山講習會 徐逢春이 豊山學校 內 廉尙進 · 權五卨에게

慶北 安東郡 豊山面 豊山學校 內 廉尙進 權五卨 先生

京山講習會 1913.1.10日 徐逢春 上

여러 달 동안 싸인 회포을 플진 못하고 잇든 차에 두 先生님 「祝闊步前進」이라는 다섯 자을 바들 때에 감사함을 무어시락고 다 이 鈍才의 口舌과 筆力으로는 말삼을 올리지 못하겟읍니다. 先生님이시여!! 甲子의 新年을 마자서 德이 롭(높-역자 주)고 愛가 넓은 先生님께서는 새덕 새 사랑으로써 얼마나 敎鞭을 들고 애을 씨승잇가? 이곳 여러 동무도 新氣運을 바다 가지고 工夫을 잘하는 模様이로소이다. 우리 學校의 盟休의 事件으로 精神을 차리지 못하는 것은 게우 解決이 되야서 工夫을 게속하기로 되야습니다. 또 이후이라도 새 사랑으로 늘 사랑하야 주시압소서. 祝 先生님 平安이로소이다.

good boy(bye-역자 주)

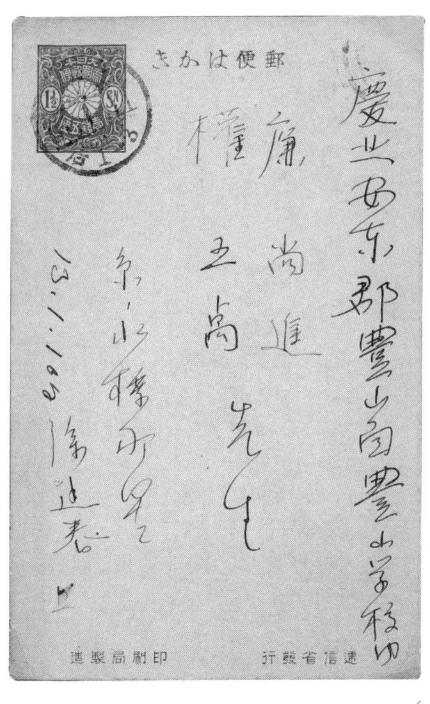
郵便はかき

遞信省發行　　印刷局製造

❶　❷

1924년 1월 11일자 소인

李會國이 學術講習會 內 權五卨에게

慶北 安東郡 豊山面 學術講習會 內 權五卨 氏

京城 雲泥洞 五三番地 尹琮漢 方 李會國 上

그동안 함아 오래되였읍이다. 아지 못 요사이 冬日如春한대 신체 내내 康旺하시며 育英하는 지음에 얼만한 實이 있읍잇가. 궁금하압나이다. 門下生 늘 한모양 지내나이다. 져 上京할 時 付托하시든 書册은 모다 파리여 아즉은 살 수 없으며 雖 있다 하듸라도 不可不 先金을 要求하니 甚悶한 事이올시다. 져 생각은 京城書店에서 日本으로 住文하야 오는 册을 期待하기보담도 우리가 直接 日本으로 住文하면 더 낼랠 듯함이다. 요양하시서 하압소서. 이만 주리나이다.

一月 十一日

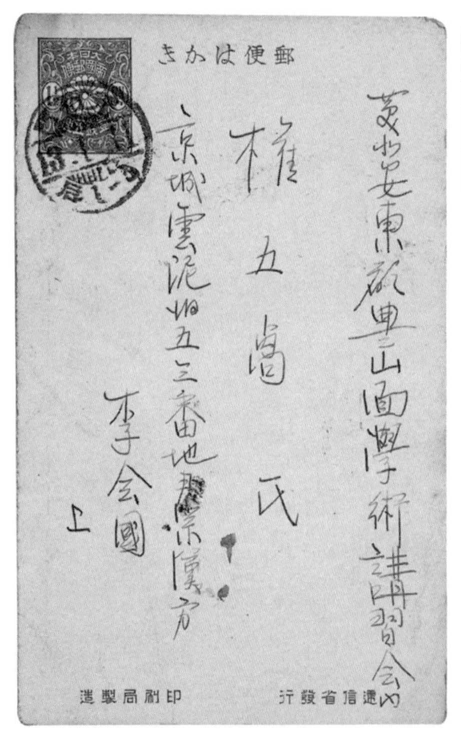

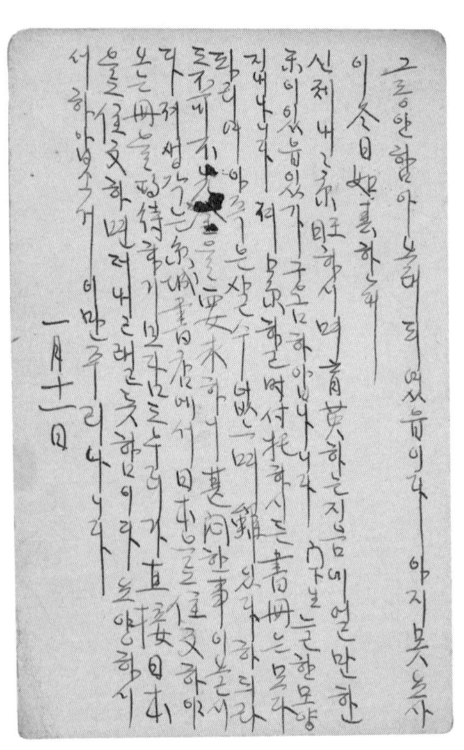

❶ ❷

1924년 1월 13일자 소인

五雲이 豊山學校 內 權五卨에게

慶北 安東郡 豊山學校 內 權五卨 氏

京 水標町 五雲 올님

十日에 떠나 無事到城하였읍니다. 謹未審日來에 校內 여러 先生님 늘 安旺하십니까. 저는 올나온 後로 몸 튼튼합니다. 所託事中 歷史付圖는 샀읍니다마는 讀本十一卷는 있는 書店이 없읍니다. 全科參考書 前後期用 六册는 저의게 餘金이 없으니 사들 못하였읍니다. 日後라도 다 사서 함께 붗이는 것이 언들가요? 十三日 붗임니다.

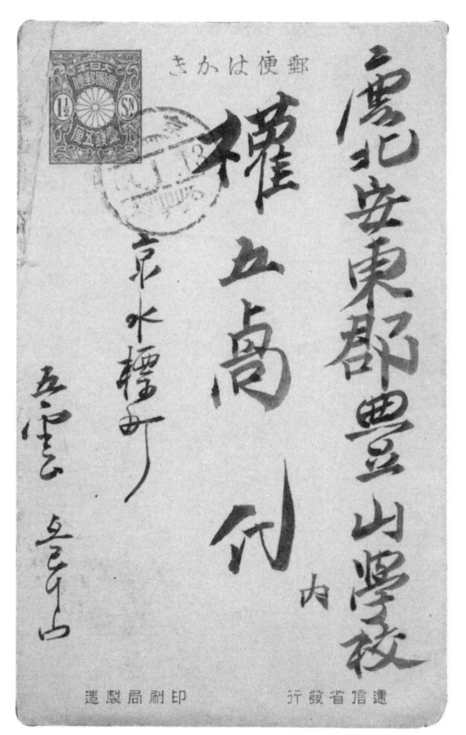

❶

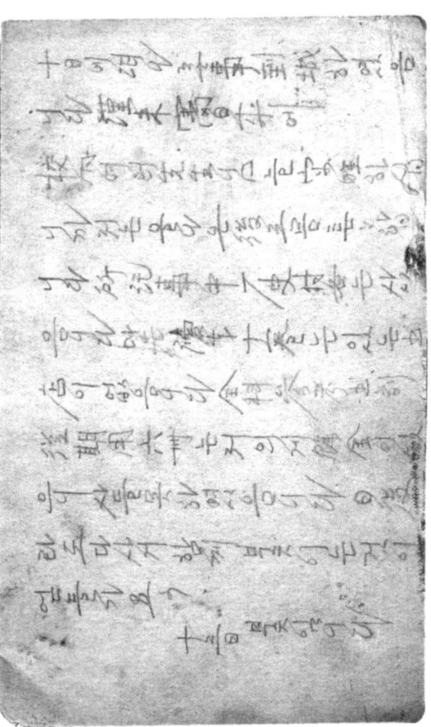

❷

1924년 1월 13일

李完基가 豊山學術講習會長 權五卨에게

豊山學術講習會長 權五卨 氏

安東邑內 私立----學林

새해에는 所願 성취 하섯지오? 小生은 마츰 出他中이여서 年禮를 欠하엿습니다. 敢히 寬恕를 비압는 저의 面皮는 한갓 붉으레 할 뿐이외다. 千萬里가 멀지 안이하야 朝夕으로 往來할 便宜를 가진 사람도 이 世上에는 업지 안이한대 不過 貴地와 安東의 요만한 距里에서 해를 두고 못 보는 우리의 處地가 가엽도소이다. 筆末에 臨하와 한마듸 비압노니 「平和와 幸福의 神이 貴下와 밋 全家族 사이에 끗침 업시 君臨하서지이다……」고.

甲子 正月 十三日 李完基 再拜

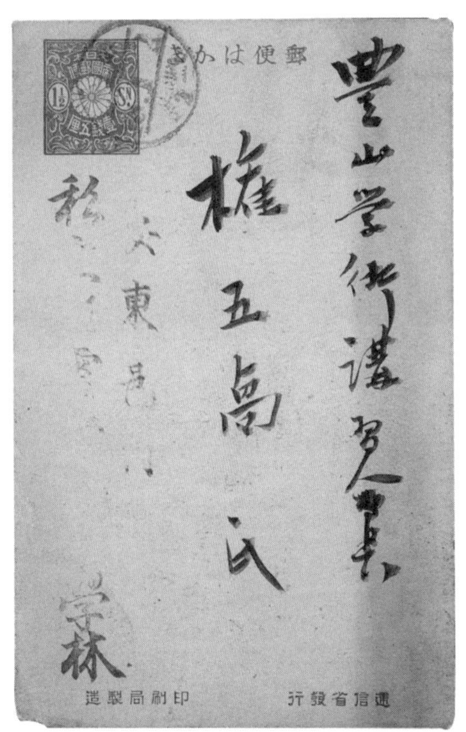

❶ ❷

1924년 1월 16일자 소인

內從弟 宗이 豊山私立學校 內 權五卨에게

安東 豊山私立學校 內 權五卨 氏

大邱 B.K. 內從弟 宗

아 형님요. 놀나운 일이 또 잇셔요. 本 十五日 午前 十時頃에 新聞 號外을 보오니 關東地方 地震이 또 잇다하여요. 일음로 놀나와셔 箕稷(오기 · 오직-역자 주) 兩君의계 卽時 電報하엿습니다만도 져곳까지 通達이 될지 알 수 업셔요. 그곳 通寄이거든 速速히 알와주시압.

一月 十五日

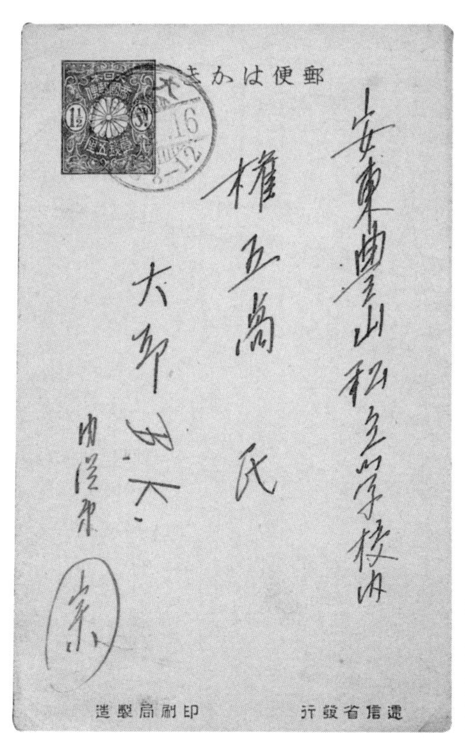
郵便はかき

安東豊山私立學校內

權五卨 氏

大邱 B.K.

內從弟

宗

遞信省發行

印刷局製造

❶

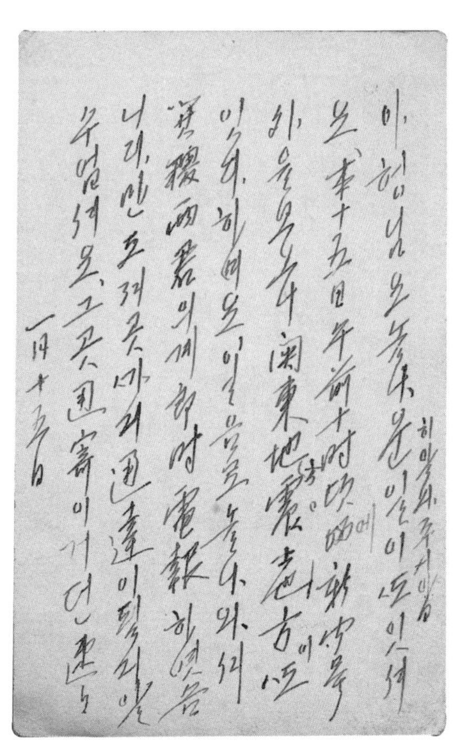
아, 형님요 놀나운 일이 또 잇셔요, 本十五日 午前十時頃에 新聞號外을 보오니 關東地方地震이 또 잇다하여요. 일음로 놀나와셔 箕稷兩君의계 卽時電報하엿습니다만도 져곳까지 通達이 될지 알 수 업셔요. 그곳 通寄이거던 速速

一月十五日

❷

1924년 1월 20일자

李春岡이 豊山學術講習會 權五卨에게

豊山面 豊山學術講習會 權莫難(오설-역자 주) 어니

陶山面 宜村 李春岡(運鎬-역자 주) 올림

1924 1 20th

올해는 치위야 없는 모양이지만 豊山은 하도 넓은 벌이라 다른 곳보다 바람이 甚하니가 치위도 좀 더할 터이지? 요사이 엇더한가 자미가 좋은가? 새 길을 밟아가는 趣味가 엇더한가? 아우는 느-ㄹ 한 모양 無味한 生活이지. 日前에 周熙가 들어오앗기에 奎鎬(이규호-역자 주) 涼恭諸君으로 뫃어 앉어 議論하고 爲先 百円을 少作人組合에 보내기로 하엿네. 그리 알게. 兄님 그것이 적으나마 바다주고 일만 잘하여 나가게. 靑春을 볼일도 있고 벡이지도 덜할 뿐아니라 長均兄이 편지하고 붗어 달나 하니 부대 속히 보나 주게. 이만 긏인다.

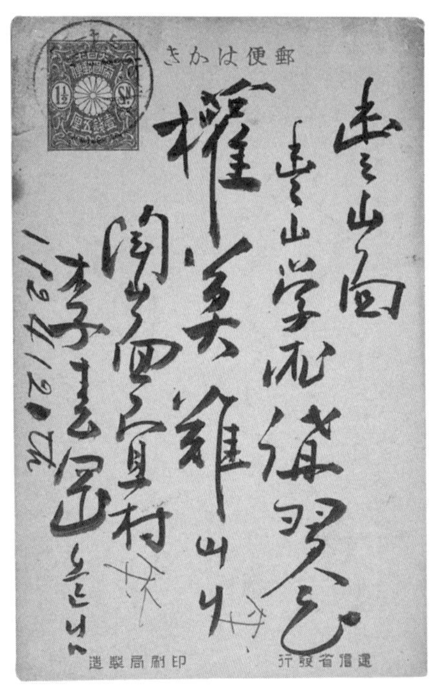

❶

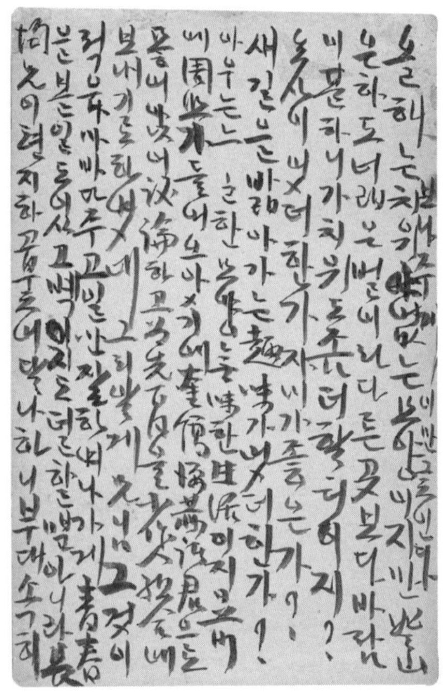

❷

1924년 1월 23일자 소인

趙學元이 豊山市講習所 內 權五卨·李會春에게

慶北 安東郡 豊山面 豊山市講習所 內 權五卨 李會春 兩先生 座下

水標町 四十一 趙學元

一月 二十日

오래동안 ■■였었지요. 그동안 或 궁거운 일도 있었을는지 모르겟음이다. 그러나 한마디 安否도 없다가 이졔야 좀 아수우니까 또 무어이라고 쓸나하니 붓그러움을 이기지 못하겟음이다. 그러나 自然 그렇게 됨이다. 넓으신 가삼에 넣어주시오. 요사이 氣體候 萬安하옵시며 學校滋味 많은지요. 學元은 그 모양으로 學校에 잘 다니니 이것으로 滿足이외다. 그러나 멀니 想系되는 바와 같이 若干의 不安憂愁가 없다 할 수야 있겟음이까? 더욱이 요사이에는 좀 甚한 모양이외다. 얼만하면 이러한 말을 않겟지요만은 不得已하게 됨이다. 이때는 맞임 또 歲末이라 一層 더 어렵습이다만은 그것 다 몰으겟음이다. 두 先生님은 아모조록 勞力하야서 곳 알려주시기 바라나이다. 이만 두겟음이다.

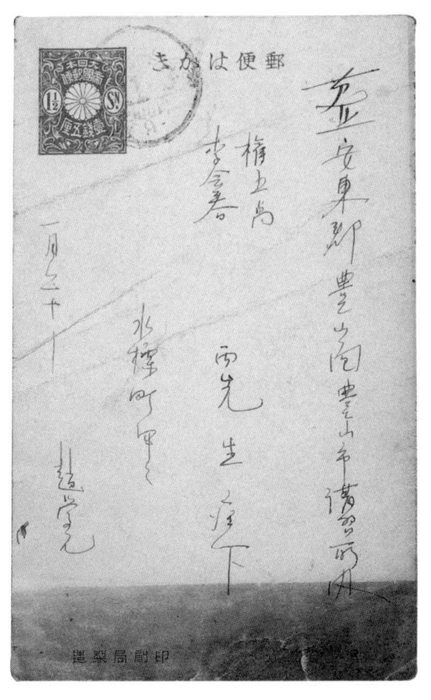

❶

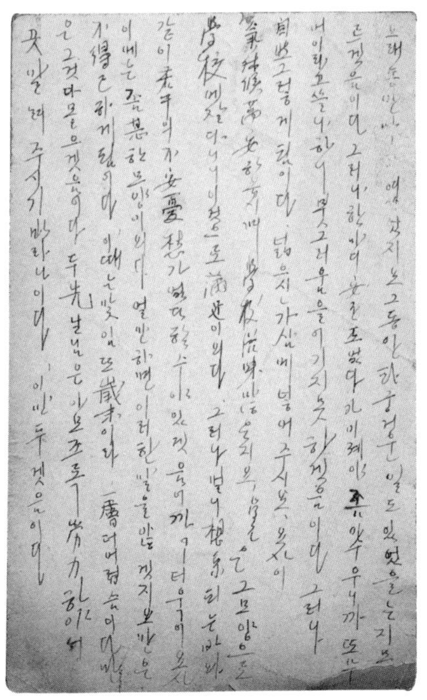

❷

1924년 1월 31일자 소인

一直 較가 풍산시장 學校 內 權五卨에게

豊山市 學校 內 權五卨 兄

一直 較

새봄이라 주시는 글 보기는 보앗스나 가라치심 不敢 새로 빔니다. 새 길로 끄으시기를. 늣잠자든 첫 아츰.

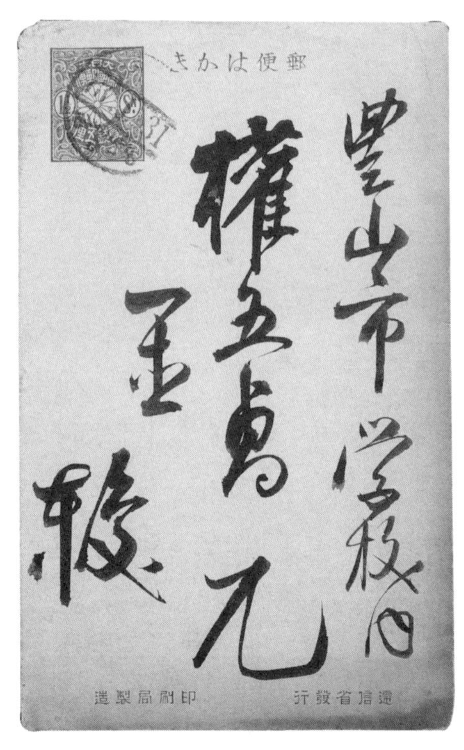
郵便はかき
豊山市 學校內
權五卨 兄
一直 較
遞信省發行 印刷局製造

❶

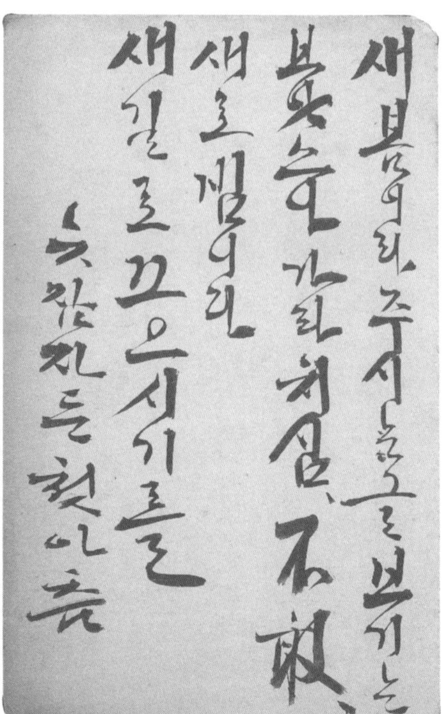
새봄이라 주시는 글 보기는
보앗스나 가라치심, 不敢,
새로 빔니다
새 길로 끄으시기를
늣잠자든 첫 아츰

❷

1924년 1월 31일자 소인

南廷煥이 啓城學校 內 權五卨에게

安東郡 豊山 啓城學校 內 權先生 五卨 氏

望湖洞 侍生 南廷煥 再拜

謹賀新年

甲子元旦

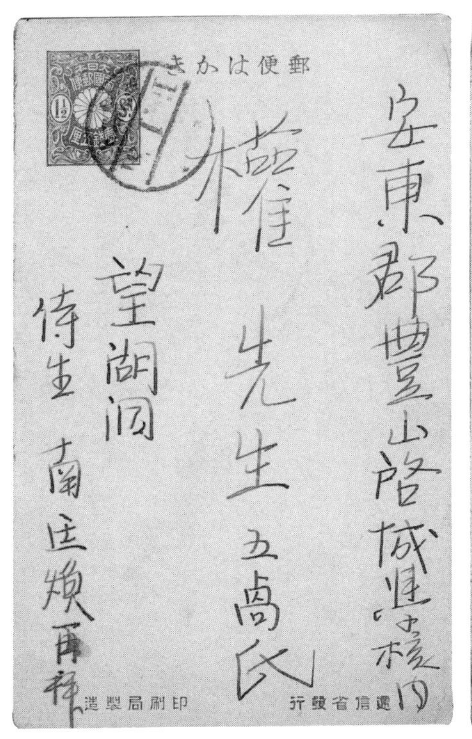

郵便はかき

安東郡豊山啓城學校內

權先生 五卨氏

望湖洞

侍生 南廷煥 再拜

遞信省發行 印刷局製造

❶

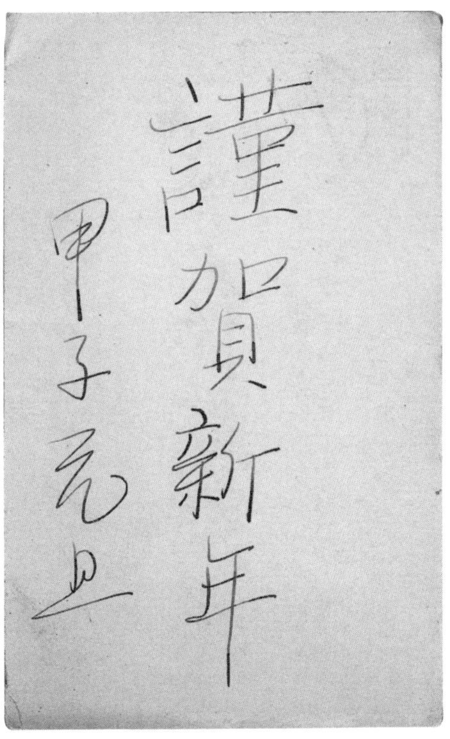

謹賀新年

甲子元旦

❷

1924년 ○월 ○일자 소인

私設廣明義塾 權元周가 豐山學術講習會 權五卨에게

安東 豊山學術講習會 權五卨 兄

甲春으로부터는 더옥 新福을 누리심을

甲陰元旦

原籍 醴泉郡 龍門面 上金谷

現住 仝 柳川 私設廣明義塾

權元周

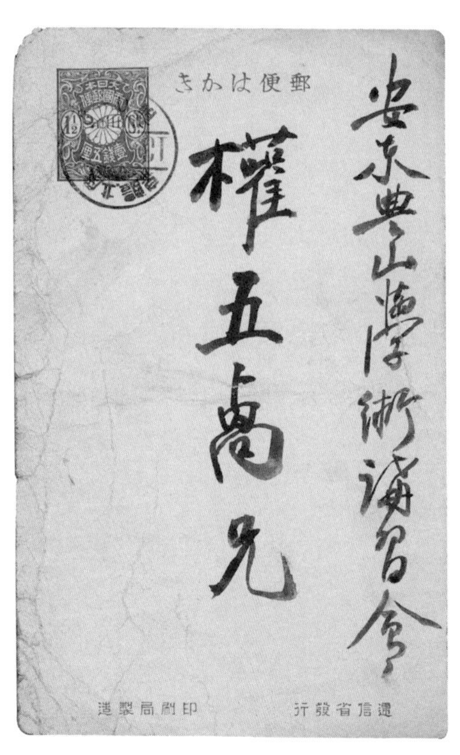
郵便はかき

安東豊山學術講習會

權五卨 兄

遞信省發行 印刷局製造

❶

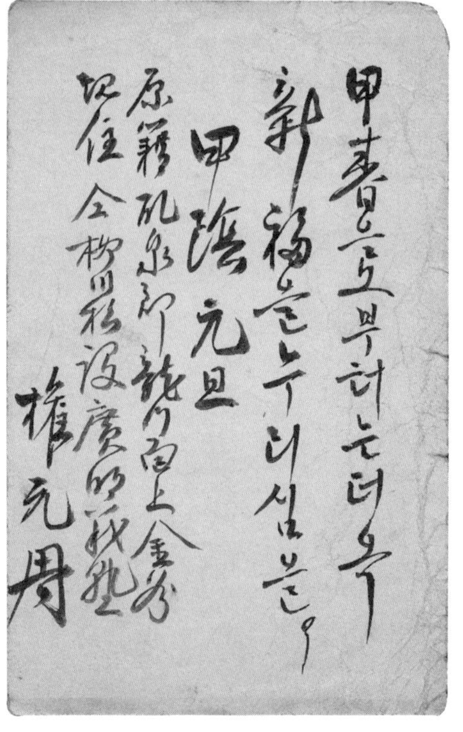
甲春으로부터는 더옥

新福을 누리심을

甲陰元旦

原籍 醴泉郡 龍門面 上金谷

現住 仝 柳川 私設廣明義塾

權元周

❷

1924년 ○월 ○일자 소인

姜裕文이 豊山學術講習會 內 權五卨에게

豊山學術講習會 內 權五卨 氏

거듯 새롭난 東天朝日이 高堂에 비출 셕 高堂의 壽福 重重 無盡하옵소서.

甲子元旦 姜裕文

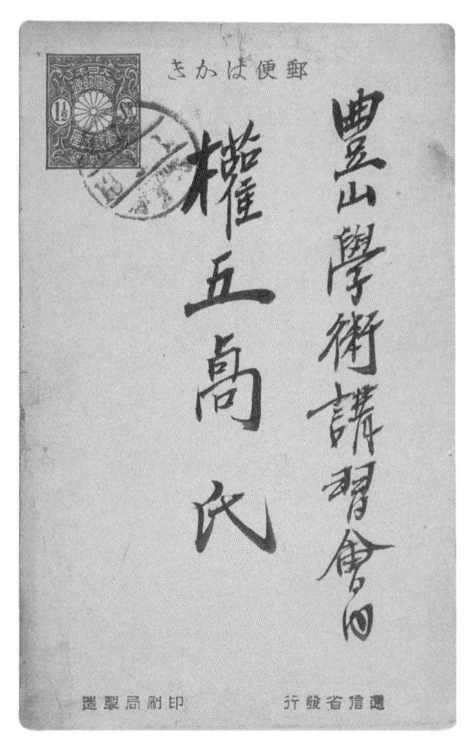
郵便はかき

豊山學術講習會

權五卨 氏

遞信省發行 印刷局製造

❶

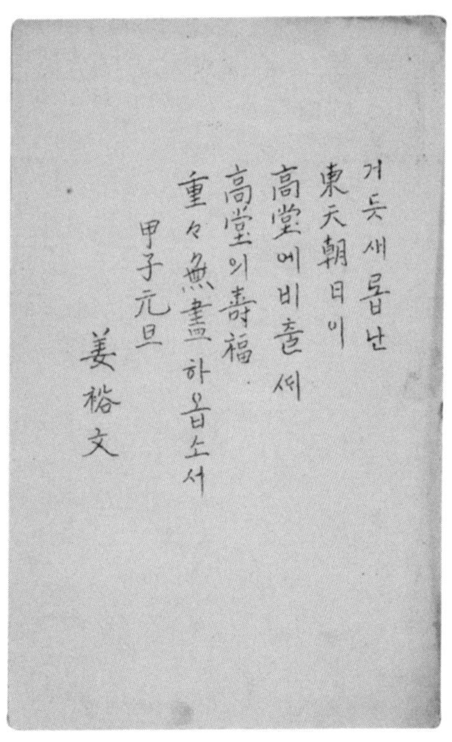
거듯새롭난
東天朝日이
高堂에비출셕
高堂의壽福
重々無盡하옵소서
甲子元旦
姜裕文

❷

1924년 ○월 11일자 소인

永生醫院 巽錫圭가 豊山私立學校 權五卨에게

豊山私立學校 權五卨 殿

謹賀新年

一月元旦

安東郡 邑內 永生醫院 巽錫圭

電話 二五番

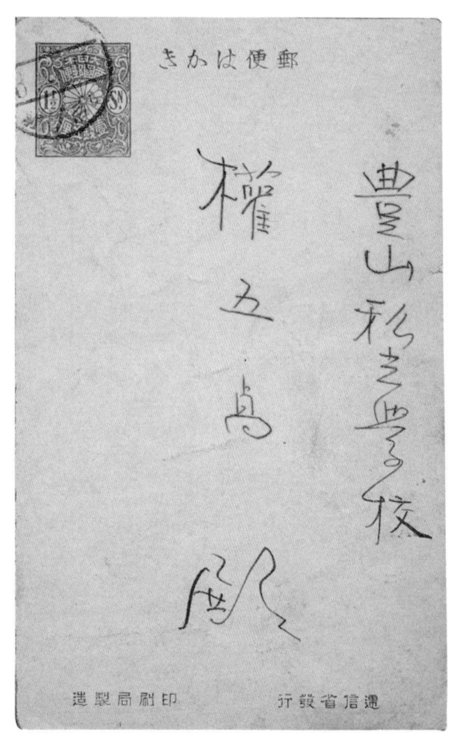
郵便はかき

豊山私立學校

權五卨

殿

遞信省發行

印刷局製造

❶

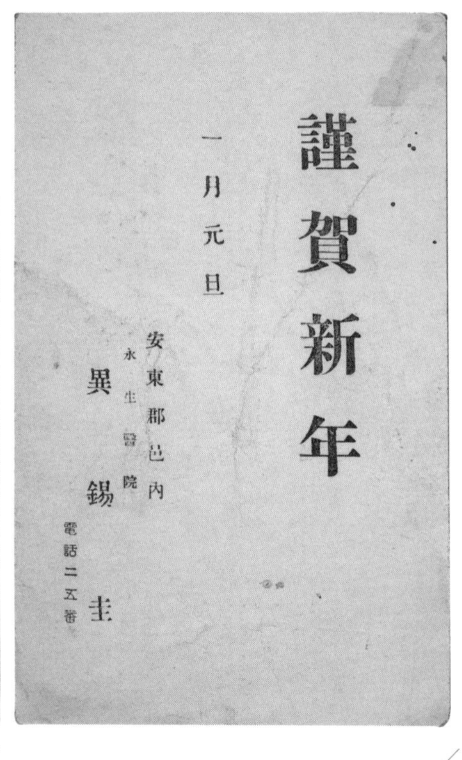
謹賀新年

一月元旦

安東郡邑內

永生醫院

巽錫圭

電話二五番

❷

1924년 ○월 ○일자 소인

東明講習會에서 豊山講習會에

豊山講習會 邸中

謹賀新禧

甲子元旦

東後面 東明講習會

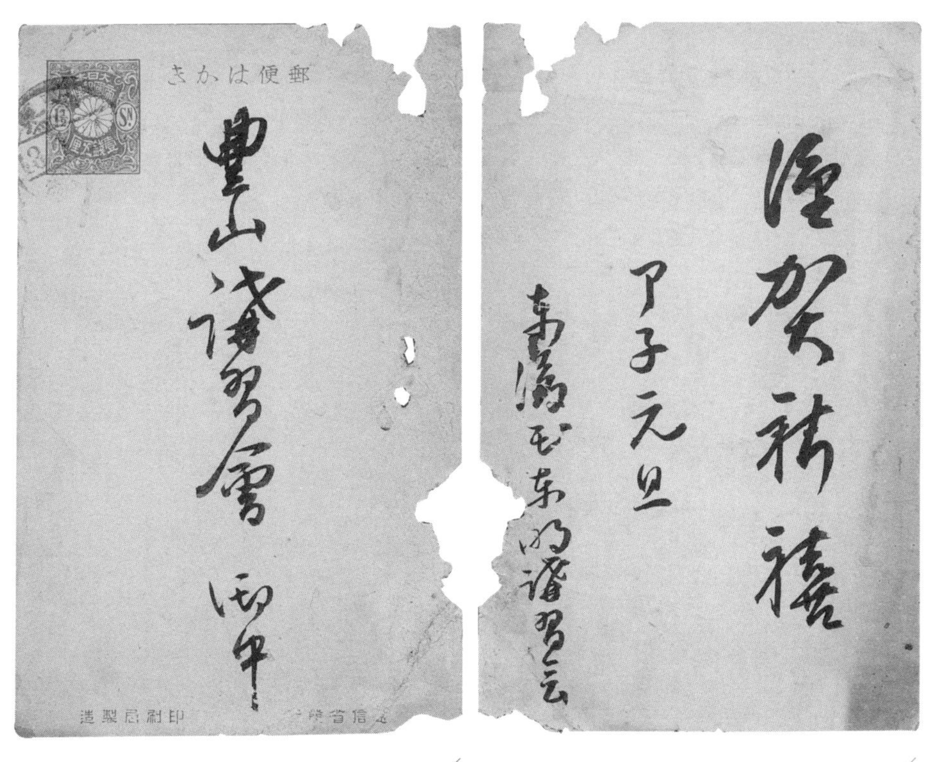

❶ ❷

1924년 2월 ○일자 소인

門生 李文益이 豊山學校 內 權五卨에게

豊山學校 內 權先生 五卨 氏

門生 李文益

甲子元旦

선싱님 갑자년 새셜맞이 잘 하셋십니가. 가서 뵈옵지 못하니 죄송함니다. 문싱도 모시고 과세 잘 하엿십니다.

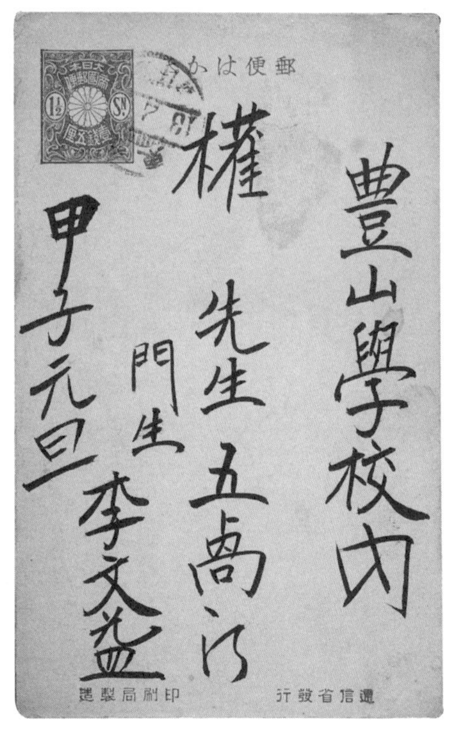
郵便はかき

豊山學校內

權 先生 五卨 氏

門生 李文益

甲子元旦

遞信省發行

印刷局製造

❶

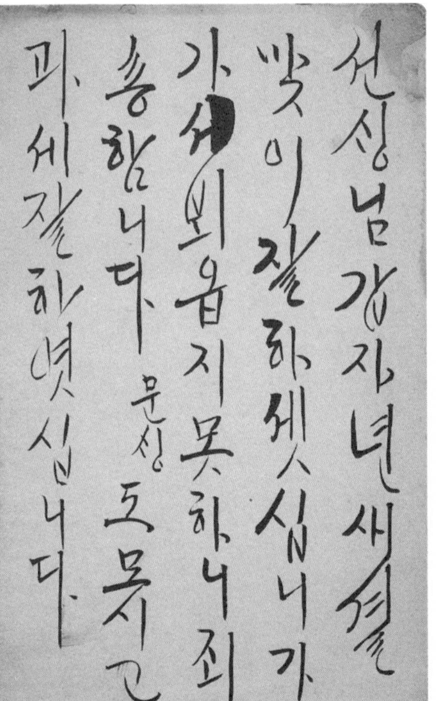
선싱님 갑자년 새셜

맞이 잘 하셋십니가

가서 뵈옵지 못하니 죄

송함니다. 문싱 도 모시고

과세 잘 하엿십니다.

❷

1924년 2월 2일자 소인

權泰根이 豊山學校 權五卨에게

慶尙北道 安東郡 豊山學校 權五卨 兄

京城 貫鐵洞 權泰根

떠나올 때는 뵈옵지도 못하고 총총하게 떠나오아서 늘 섭섭한 마음이 떠날 사이 업습니다. 그리고 보니 「떠남」이라는 글字는 저의게만 專用되는 것인지. 이럿게도 많이 쓰이닛가요 . 그동안 몸소 安寧하시며 여러 선생님끠서도 다 安寧하신지요? 멀니서 알고저 하노이다. 저는 「치움」과 「주림」에 울며 부르짓는 아우들을 보고 斷腸의 쓰린 마음 禁할 수 없이 날과 날을 보내는 中이올시다. 不時에 떠나오아서 언니끠서는 얼마나 괴로우시며 生徒들인들 그럴 수가 잇겟습닛가? 저는 엇더한 至境에 이를지라도 三月 末까지는 義務로 힘써 보겟습니다. 糊口만 하면 그뿐이니 速히 내려가 三月까지는 어더한 苦痛이 있을지라도 努力하겟습니다. 이곳 運動하는 일은 四月이면 되겟다 하오니 그동안은 내려가서 힘써 일할 作定이올시다. 그런대 걱정되는 것은 旅費가 업는 것인대 엇덧케 하면 조흘넌지요? 速히 通知하시기만.

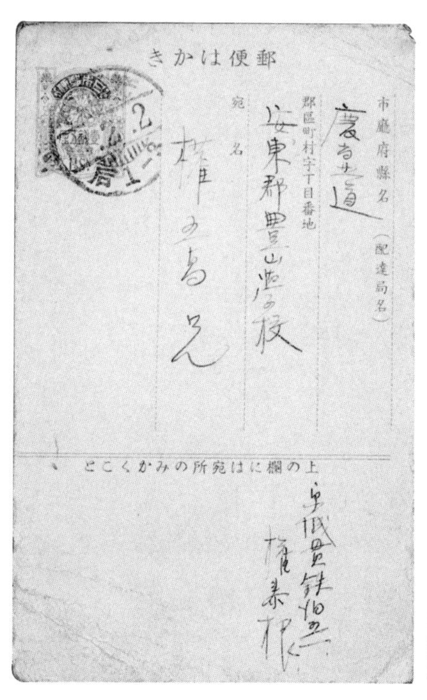
郵便はかき

市廳府縣名 慶尙北道 (配達局名)

郡區町村字丁目番地 安東郡豊山學校

宛名 權五卨 兄

上の欄には宛所のみかくこと

京城貫鐵洞 權泰根

❶

❷

1924년 2월 4일자 소인

柳正元이 豊山學校 內 權先生 肅範에게

安東郡 豊山學校 內 權先生 肅範

星州 草田面 大獐洞 柳正元 拜上

新年이 도라왓습니다.

高堂萬福을 伏祝하오며 더욱 倍舊 사랑하야 주시기를 伏願하나니다.

甲子元旦

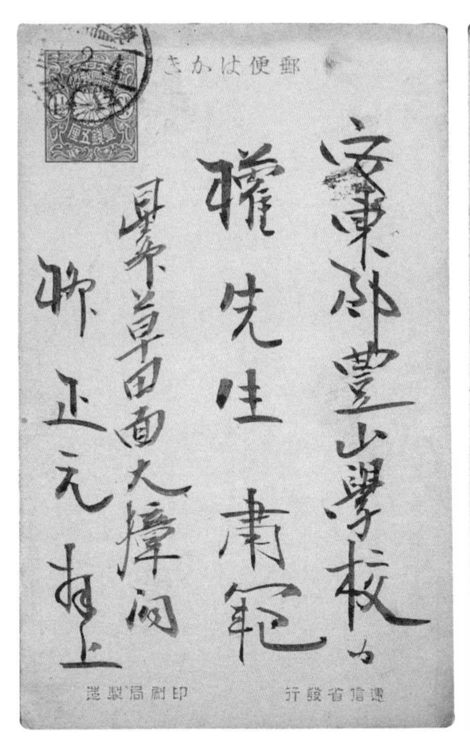

郵便はかき

安東郡 豊山學校 內

權先生 肅範

星州 草田面 大獐洞

柳正元 拜上

遞信省發行 印刷局製造

❶

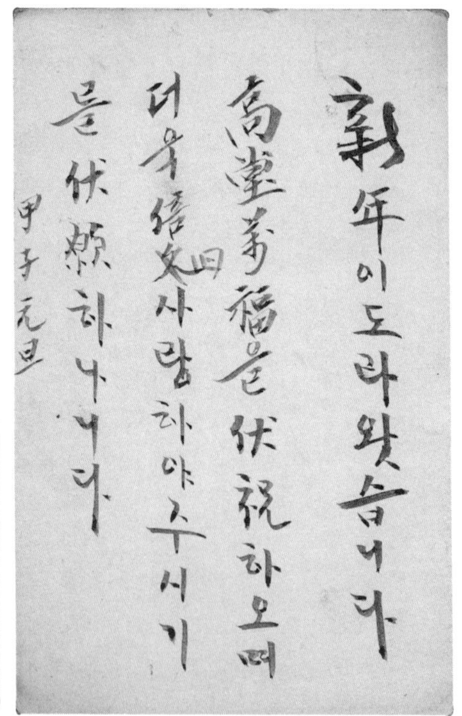

新年이 도라왓습니다

高堂萬福을 伏祝하오며

더욱 倍舊 사랑하야 주시기

를 伏願하나니다

甲子元旦

❷

1924년 2월 15일자 소인

嘯卿가 豊山學校 權五卨에게

慶尙北道 安東郡 豊山學校 權五卨 兄

大邱를 떠나면서 嘯卿 올님

그동안 얼마나 괴로웟습닛가? 어린 동무들 다리시고 얼마나 辛酸을 感하섯습닛가? 그리고 여러 先生님씌서도 다 安寧하신지요? 멀니서 내내 健康하시기만 祝願하옵나이다. 저는 어느 날인지 바람 몹시 불던 날 저녁에 언니를 作別하고 그 이튼날 그만 情 깁흔 學校를 멀니 뒤 하고 生의 苦痛에 못 익이여 東에 번쓱 西에 번쓱하는 몸이 되고 말엇습니다. 그리고 今番 上京할 學生이 얼마나 되는지요? 京城 貫鐵洞 五一番地로 通知하시요. 될 수 잇는 대까지 引率하겟습니다. -아- 언제나 또닷이 언니의 따뜻한 사랑 밑에서 같이 일하여 볼넌지요? 하염시 過去를 憧憬할 뿐이외다.

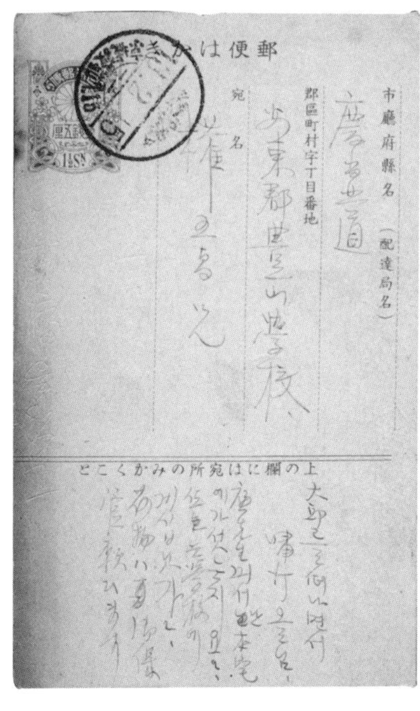

❶

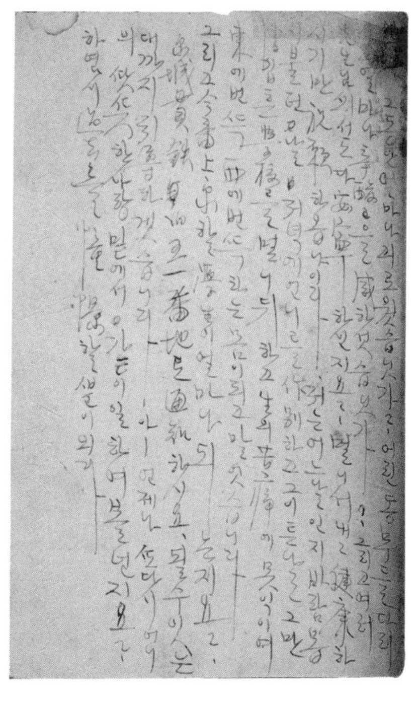

❷

1924년 2월 17일자 소인

金昌魯가 豊山學校 內 權五卨에게

豊山學校 內 權五卨 兄님

臨河 川前 金昌魯

大祝甲子元朝

兄과 貴校 여러분의게 歲拜를 갈이합니다.

同모를 생각할 때마다 周王山 같이 못 간 것이 恨이올시다. 自然界의 구景주의에도 한 게級 떠러진 것은 이것도 무신 운數 듯합니다. 以後에난 鶴駕山이든지 金剛山이든지 놀로 가실 때 미리 寄별해주시요. 李準文 兄과 貴校 여러분의게 歲拜를 갈이합니다.

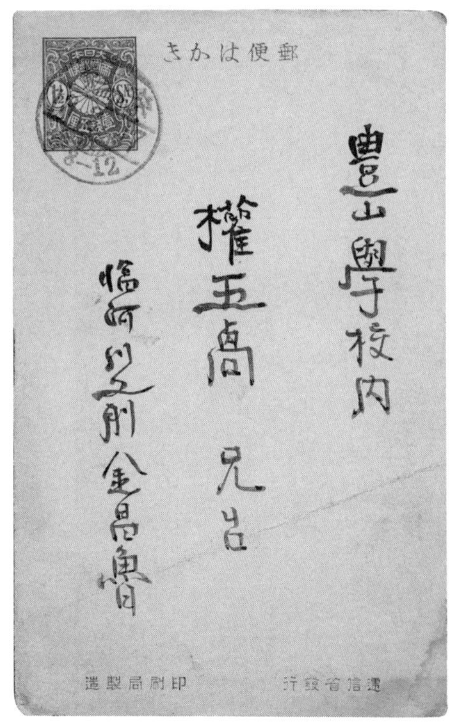

❶

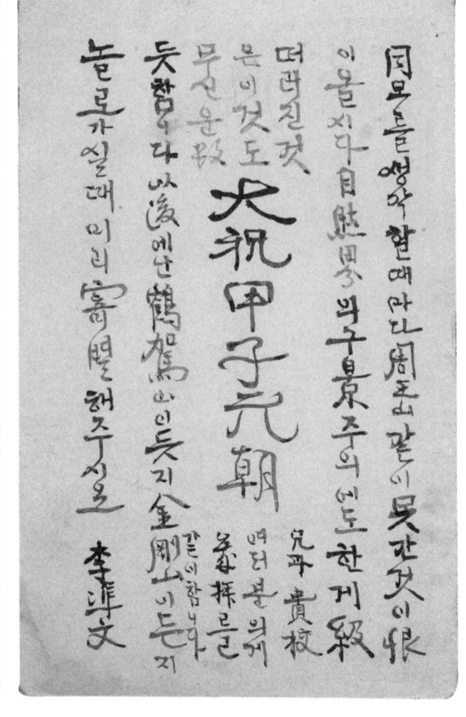

❷

1924년 5월 26일자 소인

權五卨이 朝鮮勞農總同盟에 있을 때 부모님께

慶尙北道 醴泉局 安東郡 豊西面 佳谷洞 權五卨 本第入納

京城府 堅志洞 八拾八番地 朝鮮勞農總同盟 子 五卨 上平書

아부지시어

어무니시어 얼마나 生活難을 견듸는대 苦痛이 많읍닛가. 이 말을 엿주는 저도 모르는 바는 안이올시다만 저절로 이 말슴붙어 안이 엿줄 수 없습니다. 勿論 告ㅎ지 안이하고 나온 것이 저도 그리 잘된 일이라고 生覺할 道理야 있겠읍닛가. 뵈옵고서 엿줄 말슴이 없어서 그만 그리 되엿나이다. 根本이 어지럽고서 끝이 다슬리지 안이한다는 말슴은 늘 들어도 오았으며 저도 그렇게 압니다. 그것은 그러할 줄 生覺합니다. 우리 돈 없는 사람은 무슨 까닭으로 몇 千年 몇 百年 그대로 苦海에서 呻吟하게 됨닛가. 또 보시오 날이 맛도록 땀을 흘리며 일하는 사람일사록 죽을 地境임니다. 외 그러함닛가. 決ㅎ고 그러할 理致는 없는대 외 그러함닛가. 이것이 根本으로 私有財產制度가 있어 옴으로 그러한 것이올시다. 只今에 이른바 富者나 貴者나 王侯나 乞於市나 모다 五體만으로서 出生한 것이오, 決코 土地나 家屋이나 다른 무엇을 先天的으로 가지고 온 것은 안이올시다. 그런즉 그러한 制度 밑에서의 法律이라던지 道德이라던지 모다 有產者를 擁護하는대 지나지 안이하는 것이올시다. 그런즉 우리 無產者에게 對하야는 何等의 得益도 없으며 도리혀 우리를 迫害하는 것이올시다. 그런즉 우리는 不得不 이렇지 안이하고 理想的 新社會를 建設하야 우리의 새롭은 福되는 生活을 營爲치 안이할 수 없음니다. 이것이 目下 各自의 自身을 爲하야 또는 大衆을 爲하야서의 根本 問題올시다. 이 問題의 解決이 死活의 큰 길이올시다. 그럼으로 저는 家庭에 得罪하나 이 길로 안이 나아갈 수 없음니다. 아부(지)시어 어무니시어 용서하야 주소서. 이만.

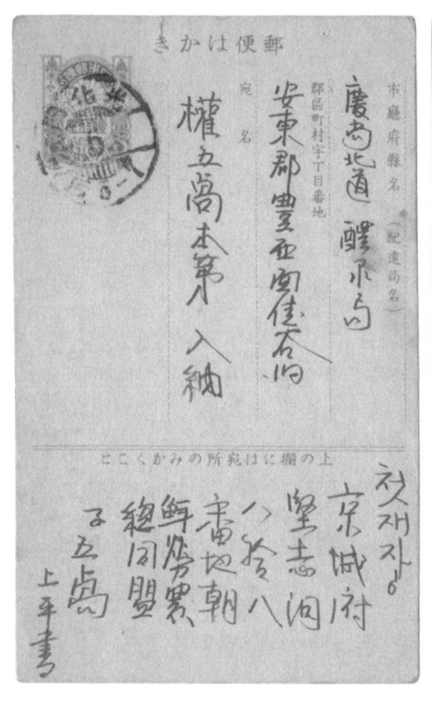
郵便はかき
市廳府縣名
慶尙北道 醴泉邑
郡區町村字丁目番地
安東郡 豊西面 佳谷洞
宛名
權五尙 本第 入納
上の欄には宛所のみかくこと
천재장
京城府 堅志洞 八拾八番地 朝鮮勞農總同盟
子 五卨 上平書

❶

❷

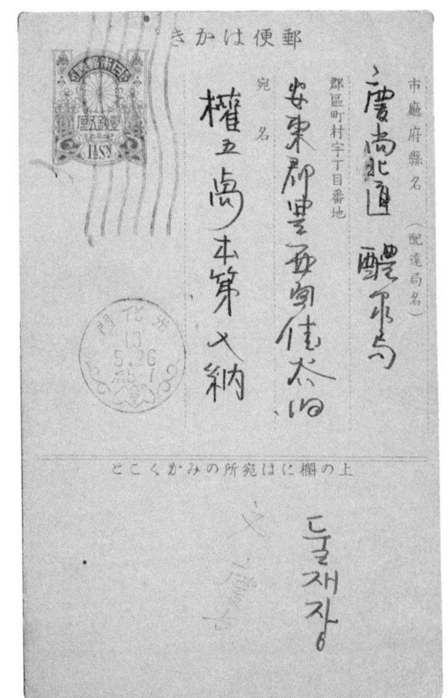
郵便はかき
市廳府縣名
慶尙北道 醴泉邑
郡區町村字丁目番地
安東郡 豊西面 佳谷洞
宛名
權五卨 本第 入納
上の欄には宛所のみかくこと
둘재장

❸

❹

1924년 6월 25일자 소인

權五卨이 三山勞農聯合會에 있을 때 받은 엽서

馬山府 萬町 二一六 三山勞農聯合會 內 權五卨 兄

六月 二十二日 馬山서 보낸 바 글월. 確實히 보앗습니다. 오날 아츰에 쓰게 된 故로 亂筆이 오니 海恕하옵시오. 아직 이곳에 있어니 歸京하시는 길에 한븐 入臺하시개 무엇보담 바람니다. 할 말은 그만. 만날 때 합니다.

海雲台 和光 具共書 二十五日

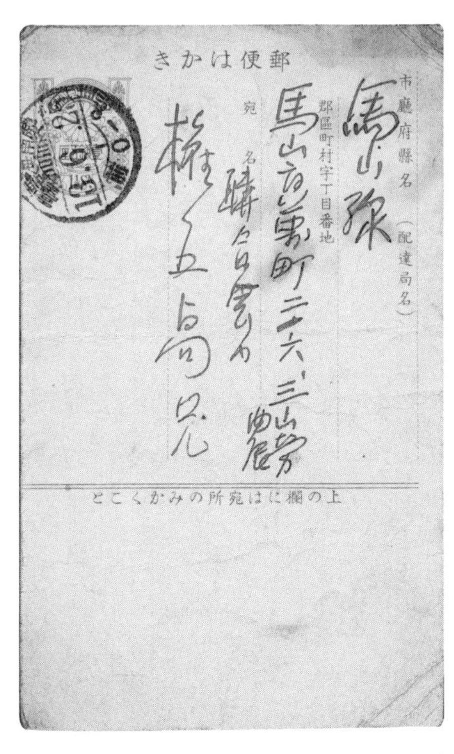
郵便はかき
市府縣名
郡區町村字丁目番地
宛名
(配達局名)
馬山府
萬町二一六 三山勞農聯合會 內
權五卨 兄
上の欄には宛所のみかくこと

❶

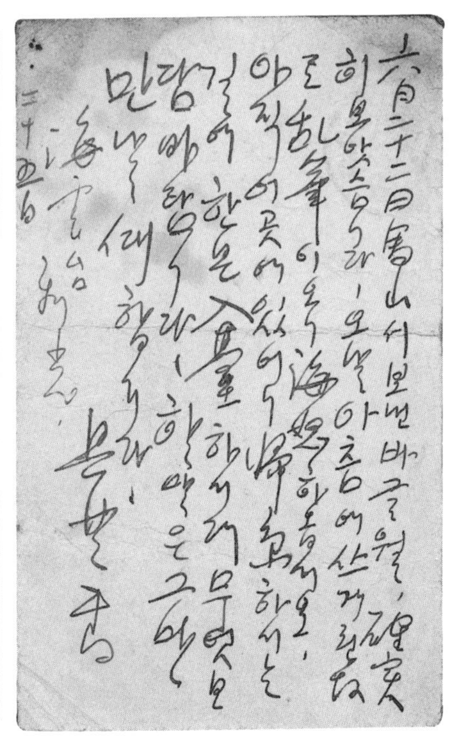
六月 二十二日 馬山서 보낸 바 글월. 確實히 보앗습니다. 오날 아츰에 쓰게 된 故로 亂筆이 오니 海恕하옵시오. 아직 이곳에 있어니 歸京하시는 길에 한븐 入臺하시개 무엇보담 바람니다. 할 말은 그만. 만날 때 합니다.
海雲台 和光 具共書 二十五日

❷

1924년 6월 24일자 소인

鎭海小作會 內 金鍾健이 三山聯合會 內 權五卨에게

舊馬山 三山聯合會 內 權五卨 氏

鎭海小作會 內 金鍾健

向日 小作爭議로 檢束된 文 · 朱 兩氏는 尙히 放免되지 못하얏난대 아마 打麥 · 移秧을 맛칠 때까지 留置할 모양인 듯하외다. 총총 이만.

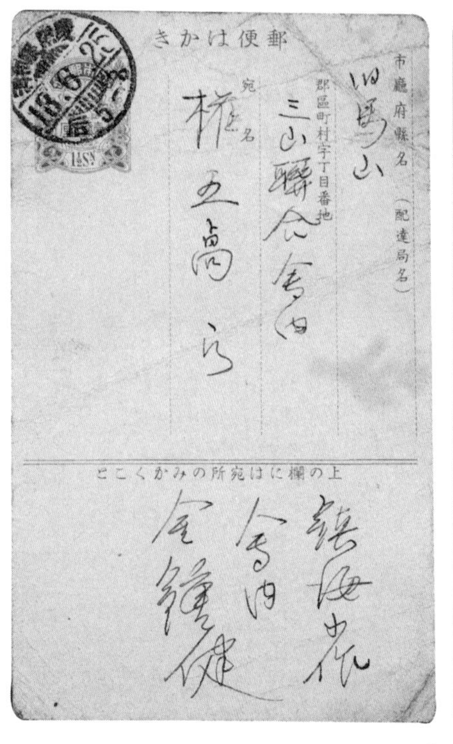

郵便はかき

市廳府縣名 (配達局名)

郡區町村字丁目番地

宛名

舊馬山

三山聯合會內

權五卨 氏

上の欄には宛所のみかくこと

鎭海小作會內

金鍾健

❶

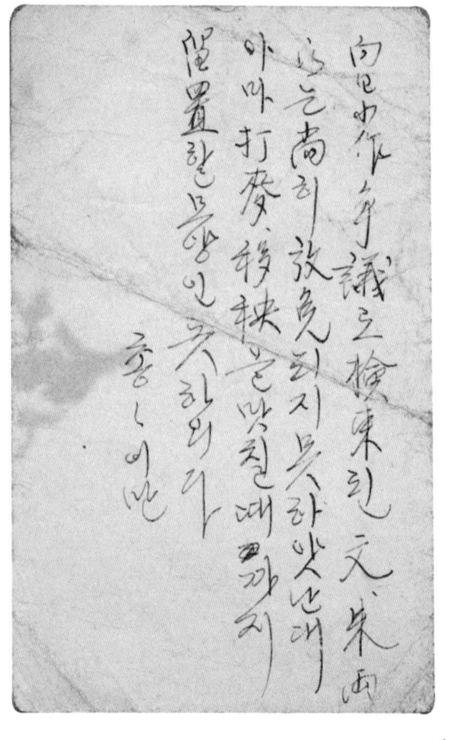

向日小作爭議로 檢束된 文、朱兩

氏는 尙히 放免되지 못하얏난대

아마 打麥、移秧을 맛칠 때까지

留置할 모양인 듯하외다

총총 이만

❷

1924년 7월 ○일자 소인

權五卨이 朝鮮勞農總同盟에 있을 때 받은 엽서

京城府 堅志洞 八八 朝鮮勞農總同盟 權五卨 兄

兄님 하로라도 서로 떠치지 못할 것갖이 몃 달 동안을 지내다가 지금 온거시 一介月이 되도록 隔阻經過하엿네. 아- 그샤이 오고가는 情緖야 彼此에 一般이 되겟지마는 兄님은 그 사이마는 勞力 마는 苦痛中이나마 左右 同志와 따따한 愛情으로 能히 그 苦痛을 이질 때가 만을 것이지마는 弟는 참으로 우슈운 생활을 한다. 麥飯葱湯으로 口腹은 채우나 이늠의 곳은 四面이 楚歌요 舟中人이 皆敵이외다. 初意와 갖이 곳 上京할 약------(반 줄 지워짐-역자 주)치 못하엿소. 徒步라도 하여 곳 上京코저 하오나 日氣가 너무 더울 분 안이라 갓들 엇지 하는 수가 이엇야지(잇어야지-역자 주). 여러 同志께 問安하여주. 더욱히 徐·姜 兩 동무께.

❶

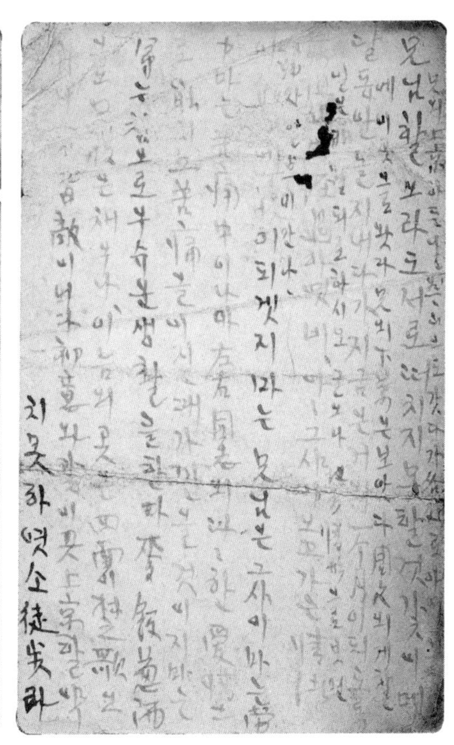

❷

1924년 8월 7일자 소인

族從 五愼이 漢陽青年聯盟會 內留 權五箕에게

京城府 漢陽青年聯盟會 內留 權五箕 親展

慶北 安東 佳谷洞 族從 五愼 上

우리난 못 본 지 오랠뿐 너의 형임 걱정은 말할 수 엄다. 너의 경성 갓다는 말 듯고 진작 편지나 할가 해도 주소 불명하여 무정하엿다. 걱정 중 너 위장 마이 덧 하는대 몸이나 무탈한가 이곳은 두루 무연고하구나. 뜻밧 오상이가 팔월 일 일에 종노서에 구인되엿다. 무산일인지 알 수 잇거든 탐문하여 회시하여라. 칠월 초생에 나도 갈가 한다. 안기성이난 요새 어대 인난고. 회시.

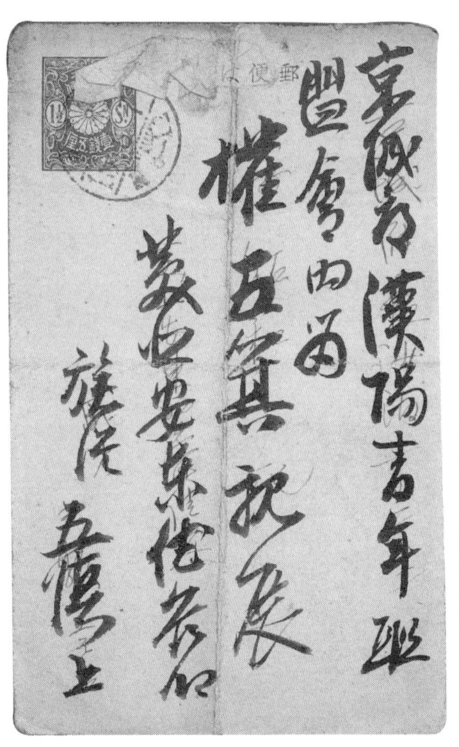
郵便はがき

京城府 漢陽青年聯盟會 內留 權五箕 親展

慶北 安東 佳谷洞 族從 五愼 上

❶ ❷

1924년 8월 8일자 소인

權五卨이 부모님께

安東郡(醴泉) 豊西面 佳谷ノ 權五卨 本第

덥이 대단하온대 모신 남아지 두분끠서 一向 萬康하시며 집안이 모다 平安하심닛가. 저는 볼일이 있어 數日 後 歸庭하겠읍니다. 이만 살이나이다.

八月 八日 子 五卨

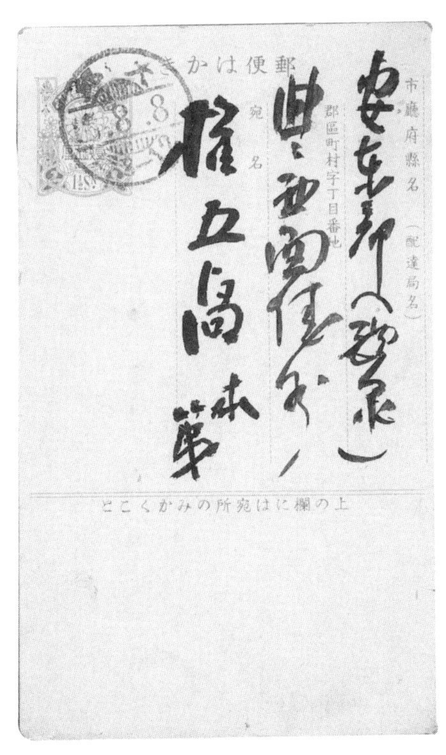

❶

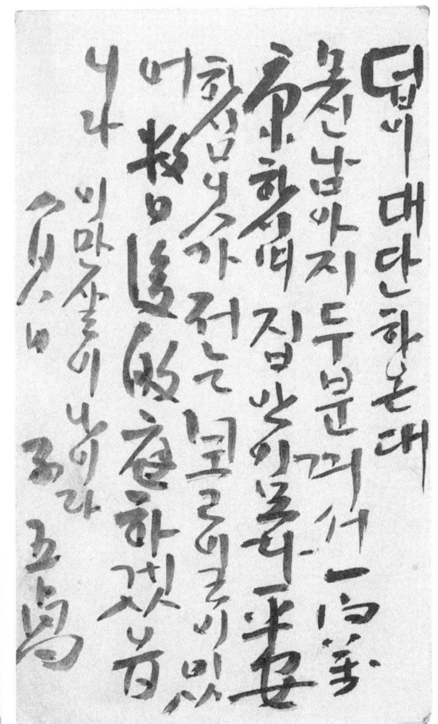

❷

1924년 9월 1일자 소인

李秋山이 豊山小作人會 內 權丙南에게

慶北 安東郡 豊山小作人會 內 權丙南 君

全北 群山府 開福洞 一九番地 金基洪 方 李秋山

아一 丙南君 요사이 얼마나 勞力하시며 얼마나 奮鬪하시오. 참 君의 열열한 誠心은 아우가 멀이 잇셔 잘 아은 바이올시다. 글은대 그동안 兄님 諸氏 奮鬪하는 중 몸신 健康하시며 檢束하엿든 兄님 열어분 放免되엿난지 無誠意한 마음일지라도 날을 혀아리가매 발래은 중이올시다. 아우은 이곳셔 五六日 留連하여셔 京城으로 올나가겟사오니 그리 아시고 압푸로 만흔 勞力을 하시셔 아우의 勞力못하는 거셜 君이 兼하여 우리 小作會을 쏫치 피게하여 주시오. 단지 발래은 바은 열어 同志 몸신 健康하심물 듯기 願하나이다. 숫.

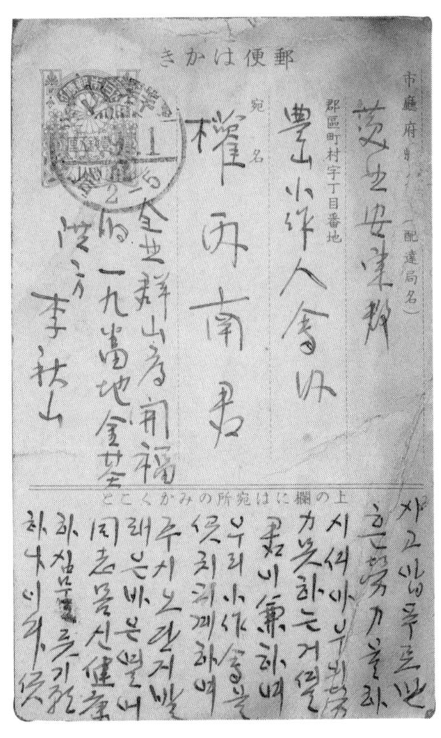

❶

❷

1924년 12월 14일자 소인
權五卨이 부모님께

慶北 安東 --- 豊西 --- 權五卨

黃海道 -------- 子 五卨 上書

저는 볼일이 있어서 黃海道에 온 지가 十餘日되얏읍니다. 그런대 얼마 後에는 서울로 가겠읍니다. 아부지 어무니 엇더케 지나심닛가 -------- 업서서 아 --------립니다. 다만 問安------- 그침니다.

十-------二日 夜

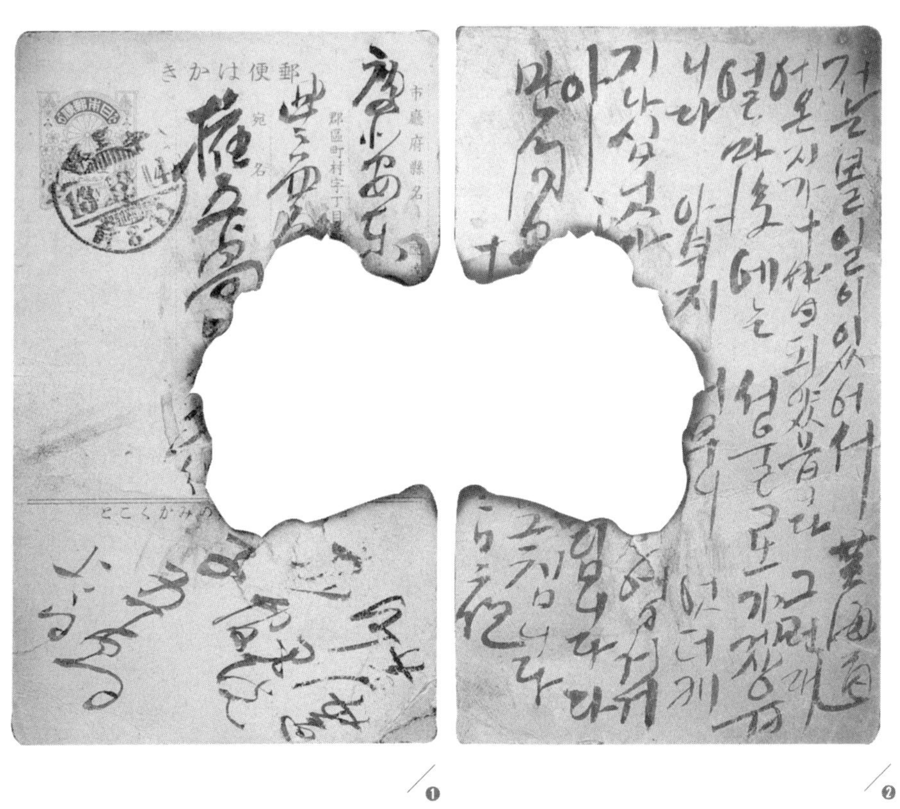

❶ ❷

1920년대 전반기 추정

安相珦이 權五卨에게

慶北 安東郡 豊西面 支谷洞 權五卨 侍座下

京城府 安國洞 四十九番地 留 安相珦

城偶一別後 春夏秋冬忽往忽來 便是若雷電之撓
天 八駿之歷塊 日月如斯 歎吾生之無閑日 何時
相對以攄幾許年相阻之懷也 謹未審玆際
堂上氣力以時康旺 侍餘棣體度大安 大小宅
暨村節一安否 仰遡區區 願聞 劣狀無足
仰浼而同館諸友 受毒感 寒寒圉圉數日 尙今未消云 甚
悶然之 歸期不遠 其時欲■金泉以西 訪吾兄於
花山之西明月之下 淸風之上矣 此時忽出他處---

성 모퉁이에서 한 번 이별한 후 춘하추동이 갑자기 왔다가 갑자기 지나가니 마치 우뢰가 하늘을 흔드는 듯 팔준이 이 지구상을 지나가듯합니다. 세월이 이와 같으니 우리 인생에 조용한 날이 없음을 탄식하게 되고 어느 때나 서로 만나 여러 해 동안 떨어져 있던 감회를 풀 수 있으리오? 살피지 못한 요즘 어른 기력이 강건하시고 모시고 있는 형제분들 대안하시며 대소댁과 마을 여러분들이 하나같이 평안하신지오? 여러 가지로 궁금하며 알고자 합니다. 저는 말씀드릴 만한 것이 없고 같이 지내는 친구들은 감기가 들어 며칠간 추위에 떨며 시달리어 지금까지도 완전치 못하다 하니 심히 딱한 일입니다. 돌아갈 기약이 멀지 않으니 그때 김천 이서를 ■하야 형을 화산(안동의 옛 이름-역자 주)의 서쪽 밝은 달 아래 맑은 바람 위에서 방문하고자 합니다. 이때 갑자기 출타하여----(이하는 판독하기 어려움-역자 주).

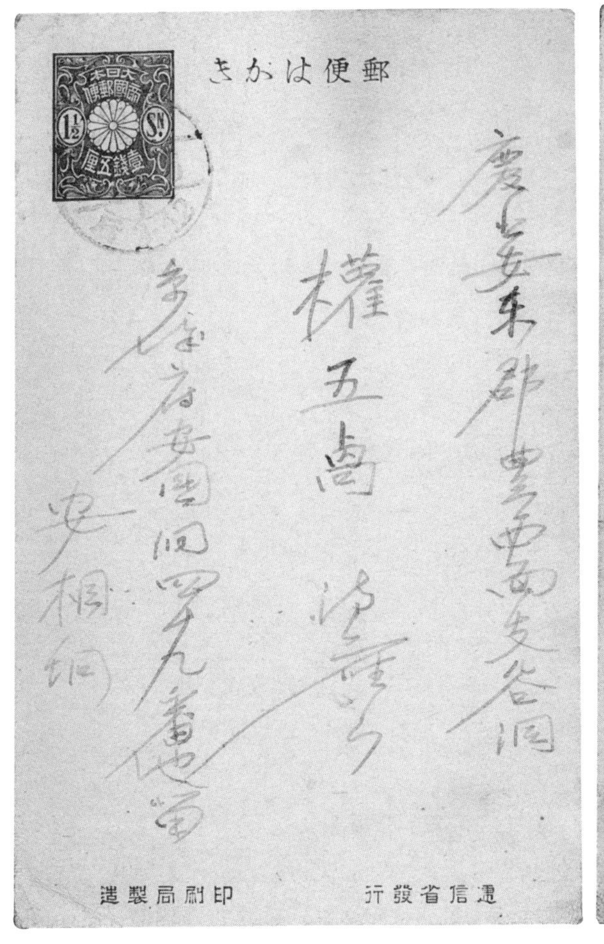
郵便はかき

慶北安東郡豐西面支谷洞

權五高

逓信省發行　印刷局製造

❶

❷

1920년대 전반기 추정

安東啓明學院 李運衡이 豊山講習會 內 權五卨에게

豊山講習會 內 權五卨 兄

安東啓明學院 李運衡

옛 회포가 새로온 듯

다만 심리의 평안 육톄의 건강을 비오며

더구나 청년 학생, 로동자의 선도자 된 그의 심상에 무엇을

곰~

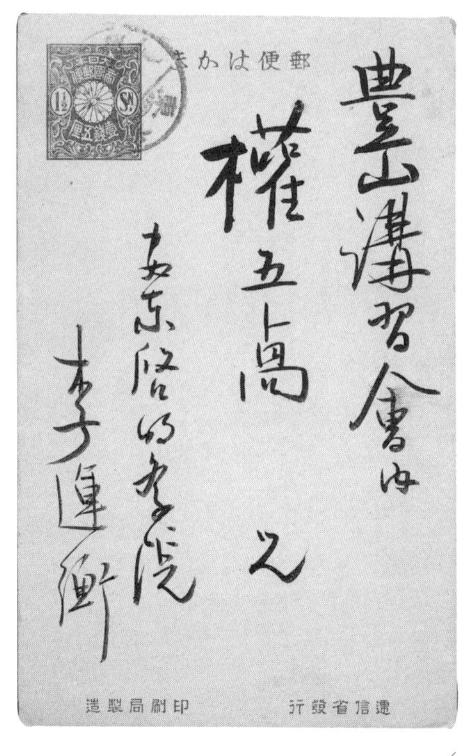

❶

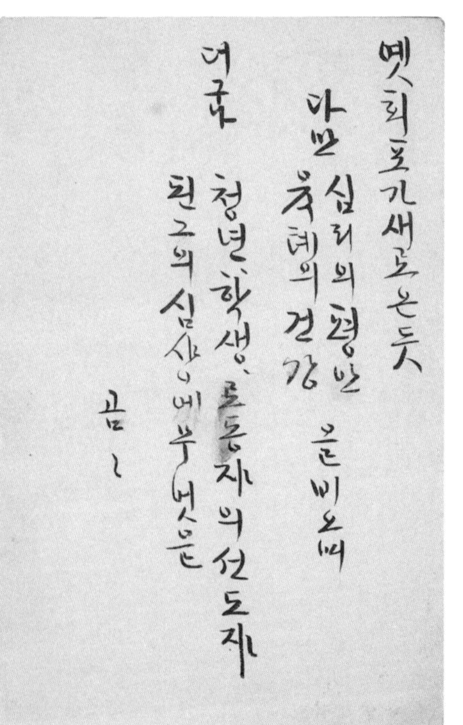
❷

1920년대 전반기 추정

寧植이 權五卨에게

安東郡 豊西 佳谷 權五卨 君

大邱 南町 安泰鎭 方 寧植

집 떠난 지 달포 되니
自然離鄕之感 업실
수 업다. 이때에
侍餘體事萬旺 村
節均吉而校況漸至
佳境耶 從 客狀依
作而緣於■看不得已
數日留連耳 今日
倭館居寧保가 願入
吾校之意로 上去則隨學
力 入學似好耳 此人卽
善山陶界之人으로 現
住倭館而普通學校
則不無合故로入學京中
東學校而其父不許故로
區區在家라가 聞吾校하고
期於送矣라 余曰吾校尙有
不完全之点云이나 然이나 其
父兄曰同族之內요 又는
我亦村人則村校尤益
然遠去之人也 諸般

을 君이하여주기바라
내 餘不備

집 떠난 지 달포가 되니 자연 고향을 떠나온 느낌이 없을 수 없다. 이때에 모시고 있는 몸 평안하시고 마을 사정도 모두 평안하며 학교 형편도 점차 잘되어 가는가? 객지에서 전과 다름없이 지내고 있느냐? 때문에 부득이 며칠 머무르고 있네. 오늘 왜관에 사는 영보가 우리 학교에 입학할 뜻으로 올라가니 학력에 따라 입학시킴이 좋겠다. 이 사람은 곧 선산 도계사람으로 현재 왜관에 살고 있는데 보통학교는 맞지 않기 때문에 서울 중동학교에 입학했는데 그 부모가 허락하지 아니하기 때문에 답답하게 집에 있다가 우리 학교에 대하여 듣고 보내려고 하는지라. 내가 말하기를 우리 학교는 아직 불완전한 점이 있다고 했으나 그 부형이 말하기를 동족 간이고 또 나도 촌사람이니 촌학교가 더욱 좋다고 한다. 그러나 멀리 가는 사람이라 여러 가지를 군이 하여주기 바라네. 나머지는 더 쓰지 못하네.

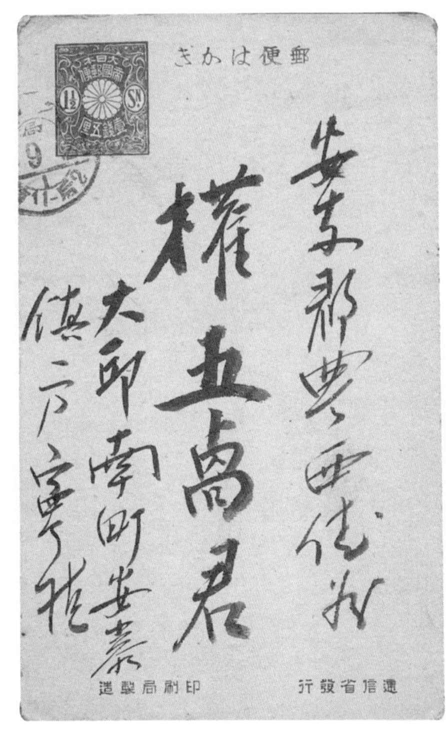

❶

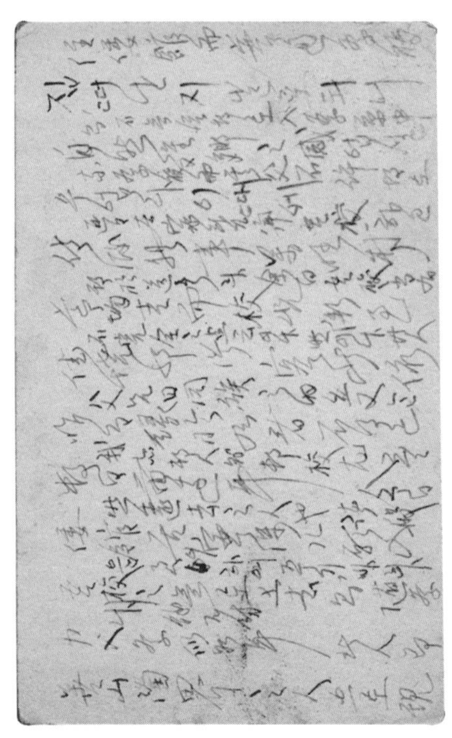

❷

1920년대 전반기 추정

權五卨이 講習會에 있을 때 받은 엽서

安東郡 豊山面 講習會 內 權五卨 先生

玉山知弟

先生임 더운데 몸씨 튼튼하심닛가. 庭弟도 種種 問安하시며 어린 學生들 出席 잘함닛가. 수고 많은 가운데 樂도 많으실 터이지요. 아우야 정말 쓸쓸한 生活을 繼續할 뿐임니다. 夏期放學도 이제는 얼마 남지 안엇심니다. 얻더케 그동안을 보내실 豫定임닛가. 아— 참 山中은 이 곧이 山中임니다. 자나 깨나 혼자, 잘하든 못하든 혼자, 많지는 안치마는 어린 사람들이 날만 치여다 보나이다. 나의 主見이 果然 時代에 通合할는지 그들의 前途를 爲하야 나는 恐怖心이 나나이다.

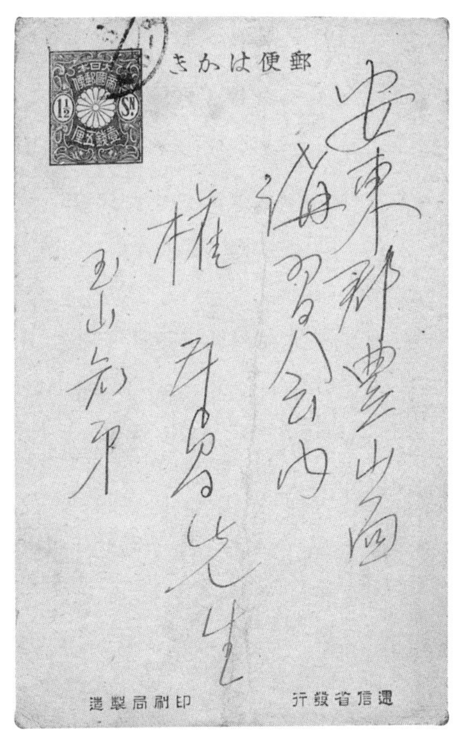
郵便はかき

安東郡豊山面 講習會內 權五卨 先生

玉山知弟

遞信省發行 印刷局製造

❶

❷

1920년대 전반기 추정

正進學校 內 柳長榮이 豊山學校 內 權五卨에게

慶北 安東郡 豊山面 豊山學校 內 權五卨 大兄

密陽郡 府北面 退老 正進學校 內 柳長榮

更問夜來

兄體萬重仰溸且祝 弟

無事還校幸耳 就

有仰懇事 尋常小學

國語讀本 第十二卷付托

于上京人矣 今良貝而歸 此將

奈何 雖學生의게 未給하더

라도 一卷만 付送하여주시

면 謄寫를 하여가지고라도

教授를 하겟읍니다. 若 惠施

則吾兄之賜 豈不大哉 千萬

仰企勿孤如何 餘不備禮

다시 묻노니 밤사이 형은 평안하신지 궁금합니다. 저는 무사히 학교로 돌아와 다행입니다. 그런데 우러러 간청할 일은 심상소학교의 국어독본 제12권을 서울 가는 사람에게 부탁하였더니 이제 낭패하여 그대로 돌아왔습니다. 이를 장차 어찌해야 합니까? 비록 학생들에게 공급하지 못하더라도 한 권만 부쳐주시면 등사를 하여가지고라도 교수를 하겠습니다. 만약 은혜를 베풀어주신다면 우리 형의 혜택이 얼마나 크겠습니까? 부디 기대를 저버리지 아니하기를 바랍니다. 예를 갖추지 못합니다.

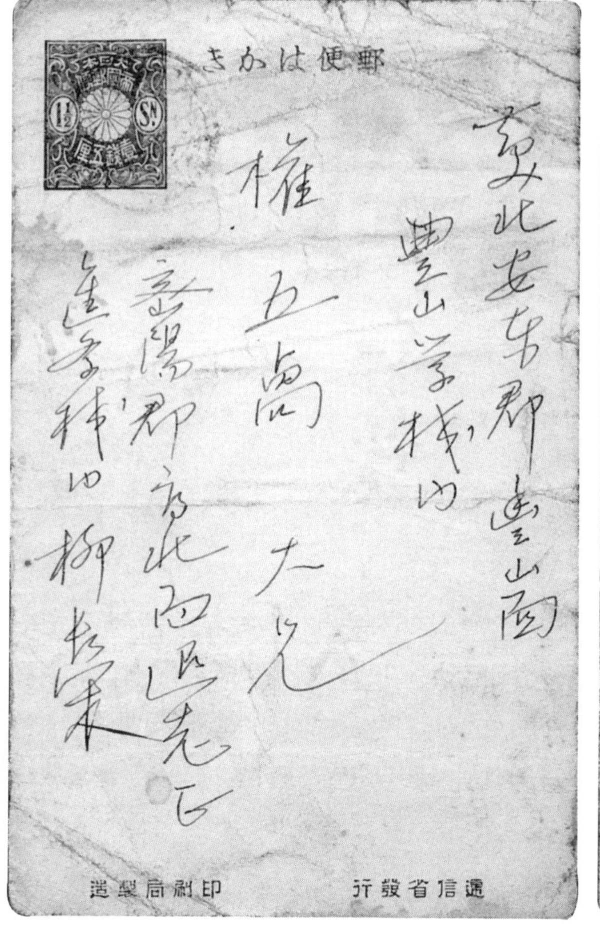

郵便はかき

慶北安東郡豐山面
豐山學校內
權五高 大兄

遞信省發行　印刷局製造

❶

❷

1920년대 전반기 추정

李承烈이 權五卨에게

安東郡 豊西面 佳谷 權五卨 仁兄

京城府 仁寺洞 五三 李承烈

二月 二日 午后

卽日承

之餘兄體欠(欽)旺仰慮不　　而荷 此遠注多感了 欠(欽)謝

已 弟 一是碌碌耳

不滋壯丹旣乏製儲

而方玆新製中也 三四

日以內 當付呈矣 姑爲少俟

之如何 付送金拾圓謹領

그날 뵈온 이후 형의 건강이 왕성하온지 우러러 염려하여 마지않습니다. 저는 한결같이 녹녹합니다. 놀랍지 않은 장단이나 제품이 이미 다 떨어져서 이제 바야흐로 새로 제조 중입니다. 3~4일 이내에 꼭 부쳐드리겠습니다. 우선 좀 기다려주시면 어떻겠습니까? 보내주신 돈 10원은 잘 받았고 감사합니다. 이렇게 멀리 주문해주셔서 감사드립니다.

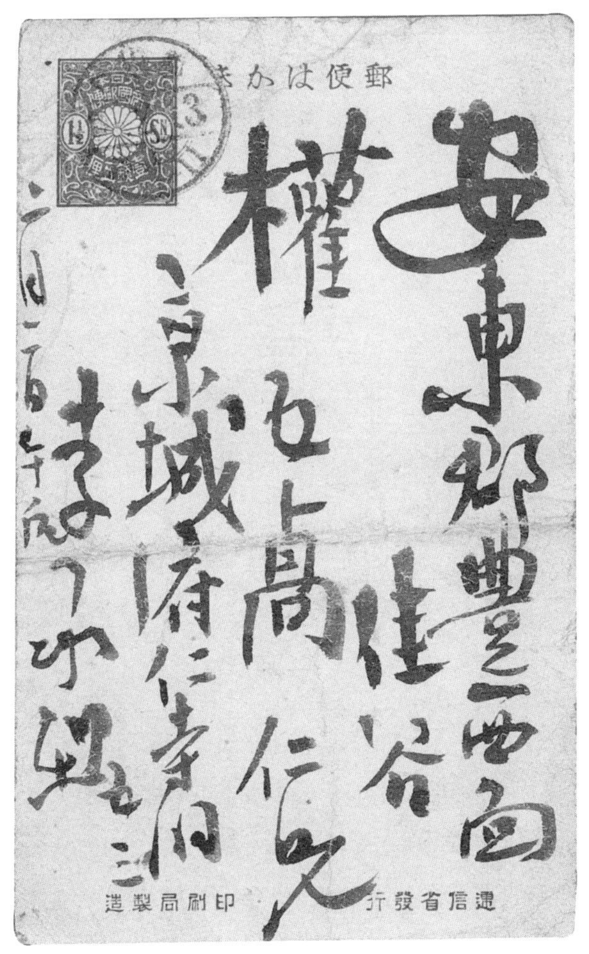

❶

❷

1920년대 전반기 추정

趙憲泳이 權五卨에게

安東郡 豊山面 佳日洞 權五卨 兄

大邱 留 趙憲泳

二十八日

不面而無書者 已半年耳 以此憲泳

忘故人云乎哉 身雖不忙 心則忙矣 山如

積懷 豈能以筆墨罄也 惟有一点

靈聖之相照矣 昨來安東聞柳兄則

吾兄之行 初巧後拙 障我一宵而返駕

云 不勝鷰鴻之歎 謹詢

侍棣體候萬重而所做何事 弟 方欲

行慶州等地 覽山水 年少者之愧

也 餘不備禮

만나지도 못하고 편지도 없었던 것이 이미 반년이 되었습니다. 이로써 헌영이 친구를 잊어버렸다고 하겠습니까? 몸은 비록 바쁘지 아니하나 마음은 바쁩니다. 산같이 쌓인 그리움을 어찌 글로써 다하리오? 오직 한 점 영성이 서로 비쳐줍니다. 어제 안동에 와서 류형한테 들으니 형의 걸음이 처음은 잘되었으나 나중엔 잘못되어 나와는 하루 밤을 사이에 두고 돌아갔다고 하니 서로 어긋난 탄식을 금할 수가 없습니다. 삼가 묻노니 모시고 평안하시며 하시는 일은 어떻습니까? 제는 바야흐로 경주 등지의 산수구경을 떠나려 하고 있으니 젊은 사람의 부끄러움입니다. 나머지는 갖추지 못합니다.

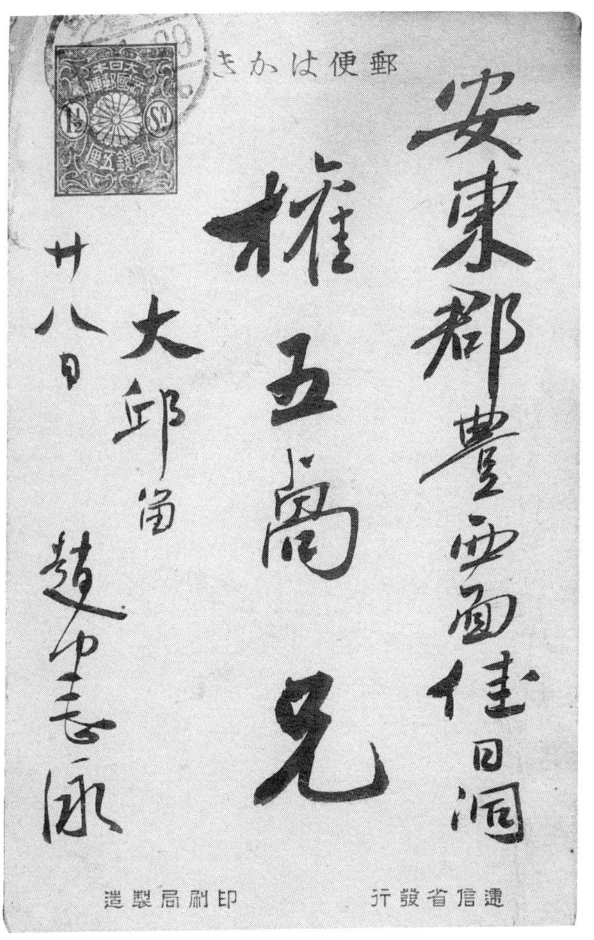

❶

❷

1920년대 전반기 추정

權五卨이 부모님께

安東郡(醴泉區內) 豊西面 佳谷洞 權五卨 本第入納

尙州 過 五卨 上平書

伏未審日來

侍下外內分氣體候一向萬康

宅內都節均安否 伏慕區區

不任下誠 子 無事着尙 當

數日後 上京伏計耳 餘不

備上書

九月 四日 卨

살피지 못한 일간에 외내분 기력이 한결같이 평안하시고 집안 여러 가지가 두루 평안하십니까? 여러 가지로 궁금하기 짝이 없습니다. 저는 무사히 상주에 도착했습니다.

며칠 후에 서울로 올라갈 계획입니다. 나머지는 갖추어 올리지 못합니다.

9월 4일 설

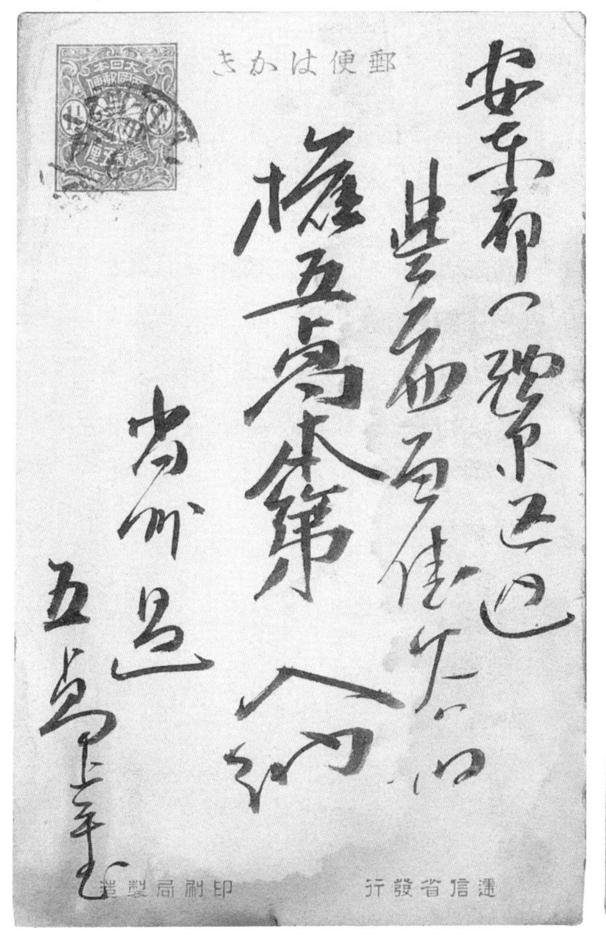

❶

❷

1920년대 전반기 추정

正校 內 柳長榮이 豊山學校 內 權五卨에게

慶北 安東郡 豊山面 豊山學校 內 權五卨 언니

密陽郡 府北面 正校(正進學校-역자 주) 內 柳長榮

二月 卄九日

日前에 數字 올닌 것은 아마 받아 보앗을 듯. 그 後 날포되오니 굼굼하기 짝이 없읍니다. 貴校에서는 卒業式을 何日頃에나 擧行하게 됨닛가. 卒業式을 맛치고서는 速히 來臨하실 豫算을 하시오. 몃친 날쯤이나 密陽 停車場에 到着하신다면 弟가 歡迎 가겟읍니다. 回示하시면 旅費도 付呈할 터이니 諒下하시고 回示하시오. 日前에 仰托한 讀本은 時已晩矣오. 또 釜山으로 注文하얏읍니다. 아므조록 速히 赴任하시도록 하시서 갗이 此機 卒業式을 周旋하도록 합시다. 千萬仰企 惟祝爲世加喰 不備.

二月 二九日 弟 上 柳長榮

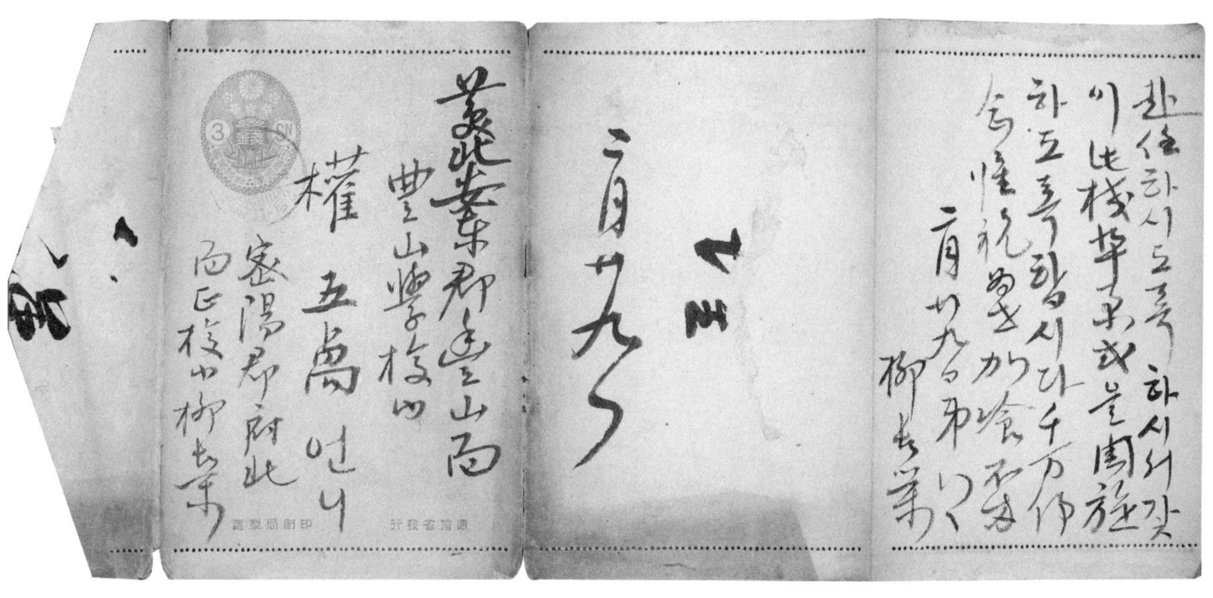

❶

❷

1920년대 전반기 추정

權五卨이 豊山學校에 있을 때 받은 엽서

慶北 安東郡 豊山面 豊山學校 內 權五卨 兄

桂洞 一三六 A ■ ■

날근 것은 다-발이고 새로 새 터전를 많이 닥그시왑. 아우는 계산 한 모통이에서 무엇을 살아볼야고 홰울음 치고 허부덩거리는 것이 내 돌이켜 우수울 뿐이요. 끗.

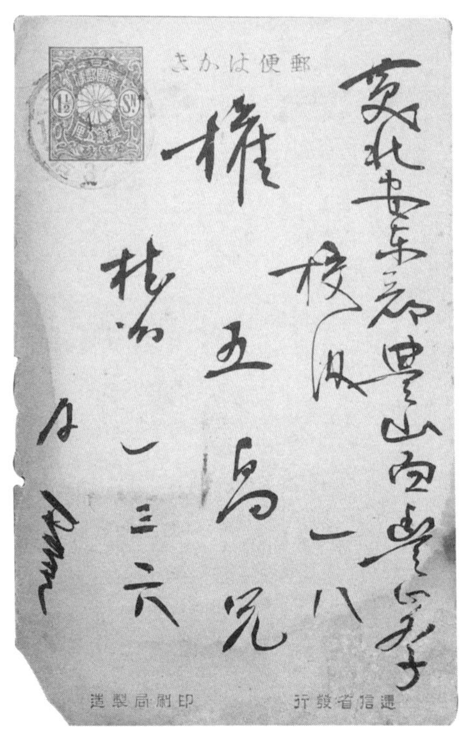

❶ ❷

1920년대 전반기 추정

龍宮普校 內 張■ ■가 豊山學術講習會 內 第四學年 申載璇에게

安東郡 豊山學術講習會 內 第四學年 申載璇 大兄

龍宮普校 內 張■ ■

二月 二日付

요사이

日氣는 不順한대 兄任 學體大安한지 區區願問이로소이다. 弟는 無事히 通學하오니 兄任 安心하야 주시기를 伏望이로소이다. 然이나 弟의 마음은 엇더타 할 수 업습니다. 休暇後로 한번도 片紙 못 하오니 참으로 罪悚 罪悚하네. 이만.

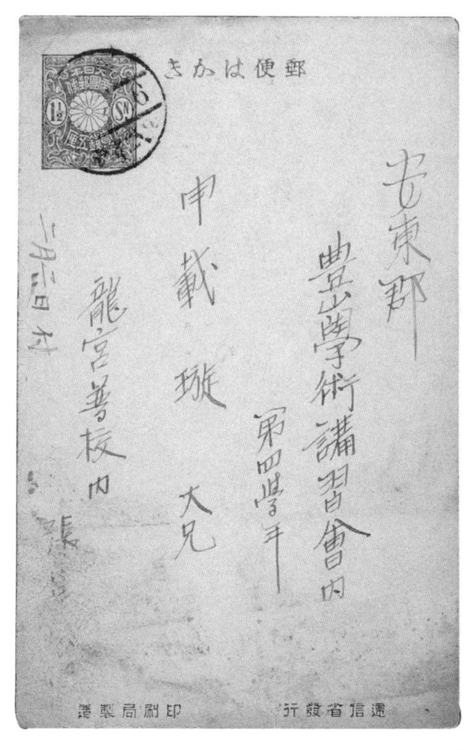

郵便はかき

安東郡 豊山學術講習會 內 第四學年

申載璇 大兄

龍宮普校 內 張

二月二日付

印刷局製造 逓信省發行

❶

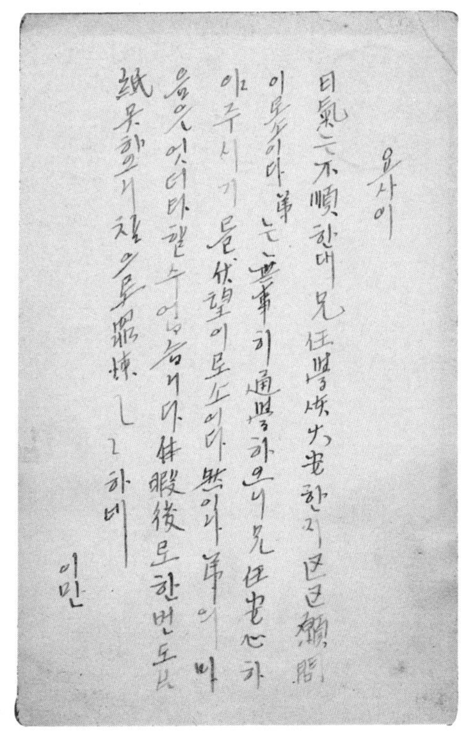

요사이

日氣는 不順한대 兄任學體大安한지 區區願問이로소이다 弟는 無事히 通學하오니 兄任安心하야 주시기를 伏望이로소이다 然이나 弟의 마음은 엇더타 할 수 업습니다 休暇後로 한번도 片紙 못 하오니 참으로 罪悚 罪悚하네

이만

❷

1920년대 전반기 추정

權五卨이 豊山面 學校에 있을 때 받은 엽서

豊山面 學校 內 權五卨 樣

貴体候一向萬安하옵시며 業務도 如前하옵늬가. 此店에셔 洋服하신 服은 제가 病으로 三四日 고통으로 지어더리지 못하엿스니 製服할 것 것흐면 가지고 가겟슴니다. 貴体萬安祝.

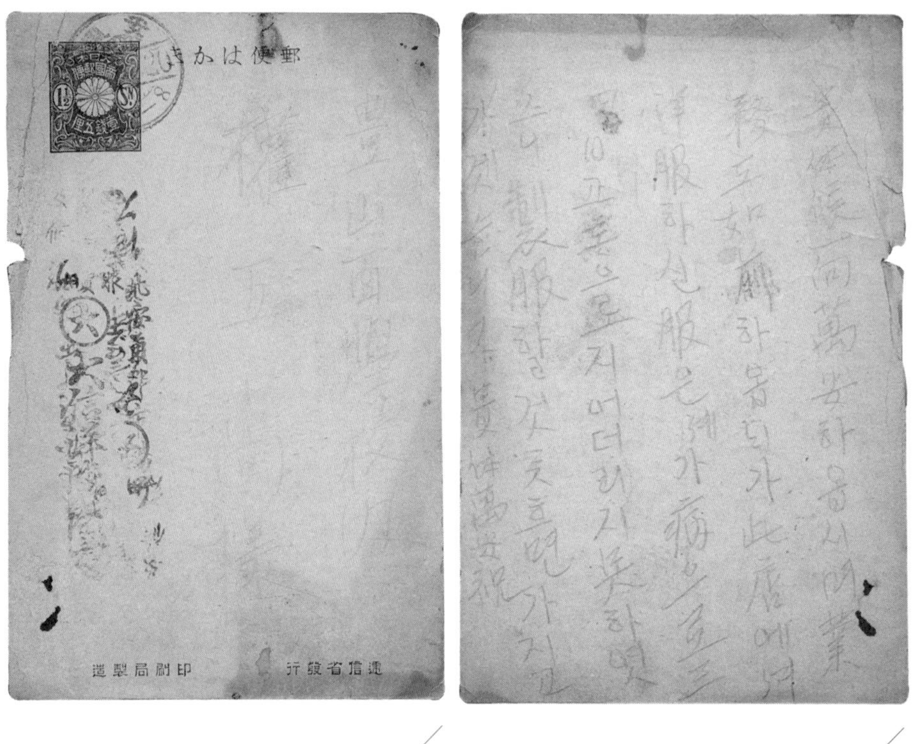

❶ ❷

1920년대 전반기 추정

정현모가 權五卨에게

慶北 安東郡 豊山面 佳日洞 權五卨 氏

새해에 주신 글은 感謝히 읽엇슴니다. 새해에 더욱 健康과 萬福을 바드시고 짜라서 社會에 對한 奉仕가 많으시기를 비나이다.

京 臥龍洞 三九ノ一

뎡현모

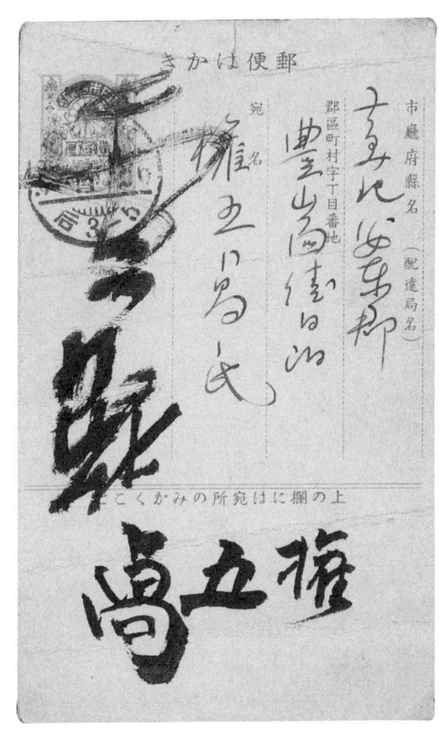
郵便はかき

市廳府縣名（配達局名）

郡區町村字丁目番地

宛名

慶北 安東郡

豊山面 佳日洞

權五卨 氏

上の欄には宛所のみかくこと

權五卨

❶

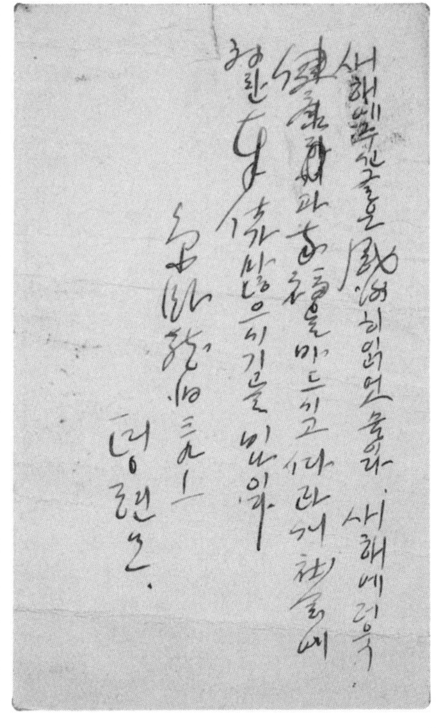
새해에 주신 글은 感謝히 읽엇슴니다. 새해에 더욱

健康과 萬福을 바드시고 짜라서 社會에

對한 奉仕가 많으시기를 비나이다.

京 臥龍洞 三九ノ一

뎡현모.

❷

1920년대 전반기 추정

五箕가 權五卨에게

朝鮮 慶尙北道 安東郡 豊山學校 內 權五卨 氏 前

龜戶町 二四00番地서 올님

六月 十二日

조곰 옴기볼 뜻이 잇읍니다. 이것은 何如間 긋때 일이고 兄任 일은 참말노 方向이 - 잘 變하엿습니다마는 方向이든지 무엇이든지 變할 그때에 相當한 마음에 合■됨이 잇을 것이올시다. 心慮 마시소서. 지금은 좋은대 겟는 듯합듸다. 住所는 곳 엿주케슴니다.

六月 十二日 舍弟 五箕 올립니다.

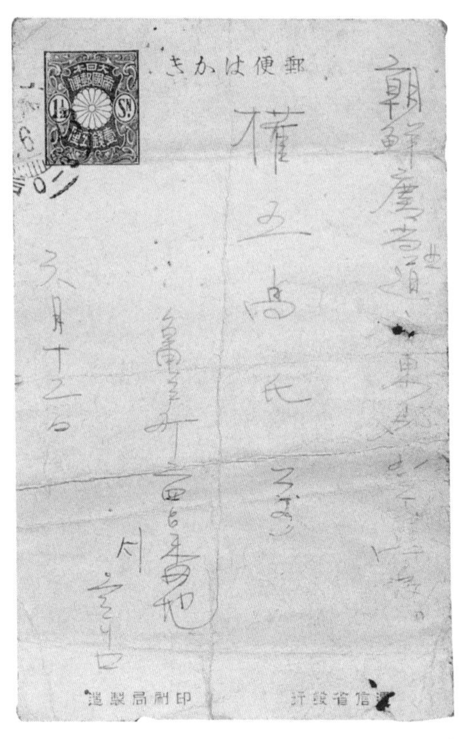

郵便はかき

朝鮮慶尙北道安東郡豊山學校內

權五卨 氏

前

龜戶町二四〇〇番地서 올님

六月十二日

印刷局製造

遞信省發行

❶

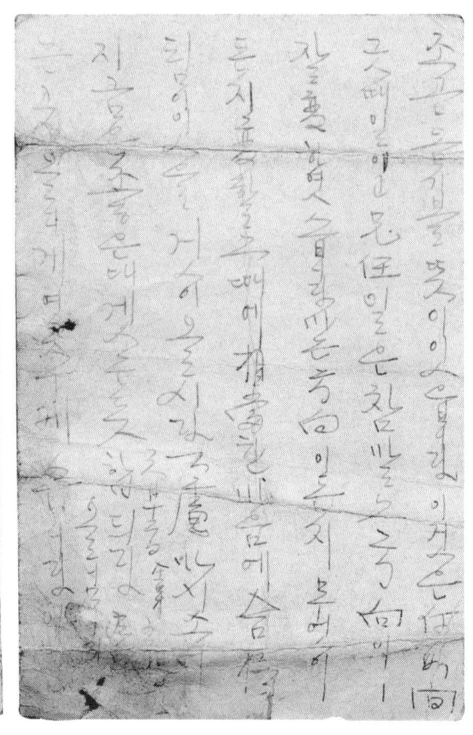

❷

1925년 1월 1일자 소인

徐廷珏이 權五卨에게

豊西面 佳谷洞 權五卨 兄

一直面 徐廷珏

謹賀新年

半半年音信積阻仰懷憧憧

京信種種承聞耶 一月 元日

삼가 새해를 축하합니다. 반반년 소식이 막혔습니다. 그리운 생각이 간절합니다. 서울 소식은 종종 듣습니까. 일월 초하루

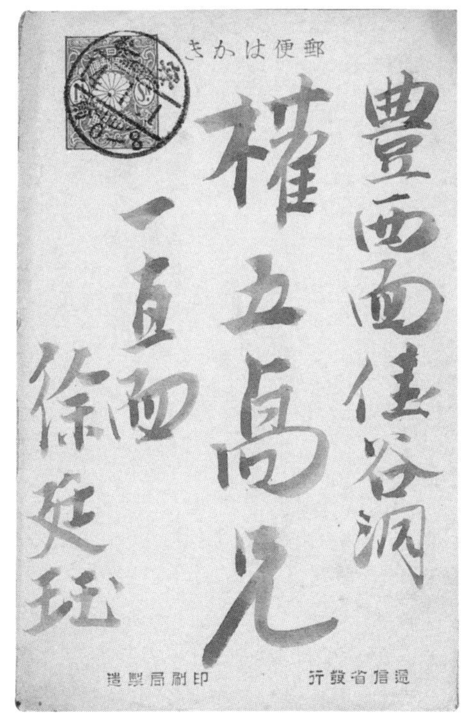

郵便はかき

豊西面佳谷洞

權五卨兄

一直面

徐廷珏

遞信省發行 印刷局製造

❶

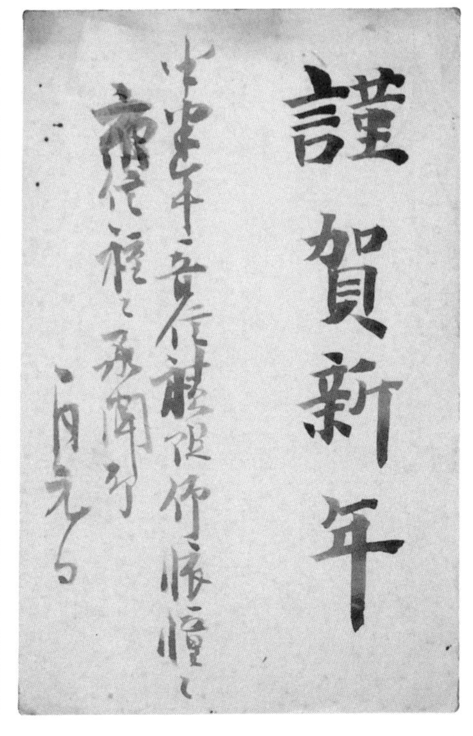

謹賀新年

半半年音信積阻仰懷憧憧

京信種種承聞耶

一月元日

❷

1925년 1월 1일자 소인

李春榮이 權五卨에게

慶北 安東郡 豊西面 佳谷 權五卨 兄

謹賀新年

一月 元旦

李春榮

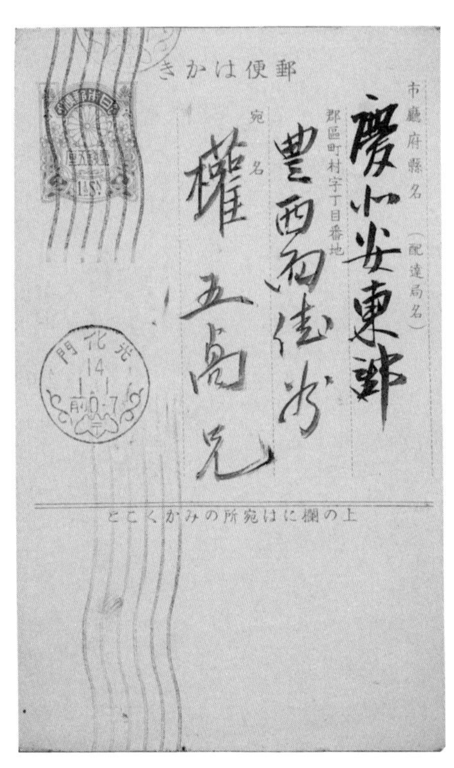

郵便はかき

市廳府縣名 (配達局名)

郡區町村字丁目番地

宛名

慶北安東郡

豊西面佳谷

權五卨兄

上の欄には宛所のみかくこと

❶

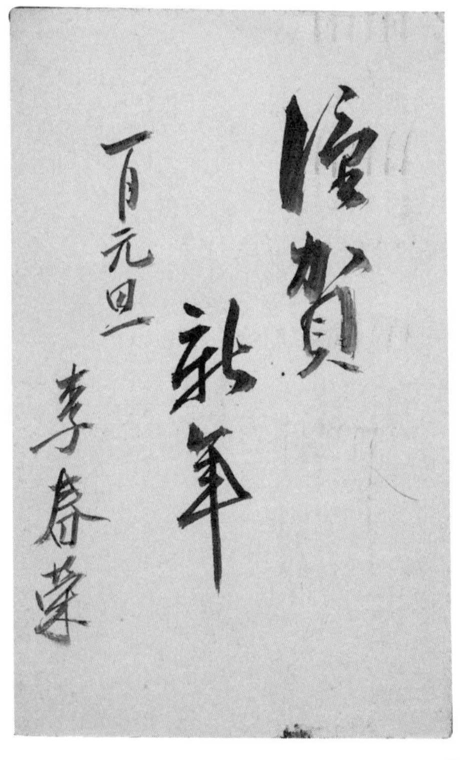

謹賀新年

一月元旦

李春榮

❷

1925년 1월 ○일자 소인

李著鎬가 權五卨에게

安東郡 豊西面 佳日洞 權五卨 兄

謹祝新禧

乙丑 元旦

李著鎬

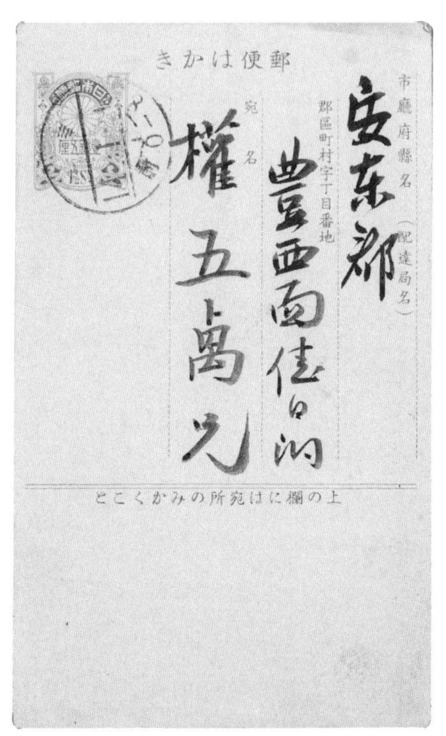
郵便はかき
市廳府縣名（配達局名）
郡區町村字丁目番地
宛名
安東郡
豊西面佳日洞
權五卨兄
上の欄には宛所のみかくこと

❶

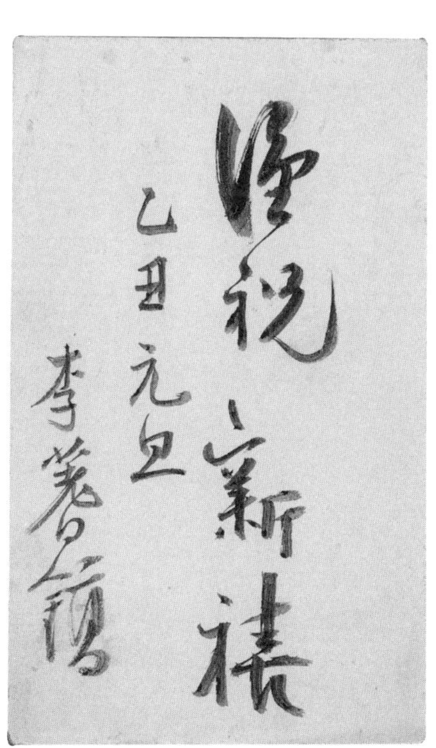
謹祝新禧
乙丑元旦
李著鎬

❷

1926년 7월 15일자 소인

五高이 西大門刑務所에서 權五箕에게

市內 堅志洞 八八 權五箕 展

西大門刑務所 兄 五高

七月 十一日에 보낸 편지는 昨日 卽 十三日 午後에 잘 받아보앗다. 그런대 집에서 온 아부지의 下書도 잘 奉讀하얏다. 그런대 여러 날 동안 여러 동무의게 신세를 많이 기치는 것이로구나. 아모조록 速히 나리어 가거라. 그런대 구두는 없었다. 고무신을 신엇섯다 다 떨어젓다. 그리고 元先生님의게 荅하라고 傳하여라. 집일을 좀 적어서 그리고 너 나리어 가거든 寧植氏의게 떼를 쓰더라도 집을 조곰 살도록 하여라. 萬一에 不如意하거든 廉尙進君의게 이약이하야서 小作이라도 하여 볼 道理하여라. 나리어갈 때 모든 것은 元先生님끠 물어서 書信 來往 같은 것도 그곳으로 하여라 속옷 等 差入을 잘 받앗다. 速히 나리어가거라. 가서 片紙나 자조 하여라. 이만.

七月 十四日 兄 五高

오늘이 陰曆으로 며칠인가?

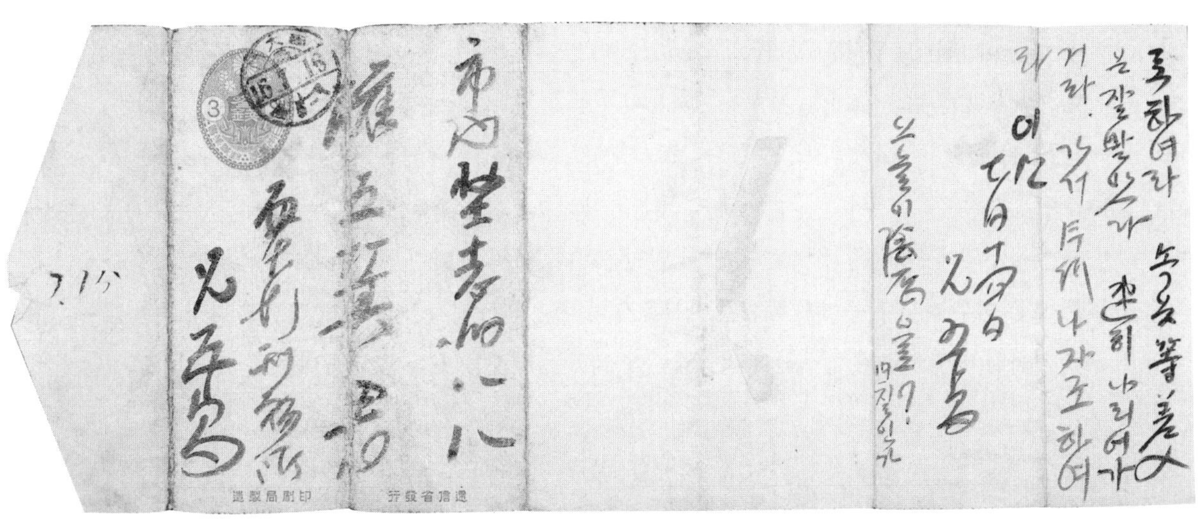

❶

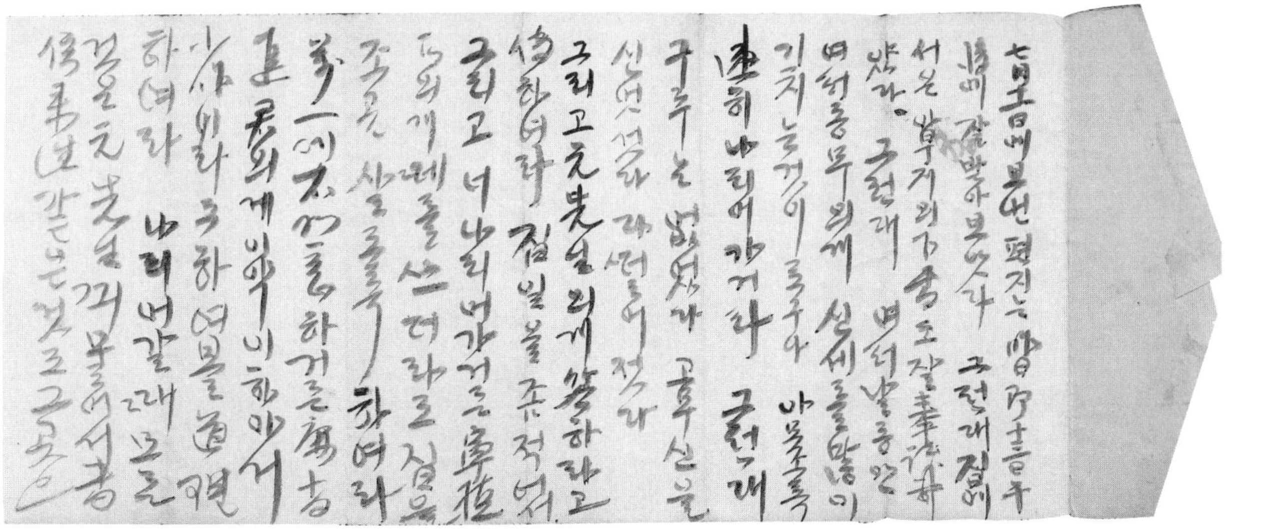

❷

1926년 7월 18일자 소인

五箕가 西大門刑務所에 있는 權五卨에게

市內 西大門刑務所 內 權五卨 氏

仁寺洞 八四 舍弟 五箕 上

七. 十七日

다른 동무의게 片紙 온 것 자주 주들어 알앗읍니다. 몸씨 健康치 못하와 엇지됩니까. 그르나 못조록 넘우 다른 것을 生覺하시지 마시옵기 바라나이다. 져는 兄님 片紙 答보고 나리갈나고 이젹까지 잇셧스나 答 업스신이 왼일임니까. 時計는 엇젯읍니까. 答 바람니다.

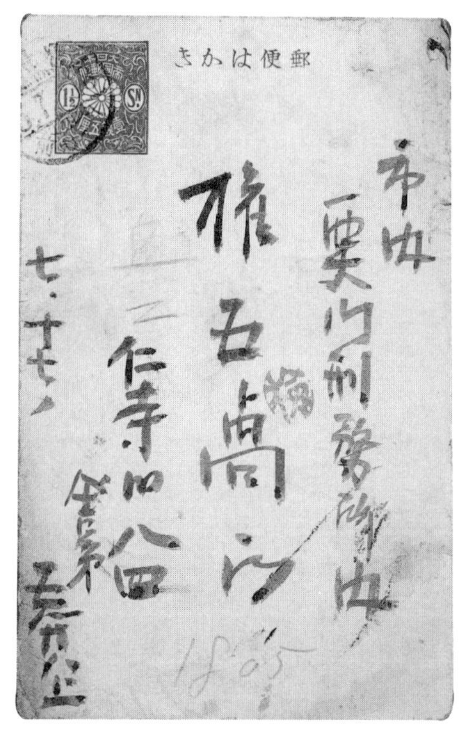

郵便はかき

市內 西大門刑務所內 權五卨 氏

仁寺洞 八四 舍弟 五箕 上

七. 十七日

①

②

1926년 7월 ○일자 소인

五嵩이 西大門刑務所에서 權五箕에게

市內 仁寺洞 八四 權五箕 君

西大門刑務所 舍兄 書

君의 十七日에 發한 書를 받았다. 나의 答을 보지 못하얐다지. 또 거듭을 答을 보낸다. 받아 보게 될는지? 그른대 只今 나는 斷刀直入的으로 말하려 한다. 家勢는 貧하기 洗한 듯하고 親은 老한데 엇더케 活計를 圖한다 말이냐. 世上에 우리와 같은 것이 許多하지마는 生覺할사록 氣가 막힌다. 그런대 나도 片紙로써 付託하얐다마는 君! 나리여 가거든 寧植氏 보고 우리집 形便에 對하야 엇더케 살아갈 道理를 조곰 보아달나 하여라. 萬一에 그것이 不如意하거든 一直面 廉尙進兄의게 가서 또한 事情을 述하여서 될 수 잇는 대로 田畓斗落이라도 얻어서 生計를 서워야 안이되겠나. 百而思之하여야 딴 謀策은 없고 이만것을 參考 삼아 부탁한다. 그리고 速히 나리어 가거라. 父! 母는 거리에서 기다리신다. 首! 末!인 나와 季君을 잃어바리고 오직 仲인 君만 기다린다. 速히 나리어 가거라. 日前 父主의 下書에 陰 五月 卄三日이라 日字를 적었더라. 何月 何日인지 몰나서 답답하다. 이 片紙 答할 때 陽曆으로 쓰고 그 밑에 陰曆 日字를 적어보내는 것이 조켓다. 速히 下去하기 바란다. 그런대 나는 입을 것은 입고 먹을 것을 먹는 다만. 이것 못하는 이가 아마 많지! 답답 엇더케 하나? 이만.

七月 卄三日 五嵩 書

❶

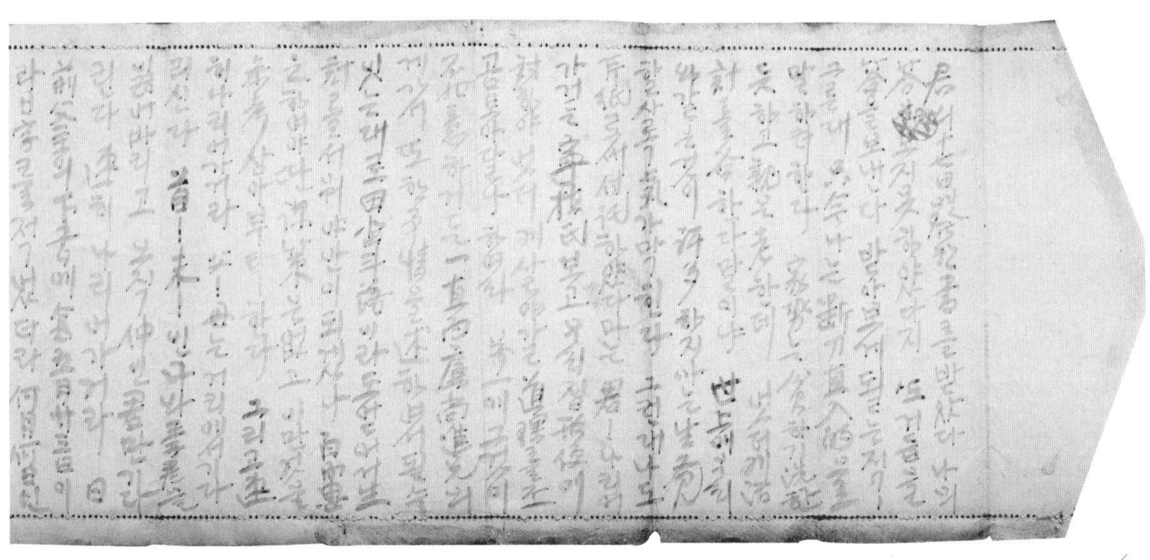

❷

1926년 7월 24일자 소인

五箕가 西大門刑務所에 있는 權五卨에게

市內 西大門刑務所 內 權五卨氏

仁寺洞 八四 舍弟 五箕 上

丙寅 六月 十五日(양 7월 24일-역자 주)

兄主시여

日前에 올린 글월 바다보셧읍니까. 日前에 泰東군에게 온 片紙 보앗읍니다마는 밥을 그르크러 자시지 못하면 엇지된단 말입니까. 兄主시여 病勢 조곰 엇더하십니까. 못조록 겟실 동안 身軆나 便하셔야지요. 册은 新約全書을 지가 가지고 온 것을 差入할 양으로 가지고 갓던이 新約全書가 差入된 것이 잇다고 하여 그만두엇읍니다. ハガキ는 오늘 열 장 사셔 差入하엿읍니다. 兄主시여 져는 곳 네리가야겟는데 엇지할가요. 어제. 十一日 다갓습니다. 只今은 正말 맥낭합니다. 집으로 갈일. 바가면서 日間 곳 나려가겟읍니다. 노박도 들어 갓읍니다. 옷시 매우 더러웟지요. 김입 옷 알슈업셔요. 兄主시여 엇드키 공을 드리시드라도 밥을 잡슈시기 바라나이다. 무엇이든지 집일을 生覺하지 마시옵고 心慮는 조곰도 마시옵고 몸을 도라보시와 健康하시도록만 힘쓰시기 願하나이다. 兄님요. 곳 집으로 나려가겟읍니다. 元先生을 만날 슈 엄습니다. 져의 바라는 바는 兄님 몸씨 健康하시다가 나오시기만 바라나이다. 집으로 片紙하엿읍니까. 答 速히 하여쥬십시오.

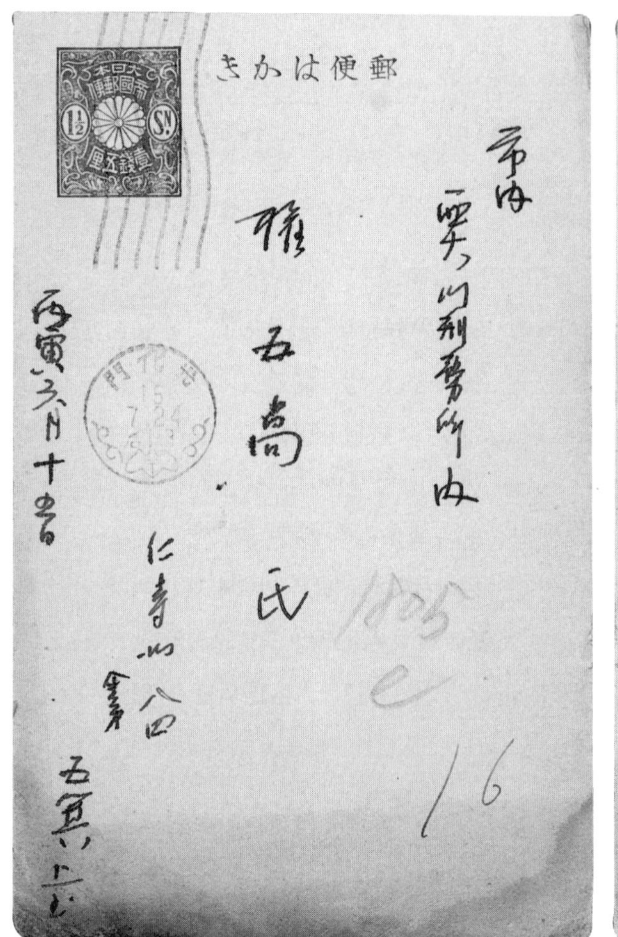

郵便はかき

權五高 氏

❶

❷

1926년 8월 7일자 소인

五高이 西大門刑務所에서 權泰東·權五箕에게

市內 仁寺洞 八四 權泰東 · 權五箕 展

西大門刑務所 五高

泰東兄의 卄九發書와 衣服差入은 다 받앗다. 그런대 나의 아우 五箕君이 나리어 갓는지 몰나서 五箕君의게 付託할 것을 여긔 적어서 부친다. 五箕君이 가지 아니하얏거든 같이 보고 나리어 갓거든 시골로 나의 부탁을 傳하여 주기를 바라며 同時에 나의게도 片紙하면 나도 다시 시골로 片紙하겟다. 부탁이 잔소리가 만흐나 恕諒하게. 부탁할 것을 左記한다.

一. 私食 = 내가 이 刑務所에 돈 二十円 맛기어 둔 것이 있스니 그것을 取下하여다가 一日 午一時 꼭 差入하여라(四五円은 남기어 두고). 이 돈이 업서진 다음이라도 하로 한 때式 差入할 것을 엇더케라도 準備하여 주기를 바란다. 몸 때문에 이런 말을 하는 것이다. 그러나 돈이 相當히 入手될 可望이 업거든 하지 말어라. 돈이 업시 差入하면 會計하는 째에 食主의게 逢辱할 것이다. 꼭 모다 凡然히 듯지 말어라. 只今 差入하는 (이)의게 단단히 말하게.

二. 卌 = 英語工夫를 着實히 하고저 한다. 수고스럽지만 日本正則英語學校에 通信하여 最低程度~最高를 一時에 購讀하랴면 費用이 얼마나 드는지 內容見本을 받어가지고 나의게 通知하여주소. 그리고 요사이 一週日 後에 『크라운 第二』를 自習書幷差入하여주기 바란다. 꼭 速히.

三. 옷 = 요사이는 나의 헌옷을 째마추어 쌀어 보내주기를 바라며 가을에는 겹옷, 겨울에는 핫옷을, 안밧 동정까지 黑色으로 하여서 보내어라.

四. 以上의 모든 것이 적지 아니한 煩雜한 일인대 五箕君이 시골에서 자조 올나올 수가 업스니 京城에 一定한 住所를 가진 親舊 한 분의게 아모리 어렵더라도 責任을 지고 하여 주도록 꼭 願한다. 責任者가 업시는 될 수 업슬 것이다.

五. 五箕야 이것이 나로서는 참아 못할 말이다마는 엇더케라도 시골에 가서 돈을 求하여 差入하도록 하여다고. 시골 親舊의게 구걸을 하더라도 資金을 求

(다음 第二에)

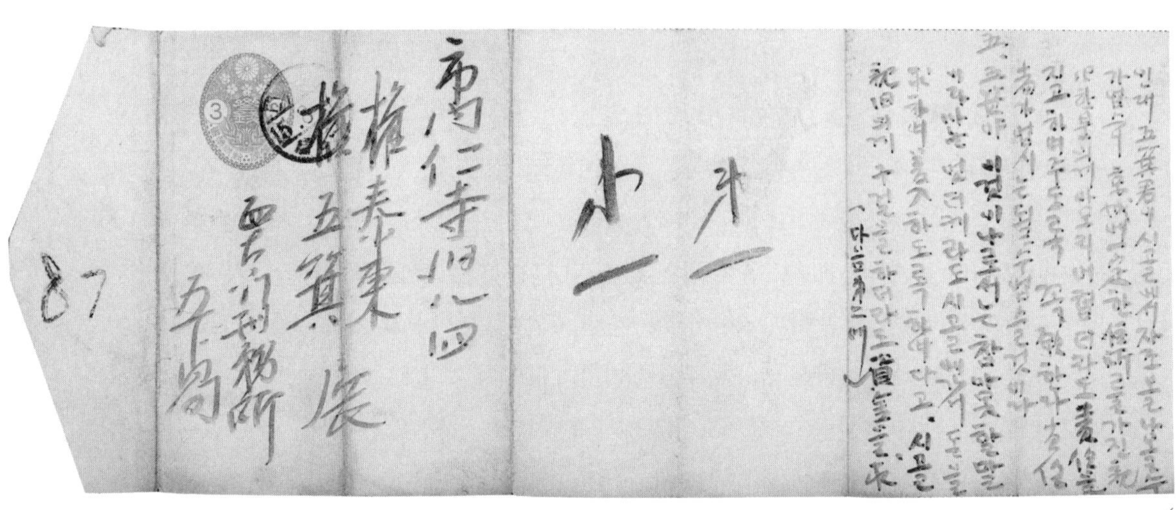

❶

❷

1926년 8월 7일자 소인

五嵩이 西大門刑務所에서 權泰東·權五箕에게

市內 仁寺洞 八四 權泰東 權五箕 展

西大門刑務所 五嵩

1의 續

하여서 서울에 와서 泰東君과 함끠 구루마를 끄든지 시골에서 飮食營業을 하여서라도 엇더케라도 돈버리를 하여라. 그리하여야 집안 食口도 살릴 것이며 差入도 하도록 하여라. 이 부탁을 하는 나는 顔이 無하다.

五. 나의 누이는 前에 續繼하든 英語工夫에 着心하여라. 雜念을 바리고 이 모든 부탁이 나로서는 염치업시 하는 것이다. 그러나 용서할 줄 믿는다. 아모조록 健康하기를 祝한다. 나는 前日과 다름업다. 나의 부탁한 것을 쏙 相議하여서 잘 하여주소. 나의 누이와도 이약이하소. 잔소리가 너무 만엇다. 이것 보고 答하여주소. (五箕가 나려가고 아니간 것도) 그리고 面會請願을 하여보아 許可를 얻어서 한 번 하야주면 조켓다. 泰東兄 安在를 祝하며 다른 것보다 돈버리하여서 잘 지나도록 무슨 職業이라도 얻어 就職하기를 바란다. 이만.

八月 五日 權五嵩

❶

❷

1926년 8월 14일자 소인

五嵩이 西大門刑務所에서 權五箕에게

市內 仁寺洞 八四 權五箕 展

西大門刑務所 兄 五嵩

五箕君의게

差入한 옷은 잘 받아서 입었다. 冊도 받었다. 그러나 片紙의 答은 도모지 없으니 답답하다. 네가 取下하여간 돈은 廉尙進君으로붙어 온 것이다. 너도 感謝하다는 말로써 片紙하여라. 그 兄의게! 집 아부지 下書도 奉讀하얐다. 葉書의 關係로 나는 아직 答 上書 못 하얐다. 그런대 私食差入에 對하야는 아모리 마음에 하고 싶더라도 外上으로 無責任하게 會의 片紙로 하지 말아라. 우선 밧븐 데로 하는 것이 臨時變通은 되지마는 밥장사도 빗싼 밥 주고 돈 아니받을 理 없지 아니한가. 돈은 없고 責任을 負하는 이 없으면 辱은 누가 當하겟는가? 부대부대 모든 것을 그러케 하지 마도록 相議하여라. 더위 勝한데 몸 平安하며 모다 泰平한가. 나는 日間에 머리가 더 앞으며 眩氣 난다. 그러나 過慮 말아라. 나의 헌옷을 來週 月火間에 取下하여 가소. 安東布 적섬과 시양목 고의는 오늘에 갈아 입었다. 이 편지 泰東 · 元淑과 가티 보아라. 모든 것을 잘 물어서 하기 바란다. 이만.

八月 十三日 午前 兄 五嵩

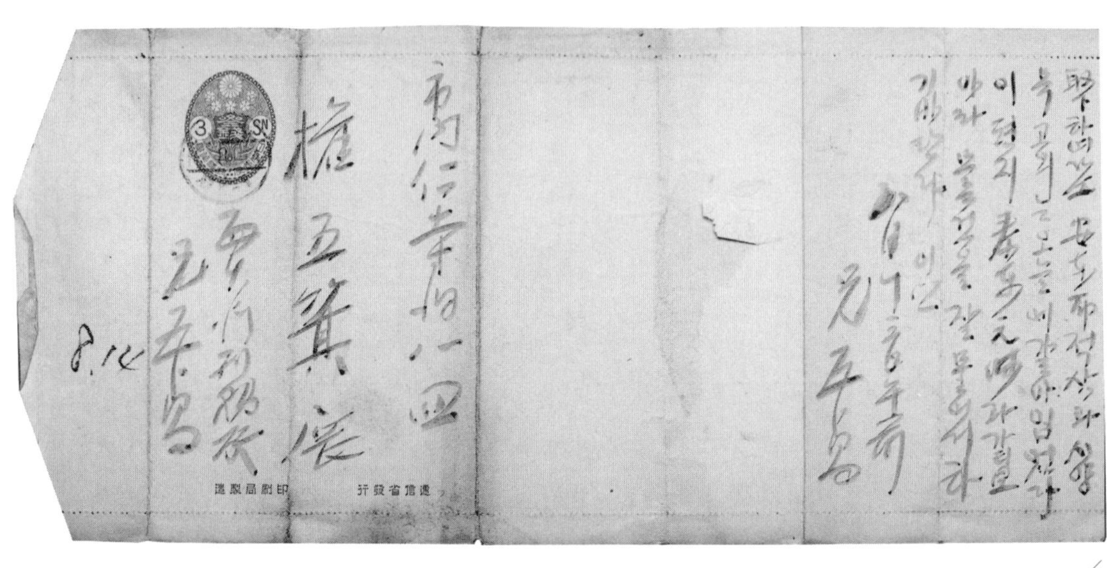

❶

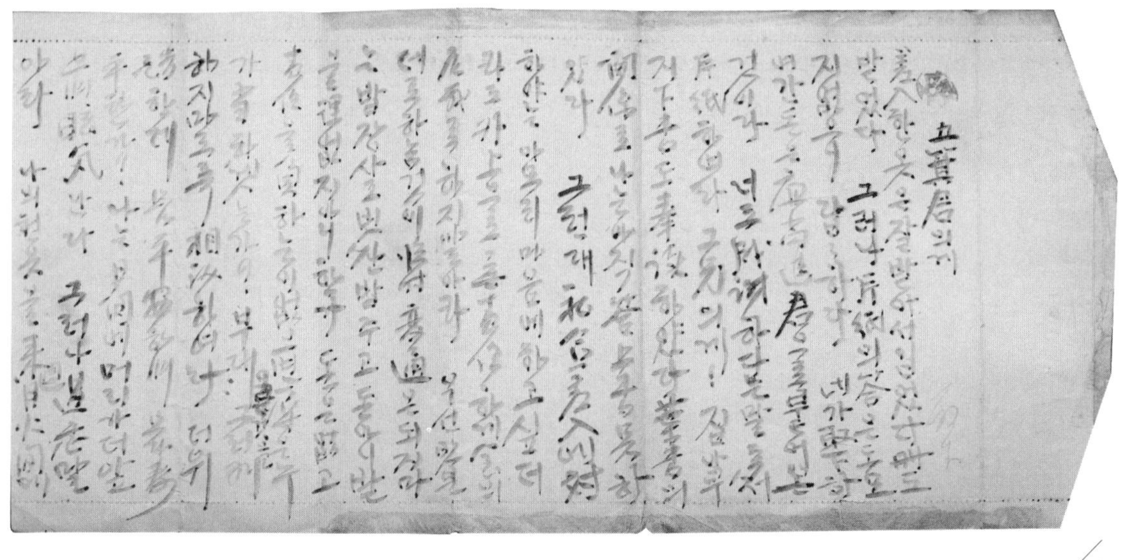

❷

1926년 8월 14일자 소인

五箕가 西大門刑務所에 있는 權五卨에게

市內 西大門刑務所 內 權五卨 氏

仁寺洞 八四 舍弟 上書

兄主前 上書

日前 크라원 들인 것 아직 들어가지 못하엿지요. 日間 져는 곳 나려 가겟읍니다. 五六日 지난 뒤에 곳 나려갈 듯십흡니다. 그른데 私食 及 여러 가짓 것을 生覺한이 正말 기가 막힙니다. 兄님이시여 몸은 平安치 못하온데 엇더케 하로 한 씨식으로 되겟읍니까. 못조록 마음이나 平安하시도록 잡슈시기 바라나이다. 地方 나려가셔 農事하겟읍니다. 形便 바가면셔 무엇이든지 하겟읍니다. 그리 아시고 곳즐 – 늘 몸씨 健康만 빌고 願하는 바이올시다. 집에도 아부지 어무니 平安無事하신 듯 깁웁니다. 여러 동무들도 무고하오니 倖이로소이다. 그른데 금명 검사국으로 넘어간 일 졀박합니다. 약한 몸으로 오래도록 졀박삽고 의복갓흔 것 자세히 알지못 걱정이올시다. 兄主시여 집으로 자쥬 片紙하여 주시옵소서. 아바 엄마 굼굼하실 듯 졀박습니다. 兄主시여 모든 살님사리 다 아쥬 찬바람이 나셔 엇드키 지날지 모르겟읍니다. 집에 네리가 農事을 하든지 장사을 하든지 무엇이든지 하여야겟는데 어데 마음대로 되겟읍니까. 京城셔 살님을 하자하면 젹어도 千円이라는 돈을 가지지 안코는 될 슈 업슬 것 갓고 엇지하엿스면 조흘지, 아조 답답합니다. 尙佳日셔 왓읍니다. 數日后에도 가게 될지 모르겟읍니다. 이后 바라는 바는 못조록 몸씨 健康만 바라나이다. 모든 걱졍과 근심을 一切 棄하시옵기 바라나이다. 京城셔는 직업이 업습니다. 農事밧게는 할 일 업슬 쥴 生覺하는 바이올시다. 아모것도 모르고 다른 것 할 道理가 있읍니까. 農事軍이 되어셔 꿍꿍 짐지고 땀 흘여셔 뜨거운을 한데 모아셔 富者 되어셔 배부르게 먹고 곱게 잘 입도록 힘쓰고 힘쓰겟읍니다. 집으로 도라가 農事 만히 하겟읍니다. 이만으로 끗, 答 곳 바라나이다.

旧 七月 七, 八月 十四日 舍弟 五箕 上書

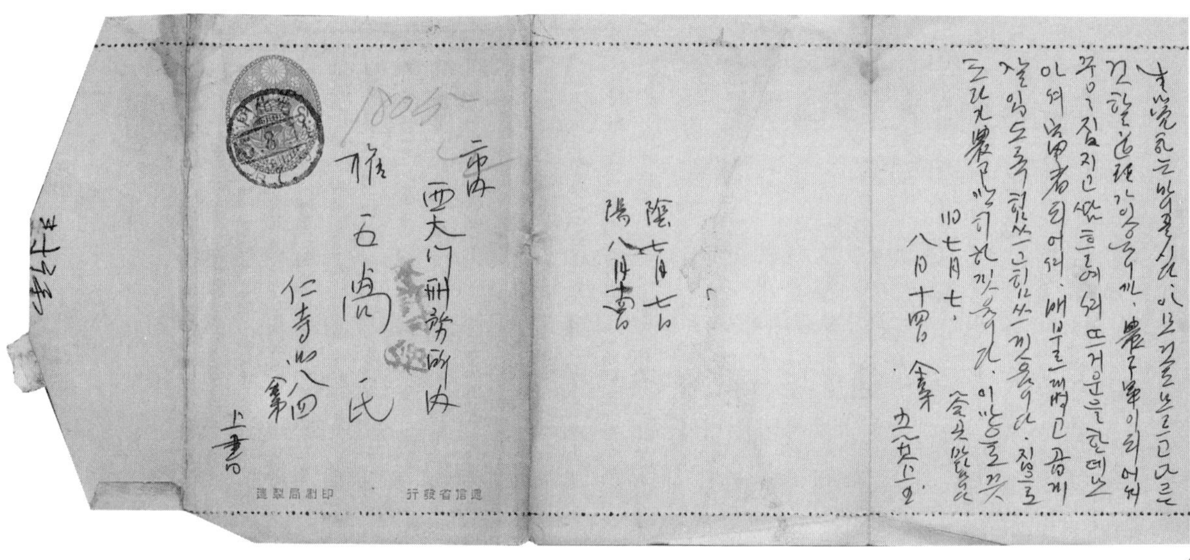

❶

❷

1926년 8월 22일자 소인

五箕가 西大門刑務所에 있는 權五卨에게

市內 西大門刑務所 內 權五卨 氏

堅志洞 八八 舍弟 五箕 上書

陽 二十二 陰 七月 十五日

兄님요. 日前 差入한 옷 곳 입엇음니까. 片紙 몃 번 올닌 것 보앗음니까. 兄님요 只今은 病勢 조곰 엇더하신지요. 鷄卵보다 牛乳가 나을 듯하와 牛乳을 差入하엿음니다. 兄님요, 正則學校講義록 金濟宇의게로 片紙하엿음니다. 見本을 보내달나고. 兄님요 ハガキ는 살 슈 업셔 差入치 못하엿음니다. 兄님이 사셔 씨시요. 五円이 남엇슨이 사셔 달나 하시요. 濟宇 住所는 東京市 淺草區 今戶町 四二番地 大竹竹次郎 方이람니다. 그리 片紙하여 보시요.

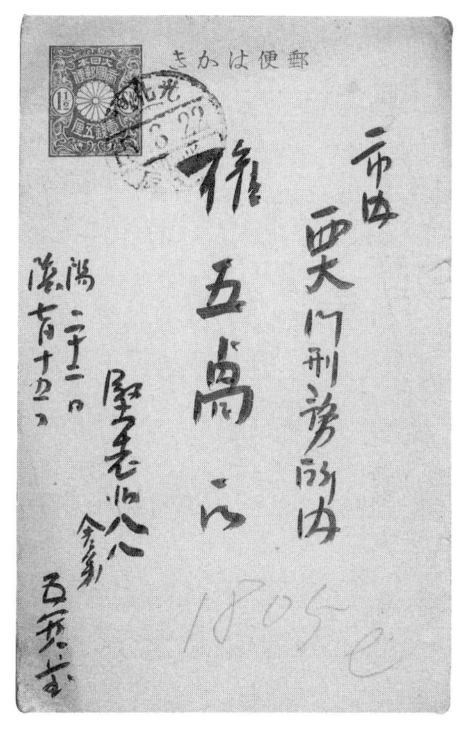

❶

❷

1926년 9월 1일자 소인

五卨이 西大門刑務所에서 權五箕에게

市內 八判洞 一0五 權五箕 君

西大門刑務所 兄 五卨

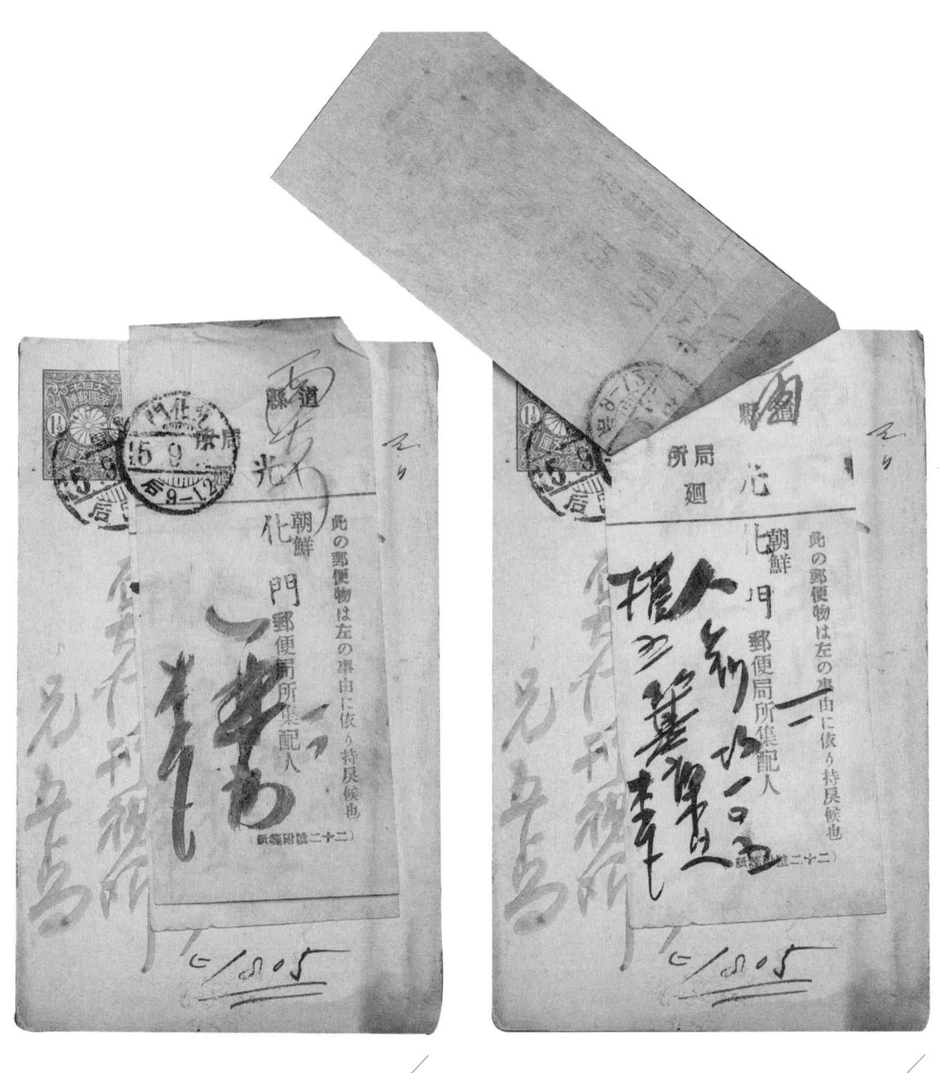

安在만 祝한다. 付託은 나의 헌옷 벗어둔 것과 英讀一卷과 心理學과 돈 二円을 取下하여가게. 그리고 英讀(크라운) 三卷 并 解釋을 求하여 두게. 아부지 어무니 平安히 게시는 消息을 들엇는가. 速히 나리어가서 모시게. 이만.

八月 二十九日

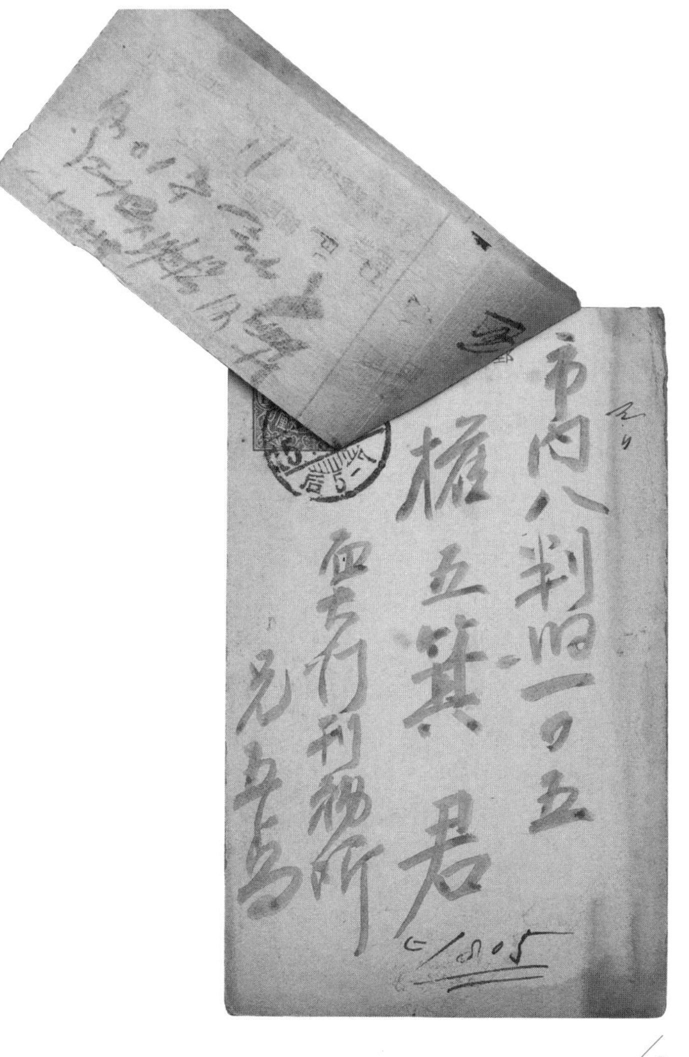

❸

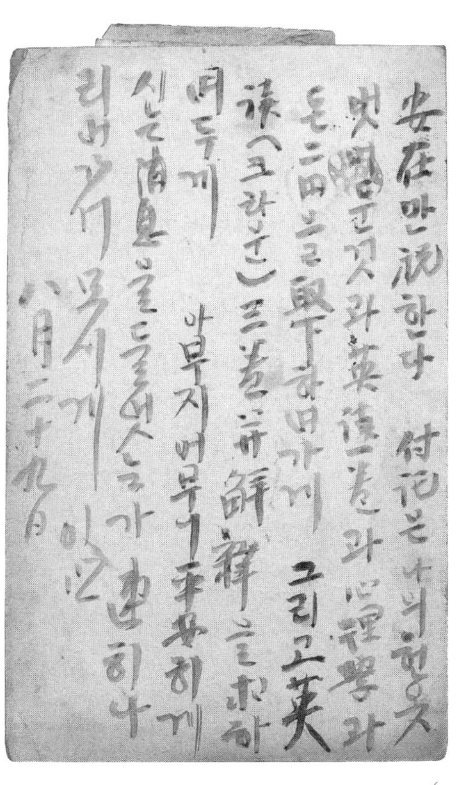

❹

1926년 9월 5일자 소인

五箕가 西大門刑務所에 있는 權五卨에게

京城府 西大門刑務所 內 權五卨 氏

安東 一直面 오기 상

兄님 日間 엇더하심니까. 져는 二十五日에 집으로 나려오앗읍니다. 네리오아셔 본니 집은 無事하고 一村이 無故들 합듸다. 그르나 져는 一直(일직면, 오설의 처가 동네-역자 주)으로 四方으로 두루단이며 다문 몃 달이라도 유지할 작졍으로 단엇스나 永永 虛爲가 되고 마럿읍니다. 正말 이러하기로는 生覺 밧기로소이다. 兄主시여 此后는 片(紙가 빠짐-역자 주)하시드라도 조곰 精神 차리셔 片紙하여 쥬시기를 바라나이다. 五六十円이라도 周旋하엿스면 우리 일을 엇드키 고마운지 모르겟는데 永永 거절은 正말 셜습니다. 兄主시여 졍신 차리시요. 져는 곳 일간 올나가겟읍니다. 져의 올나갈 旅費도 되지 안흔 것을 가지고 尙進兄의게셔 旅費가 될지 모르겟읍니다. 곳 올라가셔 面會하겟읍니다. 분습니다. 容恕하십시요. 옷은 日間 엇젯는지요. 이만 쥬리고 올나가셔.

丙寅 七月 二十六日 陽 九月 二日 舍弟 五箕 上書

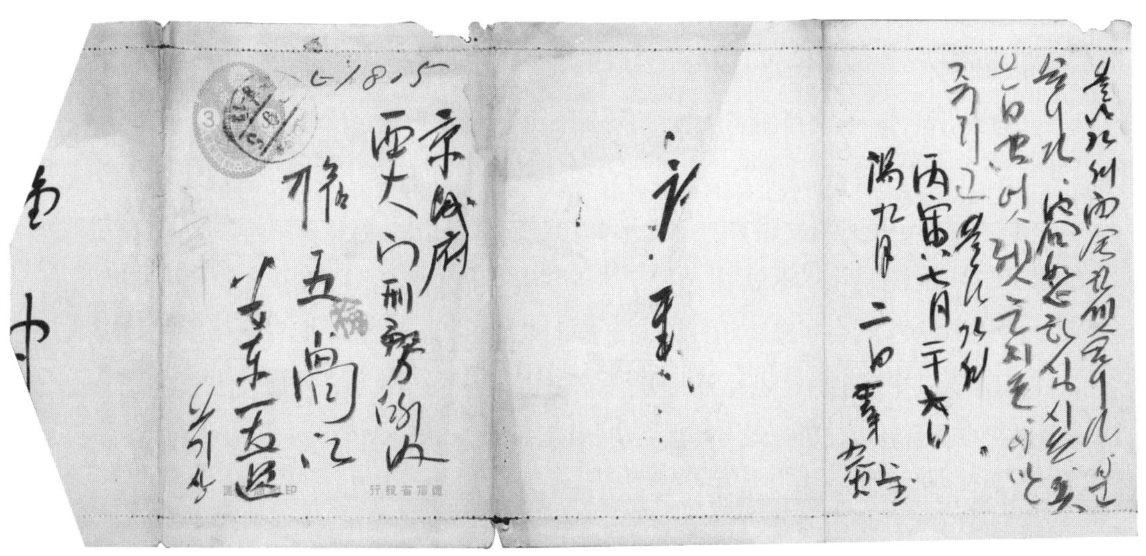

❶

❷

1926년 9월 5일자 소인

五箕가 西大門刑務所에 있는 權五卨에게

京城府 西大門刑務所 內 權五卨 氏

大邱을 잠시 지나는 舍弟 五箕 上書

퍽– 오랜만님니다. 져는 陽 八月 二十五日에 집에 잠간 단여셔 只今 京城으로 올나가는 길에 大邱을 것쳣읍니다. 그동안 옷 差入 엇지 되엿스며 私食은 來八日까진데 엇지 될는지요. 요사이는 面會가 되는지 모르겟읍니다. 곳 올나 가겟읍니다. 집에도 아부지 · 어무니 · 할무니, 집안 食口가 다 無故합듸다. 兄主시여 못조록 몸 健康 하도록 다른 心慮마시기를 업드려 바라나이다. 올닐 말슴 만사오나 이만 쥬리나이다.

陰 七月 二十九日 陽 九月 五日

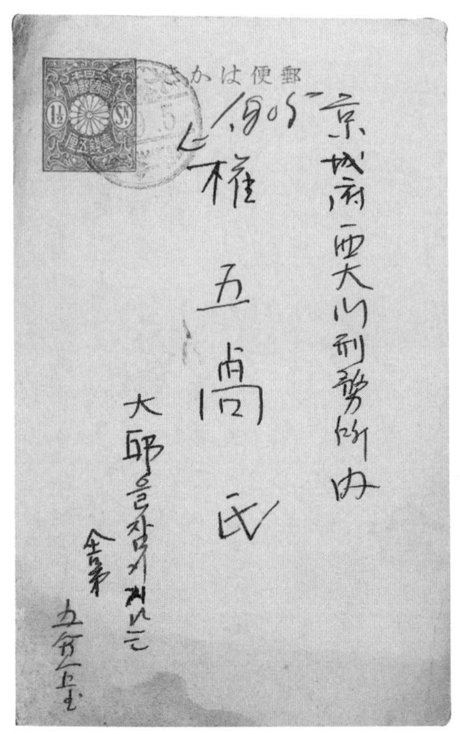

❶ ❷

1926년 9월 8일자 소인

權五卨이 西大門刑務所에서 부모님께

慶北 安東郡 豊西面 佳谷內 權五卨 本第入納

京 西大門刑務所 五卨 上書

父主前 上白是

서울 오아잇든 箕君의 消식도 없고 집의 형편도 듯지 못하오니 하정에 답답합니다. 오긔가 집에 나리어 가지 안엇스면 어디 잇는지 소식을 아시---

이때에 할무니 수운이 일양이시며 아부지끠서 외내분 수체후 일향 만강하시며 적은아부지끠서도 외내분 만강이시며 온 집안아 모다 평안하며 어린것들 잘 큼닛가. 업다리어 알고 싶읍니다. 식은 늘 몸이 성치 못하여 걱정이외다. 양력 팔월 한 달은 廉尙進兄으로부터 二十円을 받아서 밥을 먹엇습니다.

아부지시어 어무니시어 이 불효막대한 놈을 위하야 너무 걱정 마시압소서. 나종에 평안히 모시어 드릴 날이 잇을 것이외다. 물론 걱정이 아니되실 리가 업지마는 아모조록 억제하야 주시압소서. 그 애로 모르겟습니다. 날세 선선하여감니다. 겹옷을 우편으로 부치시면 조켓습니다. 앗박(안팎-역자 주)이 모다 검은 물을 들이어서 두루막이 단임 모다. 우선 이만 알외나이다.

九月 六日 正午 子 五卨 上白

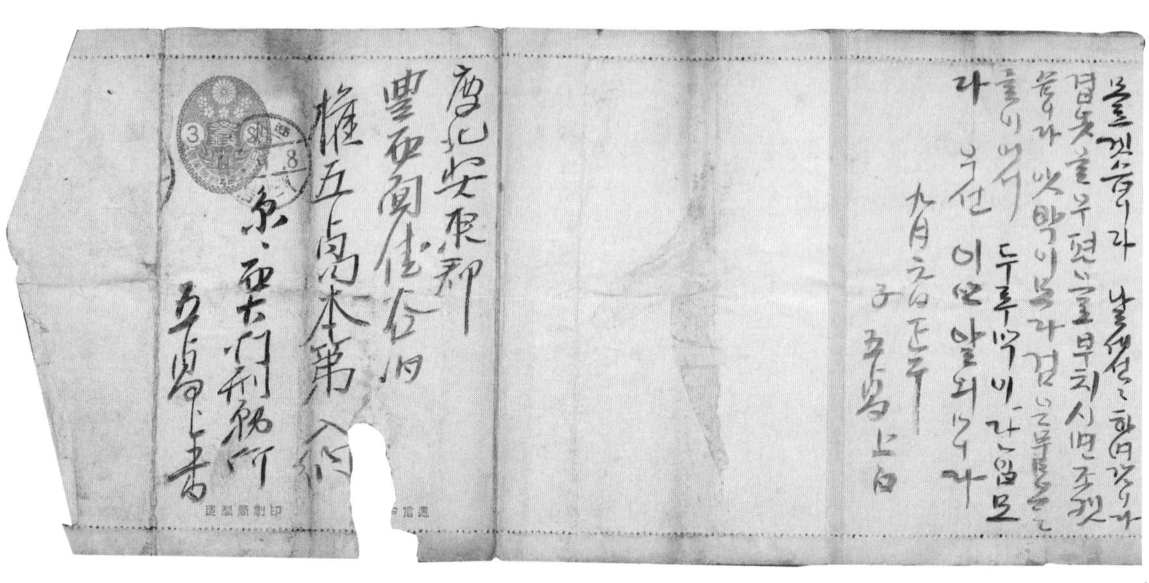

慶北安東郡
豐西面佳谷洞
權五卨本第 入納
京城西大門刑務所
五卨上書

올깃슴니다 날셰셔는 한여슴니다
겹옷을 우편으로 부치시면 조켓ㅅ
슴니다 ㅅ박이 보다 겹으로 부튼 을
들이 여서 두루막이 간읍모
다 우선 이만 알외나이다
九月 초四日 正午
子 五卨 上白

❶

父主前 上白是
서울 올이신 貴君의 消식으로
법공점의 형편도 짐작하
온 하젼에 답 함니다 모
리가 집에 나리어 가지 안엇스면
매우 깃블지 안켓슴닛가
대에
할무니 수운 비 일양이시며
아부지 그러 시외에 부순수 체후 일
향 만강하시며 적은아부지 귀
서울의 나문 이시며 본 집안
이으라 평안하시며 버린 거슬 잘
클수가 업다리 번야 을 츠으니다
실온 몸이 눌러 되 못하여 거정
이외라 양 적 팔월 한 달은 康
進 못 으로 부터 중움을 할어
시발을 생기게 스슴니다
앞무지 시어 번무 시어 빕무올소
밖 대한 놈들을 뮈하야 너무
먹정 마시압소서 나중에 평
안히 못시어 주리라 일이 있슬
것이외다 물론 거렁이
아되시리가 업지만는 아모조록
벽제하야 주시압소서 그애고

❷

1926년 9월 ○일자 소인

五箕가 西大門刑務所에 있는 權五卨에게

市內 西大門刑務所 內 權五卨 氏

堅志洞 八八 舍弟 五箕 上

陽 九月 十七日

陰 八月 十一日

大邱셔 어제 밤차로 올나왓읍니다. 兄님요. 와셔 들은이 病이 더하시다 하온이 놀납습니다. 어데가 엇더케 압흐심니까. 仔細히 알여쥬시옵소셔. 마음 定치 못하겟읍니다. 옷션 그동안 엇제스며 밥 差入도 못되엇는지요. 一直셔는 엇지 되엇습듸까. 답답합니다. 못쏘록 마음 편하게 자시기를 바라나이다.

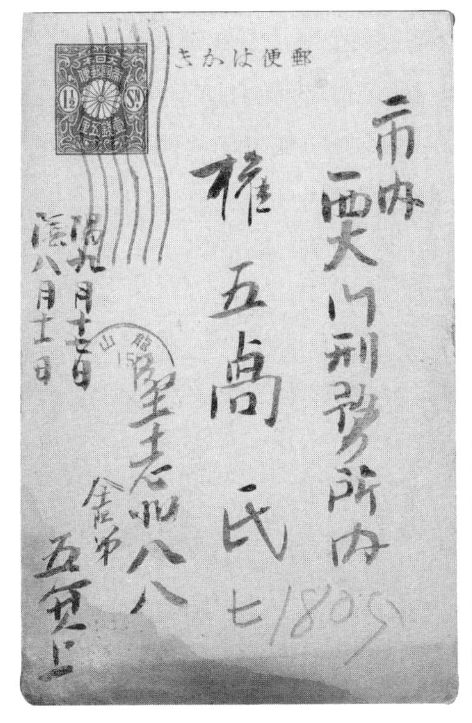

❶

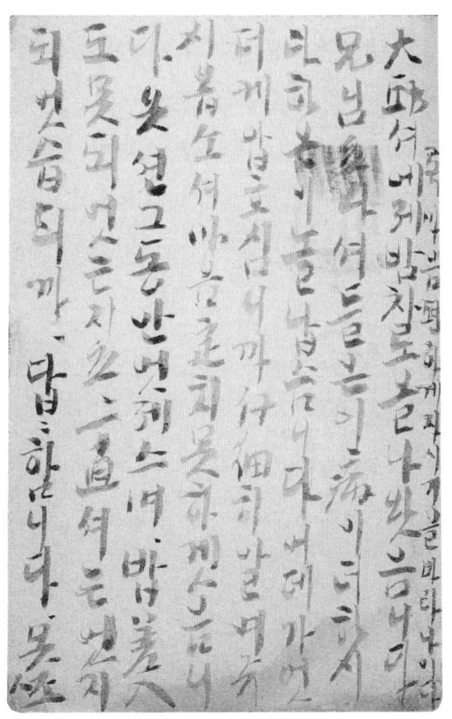

❷

1926년 9월 22일자 소인

五箕가 西大門刑務所에 있는 權五卨에게

市內 西大門刑務所 內 權五卨 氏

堅志洞 八八 留弟 五箕 上書

陰 八月 十六日

陽 九月 二十二日

일젼 상셔하온 것 바다보셧음니까. 일젼 옷 차입할나다가 다른 이가 차입을 하여셔 그만 차입치 못하고 취하만 하엿음니다. 冊 취하하엿던이 책은 나오지 안헛셔요. 옷은 아직 겹옷이 오지 안허셔 우선 홋옷을 차입하게 됨니다. 형님요 김 · 박의게 이야기 자셔히 들엇습니다. 요번에 집에 가셔는 하로 잠간 들너왓음니다. 그른데 곳 네리가겟음니다. 그런데 萬一 여게셔 무엇이라도 직업을 엇드면 여게셔 잇을지 모르겟음니다. 한 달에 먹고 십 원식이라는 일이 잇는데 한 달에 두 번박게 나오게나 마게나 하담니다. 엇지할가요. 집에 네리가셔 농사을 지을 도리을 할가요. 여게셔 그게라도 하고 잇는 것이 조흘가요. 자셔 가르쳐쥬시옵소셔. 곳 알고 졉사외다. 兄主시여 日間 病勢 엇더함니까? 져는 늘 그 모양으로 지내나이다. 요번은 매우 골난으로 올나왓음니다. 朴의 片紙하는거 張의게 편지하여 쥬시오. 雲泥洞으로 옴겻음니다. 형평사을 그리하시요. 네리가드라도 문제올시다. 이만 올니고 계속하여셔 올니겟음니다.

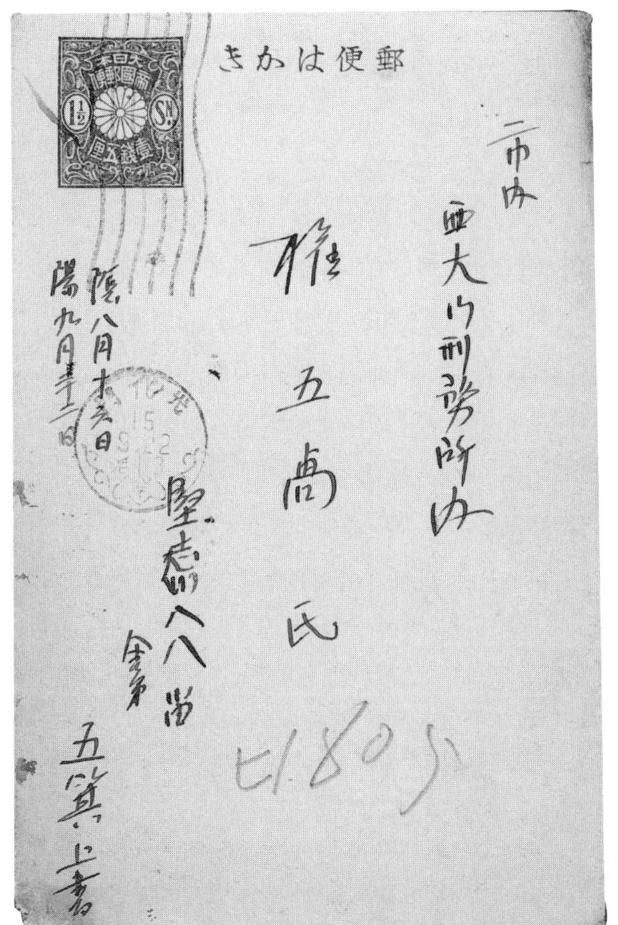

❶

❷

1926년 9월 24일자 소인

五箕가 西大門刑務所에 있는 權五卨에게

市內 西大門刑務所 內 權五卨 氏

堅志洞 八八 舍弟 五箕 上書

陰 八月 十八日

陽 九月 二十四日

日前 差入한 것과 片紙 올닌 것 바다보셧읍니까. 알고졉기 한양업습니다. 그리고 또 어제 タビ 差入한 것 바닷읍니까. 옷언 差入할나 하니 집에셔 옷이 오앗다고 밧지 안해요. 日間 病은 조곰 엇더하온지요. 져는 朴 · 金의게 이야기 들엇읍니다마는 제가 왼 費用이 나게 잇을 슈 잇읍니까. 費用은 대지 안허도 곳 나려가겟읍니다. 兄主시여 兄님 입든 洋服은 다 눅우게 잇읍니까. 잘 알여쥬시요. 곳 내리가겟읍니다. 못조록 心慮 마시고 늘 몸 健康하기만 비나이다. 片紙 외 하지 안습니까. 모든 것을 자세하게 알려쥬시옵소셔. 私食은 兪氏의게 말하엿읍니다마는 엇지 될지 모르겟읍니다. 곳 바가며셔 올니겟읍니다. 곳 답하여 쥬시옵소셔. 이만 올니고 다시 올니겟읍니다.

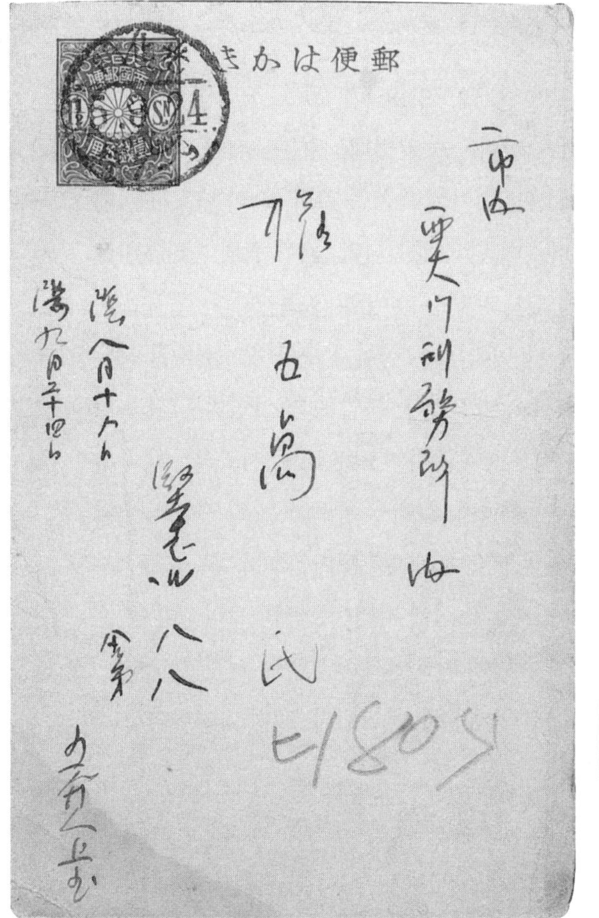

❶

❷

1926년 9월 27일자 소인

五卨이 西大門刑務所에서 權五箕에게

市內 堅志洞 八八 權五箕 前

西大門刑務所 兄 五卨

再昨日에 タビ 其他 差入을 받고 아직 歸山하지 아니함을 알었네. 日間은 제법 서늘하다. 몸에 病이나 없는지 나는 앞날의 몸으로 恒常 不他한 것이 心上苦를 준다. 君의 差入하든 前日에 父主下書와 袷衣一次를 받었는데 집안 모다 平安한 모양이더라. 君아 君의 白地空手로 이 못생긴 것을 爲하여 東奔西走하며 差入거리를 만드랴 하는 것이 果然 未安하다. 아치럽다. 수고하는 대로 如意케나 되었으면 수고하는 君이나 여긔 있는 나이나 모다 깃브겠지만 모든 것이 十上八 歸일 터이니 君의 徒苦하는 것이 참말로 아치럽다. 볼일을 다 보았거든 速히 나리어가게. 父主씌서 기다린다 하시었다. 집에 가서 冬衣 準備하여 付送하게, 저고리든지 두루막이의 긴동과 깃을 조곰 넓고 크게 하여 주었으면 좋겠네. 집에서 온 復衣는 입으매 뒤짐 結縛한 것 같더라. 아 - 옷감이나 잇는지? 또 엇더케라도 日本正則英語學校의 講義錄을 購入하도록 힘쓰어 보아라. 몃 달 두고 힘쓰면 或 되지 안켔는가(집에 나리어 가서). 그리하여 될 수 있으면 最低程度로 最高程度까지 한거번에 或은 두 번에 난호어서 請求하여 가지고 明年 一月頃에 우편으로 부치어다고. 모다 아모것도 업는 君의게 말이 붓그럽다. 速히 나리어가서 片紙하여라. 이만.

九月 廿五日 兄 五卨

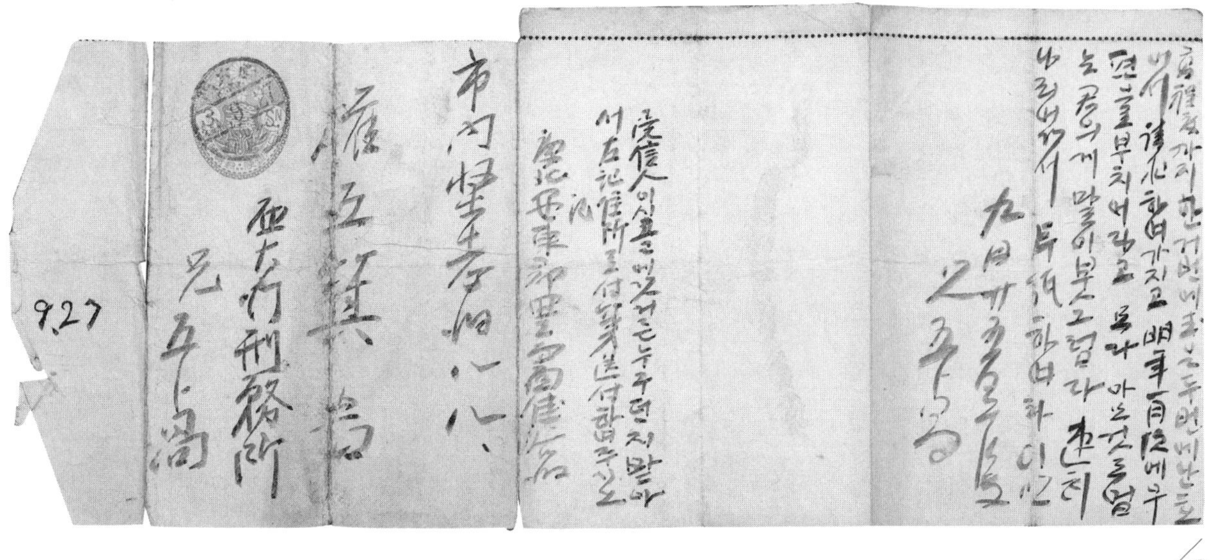

❶

❷

1926년 10월 4일자 소인

五箕가 西大門刑務所에 있는 權五卨에게

市內 西大門刑務所 內 權五卨 氏

堅志洞 八八 舍弟 올님

兄主게 네루신 글월을 반갑게 兄主를 對한 듯이 바다 반겻습니다. 집에 온 옷션 四方이 적으면 엇드케 함니까. 져는 곳 네리갓을 것인데 그럭져럭 오날까지 늣져졋읍니다. 곳 旅費 생기는 대로 네리가겟읍니다. 兄主시여 只今은 벌셔 날시도 다를 뿐이라. 五穀이 누럿케 익엇읍니다. 벌셔 츄읍니다. 츄워셔 엇드키 견뎀니까. 담요 하나가 젹을 것 갓흐면 하나 더 差入할가요. タビ는 크지는 안습니까. 面會는 되지 안흔답니다. 英語正則學校 講議는 金濟宇兄의게로 片紙도 하엿고 人便으로 말도 傳하엿읍니다. 곳 答이 잇을 터이지요. 못조록 모-든 것을 다-잇져 바리시고 몸에 病이 업도록 잘 조리허시요. 안즐 쌔나 셧슬 쌔나 잘 쌔나 깰 쌔나 항상 兄主의 몸 健康치 못함을 恨하고 잇읍니다. 요사이 섯쪽 치운 바람 부는 잇쌔에 兄主 몸씨 엇더하시오며 하로 한 끼식 드러가는 밥 남구시지 안고 입이 달게 잘 잡슈시는지요. 알지 못하와 걱졍이로소이다. 져는 늘 健康하옵나이다. 집에 아모 연고 업난쑛 數三次 올닌 片紙 아마 드러가지 못하엿지요. 모든 것이 깍읍하와 못 견데겟읍니다. 答 자조하여 쥬심을 바라나이다. 아직은 아마 네리가지 못할 것 갓읍니다. 速히 答하여 쥬심을 바라나이다. 네리가게 되면 네리간다고 올니고 가겟읍니다. 그리아시요. 私食 永久히 差入하리가 업셔 걱졍이로소이다. 엇지될는지. 李桂發兄의게셔 十円오앗습듸가. 이만으로 두어 字 올님니다.

陰 八月 二十七日 陽 十月 初四日 舍弟 五箕 上書

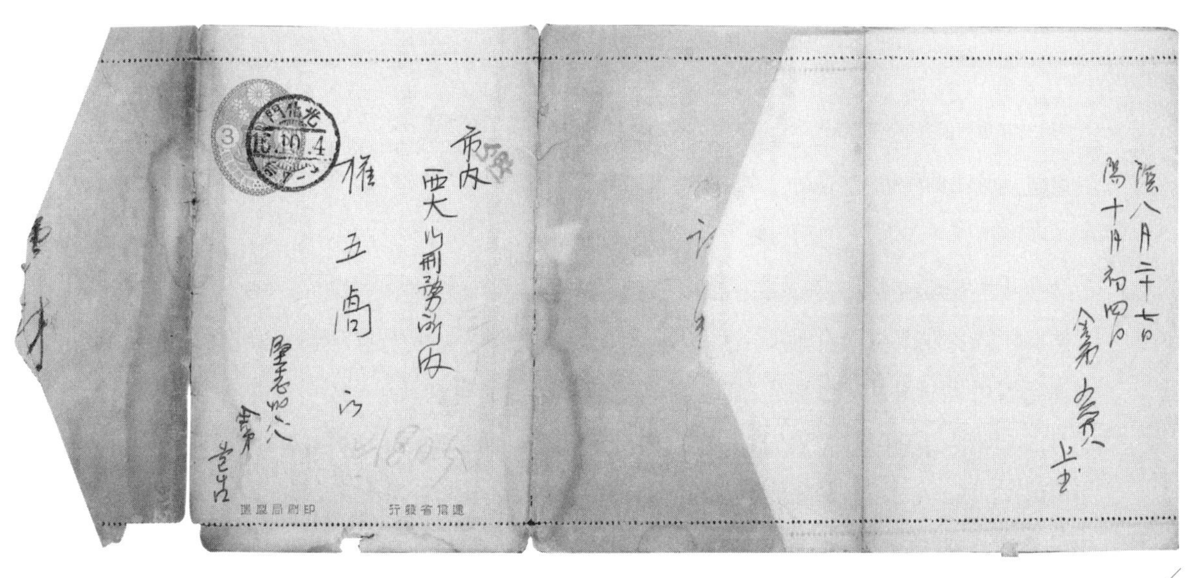

❶

❷

1926년 10월 6일자 추정

五嵩이 西大門刑務所에서 權五箕에게

慶北 安東郡(醴泉局區內) 豊西面 佳谷洞 權五箕 君

京城 西大門刑務所 兄 五嵩

사랑하는 五箕君에게

無事히 歸省하얐는가. 白地에 空手로 애쓰며 來往하는 것이 아치럽기 짝이 없다. 할무니끠서 한글같이 석난하시며 아부지 어무니끠서 많은 걱정 가온대 긔체후 만강하시며 적은아부지끠서도 외내분 강녕이시며 君도 病이 없으며 새아즈므니끠서 삼동서 많은 고상 겪으시며 평안하며 남이도 여러 남매 충실하며 우리 집윽 숙녀도 자름이 없는지 보고 싶다. 兄은 君의 드리어준 담요를 깔고 「다비」를 신었다. 몸은 앞날과 같다. 집에서 아부지끠서 나리신 글월은 받들어 읽었으며 옷도 입었다. 몸에 맞으며 서늘함을 막는다. 아- 부모끠 불효한 兄弟의게 불우한 이 못생긴 몸에 모든 것이 오직 황송하고 오감할 뿐이다. 君아 今年이 丙寅年! 來年이 우리 어마님 回甲年이지? 來陰 十月 一日이 不遠한데 이날이 어마님의 六十回째 맞으시는 生辰! 몸이 여긔 있는 不孝의 몸이나 마음만은 엇더케 하여 그날을 깃브게 보내시도록 할가 늘 걱정이 된다. 君아 兄이 없고 아우가 없더라도 조곰도 섭섭히 生覺하지 말고 집에 있는 대로 음식을 작만하여 리웃 어무이의 친하신 할무이 아즈무이 모시어서 그날만이라도 어마님 아부지의 경겁하신 심신을 위로하여 드리어 주게. 천만 부탁부탁. 그리고 아부지끠 엿주어라. 小包는 집에서 부치이 오는 것은 여긔서 받을 수 있지마는 여긔서는 부칠 수 없다고. 핫옷은 아모조록 솜을 툭툭하게 하여서 저고리에 단초도 한 곤데만 달지 말고 아래 섶에 잘 싸이도록 한아 더 달어주는 것이 좋겠다. 말이 우습고 世情 없다마는 金錢 要求할 道理가 아마도 秋冬節이 나을 것이니 求乞 맛잡이로 힘쓰어 보게. 君이 이 便紙 본 後 父母主끠 읽어 듯좁게 하여라. 이만 回答 바란다.

十月 六日 午前 五嵩

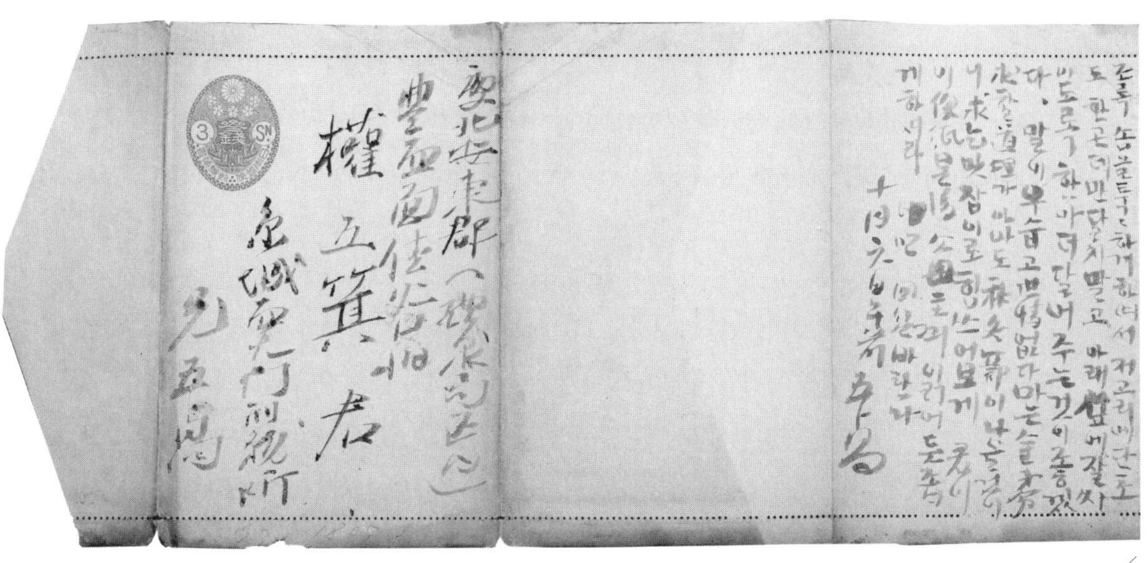

❶

❷

1926년 10월 15일자 소인

五卨이 西大門刑務所에서 權五箕에게

慶北 安東(醴泉局配達區) 豊西面 佳谷洞 四二二 權五箕 君

京城 西大門刑務所 兄 五卨 書

사랑하는 동생의게

일전에 부친 편지는 보았는가. 답이 업스니 적이 답답하고나. 중구가 림박하엿다. 국화도 봄쏫츨 부럽지 안케 한창 누리게 필터이지 이때에. 할무니씌서 글녁 한글 같으시며 아부지 어무니 허다 심려 중 일향 강녕하시며, 적은아부지씌서도 외내분 평안하시며, 그대도 모시고 골몰 중 몸 편하며, 새아즈무니씌서 삼동서분 어려운 살림사리에 고상이 만흐실 터이지. 남이 여러 남매 충실한가. 우리 집 어린 악이도 귀염을 피우는가. 뒷집도 제절이 평안한가. 일일히 알고 싶다. 형은 몸씨 늘 압허서 걱정이다. 병에 대한 이약이는 어른들씌 걱정을 거듭 기칠 터이니 여러 말 하고저 하지 아니한다. 몸이나 칩지 안케 하고 배나 곱흐지 아니하면 훨신 병신에 도음이 되겟는데. 손에 쥔 것이 잇서야 마음대로 하지 참말로 긔가 막힌다. 이믜 어려운 구렁에 싸진 것이 다시 칩고 배곱흔 것을 구면하랴는 것은 아니다. 압날과 가티 몸에 병만 업스면 공연한 걱정을 할 내가 아니다. 그대여 그대가 이런 말을 드르면 그대인들 허는 수가 잇겟나. 어른들씌 불안을 기치고 그대의 마음을 상하게 할 쑨인 줄 알면서 하도 답답하여 말하는 것이다. 용서하여라. 솜옷을 아모조록 툭툭하게 만들어서 부치어 주게. 그리고 아직 면회하려올 생각하지 말게. 반천리 먼먼 길이 공왕공래될 터이니 부대 서울에 올나오지 말게. 그리고 차입거리를 구처하는 것이 다만 이삼 원이라도 가을과 겨을 철이 나을 것이다. 궁춘에 먹을 것을 미리 힘쓰어 보게. 물론 뜻대로 되지 아니할 줄 안다. 되는대로 하게. 아니 되는 것을 억지로야 하는 수가 잇나. 좌긔 제형의게 회사하여라. 뜻박게 돈을 부치어 왓다. 나는 일일히 할 수 업다(月前에 온 것이다).

豊山 李會春 · 李光烈 兄으로부터 各 五圓, 一直 張作富 · 李桂發 兄으로붙어 合 十圓이 왓다. 부대 回謝하여라. 그대여 돈을 求하거든 刑務所로 送付하게. 이만 회업하게.

十月 十二日 五卨 上

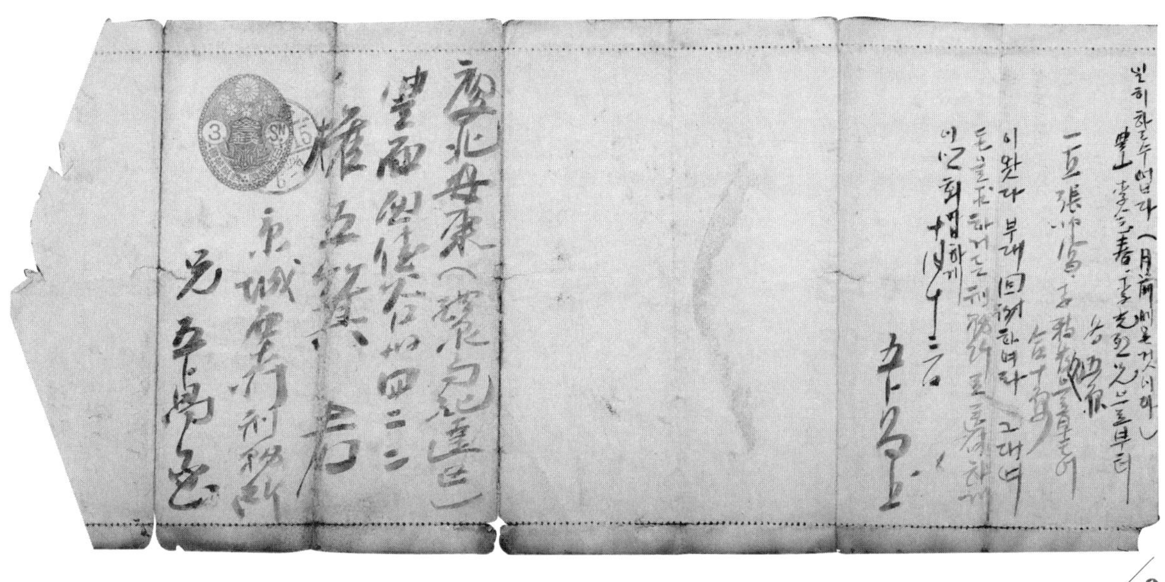

❶

❷

1926년 10월 20일자 소인

權五卨이 西大門刑務所에서 어머님께

慶北 安東郡(醴泉局 配達區)豊西面 佳谷洞 四二二 權五卨 第에

京城 西大門刑務所獄 權五卨 上平書

어무니긔 올립니다.

불효 막대한 식 오설은 업다리어 남달리 자애 깁흐신 우리 어마님끠 문안을 올립니다. 어무니시어 꼿 피든 봄, 입 푸르든 여름도 숨결에 지나갓서요. 지금은 가을도 마즈막 고개에 다달엇서요. 날이 가고 달이 지날사록 우리 할무니 아바 어마 년심하여 가심이, 아- 불초 식이나 일방으로는 겁도 나고 일방으로는 깃븜니다. 이놈으로 말미암아 경혼 실백하신 터에 감히 무엇이라고 엿주기가 어렵습니다만 할무니긔서 글녁 일양이시며, 모시고 내외분 긔체후 만강하시며, 저근아부지긔서도 외내분 강녕이시며, 슬하 오기도 여러 종남매 잘 지나며, 어린것도 잘 큼닛가. 뒷집이나 엽집이 모다 평길함닛가. 업다리어 알고 십흡니다. 식은 한글가티 잇습니다. 어무니시어 들어보시오. 여긔 들어오기 전에는 숨어 단기노라고 먹는 것이나 모든 것이 겁중에 잇서서 사는 것이 죽는 것 갓하엿스나 지금은 그런 걱정이 전혀 업습니다. 몸의 자유롭지 못함은 잇스나 마음은 평안히 잘 잇습니다. 어무니시어 이놈이 감옥에 잇다고 과히 걱정마시압소서. 압날에 깃겁게 슬하에 절할 날이 불원할 것임니다. 백척간두에 게신 어마님긔 부즈럽는 말이외다마는 이곳은 북방이라 치위가 남방보다 훨신 심함니다. 핫옷을 툭툭하게 하여 주시오. 굴근 무명으로 툭툭한 덧저고리도 하야주시면 조캣습니다. 아- 옷감이나 잇습닛가. 철업는 말슴을 올리어서 걱정에 걱정을 더옥 기침니다. 황송 황송 그리고 오는 十月 一日(음력) 어마님 생신에는 이놈이 업더라도 오기다려 부탁하여 잇는 대로 음식을 작만하여 깃브게 지나시압소서. 복축 복축. 오기는 집에 갓는지 소식을 몰나서 답답함니다. 조희 좁어서 이만 올림니다.

十月 十九日 아침 식 오설 살이

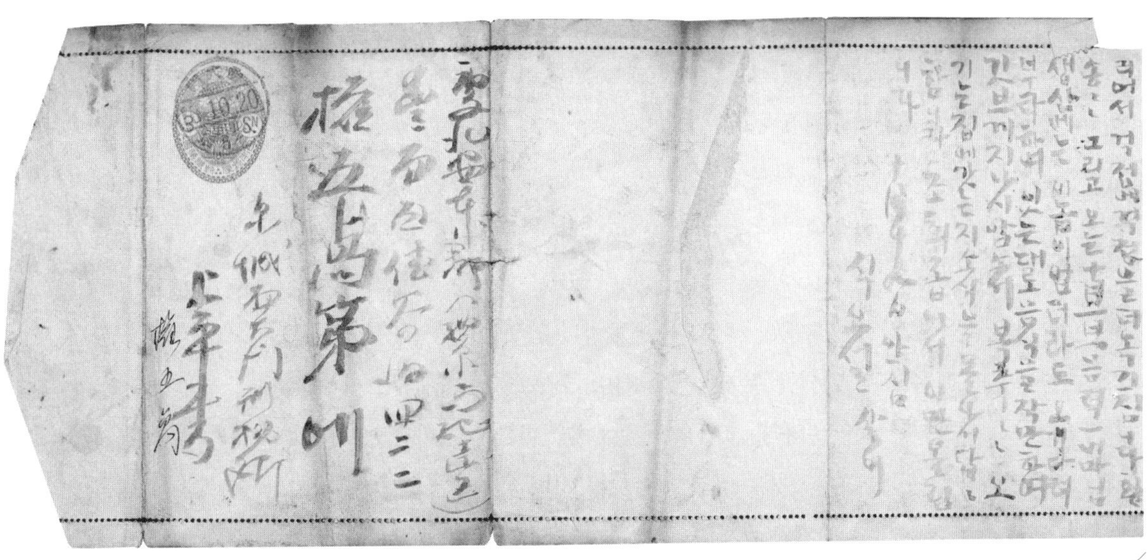

❶

❷

1926년 10월 24일자 소인

權五卨이 西大門刑務所에서 동생에게 받은 엽서

市內 西大門務所 內 權五卨 氏

京 堅志洞 八八 舍弟 上平書

兄主前 上書

日前 소음 옷과 サッツ 以下 差入하온 것 바다 입엇음니까. 집에셔 두 불이 오앗는 것을 한 불만 差入하옵고 또 염색한 것이 남엇음니다. 周衣一件, 바지져고리, 웃 サッツ 한나, 댄임, 허니씌(허리띠) 모다 잇음니다. 그것은 나종에 差入할게 올시다. 趙氏가 하든지 秋氏가 하든지 하고 取下할 젹에는 모든 것을 다 取下하도록 하여 쥬시옵소서. 보자(보자기-역자 주)을 내어 쥬어야 헛 옷을 싸셔 붓치지 안습니까. 그리고 져는 곳 네리가겟읍니다. 그날은 - 다 말 못하겟읍니다. 兄主시여 못조록 心慮 마시고 늘 몸씨 健康하시도록 安心하시옵기만 바라나이다. 집에셔 아부지게셔 下書하심 붓쳣던이 들어갓는지요. 집에도 다 무고하다 하엿습듸다. 집걱졍이든지 모든 박긋테 걱졍은 一切 마시고 몸 健康히 되도록만 바람니다. 册字 보실 것 잇거던 무엇을 差入하여 달나고 片紙하시옵소셔. 英語正則學校講議는 金濟宇의게로 付托도 하고, 가는 人便으로도 付托하엿던이 아직것 通知 업습니다. 곳 아라보겟읍니다만 兄님요 될 슈 잇는대로 배 곱흐시거던 배가 곱흐다고 알여쥬시고요 츕그던 츕다고 알여쥬시옵소셔. 무엇이든지 늘 자쥬 알여쥬시옵소셔. 요사이 날시 몹시 츕어지는 잇때에, 兄님 몸씨 弱하신 우리 兄主 몸씨 엇더하시온지 굼굼하옵기 말 못하겟읍니다. 答하실 때에 地方으로 하여 쥬시옵소셔. 곳 日間 집으로 네리가겟읍니다. 遠湖兄님 오앗다가 곳 네리갓읍니다. 져는 몸 튼튼하옵고 다른 동무들도 無故하오니 倖이로소이다. 져는 집에 네리가셔 農事하겟읍니다. 이만으로 두어자 올리나이다. 부대 마음 든든히 잘 몸씨 보젼하시기 바라나이다. 끗.

陰 九月 十八日 陽 十月 二十四日

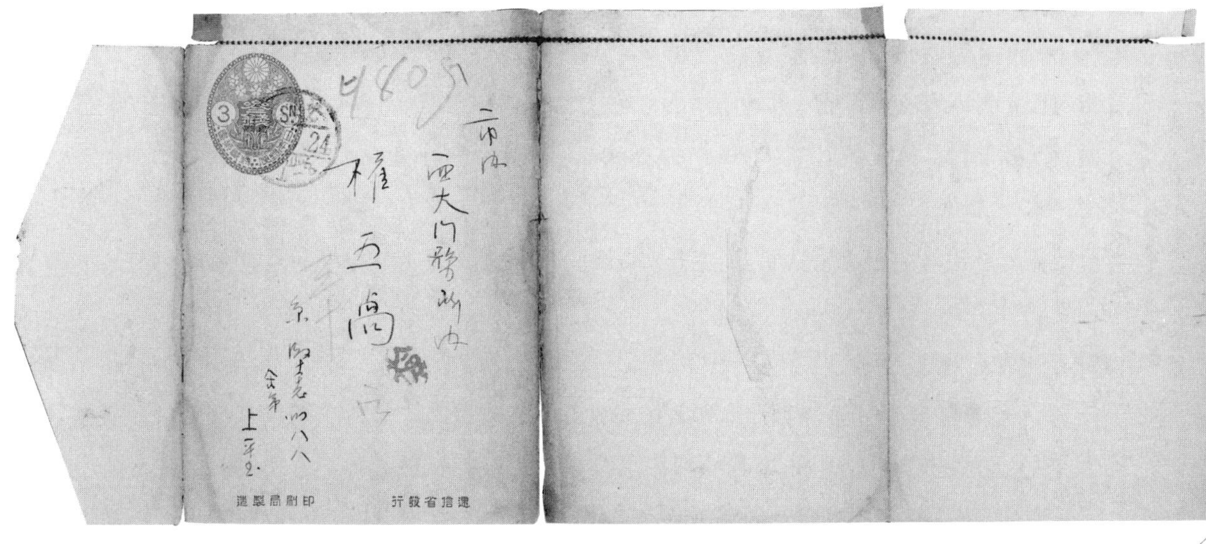

❶

❷

1926년 10월 26일자 소인

五高이 西大門刑務所에서 權五箕에게

市內 堅志洞 八八 權五箕 君

西大門刑務所 兄 五高 寄

今日 差入을 밧고 君이 上來한 줄 알앗다. 곳 나리어 갈 듯함으로 特別히 許可를 얻어서 이 편지를 쓴다.

一. 英語讀本 卷三 並 解釋을 求入바란다.

一. 差入을 보니 모든 군속을 察知하겟다. 父母兄弟 家人은 굴므나 벗으나 나만 보아 달나기는 罪悚惶悚하다만 이곳의 寒이 매우 甚하니 모조록 ------ 힘쓰어 求하야 보소. (겹옷에 솜을 노을 것이 잇스며 여긔 돈 五円 잇스니 取下하여 가거라.)

一. 나의 差入(私食)하야 주시는 鴻壽 선생긔 ■■를 물어서 하희 가티 ■■■■■를 찾어 보고 付送하게. 미리.

一. 볼일을 보앗스면 下去하게. 面會는 못타네! 아! 君아 遠路에 白手往來가 매우 不安하다. ------ 要件이 잇거든 片紙하여라. ------

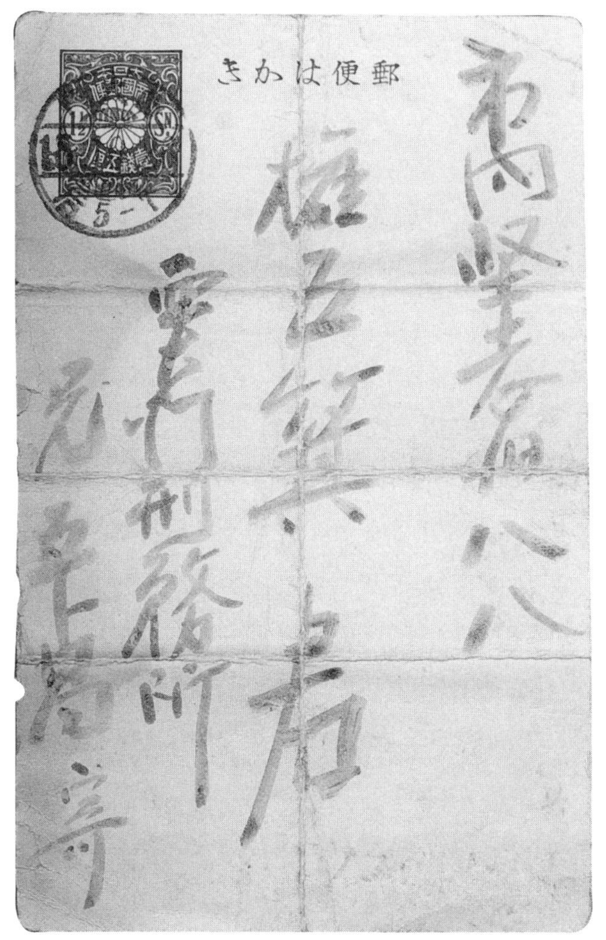
郵便はかき

❶

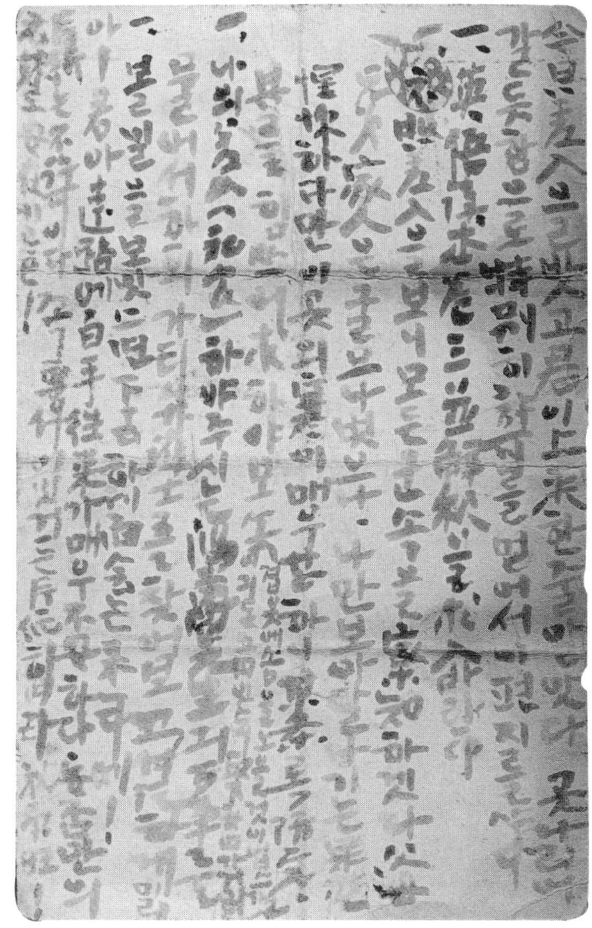

❷

1926년 10월 27일자 소인

五卨이 西大門刑務所 拘置監에서 權五箕에게

市內 堅志洞 八十八番地 (受信이 不在하면 慶北 安東郡 豊西面 佳谷洞으로) 權五箕 君
京城 西大門刑務所 拘置監 兄 五卨 書

사랑 깊은 동생의게 부탁한다.

一. 衣에 對하야 = 冬三의 寒을 禦하랴면 普通의 綿보다 培 以上을 入하여야 되겟다. 勿論 空으로 될 수 업슬 터인즉 君의 말하는 十円金이 來하엿더라. 그 中에서 七円金을 取下하여서 綿을 買入하게. 周衣는 업는가. 업스면 여긔에 겹두루마기 잇다. 近間에 입지 아니하더라도 이것을 取下하여다가 또한 솜을 툭툭하게 넣으소. タビ는 조곰 크더라. 담요는 力이 可能한가. 無力이면 말할 것 업다. 될 수 잇스면 一枚 더 差入을 바란다. 日前 母主끠 굴근 木綿 덧저구리 한아하여 부치어 달나 하엿는데 될는지?

二. 食에 對하여 = 病弱의 몸이 아니면 本是부터 長骨이 아닌 바에 여러 말할 것이 업지마는 원수의 病이 于外의 걱정을 거듭한다. 엇더케 하더라도 다만 一食이나마 未決에 잇슬 동안 繼續해야겟는데 力不可及이라. 將次 엇지할가? 只今 들어오는 것은 何時까지 繼續하겟는가. 먹다가 不意에 떨어지면 더옥 傷心된다. 미리 알고 잇는 것이 아조 アキラメル하도록 알리어 주게. 나도 萬事는 分外로 忘却하고 오즉 한갓 定心이 身體保全에 있다. 可及대로 힘쓰게.

三. 英語크라운 讀本三卷兼解釋을 求入하게. 이 監房內에 册을 入케 하는 것이 制限이 잇슴으로 一卷式 一卷式 見하고 내어간다. 그러므로 先忘後失이 되기 때문에 엇더케라라 正則學校講義錄을 購入하여 여러 册을 一册으로 ■하여 入하엿스면

四. 書信은 要件이 잇스면 글씨를 淨하게 알어보기 쉽게 簡單明瞭하게 군소리 쓰지 말고 하게.

五. 辯護士도 돈이 업는 터에 勿論名譽로 懇請하여야 될 것이니 그러케 急하지 아니하나 미리 잘 말하여 두는 것이 조켓다. 金鴻壽先生과 相議하고 高名한 辯護士에 交涉하야 그 諾否를 또한 알리어주기 바란다.

六. 볼일을 마치엇스면 집에 나리어 가서 늘그신 父母의 驚魂惕魄을 萬一이라도 慰勞하여 드리게 아– 이 몃 가지가 나의 懇求이며 要件이다. 굴므며 벗어가며 나를 爲하여 만흔 心力을 쓰는 君의게 對하여 번번이 수고의 말만 하여서 참말로 面目이 업다. 가슴이 쓰리다 아프다. 이 편지 鴻壽先生과 가티 보아라. 그 先生인들 客地에서 무슨 힘이 잇겟나 마는 萬事를 依託하기 바란다. 父兄과 가티 믿어라. 끗흐로 君의 몸 康旺을 祈한다. 다시 回音과 함긔 歸省의 消息을 바라고 이만 擱筆한다.

陰 九月 十八日下 父主書와 十月 四日 箕君書는 지난 十月 二十三日에 일것다.

追. 近間 五六日은 배가 압하서 ■■의 命令으로 죽을 먹기 때문에 占心을 먹지 안엇다가 來日부터 繼續하여 먹겟다. 걱정 말게.

十月 二十六일 午後 兄 五卨 書

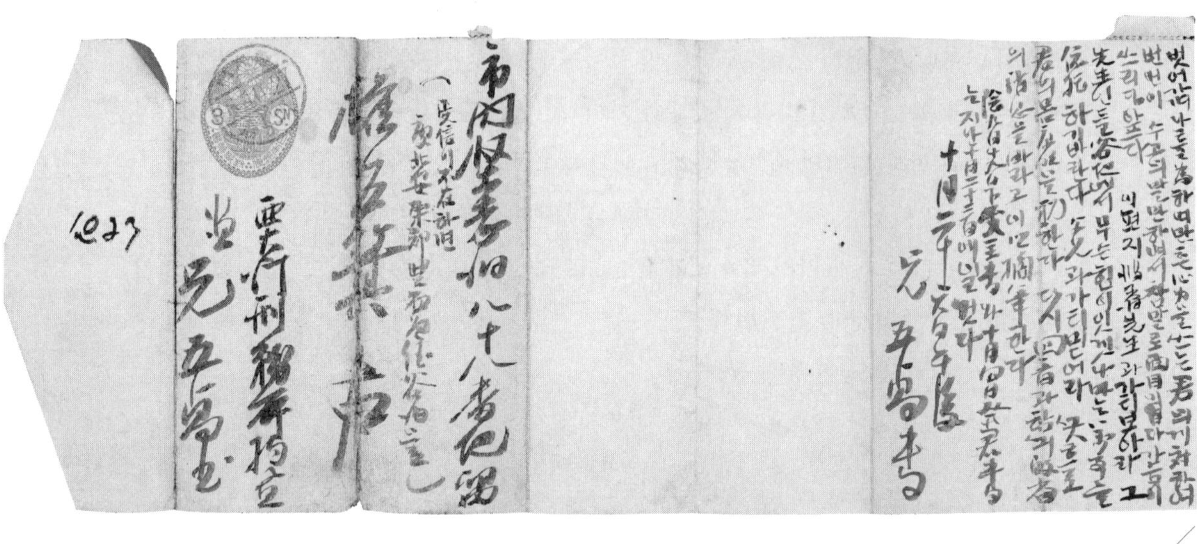

❶

❷

1926년 11월 10일자 소인

權五箕가 西大門刑務所에 있는 權五卨에게

市內 西大門刑務所 內 權五卨 氏

堅志洞 八八番地 留舍弟 權五箕 上

兄主前 上書

형님요 일젼 상셔하온 것 바다보셧읍니까. 져는 아직 네리가지 못하엿읍듸다.

一. 陰 十月 初八日에 집으로 네리가겟읍니다.

二. 소음 옷 한 불 남은 것은 趙元淑 동무의게 맛기고 간이 差入하겟지요.

三. 담요 한 개는 私食主人 秋鴻淑氏의게 付托하엿고요.

四. 私食은 金一波先生의게 付托하엿으니 勿論 들일게올시다. 兄主시여 못조 心慮 마시고 마음을 泰平으로 자시고 게시기을 伏望이로소이다.

五. 누기라도 取下을 할 터이니 取下하거던 가지가지을 一一히 젹어셔 시골노 片紙하여 쥬시옵소셔. 이만 쥬리고 집에 네리가셔 올니겟읍니다.

陰 十月 初六日 陽 十一月 十日 朝 舍弟 五箕 上書

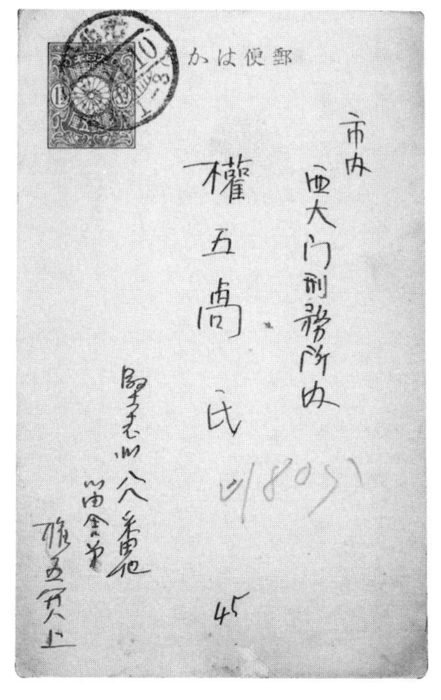
郵便はかき

市內 西大門刑務所內

權五卨 氏

堅志洞 八八番地 留舍弟 權五箕 上

❶

❷

1926년 11월 20일자 소인

五箕가 西大門刑務所에 있는 權五卨에게

京城府 西大門刑務所 內 權五卨 氏

慶北 安東郡 豊西面 佳谷洞 舍弟 五箕 上

兄님요 져는 陰 十月 九日 밤차로 네리왓음니다. 네리와셔 보니 아부지 어무니게셔 安寧하시옵고 동리가 다 無故들 하온니 좃음니다. 兄主시여 私食이 들어가는지요. 져 잇을 쌔는 爲先外上으로 金홍작先生이 片紙하여셔 드러가더니 엇지되엇는지 알고 졉습니다. 速히 알여쥬시옵소셔. 져는 來年 봄 사이나 올나가겟음니다. 못조록 마음 상하게 그지 마시옵소셔. 집에셔 三時을 밥 배부르게 먹습니다. 돈은 달니는 벌 슈도 업고 도라단이며 周旋하여 보겟음니다. 부대 心慮 마시옵소셔. 옷션 어무니가 덧져구리을 하여 노앗읍듸다. 곳 븟치겟음니다. 兄主시여 곳 답하여 쥬시옵소셔. 져는 집에 와셔 제사 지나고 썩 - 만히 먹고 술도 먹고 하엿음니다. 兄主시여 못조록 마음 상하시도록 걱졍 마시옵소셔. 집은 다 安寧하옵니다. 뒤으로 바라는 바는 兄님 몸 平安하신 消息 듯기만 바라나니다. 이만 쥬리나니다.

陰 十月 十四日 舍弟 五箕 上書

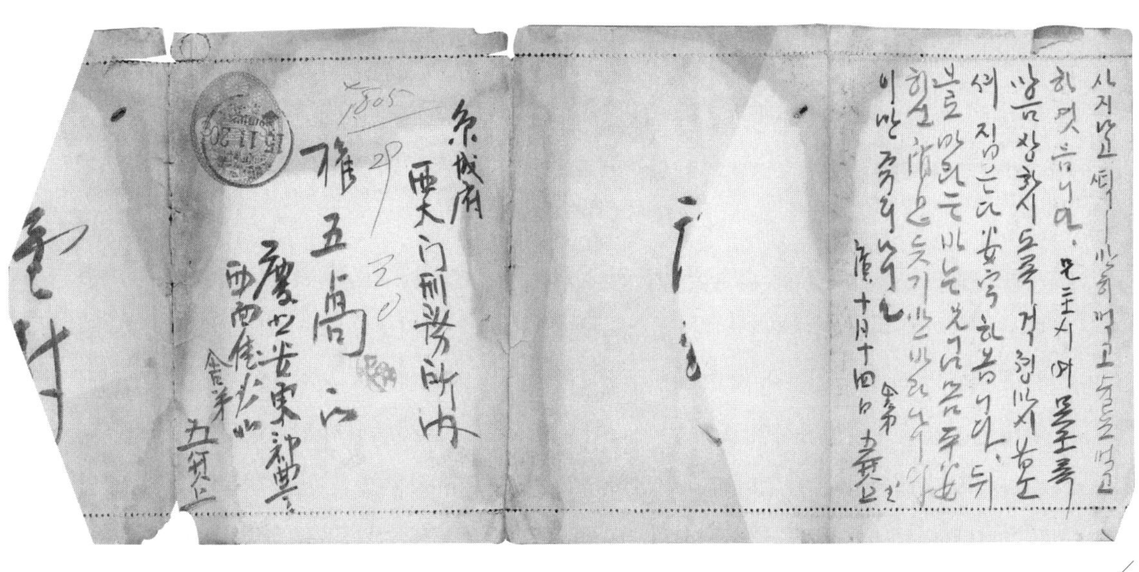

❶

❷

1926년 11월 24일자 소인

五嵩이 西大門刑務所에서 부모님께

慶北 安東郡(醴泉局 區內) 豊西面 佳谷洞 權五嵩 本第로

京城 西大門刑務所 子 上平書

아부지 어무니시어 오래 소식을 받드지 못하오니 불초이나 답답하기 그지없읍니다. 쌔는 발서 겨을이매 바람이 매우 참니다. 전소도 발서 마치시엇겟지오. 나달이 가고 절후가 밧구일사록 불효의 막대한 죄는 무엇으로 엿주어드리릿가. 이쌔에 한무니씌서 일양이시며, 모시고 외내분 한글같이 강녕하시며, 오기는 나리어가서 잘 모시는지 몰나서 답답함니다. 그리고 대소가가 모다 평안함닛가. 업다리어 간절히 알고 싶음니다. 식은 밥을 달게 먹음니다. 옷은 입었음니다. 이 죄 막대한 몸을 바리시지 아니하시고 매매히 걱정하야 주심을 받들 쌔마다 우리 부모의 로래정경이 새롭게 가슴을 앞으게 하며, 황송하오나 나무가 고요하고저 하나 바람이 그치지 아니한다는 늣김이 옷깃을 적심니다. 그러나 아부지시어 어무니시어 저로 말미어 과도한 걱정을 마시압소서. 멀지 아니한 뒷날에 출세하여 앞죄를 대신하야 마음과 힘 잇는 대로 모시어 드리겟습니다. 주시는 것에 무엇 한가지에 대하여 감히 두 말을 올리기가 죄로우나 옷이 열붐니다. 다음에 하여 부치는 것은 조곰 두텁게 하여 주시압소서. 선산 배성환 형으로부터 속적삼 부치어주어서 입엇습니다. 오기가 나리어 갓스면 나의 부탁한 영어강의록은 엇더캐 되엿스며, 모든 부탁한 것 속히 답하여 주도록 말슴하여 주시기를 업다리어 바람니다. 아틈실 황하중이가 돈 七원 부치엇습니다. 이만 요사이 저의 현황을 엎다리어 올림니다. 보시고 곳 하답하여 주시압소서.

十一月 卄一日 子 五嵩 上白

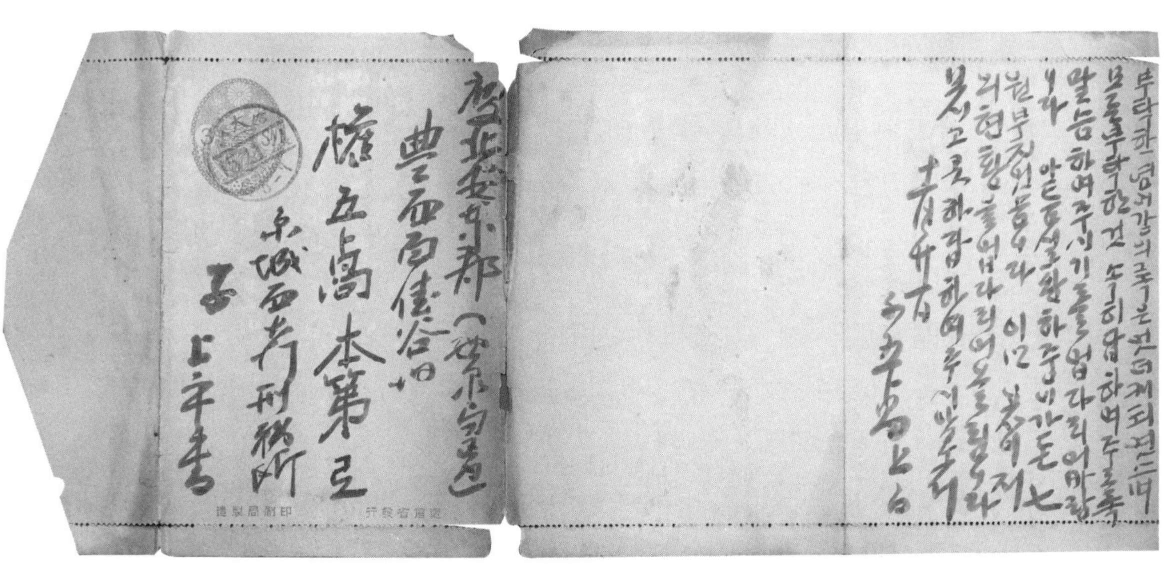

❶

❷

1926년 11월 30일자 소인

五卨이 西大門刑務所에서 아버지께

慶北 安東郡(醴泉區局) 豊西面 佳谷洞 權五卨 집에

京城 西大門刑務所 子 上平書

아부지씌

일전에 상서할 때에 루락된 것이 잇서서 다시 적어서 알외나이다.

一. 저의 헌옷을 五箕가 취하하여 간 것이 검은 겹바지저고리, 두루마기, 옥양목 홋고의적삼, 가을에 입는 속옷이엇는데 모다 가지고 갓는지요.

二. 어제날에 핫바지저고리와 속옷 한불은 밧엇습니다. 입엇습니다. 검은 핫두루막이도 입엇습니다. 그리고 흰 바지저고리와 속옷 아래 우의 것 벗은 것은 泰東氏가 취하하여 갓습니다.

三. 밥은 양력 싀무하루날붙어는 들어오지 아니함니다. 아마 경제가 불허인 듯. 우에 긔록한 것을 五箕가 집에 가지 아니하엿거든 어듸던지 그애 잇는 데로 편지하여서 잘 알아보십시오. 옷이 다 집에가 잇는지 나종에 취하하여 간 것은 저도 泰東氏의게 堅志洞 八八로 片紙하겟습니다. 집에서도 片紙하시기 바람니다. 그애가 집에 잇스면 엇더케라도 치울 동안 한 끼식 먹게 주선하여 보도록 하여 주시기를 바람니다. 그 애가 쏘한 잇지 아니하면 허는 수 업겟지요. 과도히 걱정 마시압소서. 아부지시어 저의들은 큰 것이나 적은 것이나 불효의 죄가 만사무석임니다. 어린 동생들의 모든 것도 모다 저의 째문에 고상하게 되는 것임니다. 황송 황송. 이것 보시고 쏙 하답하여 주시기 바람니다. 그 애가 집에 잇는지요. 쓧흐로 한무니씌서 일양하시며, 아부지 어무니 일향 만강하시며, 대소가가 모다 태평하기를 업다리어 빔니다. 하답을 손곱아 기다림니다.

陽 十一月 二十六日 午後 子 五卨 上白

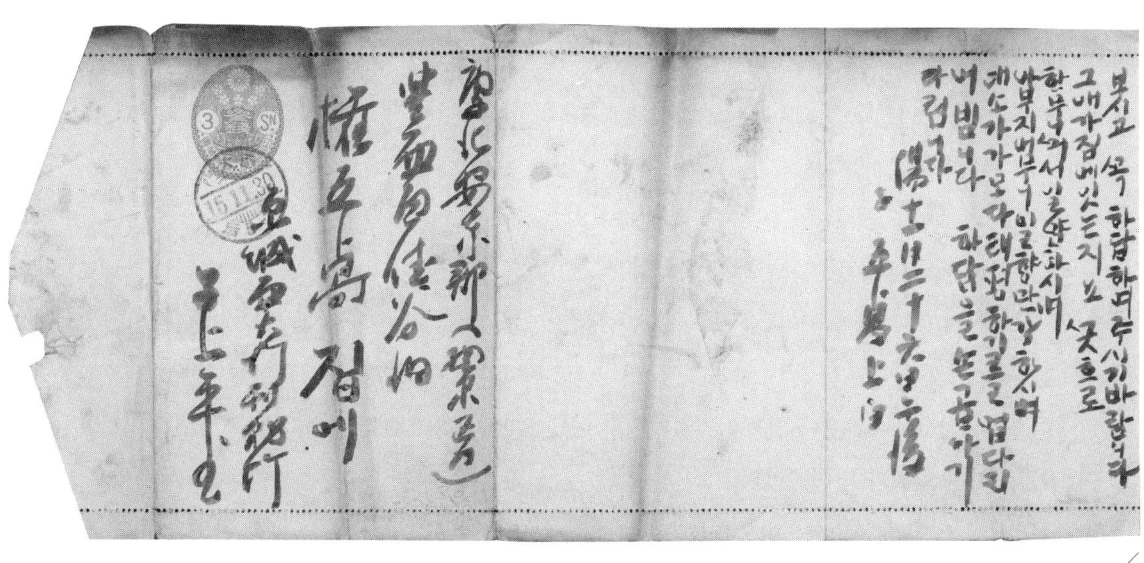

❶

❷

1926년 12월 25일자 소인

五嵩이 西大門獄에서 權五箕에게

慶北 醴泉局 區內 安東郡 豊西面 佳谷 權五箕 君

京 西大門獄因 兄 五嵩

사랑하는 나의 동생 五箕君의게

오기여! 아부지씌서 나리우신 글월도 받들어 읽었다. 어무니씌서 주신 덛저고리도 받아 입었다. 외아재게서 주신 돈도 받었다. 군의 귀성한 후 두 번 던진 꼿답은 글월도 읽었다. 글월 읽고, 옷 입고, 돈 받으니 깃브기 한이 없다. 아니 깃브다 하기보다 황송하기 짝이 없다. 오기여! 동지의 치위가 과연 엄혹하고나 불고 쓴 듯한 가정에서 량식은 무엇으로 계속하며 방은 무엇으로써 덥게 하느냐. 이 불효불우한 이른바 형이나 우으로 늙으신 어른을 받드는데 알로(아래로-역자 주) 많은 가족을 거나리는데 마음을 다하여 애쓰는 군을 향하여 다시 면목이 없다. 오기여! 오기여! 나로 말미암어 과도한 걱정을 하지 말어라. 걱정이 과도하면 온갖 것에 마음 상하옵신 어른들의 마음이 더욱 상하시게 된다. 이 옥중에 있는 형은 가비업다. 집에 게신 어른들을 지금은 모시지 아니하면 다시 긔회가 없다. 가비어운 형 한아 온갖 죄의 몸으로 말미암아 어른들끠 많은 걱정을 기치는 것이 대경대법에 틀리는 것이다. 부대부대 심화 내지 말어라. 군의 한 번 찡으리고 한 번 웃는 데서 어른들의 놀나옵신 심신을 만일이라도 위로하여 드리고 드리지 아니하는 것이 달리지 안었는가. 부대부대. 그리고 사식은 아직 들어오지 아니한다. 그러나 주선하는 중이라고, 또 옷은 솜나단 두루막이 한아 받었다. 지금 입고 있는 옷은 회색 저고리, 검은 바지이다. 모다 백지에서 빈 손으로 태동 씨가 수고하여 준다. 또한 미안하기 짝이 없다. 오기여! 어른들을 극진히 모신 남머지에 힘이 있는 대로 이 몸을 돌보아다고. 힘이 없는 것은 또한 허는 수 없지마는… 집에 나 보든『新字典』『言海』가 있지 아니한가.『新字典』은 아부지끠서 보시면 그만두고『言海』(日本語册)는 있거든 부치어다고.『自助論』도 있지? 그것도 함끠. 할무니끠서 글력 한글같으시며 아부지 어무니끠서 만강하시며 大小家모다 泰平하며 君도 平安한가. 舍兄은 앞날과 같다. 私食差入 與否는 泰東氏의게로 片紙하여서 아모조록 周旋하도록 하여라. 그러나 너무 無理하게 그지는 말어라. 紙面下 이만.

丙寅 十二月 卄二日午 兄 씀

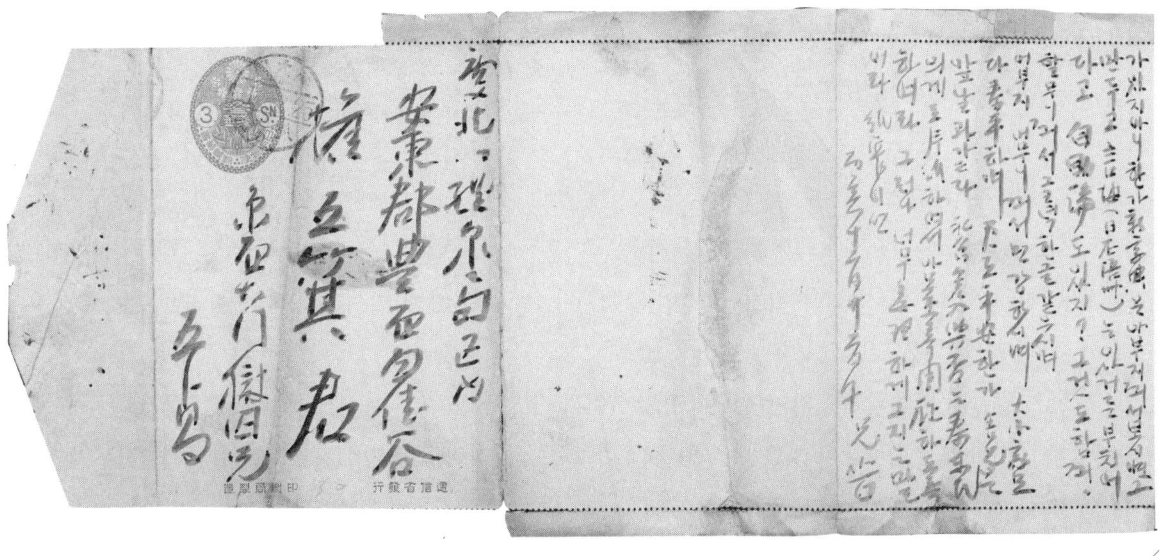

❶

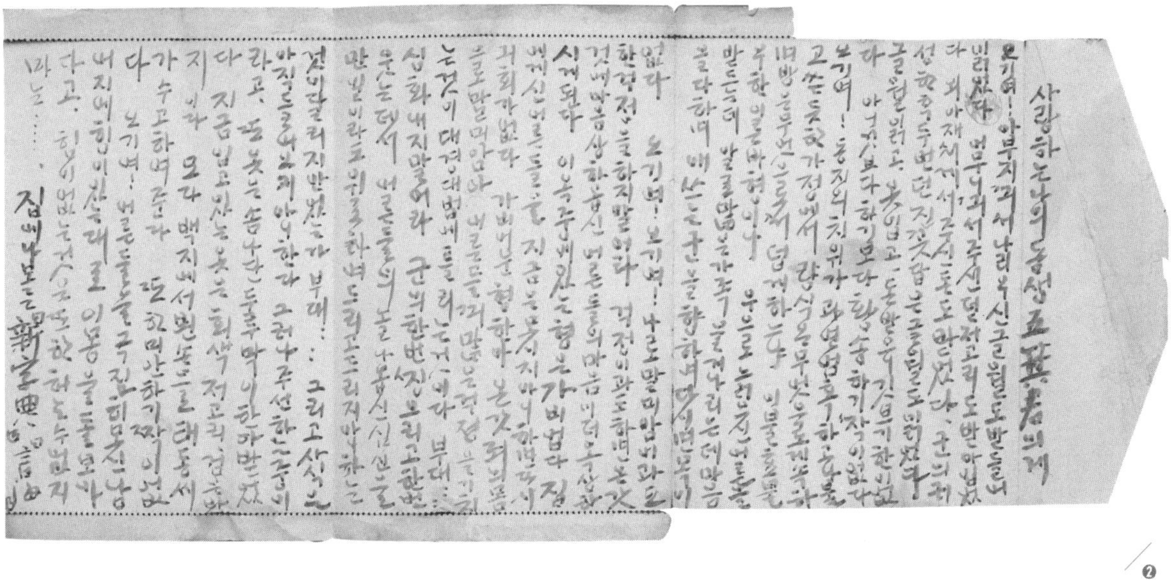

❷

1927년 1월 8일자 소인

五卨이 西大門獄에서 權五箕에게

慶北 安東郡 豊西面 佳谷洞 權五箕 君

京 西大門獄 舍兄 五卨

사랑하는 仲君아!

층층 모시고 새해를 깃브게 맞우었는가. 알고 싶다. 나는 떡국도 사서 먹고 하였다. 去月 二十八日붙어 每夕으로 밥을 먹는다. 君이 自助論과 新字典을 부치여서 오았다는 通知만 들었다. 恃次 許可되면 받을 것이다.

一. 私食이 繼續되도록 君아 泰東氏 相議하여서 꼭. 그리고 萬一에 到底히 區處不能한 時는 여긔 二十円可量의 것은 있으니 取下하야서 差入하라고, 君아! 泰東氏끠 片紙하여라! 나도 하였다만

二. 面會할 必要가 있을 때는 遠路에 來往하지 말고 泰東氏끠 片紙하여서 하도록 하여라.

三. 不孝不友한 囚兄으로서 감히 付託한다.

1. 孝奉親 = 暫時도 집을 떠나지 말고 어룬들을 孝로 받들게. 所率을 잘 거나리게. 卽 집일을 잘보게. 獄에 있는 이것을 생각하는 것보다 맛당히 하지 아니하면 아니될 일이다.

2. 日勤得 = 사람이 無識하면 못 쓴다. 奉親한 나머지 시간에는 반듯이 讀書하고 習字하소. 漢文 · 日語 등을 꼭.

3. 遊有方 = 사람들이 흔히 雅冠博布로써 高巨한 舍廊에 놀기를 좋아한다. 이런 사람들은 모히어서 하는 일이 論人長短 以外에는 碁局이 능사이다. 머리에 수건 동이고 모커래 신은 사람들이 모히는 草堂에는 신 삼고 샛기 꼬아서 집을 有利케 하는 곳이다. 놀 때에는 반듯이 이런 場所를 가래어 놀아라. 그리하여 힘으로 서로 依支하여라. 그들의 모르는 것도 깨치어라.

이른바 兄名色은 오늘 여긔서 사람 노릇도 못하면서 매우 붓그럽다마는 나의 行하지 못하는 것이 切實히 罪로움을 反省하고 새해의 첫머리에 이 몇 마듸로써 부탁한다. 꼭.

昭和 二年 一月 六日 舍兄 五卨 書

五雲君아! (葉書의 干紙로 扶書하엿다) 모시고 工夫 잘하는가 알고 싶다. 다시 祝祈한다. 家庭에 있어서 誠孝의 子孫이 되며 洞內에 있어서 眞實한 勞働者가 되기를!

新年 一月 六日 三從 五嵩

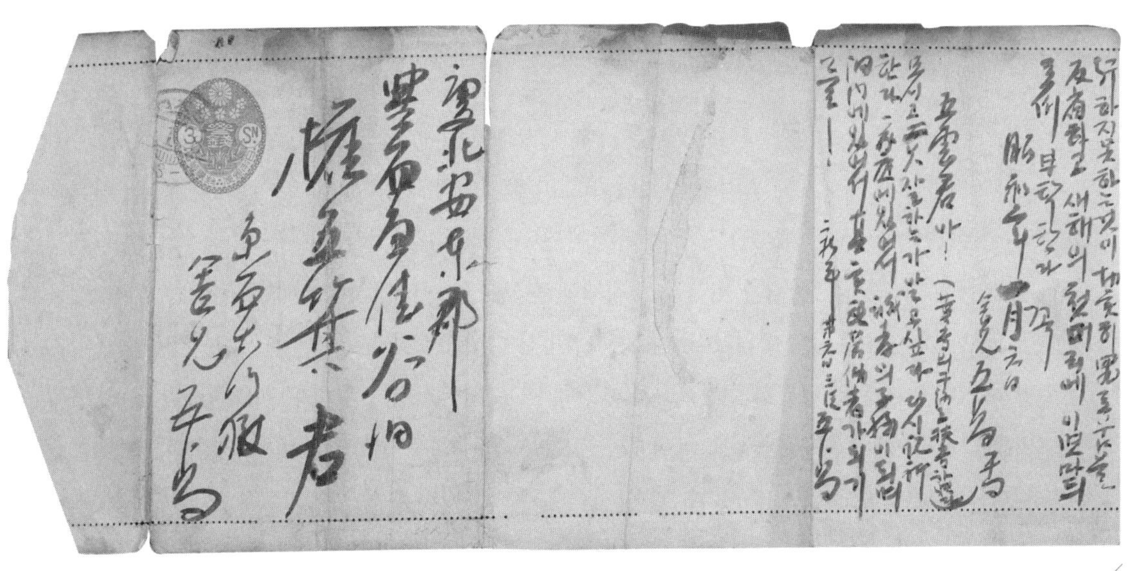

❶

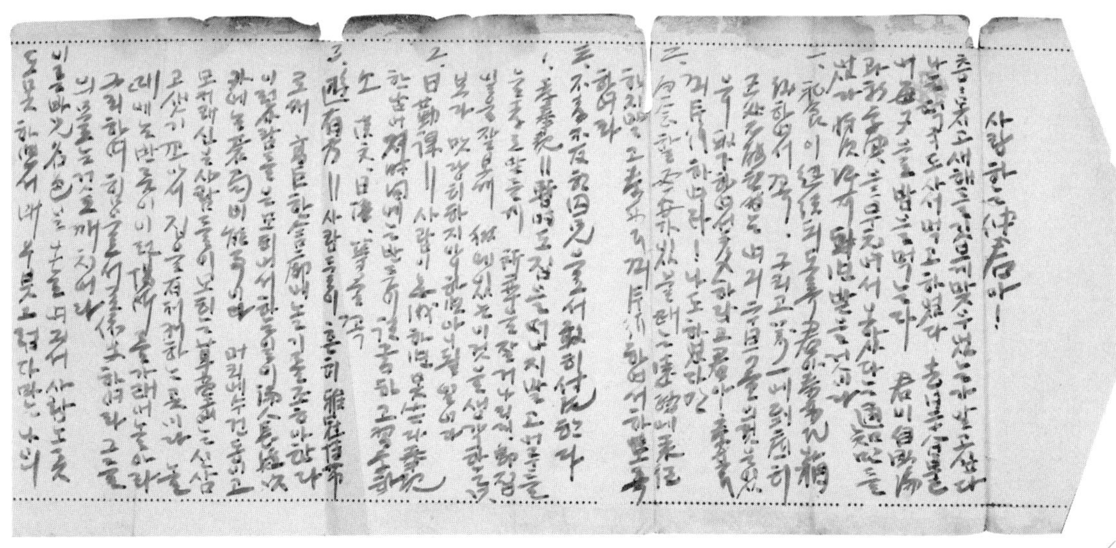

❷

1927년 1월 25일자 소인

五卨이 西大門獄에서 權五箕에게

慶北 安東郡 豊西面 佳谷洞 權五箕 君

京 西大門獄 兄 五卨

동생의게

새해가 한 달이 거진 되엿고나. 그러나 새해의 소식이라고는 한쪽도 받아보지 못하매 아모리 굼굼증을 억제하는 체하나 깝깝하기 짝이 없다. 보낸 바 『신자전』은 허가되야서 잘 읽게 된다마는 『자조론』은 불허가 되야서 령치게에 수고를 기친다. 말하기 매우 렴치없다마는 지금 입고 있는 옷이 두 달이 되얐다. 얼마 지나면 갈아입어야 하겠다. 옷감도 없는 터에 더구나 날시 이다지 치운데 빨내하기에 바느질하기에 매우 미안스럽고 죄로우나 엇더케라도 옷 한 벌을 작만하여서 부치어다고. 그러케 하면 입은 옷의 취하는 어느 때든지 벗게 될 때에 태동씨끠 취하하여 가도록 편지하겟다. 밥은 지난달은 태동씨의 주선으로 먹었으며 오는 달은 여긔 있는 돈 팔 원을 어제 취하하여 갔다. 아– 이것이 다 먹게 되면 다음은 엇지할가? 그러나 오긔야 나로 말미어서 과도한 걱정을 말아라. 어룬들끠서 더옥 걱정하실 것이다. 힘 미치는 대로 구처되는 대로 하여라. 아– 지금은 음력으로 세말이다. 시골은 습관상 음력 정월을 설로 맞을 터이지. 이 못난 것 때문에 어룬들끠 걱정을 기치고 집안 소솔의의게 불안을 미치었다마는 오긔야 지난 일은 걱정하지 말고 웃음으로 지내주소. 웃는 집에 복이 들어온다는 옛말이 있지 안이한가. 아모조록 모시고 거나리고 모든 재앙을 가는 병인년에 다 씻어 보내고 웃음으로 깃붐으로 정묘의 새해를 맞기를 빌고 다시 빈다. 이만 나는 앞날과 같다.

陰 十二月 二十日 午後 兄 쓺

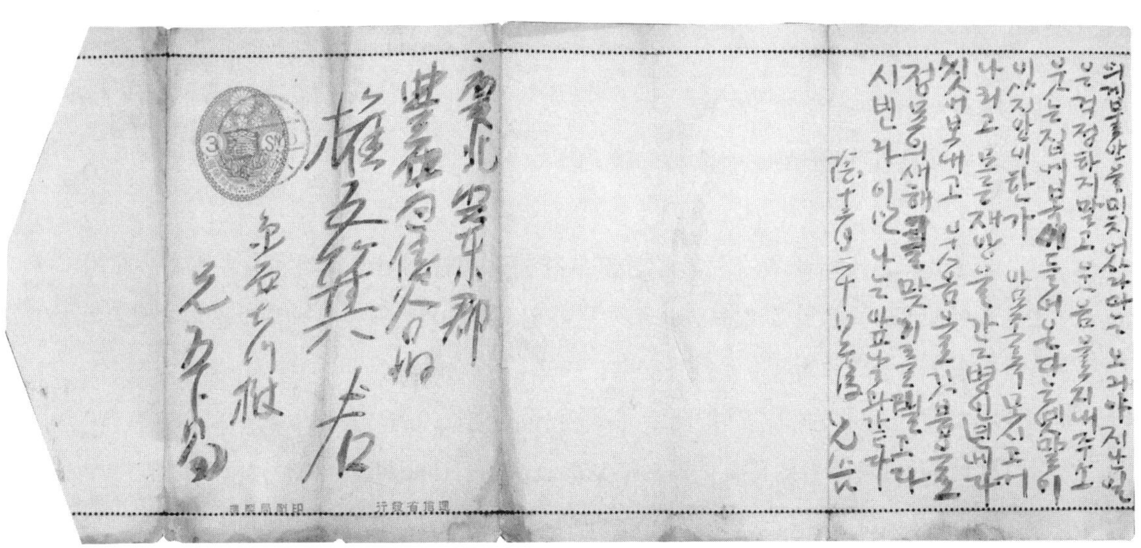

❶

❷

1927년 2월 12일자 소인

權五箕가 西大門刑務所에 있는 權五卨에게

京城 西大門刑務所 內 權五卨 氏

慶北 安東郡 豊西面 佳谷洞 舍第 權五箕 上書

兄主시여! 二月 七日을 앞에 두고 깁붐을 禁치 못할 쑨만 아이라 그리든 兄主을 뵈올가 하엿든 것이 只今으로 말할 것 갓트면 도로혀 말이 업시 지내기만도 못하게 되엇읍니다. 도로혀 울화을 입으로 붓으로 기록지 못하겟읍니다. 져도 二月 七日을 앞에다 두고 곳 올나갈 작졍을 하엿든 것이 如意치 못하와 올나가지는 못하엿스나 正말 그날은 마음이 이상도 하엿습니다. 늘그신 어룬들게서는 깁붐 마음으로 오늘 조흔 소문을 들을 것이다 여러 가지 마음으로 진졍할 슈 업든 차 八日 新聞의 發表된 것을 보니 아조 絕望이라요. 그르니 밖에 잇는 이놈보다도 兄主게셔는 엇드하엿겟읍니까. 그래 이놈은 뫼실 새해을 마져하엿읍니다. 그동안 튼튼치 못하신 兄主 몸씨 康健하시온지요? 알고졉고 마음 定치 못하겟읍니다. 一. 먼져 번 周衣 一, 바지, 져고리 各 一式 付送하엿삽던이 바다 입어섯는지요? 一. 私食에 對하여셔는 엇지 되엇읍니까? 아직도 밥을 잡슈시는지요. 泰東君게 片紙하엿스나 아직 答을 보지 못하엿읍니다. 日間 져그나면 한 二十円 붓칠 道理가 잇을는지 모르겟읍니다. 私食은 爲先 現金이 업드라도 外上으로라도 드리달나고 말슴하여 쥬시혀 밥을 잡슈도록 하시오. 저도 面會가 될 것 갓흐면 곳 한 번 올나가셔 뵈왓스면 조흘듯 십사외다. 이만으로 두어 字 올입니다. 어룬들게셔는 새로 마음 슈슈하시여 마음 조급히 그시는 일 졀박 졀박. 부대 뒤으로 바라는 바는 몸씨 健康만 빌 쑨이올시다.

旧 正月 十日

大 二月 十二日 五箕 上書

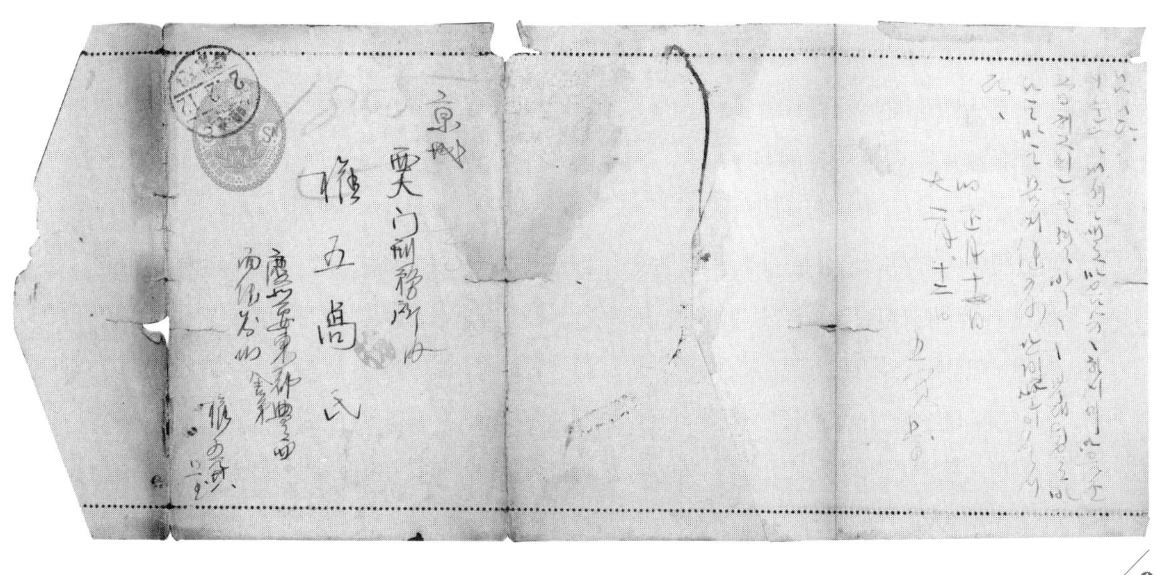

❶

❷

1927년 3월 15일자 소인

權寧達이 西大門刑務所에 있는 權五卨에게

京 西大門刑務所 內 權五卨 氏

慶北 安東郡 豊西 佳谷 權寧達

貴體를 如前히 保持함은 自重의 結果인 듯 仰賀且祝이오며 族從은 前症이 更發하야 四肢百體의 屈伸을 못하다가 只今은 鬼關은 免하엿스나 아직도 室內大便과 手足不自由의 地境이오. 自憐自憐.

1. 前者付送한 二十餘円의 幺麼한 金額이라도 무슨 所用이 될가. 未安未安.
2. 付託하온 저고리를 보아줄 수 없음은 尊君의 뜻을 저바림이 아니라 그 理由는 (알 수 없는 것)이외다.
3. 前붙어 늘 말하든 富得의 火毒은 富得의 火毒뿐이니 딴 걱정 아니요. 빼드레진 손으로 마음먹어 그리니 精神 꿏 보아주기를 願하오.

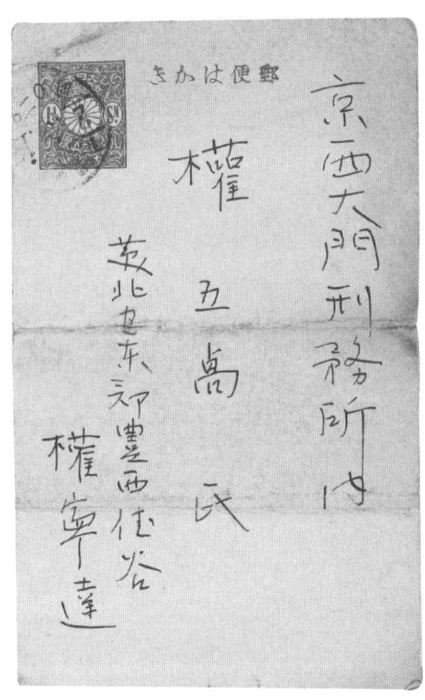

郵便はがき

京 西大門刑務所 內

權五卨 氏

慶北安東郡豊西佳谷

權寧達

❶ ❷

1927년 3월 17일자 소인

五卨이 西大門刑務所에서 부모님께

慶北 醴泉局區 內 安東郡 豊西面 佳日 權五卨 本第入納

京 西大門刑務所 五卨 上平書

아부지 어무니시어

이놈은 천백 가지 한 가지도 깃븜은 드리지 못하고 사실이야 잇든지 업든지 부모끠 욕을 드리게 되오니 죄송 죄송. 이때 날시는 점점 온난하여 옵니다. 한무니끠서 한글가트시며 모시고 외내분끠서 강녕하시며 대소가 제절이 모다 평안함니까. 식은 세전보다 몸은 나음니다. 념려 마시압소서. 五箕는 집에 잇습니까. 나의 부탁한 것을 아모조록 속히 속히 보아달나고 하교하여 주시기를 감히 바람니다. 이만 올림니다.

삼월 십사일 식 五卨 살이

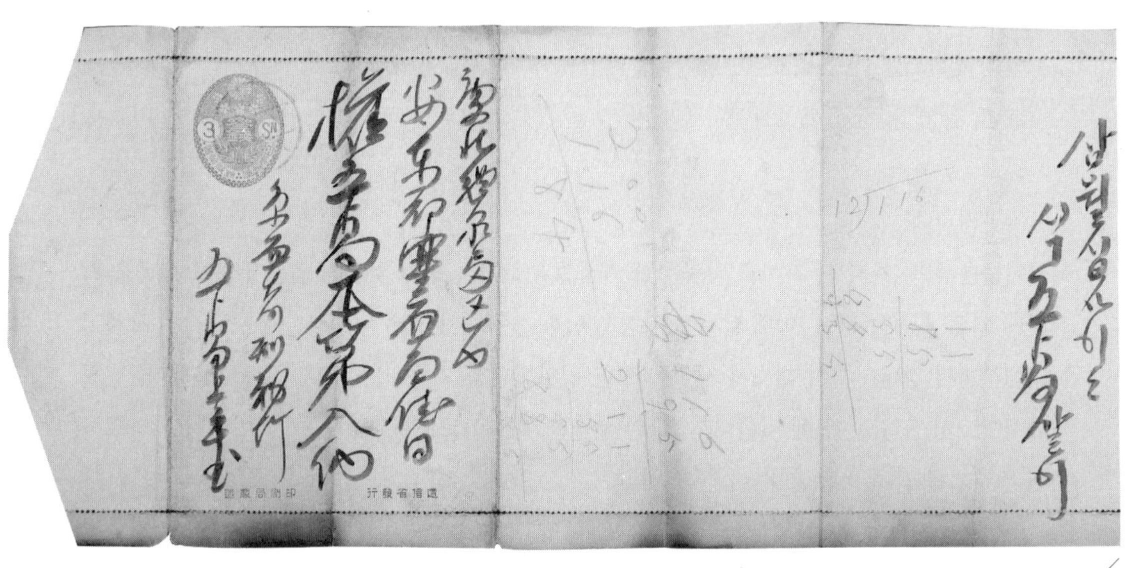

❶

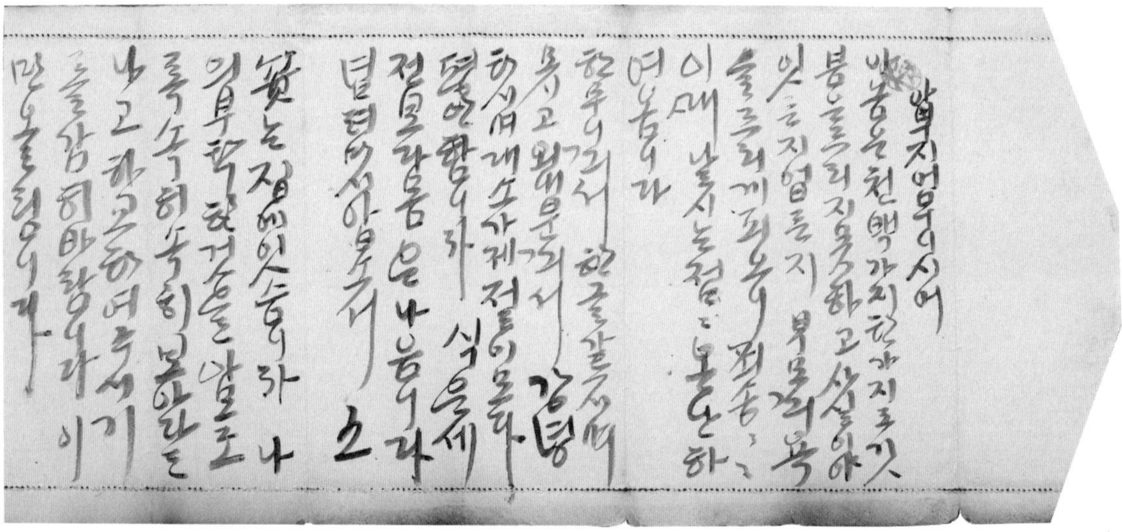

❷

1927년 3월 20일자 소인

權寧植이 西大門刑務所에 있는 權五卨에게

京城府 西大門刑務所 權五卨 君

安國洞 五二番地 權寧植

三月 二十日

君으로 더부러 相別한 지 벌서 三年이라 거의 忘面할 지경일세. 昨秋에 君의 글월을 바다본 후 卽時 答하얏드니 바다보앗는가. 大抵 疑問은 박게서 편지한 것이 잘 들어가지 안이하더 如何間 여러 가지 負罪한 것은 무어라 할 수 업스나 勢不得已한 것이니 奈何오. 요사이 몸씨 健康한가. 植은 日前에 常兒 上書하야 幸入徽高而父子無頉하며 吾之上京時 君家尊小人節이다. 無故하고 一村이 別故 업스니 집 生覺하지 말고 몸조심이나 잘하야 수이 相逢하기 바라네. 京鄉間諸益 다 잘들 지내니 다행일세. 歸故는 自今七六間이니 부대 조심하야 지네게.

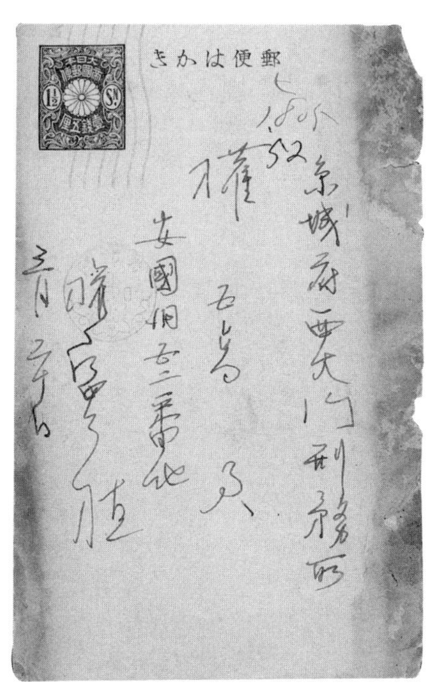

❶

❷

1927년 3월 29일자 소인

權五卨이 西大門刑務所에 있을 때 받은 엽서

西大門刑務所 內 權五卨 氏

秋鴻淑 氏 方으로

兄主前 上書

兄主게셔 二十六日 네루신 片紙 곳 바다보앗읍니다. 兄主시여 먹고 입는 것은 그리 큰 걱정이 안님이다. 념우 걱정 마시옵소셔.

一. 兄主게셔 늘 말삼하시든 遠湖氏가 病이 急하여 죽게 되엇다고 急報가 오앗셔요. 그르니 곳 네리가 바야겟읍니다. 速히 付托하실 것 日間 곳 알여주시요.

二. 헌 옷 洗濯하여 겹옷을 만들 것 갓트면 여러 날 걸일 터이니 그것을 못하여 놋코 네리가겟읍니다. 기달이 보고 遠湖氏가 조곰 나아셔 죽기는 면하엿다는 通記가 잇스면 모든 兄主의 付托하온 것을 맛차놋코 네리가겟습니다. 두 말할 것 업시 사람이 죽겟다는 急報을 밧고야 그양 잇겟음니까. 곳 네리가겟읍니다.

三. 李은鎬한테 돈 몃 원 바들게 잇음니까. 네리가셔 바다야 하겟읍니다. 速히 이 片紙 보고 곳 答예주시요. 이만 주리나이다.

三月 二十九日 舍弟 五箕 上書

그 집 일이 낭패라요. 거무 갓튼 老人들이 遠湖氏만 밋고 사는데 萬一 죽고 보면 그 집 소솔이 다 죽을게올시다. 몃칠 기다려 보겟읍니다마는 죽는 날에는 큰일 낫셔요. 져도 그 病報을 듯고는 밥맛이 업셔 도모지 밥을 먹을 수 업습니다.

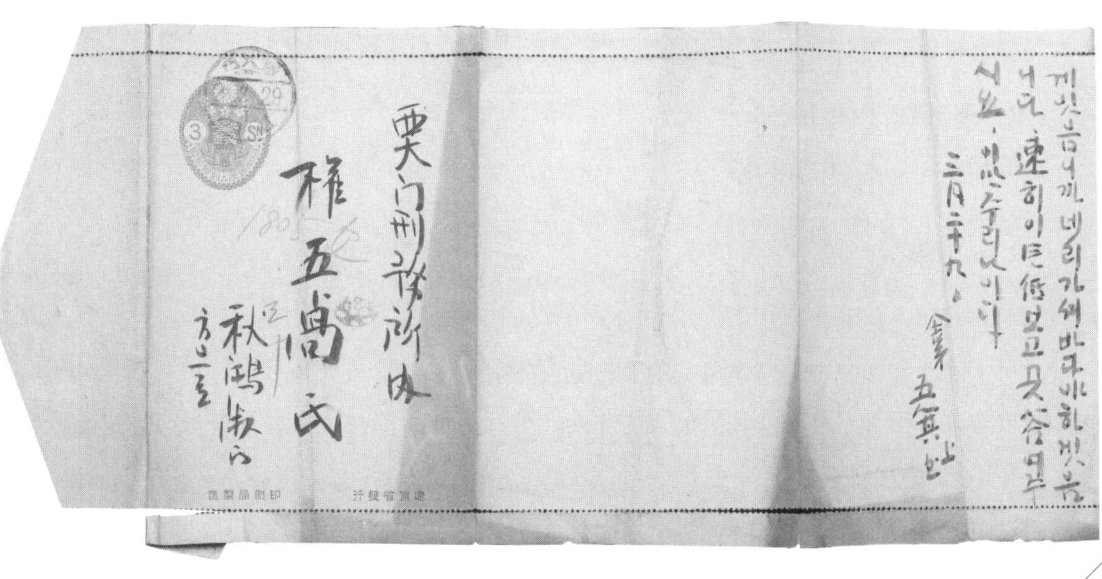

계시옵니까 내리가셔바다가해케시옵니다. 速히이트紙보고곳答여주시요. 이만주리나이다

三月二十九 金五眞 上

西大門刑務所內

權五尙 氏

秋鳴淑 올림

印刷局製造 遞信省發行

❶

兄主前 上書

兄主께서 二十六日 내루것든 紙 곳 따라 보앗 앗읍니다. 兄主게서 버녀고 씹흔 것은 그리 큰 걱정이 안 됩니다. 남우 걱정 마시옵소서.

一. 兄主께서 말슴하시는 遠湖氏가 病이 急하여 죽게 되엿다고 急報가 오앗서요. 그로니 곳 내리 가바야게슴니다. 速히 付托하실 것 日間 못 알녀주시요.

二. 한옷 洗濯하여 옷을 만드른 것은

三. 李운鎬 한테로 ...

❷

1927년 4월 8일자 소인

五箕가 西大門刑務所에 있는 權五卨에게

西大門刑務所 內 權五卨 氏

堅志洞 八八 留舍弟 五箕 上書

四月 九日

兄主시여! 兄主시여!

昨日 電報 곳 밧고 卽時 答電하엿읍니다. 兄主시여 容恕하시옵소셔. 아직은 밥바셔 마음이 편치 못한 일이 잇셔셔. 兄主시여 遠湖氏의 病이 아직 엇지 된 줄도 모르고 아직 病이 重하여 죽을다는 消息밧게 듯지 못하여셔 마음이 늘 편치 못하고 가슴에 불쏫만 올나올 짜름이올시다. 兄主시여 마음 조급히 그시지 마시옵소셔. 소음 옷으로 겹옷 만들 것잇읍니까. 새것으로 만들어 드리겟사오니 넘우 조급히 그시지 마시옵고 마음 곳치 자시셔 이놈의 게으름을 容恕하여 주시옵소셔. 부대 마음 널이 자시고 몟조록 몸씨나 平安하시기만 불측스러운 동생 願하고 바라는 바이올시다.

一. 불측스러운 동새은 혼자만으로 여러 가지 집일 한편으로는 有益함은 업스나 이놈 싼으로는 죽도로 애쓰고 도라단이는 판이올시다. 한 놈 의논할 곳도 업고 혼자 하늘만 치어다보고 단일 뿐이올시다. 兄主시여 李은鎬의 돈 얼마나 바들게 잇는지요. 다만 그것이라도 바다 쓰게요.

二. 兄主게셔 곳 말슴하시는 대로 네리가겟읍니다. 그르나 面會 許可가 될 時까지 여게 잇을 것 갓읍니다. 올나오앗듸라고 兄主 얼굴이라도 한 번 보아야지요. 그리고 네리가셔 父母님게 말슴 엿즙지요. 뒤으로 비난 바는 兄主게셔 몟조록 마음 곳치시샤 이 불측한 이놈을 사랑하시고 또 兄主게셔 몸씨 健康만 祝願하옵나이다.

四月 九日 舍弟 五箕 上書

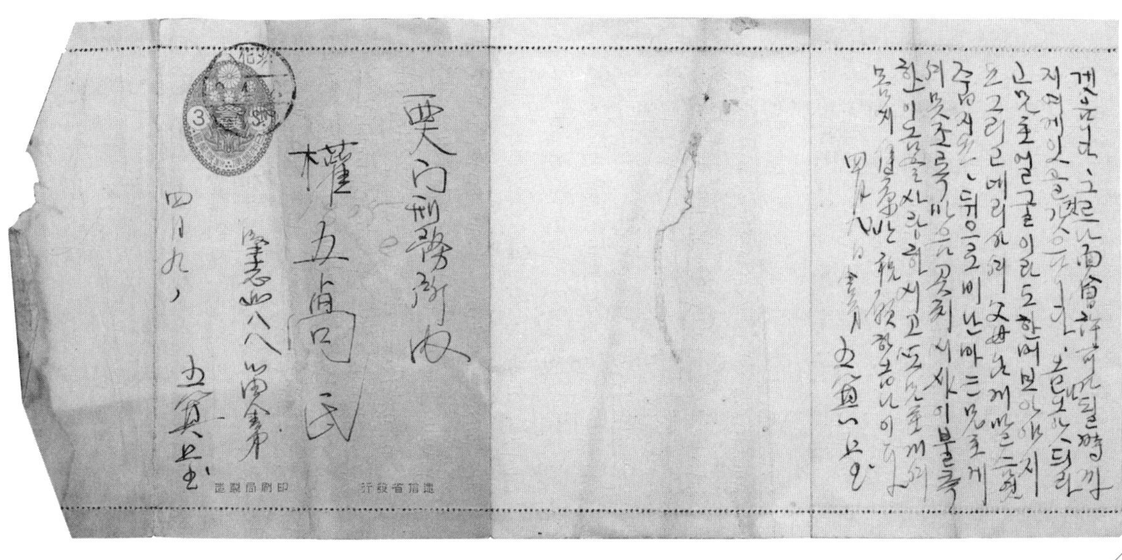

❶

❷

1927년 5월 2일자 소인

五卨이 西大門刑務所에서 權五箕에게

慶北 醴泉局區內 安東郡 豊西面 佳日里 權五箕 君

京城 西大門刑務所 囚兄 五卨

五箕君

아-箕君! 箕君! 箕君! 無事히 故山에 돌아갓는가? 그리하여 老祖父母를 모시어 드리는가? 어른들끠서 康寧하시며 집안이 無故한가? 兄은 점심밥 제녀(저녁-역자 주) 牛乳 먹음으로 君의 面會 時보다도 몸은 굿굿하여진다. 그러나 君아 君아 君아 압흐고 쓰리고 편치 못한 마음을 아- 무엇이라고 말하여스면 조흘가. 아- 萬事의 不察은 모다 自縕自緖이라 誰怨誰咎하리오. 다만 職規를 잘 직히어 弱한 몸을 保全하기에 留心한다. 君아 부대 울지 말어라. 落心하지 말어라. 脫氣하지 말어라. 喪神하지 말아라. 勿論 이 못된 兄으로 由하여 못 當할 辱도 當할지며 아니 볼 꼴아지도 보게 될 터이다. 그러나 君아 나의 誠心과 誠意만 이스면 社會는 나를 包容하나니라. 萬事가 오직 나의 良心을 속이지 아니하고 待人接物하는 데 잇다. 부대 남을 怨妄치 말고 社會에서 배돌지 말고 赤心으로 赤心으로 잘 지내어라. 그리고 두루막이 벗어바리고 손발을 둥둥 것고서 이웃 農軍과 벗하여 신도 삼으며 밧도 매어서 부즈런히 부즈런히 家業에 服하여 父母를 孝奉하며 家族을 善恃하소. 말이 붓그럽다마는 밥은 六日까지는 먹을 돈이 잇다마는 압흐로 엇지할는지. 內姑主끠와 宗佑君의게 君과 父主끠서 잘 片紙하여 二十円만 보아주면 一年前에 十円과 함끠 出獄하여 碎身하드라도 갑허줄 터이니 쏙 보아달나 하게. 이 때에 보아주는 것이 生光萬千이라 하게. 그리고 君의 兄수의게 말하여 遠湖 洪히원氏끠 한 번 가서 十五円金만 아모조록 行惡을 하드라도 보아달나 하오. 그리고 君이 廉兄의게 한 번 가서 여러 가지 備盡事故하여 十円만 쏙 보아달나 하게. 은호의게 二十円이 바들 것이 잇지마는 無信한 사람이라 줄는지? 모다 잘 보아주게.

初一月 一日

君아 부대 忘親하지 말고 恭親하여서 不出門外하고 勤勤農事하게.

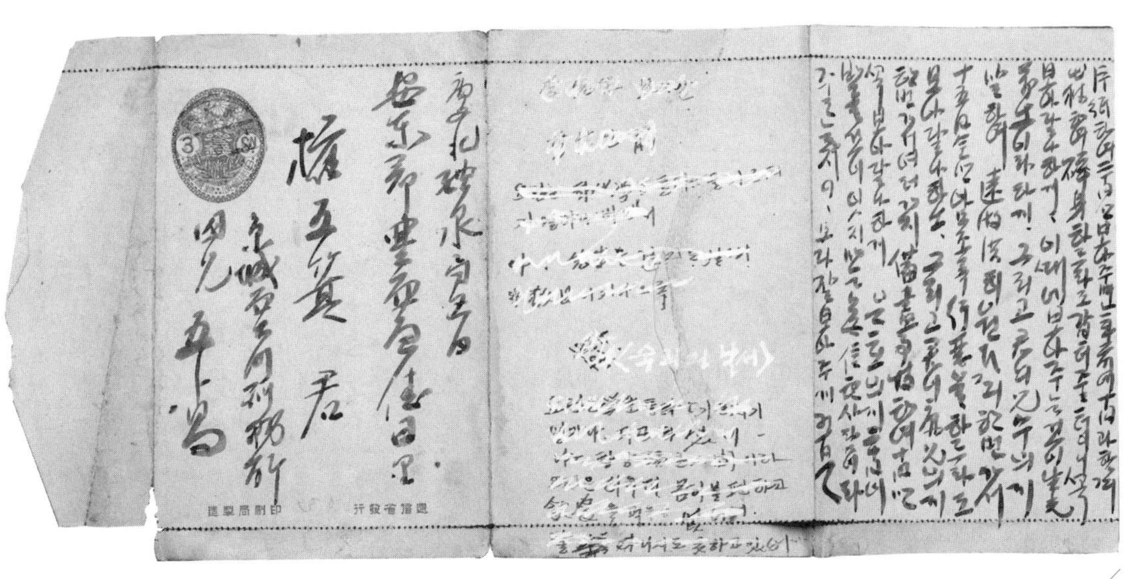

❶

❷

1927년 5월 23일자 소인

權五卨이 刑務所에서 秦東에게

市內 峴底洞 西大門刑務所 秋鴻淑 氏

刑務所 內 權五卨

秦東氏끠

秦東氏! 秦東氏! 秦東氏! 쏙 엿주고 싶은 것이 이슴니다. 바더주시압소서.

一. 日前에도 엿주엇지만 주서든 冊子는 태우고 더럽게 하여서 惶悚萬萬이나 달나 하여서 가지어 가시압소서. 그리고 여긔 잇는 不用冊子도 取下하여 가시오. 不用인 거슬 여긔 長久히 두는 것이 페스럽기도 하니까요.

二. 秦東氏여 근심이 만흔 中이라도 근심의 萬一을 除去하는 道理는 오직 讀書에 잇는 것을 알어슴니다. 卽 書冊이 唯一한 良友입니다. 나도 요사이 臨房하다가 日前에 冊을 읽든 中 것보기에는 白紙가티 白하여도 속에 黑을 숨은 것은 眞實로 眞實로 예수이 血火가 아니면 到底히 鮮明하게 할 수 업다는 것을 보고서는 모든 것이 그것 볼 째에는 아ㅡ 이 것이 果然 眞理로구나 生覺하매 다른 것을 잇게 되여슴니다. 暫間 동안이라도 걱정을 除去게 되는 것이 果然 書冊이 아니면 아니 됨을 알어슴니다. 아모조록 엇드한 걱정이 집안에 첩첩히 싸혀 잇드라도 冊을 읽으시오. 그리하여 근심와 萬一을 집안에서 除去하도록 힘쓰시압소서. 이만.

五月 二十一日 權五卨 書

祝

康旺 前者의 食代 未拂金는 當今 올리지 못하오니 罪悚萬萬이외다. 그리고 秦東氏의 住所를 不知하와 다시 거듭 貴下끠 仰煩함니다. 아무리 수고스럽드라도 傳示하여 주시압시면 多幸임니다.

五月 二十一日 權五卨 上

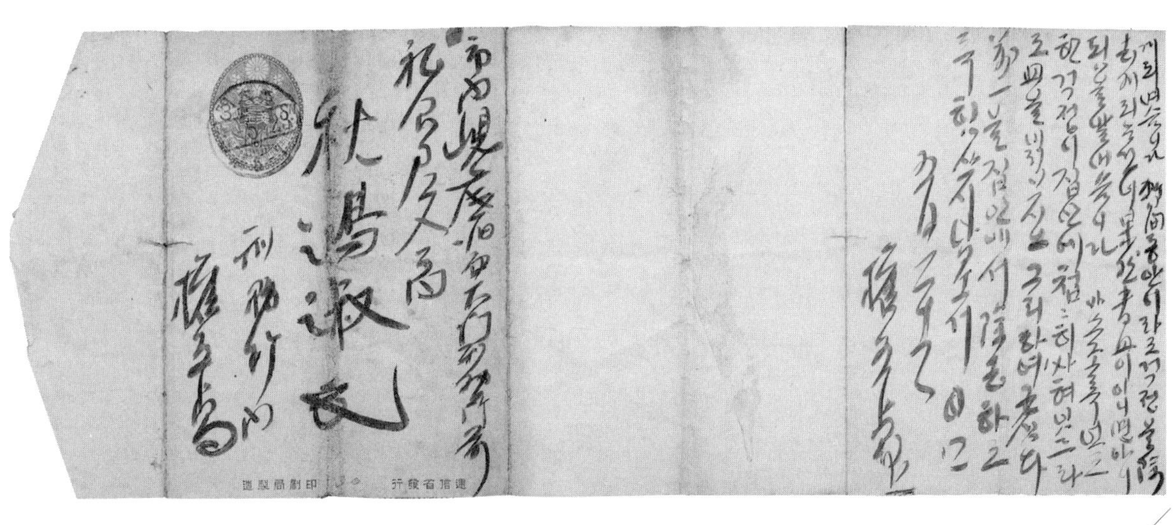

❶

❷

1927년 5월 24일자 소인

五禼이 西大門刑務所에서 權五箕에게

慶北 醴泉局區內 安東郡 豊西面 佳谷洞 權五箕 君

京城 西大門刑務所 五禼

五箕야 五箕야 手函은 받엇다마는 나의게 무슨 깃븜이 잇쓰랴. 다만 어른들끠서 康寧하시며 집안이 無事한 줄 알므로써 한 가지 걱정을 덜 섇이다. 이른바 兄은 몸은 튼튼하다. 이 뒤로는 片紙도 하고 싶지 아니하다. 無消息이거든 健康한 줄만 알아라.

一. 差入家에서 昨日에 拾圓金을 取下하였스니 來月 六日까지는 들어오게 될 것이다. 그다음에도 無論 取下하여 갈 줄 밋는다마는 남어 잇는 돈이 十五圓섇이다. 差入家에 君이 片紙하여서 六月 六日 後에는 六月 二十五六日頃에 取下하여 가도록 하게. 그동안은 外上으로 하고서 一밥 差入도 君이 억지로 드리어 주니 먹는다마는 그만 주는 것이 조타.

二. 아래 집에서 上京하는 이가 잇거든 나의 旧衣件과 册子 등을 取下하여 가도록 하게 될 수 이스면 面會도 한 번 하여 달나 하여주게. 이만.

五月 二十一日 舍兄 五禼 書

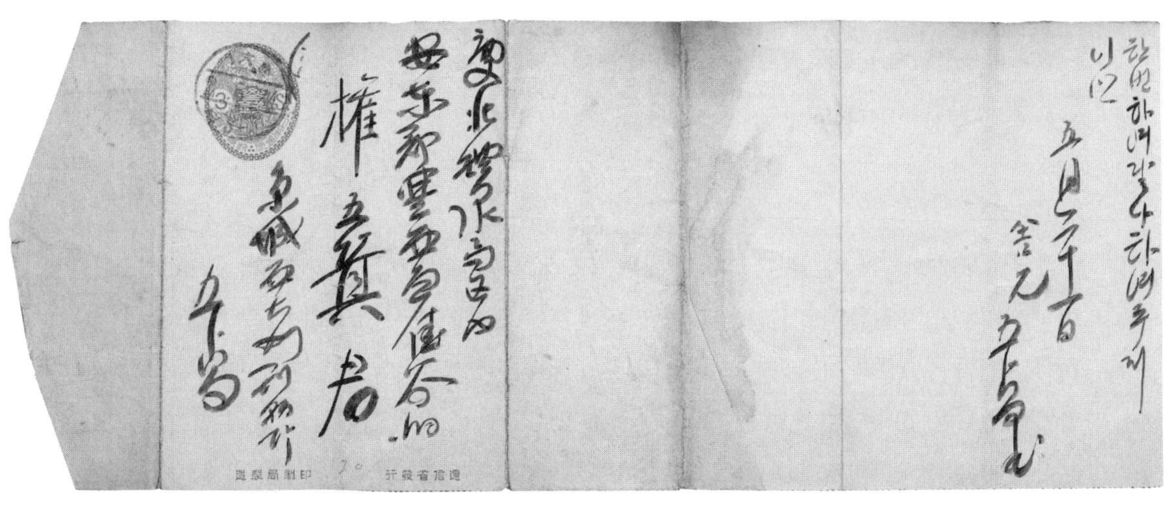

❶

❷

1927년 7월 4일자 소인

五卨이 西大門刑務所에서 權五箕에게

慶北 醴泉局區內 安東郡 豊西面 佳日里 權五箕 前

京 西大門刑務所 五卨

五箕君

나의 片紙를 그렇게 기다린다고 하니 매우 未安스럽다. 十円은 받었다. 엇드러케 求하였으며 洪兄의 二十円은 참말로 意外의 賜物이다. 이 못된 놈의 뒤를 보기 爲하여 君의 心力을 過費하는 것이 惶悚하다. 五月 三十日에 泰東氏의 面會가 있었으며 六月 十日에 趙元숙의 面會가 있었으며, 册子의 差入도 있었다마는 自今 以後로는 아마 없을 것이다. 내가 君의게 付託하는 것을 君이 들어주지 아니하는 이약이를 事實대로 一一히 말하였음으로 다시는 이 思惡漢을 爲하여 걱정하어줄 사람이 君 한 사람밧에 없을 것이다. 그러케 알고 君도 그 사람들을 前日과 가티 과히 밋지 말기를 바란다. 옷은 六月 一日부터 여긔서 주는 被告의 靑衣를 입는다. 집에서 온 것을 입기보다 마음이 平安하다. 公判時에도 上來하지 말어라. 여긔 맛겨둔 冬服 한 불을 아래집 因便이 이슬 재 부탁하여서 取下하도록 하여라. 決코 父母님 곁을 暫時도 써나지 말고 또는 이 못된 兄을 爲하여 心力을 徒費지 말고 侍父母 率家族에 力을 移하여라. 밥은 午一食 夕乳 먹는다. 五긔야 서울에 미들 곳이 全혀 없을 것이다. 아- 君도 매우 외롭게 되였을 것이다. 모다 이놈의 부찰이다. 誰怨誰尤하겠는가. 감호兄主 片紙 받었다. 맛나거든 말하여라. 아모쪼록 父母 잘 모시어라.

七月 二日 兄 五卨

한무니 아부지 어무니시어

이놈은 조곰도 마음에 두시지 마시압고 五箕를 잠시도 겻헤 써나지 말도록 붓드시압고 한글같이 강녕히 지내시압기만 업다리어 축원 축원함니다.

七月 二日 子 五卨 上白

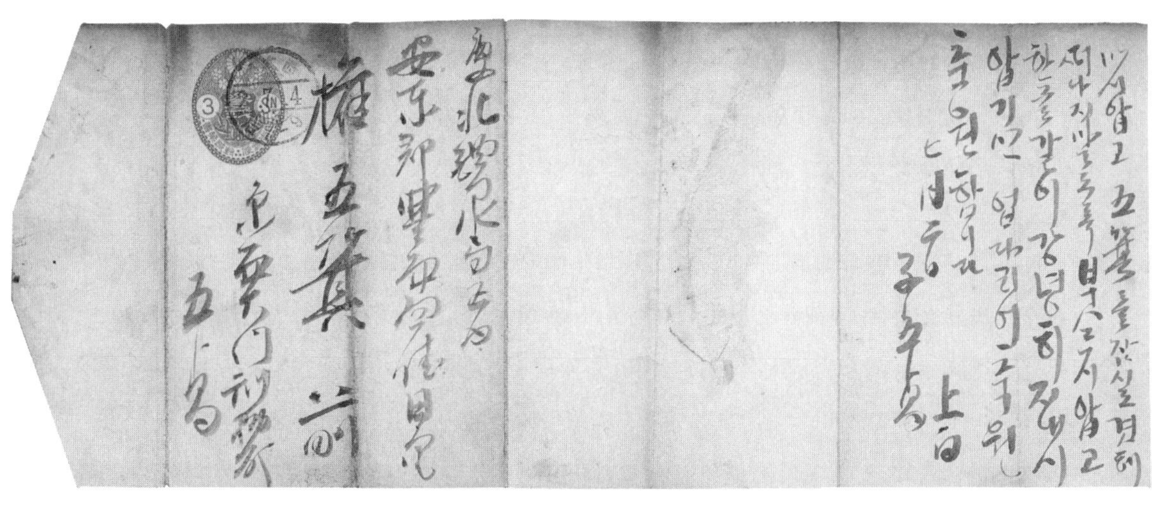

❶

❷

1927년 7월 29일자 소인

五高이 西大門刑務所에서 權五箕에게

慶北 安東郡 豊西面 佳谷 權五箕 君

京 西大門刑務所 五高

五箕君의게

七月 二十一日 밤에 부친 글월은 받어서 깃브게 읽엇다. 어룬들끠서 한글같이 강녕하시고 집안이 별고 업다 하니 매우 깃브다. 나는 몸이 병 업시 잘 지난다. 五箕야 부대 나로 말마암어서 온갓 걱정이 겹치고 근심이 포개일지라도 부대 락심할고 탈끠 말고 정신을 차려라. 울지 말어라. 비관하지 말아라. 예로부터 사람의 일생이란 순풍에 돗을 달어 날어가는 듯이 잘 지나가는 사람도 잇고 나와 가치 뜻하지 아니한 곤액을 지나며 넘기는 사람도 업지 아니하다. 부대 안심하여라. 그리하여 어룬들끠 위안을 올려라. 바라는 것은 이것이 가장 큰 것이다. 그리고 差人집에 나도 片지하여서 면회를 하든지 형 의복 취하하여 부처달나 하여스나 소식이 업다. 남이 엇드케 잘 보아주겟는가. 그러나 君은 부대 잠시도 父母의 슬하를 써나지 말고 갑갑하드라도 상경하지 말아라. 몬저번에도 편지하엿지마는 처질의게 쏙 한 번 맛나도록 하여줄 수 업슬는지. 나려가는 물도 써주는 것이 고맙다고. 아- 진동군 한 번 맛나서 나의 소원을 덜도록 못할가? 될 수 잇는 대로 속히 그 사람을 보내어서 나의 面會도 하고 同時에 헌옷을 取下하여서 君의게 갓다 달나 하면 그 아니 반가울가? 그리고 日前에 倫伯君의게 治工册을 줄 터이라고 말하여스나 治工册은 그만두고 自解速成英語 독본 一部를 주거든 그것을 잘 보아주소. 그 一部가 全部 六編인대 一册으로 合部되여 잇는 것이다. 一編은 本文, 二編은 語法, 三編부터 會話이다 一編 二編은 부대 合부된 것을 갈너 쩨어바리고 그리하여서 쏙 보아주면 生光이겟다. 부대 速히 速히. 一, 二編은 다시 볼 必要가 업스며 부대 맨 것을 풀어바리고 바주면 깃브겟다.

七月 二十八日 午後 舍兄 씀

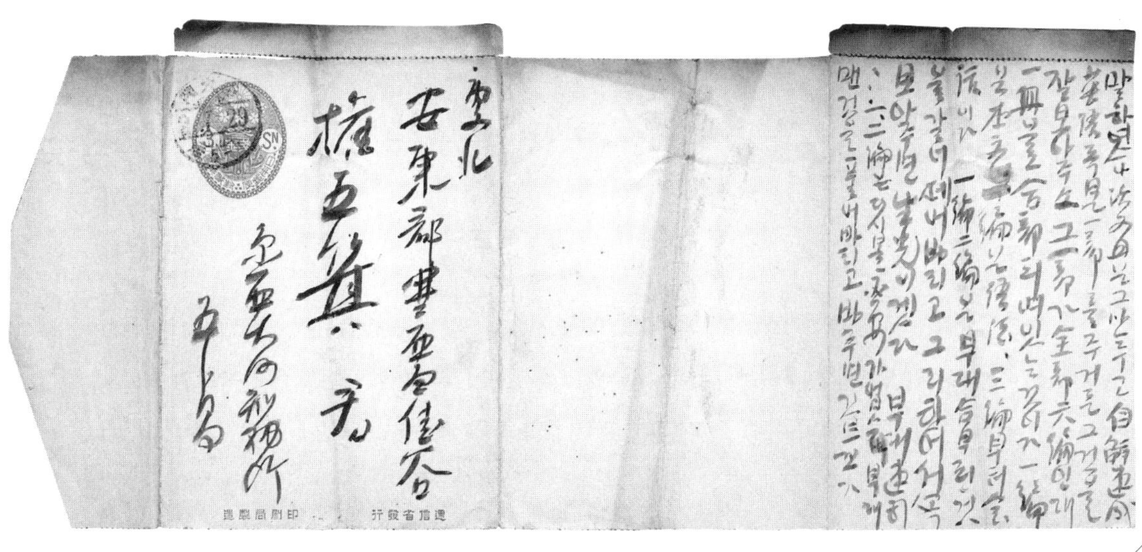

❶

❷

1927년 8월 4일자

五高이 西大門刑務所에서 權五箕에게

慶北 安東郡 豊西面 佳谷里 權五箕 君

京 西大門刑務所 五高

仲君의게

父主 母主 一向萬康 家內無事乎 馳溸切切 舍兄 無病 安在 白於老人前 以慰上 驚㥘心魂하소. 할 말은 旧衣服은 取下 去하지 아니하는가. 差入 主人외 面會는 絕對不許 하니할 수 업스며, 衣件은 取下한다더니 아즉 소식 업다. 近間 取下할 줄 밋는다. 그른대 公判이 今月 廿五日이라지? 君아 公判 時에도 上來치 마게. 그리고 진동君을 쇽 이 片紙 보고 卽時 倫伯兄許 보내어서(十五日 前에) 小小한 부탁을 보아 달나고 하여서 君아 家內 어룬들의 걱정을 免케 하고 다시 이 囚兄의 마음을 平安하게 하여주소. 切念事 부대 公判時에도 上京치 말아. 李康哲氏房에 食價는 今日 十日까지 먹을 것이 잇다. 나의게 十円이 이스나 그다음부터는 그만 中止할 터이다. 그 집에 우리 서울 家族이 누가 留하느니가 업는가. 이스면 그만두고 업거든 李氏의게 速히 片紙하여서 不用册子를 取下하여 付送하라 하게. 부대 진동군을 속히 그 사람의게 送之하여 衣食의 걱정을 免케 하소.

八月 四日

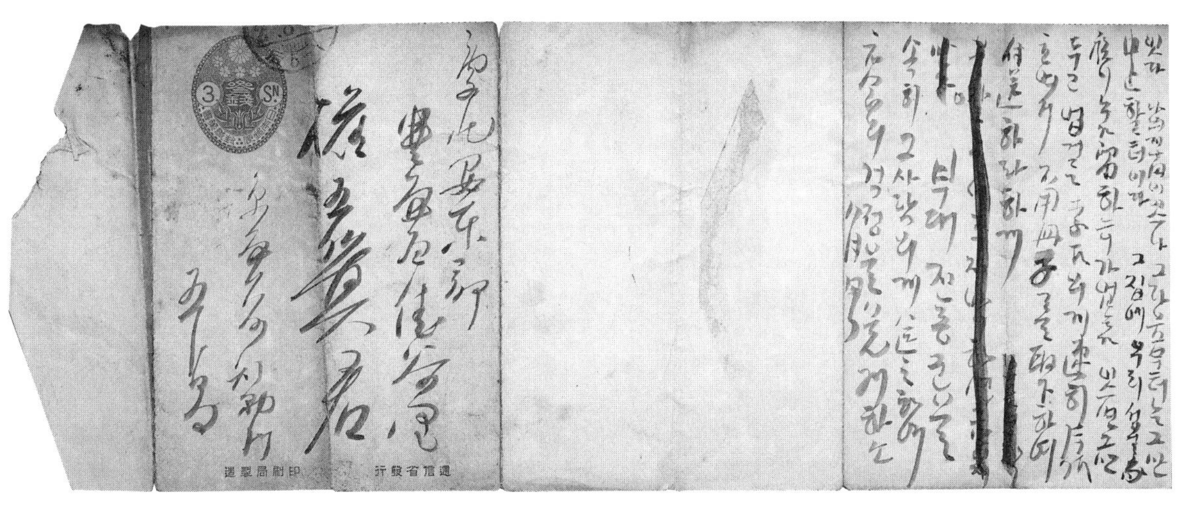

❶

❷

1927년 8월 11일자 소인

權五卨이 西大門刑務所에서 동생에게 받은 엽서

京城 西大門刑務所 權五卨 氏

安東郡 豊西面 舍弟 上書

八月 十日

兄任 兄任 酷毒한 더위에 獄中에서 健康이 엇더하시오닛까. 아우는 그동안 農事에 이리저리 傍走하야 자조 글발을 드리지 못하엿읍니다. 먼저 말슴드린 바와 갓치 洪君이 上京할라고 하엿으나 그 洪君은 只今 장가를 가고 업습니다. 그리하야 不得已 서울 잇는 邊革이라고 하는 兄의게 付託하아 書籍을 取下하게 하엿읍니다. 쑥 그르케 미드시고 兄任께서는 書籍을 取下하도록 하시옵소서. 萬若 族祖가 서울 게시엇으면 付託을 하엿겟스나 맛츰 쉬골로 네리어 오앗읍니다. 마즈막으로 붓을 던지겟읍니다마는 모조록 집 걱정과 差食 걱정은 하시지 마르시고 平安히 게시기를 바람니다. 付託하신 私食과 書籍 等은 틀님업시 成事식히겟읍니다.

八月 十日 舍弟 上書

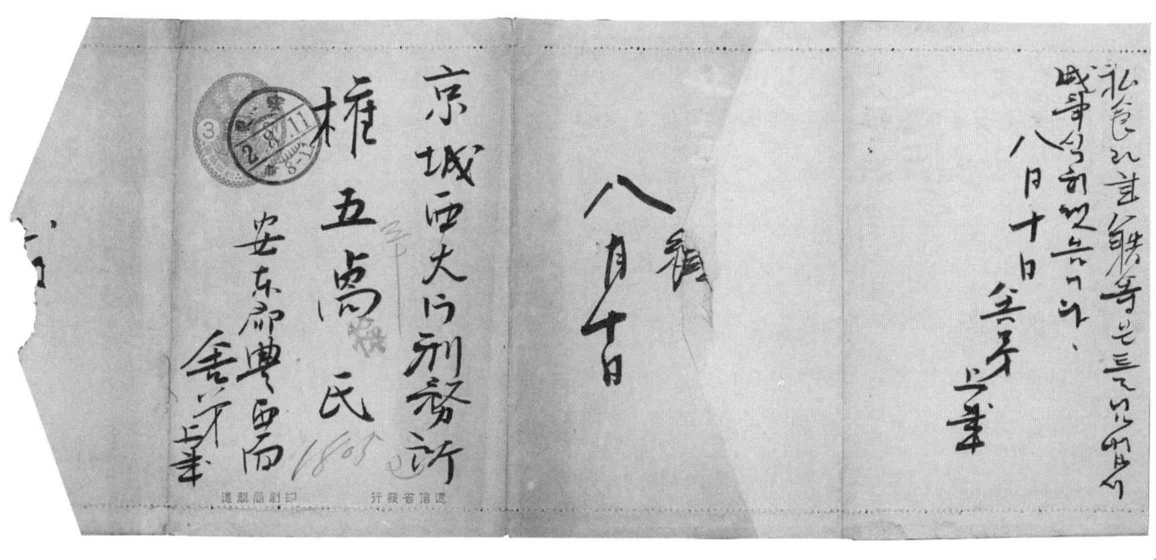

❶

❷

1927년 8월 17일자 소인

五卨이 西大門刑所에서 權五箕에게

慶北 安東郡 豊西面 佳谷洞 權五箕 君

京 西大門刑所 五卨

君의 七月 三十一日 發書는 바덧다. 집안 老祖父母끠서 一樣이시며 家內無事한 줄 알앗다. 旱災가 甚하다한즉 作農結果가 念慮이겟구나. 나는 無病安在하다. 그런대 何故인지 八月 十日發에 君의 姓名도 업시 다만 舍弟 上書라구 하는 片紙 밧고 다시 十五日에 邊貴德의게 委任狀을 書送하여 取下하라 하엿는대 圖章은 君의 圖章갓흐나 前番 片紙도 君의 글시가 아니며 今番 委任狀도 君의 글시가 아니더라. 中庸을 取下하엿다. 집에 부치더라도 보고서 놀나지 말아라. 洪君은 장가 갓다니 義城邑인가 村인가. 君이 近間에 泰東氏를 맛난 일이 잇는가. 그 片紙 글시가 그분의 글시도 갓흐더라. 何如間 그것이야 엇지 되얏든지 집안 어룬들 잘 모시고 지나기를 바라며 진동군이 設令 틈이 잇다 하드라도 그만두어라. 이 片紙 보고 外家에 가서 貴得君의게 부탁을 內叔主前으로 上書한 것이 이스니 相議하여서 나의 所請을 들어주게. 이만.

八月 十五日 五卨 書

如前히 京城에 片紙하여라. 여러 동무의게.

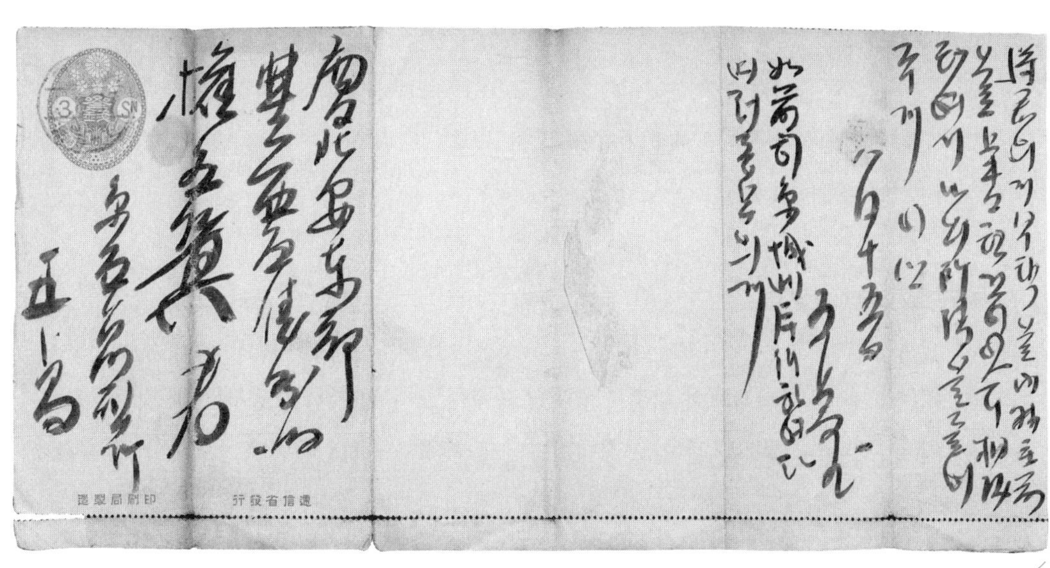

❶

❷

1927년 8월 17일자 소인

權五卨이 西大門刑務所에서 柳渭榮 氏宅에

慶北 安東郡 豊南面 廣德洞(前浦里) 柳渭榮 氏宅 入納

京城 西大門刑務所 權五卨

內叔主兄弟分前 上書

오래 상서치 못하여슴니다. 더위 심하온대 형제분 긔체후 일향 만강하시며 저근외아즈머니끠서도 허다 골몰 중 만강하시며 내종군들 여러 종형데 모다 잘 지나며 공부 잘 함닛가. 대구 소식도 자조 드르시며 대소 혼절이 모다 태평함닛가. 복소구 구불임 지지로소이다. 생질은 병업시 지남니다. 양력으로 구월 십삼 일에 공판이 된다 함니다. 부모끠 걱정드리고 친척의게 근심만 기치는 죄인임니다. 아재씨시여 형제분끠서 상의하시고 정우군 한 번 면회하도록 하여 주시엇스면 대단히 조겟는대요. 먼 길에 돈도 만히 들고 말슴 엿주기가 죄송함니다. 그리고 이 편지 바더보시고 곳 정운군 식혀서 귀득의게 이것을 전하여 주시기를 바람니다. 아모조록 속히 전하여 주시압소서. 쯧흐로 한글가치 태평하시기 복축함니다.

丁卯 八月 十五日 甥姪 權五卨 상서

貴得君이여!

꼭 君의게 하는 부탁이라. 다른 사람과 엇지 말하겟나. 몃 가지 緊托이 잇다. 君아 외론 君아, 萬事를 조심조심 言語를 삼가며 모든 거슬 여축업시 하여주소. 世上에 사람이란 것이 나의 몸을 내 가추지 못하면 미들 사람도 업는 것이며 俗담에 舟中人皆敵이라, 부대 주의하여 涉世하기를 바란다. 그리고 나의 부탁도 말하기 매우 붓그러우나 아모조록 들어주게. 지금은 十五日이다. 이제는 開學期도 곳 不遠하나 開學이 되면 엇지 틈이 잇겟는가. 아모조록 開學되기 前에 內今月 二十五, 六日 前에 나의게 對한 부탁을 아모리 수고스럽더라도 들어주고 開學에 대비하여라. 나의 冊은 몃 권이 잇든 것을 이 사람 저 사람이 한 권식 두 권식 取下하여 가고 아마 집으로는 부치지 아니한 모양이지. 無산者가 돈은 업고 冊 한 권 求하기도 극난한 것을 여긔 헌칙 取下하여서 다른 새 책과 밧구어 주어야 消日을 하겟다. 아모조록 여긔 잇는 哲

學개론을 取下하여 다 보고 그 칙 옷에 岩波書店 刊行 哲學書目이라고 이스니 부대 그것을 보고 그 속에 나의 볼만한 것을 꼭 보아주소. 無物이라고 傷心 말고 君의 홀노의 손으로 될 수 업슬 터이니 당황 君으로 하여곰 左記人의게 꼭 가치

加火面 神奇里 黃文生(薛意達)이 사람들을 잇지 말고 그것을 쑥 보아주면 君我가 다 깃브겟다. 內叔主끠 엿주고 엇드캐든지 倫伯君의게 정우 한 번 보내라 하게. 나의게 面會 兼하여. 부대 조심하여라. 그리고 君은 아모조록 집일을 잘 보게.

八月 十五日 五高

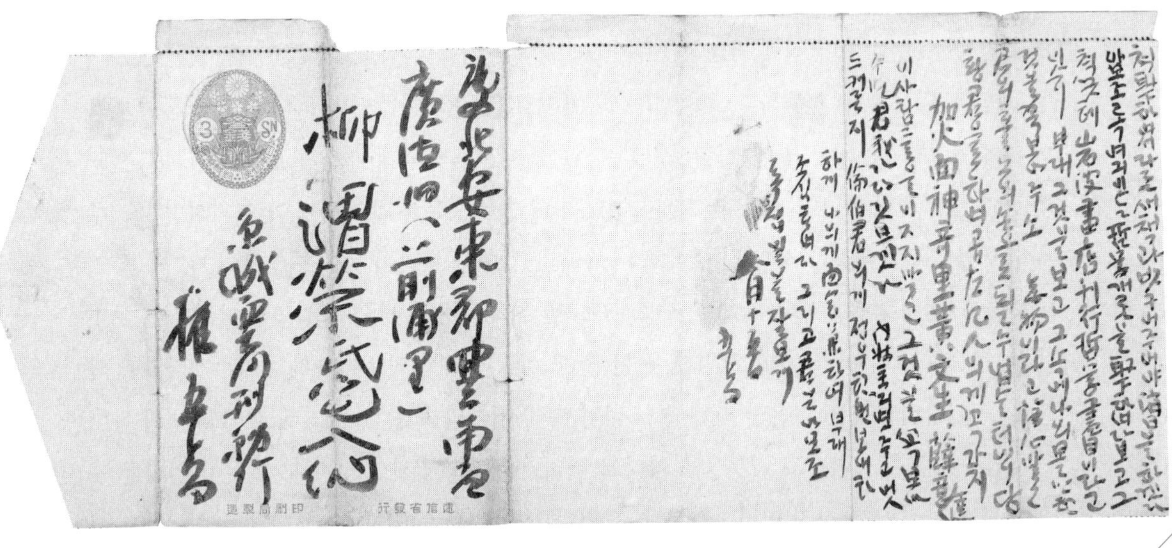

❶

❷

1927년 8월 25일자 소인

五卨이 西大門刑務所에서 權五箕에게

慶尙北道 安東郡 豊西面 佳谷 權五箕 君

京 西大門刑務所 五卨

十二日 發書 받었다. 族祖 맛난 줄 반갑다. 今日 五日 李建哲의 取下하여간 衣件과 十五日 邊氏의 取下한 것이 다 집에 得達하엿는가. 또 十五日 我書와 外家로 부친 片紙 밧는가 모다 알고 십다. 나는 如前 無病하다. 君아 요 사람아 片紙를 자조하여 달나 하니 君의 굼굼한 마음에 例事이겟지만은 들어보라. 여긔서 片紙 一枚 쓰자면 官吏의게 폐가 만흠은 고사하고 일느면 一주일 느즈면 十日이 걸닌다. 그리하여 五十日 똥이 씰토록 생각하여 쏙 이거시면 들어주리라 마음먹고 片紙를 써서 던진 後에도 다시 그 回답이나 부탁이 들어올가 눈이 빠지도록 기다린다. 그런대 君은 나다려 片紙를 자조하라고만 하고서 君이 나의 所請을 들어준 것이 무엇인가. 봄으로 말하더라도 遠호君의게 옷 한 벌 쏙 바달나 흔즉 막동이가치 보아주겟다고만 하고 나를 기다리게 ᄒᆞ여 마음만 타게 ᄒᆞ고 나를 속이지 아니하엿는가. 그 뒤로 이 罪惡의 몸이 얌치업시 이것을 보아다고 저것을 보아다고 하기가 붓그러워서 그만 아모 別문이 업거든 安在한 줄 알나고 내가 하지 아니하엿든가. 그러나 君이 하도 發狂이 나며 나의 소식을 알고 십다 하여 다시 侍下情地에 아니 올릴 수가 업서서 七月以來 君의게 편지하는 目的에 다시 册권이나 보아달나 한 것이다. 아— 君은 남의 이름을 한부로 쓰는 것이 失禮가 아닐 줄 생각하는지 모르게스나 나는 얌치업시나 특별한 긴탁이 아니고는 遠湖君이나 倫伯君의게 보아달나고 하지 아니한 것이지 君이 보아줄 마음이 업슬진대 그만이지 무슨 心事로 君의게 부탁한 거슬 얌치업다고 布揚할 것이 무엇인가. 千萬 의외의 나의 걱정이라니 내가 그러케 못된 놈인 것을 그러케 말하지 아니하면 아니되는가. 큰집에 對하여 내가 무엇을 正反對로 생각한단 말인가. 아— 모다 君이 참으로 나를 가슴이 압흐도록 하는구려. 내가 本來 惡虫이 아니다. 때문에 큰집의 걱정과 우리집 父母의 어러움을 조곰 벗겨 드리고저 하는 것이 나의 소원이다. 아— 여긔서 될 만하고 잘 形便이 되는 것을 내가 무슨 心事로 半千里 밧 君의게 哀乞하엿겟는가. 아마도 君의 輕口를 나는 말하지 아니할 수 업다. 압흐로 조심하고 특히 주의하여 주기를 바란다.

너의게 부탁하는 거슨 네가 홀노 보아줄 것임을− 그리고 모르겟다. 나의 ■■■을 한 점 부송하여 달나고 請願하엿스나 될는지. 되면 多幸이겟다만. 아모조록 나의 所請은 君아 君의게만 말하는 것이니 들어주게. 哲學개론에 잇는 岩波書店 刊行 哲學書目 보고 쏙 加火面 神奇洞 黃文生과 薛意達과 보아주면 매우 조겟다. 이만.

八月 二十五日 兄

진동君이나 정우君 맛나도록 힘써주게. 日速히.

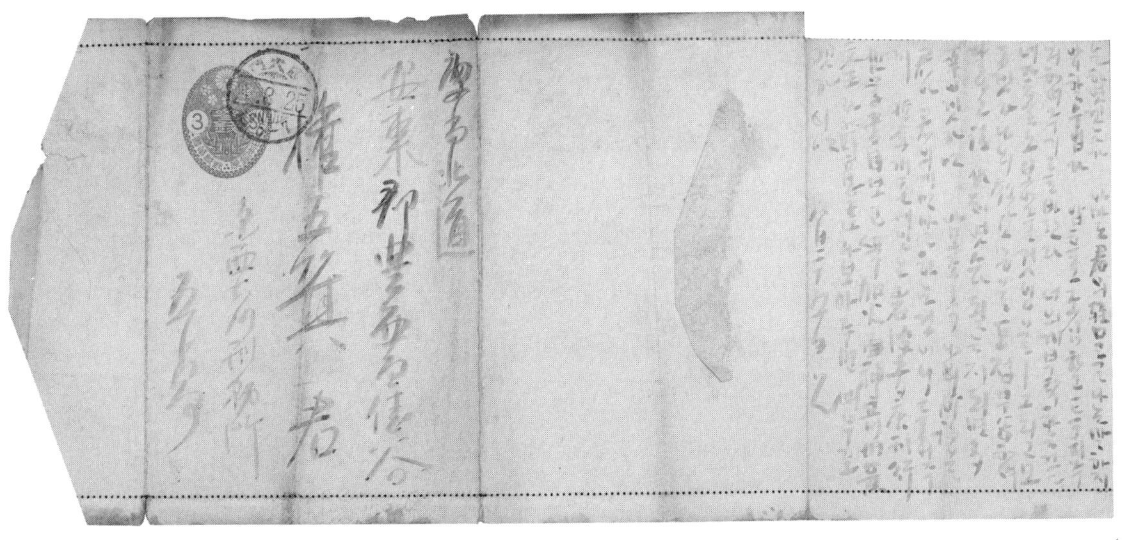

❶

❷

1927년 9월 9일자 소인

五箕가 西大門刑務所에 있는 權五卨에게

西大門刑務所 內 權五卨 氏

舍弟 五箕 上書

九 九日

面會時 깜작 잇졋음니다. 오래칸만에 兄님을 뵈 집안 살님 걱졍은 잇졋음니다. 朴榮敦의게 쥰도 三百 五圓金을 이야기하지 못하엿음니다. 兄主시여. 그 사람 兄님게 刑務所에 게심을 핑기하는 까달게 밧기 어려운이 速히 令證하여 밧도록 하여 쥬시옵소셔. 三年 前 일임니다. 仔細히 生覺하시 보시고 卽時 片紙하여 주시옵소셔. 그것 正말 잇졋음니다. 오랜만이라 걱졍은 입으로 나오지 안을 분 이졋음니다. 우리 面會 식히시든 두 분의게도 잘 말슴하여 쥬시요. 그리고 다른 걱졍은 조곰도 하시지 마시옵소셔. 이만.

要件

朴榮敦의 돈 이야기을 이졋음니다. 그것을 잘 이야기하시여 밧도록 片紙하여 쥬시옵소셔.

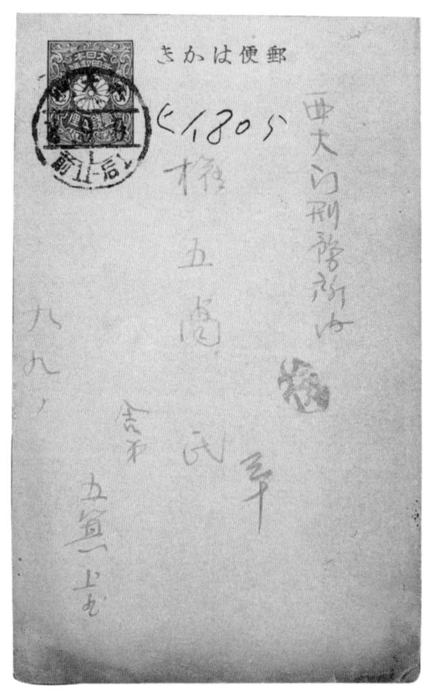

❶

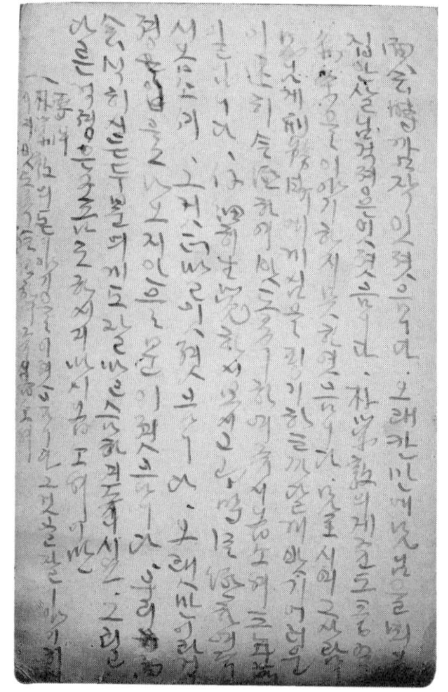

❷

1927년 10월 5일자 소인

五箕가 西大門刑務所에 있는 權五卨에게

市內 西大門刑務所 內 權五卨 氏

堅志洞 八八 舍弟 五箕 上書

兄主前 上書

面會한 지도 오래되어셔 퍽 굼굼하옵나이다.

요사이 날시는 선선하온데 兄님 몸씨 이전보다 조곰 엇더하신지요. 굼굼하온 마음 금치 못하겟음니다. 이놈은 그양그양 지내나이다. 兄主시여 못조록 모든 것을 잘 기운 잇게, 못조록 약하지 안케 마음 평안하시게 아모 걱정 마시고 몸씨 건강하시기만 업드려 빌고 원하옵나이다. 집에서도 오늘 편지 오앗읍듸다. 아부지 어무니게서도 평안하시다 하옵듸 걱정 마시옵소서.

1. 一直서 돈 七圓 붓첫다는데 바덧음니까?
2. 兄主게서 付託하시든 것은 곳 하여준다면서. 이적것 들어주지 안흔 것 보니 안 될 것 갓음니다. 하여준다 하여준다 하면서 그릇음니다. 잘 生覺하여서 말슴하여 쥬시옵소서. 밥은 언제붓터 드러가는지요. 잘 알엇스면 조흘 것 갓음니다. 또 面會하겟음니다. 이만으로 두어 줄 올니나이다.

十月 五日 舍弟 五箕 上書

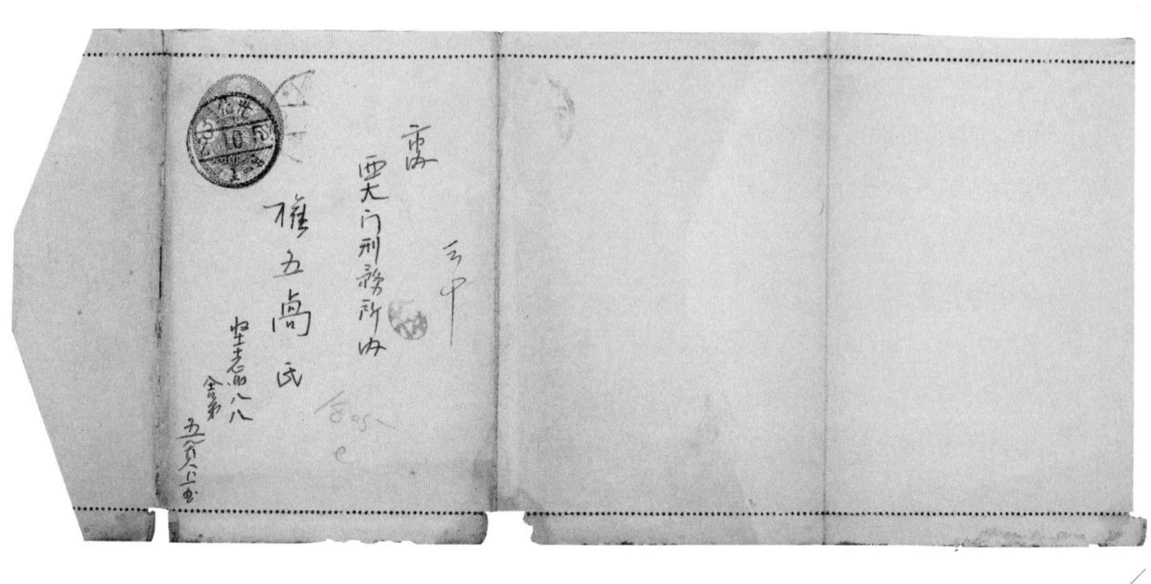

西大門刑務所內

權五卨 氏

舍弟 五寅 上書

❶

兄主前 上書

面會한지도 오래되어서 퍽〻 궁〻하옵나이다
요사이 날씨는 선〻하온데 兄님 몸체 여전
보다 조곰 어더하신지요 궁〻하온 마음
금치 못하겟슴니다 이놈은 그양〻
지내나이다 兄主게서 몸조록 모든것
을 잘 기운잇게 못조록 약하지 안케
마음 평안하시게 아모걱정 마시고 몸치건
강하시기만 업드려 빌고 원하옵나이다 아
집에서도 오늘 편지 보앗슴되다 아
부지 어무니게서도 평안하시다 하
옵되 걱정마시옵소서
一 直서 돈七円 보냇다는데 바더슴니까
二 兄主게서 付託하시든것은 곳 하여준
다면서 이러것 들어주지 안는것
보니 안되려는것 갓습니다 하여준다
하여준다 하면서 그릇습니다 잘生
覺하여서 살금하여 주시옵소서
밥은 언제부터 드려가는지요 잘 알엇
스면 조흘것 갓음니다 또 面會하겟
슴니다 어싼을 두어 줄 보옵나
나이다

十月 五日 舍弟 五寅 上書

❷

1927년 10월 14일자 소인

五箕가 西大門刑務所에 있는 權五卨에게

市內 西大門刑務所 內 權五卨 氏

堅志洞 八八 留舍弟 五箕 上書

兄主前 上書

그날 곳 受付口에 가서 돈 二円 取下하고 또 册 取下한 것을 무르니 册을 取下하여 주지 안엇다고 합듸다. 取下 안이 씨기 준 理由을 무르니, 只今 와서는 册을 取下하여 주지 안는다 하여요. 取下 씨기 줄 것 갓흐면 他人의게 差入을 씩히는 까달게 그릇타 합듸다. 절대로 册은 내주지 안는다 합듸다. 그리고 泰完의게 가서 電報도 보앗읍니다. 그른데 兄님 말슴과 갓치 往復이 안이고 돈이 十五円이 우편국에 남엇다고 차즈라 하는 것을 그만 돗음니다. 그르니 自己가 찻겟다고 합듸다. 그리고 兄님게서 할 이야기는 片紙로 잘 가르쳐주시옵소서. 册은 두 卷만 小包로 붓치든지 옷이 오그던 함목 가지고 가서 差入하든지 하겟읍니다. 집에서 핫옷을 붓첫다는데 아직 오지 안엇읍니다. 오면 곳 差入하겟읍니다. 그리고 말슴할 것은 古屋氏와 金泰榮氏가 原稿用紙 五十枚, ペン 三介, インキ 한 병 가쌰 줍듸까? 自筆供述할게 라지요 ?

1. 洪震東이의서 돈 오지 안엇읍듸가?

2. 册은 나오지 안엇음니다.

3. 陰 十月 一日 안으로 네리가야 될 것 갓읍니다. 十月 初一日이 어무니 回甲이니까요.

4. 速히 片紙 보시고 答하여 주시요.

올일 말슴은 미루어서 다음 올이겟읍니다.

十四日 舍弟 五箕 上書

「兄님요」 할 이야기는 무엇이든지 片紙로 하여주시요. 面會는 몃 분 하지 못하니 片紙로 알여주시요.

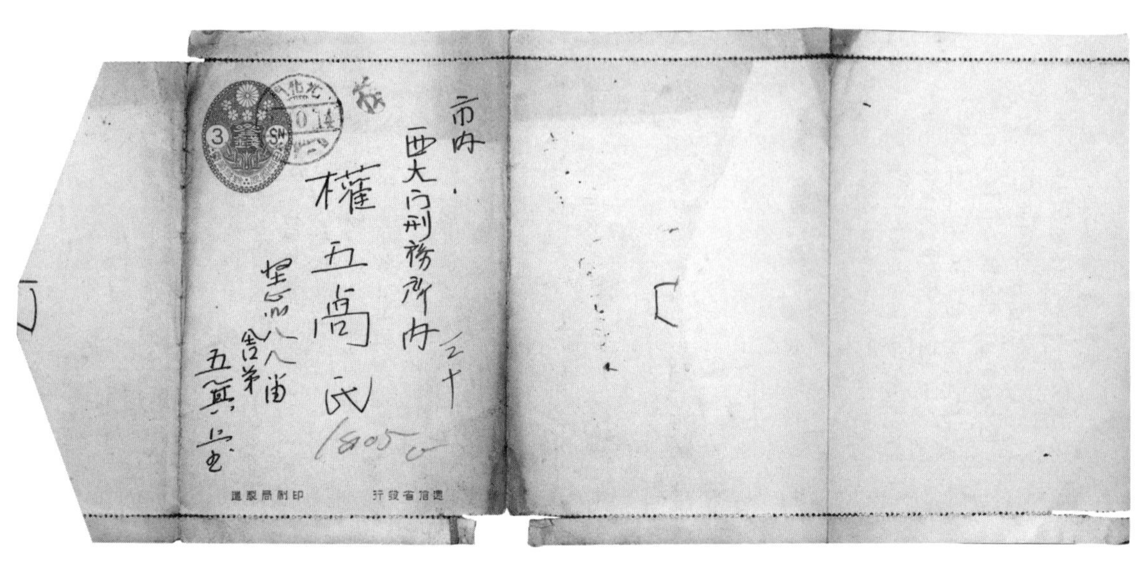

市內
西大門刑務所內
權五卨 氏

遞信省發行
印刷局製造

❶

❷

1927년 11월 14일자 소인

五髙이 西大門刑務所에서 權五箕에게

市內 堅志洞 八八 權五箕 君

西大門刑務所 兄 五髙

日前에 差入한 바지와 저고리는 받어서 잘 입었다. 五愼君이 上來하였든가? 그때 가지고 온 것인가? 집은 우으로 어룬들끠서 알로 권구가 모다 無事한지? 칩다고 옷을 받어 입으니 깃부고 반갑다 하기보다도 罪롭고 惶悚하기가 짝이 없구나. 今年의 날시는 지금까지는 매우 따스한 턱이다마는 앞으로 치위가 닥처올 줄 미리붙어 겁이 난다. 才判은 審理만은 來日 卽 十一月 十二日에 긋치 날 것 같다. 九月 十三日에 始하야 꼭 二介月의 長時日이다. 그러나 아직도 証인 審理 · 檢事의 論告求刑 · 辯護士의 辯論 等 今月 下旬頃에 辯論까지 마치게 되겠지? 그리고 言渡는 今年 內에 될는지? 辯護士들의게 물어보아라. 아ㅡ 치위 가는 날시가 더옥 겁난다. 君도 몸이 健康하며 鶴山先生(김남수–역자 주)도 平安하며 肅危兄님도 잘 지나며 그 남아지 大少都節이 平安한가 알고 싶다. 나는 神經衰弱인지 무엇인지 머리가 앞으다. 그러 집에 어룬들끠는 내가 病이 잇다고 말하지 말어라. 걱정하신다. 밥은 엇더케 되겟는가. 무슨 돈으로 그러케 들이여 주는가. 황송 미안하기 짝이 업구나. 泰東兄은 시골서 上來하지 아니하는가. 굼굼하다. 廉尙進兄의게 片紙하여 돈 한 十円 보아달나고 하여주게. 萬바우의게 하여 달나 하는 것은 하였는가. 엇지 되엿는가. 알리어다고. 그리고 집으로 어룬들끠 片紙 올리고 나 종해 이 해수가 오래더라도 걱정하고 놀나시지 말아고 미리 엿주어라. 할 말 우선 이만.

十一月 十一日 兄 五髙

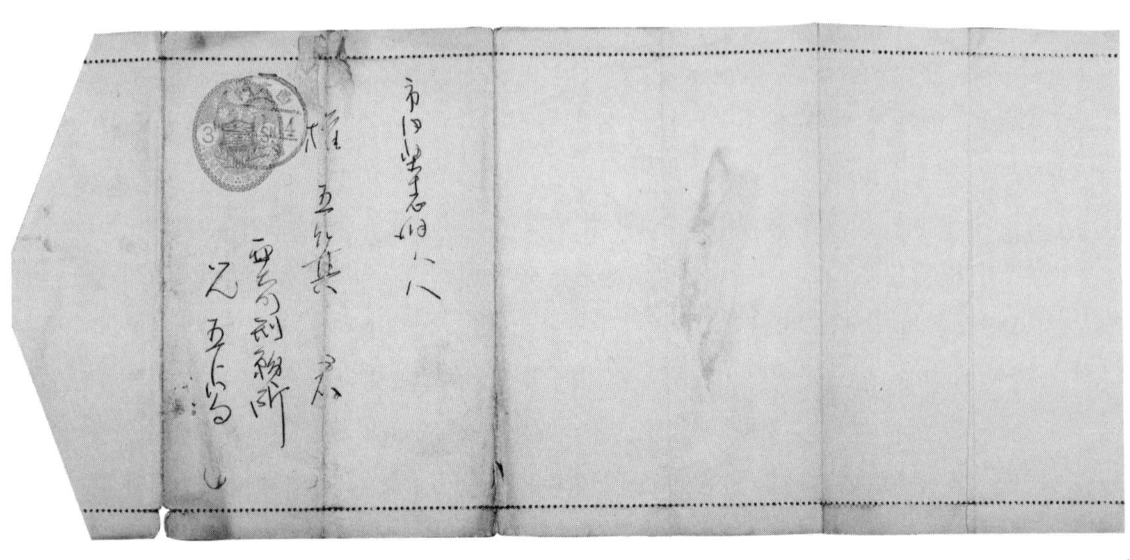

❶

❷

1927년 11월 28일자 소인

五卨이 西大門刑務所에서 어머님께

慶北 醴泉局區 內 安東郡 豊西面 佳日 權五卨 집에

京 西大門刑務所 囚子 五卨 上平書

어머니 전상살이

아버지 하서와 함끠 봉하여 나리우신 어머니 하서를 받들어 읽었습니다. 답 상서가 넘어 늦게 되여서 하정에 더옥 황송합니다. 어머니여 이놈의 죄를 무엇이라 엿주오릿가. 올해의 십월 초하로 날! 어머니의 환갑날! 외가에 가시와 하로 소창하시고 오시었다고요. 아! 이놈은 이 옥중에서, 한 놈은 해외에서 허는 수가 없이 어머니의 겻헤 모시어 드릴 수가 없고 이놈으로 인하여 가온대 동생까지 서울에서 있게 되였어요. 아— 어머니여! 그같이 깃븐 날에 쓸쓸하게 수하에 한 놈도 없이 되여 아마 많이 울지나 아니하시었읍닛가. 아—죄당만사입니다. 그리고 아버지 하서 중에『환갑이고 무엇이고 그만두고 너 나오는 날에 크게 잔치할 참이다』하신 말슴 더옥 긔가 막힙니다. 어머니여 이놈은 몸 성하게 잇다가 나갈 때 나갈 터이올시다. 나가기 전에는 이놈의 신상에 대하여는 조곰도 걱정 마시압고 오긔 다리고 깃브게 지나시압소서. 어머니여 이놈이 옥에 잇더라도 밥 먹고 옷 입고 병 나면 약 먹고 자리 깔고 입울 덥고 지납니다. 내가 규측을 범하지 아니하면 관리가 부모 형제같이 보호하여 줍니다. 결코 결코. 이놈이 감옥에 가치어 잇다고 걱정 마시압소서. 저 수만 리 해외에 달어난 것보다 훨신 나을 것입니다. 재판을 바더서 증역을 치루면 청천백일하에 나가게 됩니다. 그쌔에 힘을 다하여 밧들어 드리겠읍니다. 어머니여— 부대부대 걱정 마시압고 깃븐 일이 있으면 깃브게 조흔 일이 잇스면 조케 잘 지나시압소서. 이놈이 업다고 맥을 푸르시고 섭섭하게 지나지 마시압소서. 부대부대 오긔 다리고 잘 지나시압소서. 아— 이런 말을 적을 때에 가슴이 터지는 듯함니다. 어머니여 지금은 동지달임니다. 날시는 아직 다스함니다. 철창의 치운 방에도 그러케 치웁지 아니합니다. 또 서울 어느 동무가 두터운 옷을 드려 주어서 입었음니다. 어머니여 아침 저녁으로 한 점의 구름도 없는 창공으로 오락가락하는 기력 소리가 귀를 쑤다립니다. 외내분이시어 한머니 모시고 강녕하십닛가. 적은아버지끠압서도 외내분 강녕하시며 새아즈머니끠서도 삼동서 잘 지납닛가. 사촌들도 잘 큼닛가. 우리집의 옥동녀도 잘 자르며 엉석을 피움닛가. 어머니여 이것이 우리집의 꼿치 아님닛가. 게집아이라고 천대하시지 마시압고 고이고이 남의 열 아들 못하지 아니하게 밥 먹이시압소서. 옷 입히소서. 글 가르치소서. 다시 더 크거든 학교에 보내시압소서. 그런대 적은집에서는 일립곡의 추수가 업다 하니 아- 엇더케 살어가시겟슴닛가. 늘그신 어룬임 어린아이들 다리고 아- 엇더케 살아가신단 말입닛가? 참말로 여긔서 하는 수는 업스나 긔가 막힘니다. 일간에 오긔가 나려갈 터인즉 싀무잇흐날 아버지 생신 때에는 어머니 환갑잔치 아울너서 잘하시어 잡수시압소서. 리웃의 어머니 아버지 친하신 어룬들 청하시와-. 아- 뒷집에도 모다 평안함닛가. 원촌 한머니끠서도 근력 조흐시며 소현 아즈머니도 평안한지 긔선댁에도 모다 안녕하시며 문중이 모다 평강한지요. 식은 공판이 래년 봄에나 끗치날 것 가틈니다. 공판 뒤에 증역의 해수가 만히 되더라도 걱정 마시압소서. 래년의 즉위식 때는 만히 감형될 것입니다. 증역이 설령 六, 七년의 장긔간이라도 쉽게 나가게 됩니다. 부대부대 걱정 마시압소서.

정묘 동지달 초사흔날 오후

서울 서대문형무소 구치감중 안 서신대에서

아들 五卨 살이

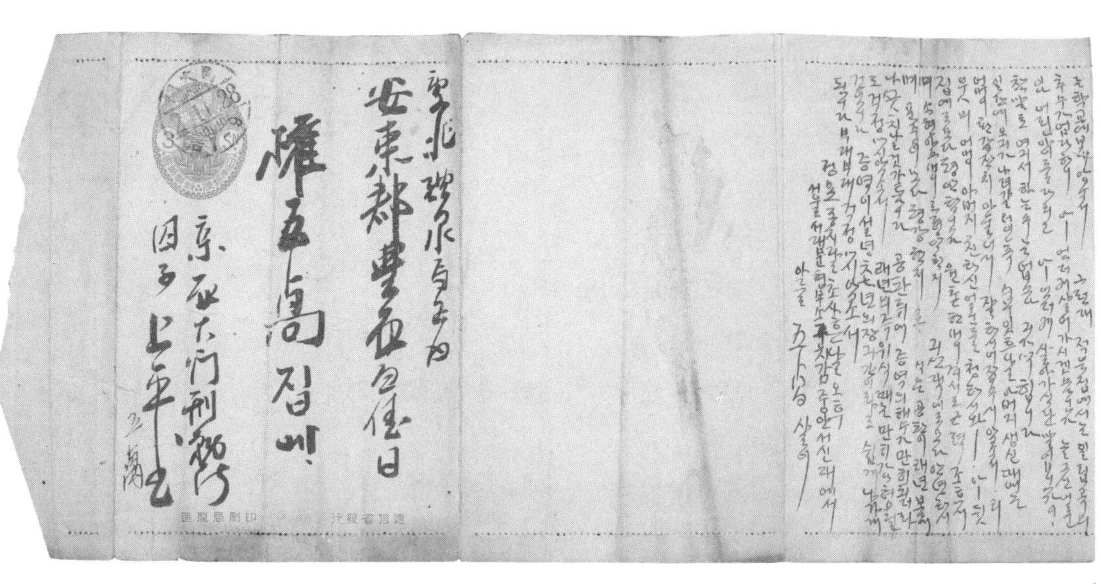

❶

❷

1927년 12월 8일자 소인 추정

權五箕가 西大門刑務所에 있는 權五卨에게

西大門刑務所 權五卨 氏

勞總 內 留舍弟 權五箕 上書

一. 面會時 付託하시든 タビ는 差入하엿지요.

二. 取下는 헌タビ 一足만 나왓음듸다.

三. 內衣에 對하여서는 益善洞 一五六, 李承模 方 李重鉉兄의게 저도 付託하엿스나 兄主게서 한 번 더 付託하실 일.

四. 牛乳을 잡수시지 마시고 私食을 請求하여 잡수실 일.

그른데 못조록 이놈의 모양 못 되어 가는 것은 조곰도 걱정 마시고 兄任이나 몸씨 健康하시기을 祝願祝願하옵나이다. 네리가게 되면 또 面會하겟음니다. 이만. 十二月 九日

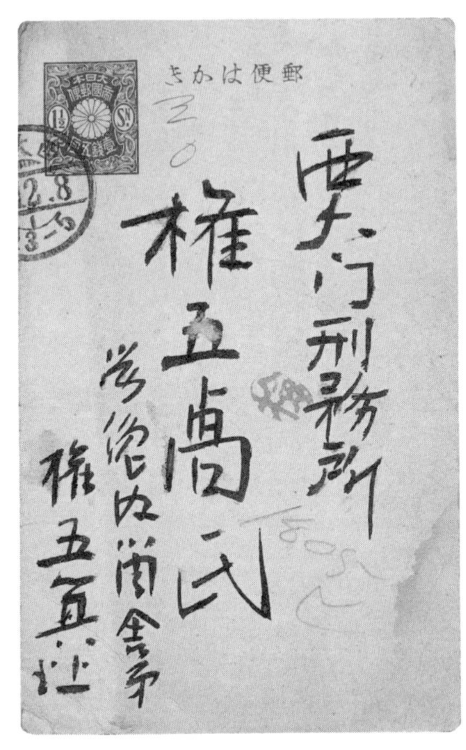

❶

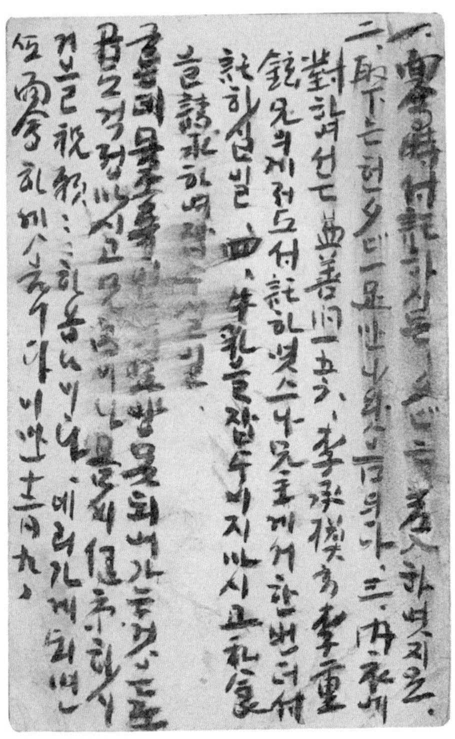

❷

1927년 12월 17일자 소인

五箕가 西大門刑務所에 있는 權五卨에게

西大門刑務所 內 權五卨 氏

西大門町 二丁目 七番地 勞總 內 舍弟 五箕 上書

兄主前 上書

兄님이시여 容恕하여 주시옵소서. 이놈은 罪 만흔 놈이올시다. 容恕하시옵소서. 自然 그릇케 되는 것이올시다. 兄主시여! 오늘은 勿論 金兄의게 들엇겟지요. 金兄의게도 대게로만 兄主의게 말하는 것만 金兄이 알앗읍니다. 昨日에 金兄을 만나서 가지고 오서 나와 갓치 보라 하드라고 말하는 까달게 이놈은 그른 줄노 生覺하고 갓치 보앗스나 金兄은 보지 안엇읍니다. 염녀 마르시요. 이놈도 人間인 以上에야 살나고 애을 쓰고 충찬을 조하고 원망을 실혀함은 人生의 自然이 안임니까. 兄主시여 이놈은 京城서 사라나가는 것이 兄主의 일흠 즉 간판을 사라나가이 엇지 人生이 불상치 안켓읍니까. 그르니 나도 工夫를 조곰하여 가지고 내 힘으로 살 도리을 하겟읍니다. 이만하면 兄主게서도 대강은 짐작하시겟지요? 나는 내 힘으로 살고 십흡니다. 事實 兄님께서 게시지 안고 또 兄主가 안이시면 나을 날로 아는 놈이 잇겟읍니까? 只今은 兄님으로 말미아마 이놈은 친구가 만습니다. 그래 차차로 人間이 되겟지요? 염여 마시옵소서. 걱정 마시옵소서. 집에는 公判 끗나는 것 보고 네리가겟읍니다. 樂園洞 金兄과는 兄弟의 義을 두고 지나게 되엇읍니다. 그르나 그마만큼으로 지나게 되엇읍니다. 兄主게서도 日後 對하실 째 特別히 생각하시고 그르나 細밀에 對하여서는 말슴 마시옵소서.

一. 敎洞 할마님 도라가시서 陰 十一月 二十二日 장사람니다.

二. 집에서도 片紙 오앗는(데가 빠짐-역자 주) 모다 편한 듯 깃겁습니다.

三. 私食은 鶴山(김남수-역자 주) 兄이 또 계속하겟다고 말합듸다.

四. 兄主게 잇는 周衣 저근 것 取下하여 주섯스면 좃겟읍니다.

五. 이놈의 얼골 마른 것을 걱정 마시옵소서. 첫 추월뿐 안이라 自然 그릇케 됩니다. 나뿐이 안이올시다. 여러 동무가 다 얼굴이 나와 맛창임니다.

六. 金 弁호사 兄님은 每日 對하겟지요. 계속 公判이 되니 面會도 못 굼굼하옵나이다. 金兄

의게 안부는 每일 듯읍니다. 取下도 안 되겟지요?

七. 當分間 이놈은 李成兄님과 갓치 잇읍니다. 긴 세월을 고생한 형님이라 病이 만습니다. 퍽 조흔 兄님일 뿐 안이 兄님의 對하여 걱정 만히 함니다. 이만으로 주리나이다.

十二月 十六日 밤 舍弟 五箕 上書

八. 모든 걱정을 마시옵고 平安이 게시기만 축수축수일 뿐이옵고 弟 監獄 규측 잘 복종하시옵기만 바라고 원하옵나이다.

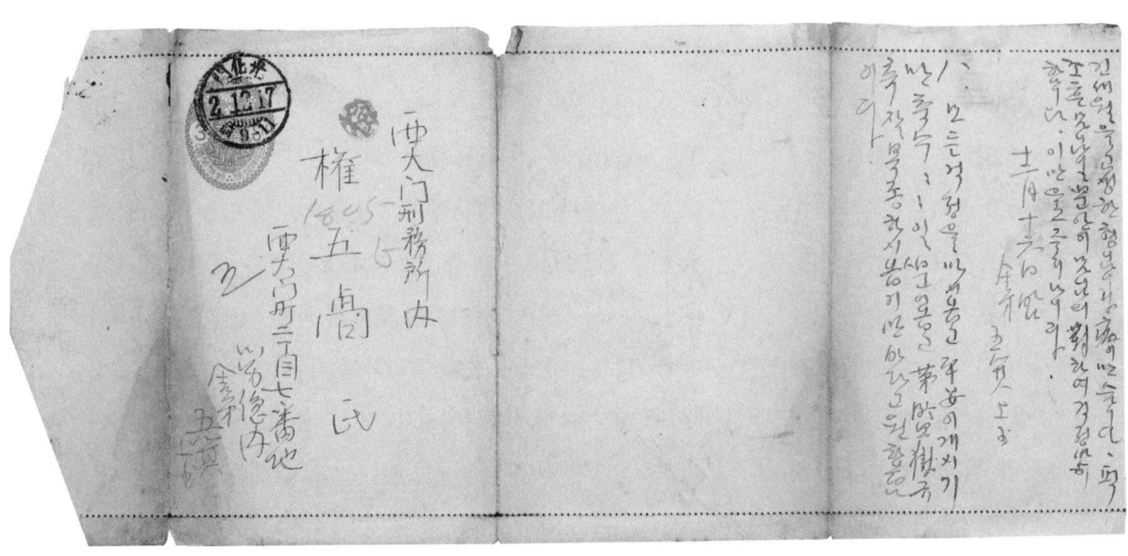

❶

❷

○년 12월 25일자 소인

權五卨이 西大門刑務所에서 동생에게 받은 엽서

西大門刑務所 內 權五卨 氏

市內 西大門町 二丁目 七番地 舍弟 上書

十二月 二十一日

一. 取下의 對하야 シャツ는 도무지 나온 것이 업는데 洗濯하여 差入하라는 것은 맹낭합니다.

二. 저의 片紙 보시고 速히 答하여서. シャツ을 差入하도록 하게 하여 주시옵소서.

三. 지가 집에 네리갈 째는 반듯이 面會하고 네리가겟음니다. 못조록 마음 편히 게시기을 千萬伏望이로소이다. 저는 잘 잇음니다. 집도 無事함니다.

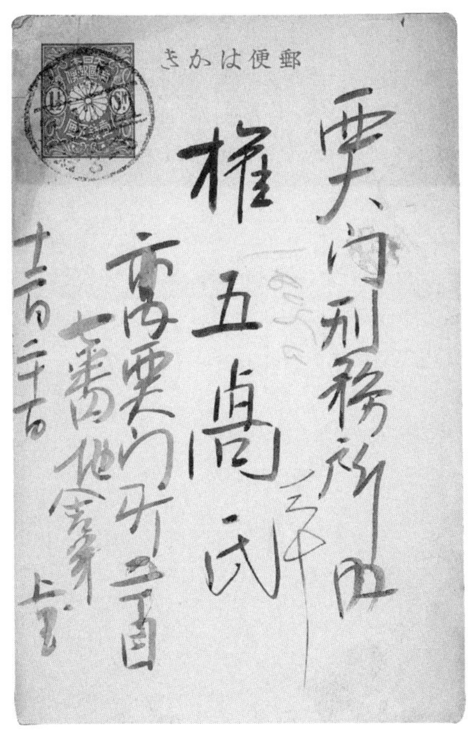

❶

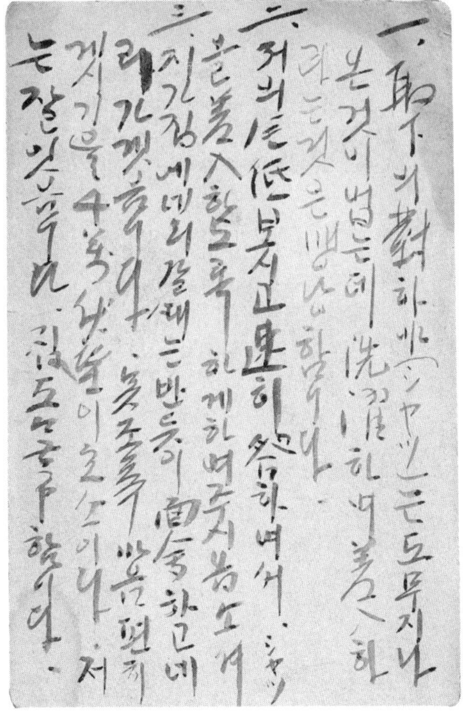

❷

1927년 12월 29일자 소인

五嵩이 西大門獄에서 權五箕에게

市內 樂園洞 七五 金泰榮 方 權五箕 君

西大門獄 兄 五嵩

片紙 보아서 편한 줄 알엇네. 李先生 몸이 健康치 못하다 하니 듯기에 민망하구나. 만흔 훈게를 밧들어라. 才判은 明年 一月 六日부터 다시 開廷된다고 한다. 何如間 弁論 終末 나는 것 보고 下去하게. 부탁은 이뿐! 鶴山兄의게 未安스럽고 황송하다고 나를 代身하여 전갈하소. 묵은 해는 곳 간다. 새해를 맞을 때에 여러 동무들과 함끠 健康히 지나기를 祝願하고, 擱筆한다. 取下 하여간 世界歷史研究를 우편으로 이 편지 보고 곳 差入하여주게. 부대부대.

十二月 二十六日 兄 五嵩

樂園洞 七五 金泰榮 方으로 부처주시오.

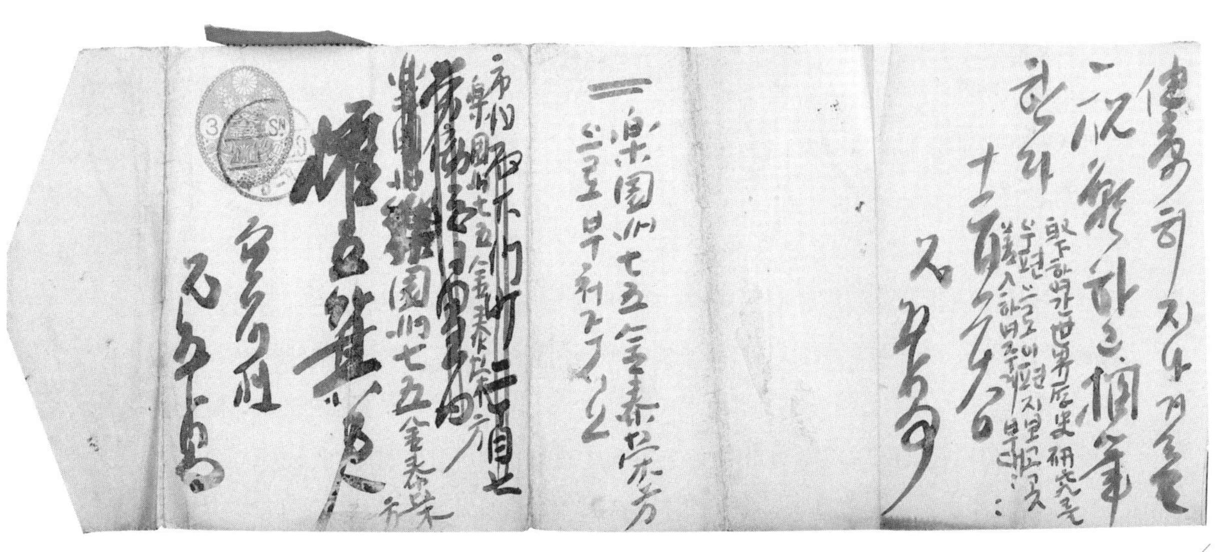

❶

❷

1928년 1월 3일자 소인

五箕가 西大門刑務所에 있는 權五卨에게

市內 西大門刑務所 內 權五卨 氏

西大門町 二丁目 七番地 勞總 內 留舍弟 五箕 上書

一月 四日

兄님게서 네루신 글월은 奉讀하엿음니다. 兄主시여 날시는 酷毒하게도 츕은데 몸씨 健康히 過歲하엿는지요. 저는 몸 튼튼함니다. 집에서도 오늘 아츰에 父主 下書을 奉讀하엿음니다. 집은 다 無故하답니다. 그른데 慘酷한 消息은 다름 안이올시다. 五雲君이 윤감으로 數十餘日을 알타가 죽엇담니다. 참으로 원통함니다. 그른데 兄主게서 下書하심은 잘 알아들엇음니다.

一. 兄主게서 タビ 一足 付託하심을 이적것 差入치 못하엿사와 未安하옵니다. 日間 곳 差入하겟음니다.

二. 못조록 박게 모-든 것을 生覺하시지 마시고 몸씨 健康하시기를 伏祝伏祝일 뿐.

三. 辯論 끗나면 곳 下去하겟스나 下去時 面會하고 下去하겟읍니다.

四. 册子 差入에 對하여서는 될 수 잇는 대로 差入하겟읍니다.

五. 입고 잇는 옷이 찹지나 아는지요? 집에서 兄主 옷 한 불 붓칫다고 하는데 아직 오지 안엇음니다. 오면 곳 差入하겟음니다.

못조록 心慮 마시고 平安이 게시기을 바라옵나이다. 虛人心慮하실 것 업습니다. 兄主 걱정은 全部 公然 걱정이올시다. 이왕이면 몸 편하게 게시다가 나오시는 것이 上策이 안님니까. 여러 同志들도 잘 잇음니다. 걱정 마시요.

❶

❷

1928년 1월 20일자 소인

五箕가 西大門刑務所에 있는 權五卨에게

西大門刑務所 內 三ノ三十 權五卨 氏

積善洞 九二 舍弟 五箕 上書

旧歲는 過하엿읍니다. 以前에 있든 모든 근심과 걱정을 버리시고 過歲平이 하시옵소서. 前번 兄主 片紙에 世界歷史 연구을 差入하라 그지 안엇음니까. 그것은 실물노 붓치고 여게 업습니다. 사서라도 差入하시라 하시면 사서라도 差入하겟읍니다. 곳 答하여 주시옵소서. 못조록 몸씨 잘 보호하시와. 끗까지 健康하시옵기을 伏望伏望이옵고 이만으로 주리나이다. 여러 동무들도 平安함니다. 이만 끗.

十二月 廿八日

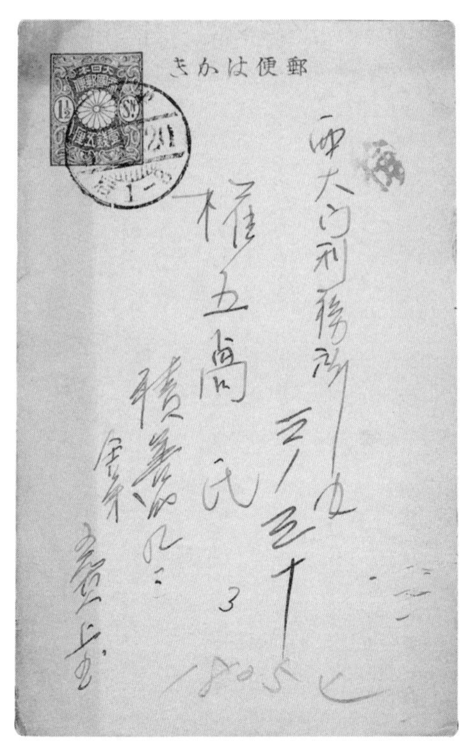

❶

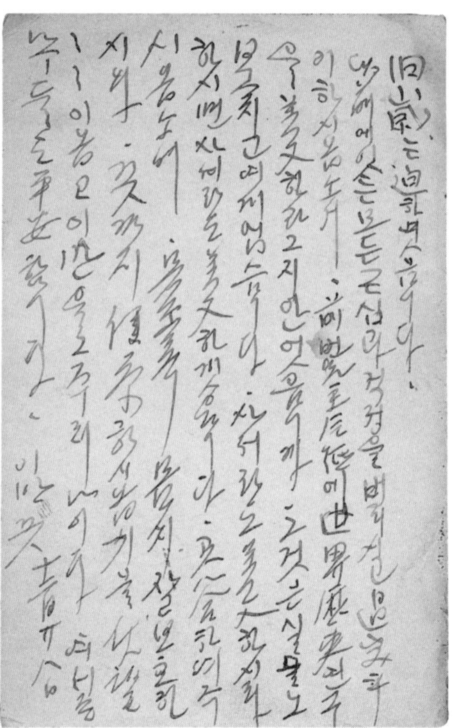

❷

1928년 1월 25일자 소인

五崗이 西大門獄에서 할머니와 부모님께

慶北 安東郡 豊西面 佳谷里 權五崗 집으로

京城 西大門獄 囚子 上平書

한머니 아버지 어머니시여 래일이 정묘년의 마즈막 가는 섣달 그뭄입니다. 가는 나달은 과연 살과 가티 빠르거니와 이놈의 이 옥중 생활도 정말 오래게 되여갑니다. 아- 이놈이야 추지 못하고 민첩지 못함으로 인하여 이 그물 속에 들엇는지라. 만사를 오르지 이저바리고 그날을 보내고 이날을 마지하지마는 이 불효한 놈으로 인하여 우리 집의 늘그신 조부모님 타시는 간장과 먹으시는 애, 더옥 더옥 늘그심에 늘그심을 더하게 하여 드릴 뿐 - 아! 해가 밧고히고 해가 깁허올사록 불효의 죄가 하늘과 땅에 궁극함을 업다려 늣길 뿐입니다. 일전에 五箕를 맛나서 이놈의 판결이 엇더케 되는 것을 보고 나려가라 나려가면 다시 굼굼할 터이니 한꺼번에 씃나는 것을 보고 나려가라 그리하여 증역 살게 될 쎠는 돈이 업는 사람이 먼길에 왕래할 것이 업슨즉 아조 판결되는 거슬 보고 나려가라고 말은 하여서 돌려보내엇스나 이놈도 사람의 마음이 업지 안이한지라. 옥방에서 생각한즉 늘그신 우리 조부모님 세모와 세초 쌔를 당하여 슬하에 산 아이놈 쇼타리 치고 한 놈도 겻헤서 모시어 드리지 못함에 오작 섭섭하실가. 五箕가 나려가도록 하지 못한 것이 도리혀 후회 나기 짝이 업서습니다. 아- 이때에 치위는 한글가틉니다. 한머니 근력 한글갓흐시며, 아버지시어 어머니시어 근력이 여지 업사신듯. 저근아버지 외내분도 안녕하십닛가. 새아즈머니 여러 동서분께서도 허다 골몰 중 평안하시며 삼종 여러 남매도 충실하며, 우리집 옥동녀도 엉석을 잘 피우는지. 온 문중이 모다 태평합닛가. 아니 뒷집일은 그 무슨 흉변 중 흉변인가요. 넘어도 긔가 막혀서 긴 말은 하지 아니합니다. 식은 병업시 지납니다. 판결은 정월 안으로 되겟지오. 걱정 마십시오. 금년 가을에는 만히 감하도록 될 거십니다. 부대 이놈의 걱정을 하시지 마시고 오는 신년에 우리 집에 조흔 복이 만히 이르러 우리 조부모님 내내 강녕하시며 온 집안이 태평키를 업다리어 빕니다.

丁卯(1927년) 十二月 二十九日

子 五崗 上白

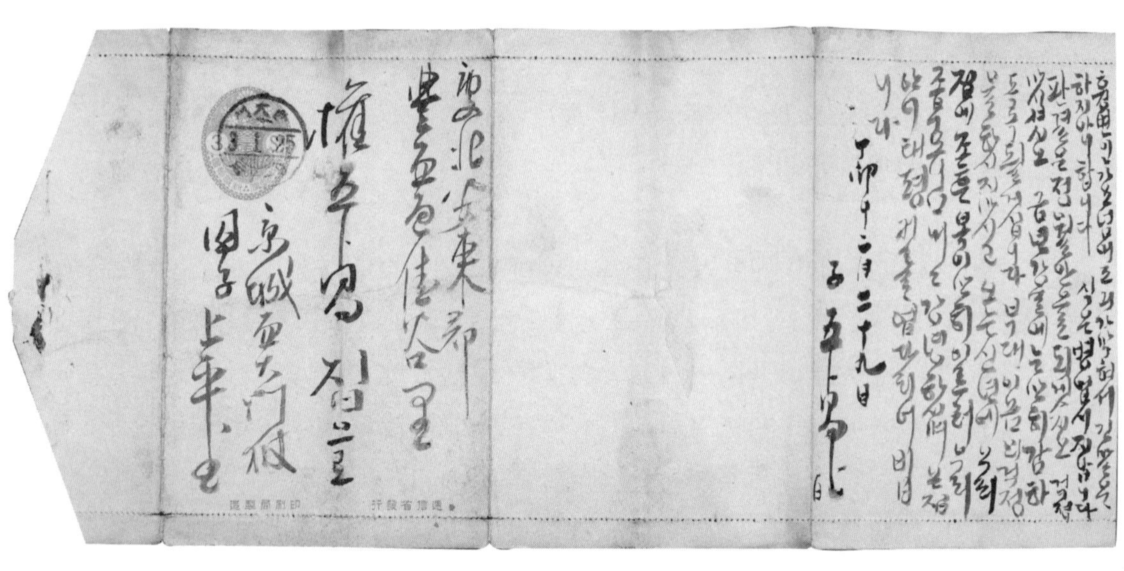

❶

❷

1928년 2월 7일자 소인

五卨이 西大門獄에서 아버지께

慶北 安東郡 豊西面 佳谷洞 權五卨 집으로

京城 西大門獄 囚子 上平書

아버지시여 오늘은 한보름날입니다. 어제 밤은 달이 매우 밝은 듯이 북쪽의 유리창이 푸르스럼하게 보이더니 오늘 아침에 일어나서 밝을 본즉 눈이 쌍을 열게 덮어습니다. 그러나 엇그제까지 얼엇든 세수대의 어름도 오늘은 녹엇습니다. 그래서 걸네로 감방을 깨긋이 닥어습니다. 아― 이날 이때에 저 새재 남쪽 정산뫼의 앞 우리 오두막살이 집 속에서 밤이나 나지나 이놈들로 애를 태우시며 온갖 풍파에 짜들리신 우리 아버지 어머니끠서는 늘그신 몸시로 늘그신 한머니 모시고 엇더케 게신지요. 다시 무릅알 큰이나 어린이나 모다 성을 가시지나 안이하시는지요. 오긔조차 나리어가지 안케 되여서 더옥 서급하시게 지나시었지요. 아― 모다 이놈의 불칙한 죄로소이다. 이 죄를 엇드러케 다 엿주오릿가. 이놈은 몸에 큰 병은 업습니다. 넘어 걱정 마시압소서. 일전에 오긔 면회하여습니다. 모양이 조습데다. 옷도 잘 입엇습듸다. 목도리도 조흔 것을 둘너습듸다. 여러 동무의 사랑의 품 안에 안기어 잇는 모양이라요. 재판이 귀결되면 곳 나려갈 것이지오. 넘어 걱정마소서. 그리고 취하한 옷은 곳 나려가습니까. 엇더케 되여습니까. 그 옷에 대하여서는 무엇이든지 지금 이후는 서울로 오긔의게라도 부치시지 마시고 오긔 나려가는 것을 기다리시압소서. 슷후로 우리 집에 조흔 일이 만히 생기시와 우리 어룬들끠 걱정을 덜어지게 되기만 업다리어 비옵고 이만 알외옵니다.

정월 보름날 아침, 서울 서대문 옥 속에서 불효식 五卨 살이

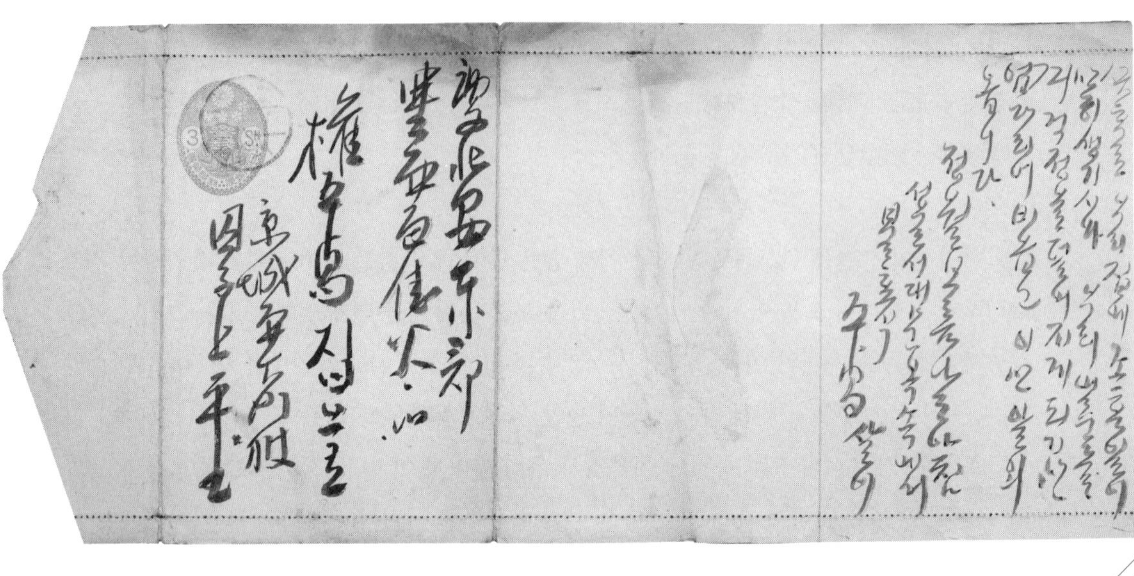

❶

❷

1928년 2월 18일자 소인

權五卨이 西大門刑務所에서 權泰東에게

市內 堅志洞 八八番地 權泰東 氏

西大門刑務所 五卨

支離한 나달 가고 가고 봄날이 쌀어옴을 짜라 우리의 일도 이제는 落着이 되여왓습니다. 泰東兄! 몸 平安하시며 家內 別故나 업는지요. 넘어 오래도록 消息을 듯지 못하여습니다. 昨年 歲末에 주신 글발 밧고는 도무지 消息을 모르니 엇지한 일이온지. 시골로서의 片紙를 바더본바 서울 家內에 무슨 病故가 發生하다더니 그럼으로 片紙을 여주실 사이도 업습니까. 도모지 굼굼하여 견듸지 못하게습니다. 이 片紙 보시고 곳 回答하여 주시요. 樂園洞 집도 無事함니까. 모다 仔細히 알려주시압소서. 이만.

二月 十七日 權五卨

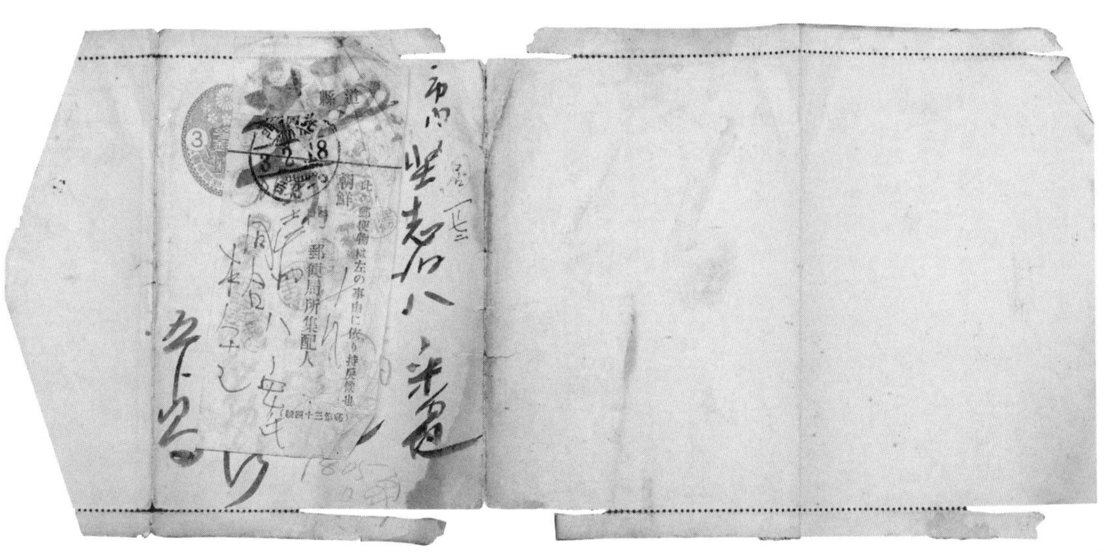

❶

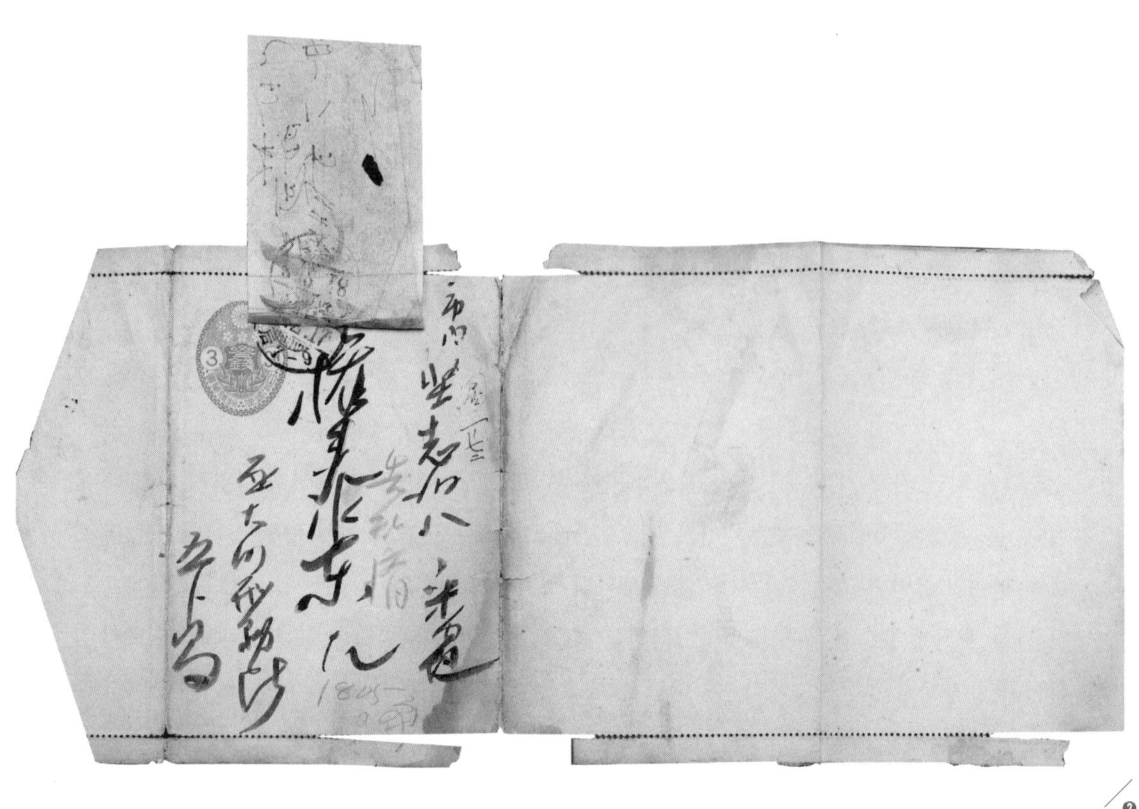

❷

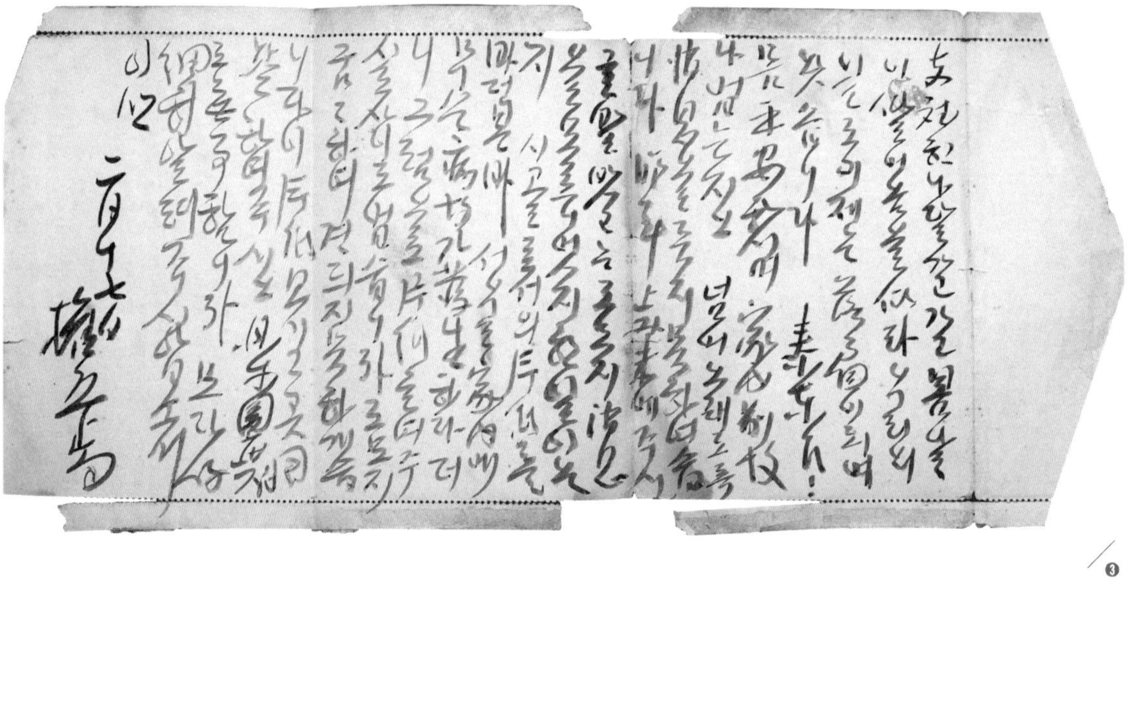

❸

1928년 2월 24일자 소인

五高이 西大門刑務所에서 할머니와 부모님께

慶北 安東郡 豊西面 佳谷洞 權五卨 本第入納

京 西大門刑務所 子 五卨 上

父主前 上白是

한머니시어 아버지시어 어머니시어 적은아버지어 적은어머니시어 이놈은 지난 二月 二十二日붙어 불근 옷을 입었읍니다. 이때까지 이십여 개월 동안 미결에 있을 때는 참말로 관리의게 폐해도 만히 기처스며 나도 몸을 삼가지 못한 일이 만핫습니다. 그러나 지금부터는 새 옷을 입음과 가치 마음도 새롭게 가지고 규측을 잘 직켜서 이놈의 몸을 잘 보전하여서 하로밧비 이 옥을 나가서 우리 집에 게신 어룬들 앞에 절하로 가겠읍니다. 먹는 것도 배가 그러캐 곱흐지 아니합니다. 모든 것을 이놈의게 대한 일은 조곰도 념려 마시압소서, 五긔도 어제 면회하엿음니다. 돈이 없어 못 나려간다 하기에 이놈이 김태영 변호사의게 편지하여서 려비를 구처하여 속히 나려보내어 달나 하였읍니다. 五긔 나려가거든 다리시고 잘 게시압소서. 아버지 五箕가 나려갓거든 다음의 부탁을 곳 나의게 알리라고 분부하야 주시압소서.

一. 나의게 取下하여 간 册子가 몃 권이며 그 이름. 又 옷가지들 다음 片紙 時에 一一히 알릴 일

二. 老子獨學論成도 집으로 가저갓는지 가저가지 아니하였으면 그 册을 찾어다가 꼭 집에 둘 일. 그런대 그 册이 매우 修養談이 많은 것인 즉 쏙 집에 차저두엇다가 나의게 差入을 해줄 일. 서울 두어스면 누구의게 주엇는지 부대 그 册을 집에 갓다가 잘 보관하도록

三. 그다음 나의 마구자며 여러 가지 부탁은 지금은 必要 없으니 부대 그만두라 할 일.

四. 이놈이 出獄 時까지 上京치 말 일.

五. 廉洪兩兄의게 말하여 金円 되는대로 어느 때든지 郵送할 일.

六. 二介月 一次式 片紙하는 거슨 仔細히 알릴 것은 빼지 말고 잘 알릴 일.

以上을 五긔의게 분부하시압소서. 아버지시어 이놈에 對한 별다른 소문이 없거든 건강히 잘 보호바더 잇는 줄 아시압소서. 부대 걱정 마시압소서.

二月 二十三日

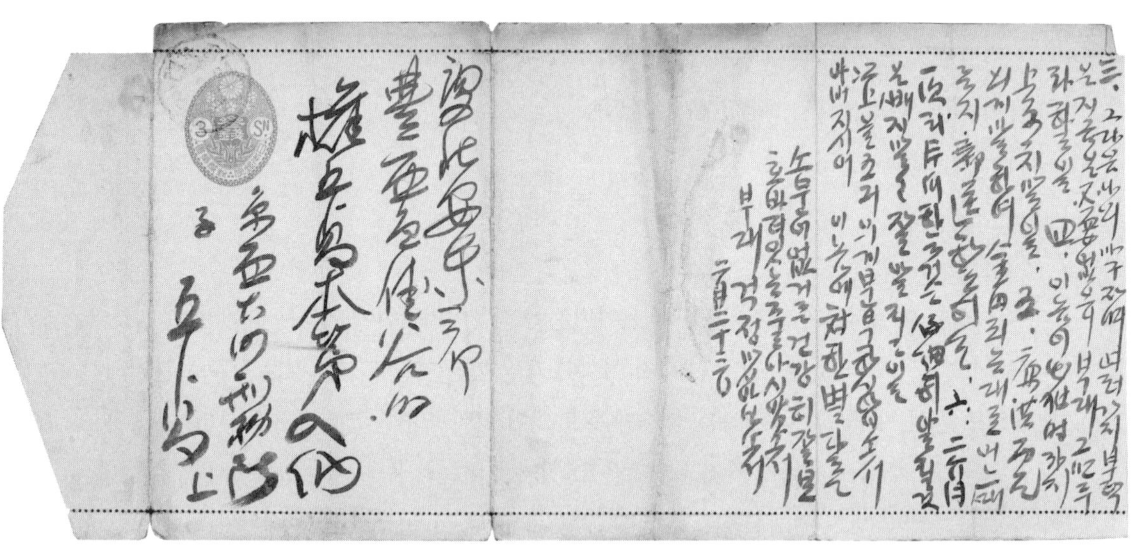

❶

❷

1928년 7월 30일자 소인

五箕가 西大門刑務所에 있는 權五卨에게

京城府 西大門刑務所 權五卨 氏

慶北 安東 佳日 舍弟 五箕 上

日前 上書는 보섯는지요? 요사이 훅훅치치는 더위 찌는 듯한 잇때. 兄主 獄中 氣體大安하시온지요. 無任下誠■ 舍弟는 뫼시고 몸은 튼튼이 지남니다.

要件

一. 鶴山兄 住所는 먼저번 올인 片紙에 적엇음더이다마는 鶴山兄님 亦 久住所을 옴겨서 兄님과 갓치 二. 押收金에 對하여는 泰영兄게 付托하엿스나 아직 答보지 못하엿읍니다. 대강으로 이만.

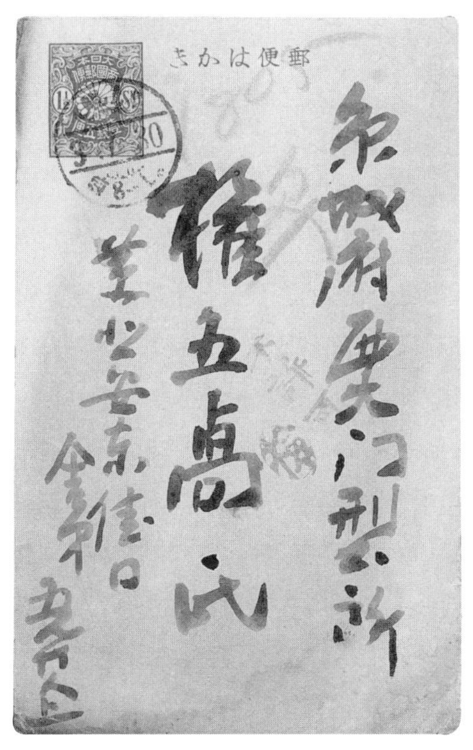

❶

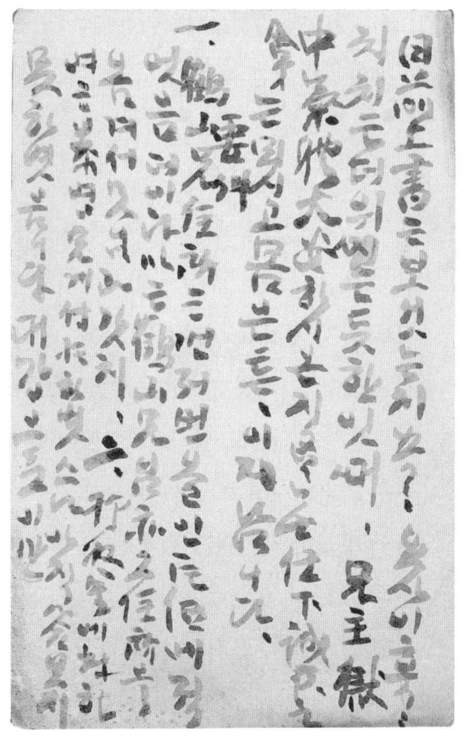

❷

1928년 8월 17일자 소인

權五箕가 西大門刑務所에 있는 權五卨에게

市內 西大門刑務所 內 權五卨 氏

시골집으로 도라가는 舍弟 權五箕 上書

兄主前 上書

오래 그리든 兄主을 잠간 뵈옵고 도라와 여러 女性 同志들 차즈니 다 시골노 가고 업고 黃 혼자 남어 잇읍듸다. 그래 대강 이야기하고 곳 집으로 써날나다가 泰榮氏을 만나지 못하와 써나지 못하게 되엇음니다. 仁川을 네리간는데 오늘밤에 온다던이 열한 시가 되도록 오지 안엇음니다. 來日은 쏙 써나겟음니다. 그르나 兄主을 잠간 뵈아서 쓺갓읍니다. 病患이 엇드신지 자세 알지도 못한 것 갓음니다. 다른 病患은 업고 한쪽 便 못 씨신다는 그것쑨이심니까? 네리가겟음니다만마는 돈이 원숩니다. 돈 곳 잇스면 一介月이라도 여게서 잇다가 面會라도 한 번 더하고 네리갓스면 좃켓음니다마는…

八月 十四日 밤 열한 시 반에 舍弟 五箕 上書

要件

一. 金·許 兩 辯護士에 무러본이 至今은 回收된다고 합듸다. 二. 兄主게서 속히시지 마시고 病勢을 片紙로 仔細히 말合하여 주실 일. 三. 서울서 좀 잇겟스나 아는 사람드리 업서서 잇지 못하고 네리간이 서울노는 片紙할 곳 업습니다. 或 하실나면 黃의게로 하십시요. 必要 잇거던 加會洞 一七七番地 第四號입니다. 五. 泰榮氏의게 말하겟음니다마는 외사촌 宗佑의게도 말하고 돈 十円 監獄으로 붓치라고 片紙하엿음니다. 무섭드라도 요번은 드러줄지 모르겟읍니다. 六. 몸이 弱하여질사록 注意하시고 정신차리시와 速히 나시서 平安히 게시다가 나오실 째 몸씨 그 전보다 더 健康으로 나오시기만 祝願 祝願일 쑨임니다. 七. 이놈은 무엇이든지 쏙바른 대로 말合들임니다. 밧겟 일은 걱정하실 것 조곰도 업습니다. 그저 몸 健康하도록만 注意하십시요. 或 남아 잇는 소솔들은 몸씨 弱하여 病날가 늘 第一 걱정임니다. 八. 番號 四字을 쌔좟음니다. 그리고 이 片紙 보시고 집으로 곳 答하여 주시옵소서. 泰榮氏게로 전보하섯다던이 아직 오지 안엇읍니다. 이만으로 주리나이다. 九. 來日 밤 九時車로는 쑥 네리가겟읍니다. 心慮 마시옵소서. 片紙 보시고 곳 答 집으로 하시오. 十. 오늘 差入한 돈 五円도 泰榮氏가 주는 돈임니다. 다 또 五円 差入한답듸다.

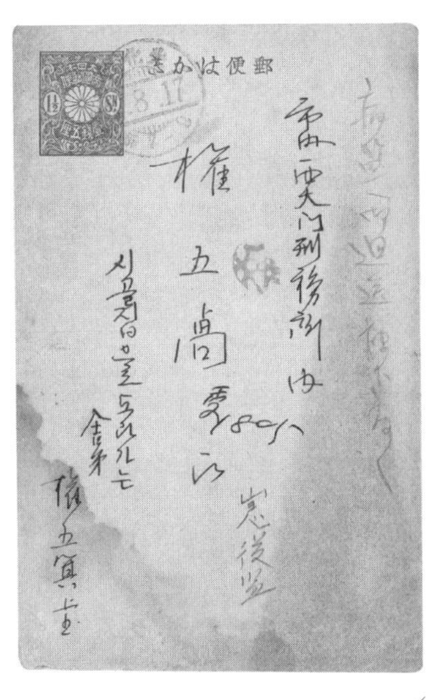

❶

❷

1928년 9월 18일자 소인

五箕가 西大門刑務所에 있는 權五卨에게

西大門刑務所 內 權五卨 氏

堅志洞 八八 舍弟 五箕

兄主前 上書

兄主시여 日間 몸씨 健康이 엇드십니까? 져는 二十日 밤을 게우 새웟읍니다. 토사곽난으로 그 翌日에 곳 나엇읍니다. 念慮 마십시요.

一. 태완 곳 만낫읍니다.

二. 영희는 黃海道地方에 네리갓답니다. 그른데 아의는 결코 兄主의게는 관게가 업다고 하드람니다. 됴황이 잘 안답니다. 直接으로 무러보앗답니다. 일반이 그럿케 안답니다. 兄主와는 상관업셔요.

三. 面會 時 집 걱졍 돈 이약이는 결코 兄님게셔 걱졍하실 것은 안임니다. 生覺할 必要도 업는 줄 암니다. 그리 아시요. 공연이올시다 걱졍 마십시요. 生覺 마십시요.

四. 집에셔도 걱졍 아모 걱졍 업습니다. 못쏘록 모든 것을 바리시오. 이놈의 不孝不友한 이놈일지라도 마음 잡지 못 하겟읍니다. 萬一 兄님게셔 걱졍을 집걱졍으로 元氣가 업셔지고 ■■■실 것 갓트면 이놈은 집으로 가지 안코 내대로 가겟읍니다. 正말 兄님이 집 걱졍하심은 알 수 업습니다. 모든 것 걱졍 마시요.

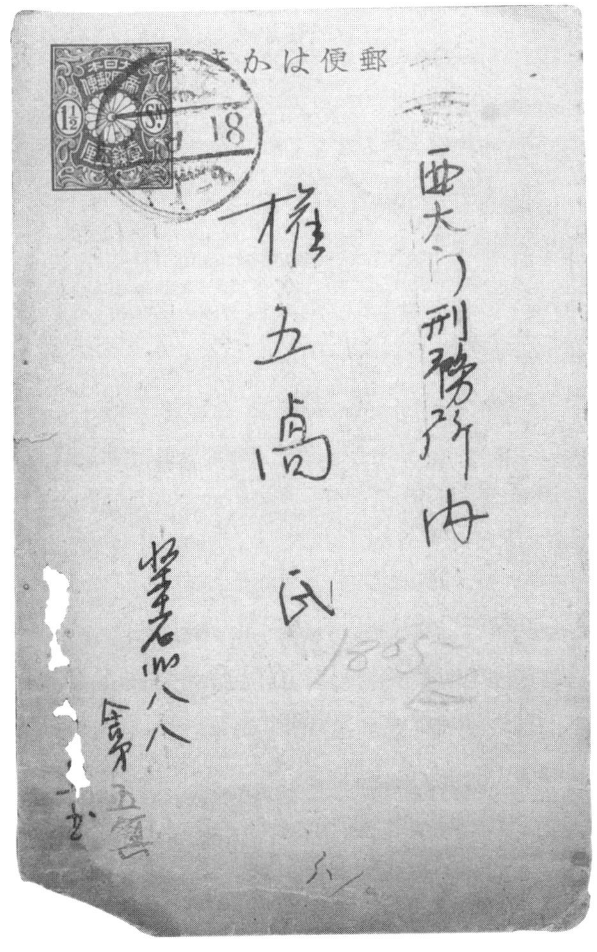

❶

❷

1928년 9월 24일자 소인

五髙이 西大門刑務所에서 權五箕에게

慶尙北道 安東郡 豊西面 佳谷洞 四貳貳番地 權五箕 前

京城 西大門刑務所 囚兄 五髙 寄

仲君의게 어룬들끠 上書 못하니 반듯이 읽어 바치게

陰 八月 初四日 보낸 글발은 곳 바더 읽엇다. 어룬임들끠서 강녕하시다고 하나 아―첩첩고생 가운대서 근심만으로 게신 어룬들 엇지 잠시인들 평안히 게실 수 잇스며, 비가 와야 될 때 가믈어서 모를 심으지 못하고서 서속을 갈아둔 터에 때 아닌 장마가 계속하얏는지라, 그것인들 엇지 잘 되얏스랴. 그러나 그대는 서속이나마 잘되얏다고. 아― 이것은 모다 나를 위로하랴는 그대의 우애로운 말로만 나는 드를 수밧게 업다. 그대의 무른바 要件의 答

一. 나의 명의로 잇는 밧 한 마지기를 팔겟다는 것에 대하야는 나보다 그대가 충분히 생각하여슬 터지마는 다시 더 잘 생각하여보라. 그것은 한 번 팔아바리면 다시 우리의 것이 될 수 업는 것이다. 우연만 한 일이면 구태여 파지 아니하는 것이 조흐리라고 나는 생각한다. 그러치 아니한가? 팔아서 업새기보다 그대로 두는 것이 나앗지 아니한가? 그러나 이거슨 나의 여게 잇서서 집의 사정을 모르고 말하는 한갓 공상의 말이다. 잘 생각하여 보고 쏙 팔지 아니하고 아니될 사정이 잇거든 그대의 생각나는 대로 하라.

二. 나의게 돈 보내어 주랴고 어룬들끠서나 그대나 온 집안이 모다 과도한 걱정을 하신 줄 더옥 죄송하다. 그대의 몬저 부친 五円으로 약을 사서 쓰고 지금은 당분간 효함이 잇는 듯하다. 이다음에는 나의 압수된 돈 차저 가지고 병세 보아가며 매우 심하게 되면 약을 쓰겟다. 가난한 살림사리에 업는 거슬 구처하랴고 다시 애를 쓸 것 업다. 泰榮兄은 번번히 고맙다. 그러나 나의 편지는 외 답하지 아니하엿다 하던가. 그대가 그때는 며칠이나 서울 잇다가(누의 집에서) 나려갓든가. 세죽이나 원숙이나 못 맛낫든가. 나종 편지할 때는 될 수 잇는 대로 알려주게.

三. 종매의 혼인은 감애로 정하엿서. 그 애가 발서 혼인 지날 나이 되엿단 말가. 세월도 빠르거니와 내가 집을 못 들어간 지가 오랜 거슬 넉넉히 추측하겟다. 무엇보다 종매부 될 사람은 몸이 튼튼하며 가풍이 조흐며 살 도리는 엇던가. 넘어 구차한 집에 잘아난 종매인지라. 또한 굶고 벗게 될 형편은 아닌가? 아- 이런 큰일을 업는 집에서 엇지 감당하겟는가. 모다 어룬들과 집안의 두중처이다.

四. 서울이나 지방이 흉년으로 살풍경! 드르매 또한 심려 적지 안타. 泰肅 · 東範 君도 日本으로 갓는가, 집에 평안히 잇는가. 준덕兄도.

五. 그대가 추수를 마치우고 日本 가랴 하엿지? 아! 生活에 보댓기어 하는 수 업시 하는 말이지마는 日本에는 方所도 업시, 지도하여주는 사람도 업시, 無頭無緖하게 엇더케 간단 말인가. 모든 일은 결코 경솔히 생각하지 말고 압뒤 일을 잘 생각하여서 말하게. 日本을 가던지 어듸를 가던지, 이른바 兄인 내가 출옥하거든 하기를 바란다. 그리고 日本 가서 로동하며 고상할 것을 조선에서 집에서 父母 슬하에서 하여라. 聖達氏는 本宅으로 갓는가. 간 뒤에 消息이 잇는가. 부대 모든 것을 잘 생각하여라. 무어슬 하던지 나의게 편지로 알리고 하어라. 獨自擅斷하지 말고서 마즈막으로 우리 집 어룬들끠서 만수무강하시며 대소가 집안 각처 外査家 모다 平安하며 君도 잘 잇기를 바란다. 祝원한다. 우리집 엣분년도 잘 크느냐 보고 십다. 아르집 근황이 다시 엇던가, 슬푸고 쓰라림에 넘칠 듯 감호형님 자조 맛나 서로 위로하여라. 나의 문안도 전하여라.

戊辰 九月 廿三日 卽 秋分日에 獄中 舍兄 五禼 씀
나의 병에 대한 걱정은 하지 말어라.

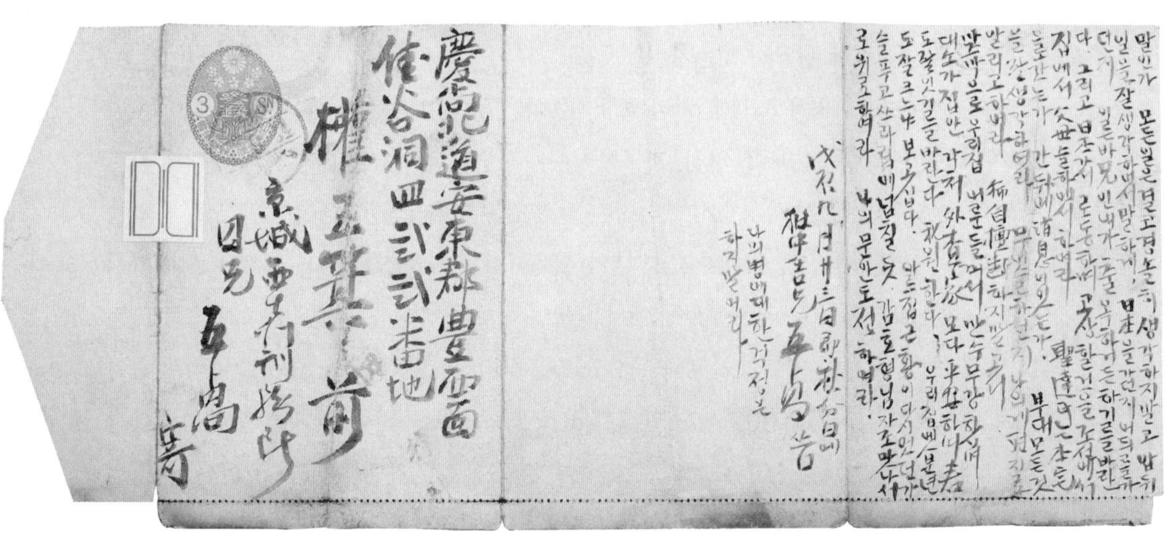

❶

❷

1928년 10월 7일

權五卨이 西大門 우리 속에서 金鶴山(南洙)에게

市內 授恩洞 一四0 金鶴山 先生

西大門 우리 속 權五卨

獄庭의 菊花數叢! 無窮花兩三行! 菊는 맹아리가 次次 굵어오며 無窮花는 피었다 떠러지었다가 떠러지었다가 피었다 晩秋에 웃둑하게 홀로 無窮한 쏩빛을 자랑하는 듯합니다. 아침저녁 鐵窓 틈으로 問安 오는 바람은 제법 산산합니다. 이때에 兄님! 病이 없이 지납닛가? 굶지 않고 지납닛가? 여러 同務 安在합닛가? 大小家가 依旧합닛가? 시골 消息도 들읍닛가? 木石 같은 놈이나 알고 싶어요. 이놈은 그러나 들어보시오. 돗자리도 아조 새것으로 밧구게 되었읍니다. 입울도 새것이라요. 새 자리 깔고 새 입울 덮읍니다. 담요도 있어요. 검은 바지 흰 저고리 입었읍니다. 속옷도 있어요. 또 兄님의 굶어 가시면서 들이어 주시는 牛乳도 마시고 밥도 먹읍니다. 아- 正말로 衣! 食! 住! 三者가 解決되였오구려! 다만 坐臥起居가 自意志的 안인 것만이 欠事이며 다시 바람 불면 바람 소리와 비 오면 비소리와 鍾 치면 종소리와 목탁 치면 목탁 소리와 벌기 울면 벌기 소리와 함끠 밤이 낮이나 耳膜을 뚜다리는 그 소리가 무엇이라 할가요? 아- 가슴에 못이 됩니다. 밤이면 잠귀신이 오지 아니하여 더옥 심심하고 낮이면 긴 한숨이 갈어나올 뿐이라요. 아- 그러나 그러나 허는 수 없읍니다. 그저 이러케 이러케 날을 보내고 날을 맞이합니다. 兄님! 五箕君이 아직 서울에 있으며 자조 맞나는지요. 그 사람이 나는 近三十이지마는 철이 없읍니다. 맞나는 쪽쪽 잘 지도하여 주시오. 그리고 그 사람이 十日 前에 面會는 왓습더이다마는 모든 것을 나의 걱정으로 因함인지 우물우물하고서 仔細히 알리어 주지 않어요. 아-兄님요. 最近 四, 三年의 나는 남의게 신세만 기친 사람입니다. 내가 남의게 받은 것은 있어도 내가 남을 준 것은 一도 없읍니다. 그런대 五箕君의 말이 三年 前에 내가 돈을 朴의게 준 것을 받어야 하겠으니 나다려 片紙하여서 받도록 하라고, 내가 남을 준 것이 없는대 나의게로붙어 받는 것이 있다고 하는 사람이 있다면 그것은 好意的의 事가 아니라 나를 謀함하려는 그 무엇이나 있지 아니할가요. 더구나 金錢으로 得談하는 이놈! 아-답답하여 못견듸겠습니다. 五箕 보시거든 仔細히 물어보시고 알려주시오. 알 만한 일은 내가 알아야 함니다. 알어여 폐일 일이 있을는지 모르겠읍니다. 부대 물어보시고 알리어 주시오. 그리고 五箕는 已往 이때까지 있던 터인 즉 弁호士 변론 時까지 기다려 보고 나려 가라고 하시오. 그리고 집으로 老人들씌도 아모조록 근심 맙시사 上書하라 하여 주시오. 兄님, 安寧히 게십시오. 여러 동무도.

十月 七日 午前 權五卨

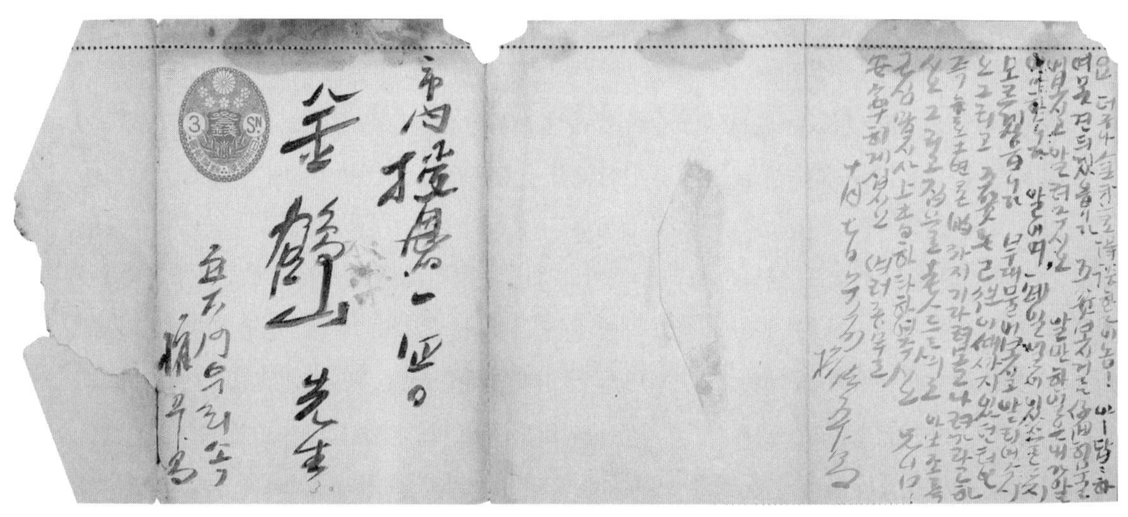

❶

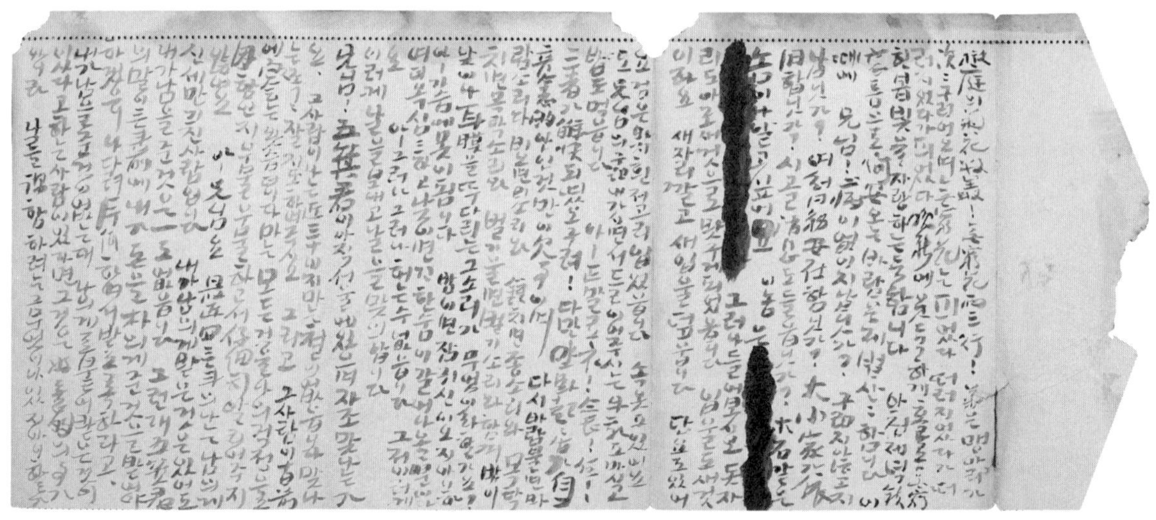

❷

1928년 11월 2일자 소인

權五卨이 西大門 우리 속에서 金鶴山에게

市內 授恩洞 一四0 金鶴山 앞

西大門 우리 속에서 五卨

兄님 乃乃 安寧하시며 여러 同志가 面面 無事한가 아우는 神經衰弱者가 되엿습니다. 그런대 나의 아우를 자조 맛나는지 그 사람 보거든 내가 日前 李完君을 面會하엿슬 째 付託하든 것을 잇어바리지 말고 쏙 그러케 하여 달나고 傳하여 주시오. 내가 直接 書托할 터이나 李君 面會하엿을 째 共証事務所가 移轉되엿다 하기에 그 사람의 잇는 住所를 몰나서 不得已 兄님의게 수고를 기치는 것이오니 쏙 말슴하여 주시오. 公判은 수이 쯧날 것 같읍니다. 前週 土曜는 一日 十三名이나 審理되엿습니다. 아마 四, 五回次 內에 審理는 다 마칠 것 갓흠니다. 그리고 곳 論告로 弁論으로 넘어갈 것입니다. 아- 氣가 막히는구려! 이만.

十月 三十一日 權五卨

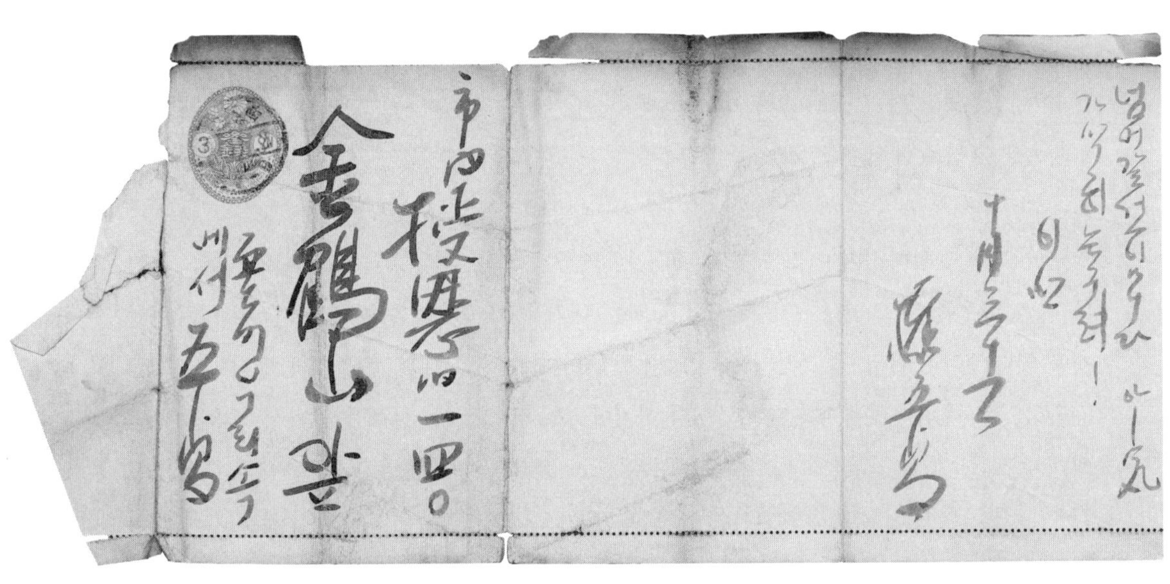

❶

❷

1928년 11월 26일자 소인

五嵩이 權五箕에게

慶尙北道 安東郡 豊西面 佳谷洞 四二二 權五箕 君

五嵩

仲君의게

보고 어룬끠 읽어 드려라. 예천에 게신 아버님씌서 나리우신 글월은 곳 받들어 읽었다. 안녕히 게시다고 하셧더라마는 철 모르는 아이들로 말미암아 마음이 타시며 고기가 덜으시와 늙으심을 더욱 빨리 재촉할 듯. 아- 南쪽을 바라 불칙한 마음만 앞으다. 발서 陰 十月도 몃 날이나 지낫고나. 十月 初一日의 어마님의 진갑날은 나도 잊어바리지는 않고 꼭 긔억하였었다마는 獄 속 自由 없는 몸이기 때문에 한 장의 문안도 올리지 못하였다. 어마님끠서 여복 섭섭히 생각하시었을가. 또 동지달 아버님의 환갑도 곳 닿아오는고나. 더옥 더옥 어룬님들끠 대한 불효를 참으로 알게 되는 동시에 不自由의 섧음이 果然 끝이 없다. 아- 동생아! 사랑 깊은 나의 동생아! 이 兄의 오늘을 대신하야 만분의 일이라도 늙으신 어룬들끠 섭섭하신 심신을 덜어 드려주소. 그리고 동지달에도 이웃 어룬님들과 외가의 아재씨 그 외 아버님끠서 친하신 분들을 모시와 될 수 잇는 대로 환갑날을 우슴의 날로 보내도록 힘쓰게. 糞掃도 발서 마치게 되엿갰지? 자손되야 모도 모르게 되니 긔만 막힌다. 從妹의 초례는 冬至달이라고 하니 엇더케 치루겟나. 가난한데 가물로 凶年 들어 아- 다시 모두 적고 큰일을 엇더케 감당하겟는가? 동생아 날시는 날로 치워간다. 한머님 근력이 한글같으시며, 아버님 어마님 허다 심려 중 엇드러케 날을 보내시며 맞으시는가. 적은집 적은아즈바님 외내분 강령하시며, 새아즈머님 삼동서분 허다 골몰 중 몸시나 튼튼하시며, 四寸 여러 남매 잘 크며, 우리 집 엣분이도 뭉실뭉실 잘 아나는가. 뒷집이나 아랫집이나 다시 온 門中에 아모 일이 없는가. 모다 알고 싶다. 가물에 뿌린 黍粟의 秋收는 엇더케 되엿나 긔회 보아서 알려다고. 그리고 今番에 소 刑期 五年에 對하야 通算 日數 百八十日을 除한 남아지의 四分一이(卽 一介年 一介月 十六日) 減刑되얐다. 滿期가 본대 昭和 七年 八月 十七日이던 것이 只今은 昭和 六年 七月 一日로 줄어들게 되얐다. 이것으로써 늙으신 어룬들의 놀난 가슴을 깃브게 하여 드려라. 동생아 지난 시월 中旬에 慶尙南

道 昌原郡 內西面 山湖里 尹武汝兄과 平安北道 宣川邑內 大同旅관 內 金善一兄으로붙어 뜻밖에 三十円金이 왓섯다(尹兄 二十円 金兄 十円이다). 이때까지 나는 뵌조희도 던지지 못하엿다. 동생아 나를 대신하여 各各 편지하여서 내가 잘 바덧스며 너무 無廉함과 今番 減刑된 것 모든 것을 자세히 말하여라. 부대부대 압수된 九拾円도 찾게 되야 모다 여긔 領置하여 있다. 豊山이 아모宅 家族들은 安乎? 否乎? 서울 安信도 듯는가 李성달 아재씨는 소식 모르는가 모다 알고 싶다. 이 편지 받어보고 곳 모든 것을 자세히 답하여 주게. 昌原 尹兄의게 편지할 때에 내가 돈만 受取하고 片紙는 받어보지 못하여 매우 굼굼하다 하더라고 하여라. 할 말 많으나 이만 주린다.

戊辰(1928년) 十一月 二十一日 舍兄 五髙 씀

今春에 取下하여간 西洋史 아직 君의게 잇거든 우편으로 곳 差入하여 주게. 무슨 冊이든지 볼만한 것 求하거든 우편으로 差入하여주기 바란다. 求할 수 없으면 그만두고.

京城 峴底洞 百一番地 舍兄 五髙

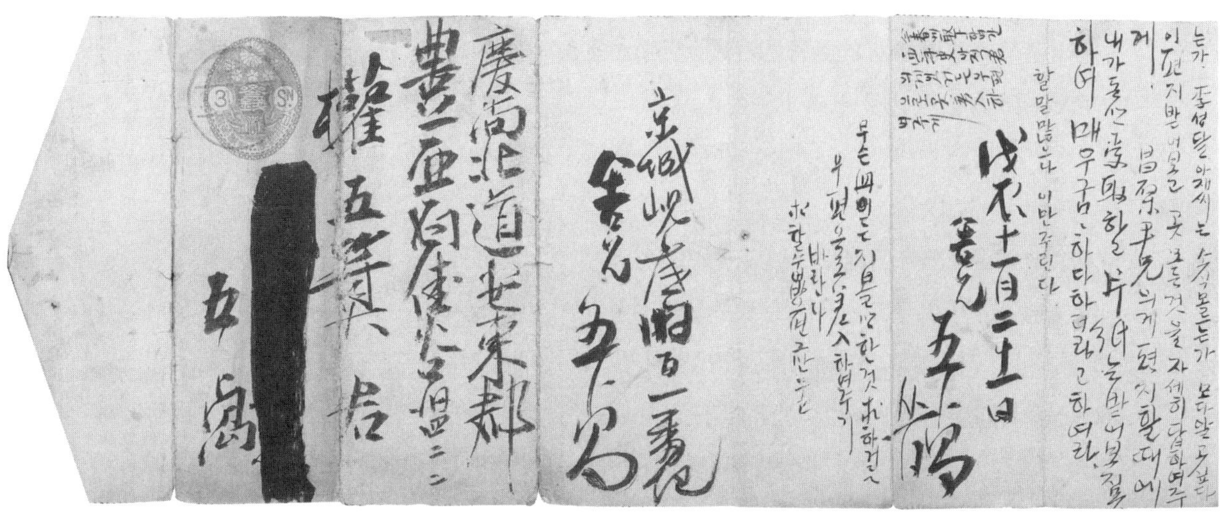

❶

❷

1928년 12월 28일자 소인

五卨이 아버지께

慶北道 安東郡 豊西面 佳谷洞 四百貳拾貳番地 權五卨 집에

京城 峴底洞 百壹 囚子 五卨 上平書

아버님 앞에 살이

아버님의 還甲前 十日에 올립니다. 어머니와 같이 보시압소서.

아버님이시어 이 자리는 서대문형무소의 철창 밑이외다. 보내랴는 오늘 오늘은 더듸기 짝이 없지마는 지내놓고 보매 꿈과 같하여 발서 밤도 기-ㄴ 동지도 어제 지나가고 오늘은 음력으로 동지달 열이튼날이외다. 사랑스러은 날시는 겨을날의 따슴을 알려줍니다. 아- 오늘 당하여 불효한 이놈의 가슴이지마는 쓰리고 쉷은 마음 무엇이라 알욀 바를 모르게 됩니다. 오늘로붙어 四十二日의 앞날- 곳 十月 초하로는 우리 어마님의 진갑날- 그날에 우리집 어룬들끠셔 이놈으로 말미암아 얼마나 섭섭하시었으리까. 더욱히 앞으로 닿아오는 겨우 열흘의 뒷날- 이달 싀무이틋날은 우리 아버님의 깃븐 경사의 환갑날- 아! 또다시 경사를 경사롭게 보내지 못하리라 생각하매 아버님이시어 과연 긔가 막힙니다. 지난해 어머님 환갑 지나신 후 「나는 여러 곳 사돈집에서 온 고기를 혼자 잘 먹고 지낫다. 너 어머니는 너의 외가에 가서 하로 잘 놀고 오시엇다. 우리들의 환갑이야 엇더케 보내던지 너의 출옥하는 날 우리는 깃브게 큰 잔치를 열터이다」 하신 아버님의 나리우신 글월의 말슴의 마듸마듸가 새삼스러히 긔억이 나타나며 불효에 불효를 다시 또다시 알게 됩니다. 아버님이시어 이놈의 불효 심사이 덧할진대 우리집 어룬들의 남다르신 자애시로 다시 오작 하오리까. 그러나 그러나 아버님이시어 차듸찬 북풍이 온 천디에 흰 눈을 뿌려 입히고 다시 어름으로 굳게 봉하엿서도 저 뫼 봉오리에 락락장송은 창창한 푸른빛이 조곰도 변함없을 뿐 아니라 오히려 씩씩한 굿세인 빛을 자랑합니다. 뿐만 아니라 눈 밑과 어름 속에 쏫짝 감초인 온갓 보드러운 풀도 날이 갈사록 봄마지 하려고 새싹 만들며 잘아날 뿐일 것이외다. 또 옛사람은 「나무가 고요히 잇고 싶으되 바람이 그치지 안이한다」고 어버이의 늙어가심을 싫어하엿지마는 이놈은 그러케 생각하지 아니하여요. 이놈은 텬디에 용납키 어려운 불효식이지마는 우리 어룬님들의 세상에 뛰쳐난 자애시로 넉넉

온갖 풍상! 가즌 고초 가운대

오늘 환갑 지나신디 오고 오는 날과 달에

한글같이 굿세고 튼튼하시와 우리 집의 바담이 갈사록 새롤진저

戊辰(1928년) 至月(음력 11월) 旬二日 제녁에 不孝息 五高 살이

가온대 아우 五箕君의게

君의 十二月 二日에 보낸 조희는 君을 맛난듯이 깃브게 받어 읽었다. 집안이 모다 아모 큰 일이 게시지 아니한 줄 더옥 반갑다. 君아! 君아 來 卄二日은 아모조록 깃브게 慶事롭게 어룬들을 잘 모시고 지내주게. 이른바 이 舍兄은 不幸히 쇠지게 밑에서 그날 그날을 보내고 보매 사람의 노릇을 못하니 더옥히 죄롭고 황송하다. 더구나 어린 동생도 멀리 잇서 君의 섭섭한 마음 더옥하리라. 그러나 君아 君아 目下의 조고마한 쓰림으로 엇지 우리집 어룬님들의 경사날을 그저 잊고 지나랴. 부대부대. 깃브게 깃브게. 지내도록 있는 힘을 다 내어주소. 말하기 렴치없다. 그리고 그날 지난 뒤에 곳 그날의 자세한 경과를 한아도 빼지 말고 낫낫치 옷가지 부조 드러온 것까지 편지로 알려주게. 부대부대 그리하여 굼굼한 마음을 덜어주소. 서속이 五十斗라니 大斗인가? 小斗인가? 아버님 가서 게신 곳의 作定된 것은 엇더케 되였는가? 모다 알려다고. 아– 그것으로 엇더케 三冬 三春을 지나랴. 다시 자근집에는 一粒곡도 없는 作凶을 맛낫다니 엇지하냐! 긔막히는고나. 從妹夫는 眞實하다 하니 듯기에 든든하다. 나의 몸은 큰 걱정할 것 없다. 오는 卄二日의 아버님의 환갑 지나시고 그 經過를 목을 느리어 기다리며.

西大門刑務所 囚兄 五高은 쓴다.

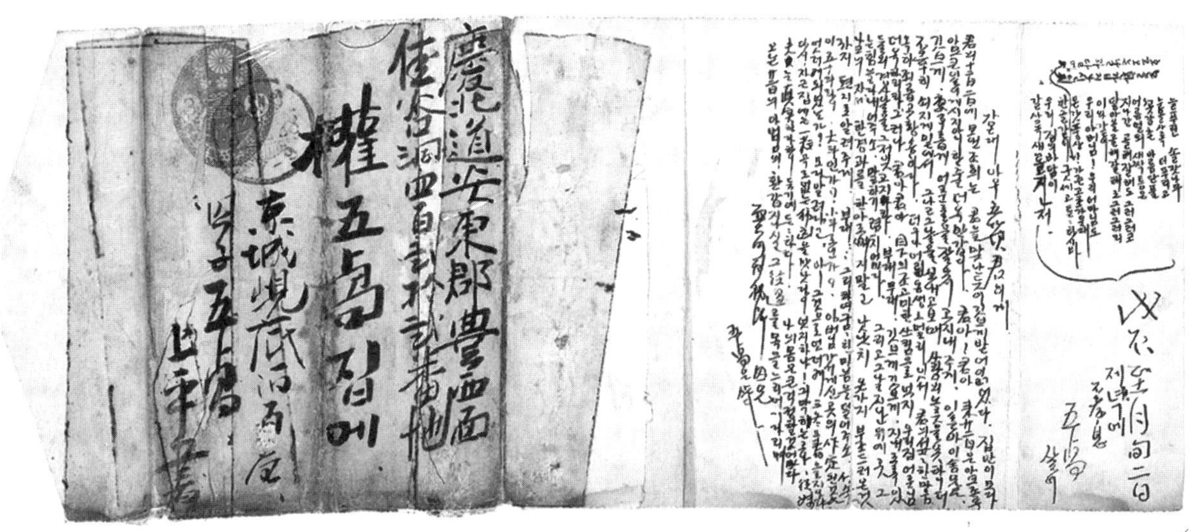

❶

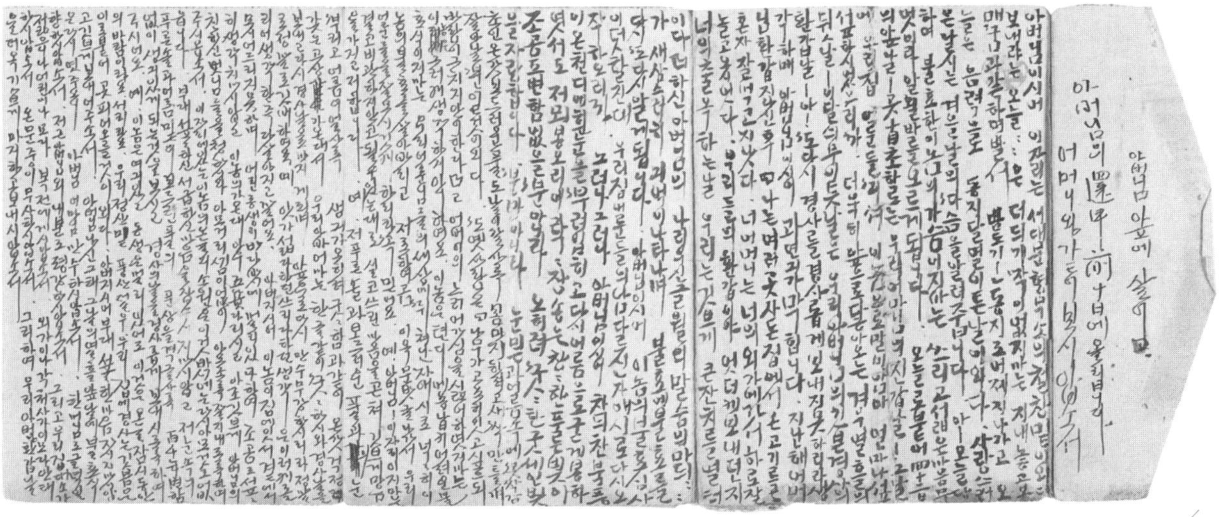

❷

1929년 1월 2일자 소인

五潤이 西大門刑務所에 있는 權五卨에게

京城 西大門刑務所 內 權五卨 氏

安東郡 豊西 佳谷 族弟 五潤

謹賀新年

元月 旦日

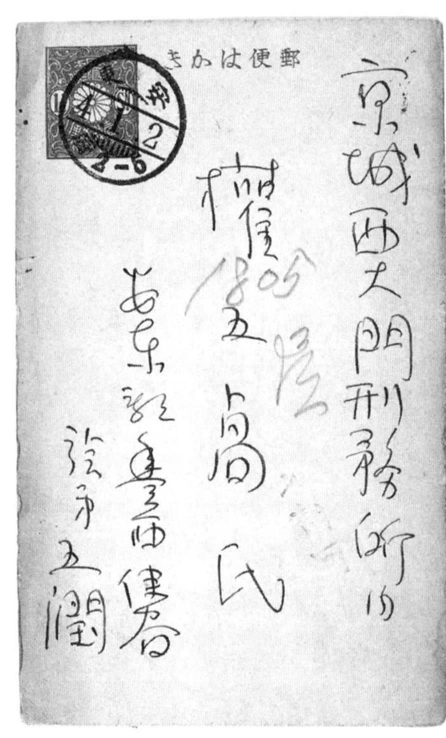
郵便はがき

京城西大門刑務所內
權五卨 氏
1805
安東郡豊西佳谷
族弟 五潤

❶

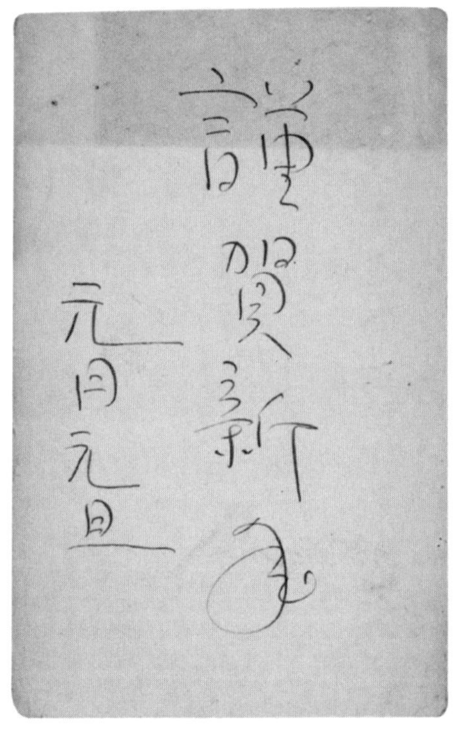
謹賀新年

元月元旦

❷

1929년 2월 18일자 소인

五萬이 權五箕에게

慶尙北道 安東郡 豊西面 佳谷洞 四貳貳 權五箕 君

京城 峴底洞 百壹番地 舍兄 五禼

仲君 五箕의게

새해도 발서 엿세를 지낫다. 歲밑에 한쪽 조희라도 던지고 싶은 마음이 없지 아니하였으되 發信의 定期가 不及되야 作書치 못하였다. 堂上에 게신 層層 어룬님들끠서 크게 섭섭하시었을 것이지. 그러나 하는 수가 없었다. 이만 緣由로써 잘 엿주어 드리어라. 이때 新正에 한머님 근력이 한글같으시며 아버님 外內分끠압서 많은 걱정 가운대 다시 엇더하시오며 적은아버지 外內分도 平康하시오며 君도 上奉下率하고 몸 성성하며 새아즈머님끠서 三동서분 安旺하시며 四寸들 여러 男妹 잘 크며 우리집 大任이도 엣부게 잘 크는가. 各處 親戚이나 全門中 大小가 다 均慶하온가. 이날 이때에 다시 더옥 새롭게 알고 싶을 뿐이다. 舍兄은 病監에서 收容되야 送舊迎新하였다. 가슴이 아푸고 右半身이 저리고 아프다. 親切한 治療를 바드니 過度히 念려 마시도록 어룬님들끠 엿주어라. 지난 冬至달 父主 回甲 지나신 뒤에 아버님끠서 나리우신 下書와 君의 던진 手函은 곳 받들어 仔細히 再三 읽었다. 門中의 厚德와 外家와 各處 査家와 姨母家의 두터운 근렴은 이곳에 들어앉은 沒人事한 나이지마는 一方으로 多謝하며 一方으로 더옥 罪로움을 늑기게 된다. 君아 모든 것은 다른 걱정하지 말고 잘 지내게. 나의 나갈 날도 一日一日式 갓가워온다. 그 나가는 날에 웃음을 合해 한 덩어리로 어룬들끠 드리자. 부대 念려 말아라. 遠湖는 무슨 緣故가 있는가. 궁굼하다.

一. 自助論은 아직 왓다는 通知를 받지 못하였다. 二. 日本 東京市 牛込區 早稻田大學出版部에 片紙하여 大學 各科의 內容見本을 請求하여서 나의게 부처주게. 特히 政治經濟科 一介月 學費가 얼마며 卒業期가 幾介月인 것을 仔細히 알도록 返信料 三錢 切手 同封하여 보내어서 쇽 알아보아라. 三. 豊山이나 大小 家族이 安在. 四. 廉尙進兄도 잘 잇는가. 五. 農事 麥耕은 豊凶인가. 모다 잘 알려다고.

君아 나의 몸은 크게 걱정 말아라. 藥도 먹고 房도 다스다.

己巳 正月 初六日 午後 舍兄 五高 答

陽 二月 十五日

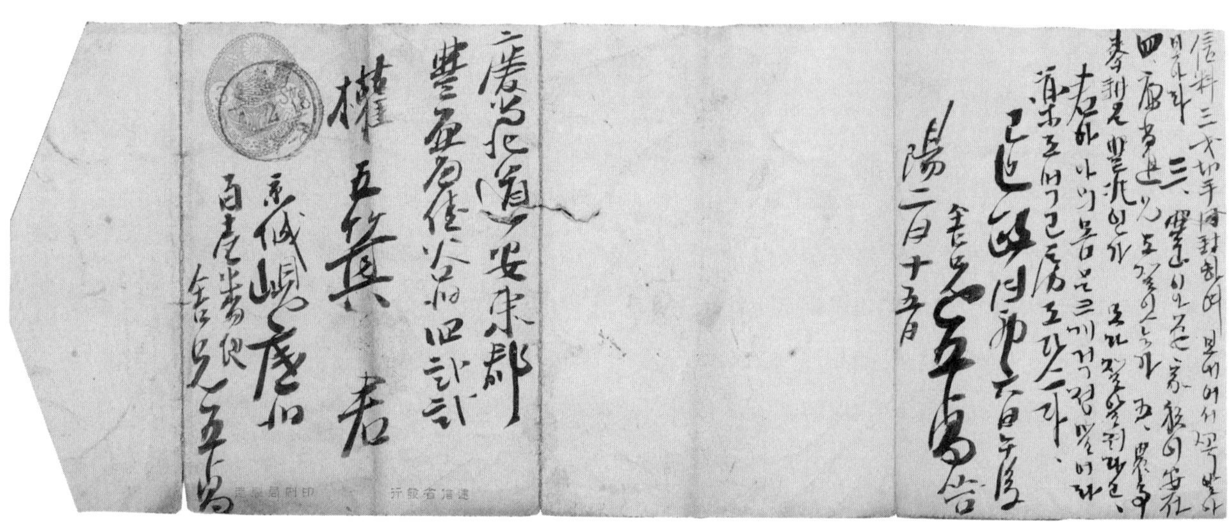

❶

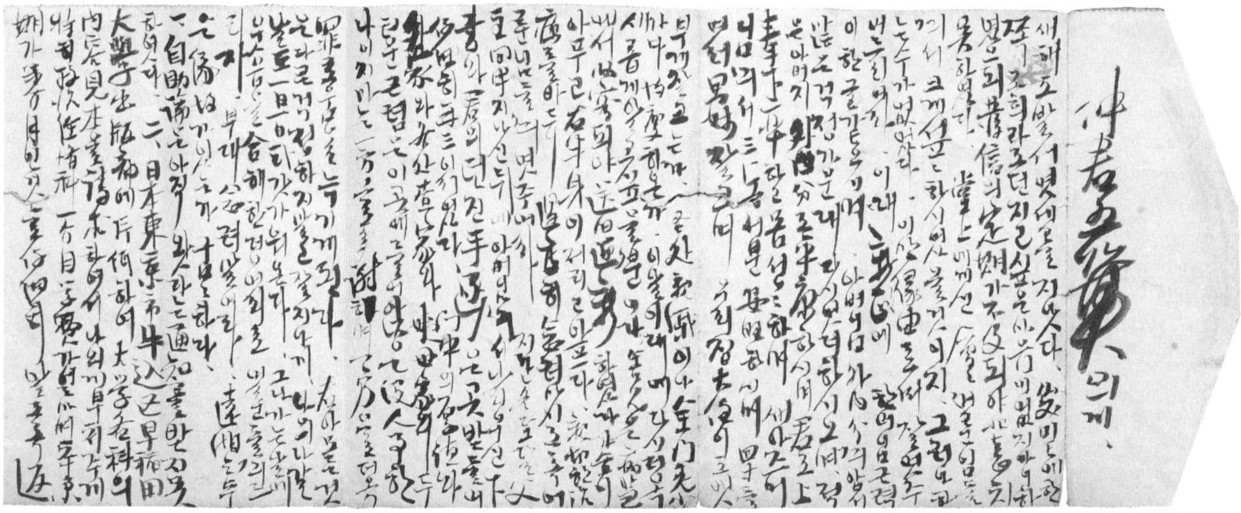

❷

1929년 4월 17일자 소인

五嵩이 權五箕에게

慶尙北道 安東郡 豊西面 佳谷里 四二二 權五箕 君

京城府 峴底洞 百一番地 舍兄 五嵩 붙어

五箕君의게

君의 부친 片紙는 읽었다. 그러나 君이 大邱로 가면서 부친 것은 보지 못하였었다. 大邱藥商이 募人한다 하여 五舒君과 같이 갔는대 消息 듯지 못한다는 아버님의 下書만 받들어 읽고서 매우 궁굼하였다. 大관절 往來는 無事한 줄 반갑다. 藥은 무엇을 팔노 갓섯스며 엇드러케 滋味 보지 못하였는지? 자근아버님씌서는 生活難으로 渡日하실 作定으로 大邱에 行次하시었서! 아- 生活의 苦! 生活의 難! 우으로 늙으신 한머님을 받들어 드리지 못하시며 알로 어린 四寸 汨沒中에 게신 저근어머님을 써나서 그런 行次! 늣게야 그 무슨 氣막히는 일이란 말이냐. 이째까지 故山을 써나여 보시지 못하신 어룬이 실노 엇드러케 그런 마음을 자시었을가. 아- 입에 풀을 부치지 못하게 된즉 허는 수야 없지마는 水土선 日本에 勞働이 決코 容易한 일이 안인 줄 나는 짐작한다. 年前붙어 건느어 간 사람이 十에 八九는 失敗하고 空手로 돌아선 터에 그곳인들 엇지 如意하랴. 아즉 가시지 아니하였으면 그만 中止하시는 것이 엇더할가 잘 엿주어 보게. 그 말을 드른 뒤로는 木石 같은 人事는 自由는 없고 마음만 탄다. 이때 晩春에 할머님 筋力이 한글같으시며, 아버님 外內分 마음을 태우시는 中 康寧하시며 君도 奉率 中 아모 일이 없이 잘 지나며, 새아즈머님씌서는 동서분이 모다 覲親가실 씃헤 새아즈머니만 홀로 우리 늙으신 어룬둘 무릅 앞에서 숙수를 밧드시는 듯 未安하고도 황송하다. 저근어머님도 엇더게 지나시며 四寸들 굶으며 엇드케 잘 아는가. 밤실 어린년도 充實한 소문 드르며 各處 査家이나 外家이 모다 無事泰平하며 一門都節이 淸淨하신가 알고 싶다. 나는 如前할 뿐. 君의 보낸 自助論과 早大政經見本은 아직 보지 못하엿다. 病이 全治出役 되면 보게 되겠지? 모다 安心하여라. 昨冬今春 이덧한 가물에 麥耕이 어써한가. 아마 今年도 凶年의 兆朕이 分明한 듯 無産者의 살님살이 갈사록 긔가 막힐 듯, 모다 尋常치 아니한 걱정거리로구나. 엇지하여 먹고 입는데 군색이 없이 늙으신 어룬을 잘 밧드며 어린아이들을 거두게 될가? 君아 무엇이든지 적은 資本으로 돈버리할 것이 있으면 나의게 片지하여라. 그러케 할 것이 무엇이든지 잇스면 내가 七十円은 우편으로 取下 付送되도록 할 터이니 쏙 잘 生覺하여서 片지하여라. 鴨收되엿든 九拾圓이 여긔 領置되여 있다. 부대 잘 생각하여 보고서 곳 편지하게. 回示 바란다. 安東이나 豊山 大小家 모다 無事한 消息 듯기 願한다. 이만.

己巳 四月 十六日 午前 舍兄 五髙

❶

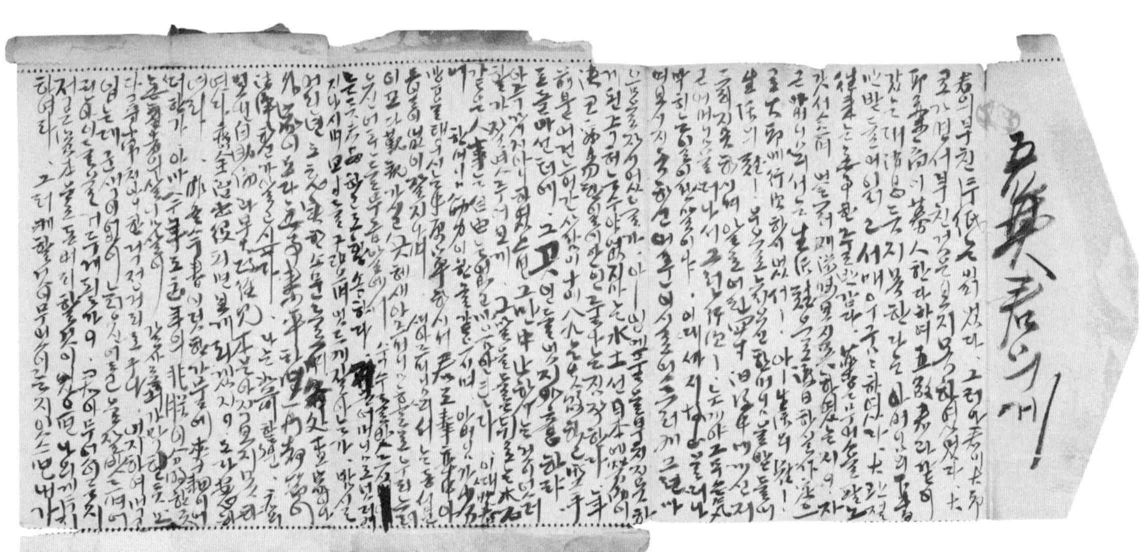

❷

1929년 6월 14일자 소인

權五箕가 西大門刑務에 있는 權五卨에게

京城府 西大門刑務 內 權五卨 氏

大邱府 西城町 二丁目 復運堂 內 舍弟 權五箕 上

兄主前 上書

먼저번 집에서 올인 片紙는 보섯는지요? 요사이 날시 長久이도 가무러 農村 農民으로 하여금 말이 못되는 處地에 싸지도록 하는 無心한 天理 야속하다 할 슈밧게 업습니다. 昨年의 凶年으로 말미아마 거의 죽을 괄영을 넘기고 바라는 것은 오직 麥秋 그것만 고대하든 것을 그것조차 없새어버리고 말엇읍니다. 去月 雹災란 正말 千萬古에 업는 것을 當한 듯십습니다. 그르나 自然으로 돌이고 보니 大同之患이라 엇지할 수 잇읍니까? 날시는 찌는 듯한 잇때 兄님게옵서 病勢 조곰 엇더하시온지요? 늘-굼굼하온 마음 禁치 못하겟읍니다. 그른 저는 昨日에 大邱까지 오앗습니다. 써날 째 아부지 二位分게옵서 글역 如前하시옵고 할마님게서도 筋力 如前하시옵고 家內가 두루 일안들 하온 中 大任년 홍녁으로 대단 苦痛이던이 只今은 엇든지. 그리고 雹災에 對하여서도 豊西는 그리 우심치 안습니다. 다른 데 비교할 것 갓흐면 오지 안은 게나 일반임니다. 보리 秋收 조곰하여 놋코 오앗읍니다. 그양그양 살겟지요. 그른데 付託할 것은 다름 안임니다. 大邱 온 것도 무엇이든지 하여 볼가 할 生覺도 잇고 또 宗佑兄님도 오라 하여 오앗읍니다. 兄主시여 못쏘록 七拾圓 그것을 速히 大邱 住所로 붓처주시기를 伏望伏望이로소이다. 우서는 氷水店을 하여볼가 하나이다. 그리고 또 夜市도 하면 엇들가는 生(覺)이 잇읍니다. 何如間 무엇이든지 되도록 할 터이니 速히 付送하여 주시옵소서. 올릴 말슴은 우선 이것뿐이옵고 大邱도 宗佑兄님 家內 平安들하외다. (要件 速히 七十圓 付送 伏望伏望)

六月 十四日 舍第 五箕 拜上

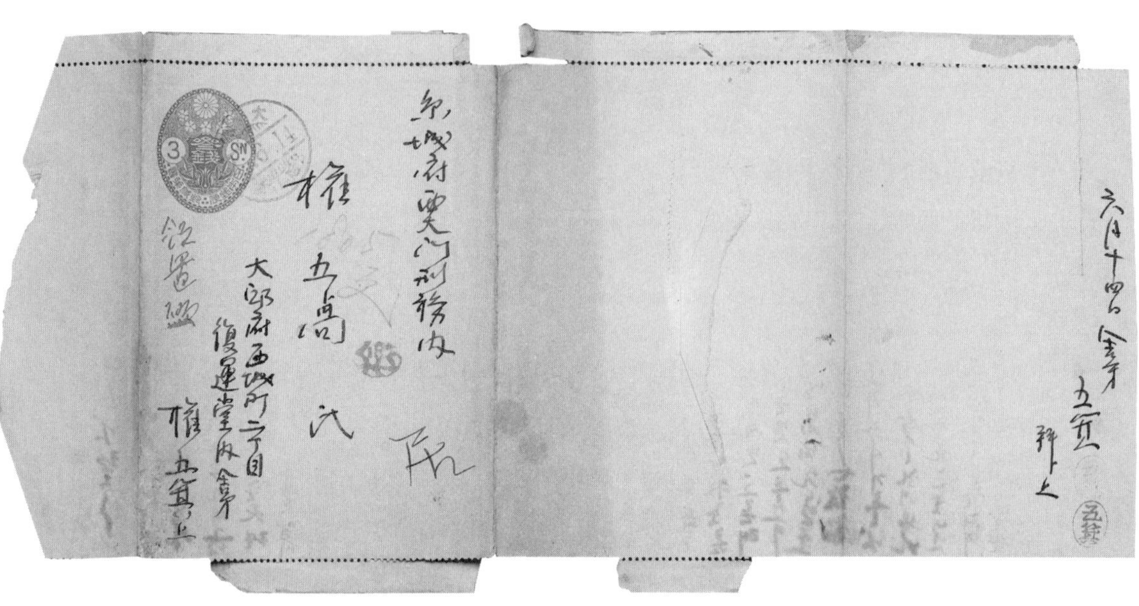

❶

❷

1929년 11월 1일

五箕가 西大門刑務所에 있는 權五卨에게

京城府 西大門刑務所 權五卨 氏 展

大邱府 德山町 公認大邱廉場 內 舍弟 五箕 書

十一月 一日

兄主께서 下書하심은 卽時 밧들어 일것읍니다. 兄主시여 요사이 날시는 점점 츕기 始作하는 잇때에 兄主 氣體候一向萬康 하시온지요? 치통으로 그덧 대단하시다더니 只今은 엇드케 되엇음니까? 이를 빼고 다시 해 너는데 二十円金이 든다더니 엇지 되엇음니까?

兄主下하심 보아도 자세 의해치 못하엿읍니다. 二十円을 붓치라 하엿는지? 舍弟는 늘- 한글갓치 그 양으로 지내고 外家 亦 尊少節이 均들 하오니 幸이옵고 집에서도 어제 父主下와 어무니 下書 밧자와 泰平하신 줄 반가우나 作農打取한 결과 먹을 것 업시됨. 절박삽. 서속이 小斗 二十斗 나락이 四五바리 된다 하엿읍듸다. 男이 新行 十一月 卄一日이라고 하엿읍듸다. 그르나 자근아부지게서는 요사이 片紙도 오지 안코 왼일인지 아득 절박함니다. 付託하신 황석공소서는 사서 붓침니다. 다른 付託하실 것 잇거던 速 알여 주시옵소서. 올일 말습은 만사오나 이만 주리나이다. 住所 公認大邱廉賣所로 하여 주시옵소서. 지난 달 이십팔 일에 이리로 옴겻습니다.

冊名은 다음과 갓음니다.

尉繚子 素書, 心書 合 部 一

六韜 一

合 二册님니다.

十一 月一日 舍第 五箕 上書

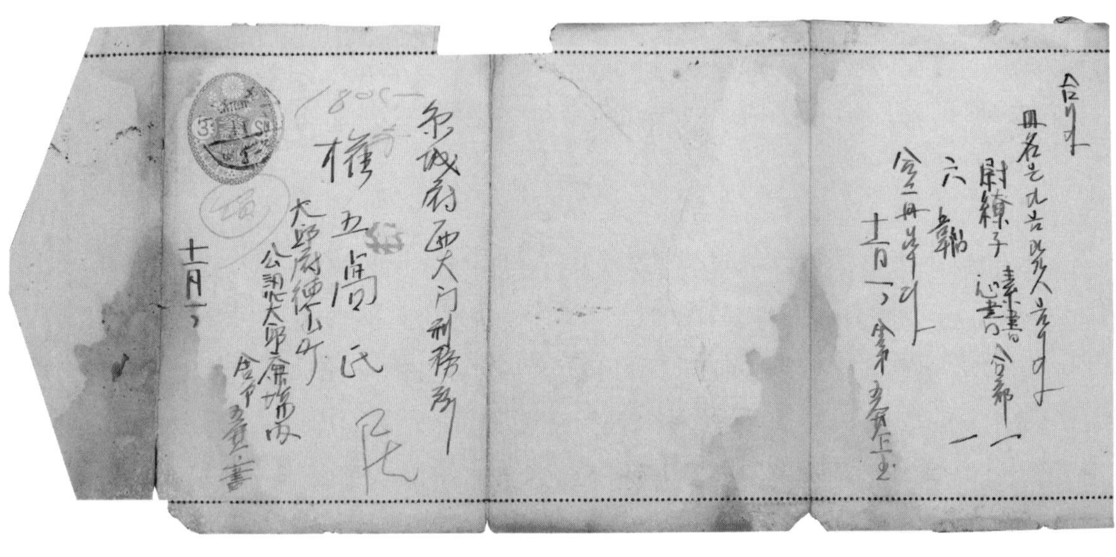

❶

❷

1929년 12월 11일자 소인

五箕가 西大門刑務所에 있는 權五卨에게

京城府 西大門刑務所 權五卨 氏

大邱府 德山町 公認大邱廉賣場 舍弟 五箕

兄主前 上書

兄님게서 네루신 글월은 卽時 밧들어 兄님을 뵈온 듯이 반겻읍니다. 그러나 날시는 점점 혹독하여질 잇때를 當하고 보니 이놈의 마음 더욱 것잡을 수 업게 됩니다. 그리고 직접으로 드르니 兄님게서 병감에 게신 줄 듯기 더욱 놀납습니다. 安東 할뱀을 日前 大邱서 만나 그리든 회포을 열게 되엇읍더니다. 그리고 日前 安東으로 갓읍니다. 晃國出하엿서요. 그래 요사이 날시 쌀쌀하온 잇때에 連하와 兄主 病든 몸씨 健康이 엇드하시온지 자나 깨나 앞은 가슴 엇젤 줄 모르겟읍니다. 이놈은 드슨 방에서 잠 잘고 밥 잘 먹고 病 없이 잘 지나가고 外家에도 층대 분 一安들 하시오니 幸이로소이다. 집 消息도 자조 드러 平安하신 줄 깃겁습니다. 日本 게신 자근 아부지게서는 엇진 일인지 요사이는 소식 듯지 못하엿읍니다. 男이는 벌서 시집이라고 갓담니다.

要件

一. 齒痛은 只今은 쾌복되엇읍니까?

二. 通俗世界全史는 될 수 잇는 대로 힘쓰겟읍니다.

三. 兄님요 될 수 잇는 대로 付託하실 것 잇그던 말슴 곳 하여 주시옵소서.

四. 廉賣場은 다름 것이 안이라 朝鮮人 경영으로 된 것인데 宗佑兄님이 出資을 하여 가지고 갓치 잇게 된 것임니다.

五. 農事는 그대로 되엇담니다. 그래도 各種 稅金하고 난이 먹을 것은 업담니다. 저근집은 말할 것도 업고요.

六. 今月 二十二日 卽 아부지 진갑 쌔에는 갈가 하나이다. 올닐 말슴 만사오나 이만으로 주리나이다.

旧 十一月 十二日 밤 舍弟 五箕 上書

그리고 面會하시고 싶거든 面會하여 달나고 片紙를 네루시옵소서. 곳 가서 面會하겟읍니다.

舊 十壹月 十二日

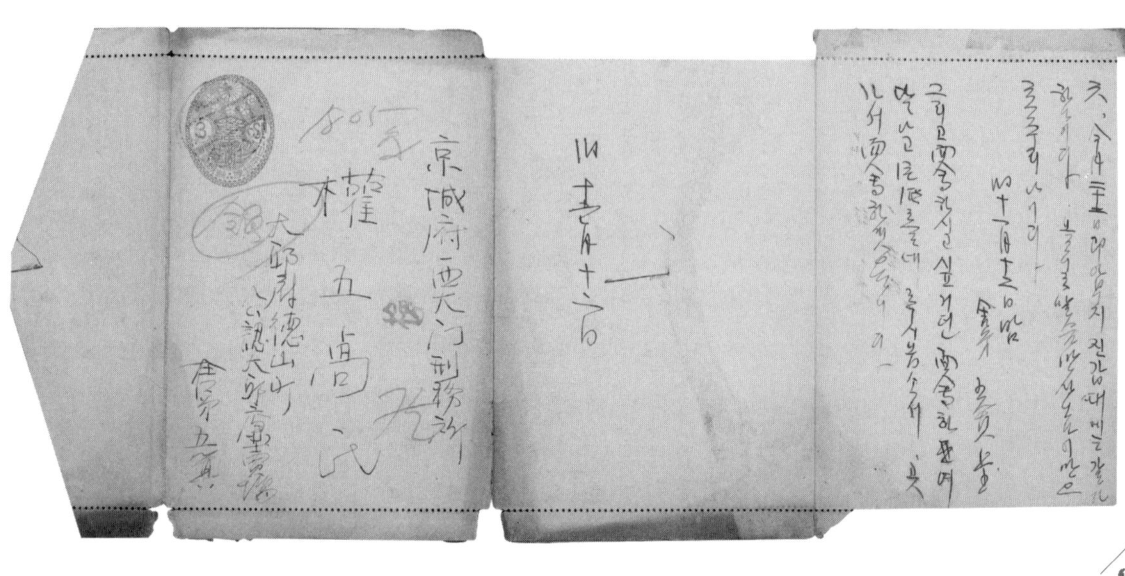

❶

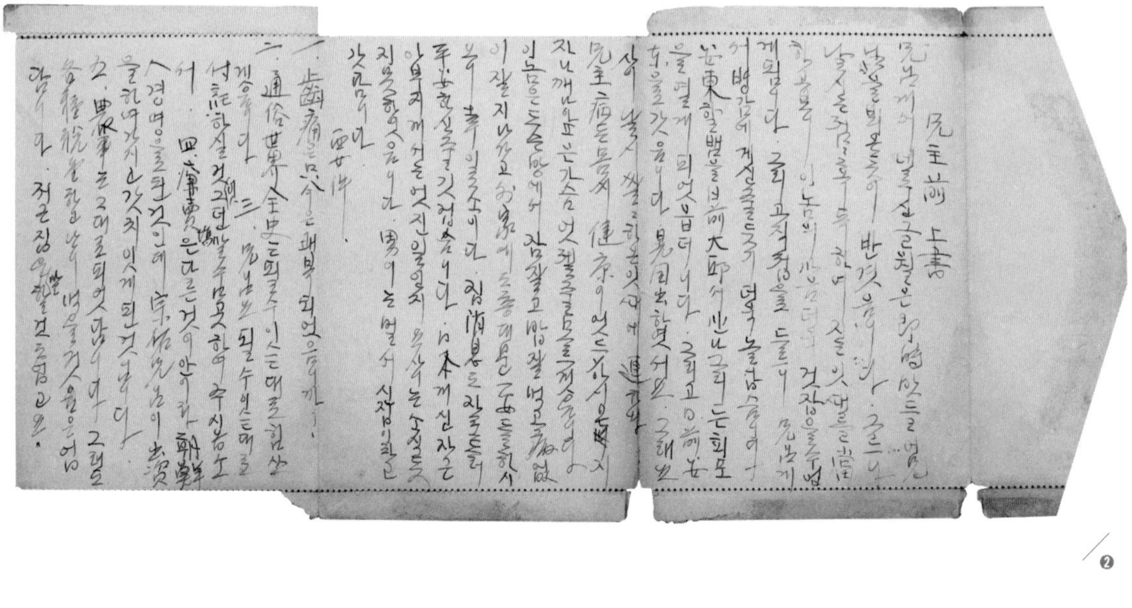

❷

1929년 12월 추정

五卨이 西大門獄에서 權五箕에게

市內 樂園洞 七五 金泰榮 氏 方 權五箕 君

西大門獄 兄 五卨

日間에 別故 없으며 우리 집 消息도 듯조아서 어룬들씌서 萬康하시며 家內 平吉하며 서울도 여러 ■■■다 平安하며 金先生宅도 安康中에 在한가. 모다 굼굼하기 짝이 없다. 나는 머리가 몹시 앞으며 右半身은 놀리기에 매우 任意롭지 못하다. 齒도 老人과 마치 한가지로 모진 것은 물어 먹을 수 없을 쁜 아니라 바람이 차면 싀워서 견듸기조치 못하다. 그러나 君아 이런 이약이는 모다 시골 우리 집 어룬들씌는 엿주■■■.

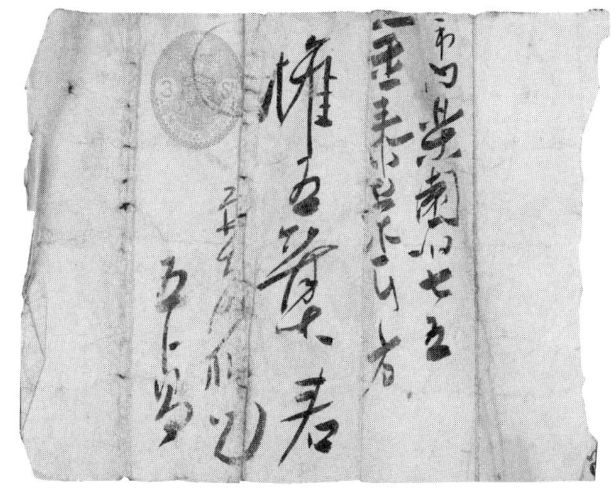

❶

❷

1930년 2월 20일자 소인

五箕가 西大門刑務所에 있는 權五卨에게

京城府 西大門刑務所 內 權五卨 氏

大邱府 德山町 公認大邱廉賣場 內 舍弟 五箕 上書

兄主前 上書

멧달 동안을 兄님의 消息을 듯지 못하오니 굼굼하옴 금치 못하겟읍니다. 멧칠 前 上書하온 것은 바더보섯는지요? 이적것 答을 보지 못하오니 엇젠 일인지 더욱 알고저움 금치 못하겟사외다. 요사이 날시 봄기운이 완연한 잇때, 兄主 氣體候萬康하시온지요. 멀니 굼굼하온 마음 한양업습니다. 舍弟는 한글갓치 몸 튼튼하옵고 外家에도 尊少節이 均安들 하오니 倖이로소이다. 집 消息도 드러서 平安한 줄 질겁습니다. 아부지게서는 堤川 五寸한테 가시고 게시지 안이하시고 자근아부지게서는 月前에 歸還하엿읍니다. 올일 말슴은 만사오나 먼저 올잇읍으로 이만 주리나이다.

二月 十八日 午后 一時 舍弟 五箕 上書

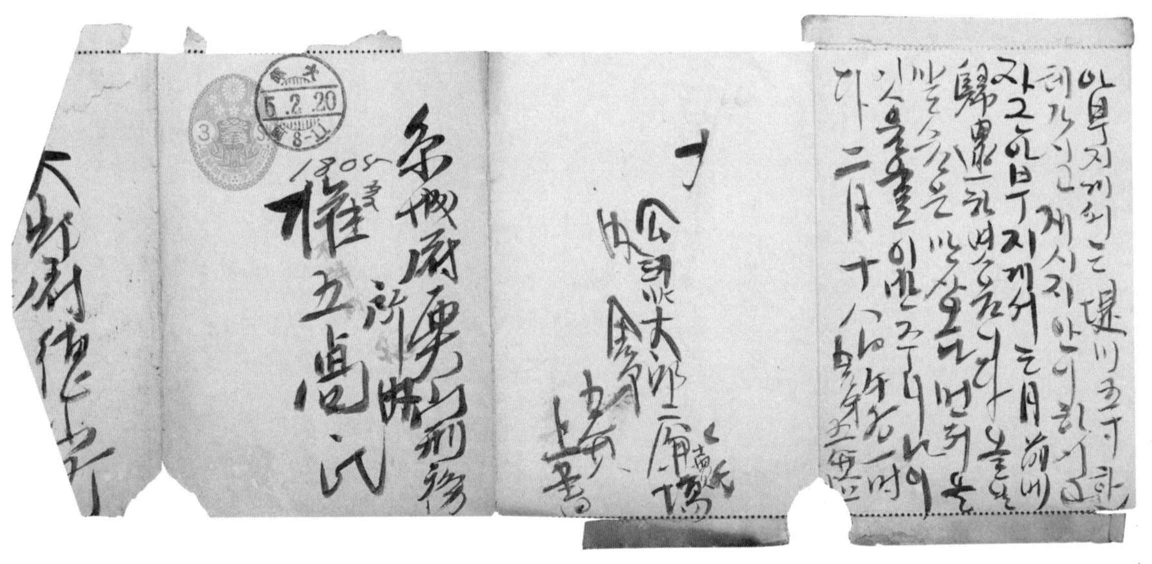

❶

❷

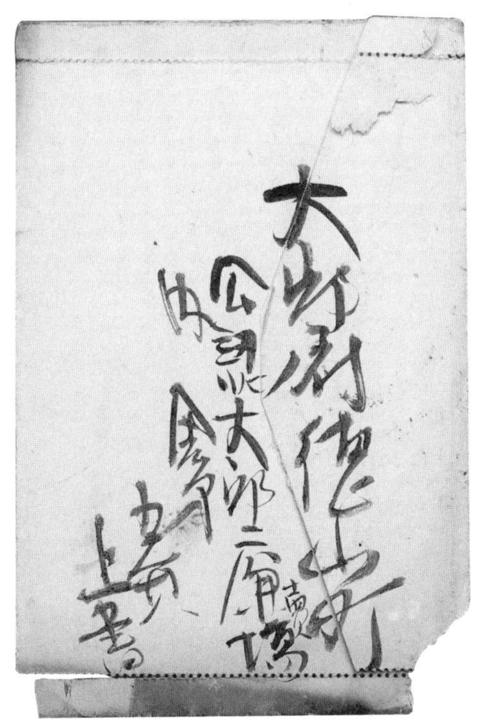

❸

1930년 2월 25일자 소인

五卨이 權五箕에게

大邱 德山町 三五 公認 大邱廉賣場 權五箕 君

서울 峴底洞 一0一 兄 五卨

五箕君!

一月 八日 아버지끠서 나리우신 下書와 君의 二月에 던진 片紙는 곳 읽었다. 어룬들 安寧하신 消息 드르니 무엇보다도 반가웁다. 歲水가 빨러서 발서 雨水도 지나었다. 이때에 君의 旅体安旺하며 外家에로 어룬들이며 젊으니가 모다 福田에서 잘 지나는가. 兄은 無事하다면 無事하다 하겠으나 몸이 조곰 괴롭다. 君아 遠湖兄은 鶴山君 다 同居하다고 매우 반가웁겟지. 壽鎭君의 病勢는 엇던가 簡切히 알고 싶다. 내가 몬저번에 말하든 册子는 그만두어라. 돈이 없이 엇지 能히 求得하랴. 그리고 말이 어렵다마는 五円金을 郵便으로 差入할 수 잇스면 하여다고(抑지로 하지 말고 할 수 잇는 대로) 이 편지 보고 곳 집에 어룬님끠 나의 편지 받엇다고 엿주어 慰勞하여 드리어라. 龜城 杏村洞 三六-四 申貞均氏의게 片紙하여 遠湖·鶴山의 安信을 물어보아라. 할 말 이만.

二月 卄一日 舍兄 卨

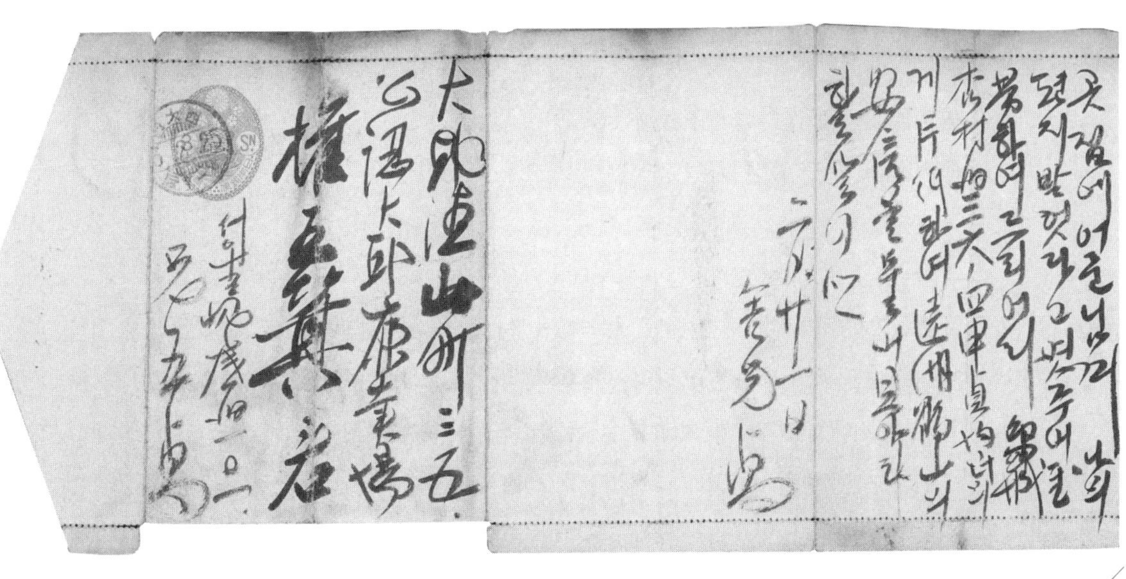

❶

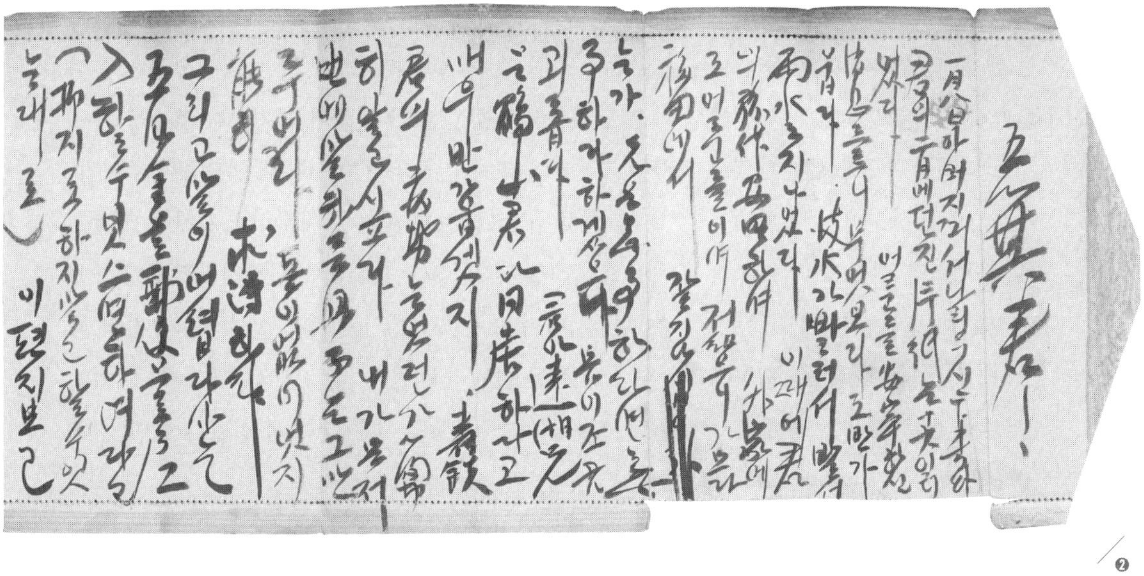

❷

1931년 7월 13일자 소인

權五稷이 안동 집에

慶北 安東郡 豊西面 佳谷洞 權五稷 本第入納

京城府 峴底洞 一〇一 番地 權五稷

七月 八日

去月 上書는 보섯습니까. 兄主 還庭 大邱 經由 付送信과 金五圓 奉良後 消息 없으심 비록 오라지는 안으나 굼굼한 생각은 오히려 一般인 듯합니다. 이때 夏炎에 연하와 父主 外內分 無限心慮中 氣力 如前萬安이시며 大母主 老來添候 幸여나 無故하시오며, 어머님 膝下에 게신 아자마님 各 동서분 어린 大任이 다리시고 平安하시오며, 兄主는 還庭하섯는지 두루 굼굼한 生覺 멀니 그려워함니다. 然 어렵은 春窮과 지리한 여럼에 엇지 經過하섯습니까. 모던 생각이 空然한 것인 줄 모르는 바는 아니올시다마는 모든 어렵은 困難하신 中에 게시고 쓰라림을 격그심을 마음으로 살피게 될 때 저절로 아니할 수 없습니다. 그러나 쓸대없이 하는 것임을 알므로 恒常 그대로 알 뿐이며 다만 엇더케나 平安히 게서주섯스면 함을 默想할 따름임니다. 저는 恒常 心願하지요. 반듯이 튼튼한 生活을 하실 것이라고. 物質的 困難을 익이시고는 能히 涉世하시리라고. 저의게 말슴하신 바 堅定心하려는 것을 돌녀 엿주어 들이나니 傷心을 말으시고 먼저간 누구도 튼튼하엿고 只今에 잇는 그놈도 튼튼하거니 이러케만 생각하여 주시압. 幼少時 教訓하신 바 튼튼치 못한 것을 賤한 것이라고 卑怯한 動作을 나무러심 간간히 想像함니다. 恒産의 欽上으로서 恒心의 定하심 難窮하실 덧. 그러나 千萬 健安한 생각으로 安康하심만 焦思熟願함이외다. 小子는 只今 無事히 지나며 요지음 날씨가 比較的 선선하와 兄主의 差入하신 玉洋木 옷으로서 適當히 지납니다. 公判은 한번 延期된 後 無消息이올시다. 이 后에도 公判開廷에 對하여는 밖에서 먼저 아르실 듯 通知하심 바랍니다. 할 말삼 만흐나 이만 내내 安康仰祝.

二日 子 오직

尹氏의게 付托하신 書籍은 아직 들오지 안엇습니다. 書적(來后로도) 差入은 郵送이라야 잘 들오게 되니 이리 아시오.

❶

❷

○년 7월 23일자 소인

族從 五愼이 西大門刑務所에 있는 權五卨에게

京城 西大門刑務所 內 權五卨 展

慶北 安東 佳洞 族從 五愼 郞代

面之已久에 書亦闕焉하니 尋常耿耿은 平時도 猶尙不勝이온 況今日乎아 際玆에 得見抵河北叔氏書하니 如見面目이라 그른대 此時의 精神上煩悶과 肉體上苦困을 何勝堪處오 坐想者驚魂種種이라 그르나 素患亂行患亂은 古人이 有訓하니 惟望自衛自重하고 自剛自毅해라. 從은 食穀之虫이라 何足道哉 惟倖重省免添하시고 一門老少節이 亦無故而君家節도 亦無他나 然이나 叔氏內外分慈念所至에 豈不憂慮深切哉아 그른대 大同之憂인 旱災가 亦是良貝(狼狽)라 濟接을 何以爲之오 言多紙小都留不足

본 지가 이미 오래되었는데 서신마저 없었으니 항상 그리워함은 평시도 오히려 참지 못하겠거늘 하물며 오늘에 있어서리오? 근간에 하북 아저씨에게 온 편지를 얻어보니 얼굴을 대한 듯하다. 그런대 지금의 정신상 번민과 육체상의 고통을 어떻게 이겨내는고? 앉아서 생각하니 혼이 나갈 일이다. 그러나 '어려움에 처해서는 어려움에 맞게 행하라' 고 한 것은 옛사람이 가르친 바이니 오직 바라건대 스스로 지키고 스스로 존중하며 스스로 굳세고 스스로 씩씩하도록 노력해라. 나는 양식만 축내는 몸이라 무엇이라 말할 것이 있겠는가? 다만 양대 어른들이 별일이 없으시고 문중의 늙은이나 젊은이가 또한 무고하고 자네 집안에도 별일은 없으나 아저씨 내외분의 자애로운 마음이 지극하시니 근심걱정이 깊고 간절하지 않겠는가? 그런데 공통적인 걱정은 가뭄이 또한 낭패이다. 이 일을 어찌하리오? 할 말은 많고 종이가 적으니 모두 이만 줄인다.

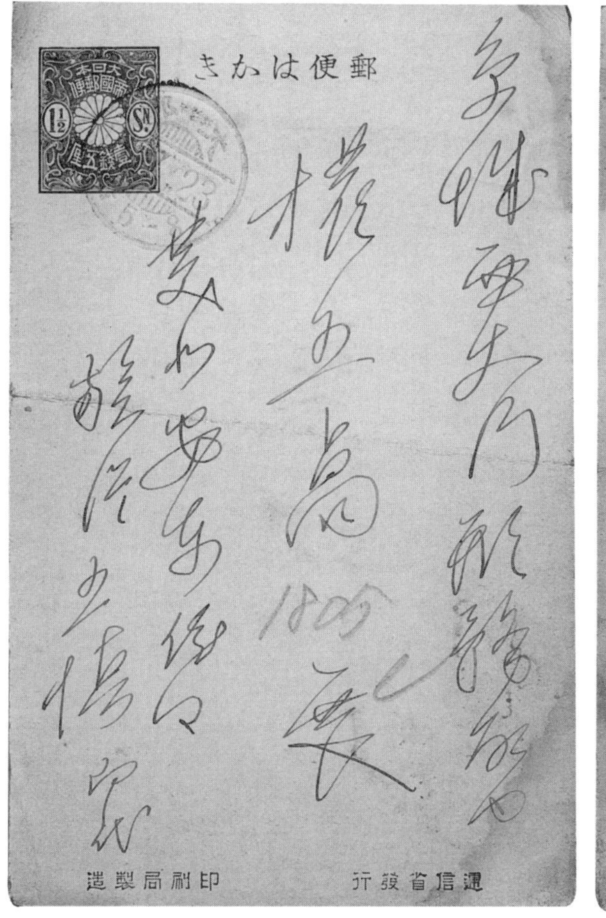
郵便はかき

遞信省發行 印刷局製造

❶

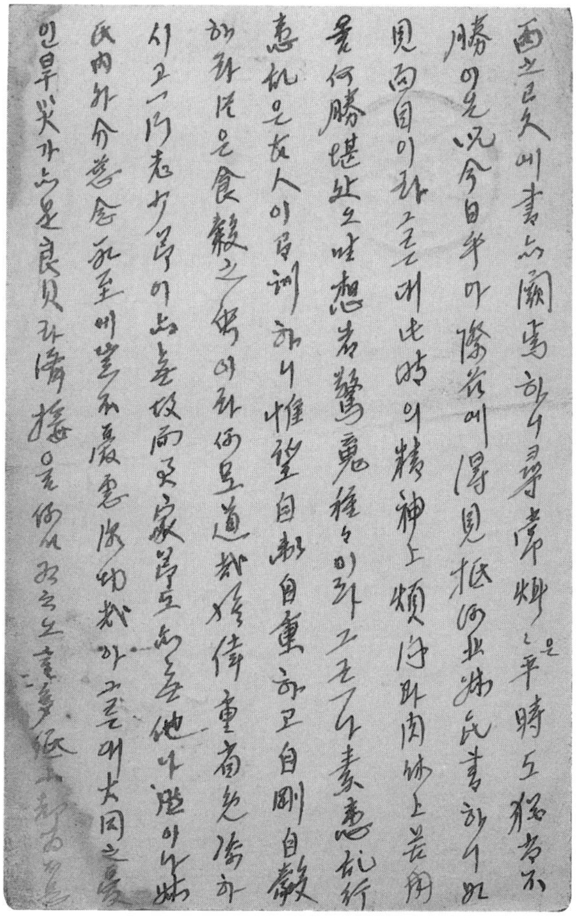

❷

날짜 미상

權五箕가 西大門刑務所에 있는 金南洙에게

京城 西大門刑務所 內 金南洙 兄

安東 佳日 權五箕

兄님, 旧 七月에 올나가서 兄님을 面會라도 하며 보고 올 作定이엇섯든이 如意치 못하와 그저 도라선 악의 마음, 섭섭하기 한양업섯읍니다. 그러나 볼만한 册이라도 差入하고 올나 하엿든 것이 册도 업서서 差入치 못엿읍니다. 容恕하여 주십시요. 변변치 못하오나 다른 册 살 수 업서 天路指南 一册 付送하온이 심심할 적 보십시요. 요사이 날시는 철을 차저 찬 서리 나리는 잇때 獄中 兄님 몸씨 健康 如何. 이곳 아우는 한글갓치 그 모양. 豊山 安東도 볼 모양 업습니다. 남은 동무는 편습니다. 이만.

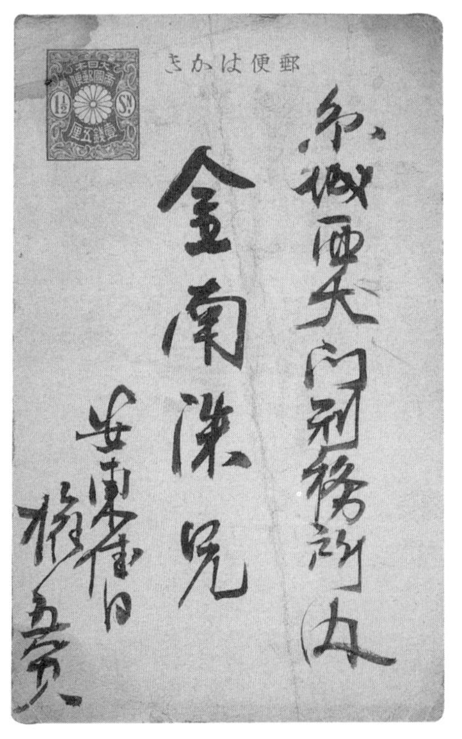

郵便はかき

京城西大門刑務所內

金南洙兄

安東佳日

權五箕

❶

❷

날짜 미상

五嵩이 西大門獄에서 權泰東에게

市內 堅志洞 八八 權泰東 氏

西大門獄 囚人 五嵩

보고 싶은 泰東氏끠

몸의 康旺과 집의 泰平을 仰祝仰祝 이 不出인 宗末은 날마다 追悔의 深切함을 떨아 心神의 修養이 새로워지는 듯 그러나 몸이 良貝임니다. 上下 肢節痛은 勿論 가슴이 더옥 難堪인 中 목으로 붙어는 가아금 검붉은 덩어리가 病心을 더옥 놀내게 함니다. 營壽의 干係인지 醫師의 親切한 수고를 입으되 늘 그러함니다. 더구나 요사이는 죽을 먹게 앒음니다. 二·三日內에 밥을 먹겠음니다. 泰東氏여 엇덯게라도 밥을 周旋하여 보십시요. 내가 말하지 아니하더라도 크게 걱정하실 줄 암니다만 다시 부탁함니다. 아- 白地에서 굶으며 벗으며 헤매시는 것을 뻐-ㄴ히 알면서 이런 말을 하는 것이 面目이 없다 하기보다 가슴이 쓰리기 한정 없음니다. 病無可奈의 所致임니다. 臥意以前에 差入하여 주시든 어룬의게 呈書는 返戾되엿어요. 그리고 五箕君으로붙어 內叔主의 주시는 것이라 하며 돈 三圓이 왔음니다. 여긔 맛기어 있는 것과 合하여 五圓이 있는데 一円 五十錢은 요사이 죽을 먹음으로 鷄卵을 사서 먹음니다. 남어지 三圓五十錢은 이 片紙 보시고 아모리 칩더라도 곳 거름하시와 取下하여서 밥을 들이어 주시오. 부대부대(鷄卵이 쩔어지는 날붙어) 그리고 다음으로 아모조록 繼續하도록 周旋하여 주시오. 空想의 말임니다. 周旋하여서 私食이 들어오게 되거든 食主의게 "病으로 因하여 밥을 밧지 아니하는 境遇에는 (죽을 먹기 때문에) 반듯이 그代로 鷄卵이나 牛乳를 代入하라"고 申申히 付託하여 주시요. 입은 옷은 두터우나 치움니다. 툭툭한 두루막이가 있었으면 - 아 - 모다가 수고뿐이며 렴치없는 것뿐임니다. 汗汗. 집을 移舍하게 되는 때는 곳 片紙하여 주시오. 제가 모든 것을 부탁하고 싶을 때에는 泰東氏밖에 아는 사람이 누가 있음니가. 慶雲洞 집 番地를 가르치어 주시오. 마즈막으로 新年이 不遠함니다. 數字로써 祝意를 呈하고 마침니다.

「날이 새로울사록 몸이 새롭게!

달이 새로울사록 맘이 새롭게!

해가 새로울사록 일(行)이 새롭게! 되어지이다」

十二月 十四日 午後 宗末 五嵩 上

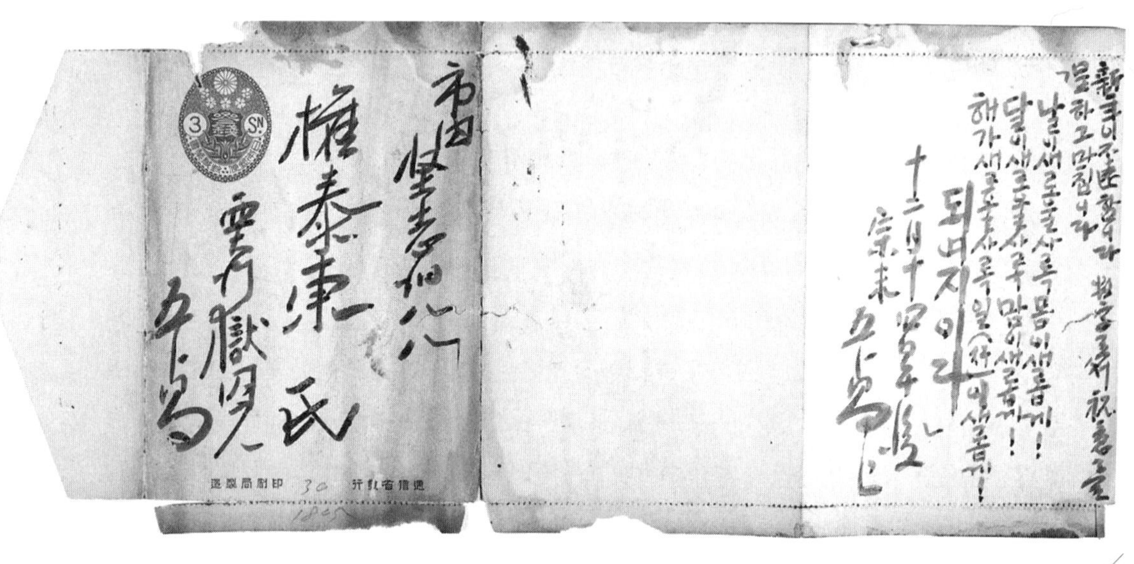

❶

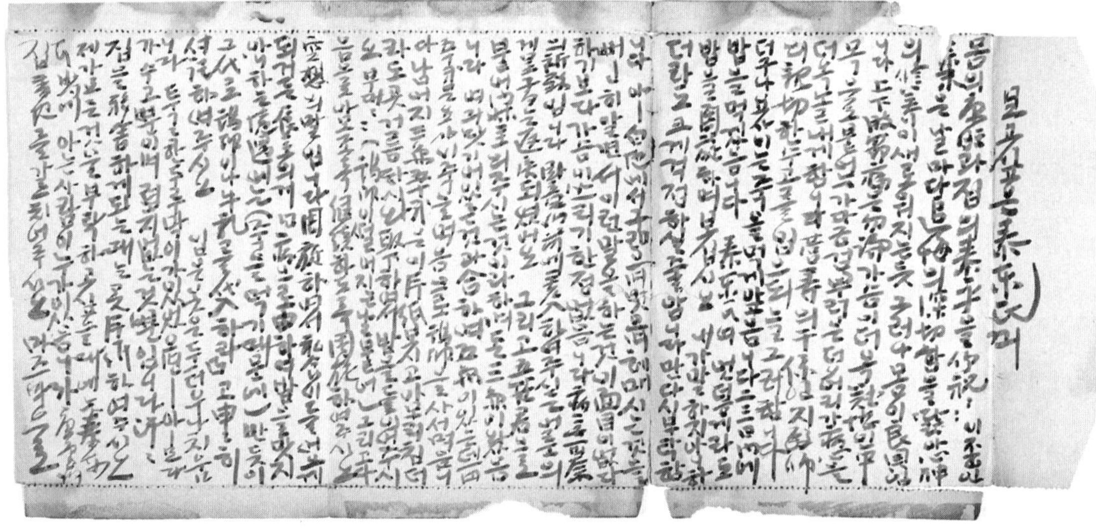

❷

날짜 미상

權五卨이 西大門刑務所에서 柳宗佑에게

大邱府 錦町 米紬會社 柳宗佑 君

京城 西大門刑務所 權五卨

서로 맛나지 못한 지가 몃 해인가. 맛나지 못함은 形便이 形便이엇는지라 허는 수가 업섯지마는 한쪽 조희도 서로 밧구지 못함은 全혀 나의 不敏한데 責任이 만타 새로히 붓그러움을 무엇이라고 말할 수 업네. 君아 內從君아 平安無事時에는 아모 말이 업시 지나다가 어느 때든지 나의 急한 形便에 處하여서 每樣 君의게 걱정을 말하니 나의 心情도 또한 잘 알 줄 모르는 바는 아닐세. 그러나 君! 君밧게는 다시 말할 곳이 업는지라 엇더케 하는가? 恕諒하여 잘 바더주면 多幸이겟네. 다름 아니라 五箕君이 上京 後 父主下書 밧들어 自殺이니 무엇이니 한다고 저의 동무들의게 말하고 집을 떠낫다 하시엇데. 그런대 上京 後에 진즉 편지 보앗더니 近間에는 二週日 갓갑도록 消息이 茫然하다. 집으로 片紙하여스되 無答일세 君! 會社에 잇는 몸이라. 매우 밧브지마는 사람 한아 살리어 주게 除百事하고 二三日間 休暇를 어더서 上京하여 西大門刑務所 前 私食差入商 秋鴻淑 氏宅을 차저서 仔細히 무르면 알 터일세. 아마도 只今부터 二週日前 今日까지 감옥 건느편 山上에서 兄님이라 日夜呼哭聲이 듯기는 것이 그것이 五箕가 아닌지? 萬一 그러타면 곳 죽게 될 것이다. 부대부대 이 片紙 보고 곳 上京하여 救援하여 주면 今日의 罪惡의 이 몸이나 日後 出獄하여 恩惠갑겟네. 上京하여 下來 拾圓는 나의게 잇네. 부대부대.

左右間卽答 祝君便安耳

四月 二十日

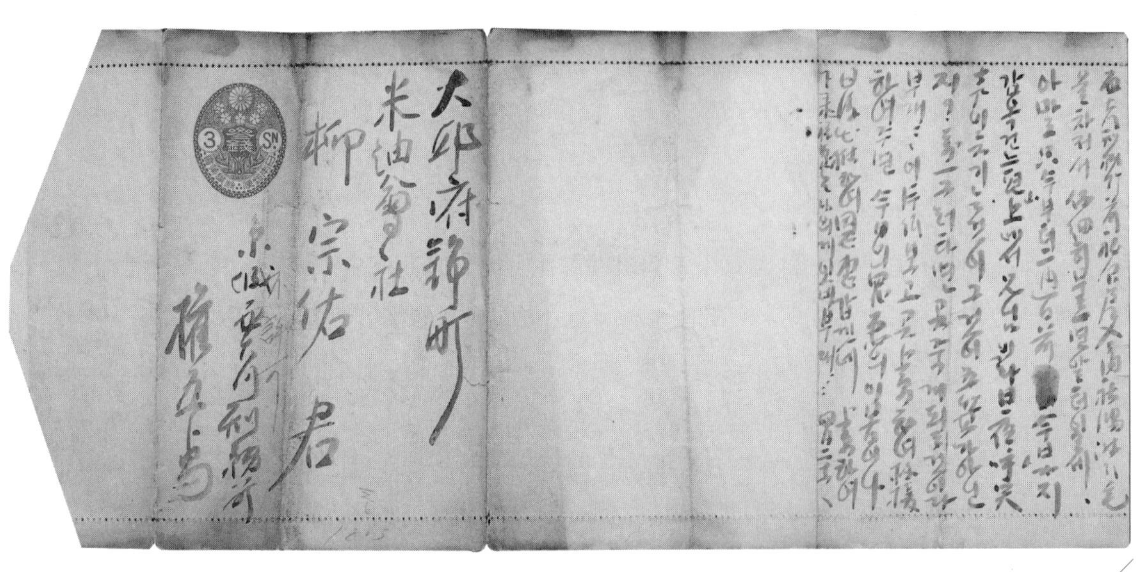

❶

❷

날짜 미상

權五卨이 西大門獄에서 黃信德 · 趙元淑에게

市內 松月洞 三의 二 黃信德 趙元淑 氏

西大門獄 囚 權五卨

누의님이여! 맛나도 할 말은 다 할 수 없고 오히려 담담하기는 맞나지 아니할 때보다 더 할 뿐임니다. 그동안 앞은 가슴 더옥더 치시지나 아니하였음니까. 낮이나 밤이나 그러케 이놈으로 由하여 애를 태우시는 일을 생각하면 木石보다 無感覺한 이놈이지마는 무엇이라고 말할 수 없음니다. 그런 中 또 빤빤한 낱으로 얌치없는 붓을 들어서 몃 마듸 말슴을 꼭 엿주겠음니다. 아! 이놈의 요만한 쪽紙 일지라도 한 번 얻어 쓰자면 一週日 以上이 걸리어서 비롯오 붓을 잡게되는 것임니다. 아모리 이놈의 것이라도 심상히 보아 넘기시지 마시고 留의 하시와 再三 명심하여 보시압시면 다행이겠음니다. 社會에 있는 사람의 사이일 것 같으면 엽서 한 장이 그러케 所重할 것이 없지마는 今日 이놈의 이 말슴은 特히 注의하여 주시면 彼此間 慰安을 얻겠음니다. 누의님! 누의님! 말이 迫切함니다. 아마도 누의님꾀서 이놈의 말을 右耳로 들어서 左耳로 새워바리시는 듯 正말로 답답함니다. 나의 冊에 對하여 볼만한 것을 쏙 보아달나 하였든 것은 아직도 얻어보지 못하였음니까? 보지 못하였으면 信덕 氏와 相의하시고 꼭 보아달나고 엿준 일을 잊었음니까. 太牛面 宇生洞은 黃氏의 外家곳임으로 잘 암니다. 아모조록 두 분이 잘 생각하시와 꼭 보아주시오. 黃氏가 不在하여 不知하거든 어렵고 또 어렵드라도 나의 外四寸 金起田氏의게 한 번 거름하여 잘 가르치어 달나 하시오. 그 사람의 住所에 가서 그 책을 엇드케 잘 보아주시면 萬丈生光이겠음니다. 또 이놈의 하는 말이 말 같지 아니하여 마음에 맞지 아니하고 의견에 틀리드라도 꼭 이놈의 식히는 대록하여 주시오. 神田氏 讀本 五卷을 꼭 보아주시오. 부대 보아주시요. 그 冊의 表紙 속장에 내가 熟語의 妙한 것을 가늘게 그 속장 全面에 써노핫슴니다. 그대로 보아주시면 아니됨니다(不許可될 터니). 그 속장(보시면 알겠지만 表紙의 속장의 白紙에)은 떼어서 불에 태우시고 그리하여서 꼭 보아주시오. 그러케 하지 아니하면 모처름 보아 주시어도 아모 효용이 없이 될 것임니다. 그 아니 彼此에 섭섭하겠음니까. 또 내가 그리어서 그 冊에 부처둔 그림이 한쪽이 있음니다. 그런 것도 印刷한 것이면 아모 關게 없지

마는 손으로 쓴 것은 樂書와 마치 한 가지인 즉 그것도 뜯어서 태우시고 꼭 보아주시오. 그대로 하여주면 또한 보아주시어도 아니 보아주신 것과 다름이 없을 것이니 아모리 수고스럽드라도 부대부대 식히는 대로 하여 주시오. 俗談에 어린아이도 치다가 울면은 속이 싀원하다고 이놈의 이와 같이 엿주는 請을 아모조록 식히는 대로 들어주시오. 그리고 여긔 있는 『ニユークラウン』 五卷은 取下하여 가시오. 누의여! 이놈의 冊 取下하여 가는 것은 한 卷이라도 이 사람 저 사람의게 빌리든지 賣却하든지 하지 마시고 꼭 누의님꾀 보관하여 두시오. 누의님 보기에는 헌책이라도 나는 冊을 나의 生命과 가티 所重히 넉이는 것입니다 부대.

또 잔소리임니다. 玉華가 자조 단기든 長沙洞 金막난이가 주는 冊은 注의하여 보아주시오. 남이 주는 冊을 여러 말하기는 그 사람의게 매우 未安함니다만 그 사람은 危險한 肺病患者임니다. 冊으로 由하여 傳染되면 그 아니 겁나겠음니까? 주거든 받기는 받어서 아조 消독을 잘하여 보아주시오. 日光폭쇄 그래도 미심다울 터인즉 불이 단 다립이로 表紙부터 씃장까지 모자라 타지 아니할 만치 다려서 殺菌하여서 꼭 보아주시오. 그러케 하지 아니하고 보면 사람이 죽게 될 것임니다. 부대 잔소리로 듯지 말고 식히는 대로 하여 꼭 보아 주시오. 부대 모든 모르는 것은 나의 外四寸 金기田兄님꾀 엿주어 배우시오. 이 편지 보여드리고 말슴 엿주면 모든 거슬 친절히 지시할 것임니다. 부대부대 이 편지 보시고 아모리 밧브드라도 回答을 바람니다. 아- 날은 곳 깁허가고 正말로 갑갑하여 견듸지 못하겠음니다. 부대 모든 것 식히는 대록 하여 주셧든지 아니 하셧든지 回에 이 片紙 보고 回示回示.

六月 十一日 權五卨 上

꼭 받어주시오. 이것이 所願임니다.

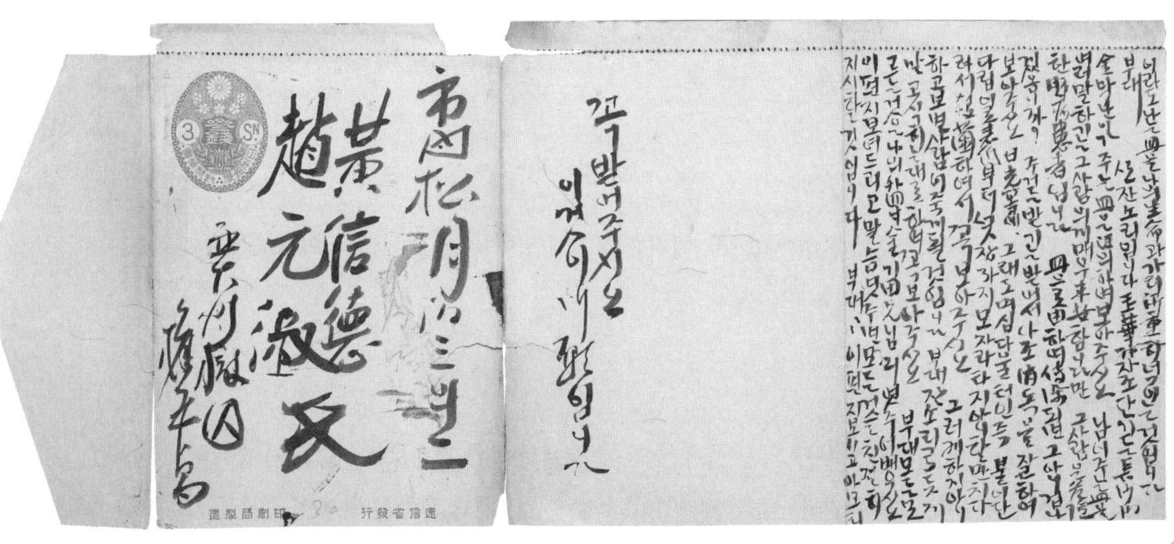

❶

❷

날짜 미상

權五卨이 西大門獄에서 黃信德에게

市內 松月洞 參-貳 黃信德 氏

西大門獄 權五卨

趙元淑 누의님의 住所를 잊어슴으로 이거슬 貴下끠 적어 올립니다. 그 누의님끠 速速히 傳達되도록 하여 주시압소서.

趙元淑 누의여!

아픈 가슴은 갈사록 태우게 되는 듯. 이놈은 樂園에서 晏然한 生活로 起居動作합니다. 누의시여! 누의시여! 이 罪에 埋된 놈을 救하여 주소서. 이 惡에 葬된 놈을 救하여 주소서. 日前에 누의님을 慰勞하여 드리기 爲하여 上呈한 冊은 보시어슴니까. 못 보시어슴니까. 오즉 萬一의 慰勞이라도 엇고자 할진대는 반듯이 讀書가 아니고는 他道가 업습니다. 잔소리임니다마는 讀書에 對하여 勸告하게슴니다.

1. 熱心 : 古來로 讀書하는 사람이 다 賢人君子가 되지 못한 거슨 그 讀書하는 사람의 心志如何에 달려슴니다. 또 發明家들의 이 世上에 업는 것을 그 探索하는 것도 心志에 달려슴니다. 다만 冊을 페어노코 눈에 보이는 글字만 그대로 읽으면 그야말로 徒讀임니다. 凡人의 肉眼으로 能히 보지 못하는 것이라도 나의 良心爐의 烈火로써 冊을 對하여 書를 讀하면 黑惡이 저절로 들어나고 心內가 유쾌한 一種 不可思議의 妙理를 엇게 됩니다. 아- 누의여 이러키 마음을 자브시고 讀書하시오. 첫재로 누의끠서 自慰安을 得하시고 다음으로 그 德에 이놈도 救원하여 주시오.
2. 順序 : 내가 드린 冊子를 이 順序대로 읽으시오. 첫 번에 新文典, 둘재 번에 要處正解, 셋재 번에 人乃天
3. 方法 : 요사이 世人들은 讀書를 廣告的으로 읽느니가 많어요. 衆人廣座中에서 내가 讀書한다는 거슬 자랑하기 爲하여 읽는 이가 많음니다. 누의여 그러케 마시오. 自古로 哲人의 無人空山에서 修養하는 것이 오즉 讀書의 靜寂한 處를 選擇함이외다. 아모조록 從容

히 이놈의 불효를 살아바리고 저로 하여곰 이 옥문 밧글 나가서 우리 어룬들을 잘 모시것케 하리라 쏙 믿어요. 예. 아버님! 이 자리이지마는 결코 비관하지 안코 될 수 잇는 대로 실코 쓰린 마음을 곤쳐 깃브게 마음을 가지고저 합니다. 예. 저 푸른 솔과 보드러운 풀과의 눈 쑤리고 어름이 얼사록 생긔가 오히려 굿굿함과 같이 온갓 걱정 갖은 고상 가온대서 우리 아바 어마는 한글같이 쏫쏫하시와 경사날을 보내고 다시 경사날을 맛지게 되며 앞으로 다시 만수무강하시리라 정말로 정말로 깃버하여요. 예 앗가 섧다 하던 쓰리다 하던 생각은 이러케 돌리어 생각한즉 다 살아지고 말어요. 아버지시어 이놈이 집에 잇서 곁에서 모시어 드리지 못하며 어린 동생이 바다 밖에 멀리 있다 하여 조곰도 섭섭히 생각치 마시압고 이놈의 가온대 아우 五箕 다리시고 아조 깃브게 아버님의 친하신 벗님들을 청하시와 아모 거리낌이 없이 아모조록 잘 지내도록 하여 주시옵소서. 이 자리에 있는 이놈의 오눌의 소원은 이것밖에는 다시 아모것도 없읍니다. 부대 서운하신 서급하신 마음을 잡스시지 마시압고 저 눈 속의 푸른 솔과 어름 밑의 보드런 풀의 풍상을 격글사록 百千年 변함없이 생긔 있게 되는 것을 보시고 경사의 날을 경사롭게 보내시도록 하여 주시어요. 예. 이놈은 여긔 있고 동생은 멀리 있어도 이것은 오늘 잠시 동안의 바람이라요. 서리라요. 우리 정산밑 풍산덜 우. 우리 집에 경사는 깃븜은 이로붙어 곳 피어오를 것이외다. 아버지시어 부대 섭섭한 마음 자시지 마시압고 깃브게 보내어 주소서. 아버님 나신 그해 그날의 열흘 앞날에 불효식은 다시 엿주오니 아버님 어마님 만수하시압소서. 한머님도 글력 일향하시압소서. 저근아버님 외내분도 평강하시압소서. 그리고 우리집 대소가 젊으니나 어린이나 모다 복전에 게시압소서. 외가이나 각처 사가이 모다 안태하시압소서. 온 문중이 무사하시압소서. 그리하여 우리 아버님 환갑날

늘 푸린 솔잣나무
눈올사록 더 푸리고
쏫감촌 아름단 풀
어름 얼되 새싹 틈은
지나간 골해 잘해도 그러 그러코
닿아올 골해 잘해도 그러 그러리
이와 같이
우리 아버님! 우리 아마님도

한 틈과 靜寂한 자리를 가려서 잘 讀書 後에 의심나는 것과 아는 것을 記억하여 두엇다가 아는 사람 親한 벗의게 의심나는 거슨 서로 問답하고 아는 것은 가르처주는 데서 讀書의 力이 늘어남니다. 아모것도 업다 볼 것이 업다고 落膽失望치 마시고 始부터 終까지 肉眼으로 보지 못하는 것을 心的烈火에 쪼여서 보시오. 快味가 自在其中임니다. 또 緊切히 말할 것은 아마도 맛나지 아니하면 아니 되게소. 나의 아우와 金애순의게 對한 婚說問題에 對하여 그 莫重人間大事를 談論키 爲하여 아모리 하여도 面會하여 주시오. 裁判長의게 이만 緣由로써 許可 어더서 日間 수이수이 꼭 맛나 주시오. 이거슬 請하는 이놈의 뻔뻔한 面目의 心中을 추찰하시고 쏙 面會하여 주시오.

六月 一日 權五卨

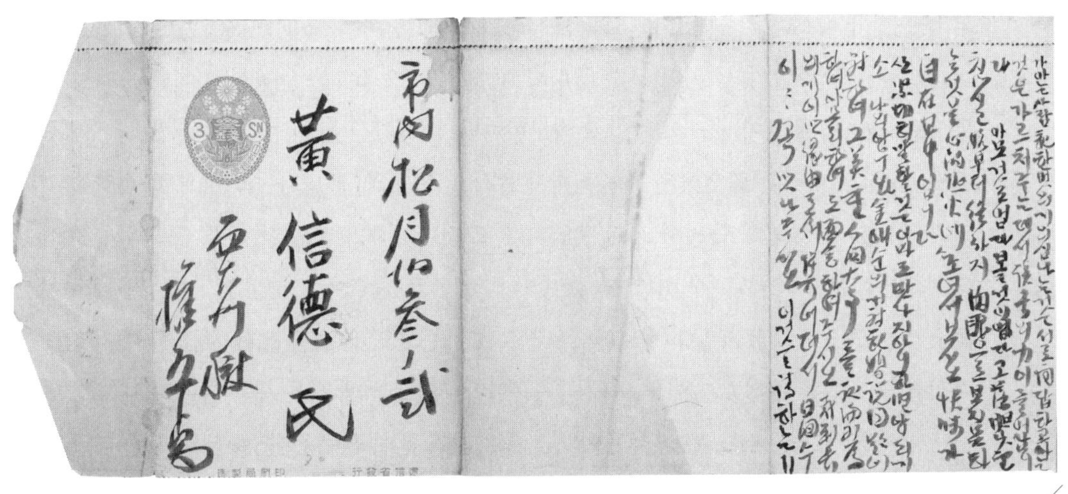

1

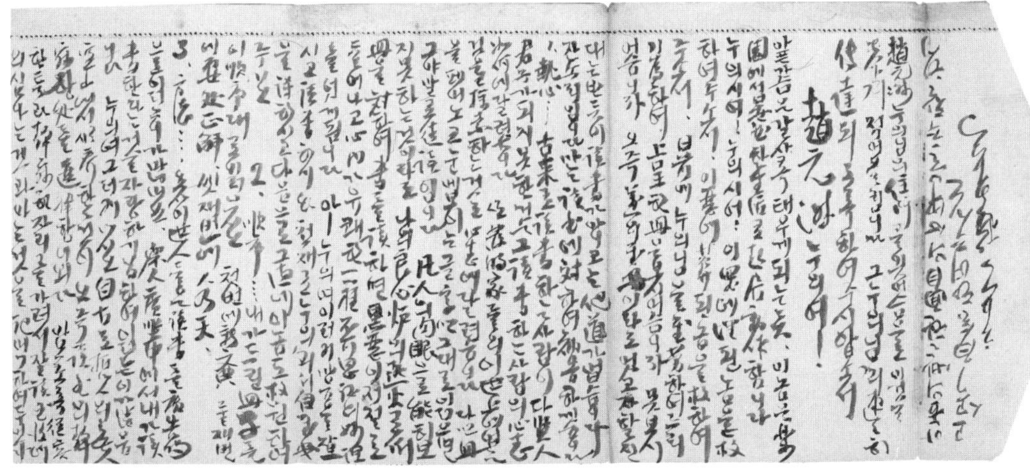

2

날짜 미상

五峀이 西大門獄에서 權泰東에게

市內 西大門獄前 差入商 秋鴻淑 方 權泰東 氏

西大門獄 五峀

安寧하십니까. 族祖시여! 두어 字 올립니다. 寒暄을 問기 爲함이라든지 文句를 修식하려 함이 아닙니다. 아모리 이놈의 것이라도 一字 一句에 再三熟味하여 주시압기를 敢望敢望 面會時에 잊어습니다. 族祖의 신발이 그런 것으로 엇드케 長마의 여름날을 배견하게습니까. 여긔 돈 貳拾圓이 이스니 平安대로 取下하시오. 나의 밥 먹는 거슨 只今 드려주는 것 먹은 뒤에는 여긔 官食만 먹게습니다. 돈이 무슨 所用이 이스리가. 또 겹옷을 差入할 것이 잇드라도 그만 두시오. 被告의 服만이라도 칩지 안고 自足합니다. 내어가신 册 四卷中 『クラウン』은 賣却하여도 無關합니다마는 新字典은 쏙 族祖끠서 보시오. 그 册의 册皮가 쎠러지고 內 속장이 치어진거슨 내가 册을 險히 돌려서 그런 것입니다. 그것이야 本來 關係할 거시 이습니까. 內容만 充實하면 그뿐이 아닙니까? 비록 헌 것이라나 첫 章至 씃 章에 句句字字가 매우 簡要하여서 無上의 慰安을 어들 良友일 거십니다. 부대 잘 보아주시오. 修養에 關한 童謠 한 가지 적어서 걱정 中의 大病을 곤칠 妙方이 되도록 하게습니다. “흰 조히에 검은 새똥. 누가 몰나보리마는. 흰 조히에 흰 새똥은 어느 누가 알아보리. 태워보세 쓰건 불로. 쓰건 불로 태워보세. 더런 냄새 코찌르고 누른 터는 똥 자취일네. 거룩하다 불의 威力 안 뵈는 것 들어내네. 이 妙理를 推究하여 精神慰安 어들세라” 참말로 金玉科條임니다. 讀코 誦하여 보시오. 實行하여 보시오. 體驗하여 보시오. 果然 不可思議의 큰 힘을 어들 것입니다. 또 원망 한 가지 하게습니다. 애숙함니다. 애숙함니다. 日前에 말슴하시기를 내어간 册이 쎨어지고 더럽기에 헌 거슬 태우셧다지오. 왜! 태우심니가 예. 안이 태우고 아니되오. 예. 이놈이 밉기로 책이야 미울 것이 무엇이오. 아니 태우고 아니 될 일이오. 참 답답함니다. 애숙함니다. 이 편지 보신 뒤에 日前에 말슴하시든 册을 差入하시고 또 不用者는 取下하여 가시오. 부대 落心 말고 失望 말고 잘 工夫하시오. 修養하시오. 片紙 보신 뒤에 쏙 回示하시오. 부대부대 온갖 근심과 많은 걱정 中이라도 前記 童謠와 갓흔 거슬 吟味 又 吟味하시오. 이놈의 말이 참인가? 거짓인가? 實試하여 보시면 알 것임니다. 凡然히 보지 마시오. 元淑 누의를 아모리 하여도 맛나지 아니하면 아니될 일이 이슴니다. 보시거든 말슴하시오. 수고 앗기지 말고 쏙 一日三秋 기다리게슴니다.

六月 一日 權五卨

秋先生

受信人 不在時는 先生님씌서 바드시와 市內의 누구의게든지 傳해 주시오.

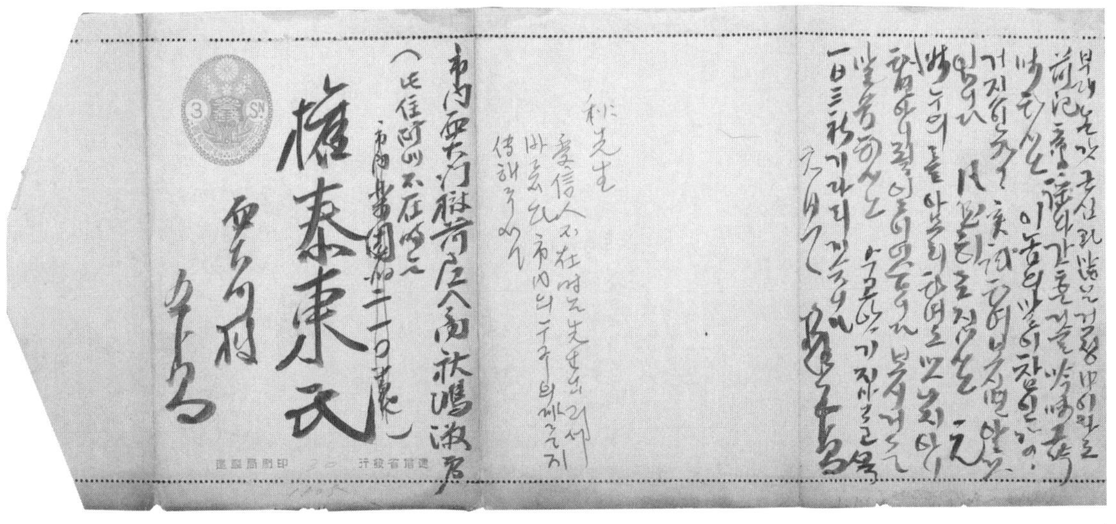

❶

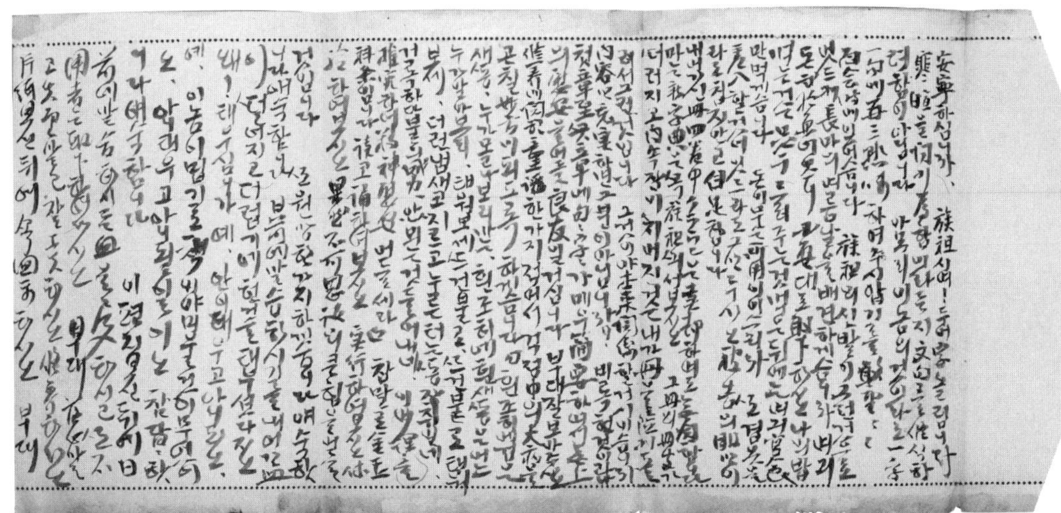

❷

에던 [illegible] 가은 信 [illegible] 에 [illegible]
형님 나 는 한나님 恩惠 [illegible]
후히 지내나이다 [illegible]
[illegible] 가지 갓다 왓나 [illegible]
은 [illegible] 가 좀 [illegible]
[illegible] 잇나가 自 [illegible]
게 만흔 [illegible]
으로 신자 [illegible] 님의 이야
校 [illegible] 하고 [illegible]
[illegible] 한 나다 언제 만 [illegible]
고 [illegible] 씨 으게 [illegible] 한 [illegible]
을 엇이 兼 하야 [illegible]
이 올시다 [illegible]
[illegible] 새해에 새 [illegible]
[illegible] 새 [illegible]
一九二一 [illegible]

편지자료

1910년대 및 1920년대 전반기

1915년 4월 12일

金德模가 權五鉥(오설)에게

相別幾何오 憶曾未知年月矣 恪頌暮煦에喬中體候來來錦安하시며 此所營事도間有喜豁之境歟아 并溸區區且祝弟은一自厥後로 別無在家之日而東宿西食하니儘覺塵臼中人物也 拙歎奈何오 且爲抵到浦項則此處은 從古名勝之地中況乎春和氣淸에 萬物이 正暢하고三街가 長通에 遷客騷人이 莫不遊償이고 歌妓舞童도 又多來集하니箇中眞樂이 可遊子之風流로다. 花朝月夕에 或縱比肩則海東下愁雲과 山南上火龍도 亦是 惹起乎爲客子之情懷中況乃養葭가 在波中央乎아 瞻彼每日에 猶添於古人之情하야 戀戀之懷가 不已于中이라 率起心神하야 數字修呈하니 在波吾兄은 幸或 諒處否아 笑覽後 付丙如何 多少情懷은 苗在早晏間相唔 不備一一候禮

大正 四年 四月 十二日

弟 金德模ヨリ 權五叙 殿

서로 헤어진 후 얼마나 되었는지 생각하니 햇수를 알 수 없습니다. 삼가 묻습니다. 늦은 봄에 객지에서 늘 건강하시며 경영하는 일도 더러 시원한 경지가 있습니까? 여러 가지로 궁금한 바입니다. 저는 한 번 그 후로부터 별로 집에 있는 날이 없이 동쪽에서 자고 서쪽에서 밥을 먹으니 정말로 띠끌 속의 인물이라 하겠습니다. 이 탄식을 어찌하리오? 그런데 포항에 도착하고 보니 이곳은 예로부터 명승지일 뿐만 아니라 봄기운이 맑고 깨끗하여 만물이 잘 자라고 삼거리가 길게 소통되어 있습니다. 선객과 글하는 사람들이 모두 즐기며 유람하고 노래하는 기생과 춤추는 아이들도 많이 모여드니 그 가운데 즐거움이 방랑객의 풍류입니다. 꽃 피는 아침이나 달 뜨는 저녁에 혹 어깨를 가지런히 하면 동해 저쪽의 근심 어린 구름과 산남 위의 화룡도 또한 나그네의 정회 가운데 일어날 것이니 하물며 재파의 마음속에 갈대가 자라겠습니까? 매일 저쪽을 바라봄에 오히려 고인의 정회를 더하여 그립고 그리운 감회가 속에서 그치지 아니 하는지라 갑자기 마음을 내어 몇 자 글을 올립니다. 우리 재파형은 혹시 이해를 하시려는지요? 웃고 보신 후에 불태워 버리는 것이 어떻겠습니까? 많은 정회는 조만간 만나서 이야기합시다. 일일이 안부를 묻지 못합니다.

1915년 4월 12일 제 김덕모로부터 권오서(오설-역자 주) 앞

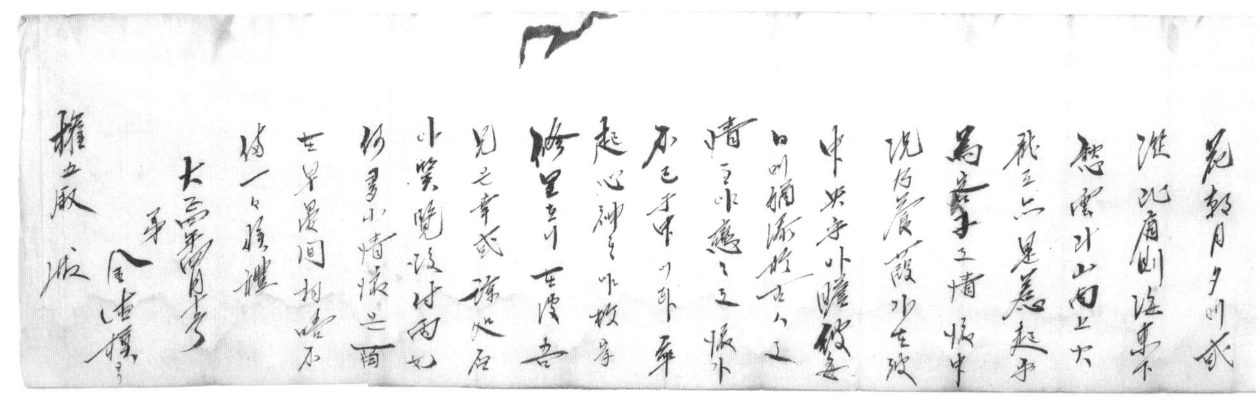

1915년 7월 초2일

五鋧(오설)가 아버지께

父主前 上白是

父主 父主 渠罪莫大 豈可以數禀達乎 渠在客地 不知父母朝夕之憂 渠獨安遊 罪莫大其一 昨冬於校村伏聞父主橫厄後 日夜哭又泣 主人問其怪然二三次 不答又問簡切 乃答 主人驚駭不已 日古語所謂雪上加霜 非此耶深歎也 雖然事至此境 將復何爲 勿爲深慮 從速上邱 請拜謁爲可 故時請上邱則同行爲好 而今日明日以至數月 竟未遂如誠 罪莫大其二 乃於陰四月初旬頃 與主同上邱 雖欲拜謁 聞拜必害無益而恐傷父主心氣 亦未遂進拜 罪莫大其三 月前內叔主行次始到三笠町 請拜謁 已駕歸 故出問林某家 方今出外云 故小竢 駕歸未知 勢不得已 周遊城內 至午正 到琴湖江橋 問於行人 已過漆谷云 渠切伏想不及 故乃歸製紙工場舊墟 內叔主前仰陳如許 日今日之事甚巧妙 閔我足之豆耳 又責子不敏曾或拜謁 今日無斯事

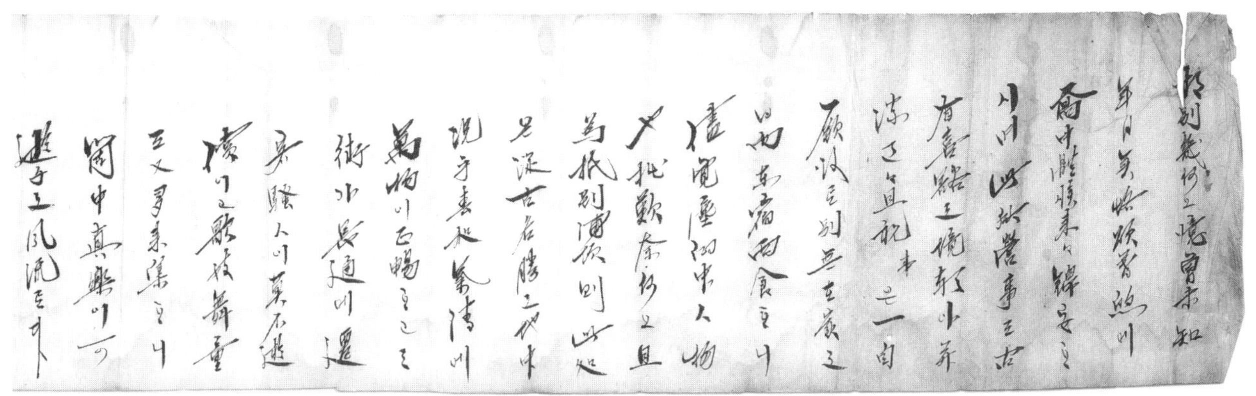

悉汝不敏故耳 又曰今日吾男妹父子叔侄 若會見 此必曰天賜大幸 而甚恨失時及汝不敏耳 明朝可發云 而渠則於心戰戰心不頓定頃刻 日明內叔主駕啓 渠當倍後未果 罪莫大其四 而日夜責罪而惟悚懼者 近數月來 未上平書罪莫大 況下書數次 姑未上答書 罪莫大其五 而時適錢乏故者 於月城便沮耳 然而當今世界 無罪人難活 況渠莫大罪莫多乎 惶悚曷勝 下書後逾月 伏未審旱天貴雲 祖父主外內分筋力連護錫難定退餘 氣體候不安 渠心尤畏 而母主平安 貴善兄弟從妹無頉 外家安寧否 伏慕區區不任下誠之至 子 二三日內前泄瀉與感氣苦痛時 上書美洞寓金辯護士前下二圓金 乃蒙再生之澤 今纔擧頭 伏幸何達就告 渠上邱後 朝夕登鱉岩上 望見呼歎 人於斯世 學問與經營來事 無非爲父母 保祖宗事 而渠則不然 不孝衝天如之何則可 今於休期 雖欲歸侍 難錢未遂悚歎 問二三日內 於校來金云 故自慰耳 下付書冊孟子一二三四五六七 各合部三册 與算學通編一册下受耳

乙卯 七月 初二日 子 五敍 上白是

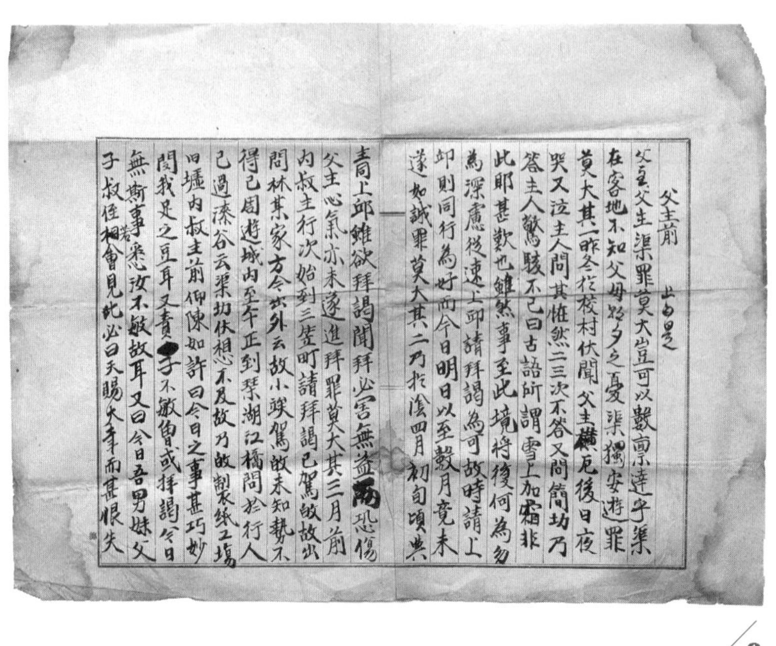
父主前 上白是之

父主父主渠罪莫大豈可以數稟達乎渠在客地不知父母朝夕之憂渠獨安遊罪莫大其一昨冬於校村伏聞 父主橫厄後日夜哭又泣主人問其怪然二三次不答又問篤切乃答主人驚駭不已曰古語所謂雪上加霜非此耶甚歎也雖然事至此境將復何為勿為深慮從速上邱請拜謁為可故時請上邱則同行為好而今日明日以至數月竟未遂如誠罪莫大其二乃於陰四月初旬頃與青上邱雖欲拜謁聞拜必害無益兩恐傷父主心氣亦未遂進拜罪莫大其三月前內叔主行次始到三笠町請拜謁已駕散故出問林某家方今出外云故小頃駕散未知勢不得已周遊城內至午正到琴湖江橋問於行人已過漆谷云渠功休想不及故乃往製紙工場旧墟內叔主前仰陳如許曰今日之事甚巧妙閔我足之豆耳又責子不敏曾或拜謁今日若無斯事悉汝不敏故耳又曰今日吾男妹父子叔侄相會見此必曰天賜大幸而甚恨失

❶

아버님께 아뢰옵니다.

아버지 아버지 저는 죄가 막대하니 어찌 자주 편지를 드릴 수 있겠습니까? 저는 객지에 있으면서 부모님이 조석으로 걱정하심을 알지 못하고 저 혼자 편히 지내니 그 죄가 막대한 것이 그 한 가지요, 지난 겨울에 교촌에서 아버지께서 횡액을 당하셨다는 말을 들은 후 밤낮으로 울고 또 우니 주인이 이상하게 여겨 몇 번이나 물어도 대답하지 않았더니 그래도 거듭 물어 그제야 대답하였습니다. 주인이 놀라 말하기를 "옛말에 설상가상이라 하더니 바로 이런 경우가 아닌가? 참으로 한탄스러운 일이다. 그러니 일이 이 지경에 이르렀으니 다시 어찌하겠는가? 너무 심려하지 말고 속히 대구로 올라가 뵈옵는 것이 좋을 것 같다" 하기에 대구로 가기를 청하니 동행하는 것이 좋겠다 하였음에도 오늘 내일 한 것이 몇 달이 되도록 뜻대로 이루지 못하였으니 그 죄가 막대함이 두 가지입니다. 음력 4월 초순경에 주인과 함께 대구에 가서 뵈옵고자 했으나 들으니 뵈옵게 되면 반드시 해만 되고 이익이 없을 테고 아버지 심기만 상하게 할 듯하여 뵈옵지 못하였으니 그 죄 막대함이 세 가지입니다. 월전에 고모부 행차가 처음 삼입정에 도착했을 때 뵈옵기를 청했더니 이미 떠나셨다고 해서 나와서 임모씨 집에 물으니 방금 나가셨다고 해서 돌아오시기를 얼마간 기다리다가 언제 돌아오실지 알 수 없어 부득이

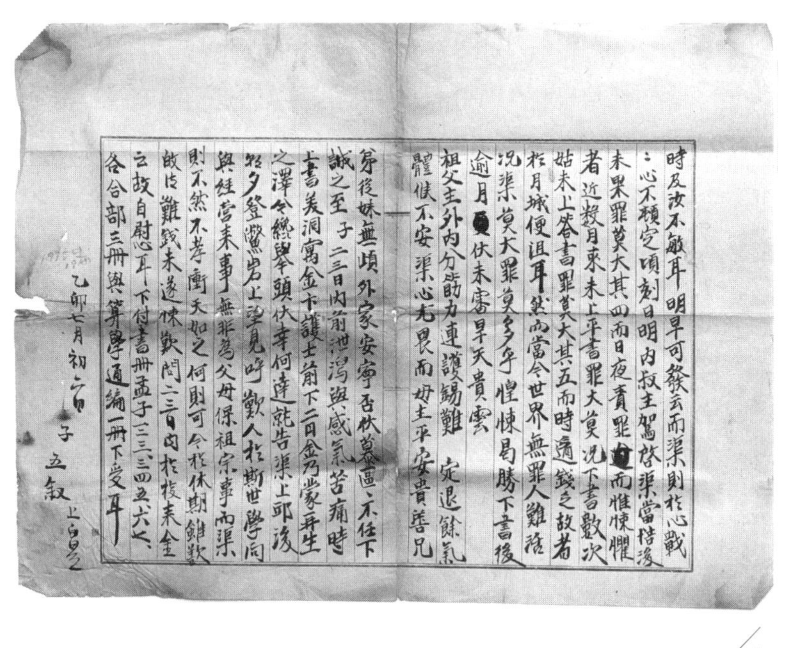
時及汝不敏耳 明早可發云而渠則於心戰
々心不穎定頃刻日明内叔主駕啓渠當措後
未果罪莫大其四而日夜責罪[illegible]而惟悚懼
者 近數月來未上平書罪大莫況下書數次
姑未上答書罪莫大其五而時適錢乏故者
於月城便阻耳然而當今世界無罪人難活
況渠莫大罪莫多乎惶悚曷勝下書後
逾月[illegible]伏未審旱天貴雲
祖父主外内分筋力連護錫難 定退餘氣
體候不安渠心尤畏而母主平安貴善兄
身後妹無頃外家安寧否伏慕區區不任下
誠之至子二三日内前泄瀉與感氣苦痛時
上書美洞寓金下護士前下二日金乃蒙再生
之澤今纔擧頭伏幸何違就告渠上邱後
朝夕登黌岩上望見呼歎人於斯世學問
與經營未事無非為父母保祖宗事而渠
則不然不孝衝天如之何則可令於休期歸歎
故此難錢未遂悚歎問二三日内於校來金
云故自慰耳下付書冊孟子二三、三四五六七、
各合部三冊與算學通編一冊下受耳
乙卯七月初六日 子 五叔 上白是

❷

성내를 돌아다니다가 정오가 되어 금호강변에 이르러 행인에게 물으니 이미 칠곡을 지났다고 했습니다. 저는 도저히 따라갈 수 없다고 생각되어 제지공장 옛터로 돌아가 고모부에게 사실을 말씀드렸더니 "오늘 일은 심히 공교롭게 되었다. 내 발만 부르텄다" 하시고 또 저의 민첩하지 못함을 꾸짖으시면서 "진작 뵈었더라면 오늘 이런 일은 없었을 텐데 다 너의 불민 탓이다" 하셨습니다. 또 말씀하시기를 "오늘 우리 남매, 부자 숙질이 만날 수 있었더라면 하늘이 준 다행이었는데 때를 놓친 것과 너의 불민함이 한스러울 따름이다. 내일 일찍 떠나겠다" 고 하셨습니다. 저는 마음이 송구하고 잠시도 안정되지 못하여 다음날 고모부가 떠나시면 제가 마땅히 따라가야겠다고 생각했는데 그러지 못하였으니 죄가 막대함이 그 네 가지입니다. 밤낮으로 죄를 뉘우치며 송구하게 생각하면서도 근 몇 달 동안 글월을 올리지 못하여 죄가 막대합니다. 더구나 아버지께서 몇 번이나 편지를 주셨는데도 여태 답서를 올리지 못하였으니 그 죄 막대함이 다섯 가지입니다. 그런데 마침 돈이 없어 월성 소식도 막혔습니다. 그러나 지금 세상에는 죄 없는 사람도 살기 어려운데 저는 죄가 더할 수 없이 많으니 황송함을 어찌 이길 수 있겠습니까? 내려주신 편지를 받은 지 한 달이 넘었는데 뵈옵지 못한 사이에 날씨는 가문데 할아버지 외내분의 근력이 항상 평안하시고 모시고 계시는 아버지 건강이 불안하셔서 저의 마음이 더욱 두렵습니다. 어머님 평안하시며 귀선 형제와 종매도 탈이 없으며 외가도 안녕하옵니까? 여러 가지로 궁금하기 짝이 없습니다. 저는 2, 3일 전에 설사와 감기로 고통받았을 때 미동에 사는 김 변호사에게 편지를 내어 2원을 받았으니 김 변호사에게는 재생의 은택을 입게 되어 이제 겨우 머리를 들게 되었으니 다행입니다. 저는 대구에 온 후로 아침저녁으로 별암 위에 올라 멀리 바라보며 소리 지르고 탄식합니다. 사람이 이 세상에 태어나서 학문하고 경영하는 것이 모두 부모를 위하고 조상 보호하는 것인데 저는 그렇지 못하고 불효가 하늘에 닿으니 어찌하면 좋겠습니까? 이번 휴가에는 집에 돌아가 모시고 싶으나 돈이 없어 뜻대로 하지 못하는데 들으니 2, 3일 내로 돈이 학교로 온다고 하니 자위하고 있습니다. 보내주신 맹자1·2·3·4·5·6·7 각 합부 3책과 산학통편 1책은 잘 받았습니다.

1915년 7월 초2일 아들 오서 올립니다.

1917년 윤 2월 13일

五卨이 아버지께

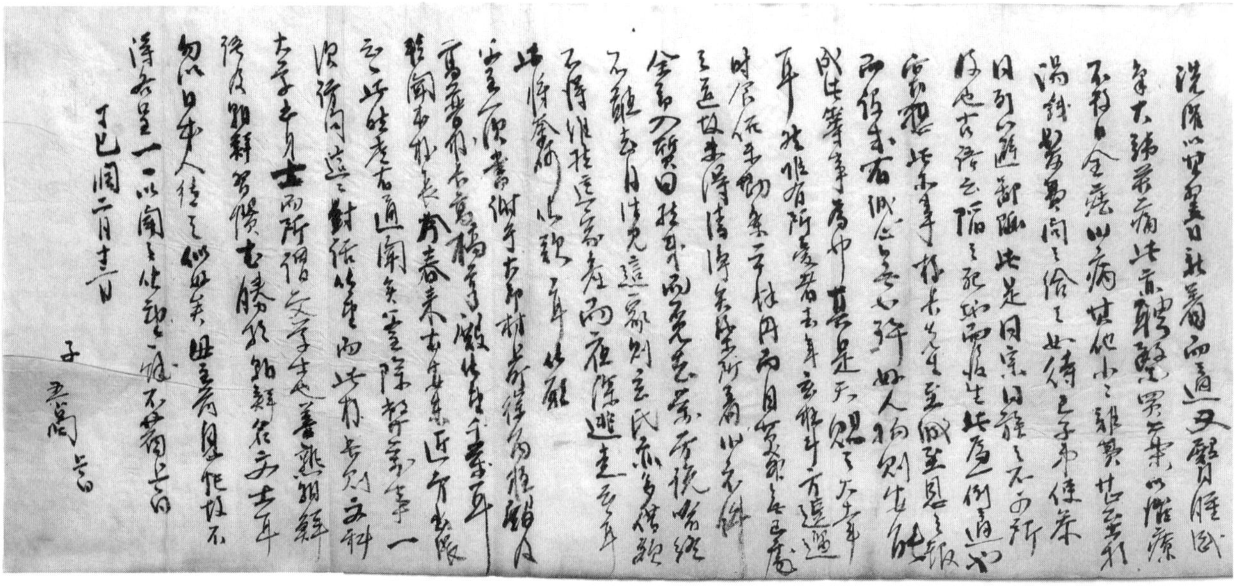

父主前 上白是

久闕上書下懷伏鬱伏未審仲春侍奠外內分氣體候萬支小家節康旺貴善昆季若豚阿充潤多食前浦遠湖消息數數通問而並在泰界門內都候均慶淸淨否並伏慕區區不任下誠之至子客裡眠息伏依前日伏幸萬萬耳就伏白渠之昨冬來以絕崔氏之緣後至今日狀況不可筆記盡矣歎之息之胡有瀾人之佛飢焉寒焉安望救生之德思思重思渠所希望與吾家希望不得已中途永絕耳歎以此上書貽憂也甚惶悚故今日明日遲延至此而學校長以下諸先生歎渠之貧寒惜渠之事情或補書册或助日費欲使學無能之學而在客者最難事食飮故前者先生之計策莫不歸虛地又有同益或可小小補助者此亦有不足之端耳將未免莫奈何奈何之歎又諸先生內以會議于敎室外以廣求這外人可寄可食處終得一處乃是大邱名紳士徐丙杜氏宅也家勢累代饒富人物尙今望名不可肩比而救貧恒族許

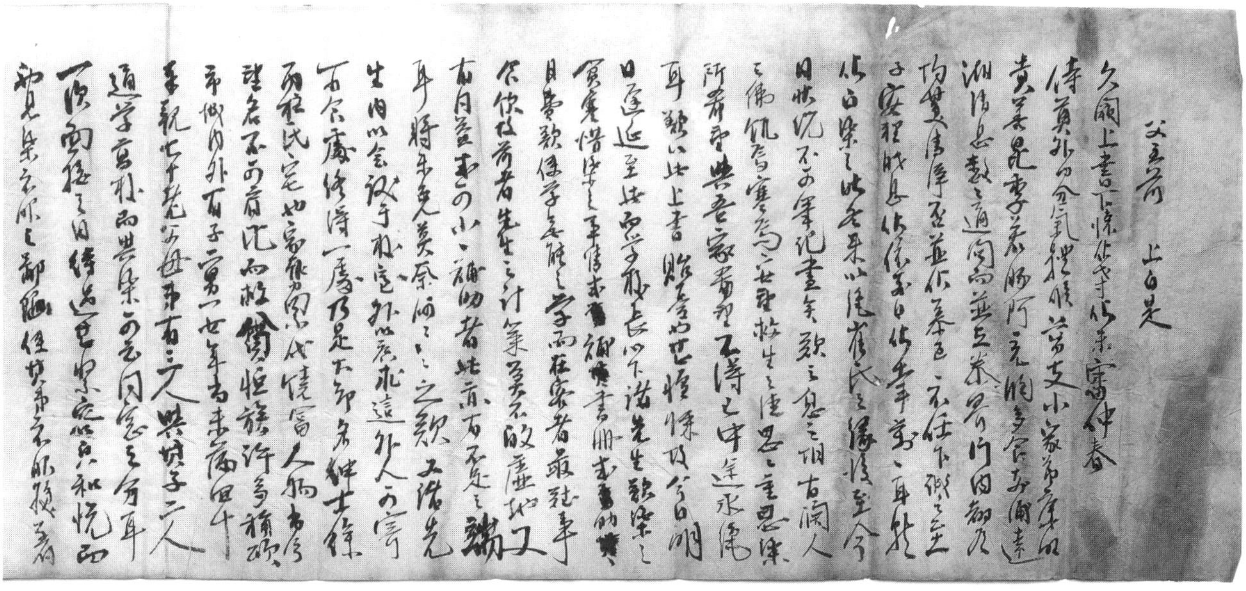

多稱頌市城內外有子二男一女年尙未滿四十奉親七十老父母弟有三人與其子二人通學高校而與渠可云同窓之分耳一次面接之日待遇甚緊容貌和悅而初見渠衣服之鄙陋使其弟衣服換着洗濯以其翌日新着而適又臀腫感氣大端幷痛此亦聘醫買藥以治療不數日全差以病其他小小雜費甚至於湯錢髮費問之給之如待己子弟使參同列以避鄙陋此是同宗同族之不可所及也古語云陷之死地而後生此爲一例適也竊想此等事校長先生至誠至恩之報而設或有誠心無如許好人物則安能成此等事爲也其是天賜之大幸耳然惟有所憂者去年玄極斗方逗遛時食價未勘條二十餘圓而自慶州無已處之道故未得淸淨矣渠所着舊衣件全部入質日特來而覓去萬方說喩終不聽去月往見這家則玄氏亦多借額不得維持這家産而夜深逃走云云耳此將奈何伏歎伏歎耳伏願父主一次書謝于大邱村上町徐丙柱殿及高普校長高橋亨殿伏望千萬耳轉聞本校長今春來有安東近方出張云云此時度有通聞矣父主除弊萬事一次訪問這這對話伏望而此校長則文科大學出身士而所謂文學士也善熟朝鮮語及朝鮮習慣尤勝於朝鮮名文士耳勿以日本人待之似好矣母主前悤忙故不得各呈一一以聞之伏望伏望餘不備上白
丁巳 潤二月 十三日 子 五卨 上白

아버님께 아뢰옵니다.

오랫동안 편지 올리지 못하여 송구하옵니다. 봄이 한창인 때에 할머니 모시는 아버님, 어머님 건강 좋으시고 작은집도 편안하신지요? 귀선이 형제와 제 아이도 충실하고 밥 잘 먹는지요? 전포와 원호의 소식도 가끔 들으며 태계의 문내도 두루 건강하고 편안하신지 아울러 궁금하기 그지없습니다.

저는 객지에서 잠자리와 식사가 여전하오니 천만다행입니다. 제가 지난 겨울 이래 최씨와의

인연을 단절한 후로 오늘에 이르기까지의 상황은 붓으로 다 기록할 수가 없습니다. 탄식하고 탄식할 일입니다. 부처님도 굶주리고 추위에 떨 지경이니 어찌 살려주기를 바랄 수 있겠습니까? 생각하고 거듭 생각해도 저의 희망과 우리 집 희망이 부득이 중도에서 영구히 끊어지고 말겠습니다. 이 편지를 올리면 걱정을 끼쳐드릴 것이 송구해서 오늘 내일 미루다가 오늘에 이르렀습니다. 학교장 이하 여러 선생들도 저의 가난을 탄식하고 저의 사정을 애석히 여겨 더러는 서책을 보충해주기도 하고 더러는 일용 비용을 보조하여 할 수 없는 공부를 하도록 해주었습니다.

객지에 있는 사람으로서는 먹고 마시는 것이 가장 어려우니 전에 선생의 계획도 모두 허사로 돌아가게 될 형편이고 또 친구들이 혹 얼마간 보조해주는 것이 있으나 이것으로도 부족할 따름입니다. 장차 어떻게 해야 할지 모를 형편이었는데 또 여러 선생들이 안으로는 교실에서 회의를 하고 밖으로는 널리 외인들에게 기식할 수 있는 곳을 찾아 마침 한곳을 구했는데 곧 대구의 유명한 신사 서병주 씨 댁입니다. 이 집 형편은 여러 대에 걸쳐 부자고 사람도 견줄 데 없을 만큼 명망이 있으며 가난한 사람을 구제해주고 민족을 사랑하여 칭송이 성 내외에 자자합니다. 2남 1녀를 두었고 나이는 아직 40이 못 되었으며 70 노부모를 모시고 있고 동생이 셋입니다. 그 아들 두 사람이 고등학교에 다니고 있는데 저와는 동창의 정분이라고 할 만합니다. 처음 만나던 날 대우가 융숭하고 반가운 얼굴로 대해주었으며 처음 저의 옷이 더러운 것을 보고는 그 동생의 옷으로 갈아입게 하고 저의 옷은 세탁하여 그 이튿날 갈아입게 했습니다. 마침 또 종기와 감기가 몹시 심하였는데 이것도 의사를 부르고 약을 사서 치료하여 며칠 안 되어 다 낫게 되었습니다. 그 밖에 소소한 잡비와 심지어 목욕값, 이발비까지도 주셔서 자기 자식처럼 대해주시고 자기 자식들과 같이 지내게 하여 더러운 것을 피하게 하여줍니다. 이것은 같은 일가친척이라도 하기 어려운 일입니다. 옛말에 이르기를, "죽을 곳에 들어간 뒤에 살아남는다" 했는데 이것이 한 예가 되겠습니다.

가만히 생각하니 이런 일은 교장 선생의 지극한 정성과 은혜 덕분이라 하겠는데 비록 정성이 있다 할지라도 이런 훌륭한 인물이 없다면 어찌 이런 일이 있을 수 있겠습니까? 이것은 하늘이 내려준 큰 행운입니다. 그러나 한 가지 걱정은 작년에 현극두가 머무르고 있을 때 밥값 20여 원을 갚지 않았는데 경주에서는 이미 조처할 길이 없기 때문에 청산을 하지 못했습니다. 제가 입던 옷을 모두 잡혀서 가져가라고 만방으로 타일러도 끝내 듣지 않았습니다. 지난달 이 집에 가보았더니 현씨도 역시 많은 빚이 있어 가산을 유지할 수가 없어서 밤에 도망가 버렸다고 하니 이 일을 장차 어찌해야 하겠습니까? 탄식하고 탄식할 따름입니다. 바라건대 아버님께서 한번 대구시 상정동 서병주 씨와 대구고보교장 다까하시 씨에게 편지를 내어주시기 바랍니다. 들으니 이 학교 교장이 금년 봄에 안동 근방으로 출장을 간다고 하니 이때 통지를 할 터니 아버님께서 만사를 제쳐두고 한번 방문하여 이러한 대화를 해주시기 바랍니다. 이 교장은 문과대학 출신의 선비로서 이른바 문학사입니다. 조선말과 조선습관에 특히 밝아서 조선의 이름난 문사보다도 우수합니다. 일본인으로 대하지 않는 것이 좋을 듯합니다. 어머님에게는 바빠서 따로 일일이 사뢰지 못합니다. 나머지는 다 아뢰지 못합니다.

1917년 윤2월 13일 아들 오설 올림

1917년 4월 30일 추정

五卨이 아버지께

父主前 上答書

老牧叔主便伏承下書伏喜何極伏承審祖母主平安侍奠

外內分氣體候萬支叔父主外內分將稱康旺貴善季阿與

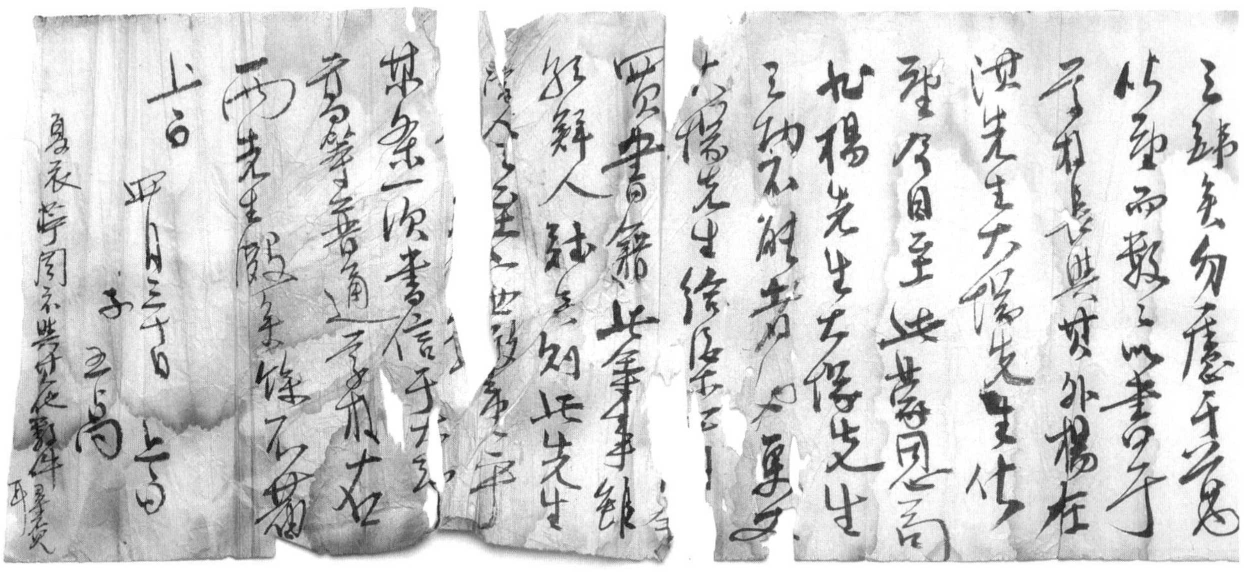

內從善做伏慰區區不任下誠子幸蒙好主人宅杜護之恩恩莫非尋常就伏白袷衣旣衣主人施恩之衣殆數日而今伏承此衣件伏想父母主勤念中出來者尙貽勞如此罪將奈何學校通知條此校內亦嘗知悉吾家事更無督促之端矣勿慮千萬伏望而數數以書于學校長與其外楊在淇先生大塚先生伏望今日至此蒙恩苟非楊先生大塚先生之功不能者也更又大塚先生給渠(數字不明)買書籍此等事雖朝鮮人難矣則此先生(數字不明)某條一次書信于大邱高等普通學校右兩先生殿矣餘不備上白

四月 三十日 子 五高 上白

아버님께 답하옵니다.

노목 아저씨 편에는 잘 받았습니다. 기쁘기 말할 수 없습니다. 조모님께서는 편안하시고 어른 모시고 계시는 아버님, 어머님께서도 평안하신지요? 종숙부 내외분도 편안하고 건강하시며 귀선 막내가 사촌들과 잘 지낸다니 위안이 되고 반갑기 그지없습니다. 저는 좋은 주인집의 보호로 은혜를 입고 있는데 그 은혜가 예사로운 것이 아닙니다. 아뢰올 말씀은 주인이 베풀어

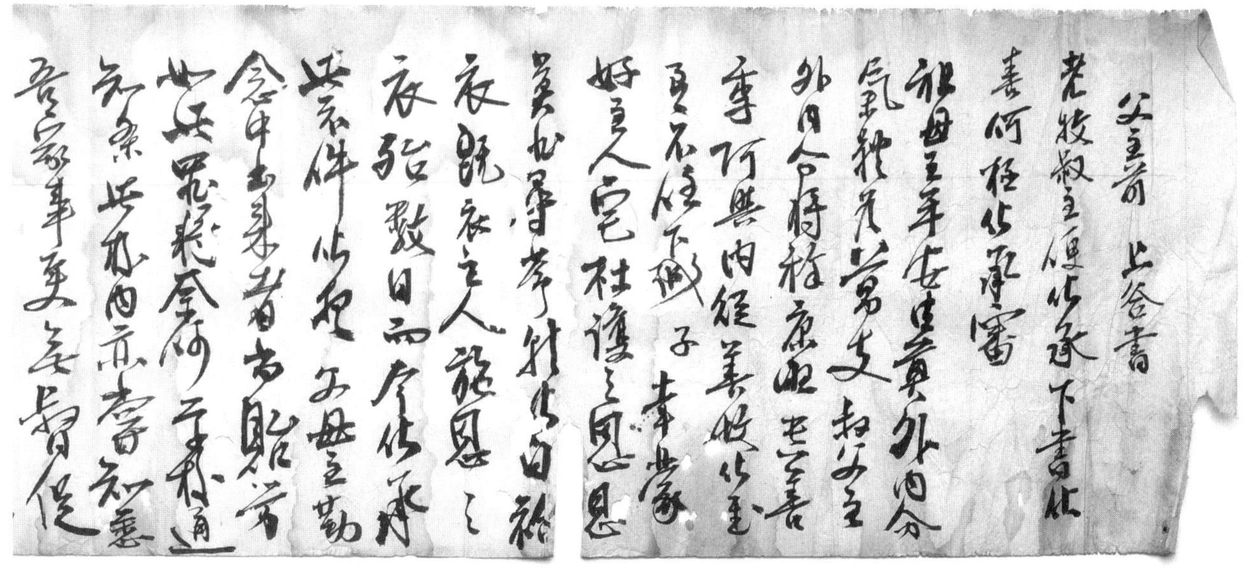

주신 좋은 옷을 얻어 입은 지 며칠 되지 않아 지금 이 옷가지를 받았습니다. 아버님, 어머님께서 애쓰시는 것을 생각하니 아직까지 이렇게 수고를 끼치는 죄를 장차 어떻게 하여야겠습니까?

학교에서 통지한 건은 이 학교에서도 우리 집 사정을 잘 알고 있으니 다시 독촉할 일은 없을 것입니다. 부디 걱정하지 마시기 바랍니다. 자주 학교장과 그 밖에 양재기 선생, 오오쯔까 선생에게 편지해주시기 바랍니다. 오늘에 이르기까지 실로 양재기 선생과 오오쯔까 선생의 공이 아니었으면 불가능할 일입니다. 또 오오쯔까 선생은 저에게-(글자 몇 자 불분명함)-책을 사주셨는데 이런 일은 조선인이라도 어려운 일입니다. 그러니 이 선생들에게-(글자 여러 자 독해될 수 없음)-모쪼록 대구고등보통학교로 두 선생에게 편지를 한 번 보내주시기 바랍니다.

4월 30일 아들 오설 올림

1918년 2월 24일

아버지가 權五卨에게

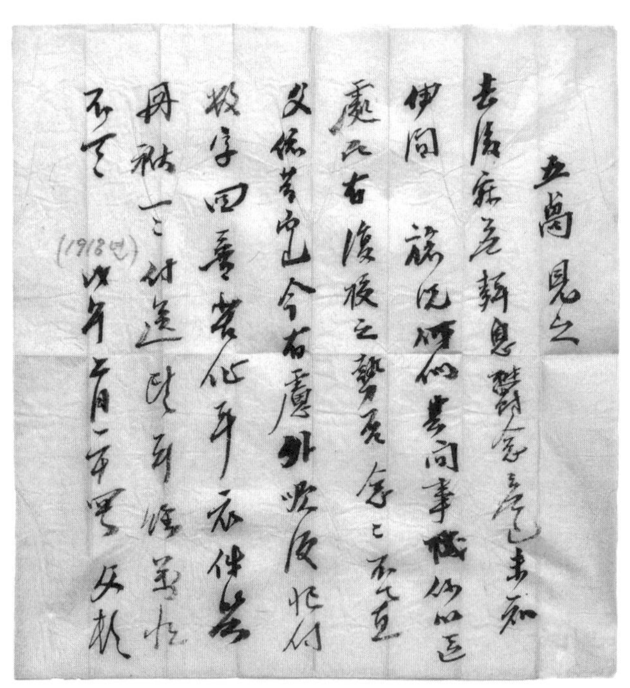

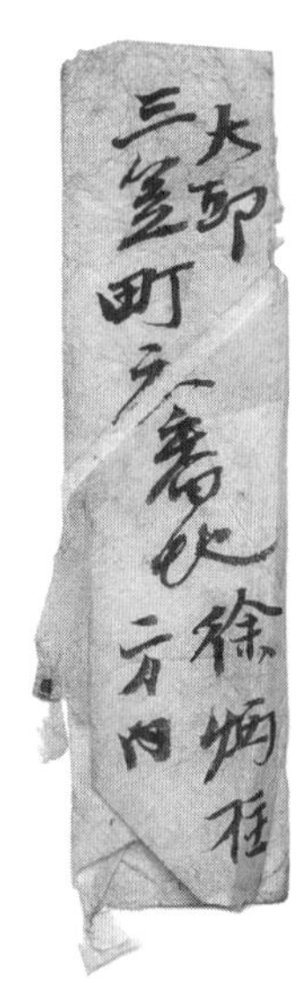

大邱 三壹町 六番地 徐炳柱 方內 權五卨

五卨 見之

去後 寂無聲息 鬱念無已 未知

伊間 旅況何似 其間事 何以區

處而有復校之勢否 念念不置

父 依昔而已 今有慮外順便 忙付

數字回音苦作耳 衣件若

册袱一一 付送望耳 餘萬 忙

不一一

戊午 二月 二十四日 父 頓

오설 보아라.

떠난 후 아무런 소식이 없어 답답한 마음이 한이 없다. 알지 못하겠노니, 그동안 객지의 형편이 어떠한가? 그동안 일은 어떻게 처리했으며 복교의 가능성은 있는지 없는지 항상 걱정이 된다. 애비는 여전할 따름이다. 지금 뜻밖에 인편이 있어 바삐 몇 자 소식을 보내는 바다. 옷가지와 책보를 빠짐없이 보내주기 바란다. 나머지 여러 가지는 바빠서 일일이 쓰지 못한다.

1918년 2월 24일 애비 씀

1918년 10월 26일자 소인

五高이 아버지께

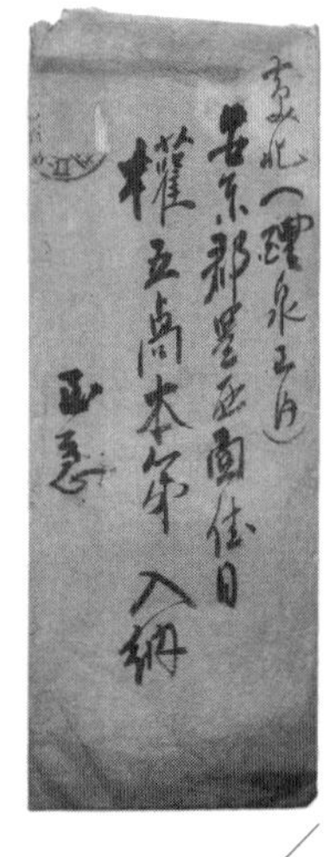

❶

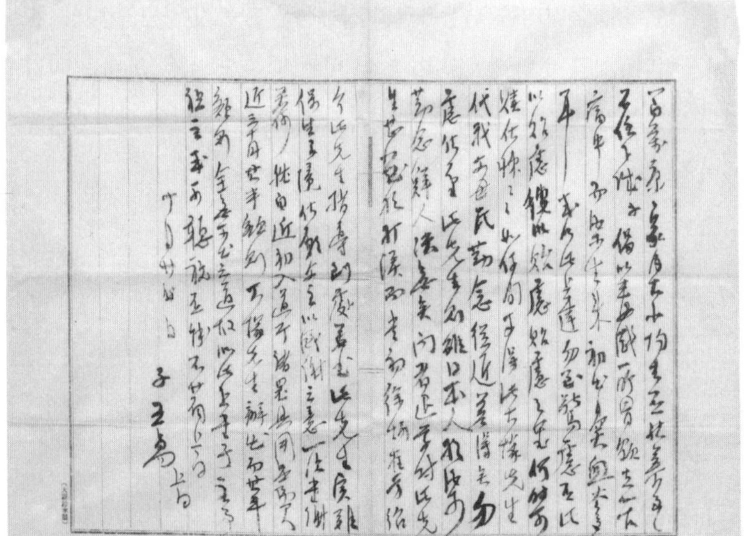

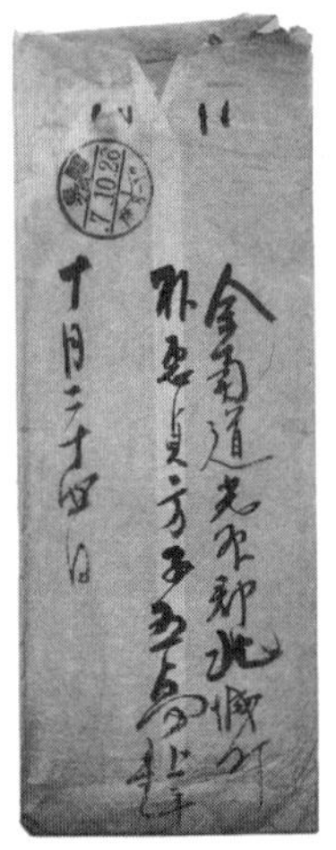

❷

慶北(醴泉區內) 安東郡 豊西面 佳日 權五卨 本第入納

至急

全南道 光州郡 北城町 朴惠貞 方 子 五卨 上平書

十月 二十四日

父主前 上白是

寶城兩度下書卽時下覽而渠所謂來此事竟無執柄者不能成而不可不欲歸之地前者同伴勸來者怒然拒之曰君之歸不歸於我何關云云而渠則欲以此等事實告訴于當地憲兵隊而世事每不能輕率處置故因循而進亦難退亦難之際自本道廳書來卽前高等普校先生大塚忠衛氏下書也以速來指導事務所故渠以卽時來此得務月額十八圓可量耳以此不云充分亦從此昇級矣以此下諒伏望日前以此書又五稷尙未得達也否未知伏鬱近間則到處毒感流行此感冒則異於他而大痛四五日甚至於鼻血又頗多傳染則伏望五家當此寒節衣食俱不贍也罹病大易某條操攝無至過哀之地伏望伏未審此時祖母主筋力如前兩位分氣體候一向萬康家內大小均吉否伏慕區區不任不誠子偶以毒感所冒頗在苦痛中而渠生來初出鼻血大多耳或以此上達勿至驚慮否此以貽慮彼而貽慮貽慮之罪何時可贖伏悚伏悚如何間可得此大塚先生代我父母氏勤念從近莫得矣勿慮伏望此先生則雖日本人於渠勤念鮮人決無矣向者退學時此先生甚至於打淚而當初徐炳柱方紹介此先生指導到處若非此先生實難保生之境伏願父主以感謝之意一次書謝若可就自近初入道廳諸器具用品費近三十圓其半額則大塚先生辦出而其半額

則全無可出之道故以此上書于主事祖主或可聽視否餘

不備上白

十月 二十四日 子 五高 上白

아버님께 아뢰옵니다.

보성에서 두 번 보내주신 편지는 즉시 보았는데 제가 이곳에 온 것은 결국 일을 돌봐줄 사람이 없어서 성사되지 않았고 돌아가지 않을 수 없는 입장입니다. 전에 같이 오자고 권했던 사람이 업신여기면서 거절해 말하기를 "자네가 돌아가고 안 가고는 나와 무슨 관계가 있는가?" 운운하였습니다. 저는 이 일을 당지 헌병대에 고소하고 싶으나 세상일을 모두 경솔히 할 수 없어서 이러지도 저러지도 못하고 있을 때 본 도청으로부터 편지가 왔으니 곧 전 고등보통학교 선생 오오쯔까 씨의 편지였는데 속히 지도사무소로 오라는 것이었습니다. 그래서 저는 즉시 여기 와서 일자리를 얻었는데 월급은 18원가량입니다. 이것으로는 충분치 않다고 하면서 앞으로 승급해준다고 하니 그렇게 알아주시기 바랍니다. 일전에 이 일로서 오직에게 또 편지를 썼는데 받지 못했는지 알지 못하여 궁금합니다. 요즈음 도처에 독감이 유행하고 있는데 이 독감은 다른 때와 달라서 4, 5일을 심하게 앓고 심지어는 코피까지 나며 전염이 아주 심합니다. 이 추운 겨울에 우리 집은 먹을 것 입을 것이 넉넉하지 못하여 병에 걸리기 쉽습니다. 모쪼록 조심하시고 과로하지 않도록 하시기 바랍니다. 뵈옵지 못한 동안 조모님 근력 여전하시고 두 분 기체후 일향만강하시며 집안 대소절이 모두 평안하신지 두루 궁금하기 그지없습니다. 저는 우연히 독감에 걸려 아주 고통 중에 있는데 제가 태어난 이후 처음으로 코피를 많이 흘렸습니다. 혹 이 일을 말씀드려 놀라지나 마십시오. 이런 일 저런 일로 걱정만 끼쳐드리는 죄 언제나 갚을 수 있을지 죄송하고 죄송합니다. 어쨌든 오오쯔까 선생이 나를 대신하여 앞으로 부모님의 걱정을 덜어주셨으니 걱정 마시기 바랍니다. 이 선생은 비록 일본 사람일지라도 저에 대한 걱정을 조선 사람이라도 결코 더할 수 없을 만큼 해주십니다. 전번 퇴학 때도 이 선생은 눈물까지 흘렸고 애당초 서병주 씨에게 소개한 것도 이 선생의 지도였으니 도처에 이 선생이 아니었으면 실로 생명을 보전하기 어려웠을 것입니다. 바라건대 아버님께서 감사의 뜻으로 편지를 내주시면 어떻겠습니까? 근간에 도청에 들어가는데 여러 가지 기구와 용품비가 근 30원이 필요합니다. 그 반액은 오오쯔까 선생이 마련해주시겠다고 하나 나머지 반액은 전혀 마련할 길이 없으니 이 일로 주사 할아버지께 편지를 하면 혹 들어주시려는지요? 더 쓰지 못합니다.

10월 24일 아들 오설 올림

1918년 추정

권오설이 어머님께

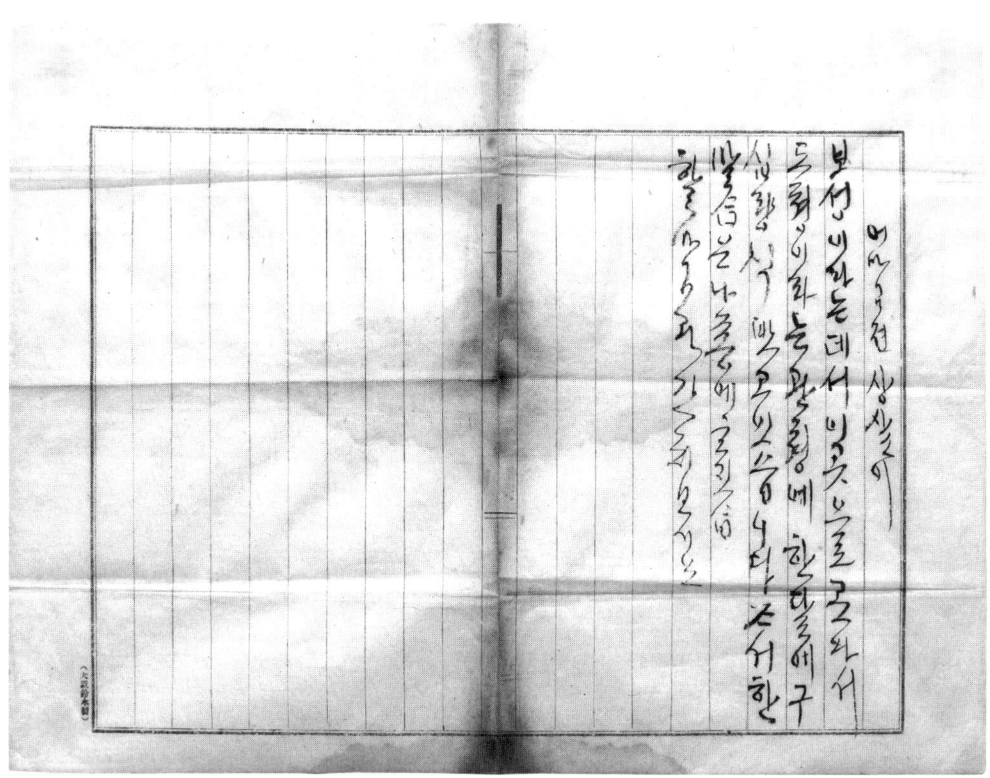

어마님젼 상살이

보성이라는 데서 이곳으로 곳 와서 도청이라는 관쳥에 한 달에 구십량식 밧고 잇습니다. 주서한 말솜은 난중에 ᄒᆞ것습. 할마님과 갓치 보시요.

1920년 4월 11일

五高이 아버지께

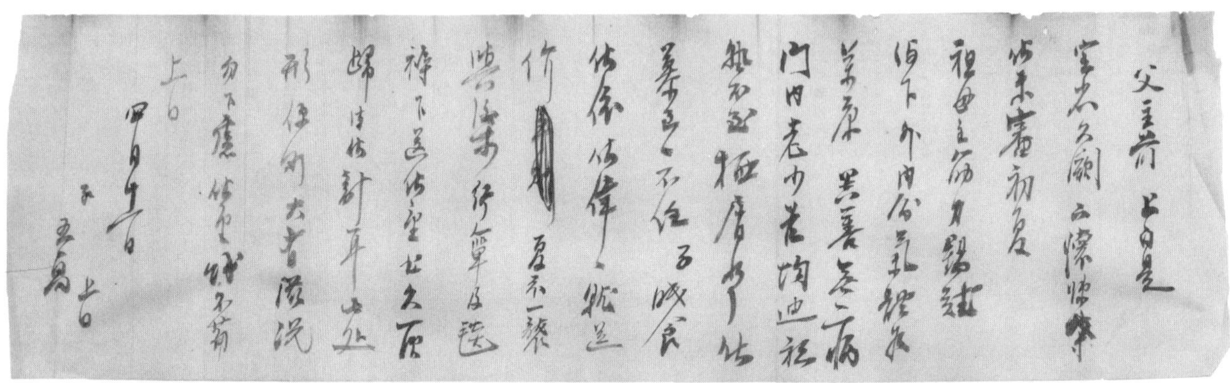

枝谷 前浦宅 入納 蘇湖 留子 上平書

庚申 四月 十一日

父主前 上白是

定省久闕下懷悚■伏未審初夏祖母主筋力錫難侍下外內分氣體候萬康貴善無病門內老少候均迪私塾不至栖屑耶伏慕區區不任子眠食伏依伏倖伏倖就送价夏衣一襲與渠行簞及毯褥下送伏望非久一次歸侍伏計耳此處形便則大有滋況勿下慮伏望餘不備

上白 四月 十一日 子 五高 上白

아버님께 아뢰옵니다.

오랫동안 가까이서 모시지 못하여 송구하고 답답합니다. 초여름에 조모님 근력 좋으시고 아버님 내외분 기체후 만강하신지요? 귀선이도 무병하고 문내 노소들이 모두 잘 지내시는지요? 사숙은 한산하게 되지 않았는지요? 여러 가지로 궁금합니다. 저는 먹고 잠자는데 여전하니 다행입니다. 인편에 여름옷 한 벌과 저의 행단과 담요를 보내주시기 바랍니다. 멀지 않아 한 번 뵈러 갈까 합니다. 이곳 형편은 재미가 있으니 염려하지 마시기 바랍니다. 이만 줄입니다.

4월 11일 아들 오설 올림

1920년 7월 6일 추정

아버지 述朝가 五卨에게

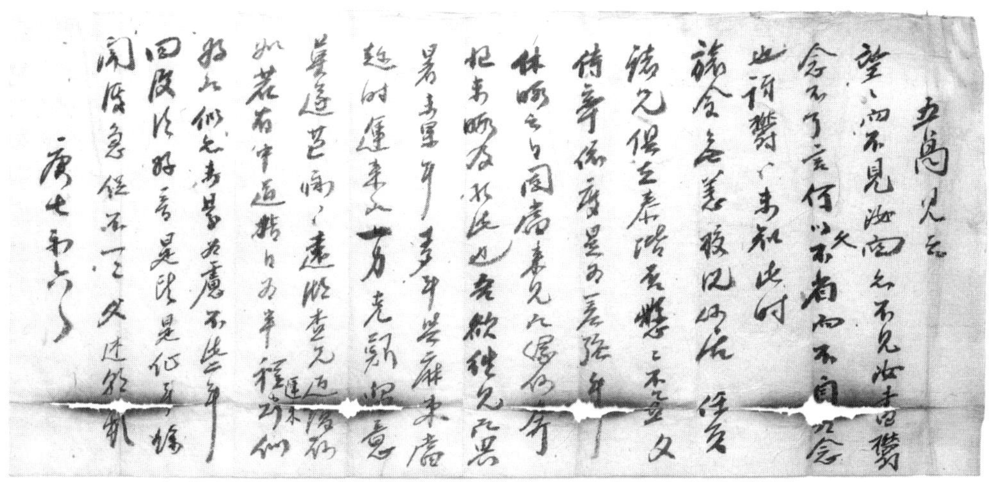

五卨見之

望望而不見汝面亦不見汝書鬱念不可言何以久不省

而不自爲念也訝鬱訝鬱未知此時旅食無恙校況何居任

員諸兄俱在泰諧否懸懸不置父侍率依度是爲差强耳休

假之日固當來見而緣何奔忙未暇及於此也吾欲往見而

畏暑未果耳麥斗與麻束當趁時運來而一力克難迎意莫

遂甚嘆甚嘆遠湖査兄近復何如若有中道指日爲半程運

來則似好而似亦未易爲慮不些耳回便得好音是望是作

耳餘聞後急促不一一

父 述朝 頓 庚七 初六日

오설 보아라.

바라고 바라도 너의 얼굴을 볼 수 없고 또 너의 편지도 볼 수 없어 답답한 마음 말할 수가 없다. 어째서 오래도록 오지도 않고 오려고도 하지 않느냐? 의아하고 답답하다. 요즈음 객지에서 탈이 없는지 모르겠다. 학교 상황은 어떠하며 임원 여러분도 모두 잘 화합하는지 마음에 걸리고 걸린다. 아비는 식구들과 여전하니 다행이다. 휴가에 마땅히 올 듯한데 무엇이 그리 바빠서 이렇게 여가를 내지 못하느냐? 내가 가보고 싶으나 더위가 두려워 가지 못한다. 보리와 삼을 진작 옮겨와야 하는데 힘이 모자라서 뜻대로 옮기지 못하니 심히 한탄스럽다. 원호사형이 가까이까지 옮겨주면 어떨까? 만약 날을 정해 중간지점까지 운반해오면 좋을 것 같으나 그것도 쉽지 않을 것 같으니 걱정이 적지 않다. 돌아올 때는 좋은 소식을 들을 수 있기를 간절히 바란다. 나머지는 들어본 후에 독촉하고 자세히 적지 않는다.

아비 술조 씀 7월 초6일

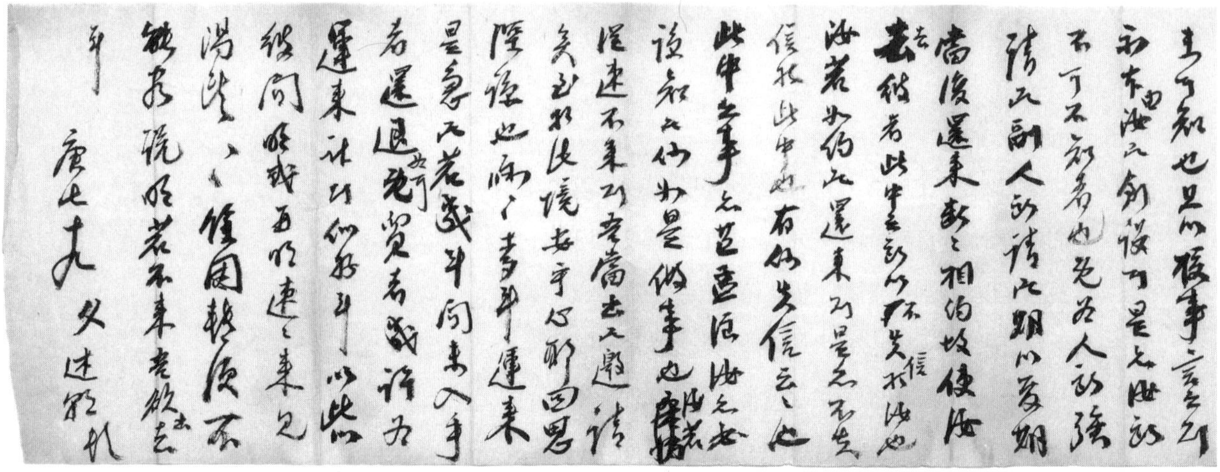

1920년 7월 19일

아버지 述朝가 日直書塾에 있는 權五卨에게

日直書塾 權五卨 旅幌下

枝谷 本家書

信　七月 十九日

與權五卨

夔來得書雖知安在而伊後更阻鬱念依舊憧憧積雨初收未知旅食依昔校中僉員俱在福田遠湖近節亦何如而婦阿去後無事云耶慮慮父省率無故是倖耳汝何云來而不一來見也旣曰失信於族親云則有何失信之大者而不能來也旣不欲來則終不來見而可爲者乎是未可知也且以校事言之則初本由汝而創設則是亦汝所不可不知者也旣爲人所强請而副人所請而期以夏期當復還來斷斷相約故使汝去彼者此中之所以不失信於汝也汝若如約而

還來則是亦不失信於此中也有何失信云云也此中之事
亦甚孟浪汝亦必諒知而何如是做事也汝若從速不來則
吾當出而邀請矣至於此境安乎心耶回思深諒也嘆嘆麥
斗運來是急而若幾斗間未入手者還退爲可旣貿者幾許
爲運來計則似好耳以此以彼間明或再明速速來見渴望
渴望餘因轉便不能盡說明若不來吾欲出去耳

庚 七十九 父 述朝 頓

권오설에게(일직서숙에 있을 때)

오기가 오는 편에 편지를 받고 비록 편히 있다는 것은 알았으나 그 후에 가슴이 막히고 답답한 생각이 여전하여 그립고 그립다. 오랜 비가 비로소 그쳤는데 객지 생활이 여전한지 모르겠다. 학교의 여러분들도 모두 평안하고 복전과 원호에서도 근래에 어떠하며 며느리는 간 후에 무사하냐? 걱정스럽고 염려된다. 아비는 식구들과 무사하니 다행이다. 너는 어찌 온다고 하면서 한 번도 와보지 않느냐? 이미 족친들에게 신의를 잃었다고 하면서 어찌 큰 신의를 잃을 일에 오지 않느냐? 이미 오고 싶지 않다면 끝내 오지 않아도 된다는 것이냐? 알 수 없는 일이다.

또 학교 일로 말하면 처음에 본래 너로 말미암아 창설되었으니 이 역시 네가 몰라서는 안 될 것이다. 이미 남의 강청을 받아 그 요구에 부합하여 여름철에 돌아오기로 단단히 약속을 했기 때문에 너를 그곳에 가게 했으니 이곳 사람들이 너에게 신의를 잃지 않는 것인데 어찌하여 신의를 잃었다고 운운하느냐? 이곳 일 또한 맹랑하다. 너도 잘 알고 있으면서 어찌 이렇게 하느냐? 네가 만약 빨리 오지 않으면 내가 가서 맞이해오겠다. 이 지경에 이르면 어찌 마음이 편하겠느냐? 생각을 돌려 깊이 생각해라. 참으로 한탄스럽다.

보리를 운반해오는 것이 급한데 만약 몇 말이라도 손에 들어오지 않은 것은 물리는 것이 좋겠고 이미 산 것은 얼마든지 운반해오는 것이 좋을 듯하다. 이렇든 저렇든 간에 내일이나 모레 중으로 속히 와주기를 갈망한다. 나머지는 편지로는 다 말할 수가 없다. 만약 내일 오지 않으면 내가 가겠다.

7월 19일 아비 술조 씀

1921년 12월 28일

아우 운호가

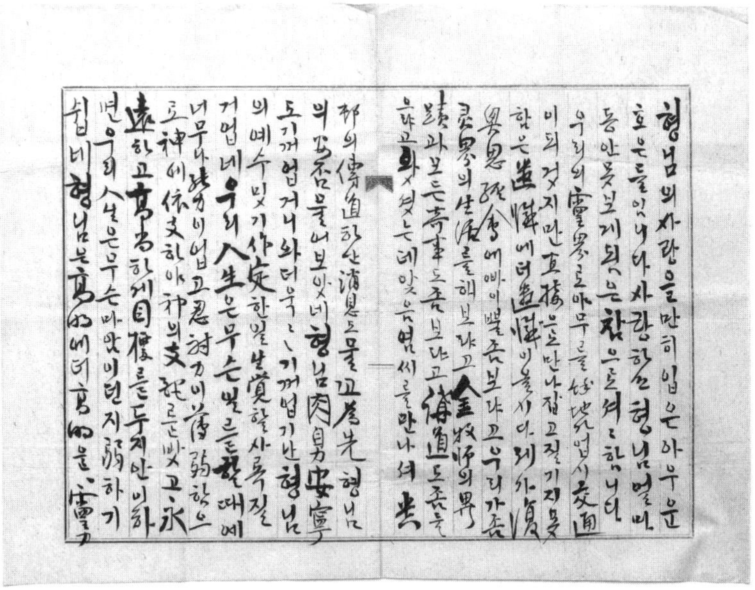

❶

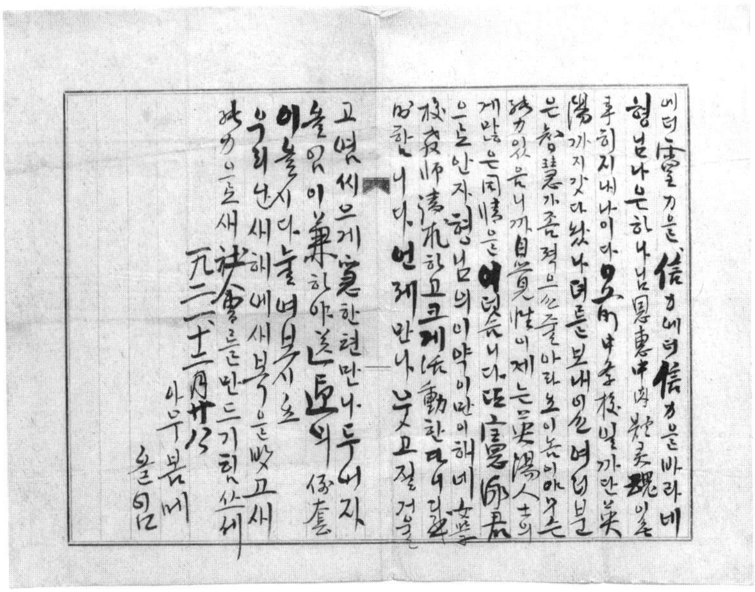

❷

형님의 사랑을 만히 입은 아우 운호은 들임니다. 사랑하는 형님 얼마동안 못 보게 됨은 참으로 셔셔함니다. 우리의 靈界로야 무를 餘地가 업시 交通이 되겻지만 直接으로 만나 잡고 질기지 못함은 遺憾에 더 遺憾이 올시다. 제가 復興思總會에 빠이뿔 좀 보랴고 우리가 좀 灵界의 生活를 해보랴고 金牧師의 異跡과 모든 奇事도 좀 보랴고 講道도 좀 들으랴고 왓셧는데 맞음 염씨를 만나셔 貴村의 傳道하난 消息도 물꼬 爲先 형님의 安否 물어보앗네. 형님 肉身 安寧도 기꺼업거니와 더욱더욱 기꺼업기난 형님의 예수 밋기 作定한 일 生覺할사록 질거업네. 우리 人生은 무슨 일를 할 때에 너무나 能力이 업고 忍耐力이 薄弱함으로 神에 依支하야 神의 支配를 밧고 永達하고 高尙하게 目標를 두지 안이하면 우리 人生은 무슨 마암이던지 弱하기 쉽네. 형님은 高明에 더 高明을 靈力에 더 靈力을 信力에 더 信力을 바라네. 형님 나은 하나님 恩惠 中 肉體灵魂이 無事히 지내나이다. 日前 中學校일 까단 英陽까지 갓다 왔나 뎌를 보내이신 여러분은 智慧가 좀 젹으신 줄 아라요. 이놈이야 무슨 能力있음니까. 自覺性 이제는 英陽人士의게 많은 同情을 어덧습니다. 또 憲泳君으로 안자 형님의 이약이 만이 해네. 女學校 敎師 淸求하고 크게 活動한다니다. 感謝함니다. 언제 만나 웃고 질거울고 염씨으게 急한편 만나두어자 올림이 兼하야 送迎의 便套이 올시다. 눌여보시오. 우리난 새해에 새복을 밧고 새 能

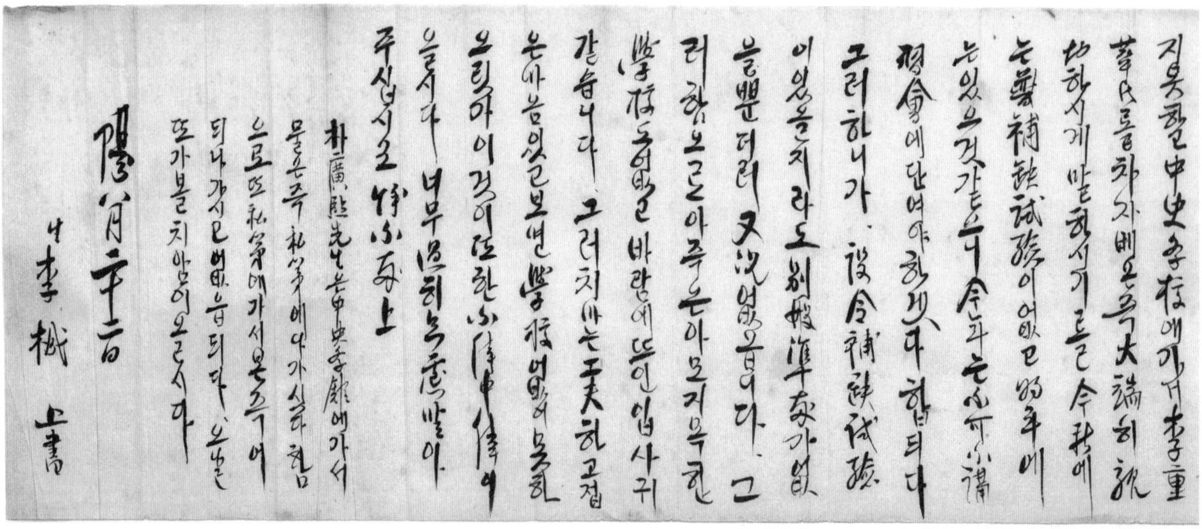

力으로 새 社會를 만드기 힘쓰세.

一九二一, 十二月 卄八日 아우 봄메 올림

1922년 8월 22일

李棫이 學術講習會 權五卨에게

慶北 安東郡 豊山面 學術講習會 內 權先生 五卨氏

京, 嘉會洞 一四五番地 朴祥銓 方留 李棫 上

先生任 베읍고 떠나온 後 거의 十餘日이나 되오니 懷想하는 마음 무엇이라고 말할 수 없습니다. 謹未審 요사이 日氣 不良하온대 先生任 旅中 氣體候 如時萬康하시고 저 단이든 同般 諸益 이 또한 다 두루 泰平하온잇가 두루 굼겁나이다. 侍生 올나온 後 무탈 튼튼하오니 倖倖千萬이로소이다. 그러하나 아즉은 工夫도 하지 못하고 다만 안즈면 먹을 公論뿐이올시다. 先生任 주시든 片紙를 바다가지고 오앗으나 아즉 朴廣熙氏는 만나보지 못하고 中央學校에 가서

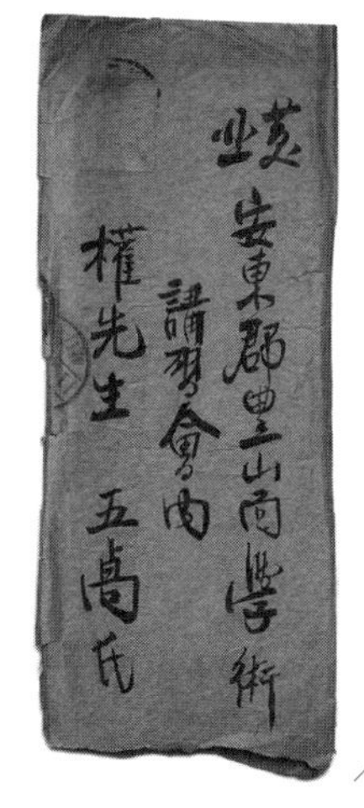
慶北 安東郡豊山面學術
講習會內
權先生 五卨氏

❶

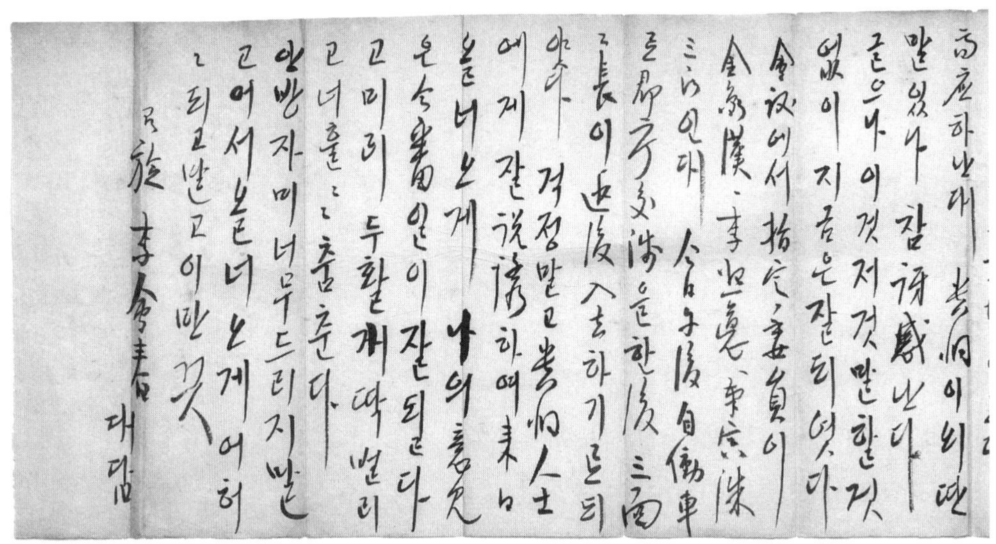

西應하난대 貴洞이 외 딴
말 있나 참 訝感난다
글으나 이것저것 말할 것
없이 지금은 잘되엿다
會議에서 指定 委員이
金泰漢·李熙惪·南宗陳
三인인대 今日午後 自働車
로 郡守 訪問한 後 三面
長이 也後 入去하기로 되
얏다 걱정말고 貴洞人士
에게 잘 說讓하여 來日
올너오게 나의 意見
은 今番일이 잘된다
고 미리 두활개 딱 벌리
고 너훌ㄷ 춤춘다
안방자미 너무드리지말
고 어서 올너오게 어허
ㄷ 되고말고 이만 끗
弟 旋 李會春 대답

李重華氏를 차자 베온 즉 大端히 親切하시게 말하시기를 今新에는 普補缺試驗이 없고 明年에는 있을 것 같으니 今年는 不可不 講習會에 단여야 하겟다 합듸다. 그러하니가, 設令 補缺試驗이 있을지라도 別般 準備가 없을뿐더러 又 況없읍니다. 그러함으로 아즉은 아모 지목한 學校도 없고 바람에 뜨인 입사귀 같습니다. 그러치마는 工夫하고 접은 마음 있고 보면 學校없어 못하오릿가. 이것이 또한 不倖中 倖이올시다. 너무 過히 念慮 말아주십시요. 餘不備上.

朴廣熙 先生은 中央學館에 가서 물은 즉 私第에 나가싯다 함으로 또 私第에 가서 본 즉 어듸 나가시고 없읍듸다. 오날 또 가볼치암이 올시다.

陽 八月 二十二日

生 李棫 上書

눈이 빠지도록 감감 바래든 차 글월을 얻으니 엇지 좋은지. 그래 앓으단 말은 외– 혹 패독산 먹을 병이나 아닌지 렴려 무궁 어제 會議는 정말 ■■하게 잘되엿네. 대강 들엇제 豊北에 竹田, 豊西에 九潭, 豊山에 幕谷 桂坪이 모다 呼應하난대 貴洞이 외 딴말 있나 참 訝感난다. 글으나 이것저것 말할 것 없이 지금은 잘되엿다. 會議에서 指定 委員이 金泰漢·李熙惪·南

❷

寅洙 三氏인대 今日 午後 自働車로 郡廳 交涉을 한 後 三面 面長이 返後 入去하기로 되얏다. 걱정 말고 貴洞 人士에게 잘 說誘하여 來日 올너오게 나의 意見은 今番 일이 잘된다고 미리 두 활개 딱 벌리고 너훌너훌 춤춘다. 안방 자미 너무 드리지 말고 어서 올너오게. 어허허 되고 말고 이만 끗.

不旋 李會春 대답

1922년 9월 24일

安東講習會聯合協議會長 李承傑이 權五卨에게

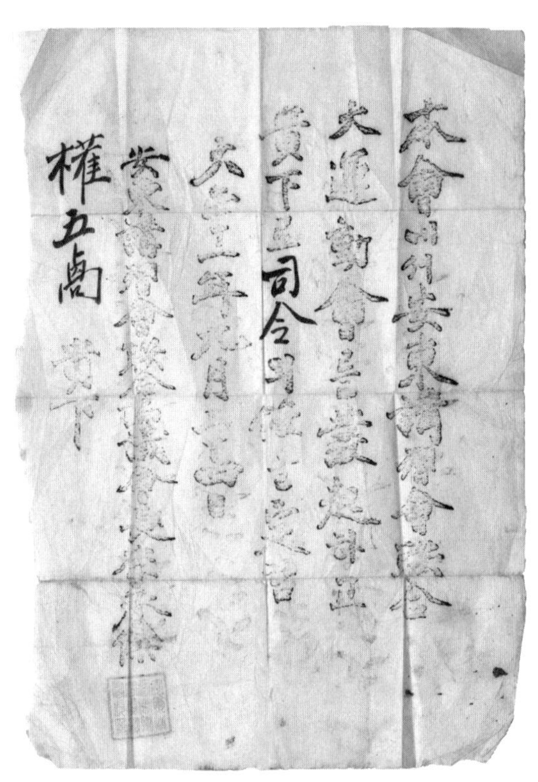

本會에서 安東講習會聯合 大運動會를 發起하고 貴下로 司令의 任을 定함

大正 十一年 九月 二十四日

安東講習會聯合協議會長 李承傑

權五卨 貴下

1922년 12월 21일

南文漢이 豊山講習所 權先生께

安東郡 豊山講習所 權先生님 殿

一直面 光淵 南文漢 上

先生님 秋 以后로난 淸範를 接치 못함는 얼마나 遺憾不已 올시다. 問候寒沍 잇대, 先生님 理想的 軆候가 安寧ᄒᆞ시며 各次의 또 演劇를 發起ᄒᆞᆫ다 함은 우리 社會의 重大한 開拓이올시다. 별셔 始作ᄒᆞ엿슴잇가. 참 先生님 小ᄒᆞ면 一家, 大ᄒᆞ면 一國 速히 어셔 文化를 宣布ᄒᆞ야 우리도 남과 갓흔 사람이 됩시다. 不能復言이지요. 아우난 항상 文明의 感覺이 緩緩히 一直如古ᄒᆞ온이다. 緊托할 말삼 잇사ᄒᆞᆫ대 아우의 長妹가 年旣 長成(今 壬戌 十五歲)ᄒᆞ온대 아즉 갓치 定婚ᄒᆞᆫ 곳지 업습이다. 正所謂 非媒면 不得이 올시다.

先生님은 多年間 敎育界의 先軀者인 즉 將來의 希望잇고 凡節 조흔 郎材를 紹介ᄒᆞ엿 주시압쇼셔. 아우의 要求난 第一 郎材가 將來의 相當한 知識을 어들만 ᄒᆞ고 家計난 朝飯夕죽이나 ᄒᆞ고 乘旺ᄒᆞᆫ 婚處 이만 뿐이올시다. 수고를 生覺지 말고 從速히 一次 回答ᄒᆞ여 주시오. 餘不宣上.

壬戌 동지달 심무할으날 上

아우 南文漢

丙南兄 前 各幅치 못ᄒᆞ온이 傍布ᄒᆞ시오.

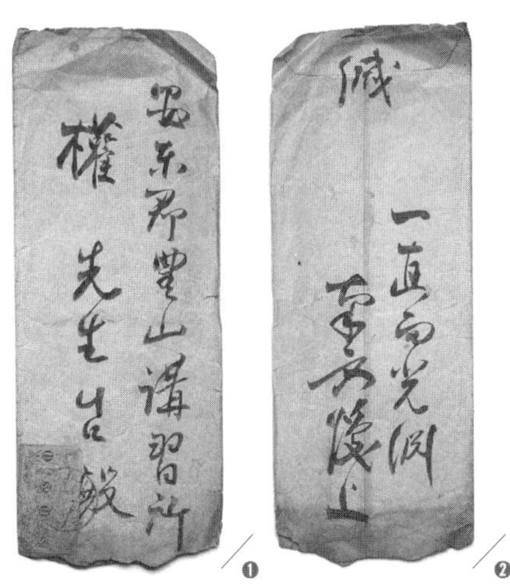

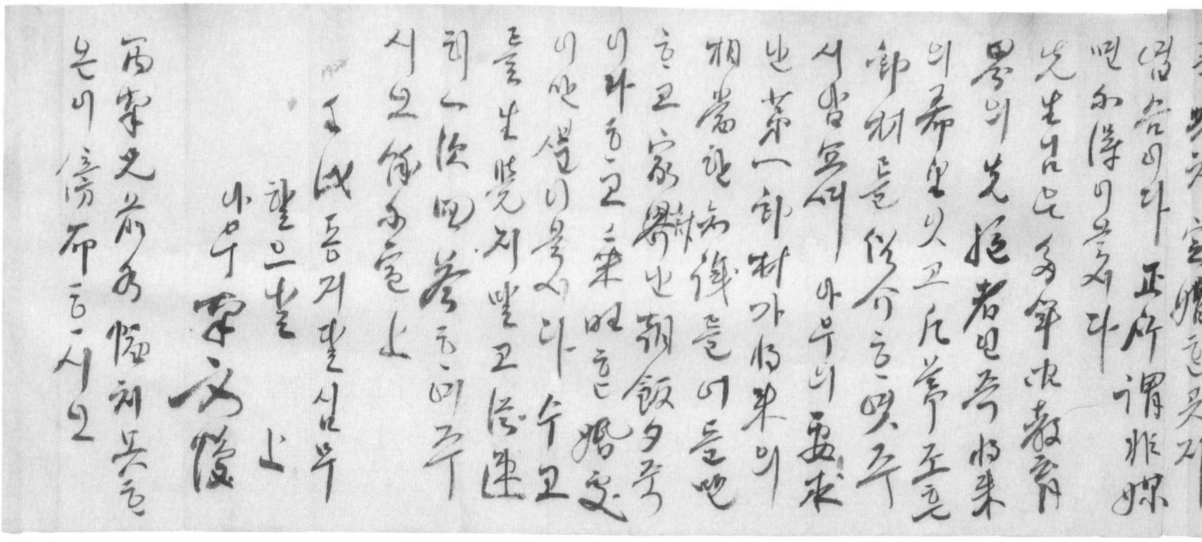

1922년 추정

아버지가 豐山講習所 權五卨에게

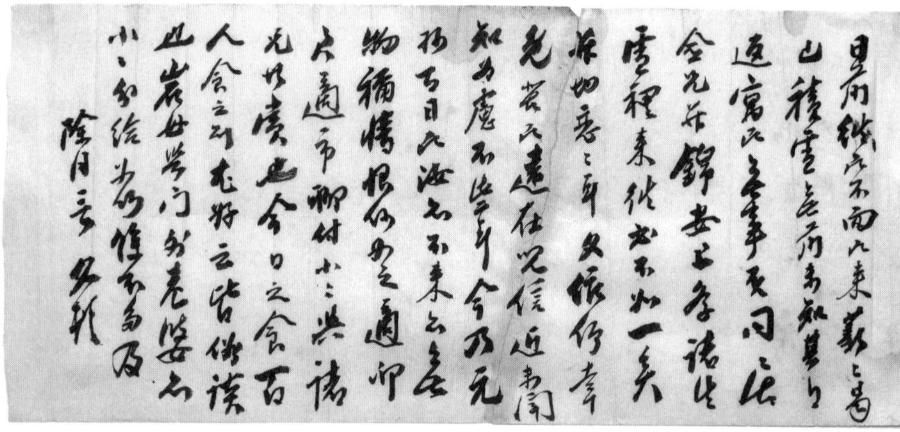

豊山講習所 內 權五卨 旅 案下

本家平 除月 三日 所脫舊衣下送也

與 權五卨

日前往而不面而來薪薪曷已積雪無前未知其日返寓而無事否同居僉兄并錦安上學諸生雪裏來往必不如一矣并切戀戀耳父依仰幸免若而遠在兒信近未聞之爲慮不些耳今乃元孫百日而汝亦不來亦無物稱情恨何如之適卯君適市聊付小小與諸兄共賞也今日之食百人食之則尤好云皆俗談也岩母與門外老婆亦小小分給如何餘不多及 除月 三日 父頓

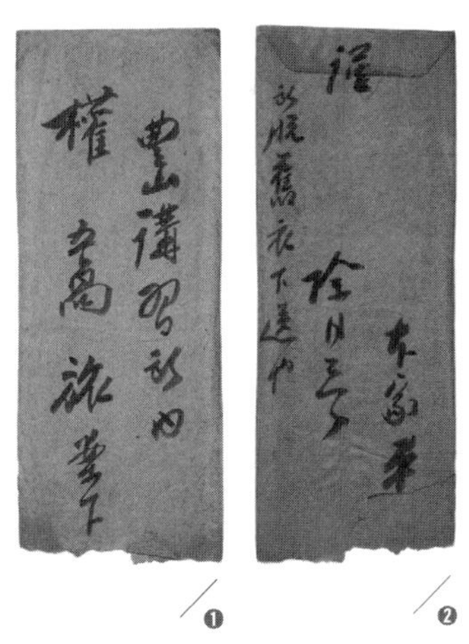

❶ ❷

권오설에게

일전에 가서 보지 못하고 왔으니 섭섭함이 어찌 다하랴. 눈이 쌓여 앞을 가늠할 수 없었는데 그날 무사히 돌아갔느냐? 같이 지내는 여러 사람들도 편안하냐? 학교 다니는 사람들은 눈 속에 내왕하려면 편하지 않겠구나. 아울러 마음이 쓰인다. 아비는 다행히 별일 없으나 멀리 있는 아이들의 소식을 듣지 못하여 걱정이 적지 않다. 오늘은 맏손자 백일인데 너도 오지 않고 정표도 또한 없으니 안타깝기가 어떠했겠느냐? 마침 누가 장에 간다기에 얼마간의 음식을 보내니 여러 사람이 함께 맛보아라. 오늘 음식은 백 사람이 먹으면 더욱 좋다고 하나 모두 속담이다. 바우 어미와 문밖의 노파에게도 얼마간 나누어주는 것이 어떻겠느냐? 나머지는 많이 쓰지 않는다.

선달 3일 아비 씀

1920년대 초 추정

五禼이 아버지께

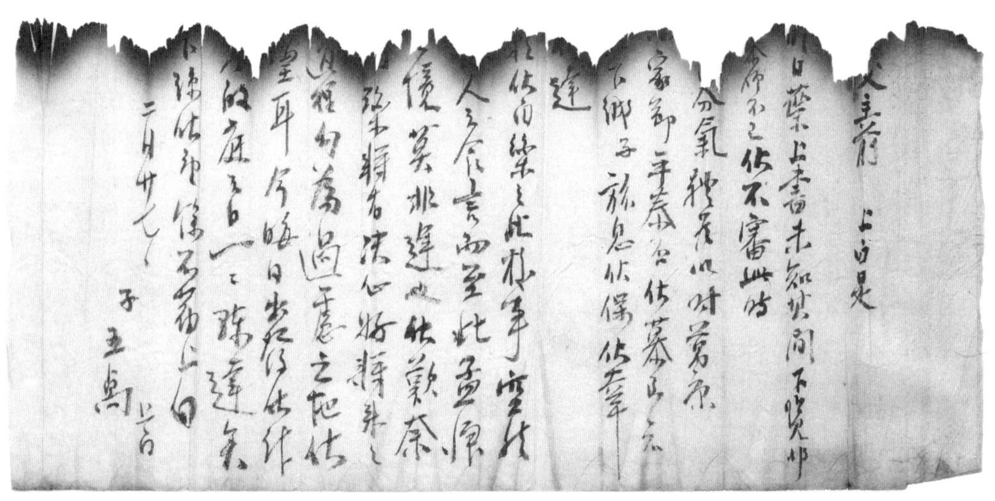

父主前 上白是

■ 日葉上書 未知其間下覽耶

■仰不已 伏不審此時
外內分氣體候 以時萬康
■家節平泰否 伏慕區區 不
任下誠 子 旅息伏保 伏幸
■達
■伏白渠之此校事 空然
■人之食言而至此孟浪
地境 莫非運也 伏歎 柰
何 渠將有決心 好將來之
■道理多爲過慮之地 伏
望耳 今晦日出發 伏計
■歸庭之日一一陳達矣
下諒伏望 餘不備上白
二月 二十七日
子 五嵩 上白

아버님께 올립니다.
■일 올린 엽서의 편지를 그동안에 받아 보셨는지 모르겠습니다.
■우러르기를 말지 않습니다. 살피지 못한 이때
외내분 기체후 만강하시고
■가절이 평안하십니까? 엎드려 사모하옵니다.
저는 객지에서 잘 지내오니 다행이옵니다.
■달
■아뢰옵건대 저의 이 학교 사정은 공연히
■한 사람의 식언으로 이 맹랑한
지경에 이르렀으니 모두가 운명입니다. 엎드려 탄식한들 어찌
■저는 장차 좋은 장래를 --할 결심입니다.
■도리가 많이 지나친 생각이 될지 엎드려

바랍니다. 이달 그믐날 출발할 계획입니다.

■ 집에 가서 일일이 말씀 올리겠습니다.

보살펴 주시기를 바라옵고 나머지는 다 아뢰지 못합니다.

2월 27일 아들 오설 올림

1920년대 초 추정

族從 寧默이 權五卨에게

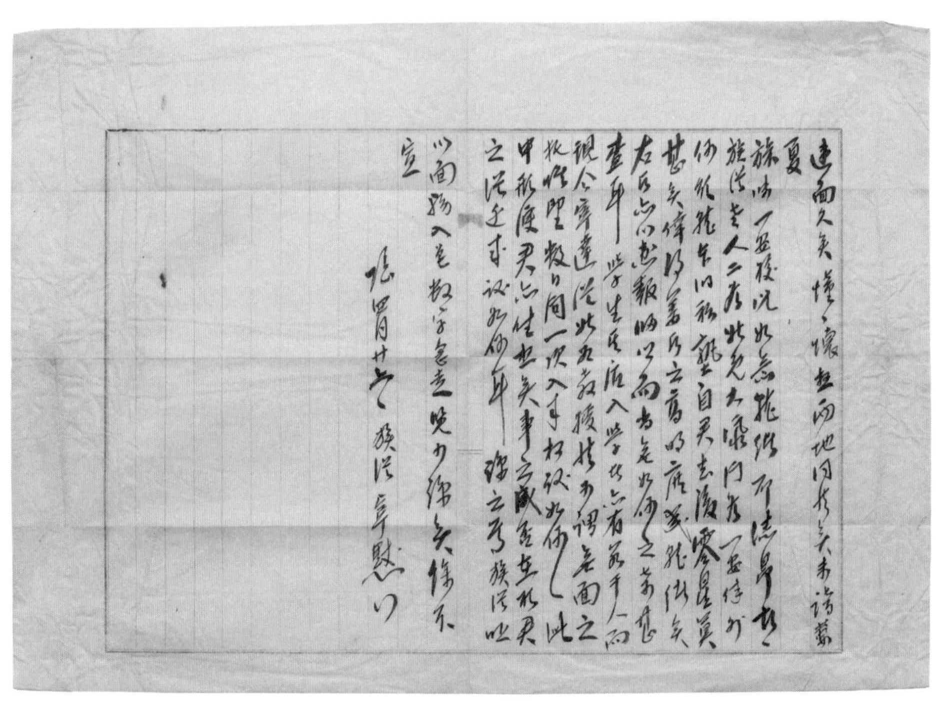

一直面 望湖洞 學校 內 權五卨 殿

花府內 默從忙手

違面久矣 憧憧懷想 兩地同然矣 未詣蔞夏
旅味一安 校況如意就緖耶 溸昻切切
族從 老人二候 姑免大添 門候一安 餘外
何頌 就本洞私塾 自君去後 零星莫
甚矣 倖得姜氏之高明 庶幾就緖矣
右氏亦以患報歸鄕 而尙無如何之寄 甚
鬱耳 學生其后入學者 亦有若干人而
現今 寧達從 姑爲敎授 然可謂無面之
托 唯望數日間 一次入來 相議如何如何 此
中形便 君亦坐想矣 事之成否 在於君
之從近來議如何耳 諒之焉 族從昨
以面務 入邑 數字忽去 一覽可諒矣 餘不
宣
陰四月 二十六日 族從 寧默 拜

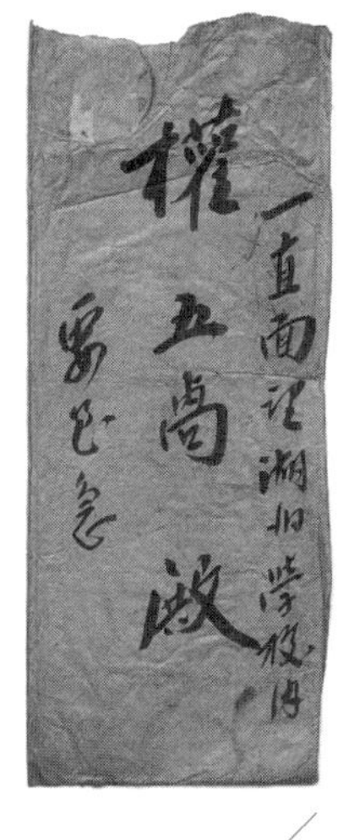
❶

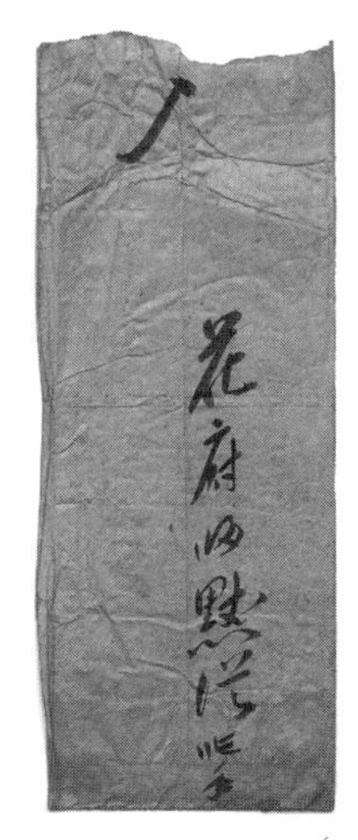
❷

뵈옵지 못한 지가 오래되어 그리운 정은 양쪽이 마찬가지입니다. 뵈옵지 못한 여름철에 객지에서 평안하시며 학교 일도 뜻대로 잘되어 갑니까? 궁금하기 그지없습니다. 저는 노인 두 어른의 기력이 그대로 별 일이 없으시고 문중도 평안하니 나머지야 말할 것이 있겠습니까? 본동 사숙은 그대가 가신 후로 영성하기 짝이 없었는데 다행히 고명한 강씨를 얻어 어지간히 질서가 잡혔는데 강씨 또한 환보를 받고 고향에 돌아간 후 여태 아무런 기별이 없으니 심히 답답합니다. 학생도 그 후 입학한 사람이 적어서 현재 영달씨가 우선 가르치고 있으니 면목 없는 부탁입니다. 오직 바라건대 수일간 한 번 오셔서 상의함이 어떻겠습니까? 이쪽 형편은 그대도 역시 생각할 것이나 일의 성패는 그대가 속히 와서 상의하는 데 달렸으니 그리 아십시오. 저는 어제 면에 볼일이 있어 읍에 들어왔다가 몇 자 급히 보내노니 한 번 보시기 바랍니다. 나머지는 더 쓰지 못합니다.

음 4월 26일 족종 영묵 배

○년 3월 6일

金惠卿이 元興學校 權五卨에게

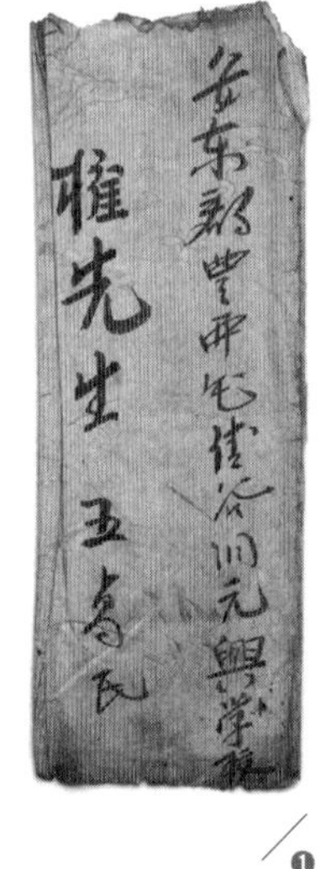

❶

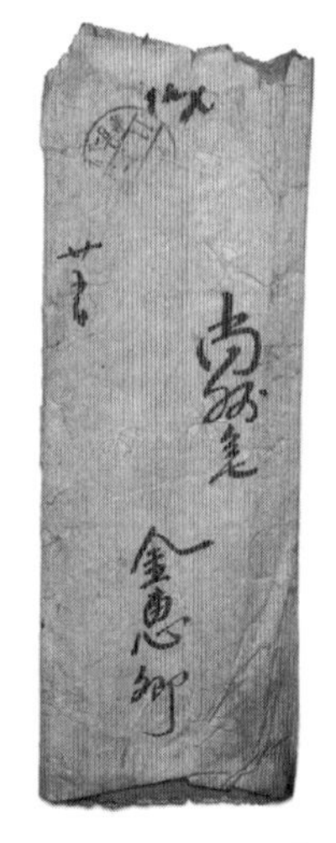

❷

安東郡 豊西面 佳谷洞 元興學校 權先生 五卨 氏

尙州宅 金惠卿

卄五日

一. 아-- 上帝 前에 比恩을 被하여 主의 使命을 受하신 先生님이시여! 未謁數月間 化餘體候 一向萬安하신 消息을 只今이야 듯기 되엿스니 實노 遺憾千萬이외다. 참 冷莫한 事이지요? 然이나 其事는 하도 거식하니가 거식한 말이 업습니다만 後 相逢하면 참 퍽 거식할 거시지요? 우수운 惠卿 남 알까 두럽습니다. 連하와 日間 다시 天父 深恩 中 化餘氣體候 萬康하시오며 貴校各位 長員分내 均安하시온지 面面不忘하겟나이다. 期會가 許하면 順次로 進謁켓나이다. 先生님의 敦烈하시온 才能으로 其繁中 더욱 이 敎會事新募集勞力하시는 일 不敏材 --弟의 생각으로 엇더하시다고 比準한 배 未覺이오며 特次로 貴處는 先生님으로 因하여 主께 榮光을 나타내며 三千里를 保全하며 二千萬을 支配人物이 先生님의 能手能瀾 則盡力의 在其中이오며 主의 前에 첫제 면류관을 取하시기 바라오며 國家 主母如敎育을 반듯히 成工할작시니 感謝無地이옵나이다.

二. 陋處 敎弟도 同恩으로 化奉無餘오며 敎務依前하오나 自身은 感氣로 少히 呻吟中 數字을 記呈하오니 ■然書筆 頭緖 無하오니 容恕 ■■이옵고 敎弟는 이곳에셔 너머나 多事汨沒 中 身體上 害가 만흠으로 修養兼 母校 가셔 얼마間 留하기 되엇습니다. 이곳은 지만 二年이 못 되여 四五가지 내 손과 내 발노 내 눈물노 일우워 노은 일을 暫時 他人의게 부탁을 하고 불可不 내라(自我) 함이 잇스야 하겟난 故로 自身을 生覺하고 暫間 移尙하기로 作定이나 이 許多事 惟 生覺하니 엇지할지-- 一般의 해결 참아 目不見이외다.

사랑하신 先生님 퍽 뵈옵고 십흐나 事歸不許이오이다. 先生님은 어린 아오를 對하시와 너머나 過度히 말삼마르세요. 弟는 그만한 對接을 受納할 인물이 못됩니다. 부대부대 그리 마세요. 네 선생님--. 들일 말삼 말 못■■ 정신 수란愁亂하고 呻吟 중 다못 後次로. 不備 上 여계저게서 전별준비로 야단이지요. 더욱 수란 밤은 깁허 삼경이와 그만 붓을 놋습니다(유다서 24章 요한 三셔 十三-).

陽 三月 六日에 發程

1923년 5월 19일

日新書塾 李完泰가 豊山學術講習會 權五卨에게

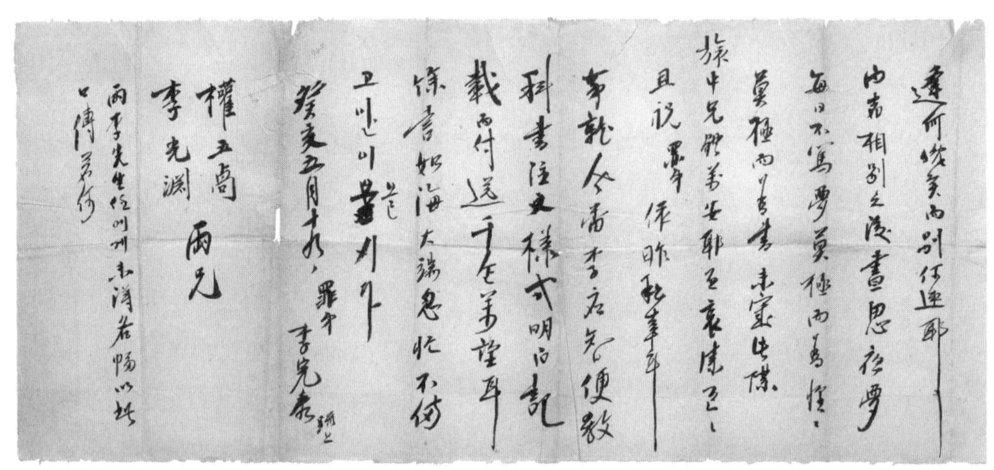

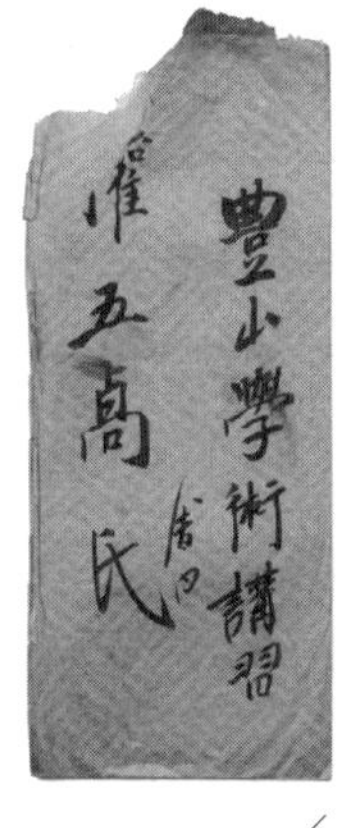

❶ ❷

豊山學術講習會 內 權五卨 氏

榮州郡 長壽面 星谷 日新書塾 內 李完泰 올님

逢何晩矣 而別何速耶

向者 相別之後 晝思夜夢

每日不寫 夢莫極而爲懷 懷

莫極而爲書 未審此際

旅中 兄體萬安耶否 哀溸區區

且祝 罪弟 依昨私幸耳

第就今番 李應智便 敎

科書注文樣式 明白記

載而付送 千企萬望耳

餘言如海 大端忽忙不備

고만이올시다

癸亥 五月 十九日 罪弟 李完泰 疏上

權五卨 李光淵 兩兄

兩 李先生任에게 未得各幅以此口傳若何

만나기는 어찌 늦었으면서 헤어지기는 어찌 빠른지요? 전번 서로 헤어진 후로 낮에는 생각하고 밤에는 꿈을 꾸되 매일 편지를 할 수 없으니 꿈이 지극하여 그리움이 되고 그리움이 지극하여 편지가 됩니다. 살피지 못한 이지음 객지에 계시는 형께서는 몸 건강하십니까? 궁금하기 짝이 없고 또한 건강을 기원합니다. 저는 여전하오니 다행입니다. 드릴 말씀은 이번 이응지 편에 교과서 주문양식을 명백하게 기재하여 부쳐주시기를 간절히 바랍니다. 남은 말이 많으나 대단히 바빠서 다하지 못하고 고만이올시다.

1923년 5월 19일, 죄 많은 아우(상주의 자칭) 이완태 올림

권오설 이광연 양형

두 이 선생에게 각각 편지를 하지 못하니 이 뜻을 말로 전해주십시오.

1923년 9월 18일

權五卨이 받은 영수증

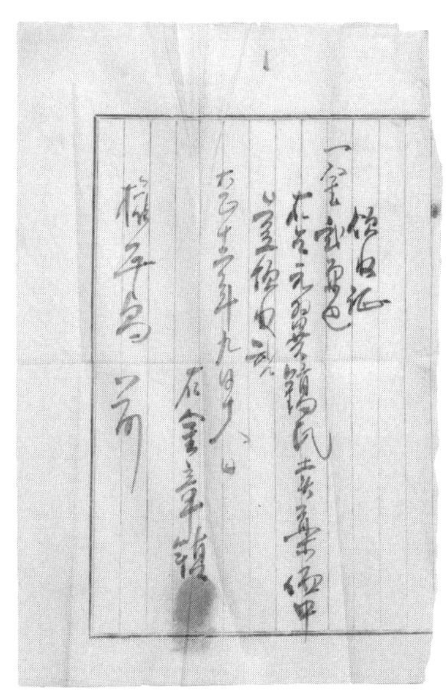

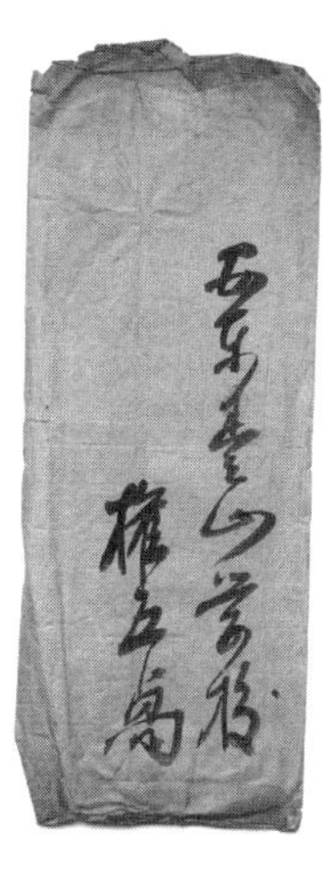

領收證

一金貳圓也

右는 元翼鎬氏 賣藥價中으로 領收함

大正 十二年 九月 十八日

右 金章鎭

權五卨 前

1923년 12월 19일자 소인

李準昌이 豊山學術講習會 擔任 權先生에게

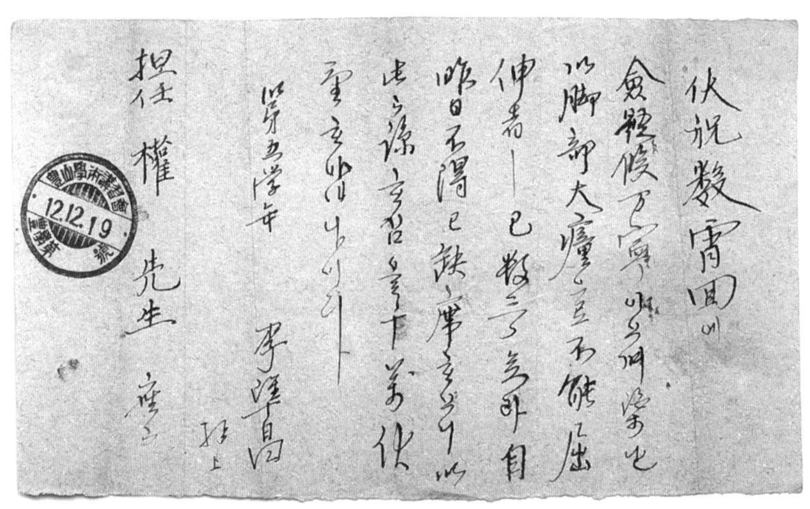

伏祝數霄回에 僉體候万寧이오며 渠난 以脚部大瘇으로 不能屈伸者ㅡ 已數三日矣라 自昨日 不得已 缺席호오니 以此良諒호심을 千萬伏望ᄒᆞ압나이다.

第五學年 李準昌 拜上

擔任 權先生 座下

12.12.19 豊山學術講習會 (소인 날인)

1924년 1월 6일자 소인

北間島 大成中學校 後援會에서 豊山靑年會長 權五卨에게

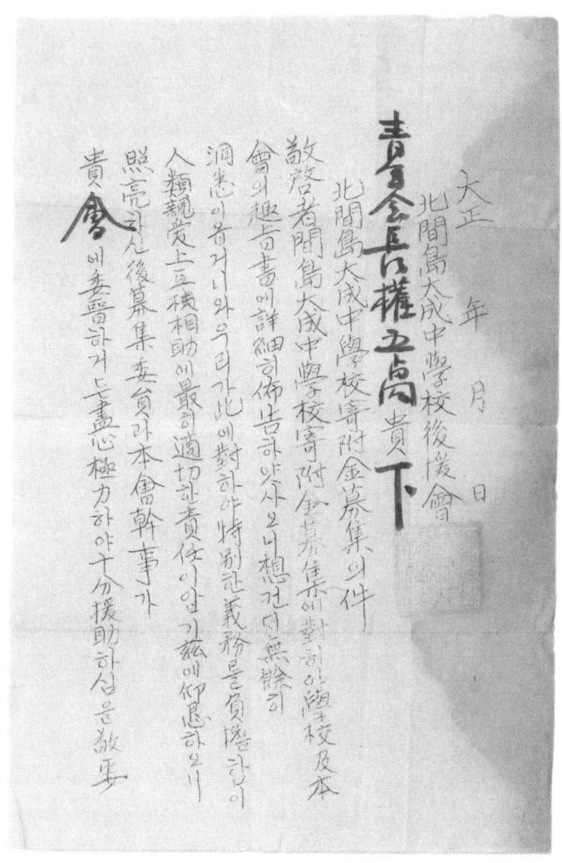

大正 年 月 日

北間島大成中學校後援會

靑年會長 權五卨 貴下

北間島大成中學校寄附金募集의件

敬啓者 間島大成中學校寄附金募集에對하야學校及本會의趣旨書에詳細히佈告하얏사오니想컨대無餘히洞悉이옵거니와우리가此에對하야特別한義務를負擔함이人類親愛上으로積相助에最히適切한責任이압기玆에仰懇하오니照亮하신後募集委員과本會幹事가貴會에委晉하거든盡心極力하야十分援助하심을敬要

❶ ❷

安東郡 豊山青年會長 權五卨 氏

大正 年 月 日

北間島 大成中學校 後援會

青年會長 權五卨 貴下

北間島 大成中學校 寄附金 募集의 件

敬啓者 間島 大成中學校 寄附金 募集에 對하여 學校 及 本會의 趣旨書에 詳細히 布告하얏사오니 想컨대 無餘히 洞悉이옵거니와 우리가 此에 對하여 特別한 義務를 負擔함이 人類親愛上 互扶相助에 最히 適切한 責任이압기 玆에 仰懇하오니 照亮하신 後 募集委員과 本會幹事가 貴會에 委晉하거든 盡心極力하야 十分援助하심을 敬要

삼가 말씀드립니다. 간도 대성중학교 기부금 모집에 대하여 학교 및 본회의 취지서에 상세히 포고하였습니다. 생각건대 같은 처지로 우리가 이에 대하여 특별한 의무를 부담함이 인류친애상 서로 도와야 하는 가장 적절한 책임이 있기 때문입니다. 이에 간청하오니 사정을 살피신 후 모집위원과 본회 간사가 귀 회에 부탁하거든 진심으로 최대한 힘써 많이 원조하여 주시기를 삼가 부탁드립니다.

1923~24년 추정

- 아버지가 豊山講習會 權五卨에게 (1923~24년 추정)
- 李會國이 豊山學術講習會 權五卨에게 (1923~24년 추정)
- 李源孝가 豊山講習會 權五卨에게 (1923~24년 추정, 12월 1일자 소인)
- 李永祚가 豊山學術講習會 權五卨에게 (1923~24년 추정)
- 法尙洞에서 權五卨에게 (1923~24년 추정)
- 鄭遠默이 權五卨에게 (1923~24년 추정)
- 金周顯이 豊山講習會 權五卨 · 五敍에게 (1923~24년 추정)
- 李相鳳이 學術講習會 權五卨에게 (1923~24년 추정)
- 春濤가 豊山學術講習會 權五卨에게 (1923~24년 추정)
- 李相鳳이 豊山學術講習會 權五卨에게 (1923~24년 추정)
- 徐廷昱이 權五卨에게 (1923~24년 추정)
- 五卨이 權五箕에게 (1923~24년 추정)
- 아버지 述朝가 五卨에게 (1923~24년 추정)
- 아버지가 五卨에게 (1923~24년 추정)
- 오설이 고향 집에 (1923~24년 추정)
- 오설이 어머님께 (1923~24년 추정)
- 五卨이 아버지께 (1923~24년 추정)
- 柳碧佑가 權五卨에게 (1923~24년 추정)
- 明子가 權동무에게 (1923~24년 추정)
- 李雲鎬가 權五卨에게 (1923~24년 추정)
- 朴■錫이 權五卨에게 (1923~24년 추정)
- 南東煥이 (1923~24년 추정)
- 弟 瞬波가 (1924년 7월 24일 추정)
- 族從 五愼이 五卨에게 (1923~24년 추정)
- 洪■■이 (1923~24년 추정)
- 三從 東洙가 五卨에게 (1923~24년 추정)
- 權五卨이 받은 편지 (1923~24년 추정)
- 권오운이 권오기에게 (날짜 미상)

1923~24년 추정

아버지가 豊山講習會 權五卨에게

豊山講習會 內 權五卨 敎案

本家平書諺書同封

與 權五卨

匪意得書足慰近來阻鬱耳審知客況向佳且聞箕稷輩聲息慰豁何如日氣漸熱汝室何以堪遣也汝欠細密之工須不置之忘域常常顧念也此亦君子造端之道也念之也此間大小家渾節無故幸耳二圓金何以念及也窘跆之餘生光萬萬穉明族君昨日喪逝其家事甚孟浪所逋似更督留念爲磨勘之計似好耳餘力暇及耶那時能免此困也餘不一一父頓卽回

권오설에게

뜻하지 않게 편지 받고 위로가 되었다. 근래 소식이 없어 답답하였다. 객지 형편이 나아지고 또 오기와 오직의 소식을 듣게 되어 마음이 여간 후련하지 않다. 날씨가 점점 더워지는데 너의 댁은 어떻게 지내느냐? 너는 세밀한 노력이 부족한데 부디 잊지 말고 항상 관심을 가져라. 부부의 도리다. 이곳 대소가는 모든 범절이 탈이 없으니 다행이다. 2원이란 돈을 어찌 생각이나 할 수 있으리오. 어렵고 급한 나머지에 생광스럽기 짝이 없다. 치명군이 어제 죽었다. 그 집 일이 심히 맹랑하다. 밀린 돈은 다시 독촉이 있을 듯하니 염두에 두고 마감할 생각을 하는 것이 좋겠다. 여력이 미치겠느냐? 어느 때나 이 곤궁을 면할 수 있을꼬. 나머지는 일일이 다 말하지 못한다. 즉시 회신 바란다.

1923~24년 추정

李會國이 豊山學術講習會 權五卨에게

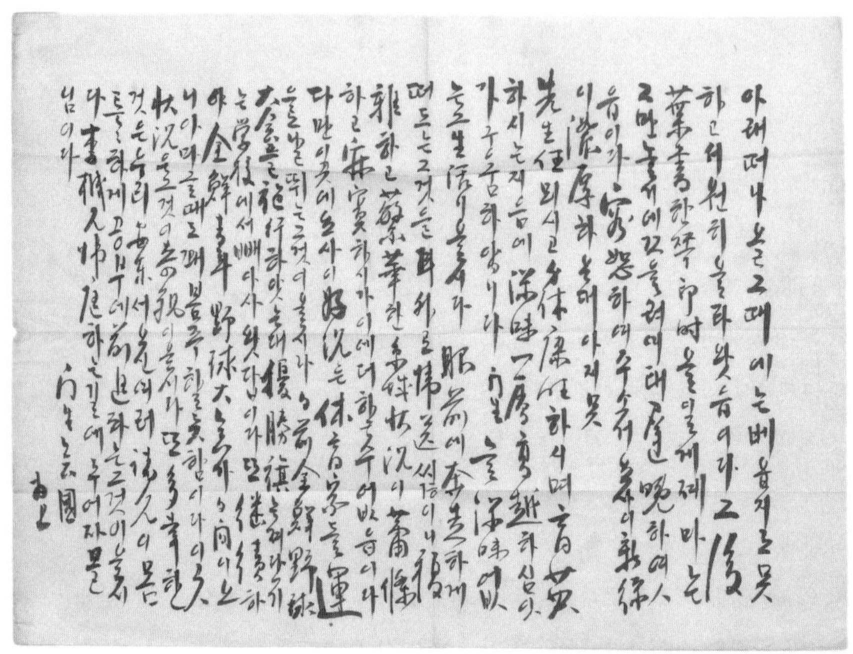

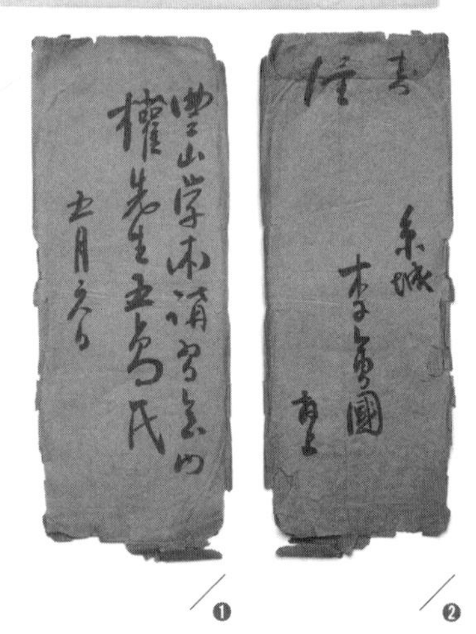

❶ ❷

豊山學術講習會 內 權先生 五卨 氏

京城 李會國 拜上

五月 六日

아래 떠나올 그때에는 베옵지도 못하고 서원히 올라왓습니다. 그 後 葉書한 쪽 卽時 올일 게제마는 그만 놀기에 끄을려 여태 遲晩하엿읍이다. 容恕하여 주소서. 요사이 新綿이 漸厚하온대 아지 못. 先生任 뫼시고 身體康旺하시며 育英하시는 지음에 滋味 一層 高越하심잇가 궁굼하압니다. 門生 늘 滋味없는 그 生活이올시다. 眼前에

奔走하게 떠드는 그것을 耳外로 歸送씩히니 複雜하고 繁華한 京城 狀況이 蕭條하고 寂寞하기가 이에 더할 수 없습니다. 다만 이곳에 요사이 好況은 體育家들 運으로 날뛰는 그것이올시다. 日前 全鮮野球大會를 施行하얏는대 優勝旗는 져 단기는 學校에서 빼아사 왓답니다. 또 繼續하야 全鮮青年野球大會가 日間이오니 아마 글 때도 꽤 봄즉 할 듯합니다. 이곳 狀況은 그것이 奇觀이올시다. 또 多幸한 것은 우리 安東서 오신 여러 諸兄이 몸 튼튼하게 공부에 前進하는 그것이올시다. 李棫兄 歸庭하는 길에 두어 자 올님이다.

同生 會國 拜上

1923~24년 추정, 12월 1일자 소인

李源孝가 豊山講習會 權五卨에게

郡內 豊山講習會 內 權五卨 형임

陶山面 宜村 李源孝 올임

나늘 사랑하은, 兄임이시여, 덧빠, 兄任의 그월(글월-역자주) 바다 보오니, 이 無心한 아외 無腸公子라도 果然 무안한지, 알게습떠다. 이떠 寒風은 세비리아 滿洲 벌노 슬슬 부러 我 半島의 江山이 銀世界을 지어 잇고 故古鄕한 떼 그릐그, 떼을 지어 半空中에 소리친다. 謹諮書後看日하오딕 旅中 兄體萬康하시며 家庭安信 種種承聞이 校況去翼 滋味하오며 僉員이 均迪하온지 두루 굼것긔 測量 엇삽. 이꼿 아우은 無事粉走에 無日在家하고 各況 時祀와 各況 財界에 因難이 太甚하와 살임사리 귀찬 귀찬. 家庭의 樂이라고 一分도 엇삽. 죽도 사도 못하나 謹謹히 保命已耳. 我兄이시여 兄은 落心 마시압. 괴노음늘 물이치고 希望을 압페 두고, 前進 前進하여보소. 維我 우리 社會을 구어보시요. 如印한, 차목한 지경에 이려나, 太息뿐已耳.

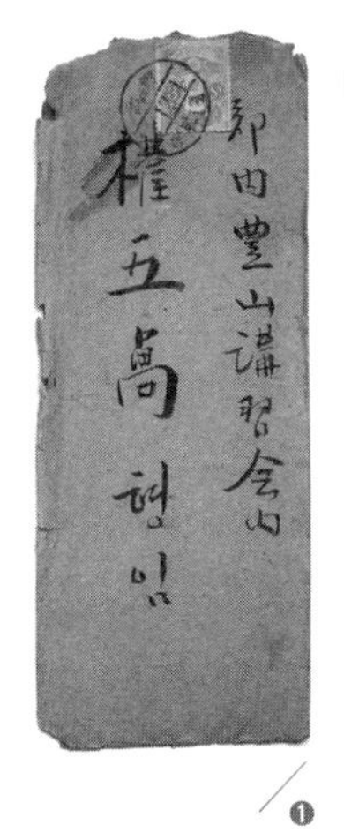

❶

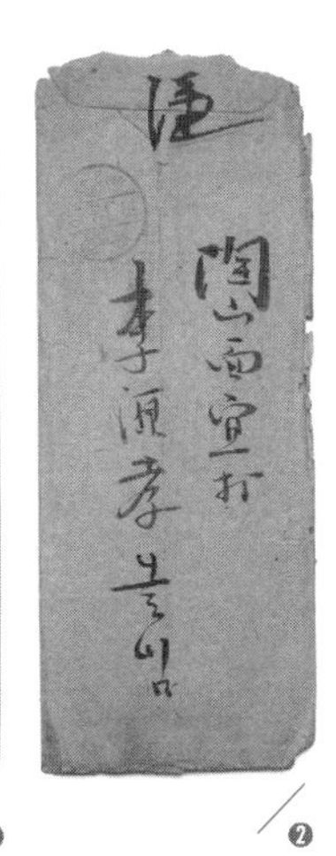

❷

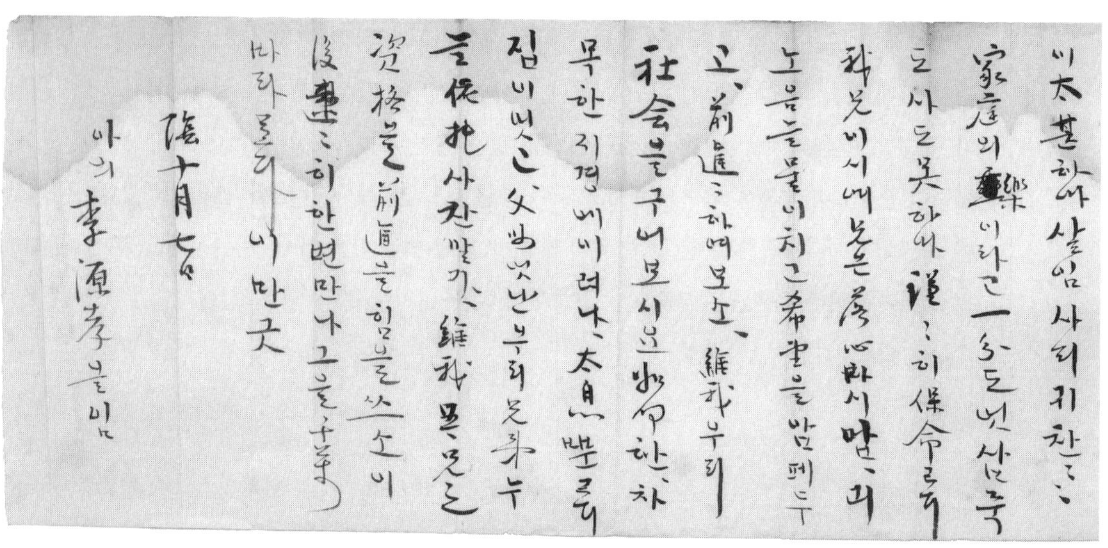

집이 엇고, 父母 엇난 우리 兄弟 누늘 依托사잔 말가, 維我 吾兄도 資格을 前進을 힘을 쓰소. 이 後 速速히 한변 만나그을 千萬 바라로다. 이만 긋.

陰 十月 七日

아우 李源孝 올임

1923~24년 추정

李永祚가 豊山學術講習會 權五卨에게

慶北 安東郡 豊山面 安郊洞 豊山學術講習會 權五卨 先生

李永祚

이때 春暖에 先生님 많은 가르치심 베프럿겟지오.

先生님 德 많으신 氣體萬寧하신지오. 저는 아직 病 없이 學校 잘 단입니다. 살일 말슴은 다름 아니라 先生님 말슴하시던 바와 같이 果然 저의 學資에 對하야는 참 그와 같이 되었음니다. 그런대 저는 조곰이라도 거긔에 對하야는 別 걱정도 두지 아니함니다. 그런대 先生님께

指導를 빌고저 하는 바는 再昨日 庭書 받은 바 쓰인 말에 我 門中人이 저의 學資를 못 댈다 함에 저의 父親께서는 다만 山이라도 엇지하야 저의 學資를 繼續할랴 할새 門中人은 그 內容을 알고 아부지께 山을 넘구어 달나 하나 許諾지 아니하는 지라 裁判을 거럿다 답듸다. 아부께서는 곳 저를 날이 오아서 左右間 어떠케 하자 하니 이것 참 저는 엇잴 줄 몰음니다. 저 일을 잇자 하니 하마 일은 始作한 것이라 어려운 자리며 또한 나리가서 일을 한다 하면 或 精神에 害가 좀 있을가 저어하며, 안간다 하면 아부지께서 애쓰시고 다니는 형상이 눈에 완연하야 여긔잇는 저로 하야곰 安心치 못하겟습니다. 或 저 일이 成立되여 學資를 일룻는다 하면 或 모르지마는 그럿치 아니하면 空然이 다른 준비도 못하겟다 하야 마음이 散亂합니다. 나리가

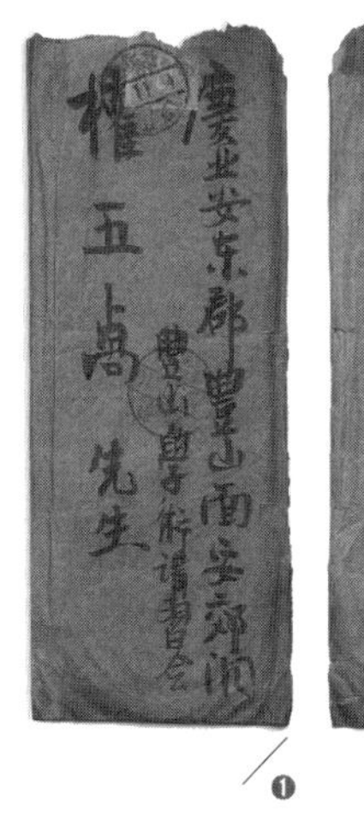

❶

❷

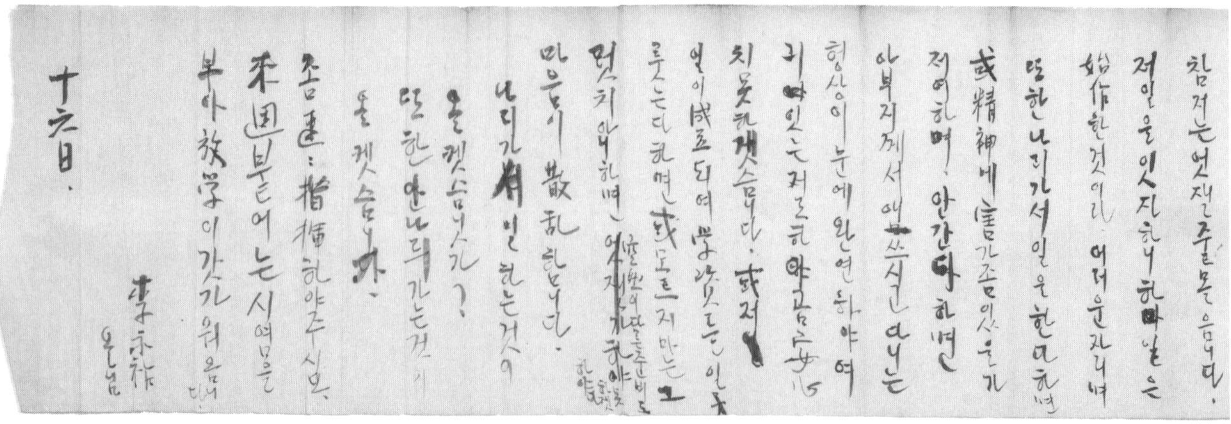

셔 일하는 것이 올켓습닛가? 또한 안나릐 가는 것이 올켓습니가.

좀 速速 指揮하야 주시오. 來週붙어는 시염을 보아 放學이 갓가워옵니다.

李永祚 올님

十六日

1923~24년 추정

法尙洞에서 權五卨에게

豊西面 佳谷洞 權五卨 宗兄 淸覽

安東邑 法尙洞 寅潼 椷

오랫동안 몯보고 한 또한 한 오랑 오드모 물음은 맘에 없음 안이언만 뜻대로 예지 몯두겹 두렵고 한껏 보고지어다믄 파랑에 뜬 조각달을 안고서 밀뿐 날시 몹시 덥은 이때 어루신 뫼 아내내 다느시며 그 밖 여러 집 두루 바담스럼 속 맘으로 빌며 바램내다. 아(我)는 한갈 옛 얼굴 진일뿐이외다. 서울과 및 저 나라에가 배우던 드만들 여름철 쉴 때를 타아 시골로 돌다니며 우리의 깊게 든 잠 부르짖어 일깨움 한두 끼 안이어늘 언의 한때도 압지 안이심은 참말 섭섭 안이다. 아마 가르침이 바쁜 때문이시지 그 곧고 남의 배니 나는 어느 낙까지 사무치엇음잇가. 나는 밤낮 그 몸의 덩움과 그 므리 길ㅁ을 쪼아 네내다. 요즘 날시 넘어 덥음을 앞서어 반듯이 괴렵음을 쉬엇으리니 그동안 한갓 서로 맛남을 섯지 몯할가 오손 곱아 기다리내다. 끝.

금의네 즘 두온 일흔세해 늦여름 시물사흘

안동 법석골 찬수리

한님 언

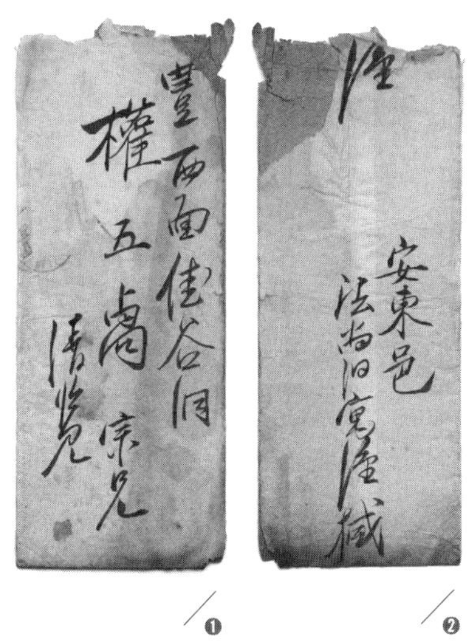

❶ ❷

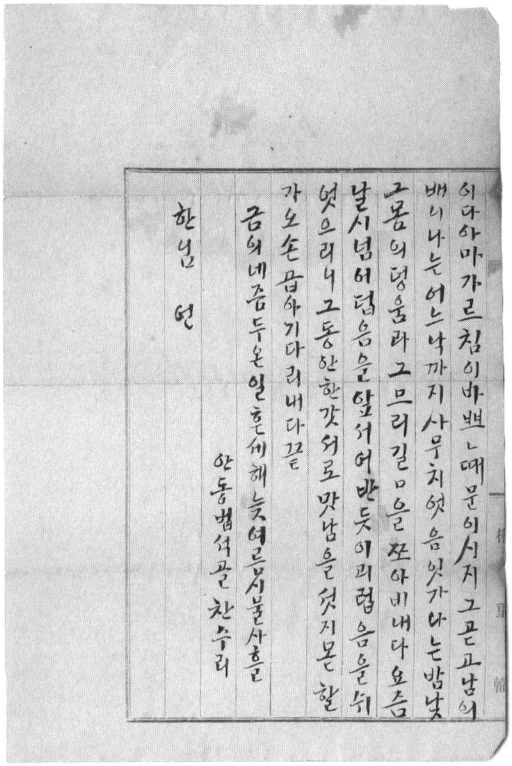

❷

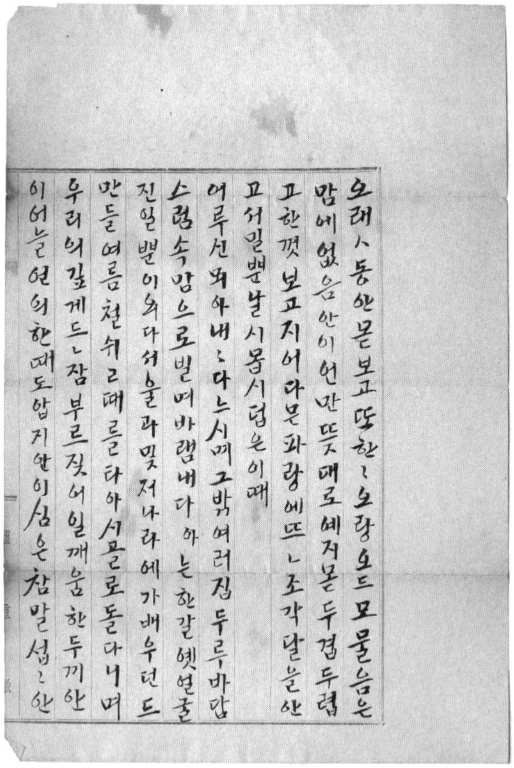

❶

1923~24년 추정

鄭處默이 權五卨에게

安東郡 佳谷里 權五卨 兄

延日郡 興海 鄭處默

十三日

示日보담은 數日이나 遲延되야 到着된 葉書을 再三 拜讀하옵고 急히 答을 올이나 맛치 보시게 될는지 엇들는지

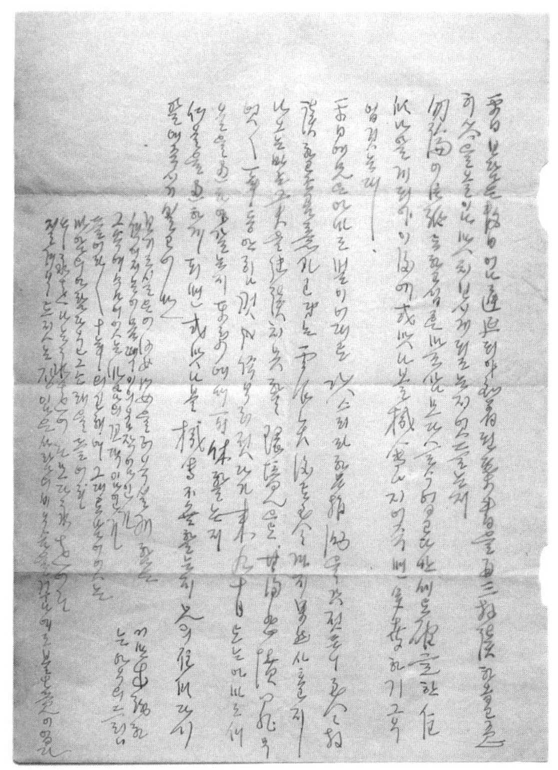

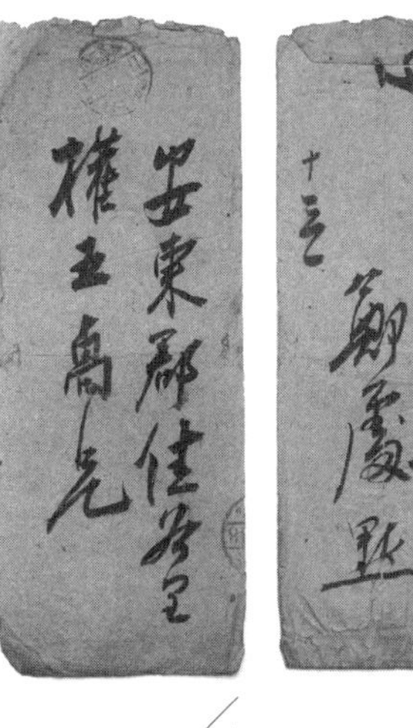

❶ ❷

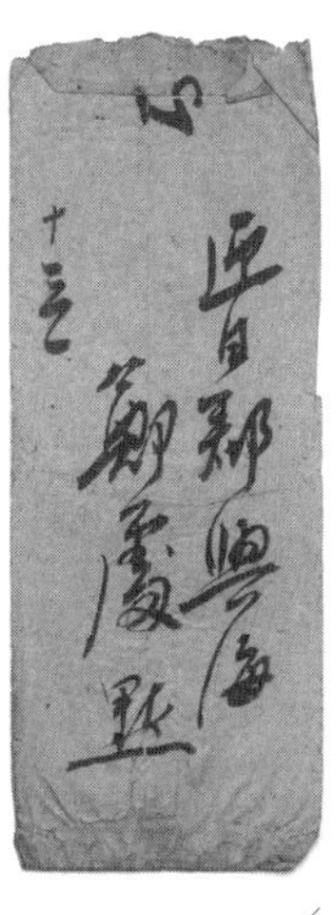

勿論 이 片紙는 하고 십흔 말삼 모다 슬 수 업고 다만 세로 確定한 住所나 알게 되야 이 後에 或 맛나볼 機會나 지어쥬면 多幸하기 그 우 업겟는대.

示日에 兄은 아마도 멀이 어대로 갓스리라 하는 推測을 갓젓든니 至今 拜讀하고 조곰 意外고 弟는 無依失議로 至今까지 果然 사흘 지나 노는 바는 工夫을 繼續치 못할 環境으로 其間 怨債罪 무엇무엇 一年 동안 힘껏 ■■ 부러젓다가 來九十月로는 아마도 서울을 通하야 갈는지 東京에서 所休할는지.

셔울을 通하게 되면 或 맛나볼 機會 不無할는지 兄의 住所 다시 알여 주시기 빌고 이만.

보기도 실은 이 妄安을 더욱 실케 함은 적어지는 어물떽이의 움작임인가. 그 속에 숨어 잇는 마암의 꼬댁임인가. 들어라 들어라. 十年의 긴 해의 그대로 남어 잇는 마암의 아람다운 그 노래을 들어라.

오! 永遠 나는 永遠이라 모다 永遠이라 질겨 부르짓는 장임은 사람의 비우슴을 꿈에도 볼 生覺이 업다. 이만 出■하는 아우의 드림.

1923~24년 추정

金周顯이 豊山講習會 權五卨·五叙에게

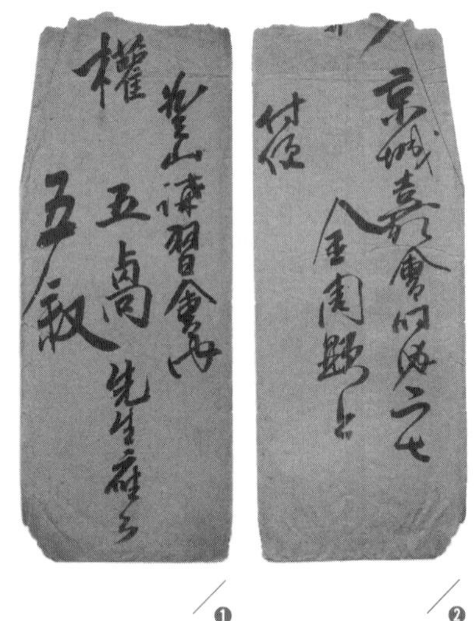

❶ ❷

豊山講習會 內 權五卨·五叔 先生

京城 嘉會洞 二七 金周顯

付便

떠날 때 作別도 못하고 이곧에 온 後로 따듯한 봄은 지나가고 확근확근한 여름이 오도록 한자 安候도 올이지 못하야 未安하고 궁굼하든차 先生님의 아름답은 그월을 바다 再三 살ㅂ히니 體候 一康寧하시고 學習會가 着實이 進行함은 實노 깃겁기 測量없읍니다. 聞安後 數日에 日氣는 一層 더워가고 槐陰은 더욱 繁茂하는 잇때예

侍餘氣體候萬康하시고 講習會의 滋味는 漸入佳景否? 遠外區區之忱은 實非尋常例言也로소이다. 門生은 客中 眠食은 아즉 無故하오나 몸 늘- 健康ㅊ이 못하고 學課는 차차 退步하는 같사오니 이는 平日 先生님 所訓을 버서남이라 罪悚 罪悚이로소이다. 第下托事(구쓰)는 生의 것과 같이 朴熙秉 洋靴店에 十二圓 五十錢으로 昨 卄五日에 마차서 六月一日까지 期限을 定하야스니 차즈면 곳 付上하리이다. 然이나 모처름 付托을 하신는 것을 或 不完全함이 있을가 두려워하나이다. 鄙再從弟가 貴校에 入學하얏다 하오니 特別이 訓導하사 사람 되그러 하시기를 千萬伏望耳로소이다. 以後로 좋은 말삼을 나리시기를 바래고 이만 그치나이다. 끗.

五月 念六日 門生

金周顯

炳千君이 身病으로 나러가니 憐悵憐悵耳.

1923~24년 추정

李相鳳이 學術講習會 權五卨에게

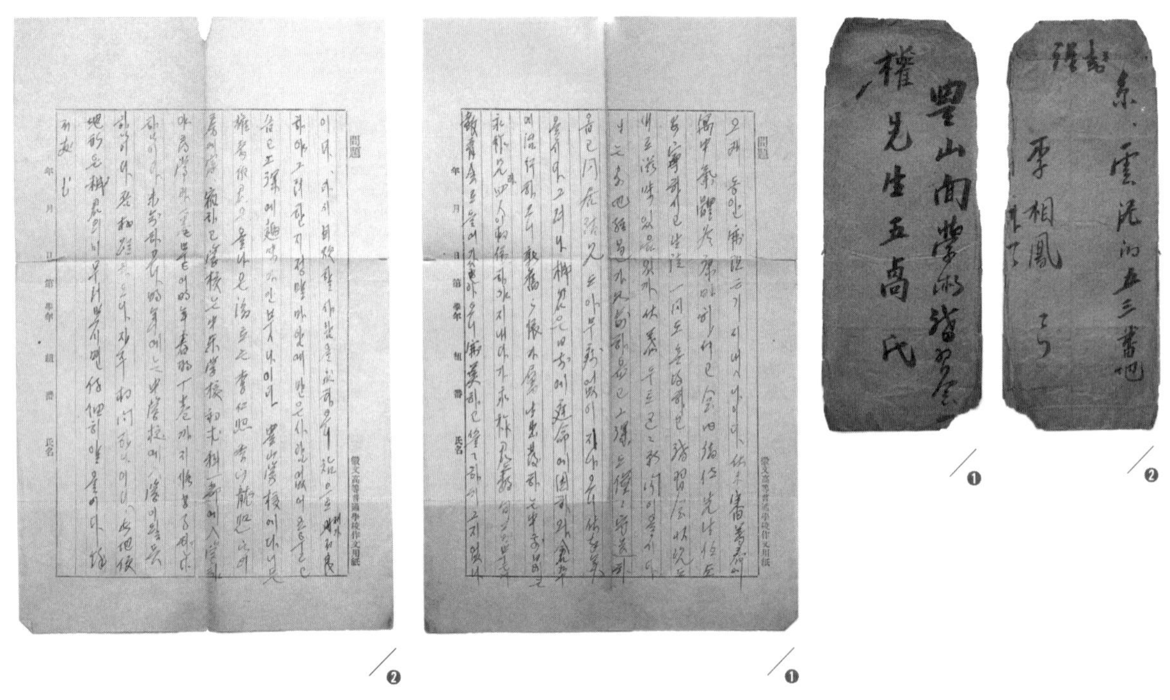

豊山面 學術講習會 權先生 五卨 氏

京 雲泥洞 五三番地 李相鳳

오래동안 寂阻ᄒᆞ기 지냇나이다. 伏未審暮春에 寓中 氣體候康旺하시고 會內 諸位先生任도 安寧하시고 生徒 一同도 無故하고 講習會 狀況도 새로 滋味있읍잇가. 伏玆以 두로 區區顒聞이 올시다. 弟는 最近 經過가 如前하옵고 工課도 僅僅 守去하옵고 同居 諸兄도 아무 病 없이 지나오니 伏幸矣올시다. 그려나 棫君은 日前에 庭命에 因하와 倉卒에 治行하오니 新舊之懷가 層生 出發하는 中 前日에는 永祚兄과 四人이 相依하야 지내다가 永祚 군도 數旬 前붙어 敎育會로 들어갔아오니 寂寞하고 쓸쓸하기 그지없나이다. 다시 团炊할 사람을 구하오니 참으로 제가 不良하야 그려한지 정말 마암에 만은 사람 없어요. 울고 습고 工課에 취미가 안 붓나이다. 豊山學校에 다니든 權奇伯군은 올나온 後로는 李仁熙 季氏 龍熙氏의 房에 寄宿하고 學校는 中央學校 初等科 一部에 입학하야 尋常과 七卷붙어 明年春 取十卷까지 修了한다 합니다. 未知하오나 明年에는 中學校에 入學이 될 듯하나이다. 吾相頌하오나 자주 相問하나이다. 其他 便形은 械君의게 무러보시면 仔細히 알을이다. 餘不備書.

1923~24년 추정

春濤가 豊山學術講習會 權五卨에게

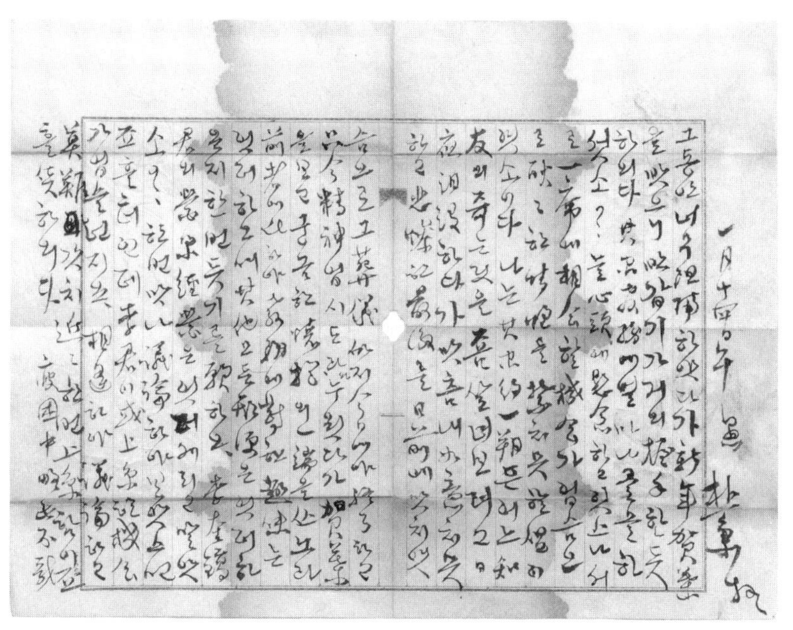

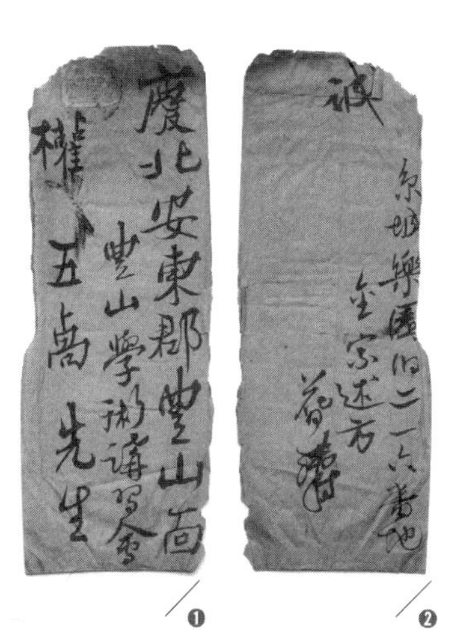

❶ ❷

慶北 安東郡 豊山面 豊山學術講習會 權五卨 先生

京城 樂園洞 二一六番地 金家述 方

春濤

그동안 너무 阻調하얏다가 新年賀葉을 밧으니 반갑기가 거의 握手한 듯하외다. 其間 敎務에 얼마나 골몰하섯소? 늘 心頭에 懇念할 잇스나 서로 一席에 相會할 機會가 업슴으로 耿耿한 情憧을 禁치 못할 뿐이엿소이다. 나는 其間 約一朔은 어느 知友의 죽는 것을 좀 살녀보려고 日夜汨沒하다가 맛츰내 如意치 못하고 悲慘한 最後를 日前에 맛치엿슴으로 그 葬儀까지 今日에야 終了하고 只今 精神업시 도라와 누웟다가 賀葉을 보고 궁금한 懷抱의 一端을 쓰노라 前者에 比하야 敎務에 對한 趣味는 엇더하오며 其他 모든 形便은 엇더하온지 한 번 듯기를 願하오. 李奎鎬君의 營業經營은 엇더케 되고 말앗소? 한 번 맛나 議論하야 보앗스면 죠흘 터인데 李君이 或 上京할 機會가 업슬런지요. 相逢하야 議論하고 莫難도 갓치 近近 한 번 上京함이 죠흘 뜻하외다. 疲困中 略書不裁.

一月 十四日 午點 朴一秉 拜上

1923~24년 추정

李相鳳이 豊山學術講習會 權五卨에게

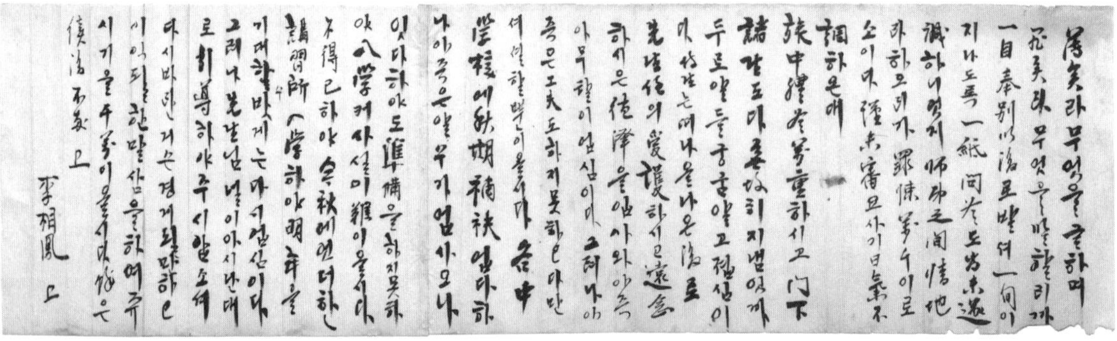

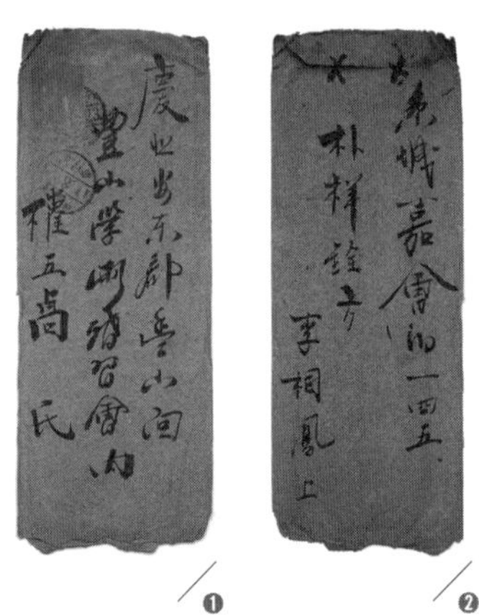
❶ ❷

慶北 安東郡 豊山面 豊山學術講習會 內 權五卨 氏

京城 嘉會洞 一四五 朴祥銓 方 李相鳳 上

羞矣라 무엇을 言하며, 罪矣라 무엇을 말할리까. 一目逢別以後로 발셔 一旬이 지나도록 一紙 問候도 尙未遂誠하니 엇지 師弟之間 情地라 하오리까. 罪悚 萬千이로소이다. 謹未審 요사이 日氣不調하온대 旅中體候 萬重하시고 門下諸生도 다 無故히 지냄잇까 두로 알들 궁굼알고 접심이다. 侍生은 떠나 올나온 後로 先生任의 愛護하시고 遠念하시은 德澤을 입사와 아즉 아무 탈이 업심이다. 그려나 아즉은 工夫도 하지 못하고 다만 셔셜할 뿐이올시다. 各中學校에 秋期補缺업다 하나 아즉은 알 수가 업사오나 잇다 하야도 準備을 하지 못하야 入學키 사실이 難이올시다. 不得已하야 今秋에 엇더한 講習所 入學하야 明年을 기대할 수밧게는 다시 업심이다. 그려나 先生님 널이 아시난 대로 引導하야 주시압소셔. 다시 바란 거슨 경게 될 만하고 이익될 한 말삼을 하여 쥬시기을 千萬이올시다. 餘은 續候 不備上.

李相鳳 上

1923~24년 추정

徐廷昱이 權五卨에게

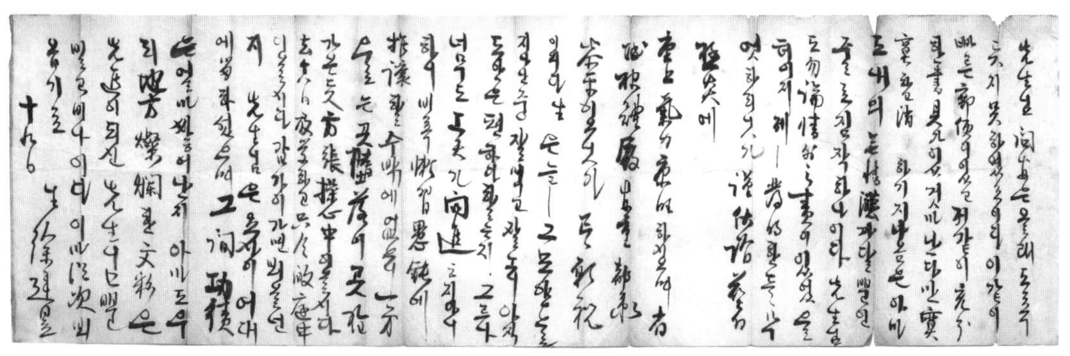

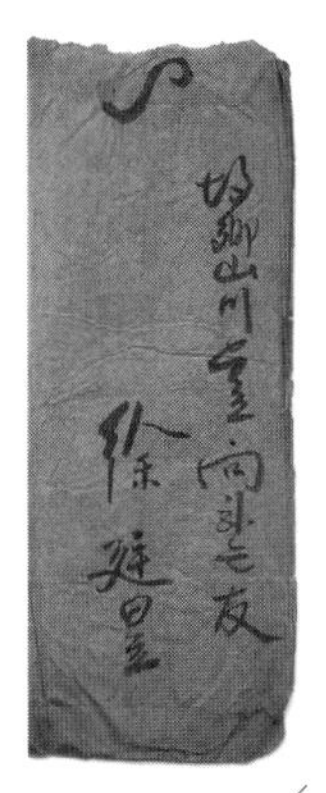

豊西面 佳谷洞 權五卨 氏

故鄕山川을 向하는 友 徐廷昱

❶ ❷

先生님 問安은 올래도록 듯지 못하였나이다. 이같이 빠른 郵便이 있고 저같이 充分한 書具가 있것마난 다만 寞寞하고 消하기 지나옴은 아마도 내의 無情漢 까달 뿐인 줄로 짐작하나이다. 先生님도 勿論 情外之責이 있었을 터이지 제- 發明한들 무엇하리잇가. 謹伏諮 花春極炎에 堂上 氣力康旺하시오며 省地棣體候安康 都衛泰平이오닛가. 區區願祝이외다. 生은 늘- 그 모양으로 지나난 중 잘 먹고 잘 노니 아직 도안은 편하다 할는지. 그러나 너무도 工夫가 向進ㅎ지 아니하니 비록 懶習愚鈍에 推讓할 수밖에 없으니 一方으로는 곳 墮落이 곳 갑가온 듯 方張 操心 中이올시다. 去 十八日 放學하고 只今 歸庭 中이올시다. 갑가이 가면 뵈올넌지 先生님은 요사이 어대에 留하셨으며 그間 功績은 얼마 쌓어난지. 아마도 우리 地方 燦爛한 文彩은 先進이 되신 先生님뿐 빌고 비나이다. 이마 從次 뵈옵기로.

生 徐廷昱

十九日

1923~24년 추정

五嵩이 權五箕에게

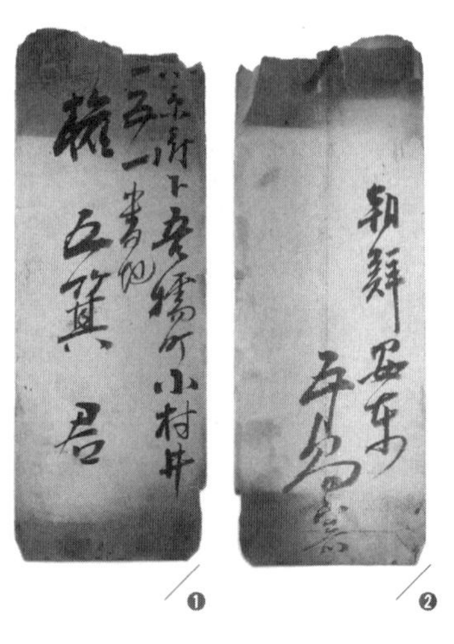

❶ ❷

東京府 下吾嬬町 小村井 一五一番地 權五箕 君

朝鮮 安東 五卨 寄

오래간만에 片紙 받으니 반갑다. 요사이 칩이도 날마다 더하야 가는대 너 兄弟 몸 편ㅎ다 하며 다른 일이 없다고 하니 든든하다마는 하는 일은 엇던 것인지 몰라서 걱정일다. 나는 아모 일이 없고 집도 모다 無事하다. 念慮 말아라. 그런대 速히 나올 道理하야라 兩位分의 心慮가 如干이 안일다. 나올 行資만 있거던 速히 나아오너라. 나아오았다가 새로 들어가더라도 兄弟 함끠 나아오너라. 하로밧비 나오너라. 부대부대 적은 집에는 아들 나서 願喜願喜 日前 寫眞 一枚를 五福에게 부치었다. 보았나. 부대 速히 나오너라. 이만.

一月 四日 兄 奇

1923~24년 추정

아버지 述朝가 五卨에게

日間客況何如夢亂心煩殆不可定情也父渾節倖無見故而風眩痰結之症每每介作是乃秋來消息耶良苦良苦箕稷將以陰臘出來云云而箕也則不惺惺云在家慮慮第錢政日益告荒門外徵索急於星火前者所送不爲不多而地價與賭稅亦未盡勘且元稅亦爲三圓假量則從何所勘斷過冬之計亦沒把着事事關心寧有生況耶金融借用條何以爲計也督促之文字拳付送諒悉也歲暮矣積債未報條日必來督矣此等事不可不言及於汝而言之者亦豈安於心乎寧欲無知也不多及　父 述朝 頓

十月 念八

일간 객지 형편이 어떠하냐? 꿈이 어지럽고 마음이 복잡하여 거의 안정할 수가 없다. 아비는 별일이 없어 다행이나 어지럼증과 담이 나오는 증세가 자주 생기니 이것이 곧 가을이 오는 탓인가? 실로 고통스럽다.

오기와 오직은 음력 섣달에 온다고 하는데 오기는 정신이 똑똑하지 않다고 하니 집에 있는 것이 걱정이다. 그리고 돈 사정이 날로 어려워지고 있다. 외부에서 징수하고 요구하는 것이 성화보다도 급하다. 전에 보낸 것이 적지 않은데 지가와 도세를 또한 다 마감하지 못했고, 원세가 또 3원가량 되니 앞으로 어떻게 감당하며 겨울을 날 계획이 또한 없어서 일마다 걱정거리니 어찌 사는 경황이 있겠느냐? 금융차용은 갚는 날을 언제로 할 계획이냐? 독촉한 문자를 송부하니 자세히 살펴보아라. 해가 저물었다. 빚을 갚지 못한데 대해서 일간에 틀림없이 독촉이 올 것이다. 이런 일은 너에게 말하지 않을 수 없어서 말하나 말하는 나 또한 어찌 마음이 편하겠느냐? 차라리 아무것도 모르면 좋겠다. 더 말하지 않는다.

아비 술조 씀 10월 28일

1923~24년 추정

아버지가 五高에게

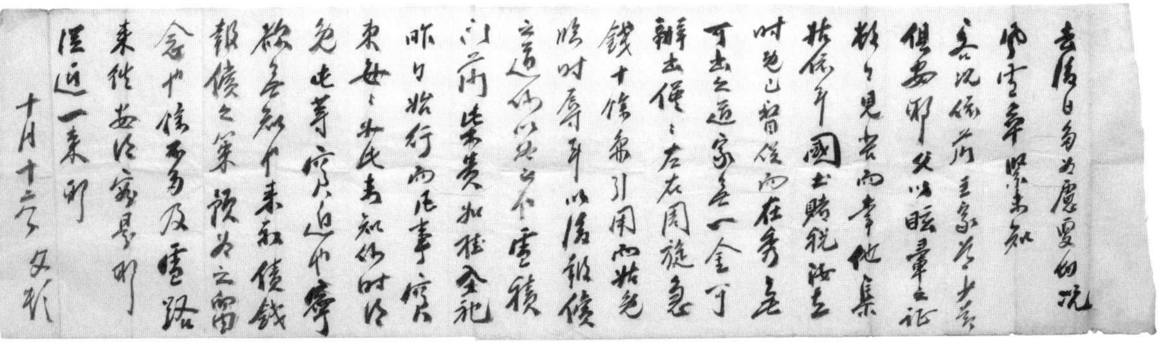

去後日多爲慮更切況風雪卒緊未知客況依前主家尊少節俱安耶父以眩暈之症數日見苦而幸他集姑依耳國土賭稅汝在時旣已督促而在秀無可出之道家無一金可辨出僅僅左右周族急錢十餘圓引用而姑免臨時辱耳以後報償之道何以爲之也雪積門前柴貴如桂墓祀昨日施行而凡事窘束每每如此未知何時得免此等窘迫也寧欲無知也來示債錢報償之策預爲之留念也餘不多及雪路來往安得容易耶從近一來耶　十月 十六日 父 頓

간 후에 여러 날이 되어 다시 걱정이 간절하다. 더구나 바람과 눈이 갑자기 심하여 객지 상황이 여전한지 모르겠다. 주인집 어른과 아이들이 모두 편안하냐?

아비는 어지럼증으로 며칠 고생했으나 다른 일은 여전하다. 국토세는 네가 있을 때 이미 독촉을 했고 재수는 나갈 길이 없다. 집에는 한 푼도 없어서 급전 십여 원을 겨우 주선하여 임시로 욕은 면했다. 앞으로 갚을 길을 어떻게 해야 할꼬?

눈이 문 앞에 쌓여 나무 구하기가 계수나무 구하기와 같다. 묘사를 어제 지냈는데 매사가 군색하다. 모든 일이 이러하니 언제나 이 군색함을 면할 수 있을는지 모르겠다. 차라리 모든 것을 몰랐으면 좋겠다. 와서 돈 갚을 방책을 제시할 것을 미리 생각해야 할 것이다.

나머지는 더 말하지 않겠다. 눈길에 오고 가기가 어찌 쉽겠느냐? 멀지 않아 한 번 오겠느냐?

10월 12일 아비 씀

1923~24년 추정

오설이 고향 집에

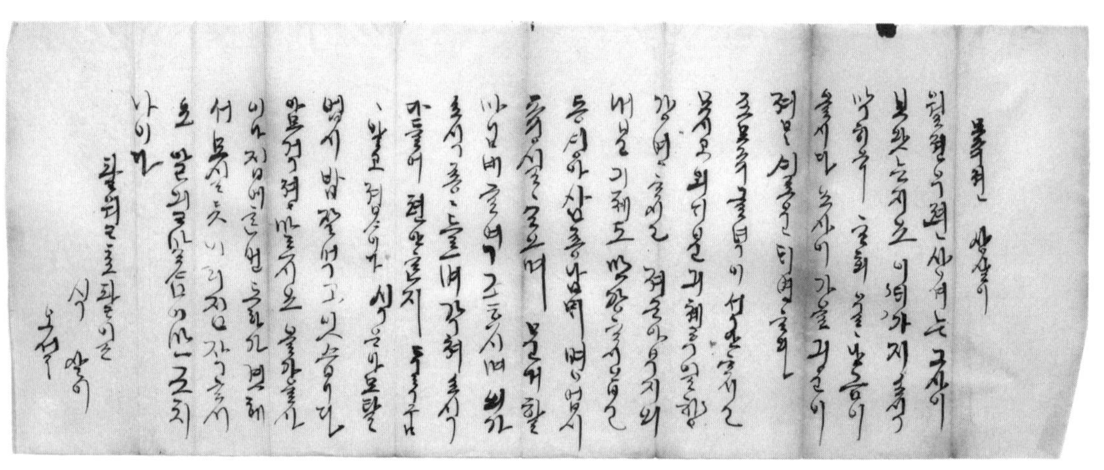

모쥬젼 상 살이

월젼 우편 상셔는 그사이 보왓는지요. 이쎠까지 소식 막히오니 ᄒᆞ회 울울난금이올시다. 요사이 가을 긔운이 졈졈 싀로운ᄃᆡ 연ᄒᆞ와 죠모쥬 글녁이 석난하시고 모시고 외닉분 긔쳬후 일향 강영하시고 져근아부지 외내분 기쳬도 만강하시옵고 동싱아 삼종남미 병 업시 츙실하오며 문거 할마님네 글역 조흐시며 외가 소식 종종 드르며 각쳐 소식 다 들어 편안한지 두루 굼굼 알고 졉ᄉᆞ이다. 식은 아모 탈 업시 밥 잘 먹고 잇습니다. 아모 걱졍 마르시요. 올 가을 사이나 집에 한 번 도라가 겻헤서 모실 듯 이리 짐작하서요. 알월 말슴 이만 끄치나이다.

팔월 초팔일 식 오설 살이

1923~24년 추정

오설이 어머님께

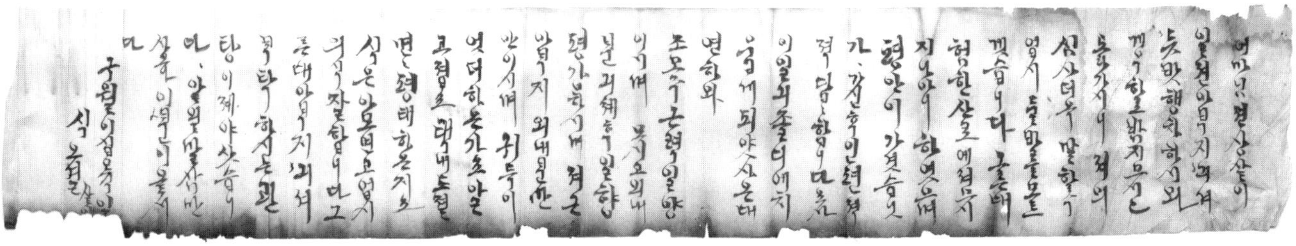

어마님젼 상 살이

일젼 아부지끠셔 듯밧 행차하시와 게우 하로밤 지므시고 도라가시니 져의 심사 더옥 말할 수 업시 둘 바를 모르겟습니다. 그른대 험한 산로에 져므시지나 아니하엿으며 평안이 가셧슴닛가. 가신 후 인편 젹젹 답답합니다. 요사이 일긔 졸디에 치웁게 되얏사온대 연하와 조모주 근력 일양이시며 모시고 외내분 긔체후 일향 평강하시며 져근아부지 외내분 만안이시며 귀득이 엇더하온가요. 알고 졉고 택내도졀 면면 평태하온지요. 식은 아모 변고 업시 의식 잘합니다. 그른대 아부지끠셔 부탁하시는 관탕 이제야 삿습니다. 알월 말삼 만사오나 이뿐이올시다.

구월 이십육일 식 오셜 살이

1923~24년 추정

五卨이 아버지께

望湖 留子 五卨 父主前 上平書

八月 二十七日

父主前 上白是

伏承下書伏慰萬萬伏承審庚炎比酷外內分氣體候萬康家內無故伏慰伏慰而季父主患候伏慮不已子旅狀伏依遠湖患候今古無加減耳山坂雖國有固有緣故者之義務何以能無可爲之道耶卽國有山於我關係甚緊者爲緣故者也吾家之於此山緣故關係自在安能以國有而抛棄緣故權耶渠當此處事勢處理後歸庭矣以此下諒伏望今日則當歸侍而事不得已耳雖數日後於山事無大關係矣則以此下諒伏望餘不備上白 八月 四日 子 五卨 上白

秋麥十五斗靑麻五束買置遠湖耳

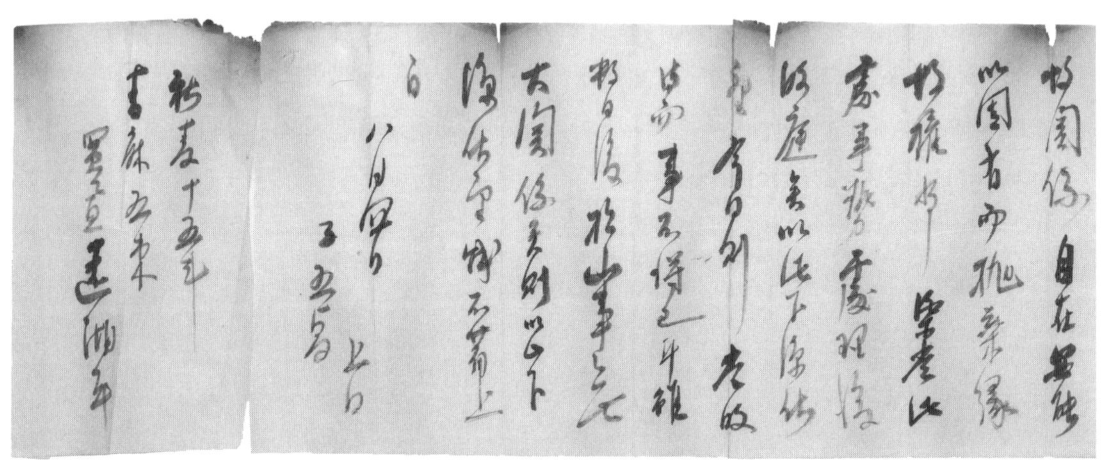

아버님께 아뢰옵니다.

보내주신 편지 받고 크게 위로가 됩니다. 한더위에 아버님, 어머님 건강하시고 집안이 무고하시다니 크게 반가운 일이나 작은 아버지의 병환이 크게 걱정됩니다. 저는 객지에서 그대로 지냅니다. 원호의 환후는 지금이나 옛날이나 가감이 없습니다. 산판은 비록 국유라 하나 본래 연고가 있는 자의 의무입니다. 즉 국유 산이 우리와 관계가 심히 긴밀한 것은 연고자기 때문입니다. 우리집이 이 산에 대하여 연고관계가 본래부터 있어왔는데 어찌 국유라고 하여 연고권을 포기하겠습니까? 저는 이 일이 처리된 후에 집에 돌아가겠으니 그렇게 알아주십시오. 지금이라도 마땅히 돌아가 모셔야 할 일이나 사정이 부득이합니다. 비록 며칠 뒤라 하더라도 산사에는 큰 관계가 없을 것이니 그렇게 알아주시기 바랍니다. 나머지는 다 말씀드리지 못합니다.

8월 4일 아들 오설 올림

보리 열다섯 말과 삼 다섯 속을 원호에 사두었습니다.

❶

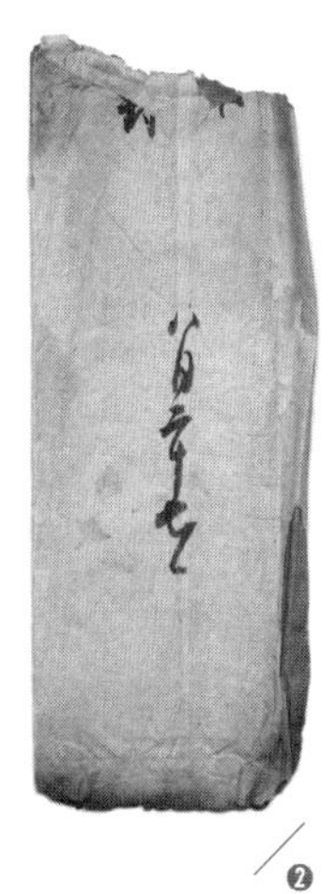
❷

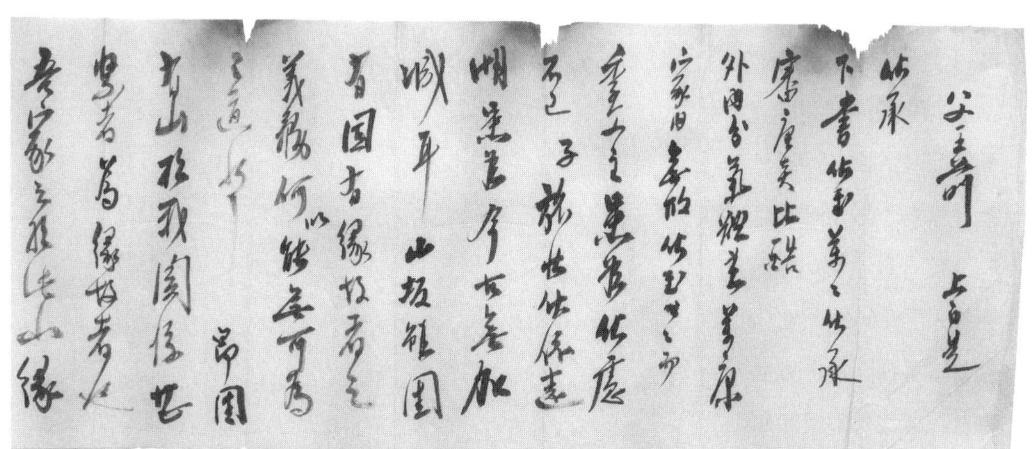

1923~24년 추정

柳碧佑가 權五卨에게

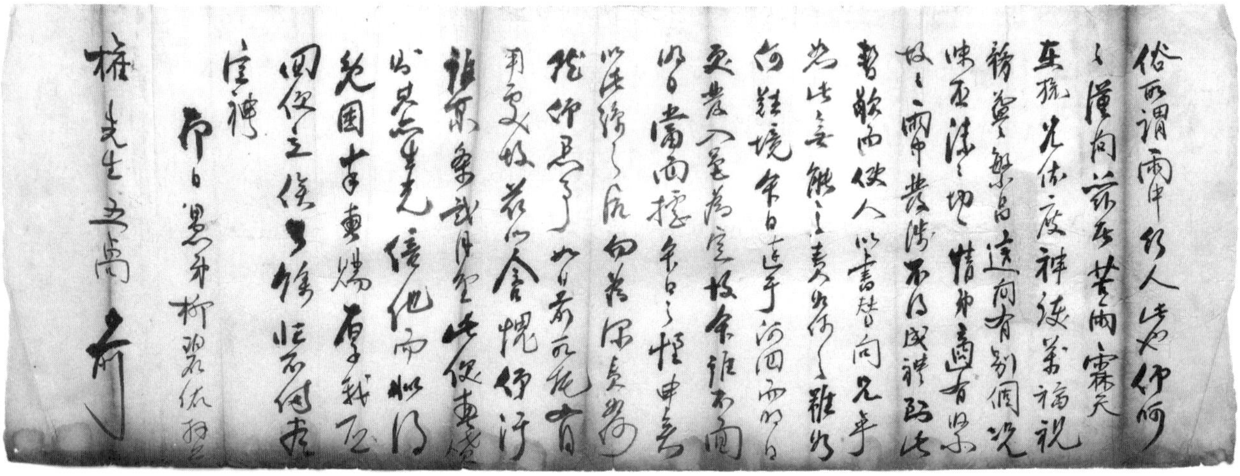

俗所謂雨中行人 此也 仰呵

呵 謹問玆者 苦雨霖天

在旅兄體度 神護萬福 視

務益益繁昌 這間有別個況

味否 溸溸切切 情弟 適有緊

故故 雨中跋涉 不得成禮 到此

暫歇 而使人以書替問 兄乎

恕此無能之責 如何如何 雖如

何難境 今日達于河回 而明日

更發入邑爲定 故今雖不面

明日當面 攄今日之懷曲矣

以此諒之 後勿爲深責如何

就仰懇事 如日前所托有

用處 故玆以含愧仰託

誰某條貳圓金 此便惠貸

則其亦生光倍他 而似得

免困 幸惠賜厚我否

回便立俟之餘 忙不備盡

定禮

卽日 愚弟 柳碧佑 拜上

權先生 五卨 前

세속에서 이른바 '빗속을 가는 사람' 이라는 것이 바로 이 사람입니다. 하하.

삼가 묻노니 요즘 계속되는 장마철에 객지에 계시는 형께서는 건강하시고 하시는 일도 더욱 번창하며 요즘 별다른 재미가 있습니까? 궁금한 생각이 간절합니다. 저는 마침 긴급한 일이 있어 비가 오는 가운데 출발하여 예를 차리지도 못하고 이곳에 이르러 잠깐 쉬면서 사람을 시켜 편지로써 문안을 드리오니 형께서 이 무능을 용서해주십시오. 비록 어떤 난관이 있더라도 오늘 하회에 가서 내일 다시 출발하여 읍에 들어갈 예정임으로 오늘 비록 못 만나더라도 내일 만나서 오늘의 심정을 털어놓을까 합니다. 이를 이해하시고 깊이 꾸짖지 마십시오. 우러러 간청할 일은 일전에 부탁한 대로 쓸 곳이 있어 이에 부끄러움을 무릅쓰고 부탁한 아무에게 줄 2원의 돈을 이 사람 편에 빌려주면 무엇보다도 생광스럽겠고 어려움을 면할 수 있을 것 같으니 나에게 후의를 베풀어줄 수 없겠습니까? 돌아갈 인편이 서서 기다림으로 나머지는 바빠서 예를 다 갖추지 못합니다.

즉일 우제 류벽우 배상 권선생 오설 앞

1923~24년 추정

明子가 權동무에게

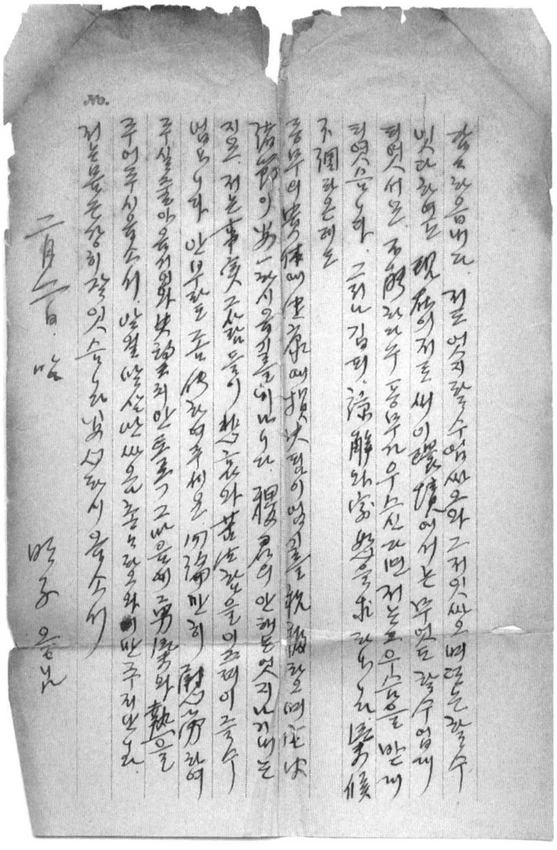

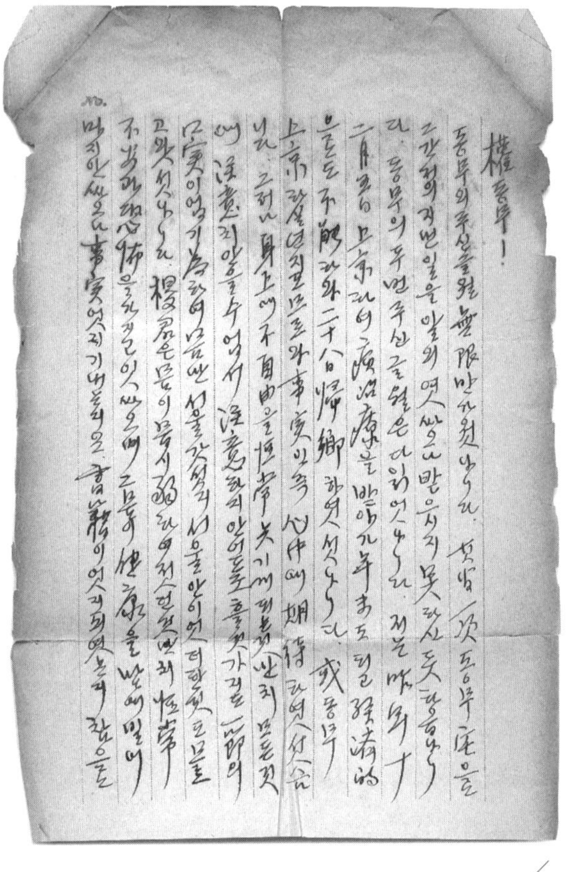

❶

❷

權동무!

동무의 주신 글월 無限 반가웟나니다. 其間 一次 동무 宅으로 그간 저의 지낸 일을 알외엿싸오나 받으시지 못하신 듯하옵나니다. 동무의 두 번 주신 글월은 다 읽엇나니다. 저는 昨年 十二月 五日 上京하여 病治療을 받아가 年末도 되고 經濟的으로도 不能하와 二十八日 歸鄉

하엿섯나니다. 或 동무 上京하실넌지도 모르와 事實인즉 心中에 期待하엿섯습니다. 그러나 身上에 不自由을 恒常 늣기게 되는 것만치 모든 것에 注意치 안을 수 업서 注意하지 안어도 조흘 것 가지도 一節의 口實이 업기 爲하여 몸만 서울 갓섯지 서울 안이 엇더한 것도 모르고 왓섯나니다. 稷君은 몸이 몹시 弱하여 젓던 것만치 恒常 不安과 恐怖을 가지고 잇싸오며 그 몸이 健康을 발애 빌어마지 안싸오나 事實 엇지 지내는지요. 書籍이 엇지되엿는지 참으로 갑갑하옵내다. 저도 엇지할 수 업싸오와 그저 잇싸오며 또는 할 수 잇다 하여도 現在의 저로써 이 環境에서는 무엇도 할 수 업게 되엿서요. 不能하다구 동무가 우스신다면 저는 그 우슴을 받게 되엿습니다. 그러나 깁피깁피 諒解와 容恕을 求하나니라. 氣候不調하온데도 동무의 貴體에 健康에 損失됨이 업기를 祝福하오며 宅內 諸節이 安一하시옵기를 비나이다. 稷君의 안해는 엇지나 기(지)내는지요. 저는 事實 그 사람들이 悲哀와 苦生함을 이즈려 이즐 수 업나니다. 안부라도 좀 傳하여 주세요. 勿論 만히 慰勞하여주실 줄 아옵서거니 失望치 안토록 그 마음에 勇氣와 熱을 주어 주시옵소서. 알욀 말삼 만싸오나 총총하오와 이만 주리난니다. 저는 몸 근강히 잘 잇습니라. 安心하시옵소서. 二月 二日 말 明子 올님

1923~24년 추정

李雲鎬가 權五卨에게

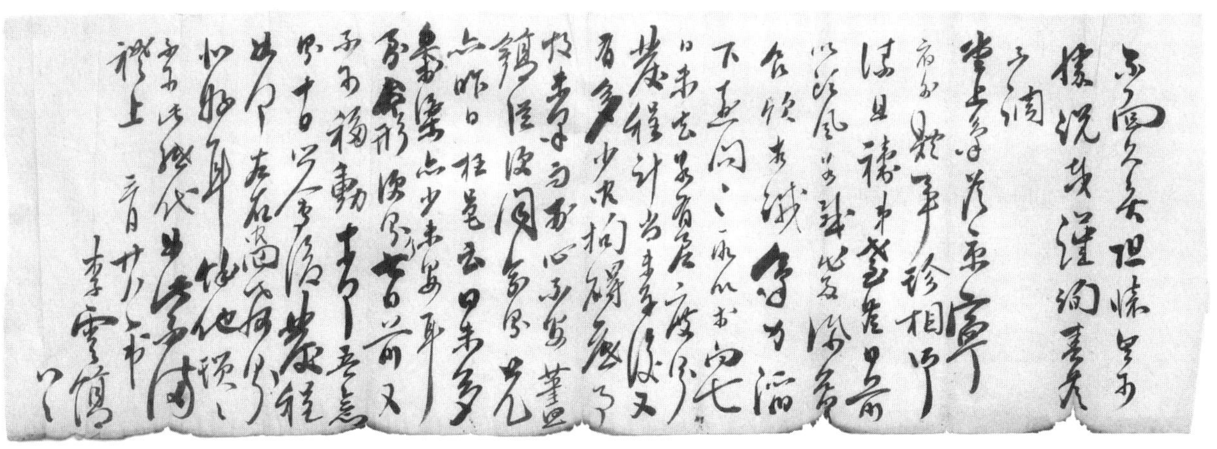

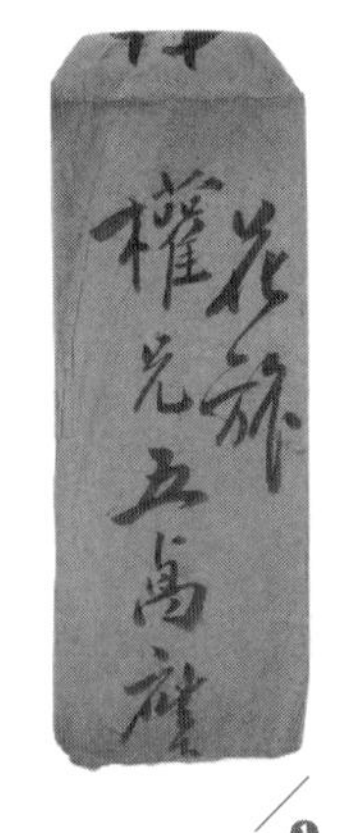

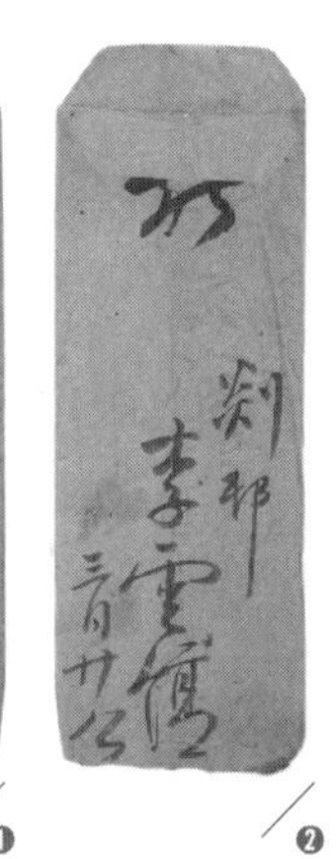

花旅 權兄 五高 座下
剡村 李雲鎬 三月 二十八

不面久矣 阻懷 豈可勝說哉 謹詢春候
不調
堂上氣候康寧
省外體事珍相 仰
溸且禱 弟 耋候 日前
以頭風若感 非多添益 食飮相減 氣力陷
下 煎悶煎悶 所以於向七
日未去 若有差度則
發程計尙未全復 又
有多少間 拘碍底事
故未果而於心不安 蓋
鎬從便聞知 則兄
亦昨日枉邑云 日未多
矣 於渠亦少未安耳
到今形便 則今七日前 又
不可移動奈何 吾意
則十日鄕會後 發程
如何 左右間回敎 則
似好耳 餘他瑣瑣
不可此紙 代如此不備
禮上 三月 二十八日 弟
李雲鎬

만나지 못한 지가 오래되었습니다. 막힌 감회를 어찌 다 말할 수가 있겠습니까? 삼가 묻노니 봄 날씨가 고르지 못한데 어르신 건강이 평안하시며 모시고 잘 지내시는지 우러러 궁금하며 또한 기원합니다. 저는 어른께서 두풍과 감기로써 크게 심하지는 않으나 음식이 줄고 기력도 떨어져서 걱정입니다. 그래서 지난 7일에 가지 못하였는데 만약 차도가 있으면 출발할 계획이나 아직 완전히 회복하지 못하였고 또 다소 구애되는 일이 있어서 실행하지 못하여 마음이 불안합니다. 신호씨 편에 들어서 알았는데 형도 어제 읍에 오셨다고 하는데 날이 많지 않으니 저도 또한 다소 미안할 따름입니다. 지금까지의 형편으로는 이번 7일 전에는 이동하지 못하겠으니 어찌하겠습니까? 저의 생각은 10일에 향회를 한 후에 출발하는 것이 어떨까 합니다. 좌우간 연락을 주시면 좋겠습니다. 나머지 다른 자질구레한 일은 이 편지에 다하지 못하고 이만 갖추지 못하고 올립니다. 3월 28일 동생 이운호 올림

1923~24년 추정

朴■錫이 權五卨에게

拜頌

教体大安耳 就拱鄙郡大昌學院■無良

■困莫甚焉 兄幸爲之奮起 而顧使我大

昌爲大昌矣 俾勿負之地 千萬■要

若有枉任之意 1 現俸額 2 履歷書 3 希

望條件等 速爲下示如何 餘不備禮

四月 二十七日 醴泉 朴■錫 拜再

權 五 卨 氏

송축하건대 교체 평안하시지요. 여기 소개하는 저의 군의 대창학원은 ■무량하고 ■곤하기가 막심합니다. 형이 혹시라도 그를 분기시켜서 우리 대창으로 하여금 대창이 되게 해주십시오. 부디 저버리지 않기를 천만 바랍니다. 만약 쓰실 의사가 있다면 1.현봉급액 2. 이력서 3. 희망 조건 등을 속히 알려주십시오. 나머지는 갖추지 못합니다.

4월 27일 예천 박■석 재배 권오설 씨

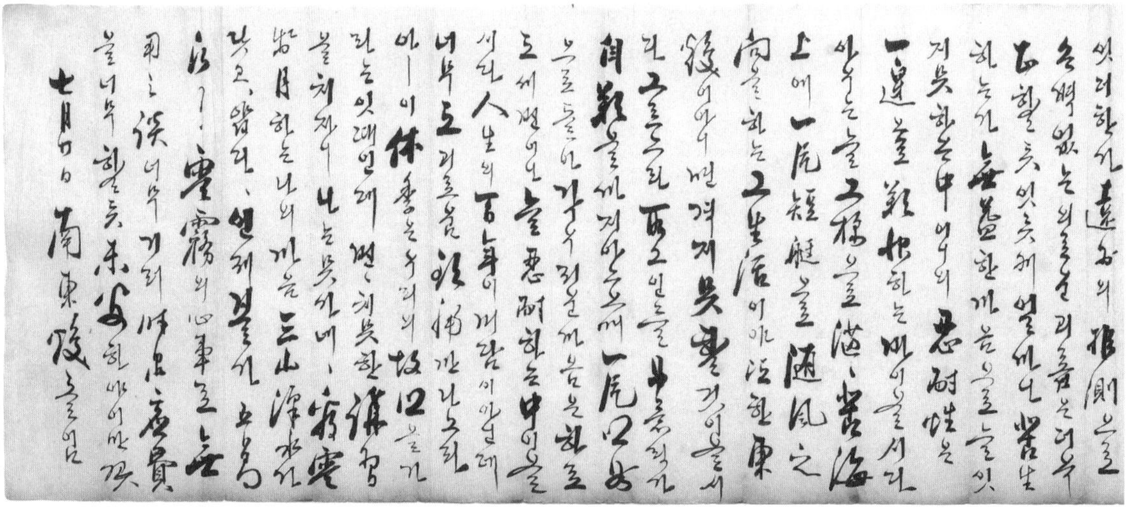

1923~24년 추정

南東煥이

中間 數三次 올임은 보앗든가? 一番 無答은 얼마나 薪悵이던지. 어니야 참으로 漢陽 서울이 좃키는 하구리여!! 너무 좋은이 그른지 東煥은 古今이 없는 一樣한 不乎客으로 더욱 近來에는 節候의 炎暑가 自身의 熱로 在處하야 정말 木石이 아닌 날노 難當케 하는도다. 어니은 알아주나. 日前에는 北行을 비러타고 開城驛을 차자가니 쓸쓸 옛 잣취는 외로운 南門이라 臨津江 넓은 물에 心懷을 빨내하야 故館을 돌아오니 床 우에 노히난 것 어니의 글월이라 雙手로 奉讀하니 心神이 快然하나 非情責 두어 마듸 그를 理가 萬無하지 其後 달포되오니 依舊悵結이압 아지못 무더위은 사람을 怕되기하는 잇때 堂上春府候가 天神의 도음을 밧자와 톄신 어니로 安心케 하오며 客地의 滋味 果然 엇더한가. 遠外의 推測으로 손벽 없는 외로운 괴롭은 더욱 甚할 듯 엇듯케 얼마나 苦生하는가. 無益한 마음으로 늘 잇지 못하는 中 어니의 忍耐性은 一邊으로 歎恨하는 바이올시다. 아우는 늘 그 樣으로 茫茫苦海上에 一片短艇으로 隨風之向을 하는 그 生活이야 또한 東煥이 아니면 격지 못할 것이올시다. 그르느라 所工인들 如意릭가. 自歎을 마지아느오며 一片鄕谷으로 돌아 각우저운 마음은 하로도 세 번이나 늘 忍耐하는 中이올시다. 人生의 百年이 미담이 아닌데 너무도 괴로움 頭痛만 나노라. 아— 이 休季은 우리

의 故鄕을 가라는 잇때인데 변변치 못한 講習을 치자니 나는 못 가네. 看雲殘月하는 나의 마음 三山漢水가 닷고, 압다. 언제 볼가 五高氏■雲霧의 心事로 無用之談 너무 기러 時間 虛費을 너무할 듯 未安하야 이만. 끗.

七月 卄日 南東煥 올임

1924년 7월 24일 추정

弟 瞬波가

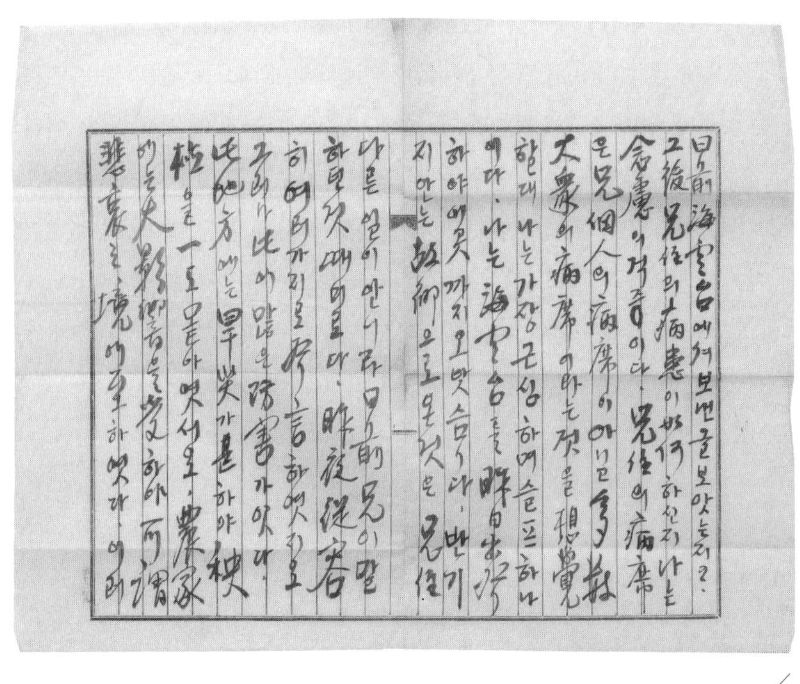

1

日前 海雲台에셔 보낸 글 보앗는지? 그 後 兄任의 病患이 如何하신지 나는 念慮의 걱증이다. 兄任의 病席은 兄 個人의 病席이 아니고 多數 大衆의 病席이라는 것을 想覺할 대 나는 가

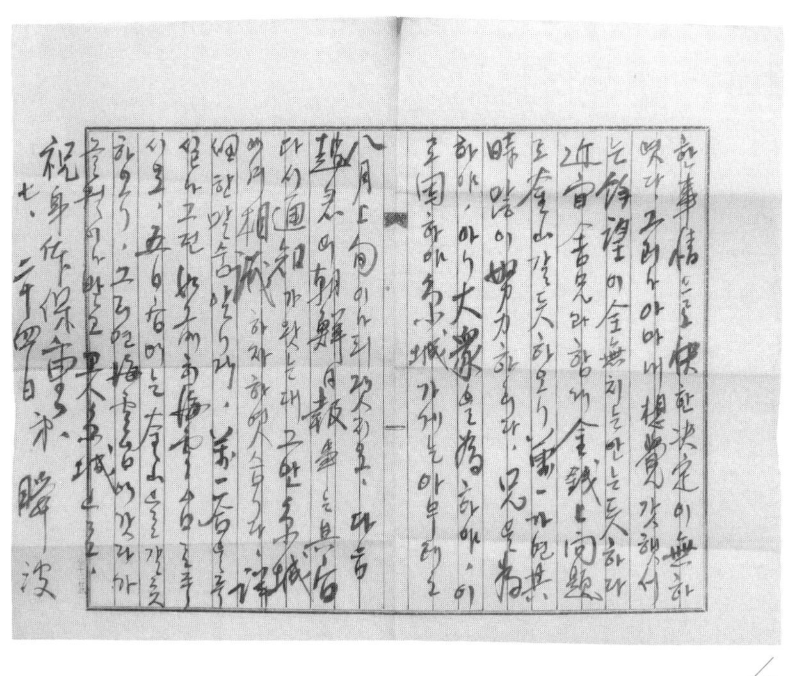

❷

장 근심하며 슬프하나이다. 나는 海雲台를 昨日 出發하야 이곳까지 오앗습니다. 반기지 안는 故鄕으로 온 것은 兄任 다른 일이 안니라 日前 兄이 말하던 것 때미로다. 昨夜 從容히 여러 가지로 發言하엿지요. 그러나 此에 많은 妨害가 잇다. 此地方에는 旱災가 甚하야 秧植을 一도 몯아엿서요. 農家에는 大影響을 受하야 可謂 悲哀之境에 至하엿다. 이러한 事情으로 快한 決定이 無하엿다. 그러나 아마 내 想覺갓햇서는 餘望이 全無치는 안는 듯하다. 近間 舍兄과 함께 金錢上 問題로 釜山 갈 듯하오니 萬一 가면 其時 많이 努力하리다. 兄을 爲하야, 아니 大衆을 爲하야, 이로 因하야 京城 가게는 아무레도 八月 上旬이나 되겟지요. 다음 趙君의 朝鮮日報 事는 其間 다시 通知가 왓는대 그만 京城에셔 相議하자 하엿습니다. 詳細한 말숨 알니게, 萬一 答을 쥬실나그던 如前히 海雲台로 주시요. 五日間에는 釜山을 갈 듯하오니, 그리면 海雲台에 갓다가 글월이나 받고 곳 京城으로, 祝身體保重.

七. 二十四日 弟 瞬波

1923~24년 추정

族從 五愼이 五高에게

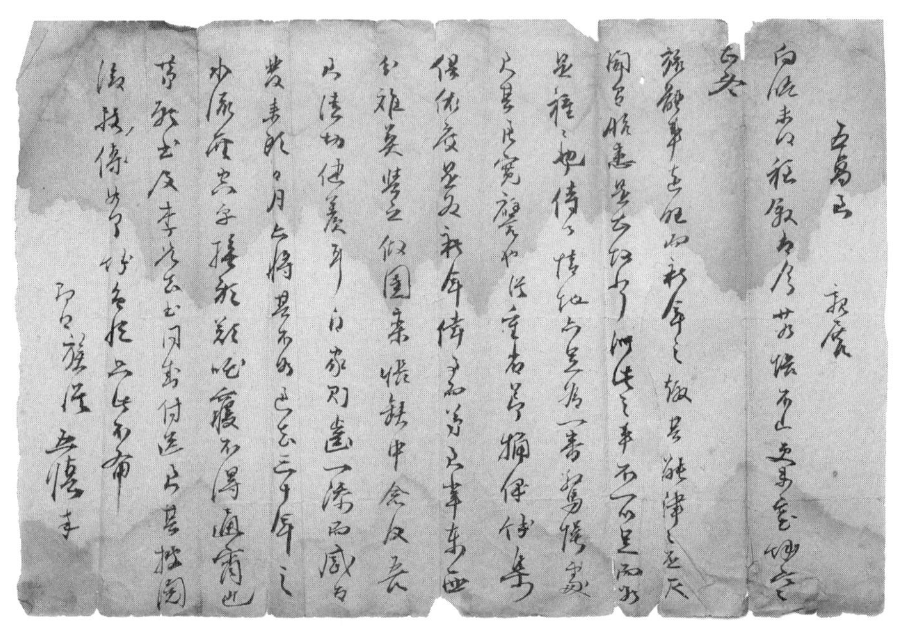

❶

❷

五卨君 親展

向晤未得穩敍 尙今茹悵不已 更未審餘寒

甚冬

旅體事連旺 而新年之趣 其能津津否 仄

聞有胎患 是甚故也 似此之事 不一以足而如

是種種也 侍下情地 亦足爲一番驚愕處

君其善寬譬也 從 重省節犆俾餘集

俱依度 是爲新年倖事 而弟君輩 東西

分離 莫與之團欒 悵缺中 念及吾

君 徒切健羡耳 自家則齒一添而感百

發 來頭日月亦將其不如過去三十年之

水流雲空乎 撫頭歎咄 寢不得通宵也

第願書 及李兄去書 同封付送 君其披閱

後傳致如何 餘多忙只此不備

卽日 族從 五愼 奉

오설군 직접 보십시오.

일전에 만나 이야기를 충분히 나누지 못하여 아직도 서운한 마음입니다. 다시 살피지 못한 사이 남은 추위가 심한 겨울에 객중 건강이 계속 왕성하시며 신년의 정취도 진진하십니까? 전해 듣건대 태환이 있다 하니 무슨 일입니까? 이와 같은 일은 흔히 있는 일입니다. 어른을 모시고 있는 처지에 한 번 놀랐겠습니다마는 그대가 잘 깨우쳐야지요. 저는 양대 어른들을 모시고 지내는 처지에 모두 별일이 없으니 신년의 다행한 일이나 아우들이 동서로 흩어져 함께 단란하게 지내지 못하여 서운한 중 우리 그대를 생각함에 그저 부러울 따름입니다. 나 자신은 나이 한 살을 더함에 온갖 생각이 나는데 오는 세월 또한 지난 30년처럼 물 흐르듯 구름 지나가듯 하지 않겠습니까? 머리를 긁적이며 탄식하면서 밤새도록 잠을 이루지 못합니다. 원서와 이형에게 가는 편지를 동봉하여 부치니 그대가 펴보신 후에 전함이 어떻겠습니까? 나머지는 바빠서 이만 줄입니다.

즉일 족종 오신 드림

1923~24년 추정

洪■ ■이

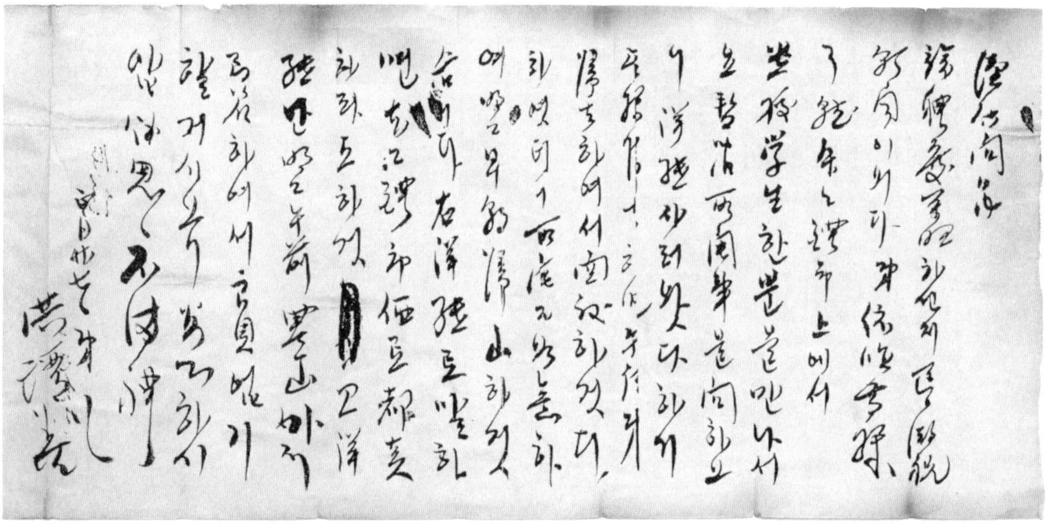

謹伏問安

旅體度萬旺하신지 區區溯祝願聞이외다. 弟 依昨無樣耳 就今日醴市上에서 貴校學生 한 분을 만나서요. 暫間 所關事을 問하오니 洋紙 사러 왓다 하기(한 줄 안보임)歸去하여서 面議하것다하엿더니 所關不如意하여 明日早朝歸山하것습니다. 右 洋紙로 말하면 本以醴市價로 都賣하라도 하것고 洋紙난 明日 午前 豊山까저 到着하여서 良貝 업기 할 거시오니 安心하시압 餘思日 不備禮.

正月 卄七日 弟 拜

洪■ ■

1923~24년 추정

三從 東洙가 五崗에게

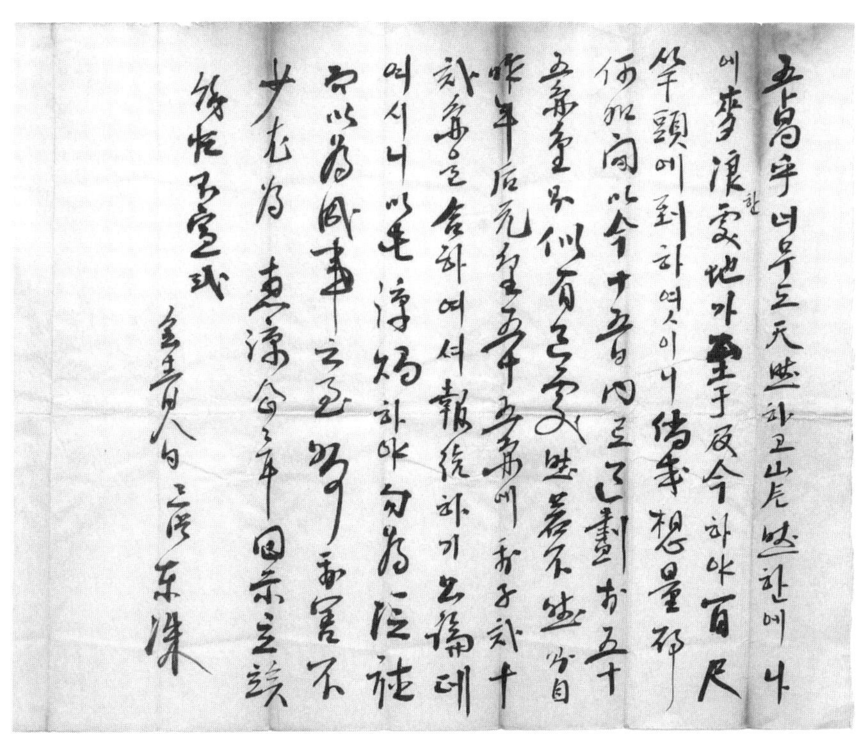

五崗乎 너무도 天然하고 岸然한에 나에 麥浪한 處地가 至于及今하야 百尺竿頭에 到하엿이니 倘或 想量耶何如間以今十五日內로 區劃錢五十五圓金則似有區處然 若不然則自昨年后元金五十五圓에 利子貳十貳圓을 合하여셔 補給하기 公論데여시니 以此諒賜하여 勿爲泛施而以爲成事之至如何 利害不少尤爲 惠諒念之耳 回示立竢餘忙不宣式.

陰 十二月 八日 三從 東洙

1923~24년 추정

權五卨이 받은 편지

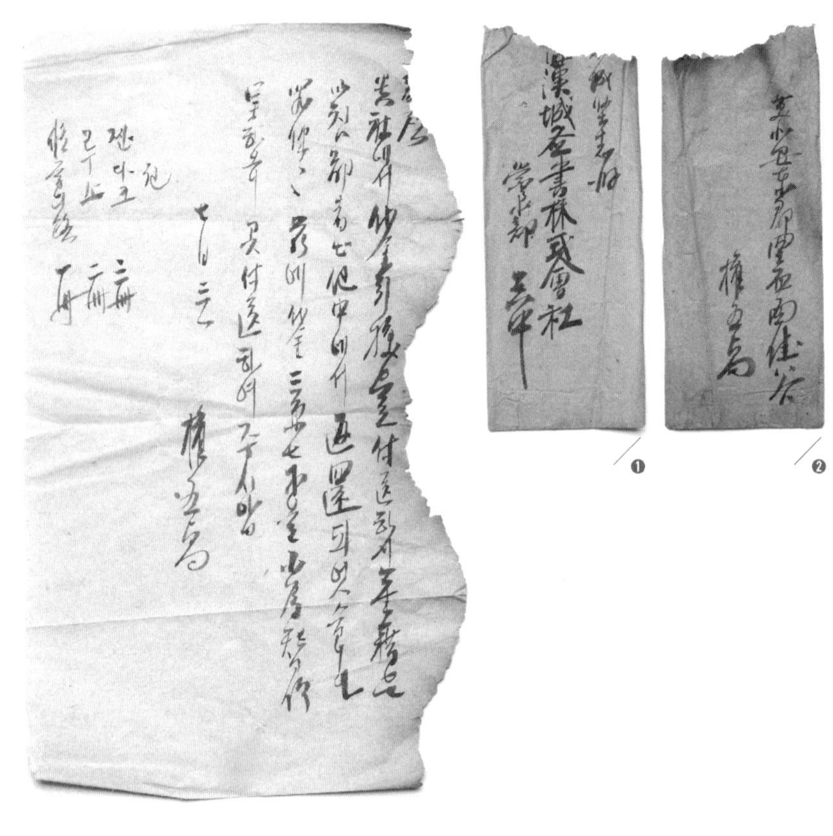

貴社에서 代金引授으로 付送하신 書籍은 마침 鄙者 出他中에서 返還되엇습니다. 罪悚罪悚 玆에 代金 三圓七錢을 小爲替 仰呈하오니 곳 付送하여 주시압.

七月 三日　權五卨

記

짠다크　　三册

루소　　二册

修學의 路　　一册

날짜 미상

권오운이 권오기에게

❶

❷

형님게 答 올니나이다.

魴尾형님. 筆馬를 잡아 즘 달녀보랴니. 먼첨 地草의 埋情하고, 또 민첩지 못함을 前提로 하시고, 十分 海容을 바라나이다. 그르고 이번에 모든 埋情한 過失은 저의 良心의 素質에 빚우어, 暫時의 過誤로 밀려쥬시요. 다라나는 時候은 萬物을 실고서, 설은 것 즐거운 것 모든 것 할 것 없이 모도다 가지고 가는 텀니다. 형님도 모든 앞들의 푸른 뵈는 人類의 最大問題인 生活條件을 或 分間解決하는 텀임니다. 형님 이러한 모든 色彩를 보기는 어려울 것이지요. 거긔에서는 朝得暮熟하는 형님의 몸씨 健康이나 엇드하며 新聞으로 間間히 얻어 들었읍니다마는 波蘭이 連生疊出하든 公判은 順調로 되는 듯하오나. 형님들의 公判은 언제 될는지 期必할 수 없겟지요. 몃 해 글이운 서울 狀態는 大槪은 짐작 못하겟습니까마는, 퍽도 內部로 茫茫한 모양이지요. 이 番에는 꼭 가보려 하얐드니 맑스의 말과 맛창가지로 生活條件이 사람의 意識을 支配하는 것임니다. 형님은 나려오신다드니 必然코 物質의 勢力이 抑壓하지요. 여게도 村內가 다 無故하며, 前浦叔主 二位分別添은 없은 듯하오니 二重苦痛의 侵略을 바드심은 형님도 저의 말을 기들이지 안을 것 같읍니다. 뵈도 아즉 잡들 못하였어요. 우리도 層層분 無添임니다. 潛丸君도 몸 튼튼하고요. 地草 亦 그릇습니다. 머리가 날카롭지 못하여 輪郭만 그리나이다.

十月 七日 地草 올님

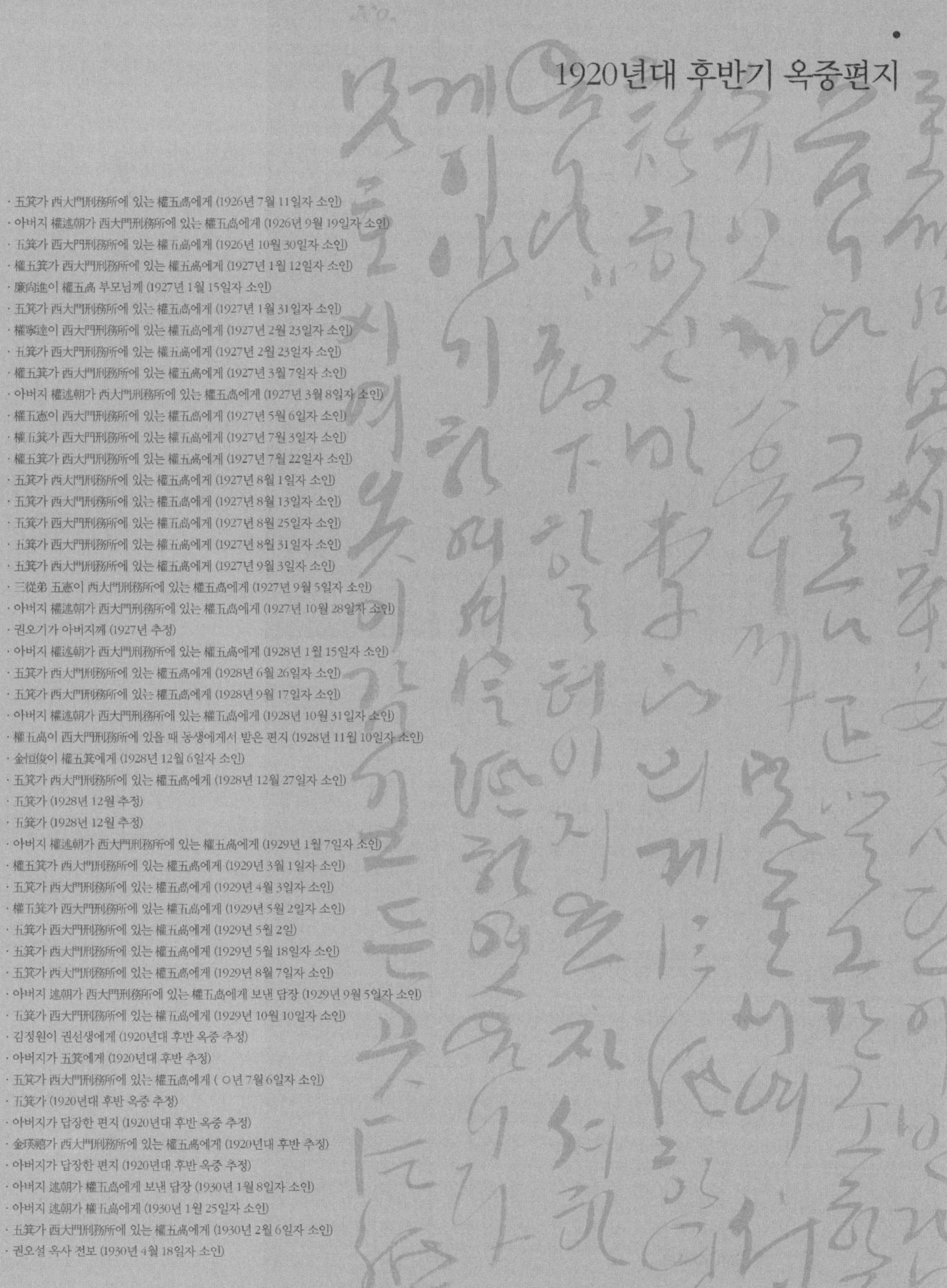

1920년대 후반기 옥중편지

- 五箕가 西大門刑務所에 있는 權五卨에게 (1926년 7월 11일자 소인)
- 아버지 權述朝가 西大門刑務所에 있는 權五卨에게 (1926년 9월 19일자 소인)
- 五箕가 西大門刑務所에 있는 權五卨에게 (1926년 10월 30일자 소인)
- 權五箕가 西大門刑務所에 있는 權五卨에게 (1927년 1월 12일자 소인)
- 廉尙進이 權五卨 부모님께 (1927년 1월 15일자 소인)
- 五箕가 西大門刑務所에 있는 權五卨에게 (1927년 1월 31일자 소인)
- 權寧達이 西大門刑務所에 있는 權五卨에게 (1927년 2월 23일자 소인)
- 五箕가 西大門刑務所에 있는 權五卨에게 (1927년 2월 23일자 소인)
- 權五箕가 西大門刑務所에 있는 權五卨에게 (1927년 3월 7일자 소인)
- 아버지 權述朝가 西大門刑務所에 있는 權五卨에게 (1927년 3월 8일자 소인)
- 權五憲이 西大門刑務所에 있는 權五卨에게 (1927년 5월 6일자 소인)
- 權五箕가 西大門刑務所에 있는 權五卨에게 (1927년 7월 3일자 소인)
- 權五箕가 西大門刑務所에 있는 權五卨에게 (1927년 7월 22일자 소인)
- 五箕가 西大門刑務所에 있는 權五卨에게 (1927년 8월 1일자 소인)
- 五箕가 西大門刑務所에 있는 權五卨에게 (1927년 8월 13일자 소인)
- 五箕가 西大門刑務所에 있는 權五卨에게 (1927년 8월 25일자 소인)
- 五箕가 西大門刑務所에 있는 權五卨에게 (1927년 8월 31일자 소인)
- 五箕가 西大門刑務所에 있는 權五卨에게 (1927년 9월 3일자 소인)
- 三從弟 五憲이 西大門刑務所에 있는 權五卨에게 (1927년 9월 5일자 소인)
- 아버지 權述朝가 西大門刑務所에 있는 權五卨에게 (1927년 10월 28일자 소인)
- 권오기가 아버지께 (1927년 추정)
- 아버지 權述朝가 西大門刑務所에 있는 權五卨에게 (1928년 1월 15일자 소인)
- 五箕가 西大門刑務所에 있는 權五卨에게 (1928년 6월 26일자 소인)
- 五箕가 西大門刑務所에 있는 權五卨에게 (1928년 9월 17일자 소인)
- 아버지 權述朝가 西大門刑務所에 있는 權五卨에게 (1928년 10월 31일자 소인)
- 權五卨이 西大門刑務所에 있을 때 동생에게서 받은 편지 (1928년 11월 10일자 소인)
- 金恒俊이 權五箕에게 (1928년 12월 6일자 소인)
- 五箕가 西大門刑務所에 있는 權五卨에게 (1928년 12월 27일자 소인)
- 五箕가 (1928년 12월 추정)
- 五箕가 (1928년 12월 추정)
- 아버지 權述朝가 西大門刑務所에 있는 權五卨에게 (1929년 1월 7일자 소인)
- 權五箕가 西大門刑務所에 있는 權五卨에게 (1929년 3월 1일자 소인)
- 五箕가 西大門刑務所에 있는 權五卨에게 (1929년 4월 3일자 소인)
- 權五箕가 西大門刑務所에 있는 權五卨에게 (1929년 5월 2일자 소인)
- 五箕가 西大門刑務所에 있는 權五卨에게 (1929년 5월 2일)
- 五箕가 西大門刑務所에 있는 權五卨에게 (1929년 5월 18일자 소인)
- 五箕가 西大門刑務所에 있는 權五卨에게 (1929년 8월 7일자 소인)
- 아버지 述朝가 西大門刑務所에 있는 權五卨에게 보낸 답장 (1929년 9월 5일자 소인)
- 五箕가 西大門刑務所에 있는 權五卨에게 (1929년 10월 10일자 소인)
- 김정원이 권선생에게 (1920년대 후반 옥중 추정)
- 아버지가 五箕에게 (1920년대 후반 추정)
- 五箕가 西大門刑務所에 있는 權五卨에게 (○년 7월 6일자 소인)
- 五箕가 (1920년대 후반 옥중 추정)
- 아버지가 답장한 편지 (1920년대 후반 옥중 추정)
- 金瑛禧가 西大門刑務所에 있는 權五卨에게 (1920년대 후반 추정)
- 아버지가 답장한 편지 (1920년대 후반 옥중 추정)
- 아버지 述朝가 權五卨에게 보낸 답장 (1930년 1월 8일자 소인)
- 아버지 述朝가 權五卨에게 (1930년 1월 25일자 소인)
- 五箕가 西大門刑務所에 있는 權五卨에게 (1930년 2월 6일자 소인)
- 권오설 옥사 전보 (1930년 4월 18일자 소인)

1926년 7월 11일자 소인

五箕가 西大門刑務所에 있는 權五卨에게

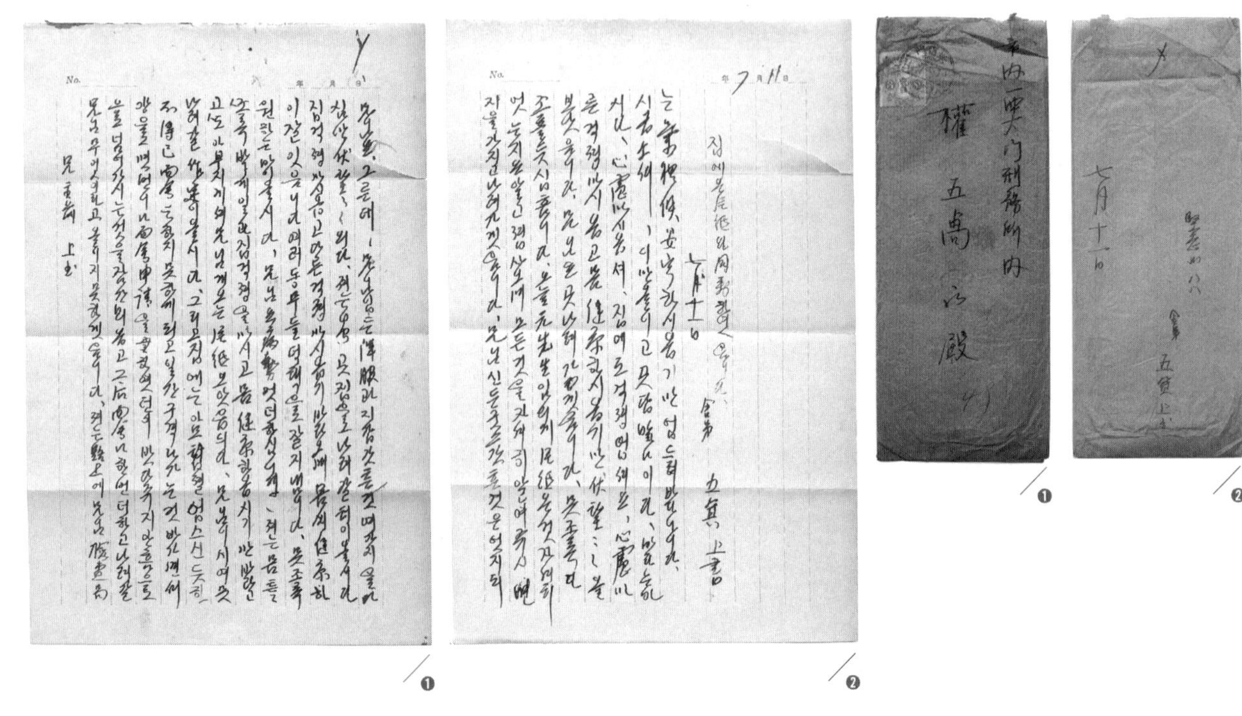

市內 西大門刑務所 內 權五卨 氏 前

堅志洞 八八 舍弟 五箕 上書

七月 十一日

兄主前 上書

兄님 무엇이라고 올이지 못하겟읍니다. 져는 路上에 兄님 檢査局으로 넘어가시는 것을 잠간 뵈옵고 그 后 面會나 한 번 더하고 나려갈 양으로 몃 번이나 面會申請을 하엿던이 밧다 쥬지 안흠으로 不得已 面會은 하지 못하게 되고 일간 구격 나가는 것 바가면셔 나려갈 作定이올시다. 그리고 집에는 아모 첨졀 업스신 듯하고 또 아부지게셔 兄님게 오는 片紙 보앗읍듸다.

兄님이시여 못쪼록 박게 일과 집 걱졍을 마시고 몸 健康하옵시기만 바라고 원하는 바이올시다. 兄님요 病勢 엇더하십니까, 져는 몸 튼튼이 잘 잇읍니다. 여러 동무들 덕택으로 잘 지냄니다. 못조록 집 걱졍 마시옵고 다른 걱졍 마시옵기 바라오며 몸씨 健康하심만 伏望伏望외다. 져는 日間 곳 집으로 나려갈 터이올시다. 兄님요 그른데 兄님 입든 洋服과 지갑 갓튼 것 여가지을 가지고 나려가겟읍니다. 兄님 신든 굿스갓흔 것은 엇지 되엇는지요. 알고 졉사오며 모든 것을 자셔히 알여쥬시면 조흘 듯십흡니다. 오늘 元先生임의게 片紙 온 것 자셔히 보앗읍니다. 兄님요 곳 나려가겟읍니다. 못조록 다른 걱졍 마시옵고 몸 健康하시옵기만 伏望伏望올시다. 心慮 마시옵셔. 집에도 걱졍 업셔요. 心慮 마시옵소셔. 이만 올이고 곳 답 바라나이다. 바라는 바는 氣體候安寧하시옵기만 업드려 바라나이다. 七月 十一日 舍弟 五箕 上書

집에 온 便紙와 同封하엿읍니다.

1926년 9월 19일자 소인

아버지 權述朝가 西大門刑務所에 있는 權五卨에게

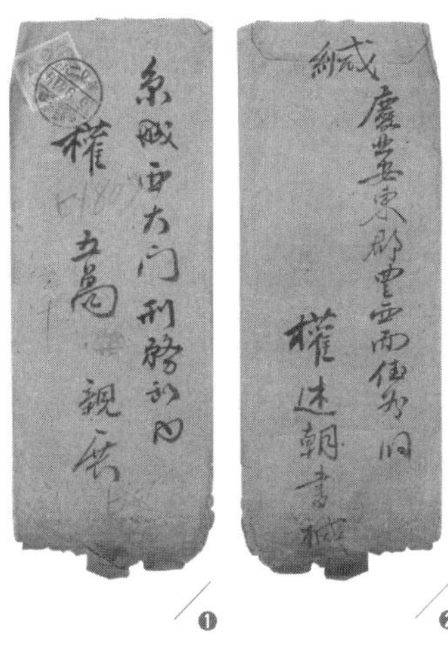

❶ ❷

京城 西大門刑務所 內 權五卨 親展

慶北 安東郡 豊西面 佳谷洞 權述朝 書緘

見書如見面驚喜無比而惟其疾之憂尤不能食息忘也雖
無病者必易生病況如不健者烏得無病耶廉君之惠多謝
多謝微斯人而復有誰哉所謂父母者無力加給都費心思
無貲者亦謂人耶奈何奈何未知爾間何以堪食而挨過也
慮慮父侍率姑依無大何耳在家者有何憂哉汝須勿慮焉
衣件仲徽從爲其季上去云故因循多日至此遲延其間苦
望還覺不安于中也望須堅着心爲身謀安之若因以敍來
日天倫之情如何如何箕也近似相面然渠亦白地空手其
爲苦狀不可容言如或對面使之下送也有力則在渠情禮
不可旋歸而留亦無益不如不來之爲可耳諒之也所脫夏
服裹付箕也之所則必將持來矣一一付送也餘不盡言汝
母氏不得各幅亦此意也默會也
九月 十八日 父述朝頓

편지를 받으니 얼굴을 대한 듯 기쁘기 한량없다. 그러나 병에 대한 걱정으로 잠시도 잊을 수가 없다. 비록 병이 없는 사람이라 할지라도 쉽게 병이 날 일이거늘 하물며 너같이 건강하지 못한 사람이 어찌 병이 나지 않겠느냐? 염군의 은혜는 감사하고 또 감사하다. 이 사람이 아니면 다시 누가 있겠느냐? 이른바 부모란 자가 도울 힘이 없고 헛되이 마음만 쓰는 가난뱅이니 어찌해야 할꼬? 어찌해야 할꼬?

요즈음 어떻게 먹고 지내는지 모르겠다. 걱정이고 걱정이다. 아비는 가족들과 별일 없이 지낸다. 집에 있는 사람이 무슨 걱정이 있겠느냐? 너는 부디 걱정 말아라. 의복 건은 중휘 씨가 그의 동생 때문에 올라간다고 하기에 그럭저럭 여러 날 이렇게 지연되었다. 그동안 돌아오기를 고대했는데 마음에 불안을 느낀다. 부디 마음을 굳게 가지고 자신의 안전을 도모하도록 하여라. 만약 이로 인하여 다음날 천륜의 정을 어찌 펴겠느냐?

오기는 근래에 서로 만나는 듯하나 그도 빈털털이니 그 고생스러움은 형언할 수 없을 것이다. 혹 만나거든 내려보내도록 하여라. 능력이 있으면 그 기분에 쉽게 돌아오려고 하지 않겠지마는 거기 머물러 있는 것도 이득이 없을 것이니 내려오는 것만 같지 못할 것이다. 알겠느냐?

벗은 여름옷은 싸서 오기한테로 보내면 틀림없이 가지고 올 것이다. 빠짐없이 다 보내라. 나머지는 다 말하지 못한다. 너의 어머니가 따로 쓰지 않는 것도 이런 뜻이기 때문이다. 이해하여라.

9월 18일 아비 술조 씀

1926년 10월 30일자 소인

五箕가 西大門刑務所에 있는 權五卨에게

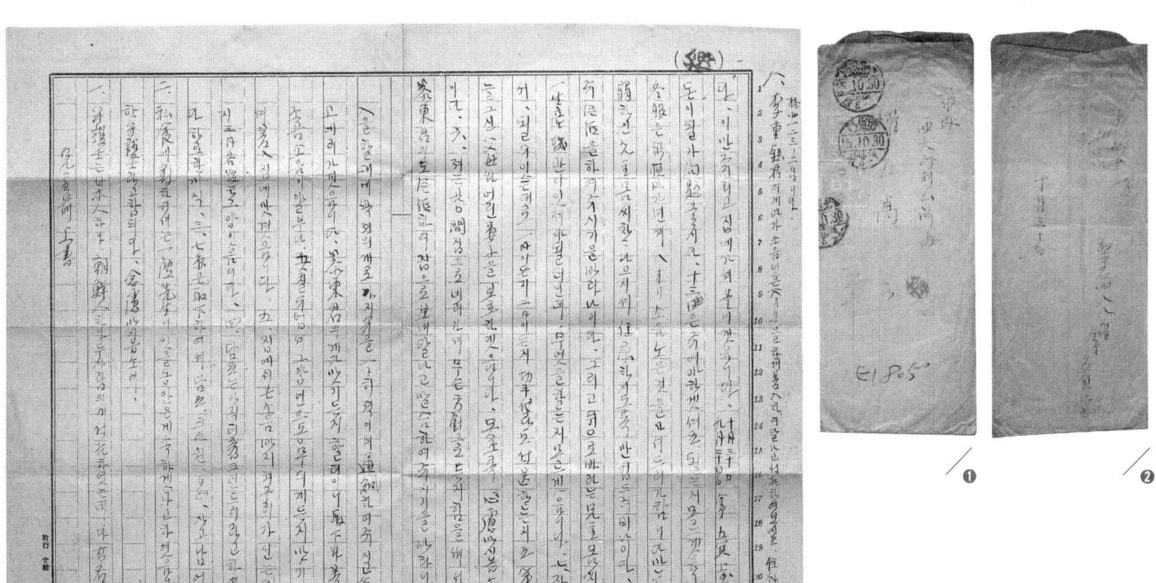

❶ ❷

市內 西大門刑務所 內 權五卨 氏

堅志洞 八八 留 舍弟 五箕 上書

十月 三十日

兄主前 上書

一. 辯護士는 日本人 하나, 朝鮮人 하나 두 사람의게 付托하엿는데, 다 高名한 辯護士라고 합듸다. 念慮 마시옵소셔.

二. 私食에 對하여셔는 一波先生이 잇을 동안은 계속하겟다고 하엿읍니다. 하로 한 끼식.

三. 七圓은 取下하여셔 담요, 크라원, タビ 사고 남어지 三円 各數는 그양 잇읍니다.

四. 담요는 아직 더 춥그던 드리라고 하여셔 差入 집에 맛겻읍니다.

五. 집에셔 온 소음바지 져구리가 인는데 조곰 소음이 얄부나, 곳칠 슈 업셔 그양 언으 동무의게든지 맛기고 네리가겟읍니다. 泰東君의게 다 맛기든지 할 터이니 取下와 差入을 할 째에 쏙 져의게로 가지 슈을 一一히 적어셔 通知하여 쥬시고 또 泰東君의도 片紙하여 집으로 보내달나고 말슴하여 쥬시기을 바라나이다.

六. 져는 곳 日間 집으로 네리가셔 무슨 方針으로든지 힘을 써서 늘그신 父母와 어린 妻子을 보호하겟읍니다. 못조록 心慮 마시옵소서. 될슈 잇는 대로 一円이든지 二円이든지 切半代라도 付送할는지요. 第一生産機관이 잇셔야 될 터인데, 무엇을 할는지 모르겟읍니다.

七. 자쥬 片紙을 하여 쥬시기을 바라나이다. 그리고 뒤으로 바라는 兄主 몸씨 弱하신 兄主 몸씨 차차 나으시셔 健康하시도록만 업드려 비나이다. 冬服은 形便 바가면셔 ハオリ소음 노은 것을 사셔 드리가함니다마는 돈이 될가 問題올시다. 十三四円은 쥬어야 하겟셔요. 될는지 모르겟읍니다. 이만 쥬리고 집에 가셔 올이겟읍니다.

十月 三十日 九月 二十四日 舍弟 五箕 上書

八. 李重鉉君의게다가 소음 너흔(ハオリ)을 한 개 差入하여 달나고 付托하여 보시요. 住所는 桂洞 一二三ノ二임니다.

1927년 1월 12일자 소인

權五箕가 西大門刑務所에 있는 權五卨에게

❶ ❷

京城府 西大門刑務所 內 權五卨 氏

慶北 安東郡 豊西面 佳谷洞 舍弟 權五箕

兄主前 上書

그립은 兄主시여. 벌셔 해을 밖구엇읍니다. 밖구는 데도 特別히 다른 해와 다르게 永永 이젼 해는 업셔지고 말고 새해 새롭게 되엇습니다. 모도 다 새롭게 되는 판에 兄主게셔도 새롭게 될는지요? 다만 兄님을 그리는 아우는 새해을 마지하야 새롭게 새 은덕을 입기만 업드려 긔도하는 바이올시다. 요사이 날시 츕은 잇대에 弱하신 兄主 氣力 엇더하십니가? 집에는 늘 그신 할무니, 아부지 어무니게셔 늘 걱졍으로 지낼 뿐 안이라 只今은 筋力 如地업사신이니 두렵습니다. 舍弟는 몸은 튼튼하옵니다.

一. 먼져 번 自助論 一册과 新字典 一册 付送하온 것 바다 보셧지요?

二. 衣服이 벌셔 더러워셔 차웁지나 안습니까? 더러워졋그던 速히 片紙하여 쥬시옵소셔.

三. (タビ)갓튼 것도 누가 差入하는지요? 지가 京城잇을 대 (タビ) 一足 取下한 것 잇으나 쌜라셔 열버졋은 까닭에 아직까지 付送하여 드리지 못하엿읍니다. 以上을 仔細히 答 速히 하여 쥬시고 또 편지 자쥬하여 쥬시옵소셔. 이만 주리나이다.

陰 十二月 七日 舍弟 五箕 上書

陽 一月 十日

1927년 1월 15일자 소인

廉尙進이 權五卨 부모님께

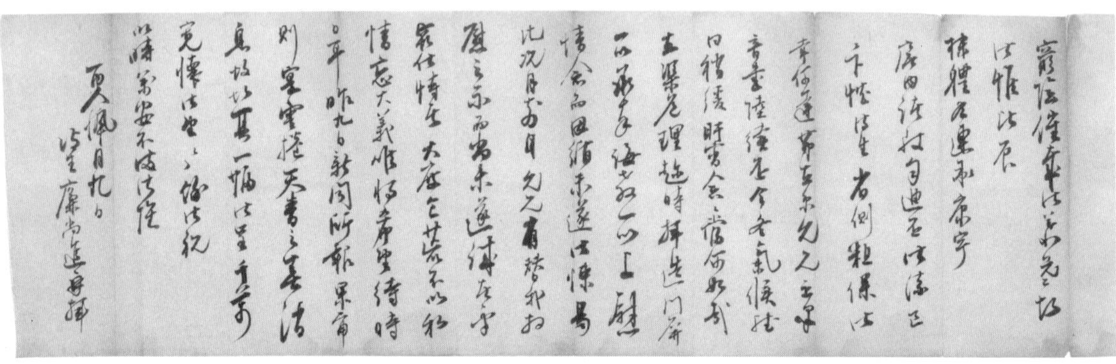

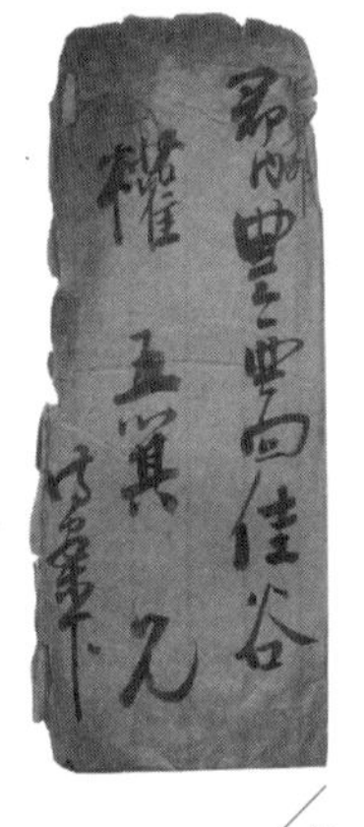
❶

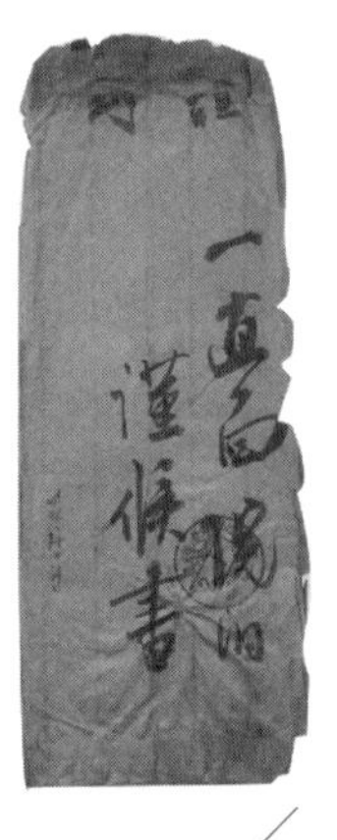
❷

安東郡 郡內 豊西面 佳谷 權五箕 兄 侍案下

一直面 院洞 謹候書

窮陰催歲 伏慕益切

伏惟 比辰

棣體候 連衛康寧

房內諸致勻迪否 伏溸區

區下忱 侍生 省側 粗保 伏
幸何達 第在京允兄近間
音書陸續否 今冬氣候 雖
日稍暖 旰宵念念 當何如哉
在渠道理 趁時 拜造門屏
一以承奉誨敎 一以上慰
情念 而因循未遂 伏悚悶
比 況月前 自允兄 有替我拜
慰之示而尙未遂誠者乎
竊伏恃者 大度包荒不以私
情忘大義 唯將希望待時
日耳 昨九日新聞所報果爾
則寔雲捲天靑之喜消
息故切其一幅伏呈千萬
寬懷伏望伏望 餘伏祝
以時萬安不備伏惟
丙寅 臘月 九日
侍生 廉尙進 再拜

한겨울이 새해를 재촉하니 그리움이 더욱 절실합니다. 이때 형제분 기체 연이어 강녕하시고 집안 여러 가지가 모두 평안하십니까? 여러 가지로 궁금한 저의 심정입니다. 저는 어른을 모시면서 그대로 지내고 있으니 다행하기 짝이 없습니다. 서울 계시는 아드님의 근간 소식은 자주 듣습니까? 금년 겨울 기후가 비록 좀 따뜻하다고는 하나 아침저녁으로 간절한 생각이 어떠하겠습니까? 저는 도리상 진작 찾아뵈옵고 한편으로는 가르침을 받고 한편으로는 걱정을 위로해드려야 할 일인데 그럭저럭하다가 여태 실행하지 못하니 송구한 마음을 어찌 표현하리오? 하물며 월전 아드님께서 대신 위로의 말씀을 해달라는 지시가 있었는데도 아직 성의를 표하지 못한 일에 있어서리요? 가만히 믿는 것은 큰 도량이 모든 것을 포용하여 사사로운 정감으로 큰 의리를 잊지 않으리라는 것을 희망하면서 때를 기다릴 뿐입니다. 지난 9일 신문에서 보도한 것이 사실이라면 실로 구름이 걷히고 푸른 하늘이 드러나는 기쁜 소식임으로 그 한 폭을 도려서 드리오니 부디 너그러운 생각을 가지시기를 바라고 바라는 바입니다. 끝으로 항상 평안하시를 빕니다. 갖추지 못하옵고 이만 드립니다.

1926년 음력 12월 9일 시생 염상진 재배

1927년 1월 31일자 소인

五箕가 西大門刑務所에 있는 權五卨에게

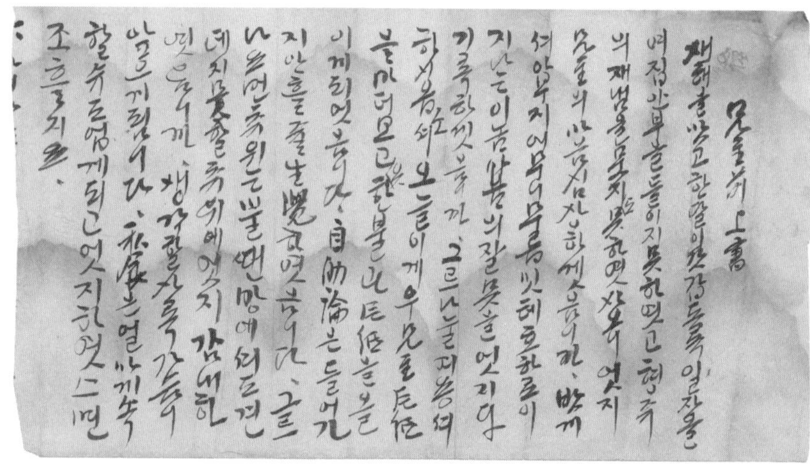

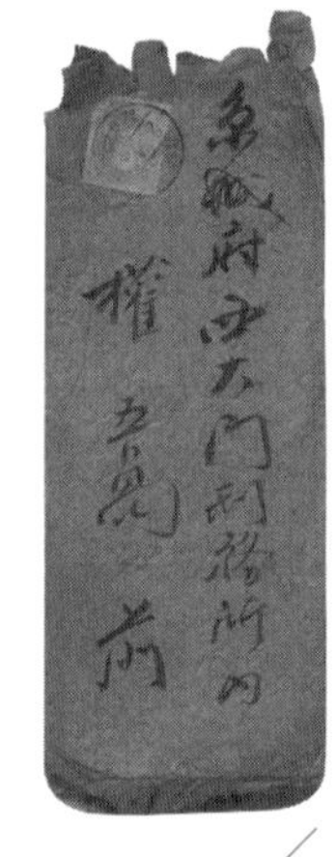

❶

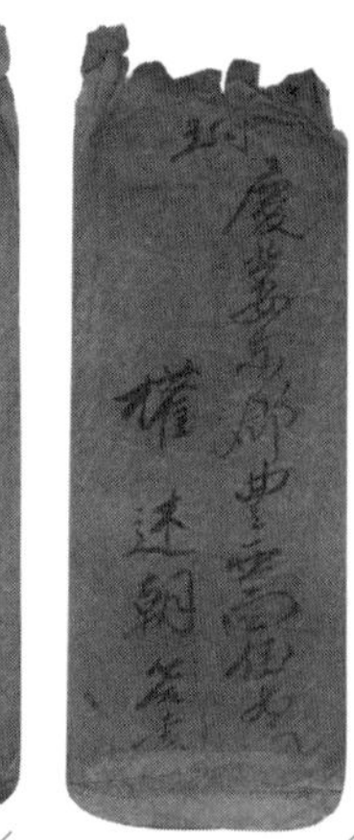

❷

京城府 西大門刑務所 內 權五卨 前

慶北 安東郡 豊西面 佳谷洞 權迷朝 答書

兄主前 上書

새해을 맞고 한달이 갓갑도록 일자 올여 집 안부을 들이지 못하엿고 형쥬의 재냄을 묻지도 못하엿사오니 엇지 兄主의 마음 심상하겟음니가. 밧게셔 아부지 어무니 무릅 밋테 호하로이

지나는 이놈의 잘못을 엇지 다 기록하겟읍니까. 그르나 눌여 용셔하시옵소셔. 오늘이 게우 兄主 片紙을 바더 보고 옷 한 불과 片紙을 올이게 되엇읍니다. 自助論은 들어가지 안흘 줄 生覺하엿읍니다. 그러나 요번 츄위는 불 쌘 방에셔도 견데지 못할 츄위에 엇지 감내하엿읍니까. 생각할사록 가슴이 앞으게 됩니다. 私食은 얼마 게속할 슈도 업게 되고 엇지 하엿스면 조흘지요.

一. 周衣一件, 衫一件, 末衫一件

一. 나의 사촌 富得이가 二十七日에 불타는 집에 들엇다가 게우 나오게 되엇읍니다. 참으로 올 運은 무엇이라고 말할 슈 업습니다. 져는 바가며 오는 二月 初에 올나가겟읍니다. 옷도 取下하고 여러 가지 굼굼하여셔 그리 아시고 泰東君의 取下하라고 片紙 마시요. 이만 다음 올리겟읍니다. 舍弟 五箕 上

陰 十二月 二十八日

* 봉투 속에 아버지 원문편지가 빠짐

1927년 2월 23일자 소인

權寧達이 西大門刑務所에 있는 權五卨에게

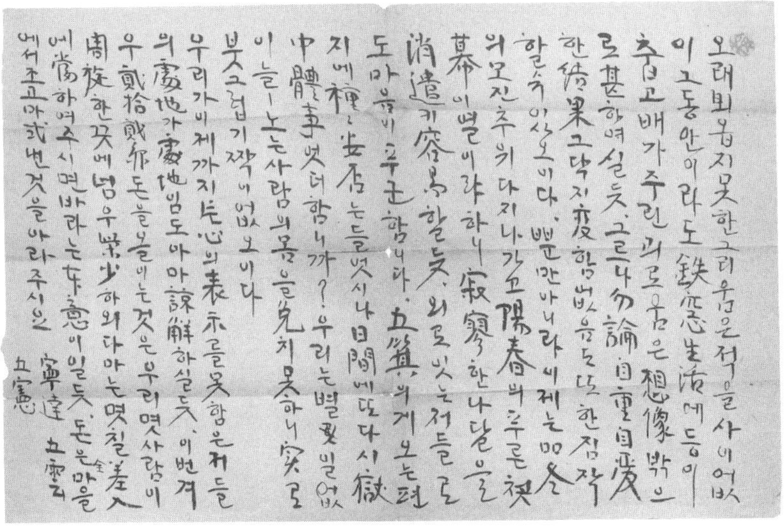

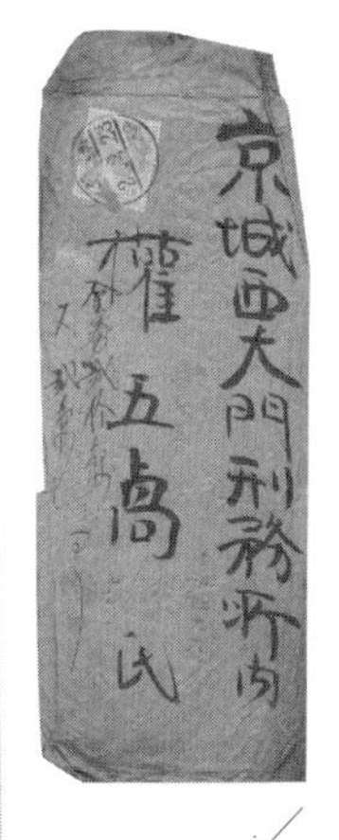

1

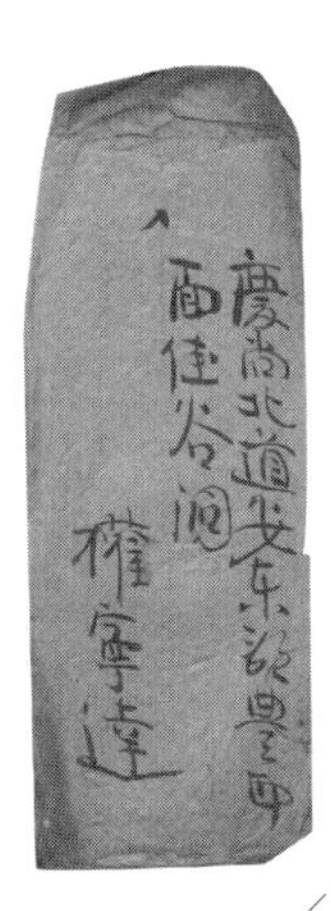

2

京城 西大門刑務所 內 權五卨 氏

慶尙北道 安東郡 豊西面 佳谷洞 權寧達

오래 뵈옵 지 못한 그리움은 적을 사이 없이 그동안이라도 鐵窓生活에 등이 춥고 배가 주린 괴로움은 想像 밖으로 甚하여실 듯. 그러나 勿論 自重自愛한 結果 그닥지 變함없음도 또한 짐작할 슈 이사오이다. 뿐만 아니라 이제는 嚴冬의 모진 추위 다 지나가고 陽春의 푸른 쳇幕이 열이랴 하니 寂寥한 나달을 消遣키 容易할 듯. 외로잇는 저들로도 마음이 푸군함니다. 五箕의게 오는 편지에 種種 安否는 들엇시나 日間에 또다시 獄中體事 엇더함니까? 우리는 별일 없이 늘- 노는 사람의 몸을 免치 못하니 實로 붓그럽기 짝이 없오이다. 우리가 이제까지 片心의 表示를 못함은 저들의 處地가 處地임도 아마 諒解하실 듯. 이번 겨우 貳拾貳圓 돈을 올이는 것은 우리 몃 사람이 周旋한 끗에 넘우 柴少하외다마는 몃칠 差入에 當하여 주시면 바라는 本意이일 듯. 돈은 全마을에서 조고마式 낸 것을 아라주시오. 寧達 · 五雲 · 五憲

1927년 2월 23일자 소인

五箕가 西大門刑務所에 있는 權五卨에게

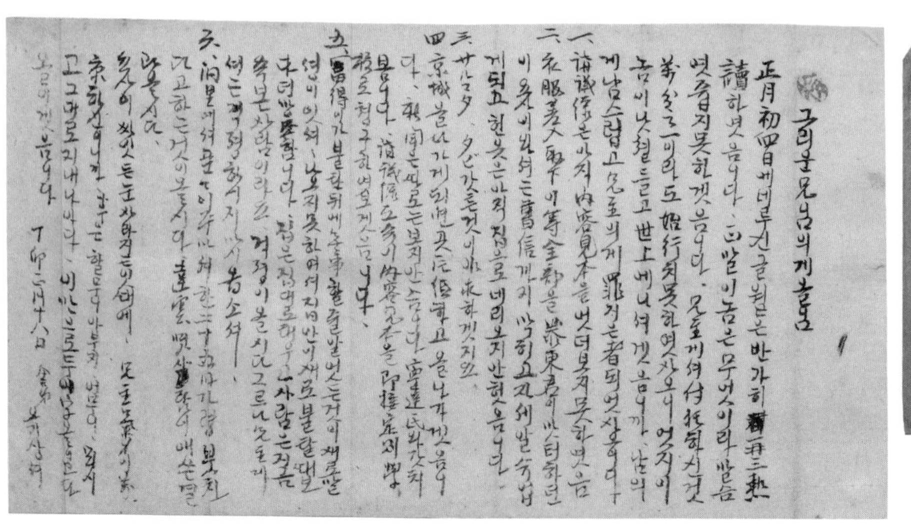
그리운 兄님의게 올림

正月初四日에 네루신 글월은 반가히 再三熱

讀하엿슴니다. [illegible]

[illegible]

丁卯二月十八日 舍弟 五箕 上書

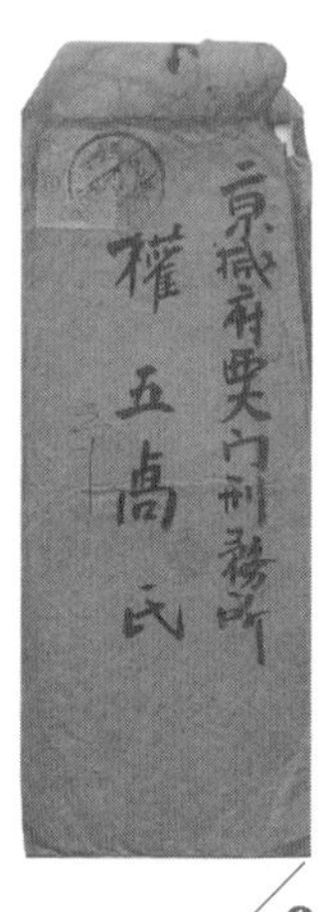

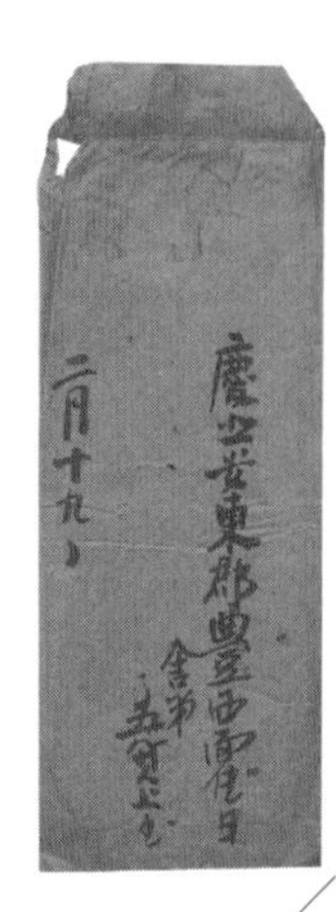

❶ ❷

京城府 西大門刑務所 權五卨 氏

慶北 安東郡 豊西面 佳日 舍弟 五箕 上書

二月 十九日

그리운 兄님의게 올님

正月 初四日에 네루신 글월은 반가히 再三熟讀하엿음니다. 正말 이놈은 무엇이라 말슴 엿쥽지 못하겟음니다. 兄主게셔 付托하신 것 萬分之一이라도 始行치 못하엿사오니 엇지 이놈이 낫쳘 들고 世上에 나셔겟음니까. 남의게 남스럽고 兄主의게 罪 지은 者 되엇사옵니다.

一. 講義錄은 아직 內容 見本을 엇더보지 못하엿음.

二. 衣服 差入 取下이 等 全部을 泰東君이 맛터하던이 요사이 와셔는 書信까지 막히고 자세 알 슈 업게 되고 헌옷은 아직 집으로 네리오지 안헛음니다.

三. サルマタ, タビ 갓튼 것이야 求하겟지요.

四. 京城 올나가게 되면 곳 片紙하고 올나가겟음니다. 新聞은 싸로는 보지 안습니다. 寧達氏와 갓치 봄니다. 講義錄도 슈이 內容 見本을 卽接 正則學校로 청구하여 보겟음니다.

五. 富得이가 불탄 뒤에 無事할 쥴 알엇든 것이 새로 말셩이 잇셔셔 나오지 못하여셔 집안이 새로 불 탈 쌔보다 더 망조함니다. 집은 집대로 태우고 사람은 지금 욕본 사람이라요. 걱정이올시다. 그르나 兄主게셔는 걱정하시지 마시옵소셔.

六. 洞里에셔 푼푼이 주마셔 한 二十五円가량 붓친다고 하는 것이올시다. 達·雲 몇 사람이 애쓴 결과올시다.

요사이 싸 잇든 눈 사라지는 잇때에 兄主 氣力이 萬康하신이니까. 아우는 할무니 아부지 어무이 뫼시고 그대로 지내나이다. 이만으로 두어 字 올이고 다 올이겟음니다.

丁卯 正月 十八日 舍弟 오기 상셔

1927년 3월 7일자 소인

權五箕가 西大門刑務所에 있는 權五卨에게

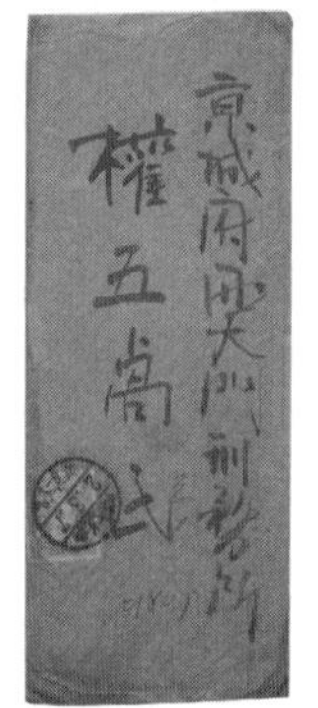

❶

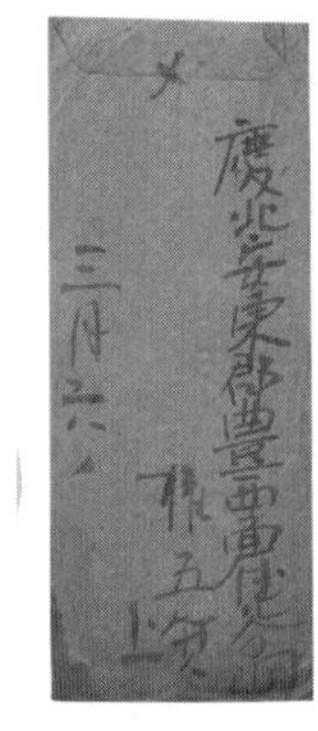

❷

京城府 西大門刑務所 權五卨 氏

慶北 安東郡 豊西面 佳谷洞 權五箕 上

三月 六日

兄主前 上書

二十日에 네루신 글월은 진작 바더 반가히 읽엇읍니다. 그른데 兄主게셔 불탄 그것으로 매우 心慮하싯다는 일 未安하옵기 충양 못하겟읍니다. 兄主게셔 그것을 엇드키 生覺하엿는지는 모르겟읍니다마는 그리 心慮하실 것 업습니다. 二月 七日을 깨달은 以上 아모것 心慮하실 것 업습니다. 부대 心慮마시옵쇼셔. 집은 늘 그대로 편습니다. 그리고 요사이 와셔는 견지동 집 소식은 寂阻하와 소솔이 편케 잘 지나는지 食口가 모다 모여잇는지 옷가지 取下한 것도 아직 네리오지 안 헛고 邑 사람도 엇지 된 일을 모르고 구善君은 安東 와셔 고생 中이올시다. 一. 兄主 말合하시든 衣布을 보앗스면 조흘 듯십사외다. 곳 염상진형의게 가셔 보겟읍니다. 二. 衣服 取下할 것을 모다 刑務所에 두시기을 바라나이다. 三. 돈 二十二円 바덧읍니까. 達·雲·憲이 周旋한 것이올시다. 答하시그던 그리로 하시요. 四. 만일 지가 올나가게 되면 곳 片紙하고 올라가겟읍니다. 부대 다른 모든

心慮을 마시고 몸씨 그대로 保存하시옵기만 기도하옵나이다. 다음 다시 올이겟읍니다. 片紙 곳 하시옵소셔.

陰二月 三日 舍弟 五箕 上書

三月 六日

1927년 3월 8일자 소인

아버지 權述朝가 西大門刑務所에 있는 權五卨에게

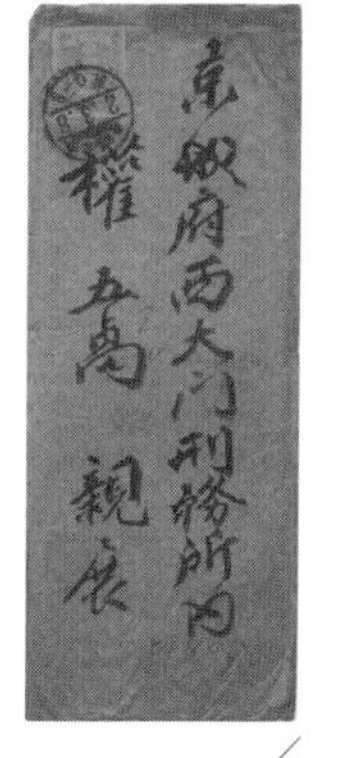

❶

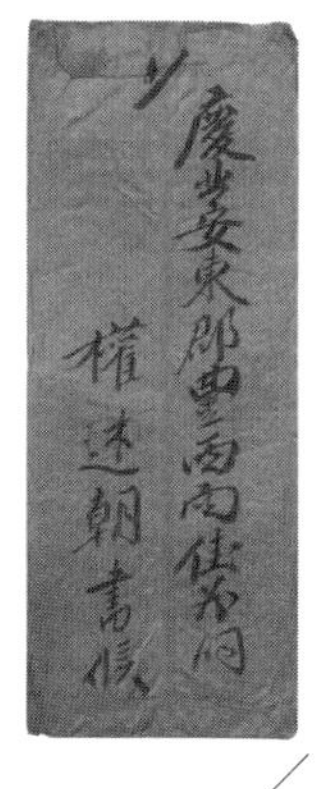

❷

京城府 西大門刑務所 內 權五卨 親展

慶北 安東郡 豊西面 佳谷洞 權述朝 書候

신세 신춘 벌서 반이 되엿다. 너의 슈찰은 슌슌 바다 반기엿스나 내 편지난 즁간 뉴체가 되얏는가. 전후 여러 달 못 보온 쥴 오직 섭섭하며 야쇽할까 헛 마음 알힌다. 독한 바람 혹한 치위 엇지 감내하여 지내씨며 천디선화하여 일긔 점점 온화할 이쌔예 몸씨 엇던고. 병이나 업스며 사식 차입도 쪄러젓다더니 뉘가 위하야 내내 이어줄 슈 잇스랴. 집에 이서 무익용려 이즐시 업다. 너 걱정한 바 불탄 집 아회 걱정할 것 아니다. 걱정 말아여라. 세말 세쵸 신문상 보와 천횡으로 옹망하든 일 낙막하기 슉화 갱발 진정 못할다. 전월 염간에 동이 사람 돈환이나 부친다 하더니 바다 사식 차입되는가 궁겁다. 오긔의게 말한 바는 슈즁 무물 엇지하며 먼 길 내왕 한 번도 마음대로 못하니 인정 매몰 돈 업고 페여볼가 마음 단단히 먹고 신상 보전 오매 츅천할 뿐이다. 쓸대업난 나이라. 가간만사 자연 마음도 씨기 슬코 착심할 것도 업사니 오긔라도 집에 이서야 집일을 보다 대로 할 것이나 백난 즁 한 가지 될 것 업사니 맹낭하다. 집에 잇난 부모 대소 혼절 아모 걱정 업다. 용려 말아여라.

丁卯 陰二月 初四日 父 述朝

1927년 5월 6일자 소인

權五憲이 西大門刑務所에 있는 權五卨에게

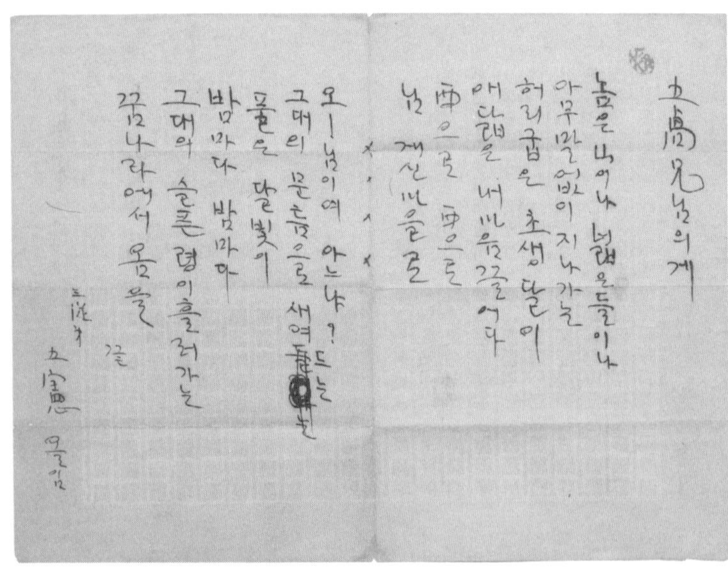

五卨兄님의게

봄은 山에나 벌에도 들이나
아무 말없이 지나가는
허리굽은 초생달이
애닯은 내 마음 끌어다
西으로 西으로
님 계신 따을로

× × × ×

오! 님이여 아느냐?
그대의 문틈을 새여드는
물은 달빛이
밤마다 밤마다
그대의 슬픈 령이 흘러가는
꿈나라에서 옴을

五憲 올림

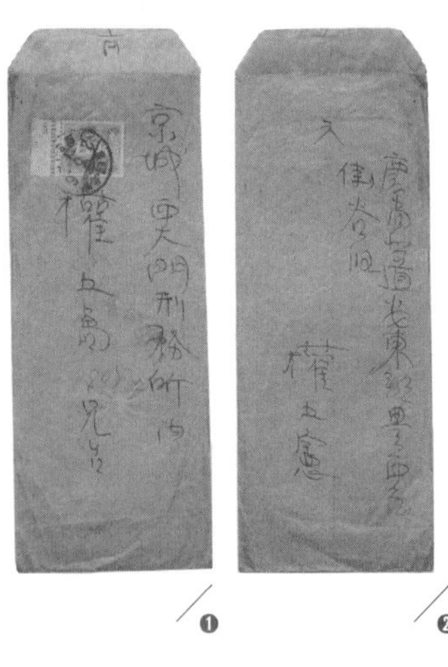

❶ ❷

京城 西大門刑務所 內 權五卨 兄님

慶尙北道 安東郡 豊西面 佳谷洞 權五憲

五卨兄님의게

높은 山이나 넓은 들이나
아무 말없이 지나가는
허리 굽은 초생달이
애닯은 내 마음 끌어다
西으로 西으로 님 계신 마을로

오! 님이여 아느냐?
그대의 문틈으로 새여드는
풀은 달빛이
밤마다 밤마다
그대의 슬픈 령이 흘러가는
꿈나라에서 옴을
끝
三從弟 五憲 올임

1927년 7월 3일자 소인

權五箕가 西大門刑務所에 있는 權五卨에게

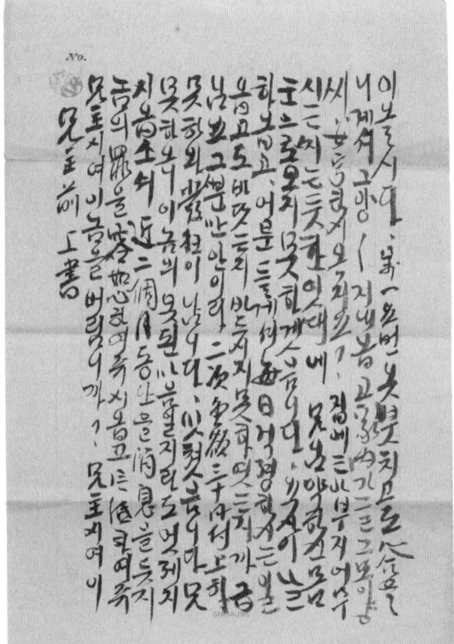

❶

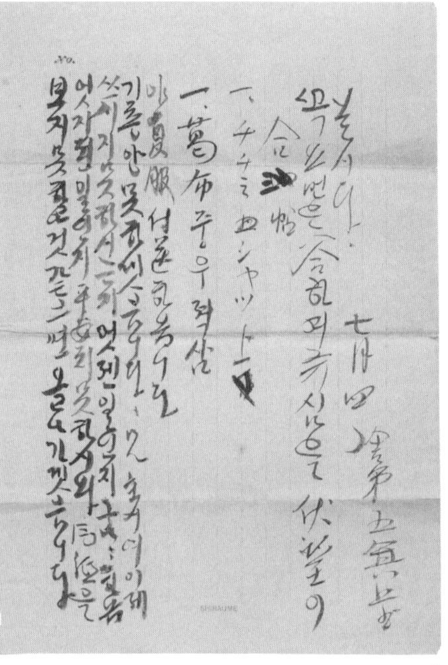

❷

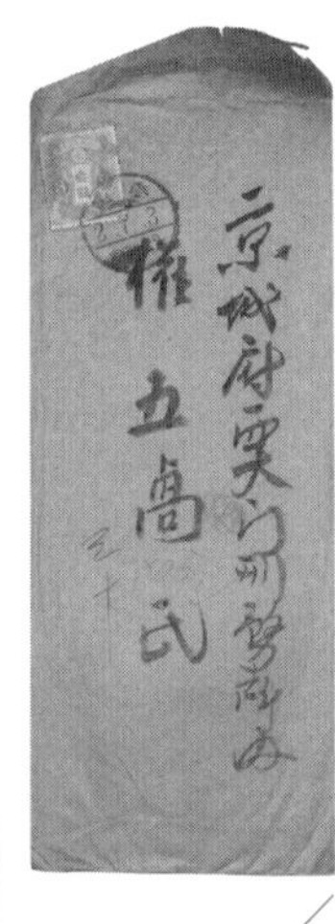

❶

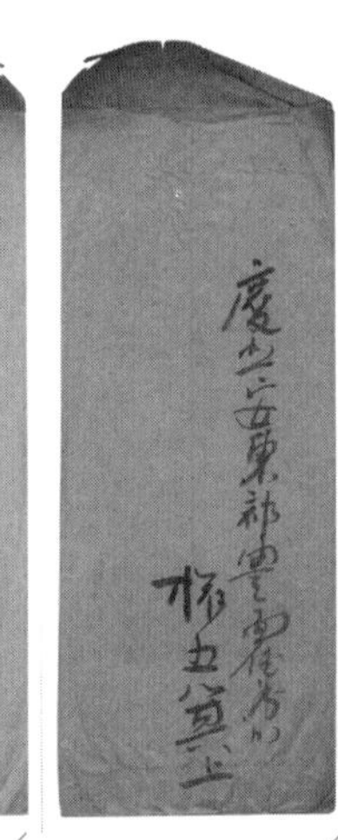

❷

京城府 西大門刑務所 內 權五卨 氏

慶北 安東郡 豊面 佳谷洞 權五箕 上

兄主前 上書

兄主시여 이놈을 버림니까? 兄主시여 이놈의 罪을 容恕하여 쥬시옵고 片紙하여 쥬시옵소셔. 近 二個月 동안을 消息을 듯지 못하오니 이놈의 못된 마음일지라도 엇제지 못하와 發狂이 남니다. 밋쳣음니다. 兄님요 그뿐만 안이라 二次 金額 三十円 付上하옵고도 바닷는지 바드시지 못하엿는지 까급하옵고, 어룬들게셔 每日 걱정하시는 일 눈으로 보지 못하겟음니다. 요사이 날시는 찌는 듯한 잇때에 兄님 약하신 몸씨 安寧하시온지요? 집에는 아부지 어무니게셔 그양그양 지내옵고 家內가 늘 그 모양이올시다. 萬一 요번 옷 붓치고도 答을 보지 못할 것 같으면 올나가겟읍니다. 엇지 된 일인지 平安치 못하시와 片紙을 쓰시지 못하시는지 엇젠 일인지 굼굼하옵기 층양 못하겟읍니다. 兄主시여 이제야 夏服 付送하옵니다.

一. 葛布 중우젹삼

一. チチえ シヤツ上

合 三帖

쏙 요번은 答하여 쥬심을 伏望이올시다.

七月 四日 舍弟 五箕 上書

1927년 7월 22일자 소인

權五箕가 西大門刑務所에 있는 權五卨에게

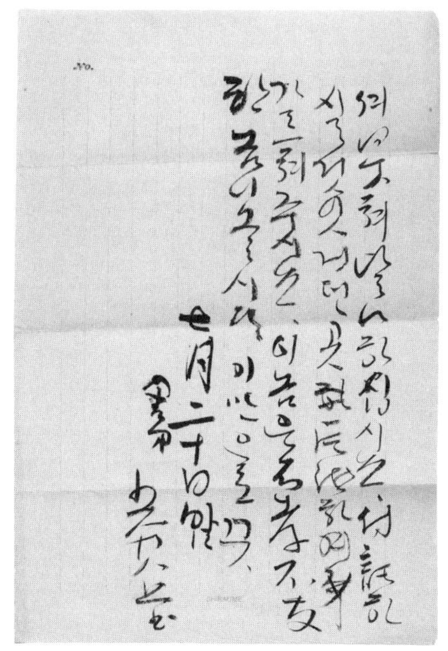

❷

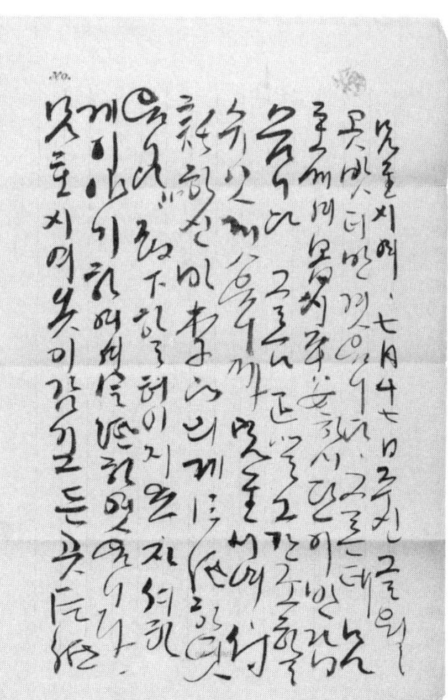

❶

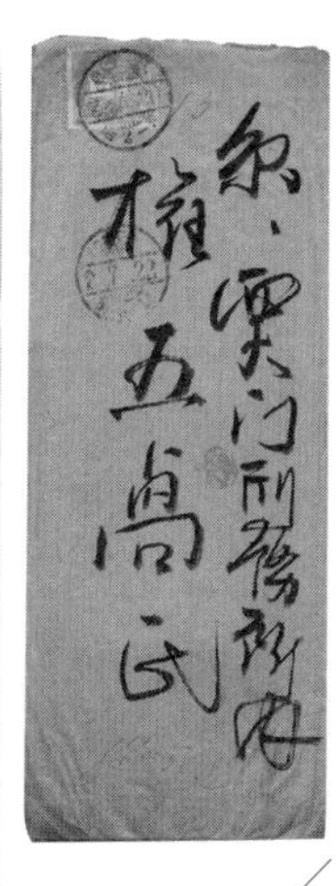

❶

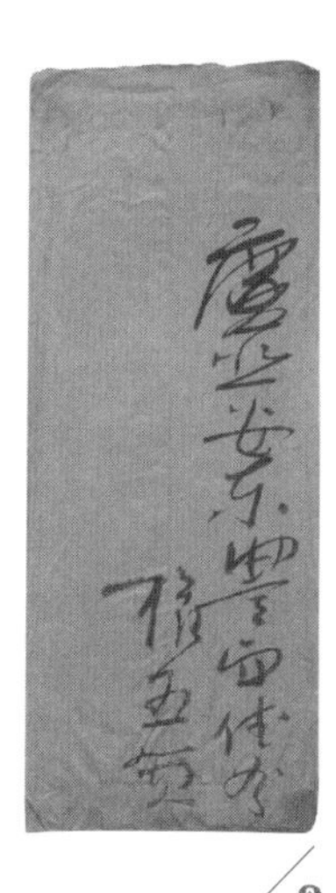

❷

京. 西大門刑務所 權五卨 氏

慶北 安東 豊西 佳谷 權五箕

兄主시여 七月 七日 주신 글월 곳 밧더 반겻읍니다. 그른데 兄主게셔 몸씨 平安하시단이 반갑습니다. 그르나 正말 그간 조할 슈 잇겟읍니까. 兄主시여 付託하신 바 李氏의게 片紙하엿읍니다. 取下할 터이지요. 자셔하게 이야기하여셔 片紙하엿읍니다. 兄主시여 옷이 감기그든 곳 片紙셔 붓쳐 달나 하십시요. 付託하실 것 잇거던 곳 片紙하여 가르쳐주시요. 이놈은 不孝不友한 놈이올시다. 이만으로 끗.

七月 二十日 말

舍弟 五箕 上書

1927년 8월 1일자 소인

五箕가 西大門刑務所에 있는 權五卨에게

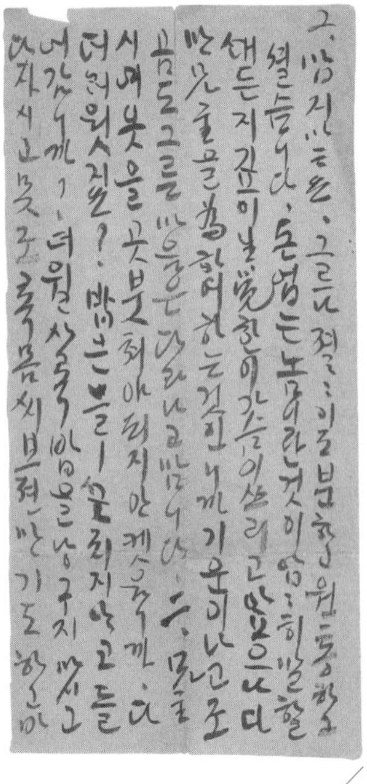

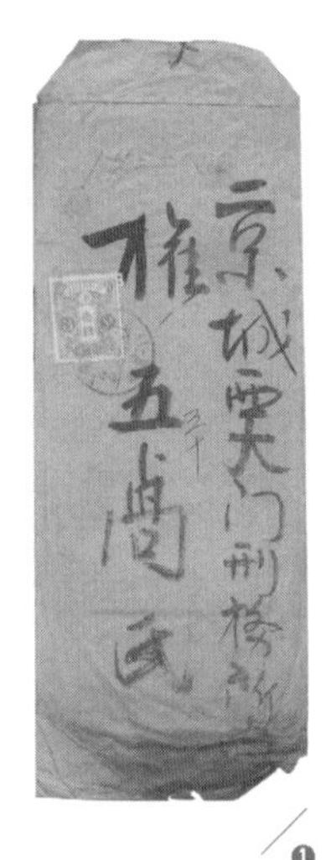

❶

❷

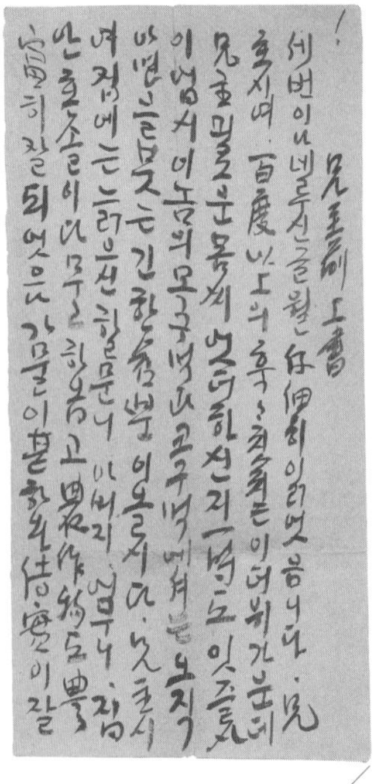

❶

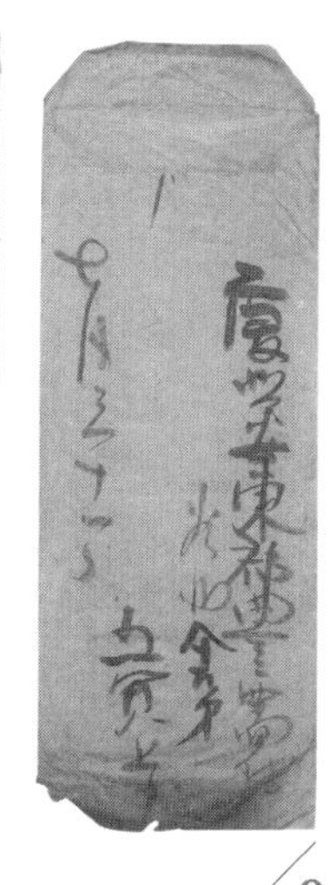

❷

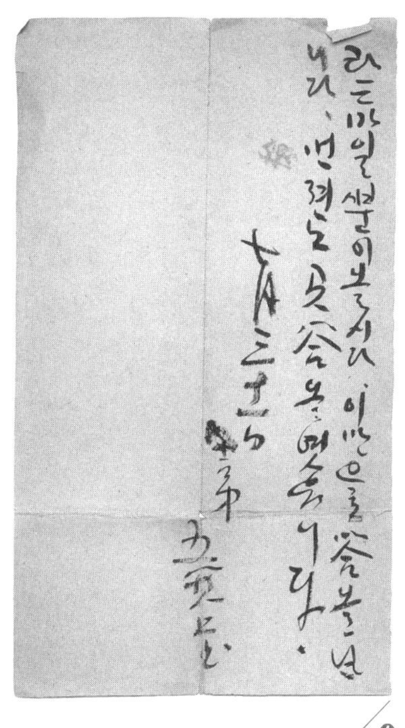

❹

❸

京城 西大門刑務所 內 權五卨 氏

慶北 安東郡 豊西面 佳谷洞 舍弟 五箕 上書

七月 三十一日

兄主前 上書

세 번이나 네루신 글월 仔細히 읽엇읍니다. 兄主시여 百度 以上의 훅훅 칫치는 이 더위 가운데 兄主 괴로운 몸씨 엇더하신지 一時도 잇즐 사이 업시 이놈의 목구먹과 코구먹에셔는 오직 아먼을 붓는 긴 한슘뿐이올시다. 兄主시여 집에는 늙으신 할문니 아버지 어무니 집안 혼솔이 다 무고하옵고 農作物도 豊富히 잘되엇으나 가물이 甚하와 結實이 잘될지 모르겟읍니다. 홍군 초일이 임박하담니다. 義城으로 장가을 간담니다. 아지매는 日前 가셧읍니다. 곳 旧 七月 八日이람니다. 大단히 가물이 甚하여요. 냇물에 고기가 찌이셔 죽에요. 그리고 水災가 甚한데도 잇셔요. 一. 兄主게셔 付託하신 바 倫伯氏게 가셔 말할 것 갓흐면 多小間 바주기는 바

줄게올시다. 그르나 一日三己는 勿論 되지 안흘 터이고 一夕己나 一午己을 할 것 갓읍니다. 내 소견에 글읏읍니다. 그래라도 바주면 고맙지마는요. 그르나 졀졀이도 분하고 원통하고 셜습니다. 돈 업는 놈이란 것이 압압히 말할 째든지 깊이 生覺한 이 가슴이 쓰리고 앞으나 다만 兄主을 爲하여 하는 것인니까 기운이 나고 조곰도 그른 마음은 다라나고 맘니다. 二. 兄主시여 옷을 곳 붓쳐야 되지 안켓읍니까. 다 더러웟지요? 밥은 늘 끈치지 안고 들어감니까? 더월사록 밥을 낭구지 마시고 다 자시고 못조록 몸씨 보젼만 기도하고 바라는 바일 뿐이올시다. 이만으로 答 올님니다. 먼져도 곳 答올엿읍니다.

七月 三十一日 舍弟 五箕 上書

1927년 8월 13일자 소인

五箕가 西大門刑務所에 있는 權五卨에게

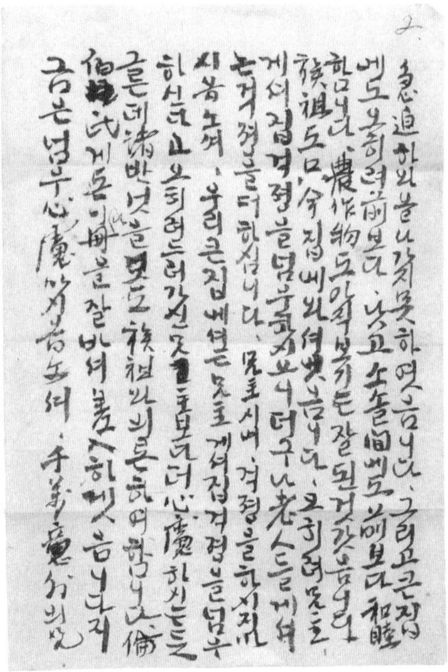

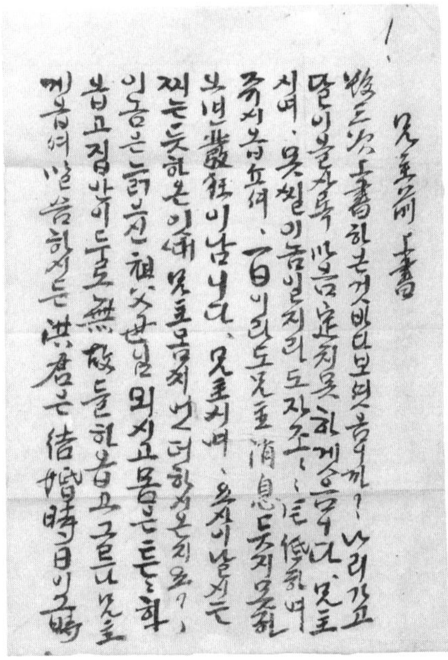

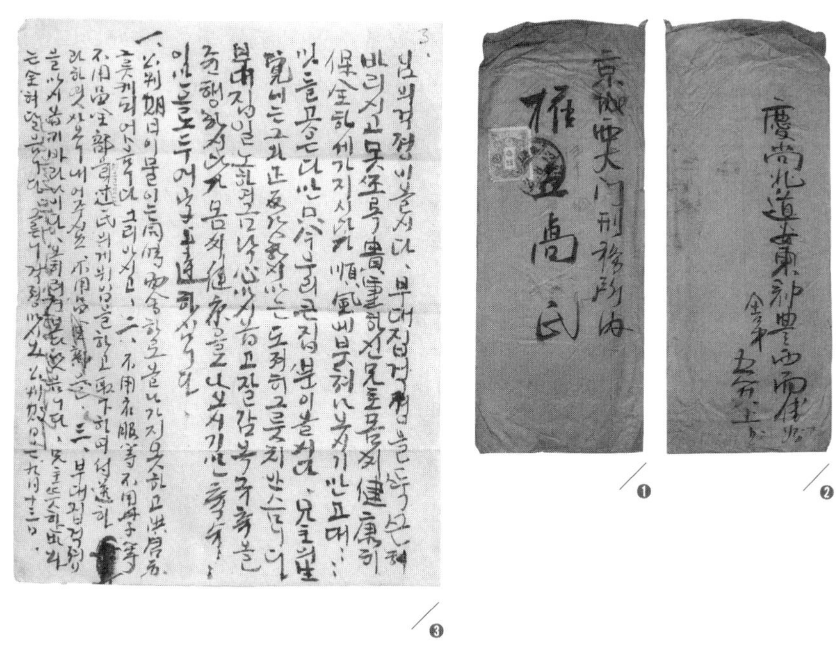

京城 西大門刑務所 內 權五卨 氏

慶尙北道 安東郡 豊西面 佳谷 舍弟 五箕 上書

兄主前 上書

數三次 上書하온 것 바다보셧음니까? 나리가고 달이 올사록 마음 定치 못하겟음니다. 兄主시여. 못씰 이놈일지라도 자조자조 片紙하여 쥬시옵쇼셔. 一日이라도 兄主 消息 듯지 못하오면 發狂이 남니다. 兄主시여. 요사이 날시는 찌는 듯하온 잇때 兄主 몸씨 엇더하시온지요? 이놈은 늙으신 祖父母님 뫼시고 몸은 튼튼하옵고 집안이 두로 無故들 하옵고 그르나 兄主게옵셔 말슴하시든 洪君은 結婚 時日이 그 時 急迫하와 올나가지 못하엿음니다. 그리고 큰집에도 오히려 前보다 낫고 소솔 間에도 前보다 和睦함니다. 農作物도 아직 보기는 잘된 것 갓음니다. 族祖도 只今 집에 와셔 잇음니다. 오히려 兄主게셔 집 걱졍을 넘우하시오니 더구나 老人들게셔는 걱졍을 더하심니다. 兄主시여. 걱졍을 하시지 마시옵소셔. 우리 큰 집에셔는 兄主게셔 집 걱졍을 넘우하신다고 오히려 드러가신 兄主보다 더 心慮하시는 듯 그른데 諸반 것을 모도 族祖와 의론하여 함니다. 倫伯氏게도 이 册을 잘 바셔 差入하겟음니다. 지금은 넘우 心慮

마시옵소셔. 千萬 意外의 兄님의 걱경이올시다. 부대 집 걱경을 뚝 끈허바리시고 못쓰록 貴重하신 兄主 몸씨 健康히 保全하게 가지시다가 順風에 붓쳐 나오시기만 고대 고대. 밋들 곳은 다만 只今 우리 큰 집뿐이올시다. 兄主의 生覺에는 그와 正反 갓하지마는 도져히 그릇치 안슴니다. 부대 집일노 하여금 낙心마시옵고 잘 감옥 규측을 쥰행하시다가 몸씨 健康으로 나오시기만 츅수 츅수. 이만으로 두어 字 上達하십니다.

一. 公判期日이 물이는 同時 面會하로 올나가지 못하고 洪君 亦 그릇케 되엇읍니다. 그리 아시고, 二. 不用衣服 等 不用册子 等 不用品 全部을 셔울 잇는 邊氏의게 위임을 하고 取下하여 付送하라 하엿사오니 내어주시요. 不用品 全部을, 三. 부대 집 걱경을 마시옵기 바라나이다. 오히려 젼보다 낫읍니다. 兄主 뜻한 바와는 全혀 달읍니다. 그른니 걱경 마시요. 公判期日은 九月 十三日. 이만으로 두어 字 上書하옵니다. 八月 十二日

1927년 8월 25일자 소인

五箕가 西大門刑務所에 있는 權五卨에게

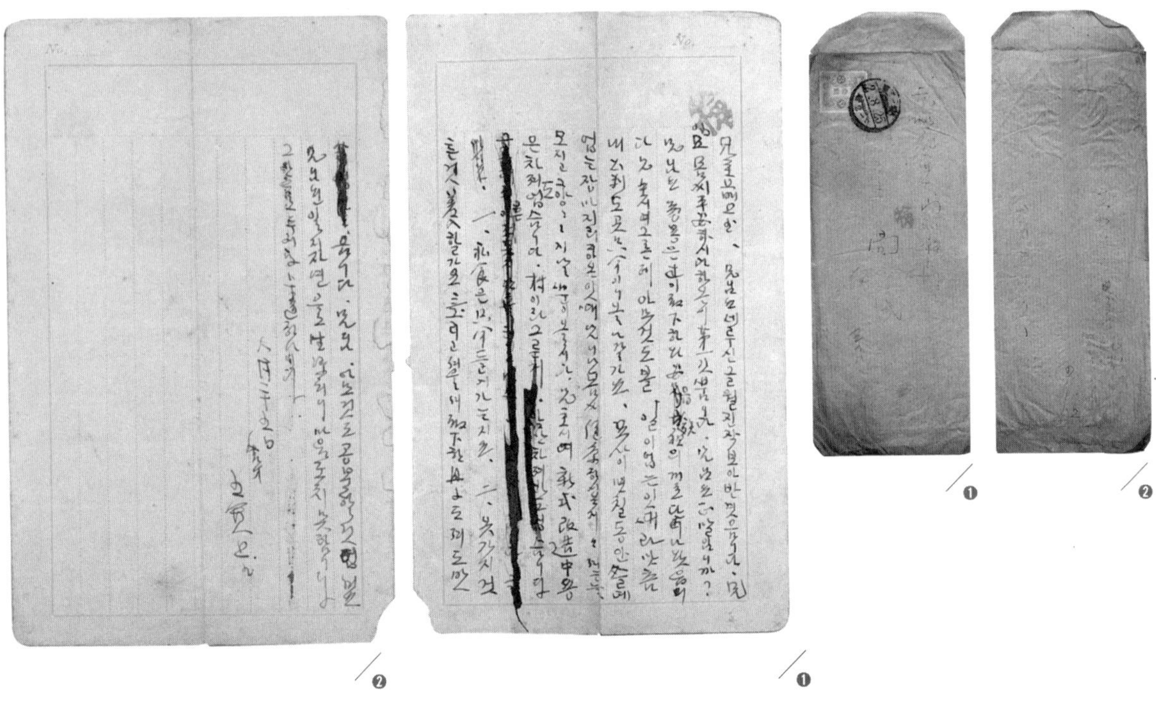

❷ ❶ ❶ ❷

京城府 西大門刑務所 權五卨 氏

慶北 安東 豊西 佳谷 舍弟 五箕 上

八月 二十五日

兄主前 上書. 兄님요 네루신 글월 진작 보아 반겻읍니다. 兄님요 몸씨 平安하시다 하온이 第一 깃뿜니다. 兄님요 正말입니까? 兄님요 중용은 邊이 取下하와 安읍 族祖의게로 단여나왓읍니다. 兄主시여 그른데 아므것도 볼일이 업는 잇때라 맛츰내 公判도 곳 只今이니 올나갈가요. 요사이 멋칠 동안 쓸데업는 장마 지리하온 잇때 兄님 몸씨 健康하시온지요. 져는 늘 모시고 그양그양 지날 뿐이올시다. 兄主시여 新式改造 中용은 차져도 업습니다. 村이라 그른지 암만 차져바도 업습니다.

一. 私食은 只今 들어가는지요. 二. 옷가지 것튼 것 差入할가요. 三. 그리고 셔울셔 取下한 册子도 져도 밧읍니다. 兄님, 아모것도 공부할 것 업어요. 兄님 윈일지 자연으로 生凉되니 마음 조치 못함니다. 그만으로 두어 字 上書함니다.

八月 二十五日

舍弟 五箕 上書

1927년 8월 31일자 소인

五箕가 西大門刑務所에 있는 權五卨에게

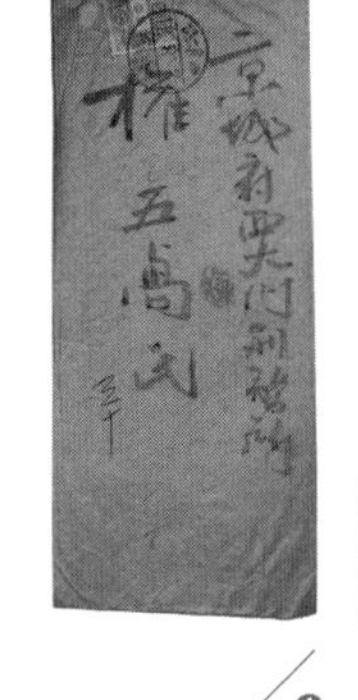

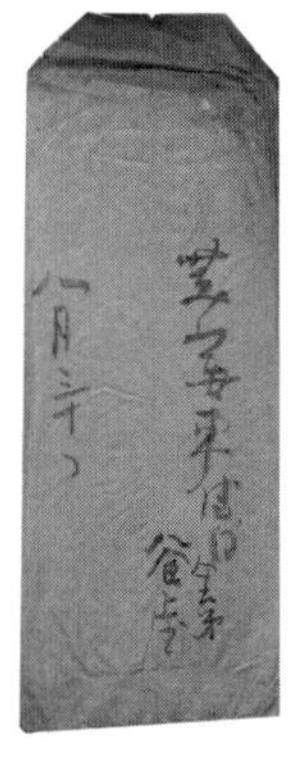

京城府 西大門刑務所 權五卨 氏

慶北 安東 佳谷 舍弟 答 上書

八月 三十日

兄主前 上書

兄主시여 二十五日에 네루신 글월 二十九日에 곳 받어보앗음니다. 兄主시여 이놈은 正말 죽어도 罪가 남울 놈이올시다. 깊이가 업는 놈이올시다. 죽어야 맛당한 놈이올시다. 그르나 이놈을 容恕하여 쥬시옵소셔. 片紙는 요번에 늣져졋읍니다. 모든 것을 다 容恕하여 쥬시옵소셔. 兄主게셔 꾸즁 네류심은 百번 죽어도 맛당함니다. 兄主시여 이놈의 罪을 容恕하시옵소셔. 요사이 날시는 쳘을 차져 셜넝 셜넝 하온데 兄主게옵셔 健康하시다 하오니 萬倖이오나 늘 모든 걱졍하시게 일하는 일 未安하외다.

一. 李氏 衣服 取下하온 것 집으로 오지 안엇읍니다. 二. 册子 오앗으나 아모것도 볼만한 것이 업셔요. 工夫한 것은 업스나 즁용 갓튼 것이 볼 것 업스니 正말 눈이 높아 낭패라요. 아조 들은 바와 틀려요. 三. 이놈을 가르시지 마시고 곳 자쥬 안부 알여 쥬시기을 伏望伏望이로소이다. 못조록 册子을…… 즁용은 볼 것이 업슨 册은 업고 낭패올시다. 왼일인지 모르겟읍니다. 아는 것 업시 눈이 높으니 이만 올이나이다.

八月 三十日 舍弟 五箕 上書

1927년 9월 3일자 소인

五箕가 西大門刑務所에 있는 權五卨에게

京城府 西大門刑務所 內 權五卨 氏

慶北 安東郡 豊西面 佳谷 舍弟 五箕 書

九月 一日

兄主前 上書

日前 올인 글월 바다보셧는지요? 그른데 洪君이 二十九日에 京셩셔 네리온다 글며셔 집까지 오앗읍듸다. 그른데 兄主을 面會까지 하고 네리오는 길이라고 합듸다. 面會하엿다는 소리을 들은이 반갑기 여지업스나 암만 生覺하여도 이놈이 兄主을 뵈옵기만 갓지 못하여요. 洪君을 본이 졸지에 꺆읍증이 더 生김니다. 그른데 洪君이 面會을 하고 하엿다는지, 하지 안코 京城까지 가지도 안코 갓다 그는지 알 슈 업습니다. 한 가지도 밋들 슈가 업습니다. 兄主게셔 二十五日 發書에 李氏가 兄主 旧衣件을 取下하여 갓다고 하지 안엇읍니까? 글은데 旧衣件도 不用 册子도 아모것도 가지고 네리오지 안엇스니 아모리 生覺하여도 洪君의 面會는 헛말 갓읍니다. 兄主시여, 자셔히 알여쥬시옵소셔. 마음 잡지 못하겟읍니다. 兄님 兄님요. 암만하여도 洪君은 거짓말하는 것 갓읍니다. 京城을 갓을 것 갓트면 李氏가 取下하여 노은 旧衣라도 가지고 네리올 것 안입니까마는 무엇을 핑기만 대는 것 갓읍니다. 李氏는 旧衣을 取下하지 안엇다고 하드람니다. 왼말인지 모르겟읍니다. 兄主시여 모든 것을 速速 回

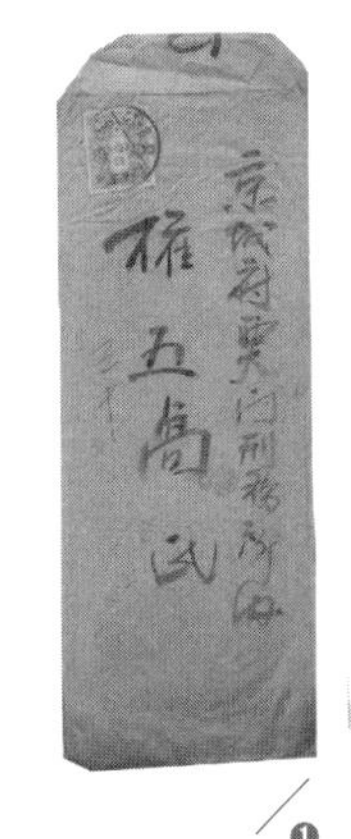

❶

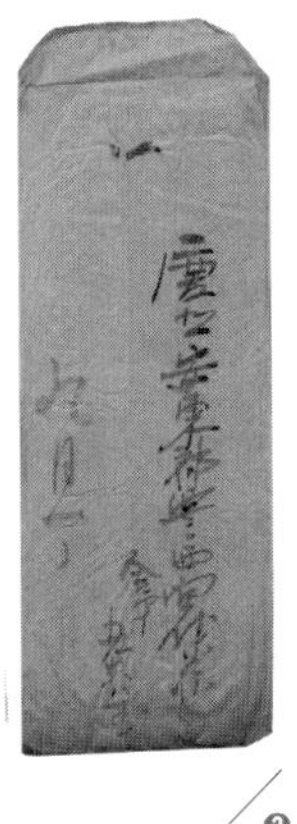

❷

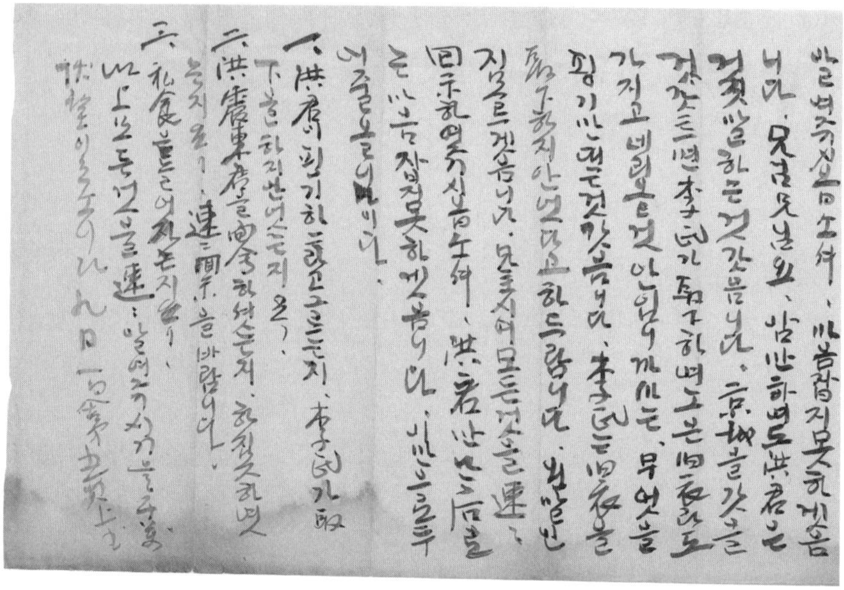

示하여쥬시옵소셔. 洪君 만난 后로는 마음 잡지 못하겟읍니다. 이만으로 두어 줄 올이나이다.

一. 洪君이 핑기하느라고 그르는지 李氏가 取下을 하지 안엇는지요?

二. 洪震東君을 面會하셧는지, 하지 못하엿는지요? 速速 回示을 바람니다.

三. 私食은 들어가는지요?

以上 모든 것을 速速 알여쥬시기을 千萬 伏望이로소이다.

九月 一日 舍弟 五箕 上書

답답한 모양으로는 곳 올나가셔 兄主을 面會하고 십은 生覺이 간졀함니다. 보고 십허 못 살겟읍니다. 洪 만나고는 더 보고졉습니다. 답답함니다. 엇젤 줄 모르겟읍니다. 속속 答하여 쥬시옵소셔.

1927년 9월 5일자 소인

三從弟 五憲이 西大門刑務所에 있는 權五卨에게

❷

❶

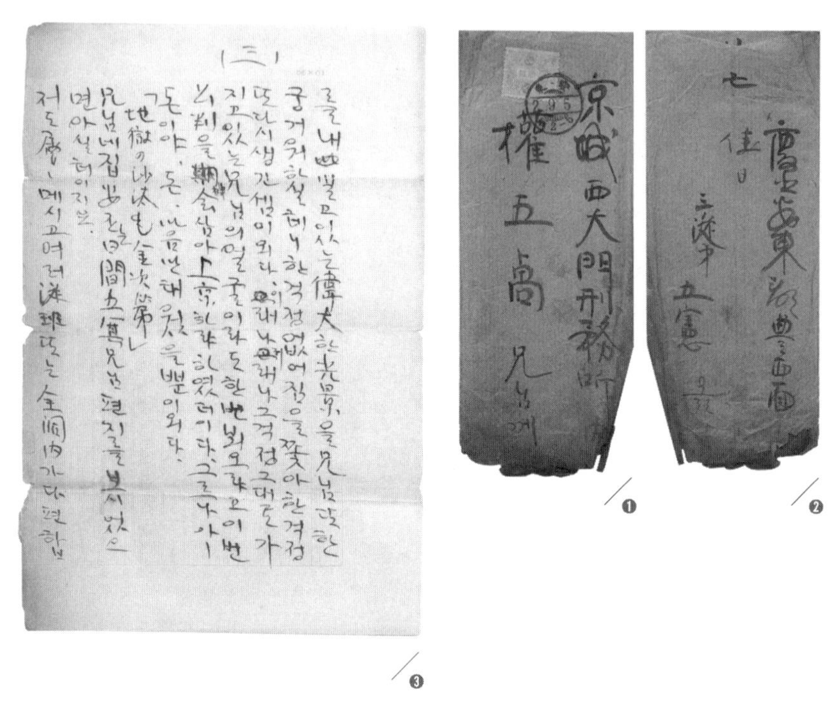

京城 西大門刑務所 內 權五卨 兄님께

慶北 安東郡 豊西面 佳日 三從弟 五憲 올임

五卨兄님께 올림

兄님. 사람은 제 스사로 向上을 말하면서 늘- 墮落하는 物品일가요? 그렇지 않으면 墮落된 대서 그 구렁을 버서나랴고 애쓰며 부르짖음이 곳 向上이라는 그 소리일가요? 저는 늘- 말합니다. 荒蕪한 넷 廢墟에서 한 거름식 나아가지 않으면 안 되리라고…… 그르나 아! 저는 오늘도 그 廢墟에서 꾸물거리고 있는 蛆虫이외다. 來日도 亦是 그렇겠지요!! 그르면 장차 내 앞에 닥처올 허고 많은 나달도 十年, 二十年…… 또는 百年까지 그렇게 된다면 그야말로 人間 最大의 不幸과 悲哀가 그것일 것이지요? 그것은 다른 몯은 일보담도 兄님에게 對한 내 맘에 빛우어서 깨달은 바임으로 不可不 兄님께 엿주어 들이고 내 또한 내 마음의 괴로운 傷處를 스사로 많이고 慰勞하려함이외다. 兄님. 저는 언제든지 兄님을 잊지 안소이다. 자조 兄님의 安否를 듣고 싶고 저의 安否를 자조 傳하여 들이고 싶소이다. 우리 兄님의 오랜 囹圄의 生活이 어떠하냐고, 그리고 저는 서늘한 農村의 自然母의 품에서 이렇게 산다고…… 그르나 兄님. 어쨴 일인지 마음에만 꼬개꼬개 접어두고 事實로는 그것을 行해 본 적이 겨우 한 번뿐임니다. 兄님. 그것도 벌서 長長夏日을 六七十번이나 지낸 녯일임니다. 兄님. 한쪽 조희에 두어 字 글을 써서 밤낮 편지 넣기만 기다리고 섯는 우체통에 갔다 맥김이 그렇게도 힘드는 일이 아니겠지요? 時間으로 보아도 길게 말해서 十分이 안 걸리겠지요? 이것이 곳 向上을 말하면서도 한편으로는 작구 墮落되여가는 것이라 하나이다. 말이 連脈은 바르지 못한 듯합니다. 그르나 어느 方面으로 보아서는 그와도 같다 아니할 수 없지요. 兄님. 저는 그러한 흐리-한 놈이외다. 兄님이 오늘에 제가 이러한 墮落性을 갖인 者인 줄 아신다면 많이 걱정하실 줄 믿고 이 글을 쓸 때 저윽히 惶悚함을 늣기나이다. 兄님. 地球를 태워버릴 듯이 찌는 더위는 이제 날로 그 꼬리를 감추어가는 판이외다. 新陳代謝로 가을 消息이 그다음을 이어 울녀오나이다. 아츰저녁으로 그 산듯산듯한 바람이야 鐵窓에도 불어들 테니 兄님도 아마 氣候쯤이야 多少間 짐작하시리다. 兄님. 兄님의 살을 긁어 먹는 빈대 벼룩은 차차 없어질지니 걱정 하나은 더실 줄 압니다. 그러나 우리들 피땀의 結晶物인 베(稻)가 방야흐로 고개를 내밀고 있는 偉大한 光景을 兄님 또한 궁거워하실 테니 한 걱정 없어짐을 좇아 한 걱정 또다시 생긴 셈이외다. 이래나 저래나 그 걱정 그대로 가지고 있는 兄님의 얼굴이라도 한 번 뵈오랴고 이번 公判을 機會 삼아 上京하랴 하였더이다. 그르나 아- 돈이야, 돈. 마음만 태웠을 뿐이외다. 「地獄の沙汰も金次第」 兄님네 집 安否는 日間 五箕兄님 편지를 보시었으면 아실 터이지요. 저도 層層 메시고 여러 從班 또는 全 洞內가 다 편합니다. 저의 喪配한 것은 아실 듯, 今年 五月에 또다시 장개 갔더이다. 廚川白村氏의 戀愛至上說을 보지 안어도 이것이 우리 朝鮮이 歲千年을 두고 行해오든 强制 結婚임은 多言할 餘地도 업나이다. 相對者의 家運이 썩어 빠졌고 그가 또한 그러한 旧道德에 물들린 까닭이외다. 오!! 殘酷한 因襲의 威力이여! 올릴 말슴은 없는 듯, 그르나 아직도 남어 있는 것 같소이다. 생각나는 대로 자조 써들이겠습니다. 몸, 健康하소서. 끝.

一九二七 九月 五日 三從弟 五憲

1927년 10월 28일자 소인

아버지 權述朝가 西大門刑務所에 있는 權五卨에게

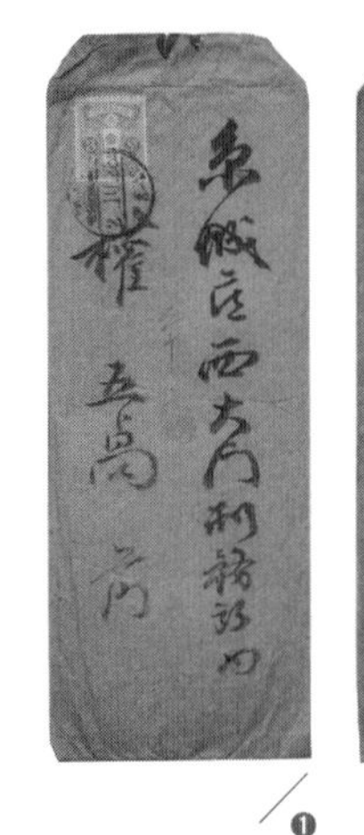
❶

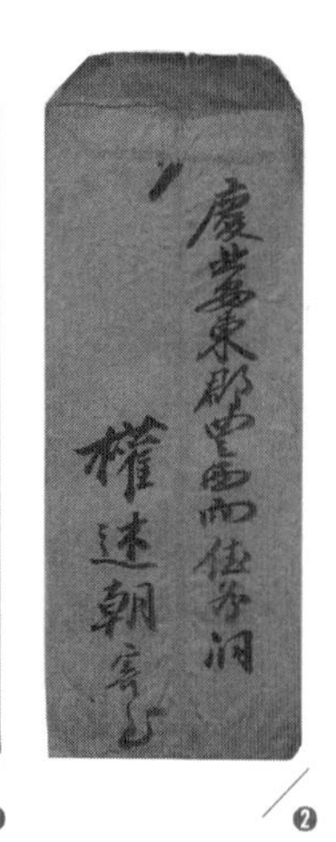
❷

京城 西大門刑務所 內 權五卨 前

慶北 安東郡 豊西面 佳谷洞 權述朝 寄書

오래동안 너의게 일자 뭇지 아니하고 이저바린 닷하엿스나. 시시각각 이즐 슈 이스랴. 너 슈찰 바다 부자 상면한 듯 반겨쓰나 날로 도엿다. 근간 신톄 건강하며 공결은 엇더케 되엿난고. 긔아의 서즁에 드라니 소소 편치 못하다 하니 엇지 아니 그를가 아니 보와도 상상할다. 父은 아모 병 업시 의구여상 잘 지낸다. ᄃᆡ소가 충절현고 업다. 집에 잇난 사람이야 태평일다. 심여 말아여라. 일신이나 죠심하여 쾌보 듯기 츅천 소망일다. 어제날 너 모친 환갑은 너 편지에 말였드라마는 너의들 집에 업고 뉘가 환갑이라 하리 잇난야. 너해 오난 날 환갑보다 경사롭게 잔치할 참이다. 너 모친은 너 내슉이 일전 오와서 청해 갓다가 거게서 하로 소창하고 오왓다. 각 곳 사가 하인 오와 의복도 여러 가지 고기도 만히 생겨 내 혼자 잘 바다 잘 먹엇다. 츄슈도 작연보다 낫게 하였다마는 자근집 일 입곡 못하여 엇지 생활할는지 절박하다. 근일은 날세 과히 칩지 아니하니 고맙다마는 치위 점근하니 관심된다. 일신 무사 쾌활 세계 슈이 보기 츅원츅원. 할말 다 못 쵸쵸. 父 頓

陰 十月 初二日

권오설의 어머니 편지 동봉

오셔라! 이년이 되도록 일ᄌᆞ 젹어 모자 정이를 모르고 지ᄂᆡᄂᆞᆫ 어미 심ᄌᆞᆼ 편ᄐᆞ할 슈 업다. 야ᄒᆡ야 철ᄎᆞᆼ고황 즁 엇더케 지슈업다. 어미난 뫼셔 큰 연고 업고 소위 환갑은 너 외가의 가셔 지ᄂᆡ고 어제날 날노왓다. 부디 희소식 고ᄃᆡ하노ᄅᆞ.

1927년 추정

권오기가 아버지께

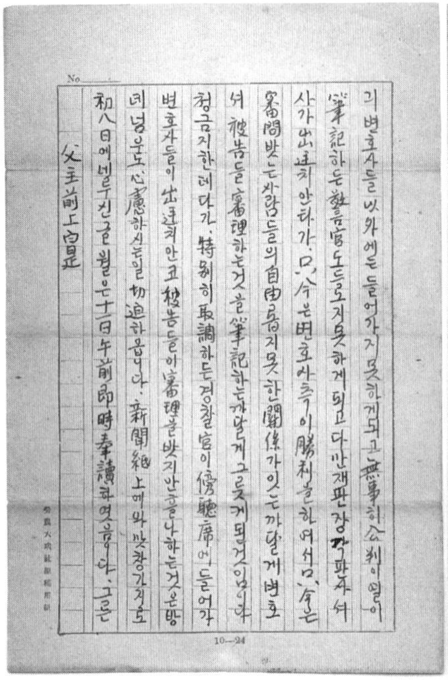

❶

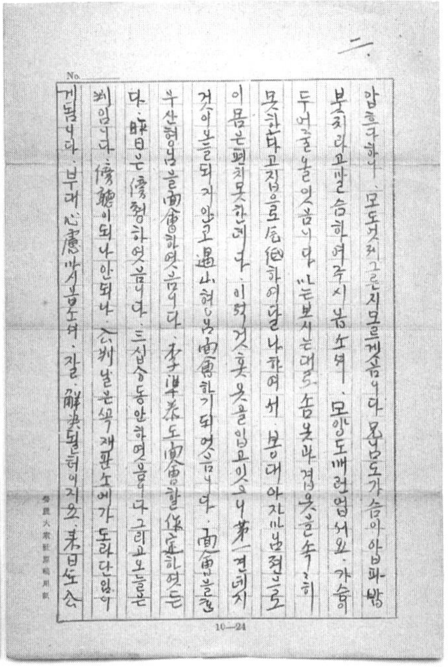

❷

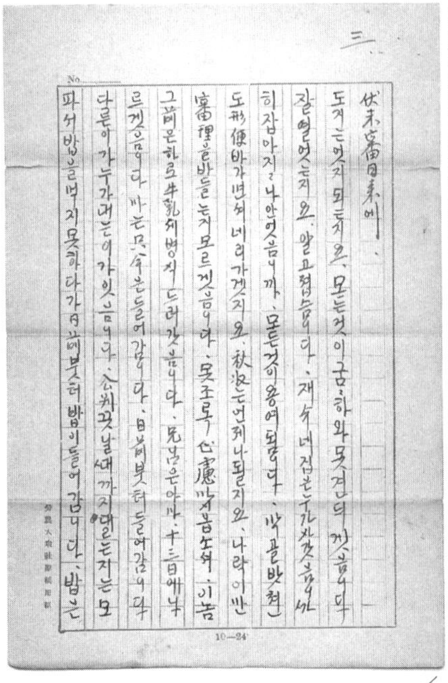

❸

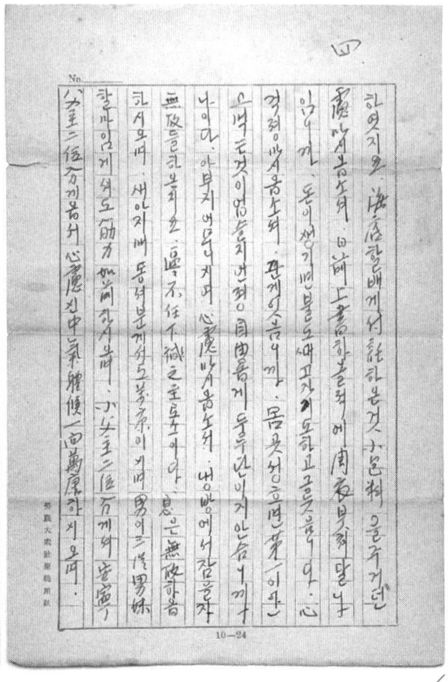

❹

父主前 上白是

初八日에 네루신 글월은 十一日 午前 卽時 奉讀하엿읍니다. 그른데 넘우도 心慮하시는 일 切迫하옵니다. 新聞紙上에와 맛창가지로 변호사들이 出廷치 안코 被告들이 審理을 밧지 안흘나 하는 것은 방청금지한데다가 特別히 取調하든 경찰官이 傍聽席에 들어가셔 被告들 審理하는 것을 筆記하는 까달게 그릇케 된 것입니다. 審問밧는 사람들의 自由롭지 못한 關係가 잇는 까달게 변호사가 出廷치 안타가 只今은 변호사 측이 勝利을 하여서 只今은 筆記하든 警官도 드로지 못하게 되고 다만 재판장 각판사 셔긔 변호사들 以外에는 들어가지 못하게 되고 無事히 公判이 열이게 됩니다. 부대 心慮 마시옵소셔. 잘 解決될 터이지요. 來日 또 公判임니다. 傍聽이 되나 안 되나 公判날은 꼭 재판소에 가 도라단입니다. 昨日은 하엿읍니다. 三십分 동안 하엿읍니다. 그리고 오늘은 우산 형님을 面會하엿읍니다. 李準泰도 面會할 作定하엿든 것이 오늘되지 안코 遇山형님 面會하기 되엇읍니다. 面會을 한이 몸은 편치 못한데다 이적것 홋 옷을 입고 잇으니 第一 견데지 못한다고 집으로 片係하여달나 하여서 봉대 아자마님젼으로 두어줄 올잇읍니다마는 보시는 대로 솜옷과 겹옷을 속속히 붓치라고 말슴하여 주시옵소셔. 모양도 매런업서요. 가슴이 압흐다 하니 모도 엇제 그른지 모르겟읍니다. 兄님도 가슴이 압파 밥파서 밥을 먹지 못하다가 日前붓터 밥이 들어감니다. 밥은 다른 이가 누가 대는 이가 잇읍니다. 公判 끗날 때까지 댈는지는 모르겟읍니다마는 只今은 들어감니다. 日前붓터 들어감니다. 그 前은 하로 牛乳 세 병식 드러갓읍니다. 兄님은 아마 十三日에나 審理을 바들는지 모르겟읍니다. 못조록 心慮 마시옵소셔. 이놈도 形便 바가면셔 네리가겟지요. 秋收는 언제나 될지요. 나락이 만히 잡아지지나 안 엇읍니까. 모든 것이 용여됩니다. 막골 밧쳔 잘 열엇는지요. 알고 졉습니다. 재슈네 집은 누가 사갓읍니까 도지는 엇지 되는지요. 모든 것이 굼굼하와 못 견듸겟읍니다. 伏未審日來에. 父主 二位分게옵서 心慮신 中 氣體候一向萬康하시오며. 할마임게셔도 筋力 如前하시오며 小父主 二位分게셔 安寧하시오며 새 아지매 동셔분게서도 萬康이시며 男이 三從男妹 無故들 하온지요. 區區不任下誠之至로소이다. 息은 無故하옵나이다. 아부지 어무니시여 心慮 마시옵소셔. 냉방에서 잠을 자고 먹는 것이 업슬지언졍 自由롭게 두루 단이지 안슴니까. 걱정 마시옵소셔. 관게 잇읍니까. 몸 곳 성흐면 第一이 안임니까. 돈이 생기면 불도 때고 자기도 하고 그릇읍니다. 心慮 마시옵소셔. 日前 上書하올 적에 周衣 붓쳐 달나 하엿지요. 海底 할배게 付託하온 것 小包料을 주거던.

1928년 1월 15일자 소인

아버지 權述朝가 西大門刑務所에 있는 權五卨에게

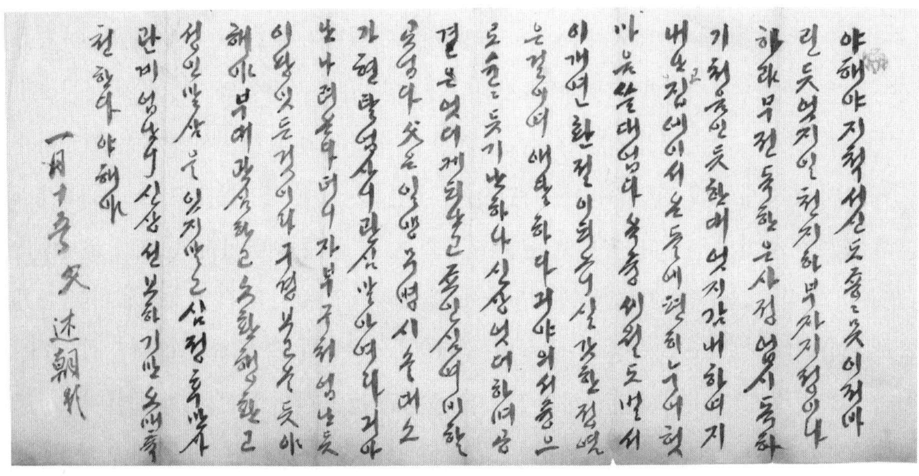

❶ ❷

京城府 西大門刑務所 內 權五卨 前

慶北 安東郡 豊西面 佳谷洞 權述朝 寄書

야해야 지척 서신도 죵죵 못이저 바린 듯 엇지 일천지하 부자지정이라하랴. 무전독한은 사정업시 독하기 처음인 듯 한대 엇지 감내하여 지내난고. 집에 이서 온돌에 편히 누어 헛 마음 쓸데업다. 옥즁 세월도 벌서 이개연 환절이 되노니 실갓한 정염은 걸이여 애달하다. 긔야의 서즁으로 순순 듯기난 하나 신상 엇더하며 공결은 엇더케 되난고. 죠인 심여 비할 곳 업다. 父은 일양무병 시솔 대소가 현탈 업사니 관심 말아여라. 긔아난 나려온다더니 자부 구처 업난 듯 이왕 잇든 것이라. 구경보고 올 듯. 야해야 부대 관심하고 소환행환고. 성인 말삼을 잇지 말고 심정후 만사 관계 업난니 신상선보하기만 오매 축천한다. 야해야.

一月 十五日 父 述朝

1928년 6월 26일자 소인

五箕가 西大門刑務所에 있는 權五卨에게

❷ ❶

❶

❹ ❸

❷

京城府 西大門刑務所 內 權五卨 氏

安東郡 豊西面 佳谷洞 舍弟 上書

兄主前 上書

여러 달 동안을 兄主의 消息을 듯지 못하오니 깝옵흔 마음 층양할 슈 업습니다. 이놈도 진작 兄主게 問安을 드릴야는 것이 自然 느저젓읍니다. 兄主시요 五尙兄님은 그르크러 덧업시 이 세상을 쩌날 줄야 누가 뜻하엿겟읍니까. 참으로 痛분합니다. 죽을 쌔 말 한마듸도 듯지 못할 쑨 아니라, 말을 永永 하지 못하게 목이 잠기서 失音이 되엇음듸다. 生覺할사록 앞으고 저립니다. 그르나 兄主시요 傷心마시옵소서. 죽고, 살고, 이것이 人之常事가 아입니까. 葬事는 九日葬으로 곳 지냇읍니다. 安東 豊山 四方 各宅이 圓滿이 모이어서 圓滿無事이 지냇읍니다.

兄主시요. 날시는 점점 쓰겁게 됩니다. 추위나 더위나 마음 노을 수 업습니다. 요사이 날시 텁텁하온데 兄主 獄中 몸씨 그대로 安過하시는지요. 그저 알고접습니다. 二個月이 넘도록 消息 듯지 못하오니 正말 마음 진정치 못하겟읍니다. 집에는 어무니게서 연심 글역 여지 엄사시고 아부지게서는 五尙형 초상時 잠간 단여가섯읍니다. 日間은 엇드신지 알 수 엄습니다. 勿論 平安하시겟지요. 저근 집에도 할무니, 자근 아부지 외내분, 아이들 모다 泰平함니다. 못조록 집 걱정은 마시옵소서. 요사이는 보리추수, 모숨기 正말 밥(븜)니다. 일은 할 줄 모르고 몸만 닯니다. 그른데 五雲君 葬事는 陰七月 二十二日이람니다. 聖達 아재씨는 집에 간다던니 갓는지 요사이는 消息 듯지 못하겟읍니다. 鶴山兄 片紙도 十餘日前에 오앗읍듸다. 편지는 모다 편은 듯 安東도 편코 豊山도 편코 두루 다 편습니다. 兄主시여 老子 獨學工夫는 다시 하지 안엇읍니다. 그만두어도 조흘가요? 工夫하지 안어도 좃켓읍니까? 仔細히 말슴하여 주시옵소서. 올일 말슴 만사오나 이만으로 긋치고 뒤으로 바라는 바는 兄主 평안한 소식 듯기만 바라고 이만.

一. 兄主게서 付託하시든 册子에 對하여는 一册도 사서 差入치 못하오니 罪悚萬萬이로소이다. 重絃君에게 부탁하엿든 거시 안 되엇시오. 泰東君은 지금 읍에 잇읍니다.

陰 五月 初八日 舍弟 五箕 上書

1928년 9월 17일자 소인

五箕가 西大門刑務所에 있는 權五卨에게

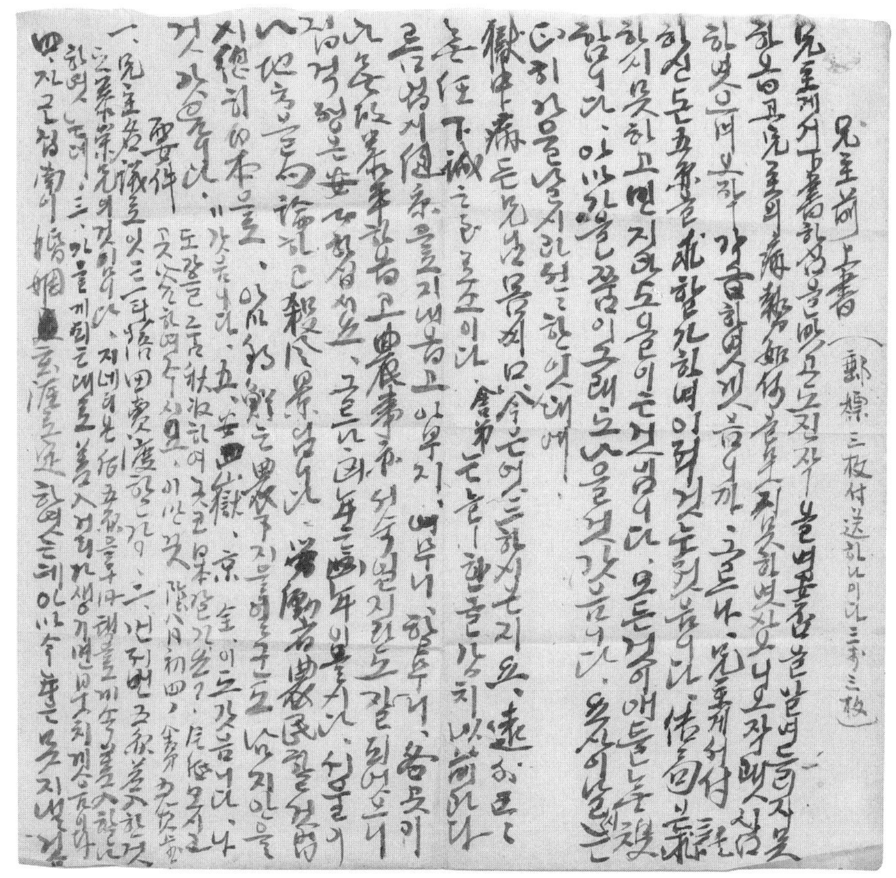

京城府 西大門刑務所 內 權五卨 氏

安東郡 豊西面 佳谷洞 舍弟 五箕

兄主前 上書(郵票三枚 付送하나이다 三錢三枚)

兄主게서 下書하심을 밧고도 진작 올여 安否을 알여드리지 못하옵고 兄主의 病勢如何을 뭇

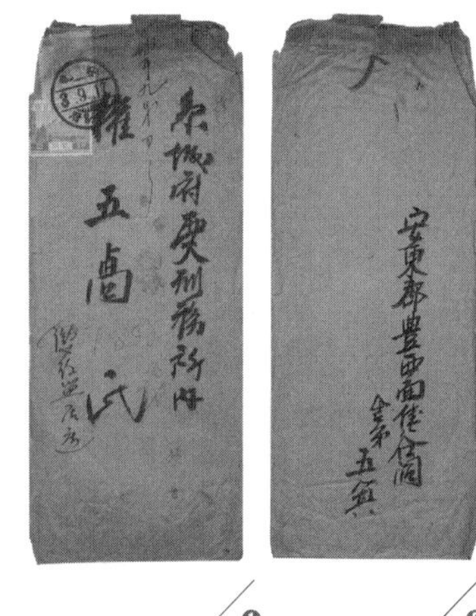

❶ ❷

지 못하엿사오니 오작 퓃심하엿으며 오작 각급하엿겟음니까. 그르나 兄主게서 付託하신 돈 五圓을 求할가 하여 이적것 누젓음니다. 結局은 求하지 못하고 핀지라도 올이는 것입니다. 모든 것이 애들 無雙함니다. 아마 가을쭘이 그래도 나을 것 갓음니다. 요사이 날시는 正히 가을 날시라 선선한 잇때에 獄中 病든 兄님 몸씨 只今은 엇드하시온지요. 遠外區區無任下誠之至로소이다. 舍弟는 늘- 한글갓치 以前과 다름업시 健康으로 지내옵고 아부지, 어무니, 할무니, 各 곳이 다 無故泰平하옵고 農事 亦 서숙일지라도 잘 되엇으니 집 걱정은 安心하십시요. 그르나 凶年은 凶年이올시다. 서울이나 地方을 勿論하고 殺風景임니다. 勞動者 農民 할 것 업시 總히 日本으로, 아마 朝鮮는 農事 지을 일군도 남지 안을 것 갓음니다.

要件

一. 兄主 名議로 잇는 一斗落田 賣渡할가? 二. 먼저번 五圓 差入한 것도 泰榮兄의 것입니다. 지 네리온 后 五圓을 十円 택으로 게속 差入할나 하엿는데. 三. 가을게 피는 대로 差入거리가 생기면 붓치겟음니다. 四. 자근집 南이 婚姻 玄涯로 定하엿는데 아마 今年은 못 지낼 것 갓음니다. 五. 安四嶽, 京, 全, 이도 갓음니다. 나도 가을 줌 秋收하여 놋코 日本 갈가요? 片紙 보시고 곳 答하여 주시오. 이만 끗.

陰 八月 初四日 舍弟 五箕 上書

1928년 10월 31일자 소인

아버지 權述朝가 西大門刑務所에 있는 權五卨에게

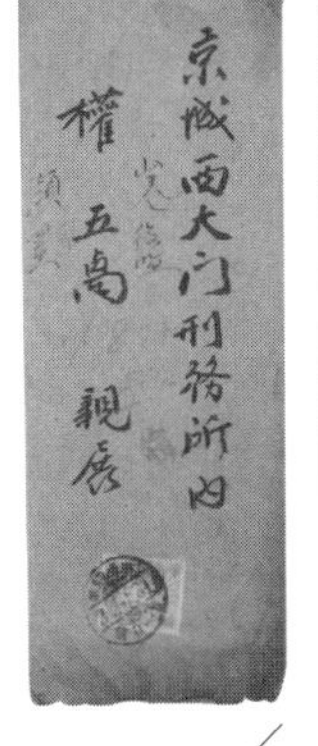

❶

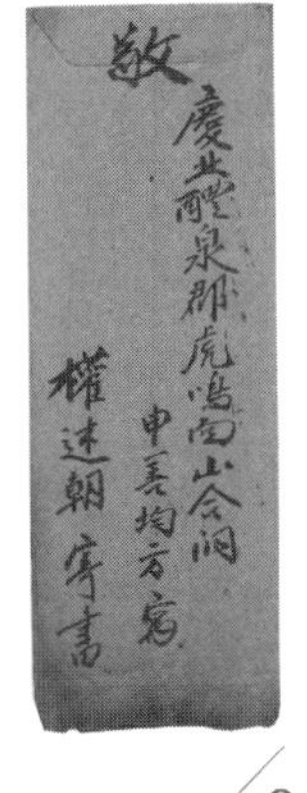

❷

京城 西大門刑務所 內 權五卨 親展

慶北 醴泉郡 虎鳴面 山合洞 申善均 方 寓 權述朝 寄書

봄 여름 가을 일 년이 거의 되도록 일자불문 惟其疾之憂는 是爲父母者之良心而病愈不愈 安不安 一言無及是豈倫情之所可忍乎 所以爲此者都付之忘情而汝亦必諒知矣 然豈不薪薪矣乎間因汝付家書하야 짐작만 하고 하날만 우러다 밋고 잇스나 잇고저온 마음이 이즐 슈 업다. 벌서 菊秋에 病後 신상 엇더며 더 하지나 아니하며 약은 엇더케 먹을 슈 잇겟노. 약효 잇서 차경에 이르러난가 엇던고. 오매 죠죠 사렴허비 무익하다. 父은 화장소치로 해야보지 못 하온 일을 요량업시 이곳 와서 다행 賢主人을 만나 暖寢甘食 일신 무사하나 尋行數墨 村秀才子 日夕相難 火中添火도 적지 아니하다. 집에도 月初에 가서 보왓다. 대소가 대단일은 업스나 년년독흉을 만나 所謂家作은 根栗이라도 실패난 아니 하여스니 행이고 저근집 소롱은 볼 것 업다 하니 절박절박 남아 혼일은 陰 十月 十一日노 왓난대 범사 한가지 뉴렴한 것도 업고 우황독흉 엇지하난지 걱정일다. 아해야 부대 죴심하여 일신안보 일신 安保하자면 마음이 쥬장이니 安心하여라. 心定後外患이 자연 不入하나니 부대 죴심하여라. 안심하여라. 점점 한절은 박근하고 용여된다. 아해야 안면 대신애 한자 부친다. 보온 후 내게로 답할 것 업시 집으로 편지할 때 되거든 하여라. 집으로 편지 오면 나도 알꺼시다. 할 말 다 못. 無病善保 祝天祝天 父 頓

戊辰 陰 九月 十七日

1928년 11월 10일자 소인

權五卨이 西大門刑務所에 있을 때 동생에게서 받은 편지

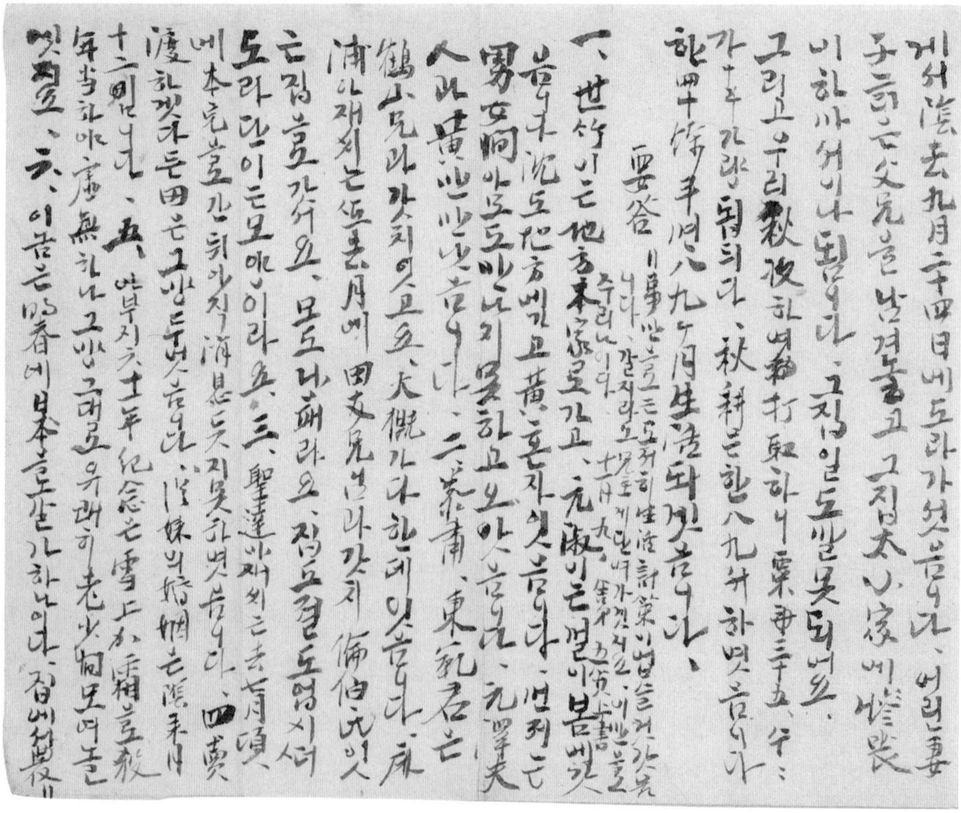

京城府 西大門刑務所 內 權五卨 氏

慶北 安東郡 豊西面 佳谷洞 四二二番地 舍弟 上書

十一月 五日

兄主前 上書

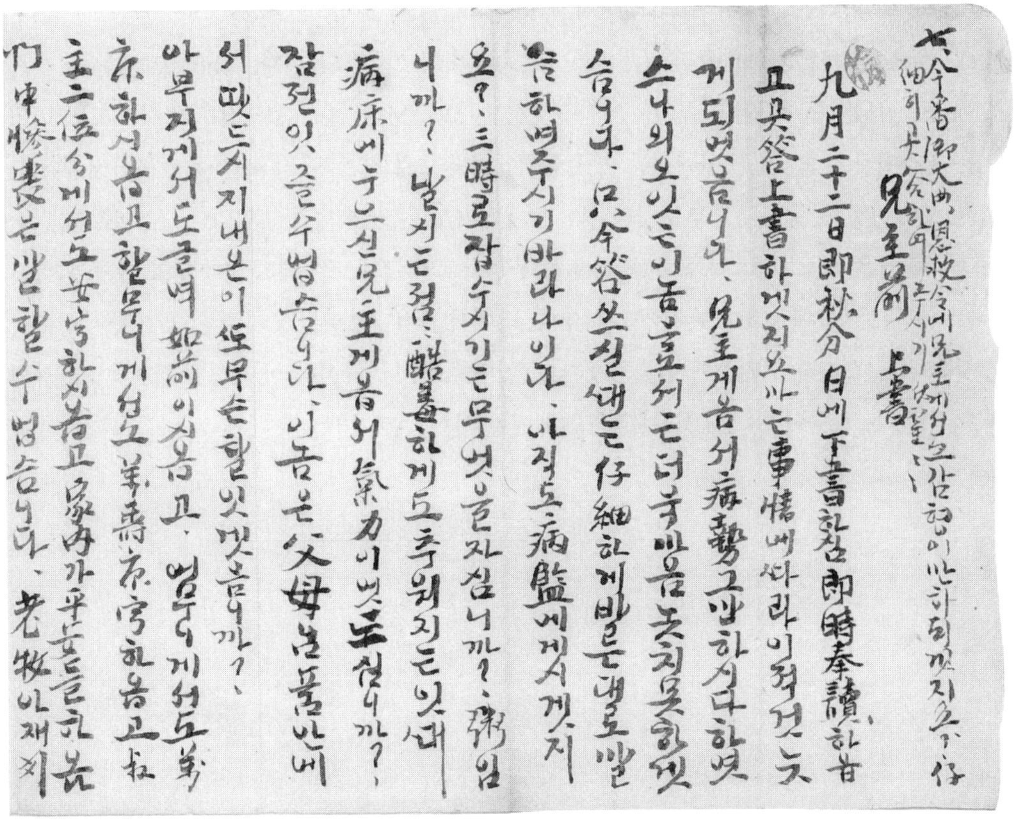

九月 二十二日 卽 秋分日에 下書하심 卽時 奉讀하옵고 곳 答 上書하겟지요마는 事情에 ᄯᅡ라 이적것 늣게 되엇읍니다. 兄主게옵서 病勢 그만하시다 하엿스나 외오잇는 이놈으로서는 더욱 마음 놋치 못하겟습니다. 只今 答 쓰실 ᄯᅢ는 仔細하게 바른 대로 말슴하여 주시기 바라나이다. 아직도 病監에 게시겟지요? 三時로 잡수시기는 무엇을 자심니까? 粥임니까? 날시는 점점 酷毒하게도 추워지는 잇ᄯᅢ 病床에 누으신 兄主게옵서 氣力이 엇드심니까? 잠전 잇즐 수 업습니다. 이놈은 父母님 품안에서 ᄯᅡᆺ드시 지내온이 ᄯᅩ 무슨 탈 잇겟읍니까? 아부지게서도 글녁 如

前이시옵고, 어무니게서도 萬康하시옵고 할무니게서도 萬壽康寧하옵고 叔主 二位分게서도 安寧하시옵고 家內가 平安들 하옵. 門中 慘喪은 말할 수 업습니다. 老牧 아재씨 게서 陰 去 九月 二十四日에 도라가섯읍니다. 어린 妻子 늙은 父兄을 남겨놓고 그 집 大小家에 慘喪이 하마 서이나 됩니다. 그 집일도 말 못되어요. 그리고 우리 秋收하여 打取하니 粟三十五, 수수가 十斗가량 됩듸다. 秋耕은 한 八九升하엿읍니다. 한 四十餘斗면 八九個月 生活되겟읍니다.

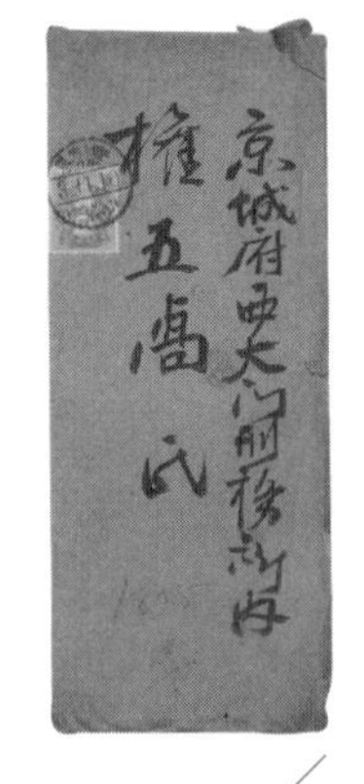

❶

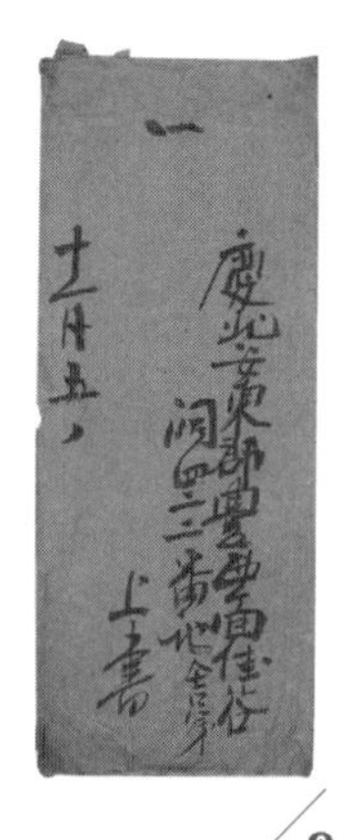

❷

要答

一. 世竹이는 地方 本家로 가고, 元淑이는 멀이 봄에 갓읍니다. 沈도 地方에 가고 黃 혼자 잇읍니다. 먼저는 男女間 아모도 만나지 못하고 오앗읍니다. 元澤夫人과 黃만 만낫읍니다. 二. 泰肅 · 東範君은 鶴山兄과 갓치 잇고요. 大槪가 다 한데 잇읍니다. 麻浦 아재씨는 또 去月에 田友兄님과 갓치 倫伯氏 잇는 집으로 갓서요. 모도 낭패라요. 집도 절도 업시 써도라 단이는 모양이라요. 三. 聖達 아재씨는 去 七月頃에 本宅으로 간 뒤 아직 消息 듯지 못하엿읍니다. 四. 賣渡하겟다든 田은 그양 두엇읍니다. 從妹의 婚姻은 陰 來月 十二임니다. 五. 아부지 六十一年 紀念은 雪上加想으로 殺年 當하야 虛無하나 그양 그대로 유쾌히 老少間 모여 놀겟지요. 六. 이놈은 明春에 日本으로 갈가 하나이다. 집에서 農事만으로는 도저히 生活 計策이 업슬거 갓읍니다. 갈지라도 兄主게 단녀가겟지요. 이만으로 주리나이다. 七. 今番 御大典恩赦令에 兄主게서도 감형이 만히 되겟지요? 仔細히 곳 答하여 주시기 伏望.

1928년 12월 6일자 소인

金恒俊이 權五箕에게

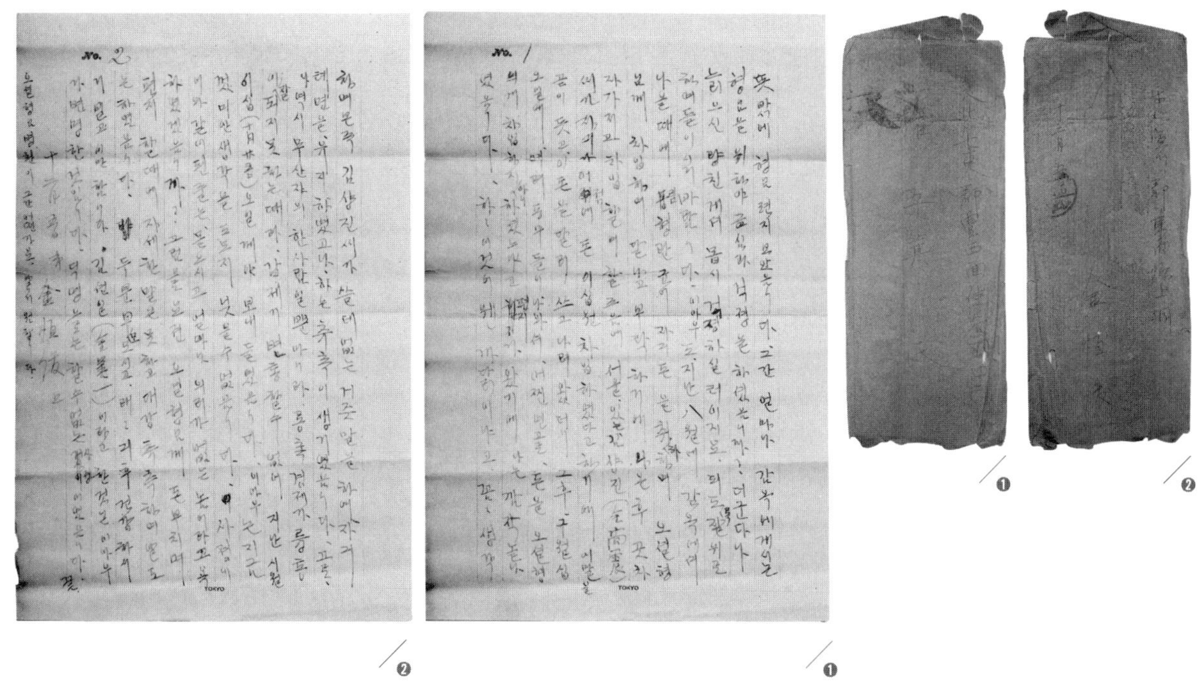

慶北 安東郡 豊西面 佳谷洞 四二二番地 權五箕 氏

平北 宣川郡 東面 梧上洞 金恒俊

十二月 五日

뜻밖에 형님 편지 보았음니다. 그간 얼마나 감옥에 게시는 형님을 위하야 근심과 걱졍을 하셨음니까? 더군다나 늙으신 양친게셔 몹시 걱졍하실 터이지요. 되도록 잘 위로하여 들이시기 바람니다. 이 아우도 지난 八월에 감옥에셔 나올 때에 림형관군이 자긔 돈을 취하하여 오셜 형님께 차입하여 달나고 부탁하기에 나온 후 곳 차자가지고 차입할여 할 즈음에 서울 있는 김샹진金商震 씨가 자긔가 어쥐에 돈 이십 원 차입하였다고 하기에 이 말을 곧이 듯고, 이 돈을 달리 쓰고 나려왔더니 그 후 구월 십오 일에 여러 동무들이 나와셔 어찐 변고로 돈을 오셜형의게 차입하지 아니하였느냐고 편지가 왔기에 나는 깜작 놀나였읍니다. 하하 이것이 웬 까닭이냐고, 꼼꼼 생각하여 본즉 김샹진 씨가 쓸데없는 거즛말을 하여 자긔 톄면을 유지하였고나 하는 츄측이 생기였읍니다. 고로 나 역시 무산쟈의 한 사람일 뿐 아니라 롱촌 경제가 륭통이 잘되지 못하는 때라 갑제기 변통할 수 없어 지난 시월 이십(十月 二五日)오 일께야 보내들였읍니다. 이 아우는 지금꺼 미안 생각을 도모지 닛을 수 없읍니다. 사졍이 이와 같이 된 줄은 몰으시고 얼마나 의리가 없는 놈이라고 욕하였겠읍니까? 그럼으로 요젼 오셜형님께 돈 부치며 편지할 때에 자세한 말은 못하고 대강 츄측하여 말로는 하였읍니다. 두 분 부모 모시고 래래 긔후 건강하시리 빌고 이만합니다. 김션일金善一이라고 한 것은 이 아우가 변명한 것입니다. 닉명으로는 할 수 없는 사졍이였읍니다. 끝.

十二月五日 第 金恒俊

오셜형님 병환이 그간 어떤가요. 알기 원함니다.

1928년 12월 27일자 소인

五箕가 西大門刑務所에 있는 權五卨에게

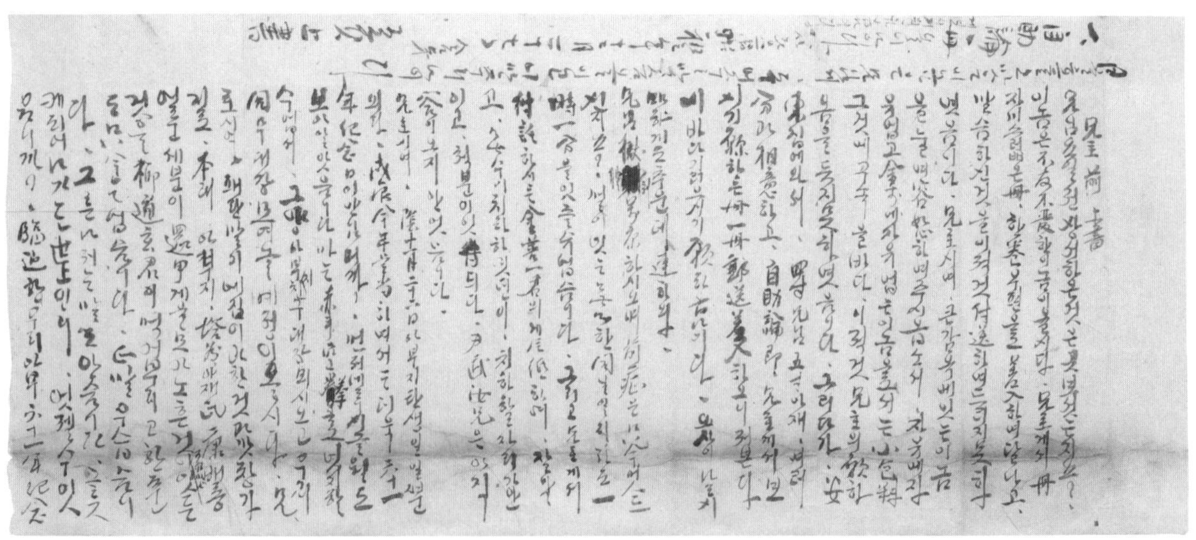

京城府 西大門刑務所 內 權五卨 氏

慶北 安東郡 豊西面 佳谷洞 四二二番地 舍弟 上書

❶ ❷

兄主前 上書

兄님요 일전 상서하온 것은 곳 보섯는지요? 이놈은 不友不愛한 이놈이올시다. 兄主께서 冊 자미스럽은 冊, 한 卷 우편으로 差入하여 달나고 말合하신 것을 이적것 付送하여 드리지 못하엿습니다. 兄主시여 큰 감옥에 잇는 이놈을 눌여 容恕하여 주시옵소서. 자유에 자유 업고 金錢에 자유 업는 이놈으로서는 小包料 그것에 구속을 바다 이적것 兄主의 願하옴을 듯지 못하엿습니다. 그리다가 安東 집에 와서 四寸 兄님, 五寸 아재, 여러分과 相意하고, 自助論 卽 兄主게서 보시기 願하는 冊 一冊 郵送差入하오니 저 본다이 바다 읽으시기 願하옵나이다. 요사이 날시 嚴하게도 추운데 連하와 兄님 獄體萬康하시오며 前症은 只今 엇드신지요? 멀이 잇는 無心한 同生일지라도 一時一分을 잇즐 슈 업습니다. 그리고 兄主게서 付託하시든 金善一君의게 片紙하여 잘 알고 無수이 치하하엿던이 치하할 자리가 안이고 척분이 잇습듸다. 尹武汝兄은 아직 答이 오지 안엇습니다. 兄主시여 陰 十一月 二十六日 아부지 탄생일일 뿐외라. 戊辰 今年을 當하여서는 더욱 六十一年 紀念日이 안님니까? 먼저 네루신 글월도 보아 알앗읍니다마는 赤手空拳으로 엇지 할 수 업서 그양 아부지 친구 대강 뫼시오고 우리 同무 대강 모여 놀 예정이올시다. 兄主시여 패란말기에 집이 과한 것과 맛창가지로 本래 아부지, 塔谷 아재씨, 康배충 어룬 세 분이 還甲게을 모아노흔 것이 百圓以上 잇든 것을 柳道玄君이 먹거 부리고 한 푼도 只今은 업습니다. 정말 우습습니다. 그른나 저는 말도 안습니다. 그릇케 되어 나가도 世上인니 엇젤 수 잇읍니까? 臨迫한 우리 아부 六十一年 紀念日을 호을노 맛은 이놈은 兄님게 두어 줄 말슴 올이고 이만 주리나이다.

一. 自助論 一冊 올이나이다. 사랑스럽게 보시기 원하옵나이다.

昭和 三年 十二月 二十七日 舍弟 五箕 上書

1928년 12월 추정

五箕가

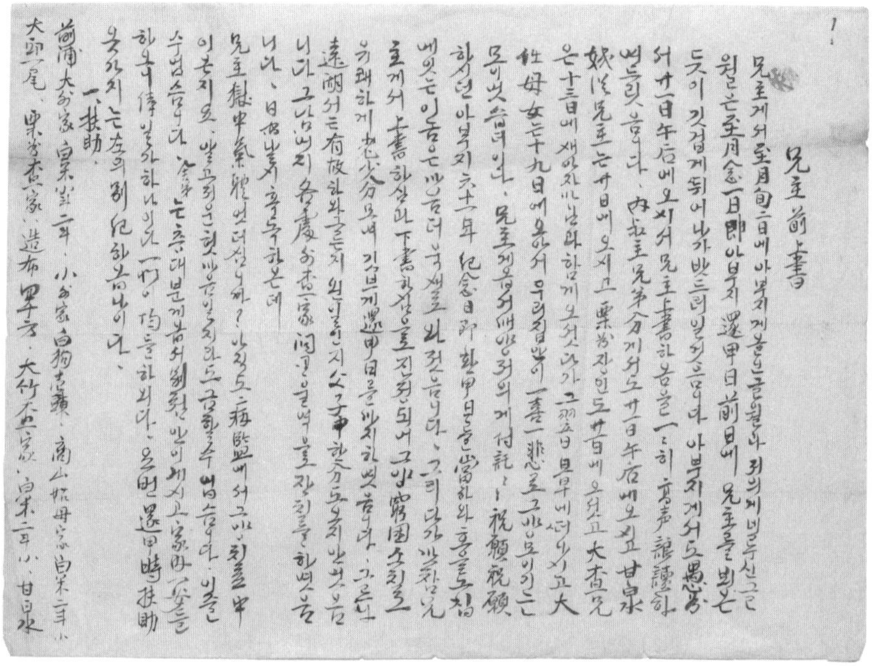

❶

兄主前 上書

兄主게서 至月旬 二日에 아부지게 올인 글월과 저의게 네루신 글월은 至月 念一日 卽 아부지 還甲日 前日에 兄主를 뵈온 듯이 깃겁게 쒸어나가 밧드러 일것읍니다. 아부지게서도 愚谷서 卄一日 午后에 오시서 兄主 上書하옴을 一一히 高聲 諒讀하여드릿읍니다. 內叔主 兄弟分게서도 卄一日 午后에 오시고 甘泉 姨從兄主는 卄日에 오시고 栗谷 장인도 卄一日에 오섯고 大査兄은 十三日에 새아자마님과 함게 오섯다가 그 翌日 브부에 쎠나시고 大仕母女는 十九日에 오아서 우리 집안이 一僖一悲로 그양 모이기는 모이엇습더이다. 兄主게옵서 매양 저의게 付託 付託 祝願 祝願하시던 아부지 六十一年 紀念日 卽 환甲日를 當하와 호을노 집에 잇는 이놈은 마음 더욱 새로와젓읍니다. 그리다가 맛참 兄主게서 上書하심과 下書하심으로 진정되

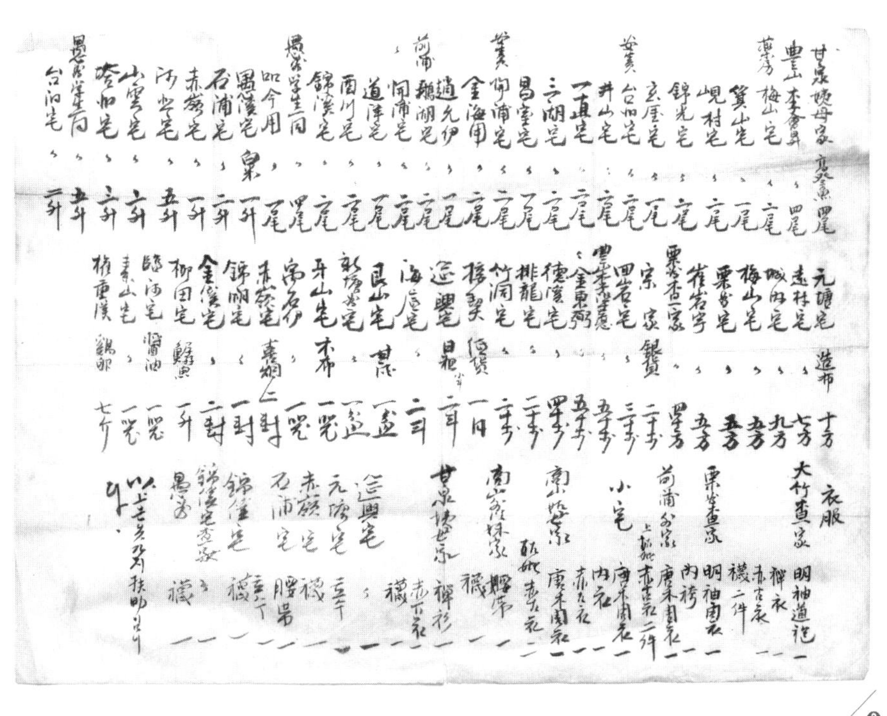

❷

어 그양 窮困 소치로 유쾌하게 老少分 모여 깃브게 還甲日을 마지하엿읍니다. 그르나 遠湖서는 有故하와 그른지 왼일인지 父子 中 한 分도 오지 안엇읍니다. 그 남어지 各處各査家 洞里 울역으로 잔치를 하엿읍니다. 日間 날시 혹독하온데 兄主 獄中 氣體 엇더심니까? 아직도 病監에서 그양 치료 中이온지요. 알고저운 헛 마음일지라도 금할 수 업습니다. 이즐 수 업습니다. 舍弟는 충대분게옵서 別첨 안이게시고 家內 一安들하오니 倖일가 하나이다. 一門이 均들하외다. 요번 還甲時 扶助 옷가지는 左의 別記하옵나이다.

一. 扶助

前浦 大外家 白米 小斗 二斗, 小外家 白狍壹頭, 商山 始母家 白米 二斗, 小大邱 一尾, 栗外

査家 造布 四十方, 大竹査家 白米 二斗小, 甘泉

甘泉　姨母家　高登魚　四尾　元塘宅　造布　十方　衣服

豊山　李會昇　〃　四尾　遠村宅　〃　七方　大竹査家　明紬道袍一

藥房　梅山宅　〃　二尾　城內宅　〃　九方　禪衣一

箕山宅　〃　一尾　梅山宅　〃　五方　赤古衣一

峴村宅　〃　二尾　栗外宅　〃　五方　襪 二件

錦光宅　〃　二尾　崔岩宇　〃　五方　栗谷査家　明紬關衣一

玄厓宅　〃　一尾　栗谷査家　〃　四十方　內袴一

安賣　台洞宅　〃　二尾　宗 家　銀花　二十圓　前浦外家　唐木周衣一

井山宅　〃　二尾　面岩宅　〃　三十圓　上祖妣　赤古衣 二件

一直宅　〃　二尾　豊山李準悳　〃　五十圓　小 宅　唐木關衣一

三湖宅　〃　二尾　〃　金東弼　五十圓　內衣一

昌室宅　〃　一尾　德溪宅　四十圓　赤古衣一

安賣　開浦宅　〃　二尾　排龍宅　二十圓　商山始母家　唐木關衣一

金海用　〃　二尾　竹洞宅　二十圓　始妣　赤古衣一

趙允伊　〃　一尾　商山外從妹家　腰帶一

前浦　鵝湖宅　〃　二尾　襪 一

開浦宅　〃　二尾　甘泉姨母家　禪衣一

道洋宅　〃　一尾　赤古衣一

西川宅　〃　二尾　襪一

錦溪宅　〃　二尾　廷興宅　襪一

愚谷學生一同　〃　四尾　元塘宅　토수一

嚴今用　〃　一尾　赤嶺宅　襪一

愚溪宅　白米　一升　遠村宅　〃　七方　石浦宅　腰帶一

石浦宅　〃　二升　城內宅　〃　九方　토수　一

赤嶺宅　〃　一升　梅山宅　〃　五方　錦溪宅　襪一

河洞宅　〃　五升　栗外宅　〃　五方　錦溪査家　襪一

山雲宅　〃　二升　崔岩宇　〃　五方　愚谷　襪一

塔洞宅 〃 二升

以上은 옷가지 扶助입니다.

愚谷學生一同 〃 五升

台洞宅 〃 二升

1928년 12월 추정

五箕가

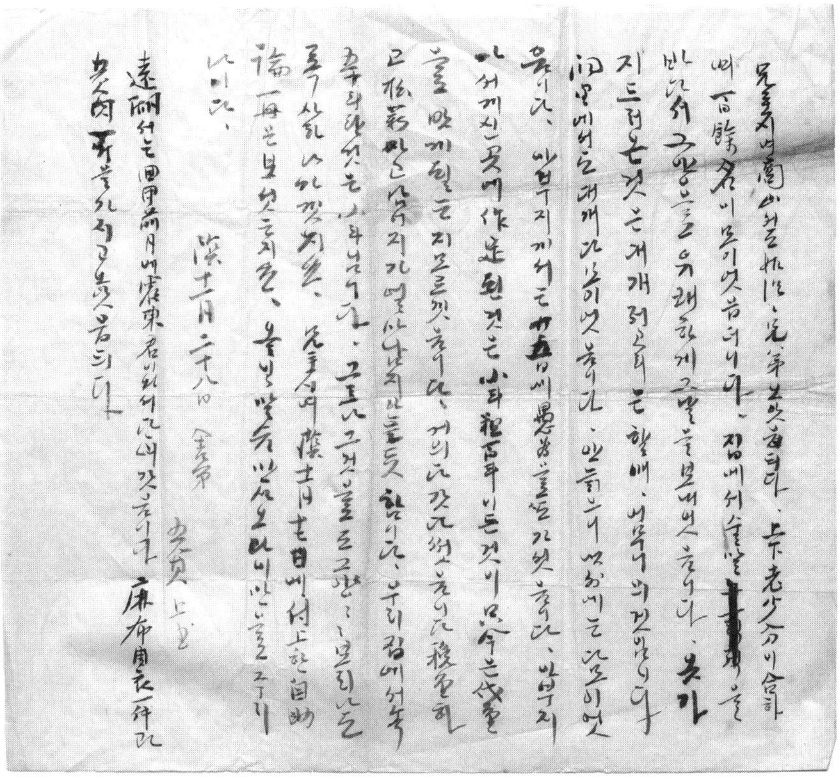

兄主시여 商山서도 姨從兄弟 오앗음듸다. 上下 老少分이 合하여 百餘名이 모이엇음더니다. 집에서 술말을 바다서 그양으로 유쾌하게 그날을 보내엇음니다. 옷가지 드러온 것은 개개 저고리는 할매, 어무니의 것임니다. 洞里에서도 대개 다 모이엇음이다. 안 늙으니 以外에는 다 모이엇음니다. 아부지게서는 卄五日에 愚谷으로 또 가섯음이다. 아부지가서 게신 곳에 作定된 것은 小斗 粗百斗이 든 것이 只今은 代金으로 밧게 될는지 모르겟음니다. 거의 다 갓다 썻음이다. 稅金하고 松薪(땔감-역자 주)하고 나머지가 얼마 남지 안든 듯함이다. 우리 집에서 속 五十斗 한 것은 小斗임니다. 그러나 그것으로도 그양그양 보리나도록 사라나가겟지요. 兄主시여 陰 十一月 十七日에 付上한 自助倫 一册은 보섯는지요. 올일 말合 만사오나 이만으로 주이나이다.

陰 十一月 二十八日 舍弟 五箕 上書

遠湖서는 回甲 前月에 震東君이 와서 단녀갓음니다. 麻布周衣 一件과 黃肉(소고기-역자 주) 一斤을 가지고 오앗음듸다.

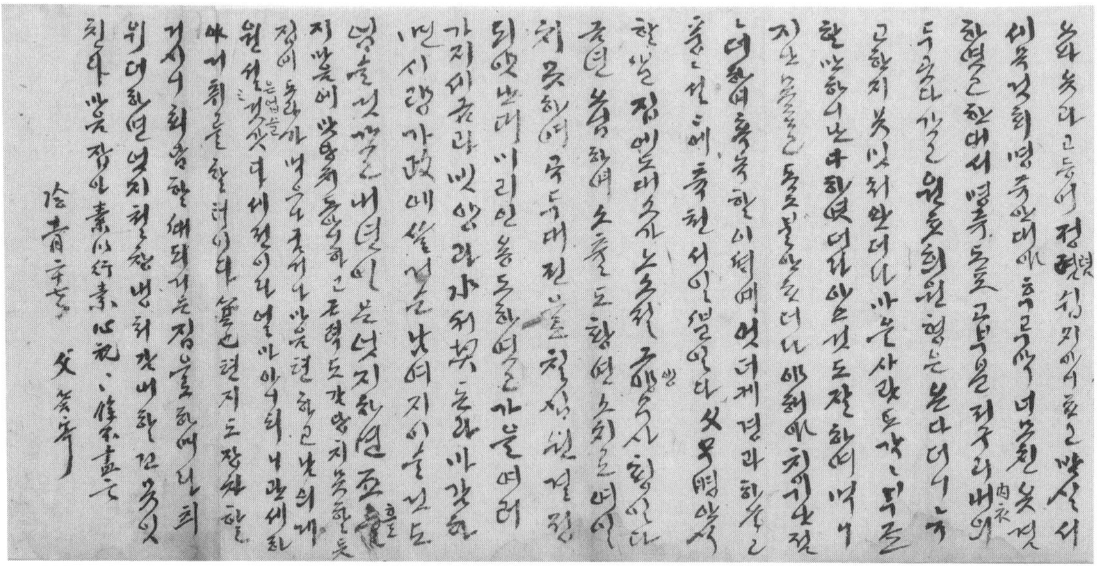

1929년 1월 7일자 소인

아버지 權述朝가 西大門刑務所에 있는 權五卨에게

京城府 西大門刑務所 內 權五卨 親展

慶北 醴泉郡 虎鳴面 山合洞 寓 權述朝 寄書

야해야 헛부고 우습다. 居然 륙십일년 父母劬勞之日을 당하단 말린가. 子孫萬代無事 康寧하드라도 當倍悲痛이라 하엿난대 而吾今日所處 엇지 이른바 倍痛之痛而已哉 혼자 마음에 侍下人事라. 아모리 남의 밥을 먹고 남의게 매예 잇난 몸이라도 오날날은 집에 아니 갈 슈 업서 二十一日에 집에 온즉 맛참 너 旬二에나 온 手滋를 그날 바다 보왓다. 반갑고 위회되야 안면에서 다름업고 천륜지정 이상하다. 그려나 직야난 아는지 이젓난지 저도 필경 잇지난 아니하고 알거시제. 혼자 말할 거시제. 대동풍설 즁지뢰 양복지회예 너의 말함과 갓치 나도 모르지난 아니하나 영풍학설 시리고 차마 감내키 극난하다. 야해야 집에 잇난 나의 걱정 편히 잇난 나의 염녀 츄호일분 하지 말고 너의 마음 너의 몸시 단단하게 안보하야 다른 날 양춘화긔를

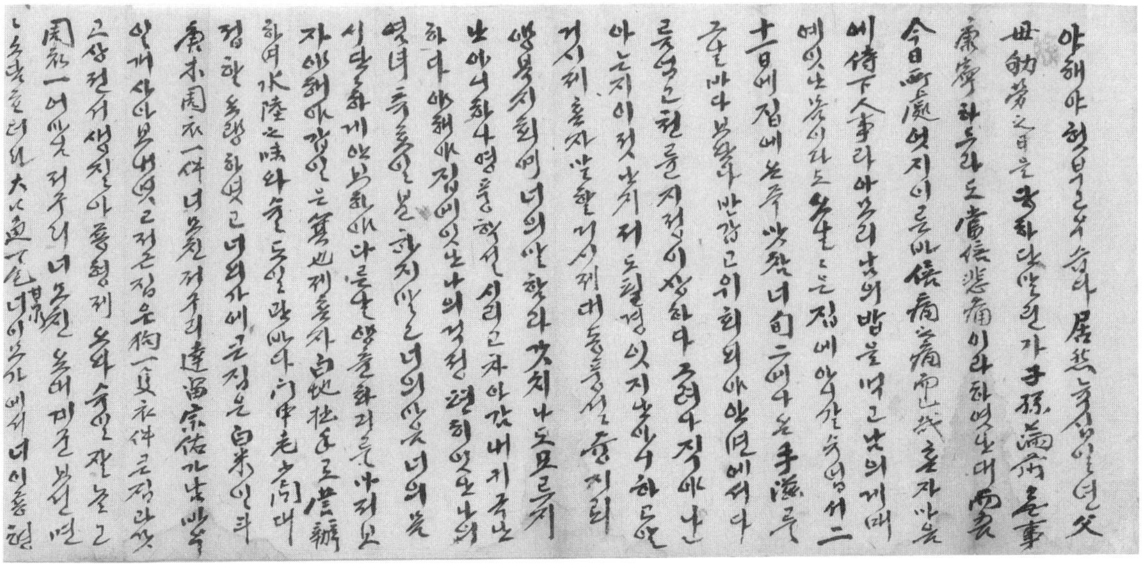

마저 보자. 야해야 갑일은 箕也 제 혼자 白地拙手로 當辨하여 水陸之味와 술도 일관 바다 門中老少間 대접할 요량하엿고 너 외가에 큰 집은 白米 일斗 唐木周衣一件 너 모친 저구리 達留(달성 머무는-역자 주) 宗佑가 남바우 일개 사다 보내엿고 저근 집은 狗一隻衣件 큰 집과 갓고 상전서 생질아 죵형제 오와 슈일 잘 놀고 周衣一 어마님 저구리, 너 모친 요대, 계군 보선 면면 소담ᄒᆞ더라. 大口魚二包 甘泉 너 이모가에서 너 이죵형 오와 옷과 고등어 정렴 쉽지 아니ᄒᆞ고 밤실서 세목것히 명쥬 안대야 후루막(고운 무명 옷감에 명주로 안받침한 두루마기-역자 주) 너 모친 옷겸하엿고 한대서 명쥬도포 고부분 저구리 내의內衣 두 곳다 각고 원호 희원형은 온다더니 뉴고한지 못밋처 왓더라. 마을 사람도 각각 부조할 만하니난 다하엿더라. 아모것도 잘하여 먹이지난 못하고 도로 불안하더라. 야해야 치위난 점점 더하여 혹독할 이ᄯᅢ에 엇더케 경과하난고. 풍풍설설에 츅천서일뿐일다. 父 무병안식할 뿐 집에도 대소가 노소절 그양 무사힝일다. 금년 오십하여 소츌도 황연 소치로 여일치 못하여 곡두대전으로 칠십 원 결정되앗난대 미리 인용도 하엿고 가을 여러 가지 세금과 빗양과 水利契 돈과 마감하면 시량 가政에 쓸거슨 남여지 이슬 것도 업슬 것 각고 내년은 엇지하면 죠흘지 마음에 맛당치도 아니하고 근력도 감당치 못할 듯 집에 도라가 먹으나 굼거나 마음 편하고 남의게 원설은 업슬 것 갓다. 세전이라 얼마 아니되니 관세하야 거취를 할 터이다. 箕也 편지도 장차할 거시니 회답할 ᄯᅢ 되거든 집으로 하여라. 츼위 더하면 엇지 철창냉처 감내할꼬 못 잇친다. 마음 잡아 素以行素 心祝心祝 餘不盡一一.

陰 十一月 二十七日 父 答寄

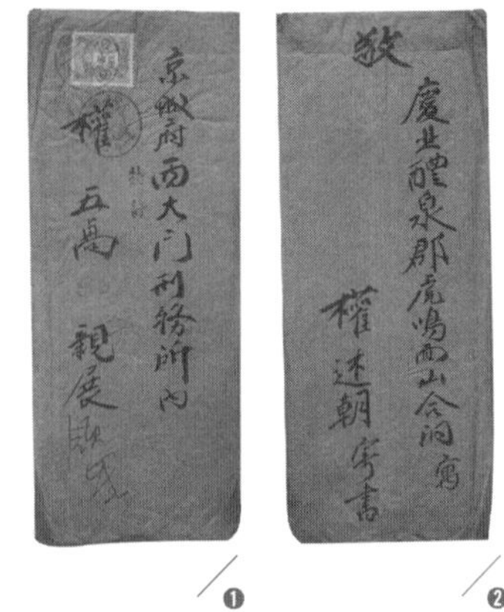

❶ ❷

1929년 3월 1일자 소인

權五箕가 西大門刑務所에 있는 權五卨에게

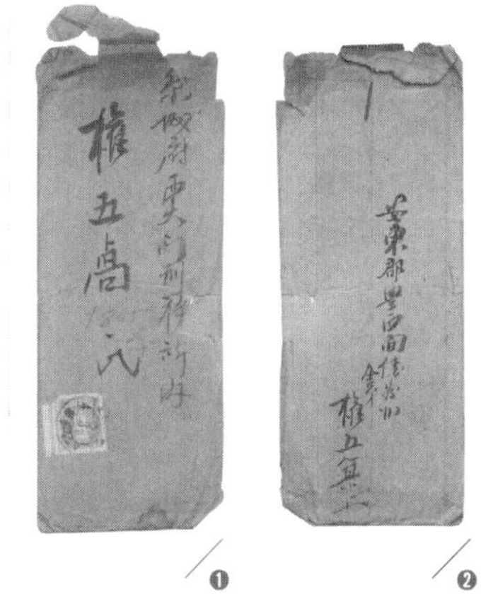

❶ ❷

京城府 西大門刑務所 內 權五卨 氏

安東郡 豊西面 佳谷洞 舍弟 權五箕 上

兄主前 上書

兄主시여, 月前 上書하온 것은 보섯음니까? 아부지 還甲 지나고 곳 上書하온 것, 兄主시여, 歲月이 빠른 것도 갓고 더된 것도 갓음니다. 발서 陰 過歲月도 하엿음니다. 이놈 호을노 新年을 마지하는 이놈으로는 더욱 울울한 마음 금치 못하엿음이다. 무엇보다도 歲前보다 날시가 더 혹毒하여짐으로 이놈은 마음 잡지 못하엿음니다. 요사이 날시 새삼스러이 혹독하옵고 눈 싸여 온돌에 잇는 사람으로도 배견하지 못할 만한 잇때 兄主 獄中 病床에 게신 몸씨 첨상이나 되시지 안엇음니까? 잠전 잇즐 수 업는 빈 마음일지라도 앞으고 쓰림니다. 舍弟는 몸 튼튼하옵니다. 父主게서 十二月 二十七日에 오섯음니다. 永永 今年은 집에 게실 作定으로 오셧읍니다. 집안이 泰平하게 아모 변고 업시 過歲 잘하엿읍니다. 兄主시여, 이 놈은 무엇이라도 하지 안으면 되지 안을 것 갓하와 藥商이라도 하여 볼가 하나이다. (配達藥) 도라 단이면서 藥을 맛기고 나중에 돈을 밧는 것이람니다. 도라단여 보고 되면 當幸이고 안 되면 그만으로 何如間 하여볼가 하나이다. 日間이면 곳 써날가 하나이다. 兄主시여 寧達 族叔이 日前 上京한다 하여서 面會하고 네리오라고 付託하엿읍더니 面會할지 其時 仔細 말슴하여 쥬시기 바라나이다. 아부지 가서 게시든 곳에서는 七十日가량이 되엇읍니다. 아무지게서는 一个月 前에 다리를 닷치시와 行步가 임의롭지 못하신 中 오늘 甘泉 姨母夫 還甲이라고 內叔主兄弟分과 갓치 가셧읍니다. 올일 말슴 만사오나 이만으로 주리나이다.

正月 初七日 舍弟 五箕 上書

1929년 4월 3일자 소인

五箕가 西大門刑務所에 있는 權五卨에게

京城府 西大門刑務所 內 權五卨 氏

安東郡 豊西面 佳谷 舍弟 上

兄主前 上書

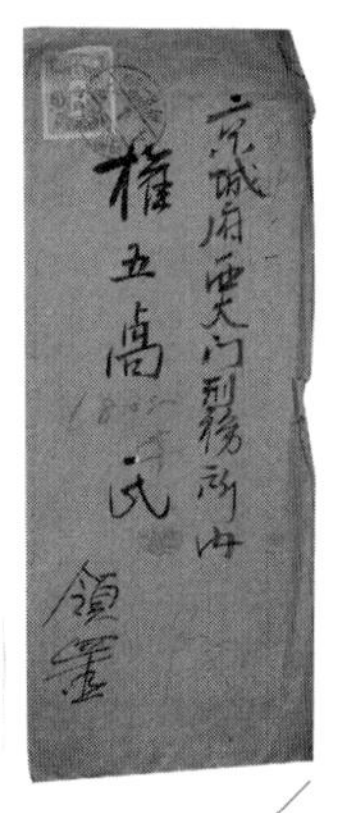

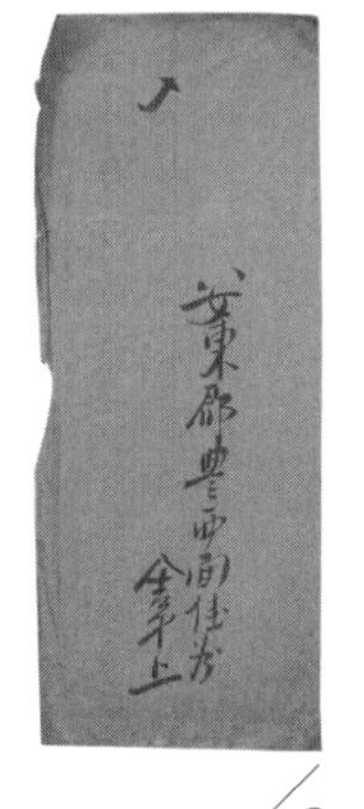

月前 慶州方面으로 藥팔노 나가겟다는 片紙 올인 것은 보셧는지요? 저는 그시 곳 慶州邑을 가서 藥을 파라본 結果 자미업슴으로 집으로 도로 도라오게 되엇읍니다. 陰二月 初旬에 집에 오앗읍니다. 오듬절로 兄主 下書를 奉讀하고 卽時 付託하신 早稻田大學講義 見本을 請求하엿습더니 퍽-느저 젓서요. 오늘에야 비로소 왓읍듸다. 全部를 付送하오니 보시고 하십시오. 요사이 봄 날시 얼넝얼넝하온데 獄中 兄主 몸씨 늘-차도 엄시 平安치 못하신 줄 외오잇는 이 놈의 心思 나무끗테 안즌 새 갓읍니다. 집에는 할무니게서 글력 如前하시옵고 아부지게서는 昨年 冬至달에 愚谷서 平地 落上를 하시서 다리를 닷치신 것이 只今까지 좃치 못하오나 別첨 안이시고, 어머니게서도 筋力 如前하시옵고, 자근아부지게서는 生活難으로 渡日이라도 할가 하여 只今 大邱가서 게시는 中인데 十餘日이 넘도록 消息 알 수 업습니다. 그리고 새아지매 우으로 동서분은 親庭에 가서 게시고 大竹 李嫂氏 혼자 집에 게시어 별업삽고 一門이 두루 一安들하오니 私幸이로소이다. 그리고 豊山이나 邑 가족이 큰 탈은 업습니다. 兄主시요 모쪼록 病을 住義(注意-역자 주)하시고 치료를 하시서 弱한 몸씨 健康으로 계시다가 나오시기 伏望이로소이다. 講義보다도 治료를 더 하시는 것이 조흘가 生覺함니다. 遠湖도 別일 업습듸다. 慶州로 갓다올 째 震東 君의 집에 들엿습더이다. 올일 말슴 만사오나 이만 주리나이다.

二月 二十一日 舍弟 五箕 上書

1929년 5월 2일자 소인

權五箕가 西大門刑務所에 있는 權五卨에게

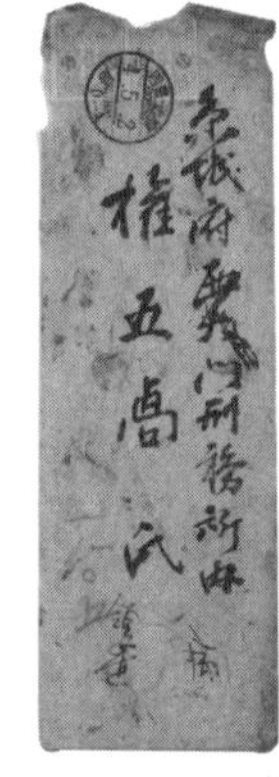

❶

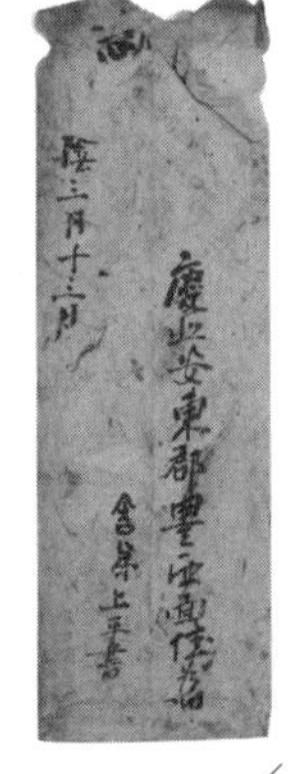

❷

京城府 西大門刑務所 內 權五卨 氏

慶北 安東郡 豊西面 佳谷洞 舍弟 上平書

陰 三月 十三日

兄主前 上書

兄主게서 네루신 글월을 밧고 진작 올여 굼굼함을 더러 드리지 못하엿음니다. 요사이 봄날시 감우는 잇재 兄主 獄中 平安치 못하신 몸씨 조곰 엇더신지요? 굼굼한 마음 一時一刻이라도 禁할 슈 업습니다. 집은 늙으신 아부지 어무니게서 글역 여지 업사신 중 별첨은 아니게시고 할무니게서도 別첨안이시고 叔父主게서는 一介月 前 渡日하와 長琦까지 가서 게시는 중 발병이 낫다고 片紙 오앗습듸다. 그리고 온 집안이 두루 泰平들 함니다. 前浦 外家에서는 陰 四月 十二日에 移舍을 大邱로 감니다. 豊山이나 安東과 一門이 다른 변고 업시 지내나이다. 염여 마시옵소서. 그른데 가무러서 모자리에 큰 걱정임니다. 그르나 大同之患이라 엇젤 수 잇음니까? 보리는 아직까지는 豊年임니다. 아마 各處이 보리는 大豊임니다. 春秋麥이 다 그릇습니다. 그른데 兄主게서 말슴하신 七十圓 金額은 그릇습니다. 病에 치료을 하시야지 萬一 獄中에 分錢 업시 病中에 엇도케 지나랴십니까? 돈버리는 大邱 宗

佑兄님게 가서 무엇이라도 하여 보앗스면 하는 生覺이 잇음니다마는 兄主시여 깊이 生覺하여 보시고 심양하시서 하시기을 伏望이로소이다. 붓치시랴거던 붓치시고 何如間 別方針이 잇서 아지 狼狽는 狼狽임니다. 기근에 싸인 農村 窮民 正말 只今 死線에서 방황합니다. 그름으로 警察署 以下 各官公署에서 大活動 中임니다. 기근 구제에 何如間 붓쳐주시요. 올일 말슴 만사오나 이만 주리나이다.

己巳 三月 二十三日 舍弟 權五箕 上書

宗佑兄님의게 가드라도 돈이 잇서서 싸로 무엇이라도 할가 합니다.

1929년 5월 2일

五箕가 西大門刑務所에 있는 權五卨에게

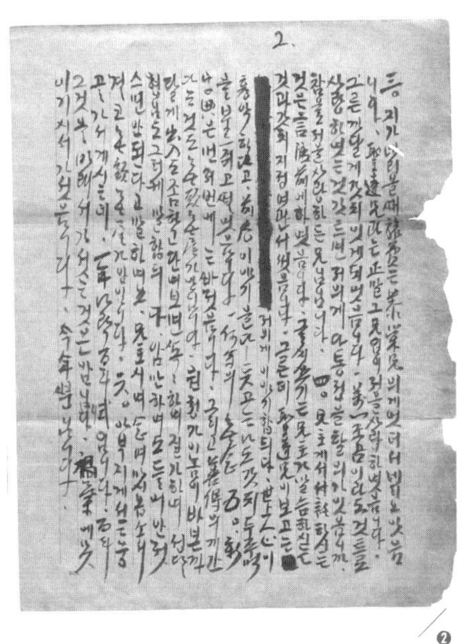

❷

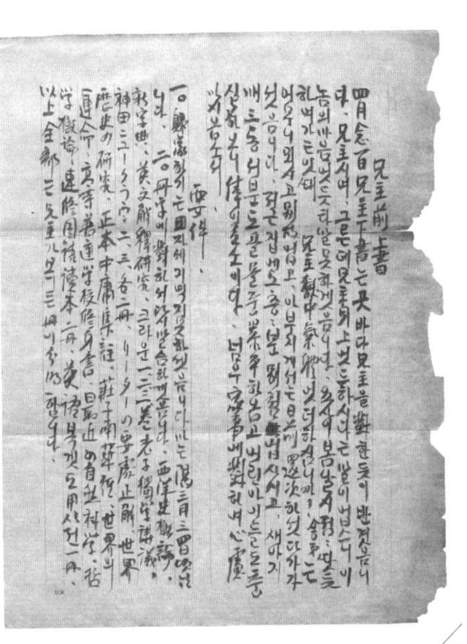

❶

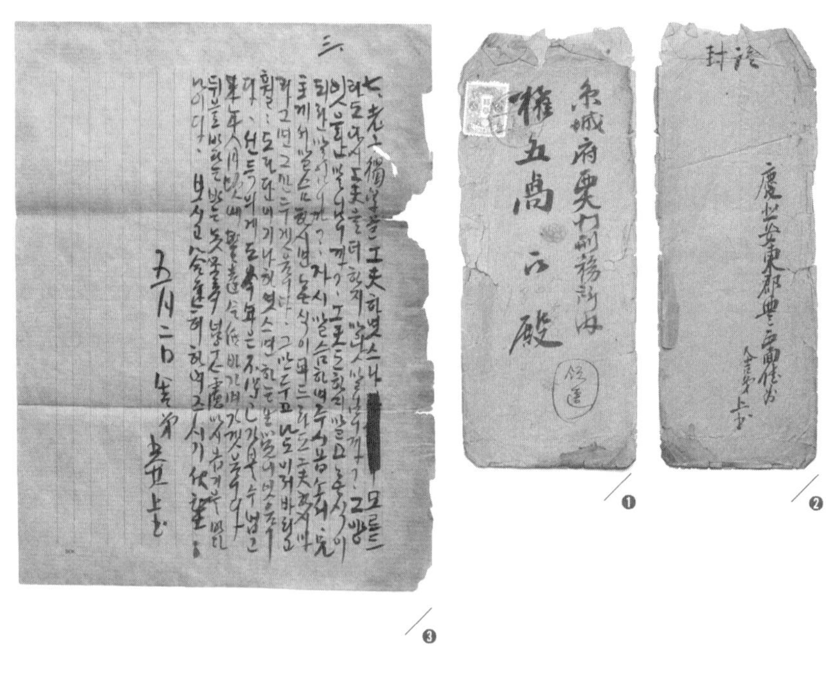

京城府 西大門刑務所 內 權五卨氏 殿

慶北 安東郡 豊西面 佳谷 舍弟 上書

兄主前 上書

四月 念一日(21일-역자 주) 兄主 下書는 곳 바다 兄主을 對한 듯이 반겻읍니다. 兄主시여 그른데 兄主 身上 엇드하시다는 말이 업스니 이놈의 마음 엇듯타 말 못하겟읍니다. 요사이 봄날시 점점 쌋듯하여 가는 잇때 兄主 獄中 氣體 엇더하십니까? 舍弟는 어무니 뫼시고 別故 업고, 아부지게서는 日前 還次하섯다가 가섯읍니다. 저근 집에도 층층분 別첨업시시고, 새아지매 三 동서분도 골몰중 泰平하옵고 어린아이들도 충실하오니 倖이로소이다. 넘우 家事에 對하여 心慮 마시옵소서.

要件

一. 歸家하기는 자세 긔역지 못하겟읍니다마는 陽 三月 三四日頃임니다.

二. 冊子에 對하서 다시 말슴하겟읍니다. 西洋史槪論, 新字典, 英文解釋硏究, 크라운一·

二·三卷, 老子獨學講義, 新田ニユークうウン 二·三 各 二册, リーターの 要處正解, 世界歷史の研究, 正本中庸集註, 莊子南華經, 世界의 運命, 高等普通學校修身書, 最近の自然科學, 哲學概論, 速修國語讀本 二册, 英語복겟도用사전 一册, 以上 全部는 兄主가 보시든 册이 分明함니다.

三. 지가 네리올 째 旅費는 泰榮兄의게 엇더서 네리오앗음니다. 聖達兄과는 正말 그 兄임이 저을 사랑하엿음니다. 그른 까달게 갓치 잇게 되엇음니다. 萬一 조곰이라도 것트로 사랑하엿는 것 갓트면 저의게 다 통정을 할의가 잇음니까. 참으로 저을 사랑하는 兄님임니다.

四. 兄主게서 付託하시든 것은 言渡前에 하엿음니다. 글씨 쓰기는 兄主가 말슴하시든 것과 갓치 지정 여관서 썻음니다. 그른데 聖達兄이 보고는 저의게 이야기합듸다. 世上人心이 흉악하다고 前后 이야기을 다 듯고는 나도 갓치 두 주먹을 부르쥐고 썰엇음니다. 何等의 無念.

五. 新字典은 먼저 번에는 싸젓음니다. 그리고 善得의게 간다는 것도 無頭無尾가 안임니다. 원청가 이놈이 바본 까달게 出入도 좀하고 단녀보면 쏙쏙하여 질가 하여 성달형님도 그러케 말합듸다. 암만 하여도 들어 안젓스면 안 된다고 말하여요. 兄主시여 念여마시옵소서. 결코 無頭無尾가 안임니다.

六. 아부지게서는 웅골 가서 게시는데 一年 나락 百斗式임니다. 百斗 그것을 바래서 가섯는 것은 아님니다. 禍氣에 못 이기시서 가섯음니다. 今年뿐님니다.

七. 老子獨學을 工夫하엿스나 모르드라도 다시 工夫을 더 하지마랏 말임니까? 그양 잇으란 말임니까? 工夫도 하지 말고 無식이 되란 말임니까? 자시 말슴하여 주시옵소서. 兄主게서 말슴하시면 無식이 되드라도 工夫하지 마라 그면 그만두겟음니다. 그만두고 나도 이저바리고 훨훨 도라단이기나 하엿스면 하는 生覺이 잇음니다. 선득의게도 今年은 不得已 가 볼 수 업고 來年 八月頃에 聖達 片紙 바가며 가겟음니다. 뒤으로 바라는 바는 못조록 넘우 心慮 마시옵기을 바라나이다. 보시고 答 速히 하여 주시기 伏望.

五月 二日 舍弟 五箕 上書

1929년 5월 18일자 소인

五箕가 西大門刑務所에 있는 權五卨에게

京城府 西大門刑務所 內 權五卨 氏

安東郡 豊西面 佳谷洞 四二二 舍弟 上書

兄主前 上書

五月 八日에 네루신 글월은 반가이 받들어 읽엇읍니다. 兄主시요. 첫재로 獄中 病患이 次次 나아가신다 하오니 질겁은 마음 한양없읍니다마는 正말인가 십지 안습니다. 집에 잇는 이놈 마음을 위로함이 아닌가 하나이다. 요사이 첫여름 날시 괴상하온데 兄主 病中 몸씨 엇드하신지요? 알고접은 마음 금치 못하겟사외다. 저는 늘 한 모양이옵고 늙으신 아부지 어무니게서 가진 心慮로 아 태우시는 中 筋力 如前하시옵고, 할마님게서도 年심 글역 如前하시옵고 小父主게서도 가신 후 발병으로 신음 中 잇는 바 只今은 回復되섯다고 片紙 오앗습더이다. 그리고 家內가 泰平들 하옵고 都村이 그양으로 탈 업시 지나오니 幸일가 하나이다. 그른데 말습하고 저운 것은 小資本으로 돈버리 할 것은 特別이 다른 方策은 업스나 大邱 宗佑兄님게 가서 조고마한 (八百屋)食料品임이다. 그것을 하여볼가 하나이다. 꼭 버리가 되고 안됨은 하여 보아야

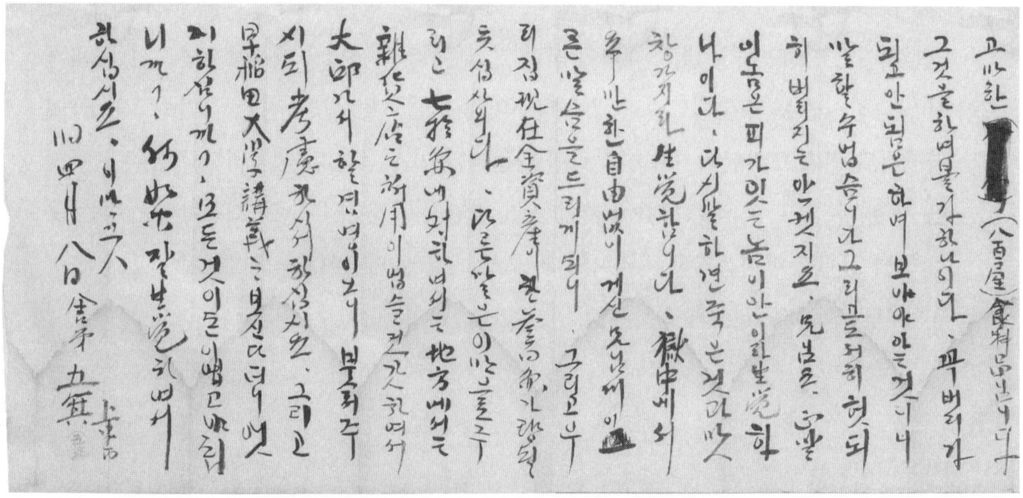

아는 것이니 말할 수 업습니다. 그리고 도저히 헛되이 버리지는 안켓지요. 兄님요 正말 이놈은 피가 잇는 놈이 안이라 生覺하나이다. 다시 말하면 죽은 것과 맛창가지라 生覺함니다. 獄中에서 요만한 自由 없이 게신 兄님게 이른 말슴을 드리게 되니 그리고 우리집 現在 全 資産이 한 參百圓가량 될 듯십사외다. 다른 말은 이만으로 주리고 七拾圓에 對하여서는 地方에서는 雜貨店도 所用이 업슬 것 갓하여서 大邱 가서 할 경영이오니 붓처주시되 考慮하시서 하십시오. 그리고 早稻田大學講義는 보신다더니 엇지하심니까? 모든 것이 돈이 업고야 됩니까? 何如間 잘 生覺하여서 하십시오. 이만 끗.

旧 四月 八日 舍弟 五箕 上書

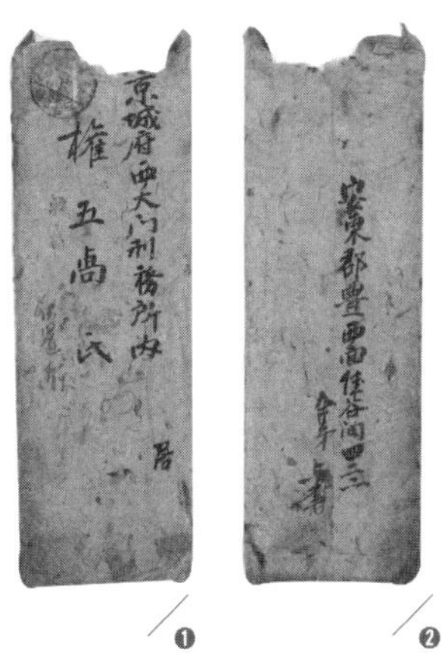

❶ ❷

1929년 8월 7일자 소인

五箕가 西大門刑務所에 있는 權五卨에게

❶

❷

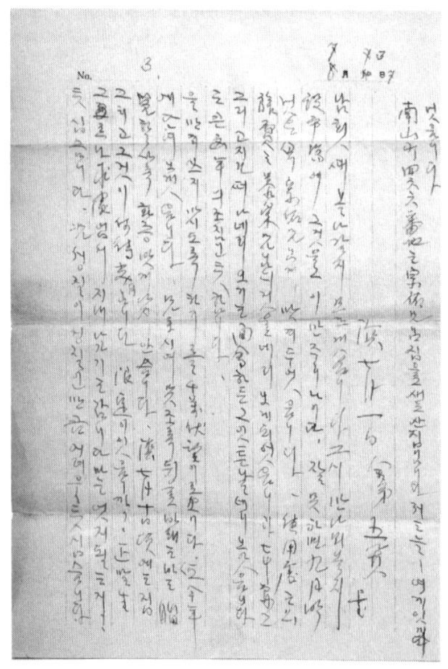

❸

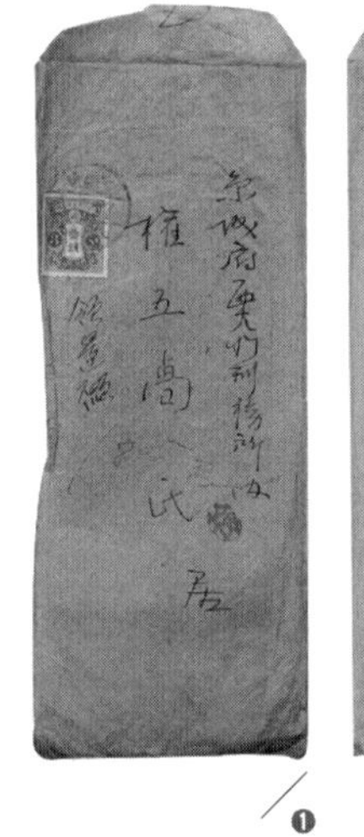

❶

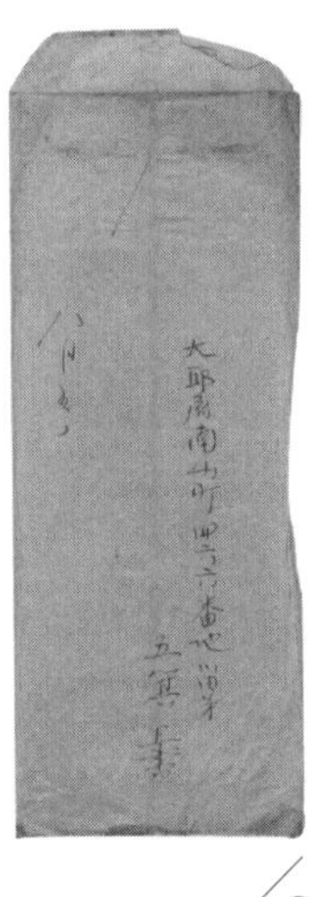

❷

京城府 西大門刑務所 內 權五卨 氏

大邱府 南山町 四六六番地 留弟 五箕 上書

八月 五日

兄主前 上書

꿈속갓치 잠간 뵈옵고 네리온 后 一朔이 갓갑도록 一字 올여 安否를 뭇지 못할뿐더러 兄主 下書를 밧잡고도 진작 올여 兄主의 굼굼함을 더러드리지 못하엿사오니 엇지 이놈이 사람 노릇을 하는 놈이라 하오리까? 그리고 보니 兄主게서 오작 이놈을 괫심한 놈으로 生覺하엿으며 오작 굼굼하엿스리까? 生覺할사록 罪悚萬萬이로소이다. 그르나 이놈도 진작 答을 올여 兄主의 굼굼함을 더러드리랴고 每日 밸낫스나 뜻대로 되지 못하고 이제야 두어 字 올여 獄中 兄主의 安否를 뭇게 됩니다. 요사이 百度 以上 가는 三伏 더위에 兄主게서 괴로운 몸씨 健康이 엇드시며, 훅훅 다처오는 더위 엇지 감내하시는지요? 외오 區區한 마음 禁치 못하겟사외다. 舍弟는 나그네 된 몸 튼튼하옵고 主家 亦 泰平들 하오니 幸이옵고 집 消息 드러 편하신 줄 반갑고 日本 가서 게신 叔父主게서 平安하실 분, 지난 달에 집으로 돈 十円이 오앗드랍니다. 只今은 돈버리를 하시는 듯 질겁습니다.

兄主시여, 兄主게서 付託하심을 듯고 네리온 이놈은 아직 드러듸리지 못하엿읍니다. 兄主시여 金泰榮兄과도 이야기를 하엿지마는 複雜한 英語講議錄은 거게서 보실 必要가 업슬 줄 이놈은 生覺합니다. 그리고 朝鮮에서 適用하는 六法全書는 金泰榮兄님이 差入하겟다고 합듸다. 그리고 講議에 對하여서도 泰榮 兄이 그릇케 말합듸다. 册을 만히 보면 해롭다고, 生覺하시어 하십시요. 只今은 長期가 안이니까. 잘 요량하시서 다시 말슴하여 주시옵소서. 그리고 七十円 가지고는 도저이 무슨 商業이라도 할 수 업서서 宗佑兄님과 갓치 大邱廉賣所라고 朝鮮人 경영으로 設始된 것이 잇읍니다. 오는 九月 一日붓터 開業하기로 합니다. 그러나 成功을 할는지 疑問입니다. 아마도 배겨내기가 어려웁습니다. 참아 절믄 놈으론 하지 못할 노릇인 듯십습니다. 況 성질이 성질인 만큼 어려울 듯십습니다. 그러나 求處 업서 지내나가기는 감니다마는 엇지 될는지? 그리고 그것이 何待歲月임니다. 限定이 잇음니까? 正말 生覺할사록 화증밧게 나지 안습니다. 陰 七月 十日頃에는 집에 단여오겟읍니다. 兄主시여 못조록 뒤으로 바래는 바는 腦을 만히 쓰지 마시도록 하기를 千萬伏望이로소이다. 또 今年도 큰 凶年의 조짐인 듯합니다.

그리고 지가 써나 네리오기는 面會하든 그 잇튼날 네리오앗음니다. 旅費는 泰榮兄님의 것으로 네리오게 되엇음니다. 七十圓 그것은 쏙 宗佑兄님게 맛겨두엇음니다. 使用處는 公設市場에 그것으로 이만 주리나이다. 잘못하면 九月 박남흿 재 올라갈지 모르겟음니다. 그시 만나뵈올지.

陰 七月 一日 舍弟 五箕 上書

南山町 四六六番地는 宗佑兄님 집으로 새로 산 집임니다. 저는 늘 여게 잇게 되엇음니다. (要件 못조록 몸에 害가 업도록 하시는 것이 上策일가 하나이다. 英語講義라든지 六法全書 그것이 해로울 듯싶음니다. 生覺하시서 곳 편지하십시요. 그리고 우리 곳은 못물노 크게 困難은 업는 듯십흠니다. 念慮 마시옵소서. 見本 請求는 하엿음니다.)

1929년 9월 5일자 소인

아버지 述朝가 西大門刑務所에 있는 權五卨에게 보낸 답장

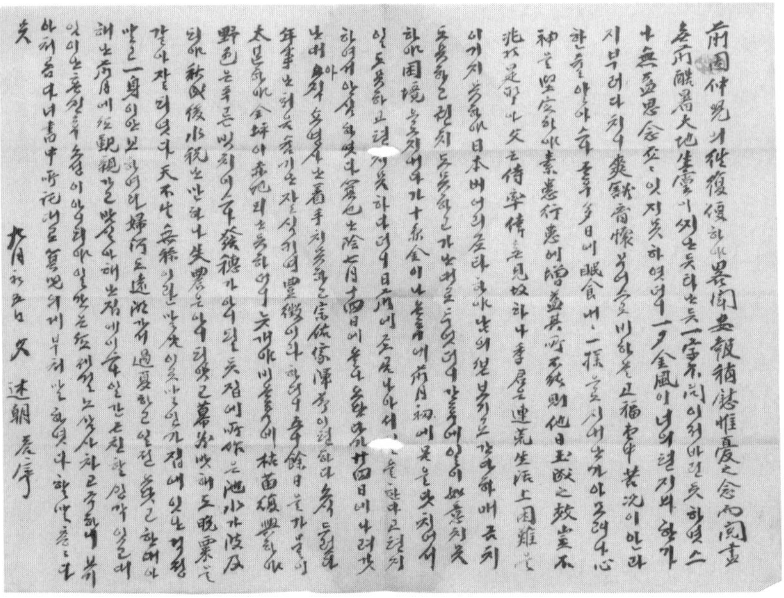

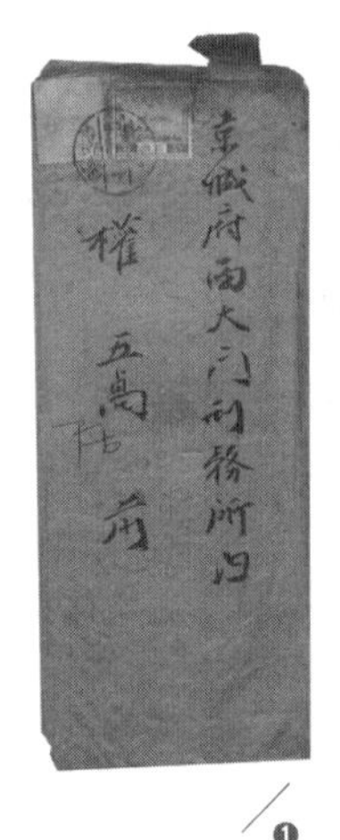

❶

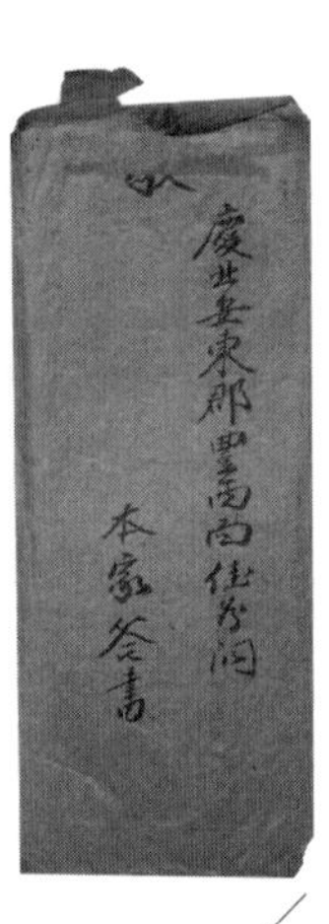

❷

京城府 西大門刑務所 內 權五卨 前

慶北 安東郡 豊西面 佳谷洞 本家答書

前因仲兒의 往復便하야 略聞安報稍慰惟夏之念而閱盡無前酷暑大地生靈이 찌난 듯 타난 듯 一字不問 이저바린 듯하엿스나 無益思念 죠죠 잇지 못하엿더니 一夕金風이 너의 편지와 한 가지 부러 다치니 爽豁胸懷 무어스로 비하올고 福堂中苦況이 안과 한쥴 알아스나 그후 多日에 眠食 내내 一樣으로 지내난가 아모려나 心神을 堅定하야 素患行患에 增益其所不能則他日玉成之效豈不兆於是耶아 父은 侍率倖無見故하나 季君은 連荒生活上困難을 이기지 못하야 日本 버어리 죠타 하야 남의 쏜보기로 간다 하매 금치도 못하고 권치도 못하고 가난대로 두엇더니 간 후에 일이 如意치 못하야 困境으로 지내다가 十圓金이나 온 후에 前月初에 몸을 닷치어서 일도 못하고 편치 못하다더니 日前에 죠곰 나아서 일을 한다고 편지하여서 안심하엿다. 箕也난 陰 七月 十四日에 올나오왓다가 卄四日에 나려갓난대 아직 쇼영사난 着手치 못하고 宗佑家渾節이 편하다 소식 드럿다. 年事난 처음 숨기난 잘 식키여 豊徵이라 하더니 五十餘日을 가물이 太甚하야 全坪이 赤地되난 듯하더니 늣개야 비온 후에 枯苗復興하야 野色은 푸른빗치 이스나 發穗가 아니될 듯 집에 所作은 池水가 波及되야 秋成後 水稅 난만 하나 失農은 아니 되얏고 幕谷 밧해도 晩粟을 갈아 잘 되엿다. 天不生無祿이란 말삼 이로 말인가 집에 잇난 걱정 말고 一身이 안보하여라. 婦阿도 遠湖가서 過夏하고 일전 오왓고 한대 아해난 前月에 또 覲親 가고 밤실 아해난 집에 이스나 일간 근친할 생각 잇고 대임(오기의 딸-역자 주)이난 홍진후 소성이 아니되야 일간은 또 제설노 삼사차 고극하니 보기 아처롭다. 너 書中 所託대로 箕兒의게 부처 말하엿다 할 말 총총 다 못.

九月初五日 父 述朝 答序

1929년 10월 10일자 소인

五箕가 西大門刑務所에 있는 權五卨에게

❶

❷

❸

❹

❺

❻

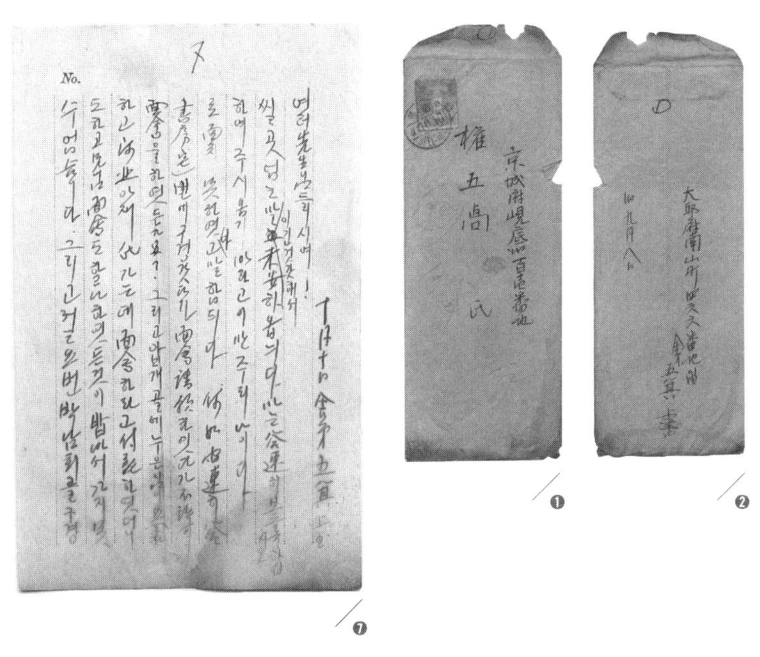

京城府 峴底洞 西大門刑務所 內 權五卨 氏

大邱府 南山町 四六六番地 留 弟 五箕 上書

陰 九月 八日

1.

兄主前 上書

兄님요. 이놈은 兄님게서 付託하심을 한 가지도 드러듸리지 못하엿사오니 이놈의 心事 무어라 말슴드리지 못하겟음니다. 早稻田大學講議는 準悳兄이 日本 가는 便에 付託하엿든 것이 아직까지 消息이 없음으로 다시 지가 請求를 할나 하나이다. 그리고 다른 册으로 말하면 여게서는 무슨 册이든지 볼만한 것을 求할 수 없어서 差入하여 드리지 못하엿음니다. 兄님이시여 이놈의 罪를 널이 容恕하

2.

여주시옵소서. 自然으로 모든 것이 貴치 안은 生覺도 나게 됩니다. 마음을 가리를 잡지 못하게 됩니다. 宗佑兄님과 갓치 잇기는 잇스나 將來의 희망이 업슬 뿐 쏘 잇드라도 長久歲月인

까닭에 正말 기막히는 일입니다. 七拾圓 그것은 宗佑 兄님게 맛겨두고 오는 二十日頃에 朝鮮人 大邱廉賣場이라 그는데서 雜貨店을 開店하겟읍니다. 그르나 모든 것이 이놈의 못된 性質노는 참아 볼 수 업는 일이 만습니다. 大邱 온 지가 벌서 四

3.

五個月 되엇읍니다. 그른데 첫재로 ■■를 하는 대는 기막히고, 그릅에 싸라갈데 가지 못하고 아츰 엿섯 時로붙어 밤 열두 시까지의 苦勞를 함에도 不顧하고 될성 말성 날대는 것은 正말 눈으로는 볼 수 업게 됨니다. 그르나 저는 늙그신 아버지, 어무니를 生覺하여서 모든 것을 무릅쓰고 참고 참는 中인데 日間에 와서는 더욱 心腸이 상케 되엇읍니다. 감기인지 무엇인지 이놈이 앓어서 飮

4.

食을 순혀 먹지 못하게 되엇서요. 그른데 病남(生)을 민망하게 짜증을 냄니다. 물노 生긴 몸이 病 나지 안을 쌔가 잇겟읍니까? 至毒치 독한 놈의 天地임니다. 그르나 百方으로 生覺하여도 求處 없서 그냥 잇는 중입(니다.) 將次 엇드케 될는지? 그리고 우리 집의 形便으로 말하면 몃 十年 後의 安樂한 生活보다 只今의 安樂을 求치 안으면 도저 될 수 업다는 生覺으로 북바치는 不평을 禁치 못하겟읍

5.

니다. 오늘 살다가 來日 죽드라도 우선의 樂을 求하는 이놈인 까달게 늘 食口間에 충돌이 生기고 不平을 늣기게 됩니다. 十年이나 二十年은 目的하지 안습니다. 自然으로 二十二年은 이대로 계속치 안을 줄 아는 이놈의 生活을. 兄님요, 이놈이 罪가 만흔 놈이올시다. 自由롭지 못한 兄님게 이른 말슴으로 心慮를 도으시게 하온이 罪莫大합니다. 저호을노 속을 썩이다 못하야 나오는 대로

6.

그리서 올이게 됩니다. 우리집 今年農(事)는 적으나마 豊作이든 것이 風災虫災로 만히 감收되온 듯 心症남니다. 그르나 大同之患이라 엇젤 수 업고요. 何如間 남의게 싸지지는 안을 듯 십흠니다. 요사이 北으로 北으로 모라치는 찬서리 모진 바람 부러 오는 잇대 獄中 兄主 몸씨 健康이 엇드심니까. 風便으로 드른이 肺가 좃치 못하온 듯 날시는 점(점) 추웁기 始作하는 잇째 마음 조임 말할

7.

수 업습니다. 그리고 저는 요변 박남회를 구경도 하고 兄님 面會도 할나 하엿든 것이 밥바서 가지 못하고 河北 아재氏 가는데 面會하라고 付託하엿더니 面會을 하엿든가요? 그리고 압개골에 누은님이(金書房宅) 요번에 구경 갓다가 面會請願하엿다가 不許됨으로 面會 못하엿다고 말합듸다. 何如間 速히 荅하여 주시옵기 바라고 이만 주리나이다. 씰곳엄는 말이 긴 것 갓해서 未安하옵늬다마는 荅 速히 보도록 하십시(오). 여러 先生님 드리시여!

十月 十日 舍弟 五箕

1920년대 후반 옥중 추정

김정원이 권선생에게

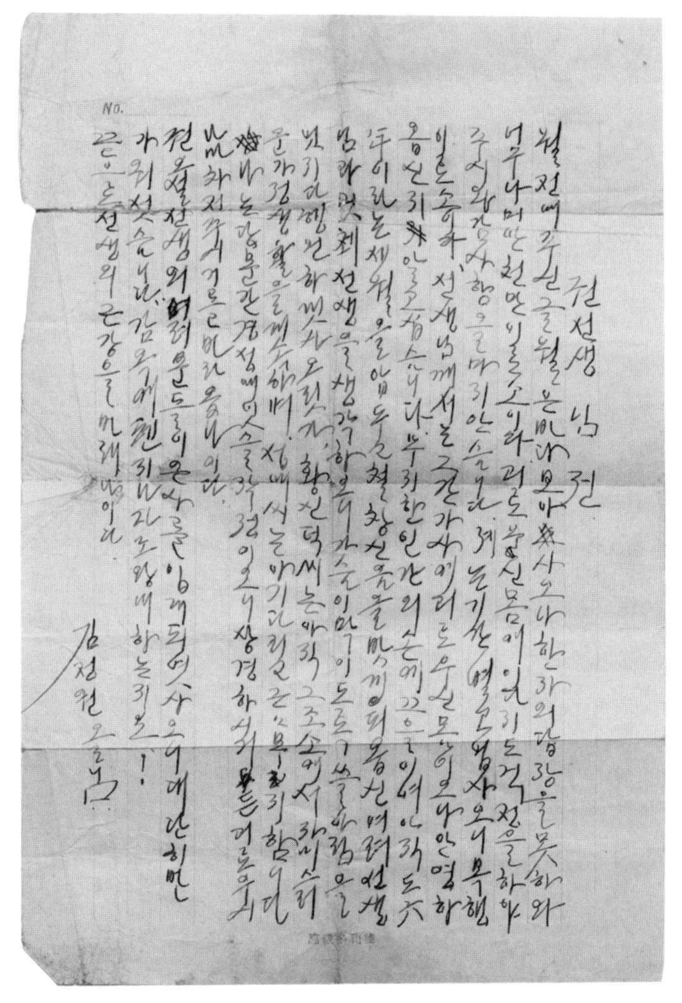

권 선생님 전

월전에 주신 글월은 바다보아사오나 한자의 답장을 못하와 너무나 미안 천만이로소이다. 괴로우신 몸애 이다지도 걱정을 하야주시와 감사함을 마지 안습니다. 졔는 기간 별고 업사오니 복행이로소이다. 선생님께서는 그간 가사에 괴로우신 몸이오나 안영하옵신지 알고 십습니다. 무지한 인간의 손에 끄을이여 아직도 六年이라는 세월을 압두고 철창 신음을 밧게 되옵신 여려 선생님과 벗 쵀(최-역자 주)선생을 생각하오니 가슴이 막이도록 쓸아림을 엇지 다 형언하겟사오릿가. 황신덕 씨는 아직 그 조소애서 자미스러운 가정생활을 계속하며 성애 씨는 아기다리고 근근 보지함니다. 나는 당분간 경성에 잇슬 작정이오니 상경하시거든 괴로우시나마 차저주시기를 바라옵나이다. 권오설선생 외 여려 분들이 은사를 입게 되엿사오니 대단히 반가워섯습니다. 감옥에 펜지나 자조 왕내하는지요! 끝으로 선생의 근강을 바래나이다.

김정원 올님

1920년대 후반 추정

아버지가 五箕에게

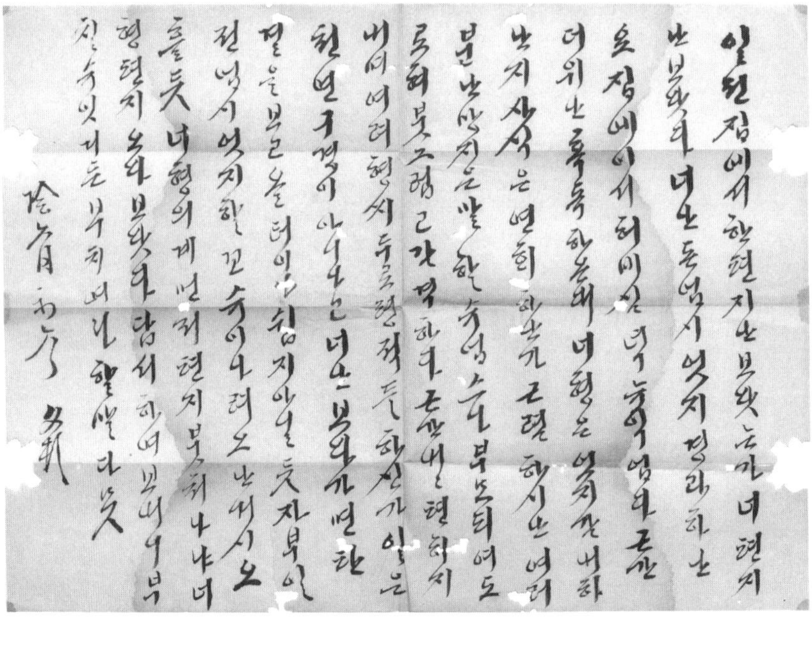

일전 집에서 한 편지난 보왓는가. 너 편지난 보왓다. 너난 돈 업시 엇지 경과하난요. 집에 이서 허비 심녁 뉴익 업다. 근간 더위 난 혹독하는대 너 형은 엇지 감내하난지. 사식은 연히 하난가. 근렴하시난 여러분 난망지은 말할 슈 업스나 부모 되여 도로혀 붓그럽고 감격하다. 근간 내내 편히 지내며 여려 형씨 두로 형적들 하신가. 일은 천연구경이 아니 나고 너난 보와가면 판결을 보고 올 터이나 쉽지 아닐 듯. 자부 일전 업시 엇지할꼬. 슈이 나려오난 거시 오흘 듯. 너 형의계 먼저 편지 붓처나냐. 너 형 편지 오와 보왓다. 답서하여 보내니 부칠 슈 잇거든 부치여라. 할 말 다 못.

陰 六月 初六日 父 頓

○년 7월 6일자 소인

五箕가 西大門刑務所에 있는 權五卨에게

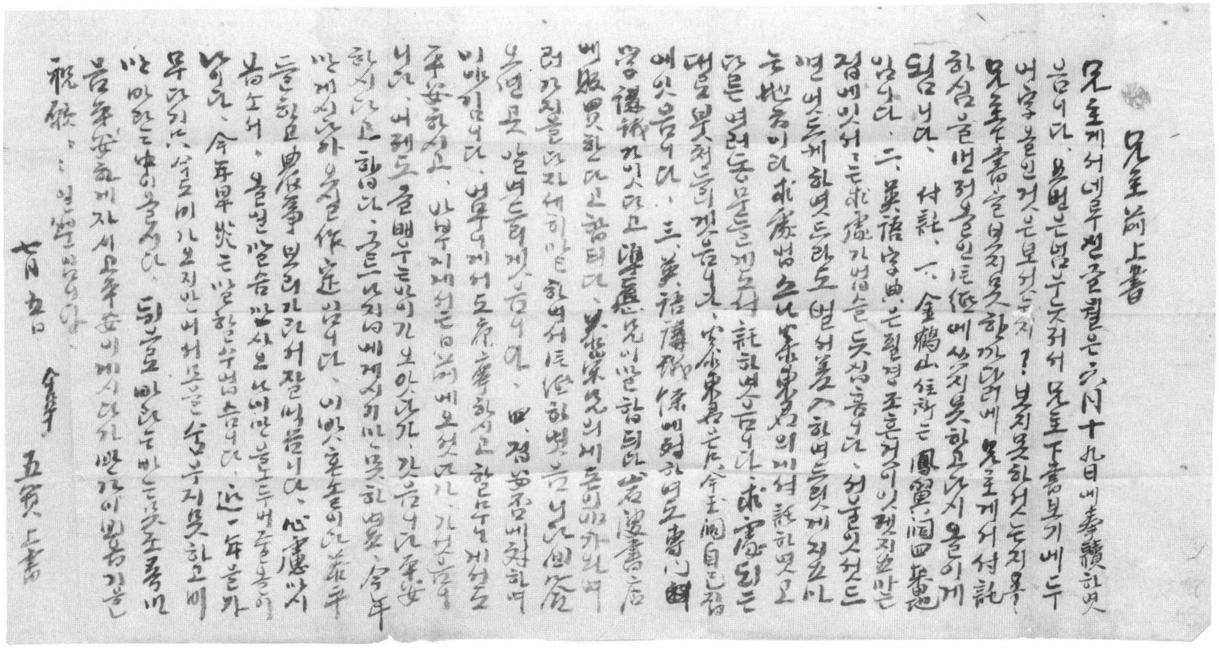

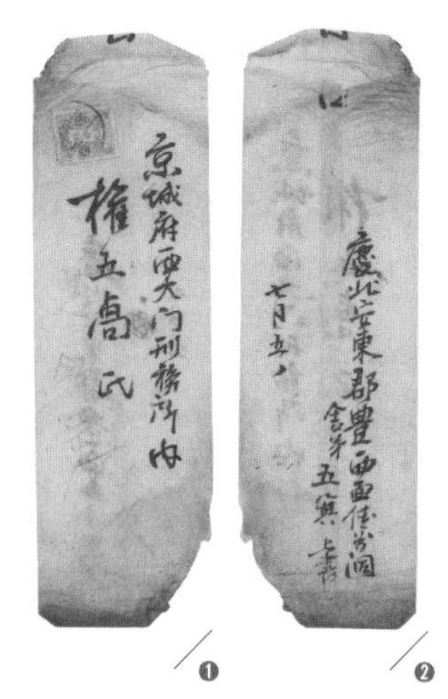

京城府 西大門刑務所 內 權五卨 氏

慶北 安東郡 豊西面 佳谷洞 舍弟 五箕 上書

七月 五日

兄主前 上書

兄主께서 네루신 글월은 六月 十九日에 奉讀하엿읍니다. 요번은 넘우 늦저서 兄主 下書 보기에 두어 字 올인 것은 보섯는지? 보지 못하섯는지요? 兄主 下書을 보지 못한 까닭에 兄主게서 付託하심을 먼저 올인 片紙에 쓰지 못하고 다시 올이게 됩니다. 付託, 一. 金鶴山 住所는 鳳翼洞 四番地입니다. 二. 英語字典은 필경 조흔 것이 잇겟지요마는 집에 잇서서는 求處가 업슬 듯십흡니다. 서울 잇섯드면 엇드케 하엿드라도 벌서 差入하여 드릿게지요마는 地方이라 求處 업스나 泰東君의게 付託하엿고 다른 여러 동무들게도 付託하엿읍니다. 求處되는 대로 붓처드리겟읍니다. 泰東君은 只今 玉洞 自己 집에 잇읍니다. 三. 英語講議錄에 對하여도 專門學 講議가 잇다고 準憲兄이 말합듸다. 岩波書店에 販買한다고 합듸다. 泰榮兄의게 돈 이야기와 여러 가지을 다 자세히 말하여서 片紙하엿읍니다. 回答 오면 곳 알려드리겟읍니다. 四. 집 安否에 對하여 이야깁니다. 어무니게서도 康寧하시고 할무니게서도 平安하시고, 아부지게서는 日前에 오섯다가 가섯읍니다. 어제도 글 배우는 아이가 오앗다가, 갓읍니다. 平安하시다고 합다(합니다-역자 주). 그르나 집에 게시기만 못하여요. 今年만 게시다가 오실 作定입니다. 이밧 혼솔이 다 泰平들하고 農事 보리 가라서 잘 먹습니다. 心慮 마시옵소서. 올일 말슴 만사오나 이만으로 두어 줄 올이나이다. 今年 旱災는 말할 수 업습니다. 近 一年을 가무다가 只今도 비가 오지 안어서 모을 숨우지 못하고 비만 바라는 中이올시다. 뒤으로 바라는 바는 못조록 마음 平安하게 자시고 平安이 게시다가 반가이 뵈옵기을 祝願 祝願일 뿐입니다.

七月 五日 舍弟 五箕 上書

1920년대 후반 옥중 추정

五箕가

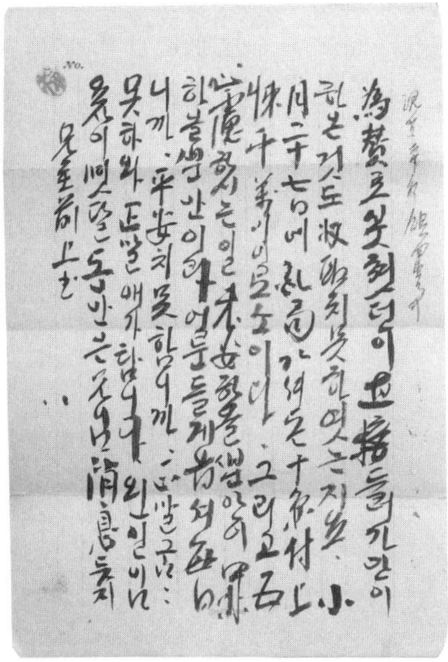

❶

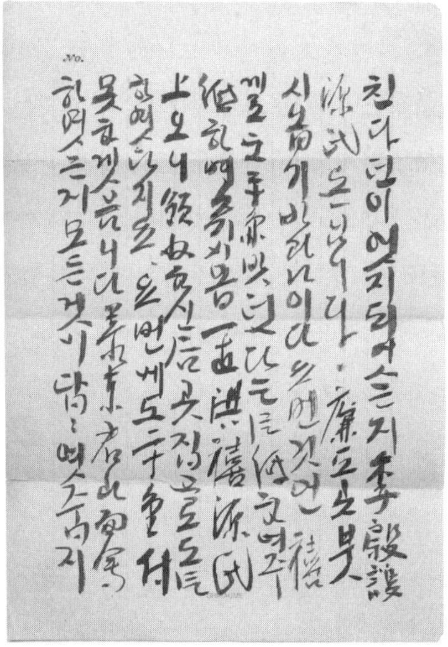

❷

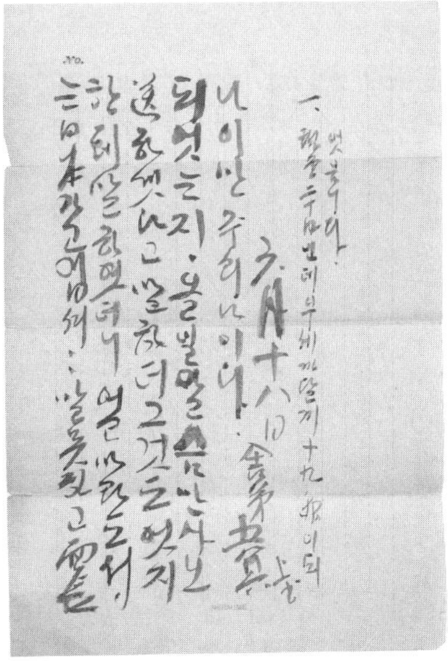

❸

兄主前 上書

요사이 몃달 동안은 兄님 消息 듯지 못하와 正말 애가 탐니다. 왼일임니까. 平安치 못함니까. 正말 굼굼하올 뿐 안이라 어룬들게옵셔 每日 心慮하시는 일 未安하올 뿐 안이라 罪悚千萬이로소이다. 그리고 五月 二十七日에 郵局 가셔 돈 十圓 付上하온 것도 收取치 못하엿는지요. 小爲替로 붓쳣던이 直接 드러가(지) 안이하엿는지 모든 것이 답답 엿줍지 못하겟음니다. 泰東君과 面會하엿다지요. 요번에도 二十金 付上오니 領收하신 后 곳 집으로도 片紙하여 쥬시옵. 一直 洪禧源氏게로도 二十圓 밧덧다는 片紙하여 주시옵기 바라나이다. 요번 것언 禧源氏 돈님니다. 廉도 곳 붓친다던이 엇지 되엇는지 李殷護는 日本 가고 업셔셔 말 못하고 面長한테 말하엿더니 얼마라도 付送하겟다고 말하더니 그것도 엇지 되엇는지. 올일 말슴 만사오나 이만 주리나이다. 六月 十八日 舍弟 五箕 上書

一. 現金 二十円인데 우세 까달게 十九圓이 되엇음니다.

1920년대 후반 옥중 추정

아버지가 답장한 편지

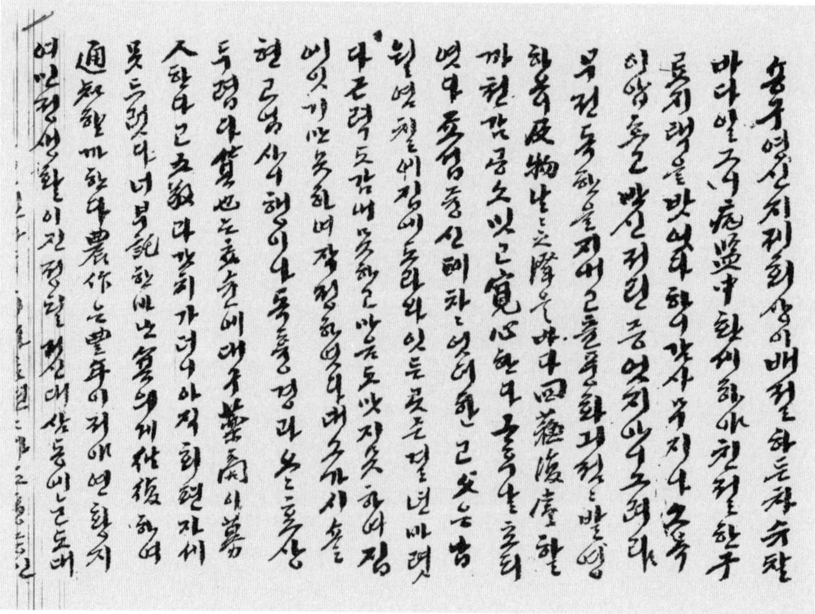

숑구영신지제 회상이 배절하든차 슈찰 바다 일그니 病監中 환세하야 친절한 구료지택을 밧엇다 하니 감사무지나 소목이 압흐고 박신 저린 증 엇지 아니 그려랴. 무전독한을 지내고 츈풍화긔 점점 발영하오니 及物生生之隆을 바다 回蘇復常할까 천감공소 밋고 寬心한다. 그 후 날 초 되엿다. 죠섭즁신폐 차차 엇더한고. 父은 납월 열칠에 집에 도라와 잇든 곳슨 결년 바렷다. 근력도 감내 못하고 마음도 맛지 못하여 집에 잇기만 못하여 작정하엿다. 대소가 시쇼 현고업사니 행이나 독흉 경과 올 효상 두렵다. 箕也는 쵸슌에 대구 藥商이 募人한다고 五敬과 갓치 가더니 아직 회편 자세 못 드럿다. 너 부託한 바난 箕의게 往復하여 通知할까 한다. 農作은 豊年이 저야 연황지여 민정생활이 진정될 거신대 삼동에 눈도 대단 아니 오고 일 년 가물이라. 금연 연사도 풍증인지 알 슈 업고 麥豊은 죠흘 듯하고 麥畊은 될다 한다. 할 말 다 못 후편 다시 자세 알이기로 긋친다.

陰 元月 十七日 父 答寄

1920년대 후반 추정

金瑛禧가 西大門刑務所에 있는 權五卨에게

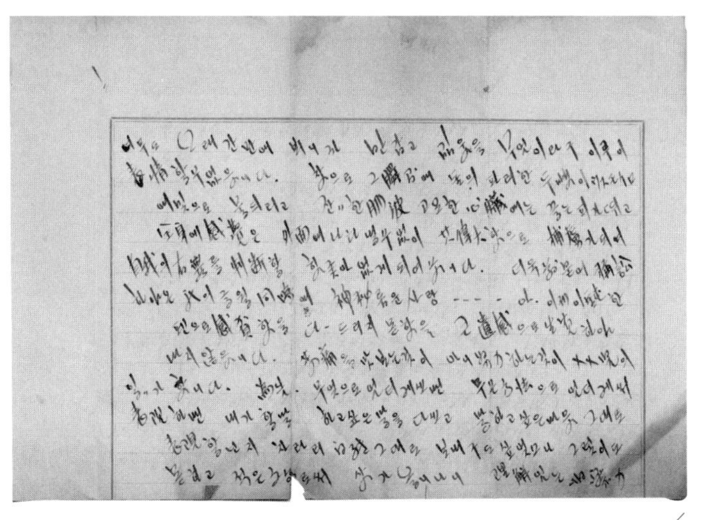

❶

❷

❸

❹

❶

❷

府內 西大門刑務所 內 權五卨 先生
京城府 桂洞 一四八 金瑛禧

너무도 오래간만에 뵈니까 반갑고 깁움을 무엇이라구 이루이 表情할 수 없읍니다. 참으로 그 瞬間에 金의 파리한 두 뺨이 ウスモイロ애 빛으로 물듸리고 잔잔한 脈波 고요한 心臟에는 끌는 피가 뛰고 全身에 感覺은 外面에 나타낼 수 없이 其偉大함으로 捕虜가 되여 自我의 有無를 判斷할 힘 좇아 없게 되어습니다. 더욱 前붇어 稱訟하야온 氏의 글월 同時에 神秘롭운 사랑 …… 아- 이제 이 鈍한 펜으로 感賀함을 다 드리지 몯함을 큰 遺感으로 生覺하야 마지않읍니다. 苦痛을 맛보는 것이 아니 努力하는 것이 ｘｘ兒의 일일가 합니다. 爲先 무엇으로 엇더케 쓰면 무슨 方法으로 엇더케 써 表現하면 내가 할 말 하고 싶은 말을 다 쓰고 말하고 싶은 마음 그대로 表現할넌지 차라리 白紙 그대로 보내구도 싶엇스나 그렇이도 몯하고 적은 창으로써 삼가 올니나니 理解잇는 洞察力으로써 잘 보와주시면 幸일가 합니다. 많은 늣김 가운태서 오래同安 막혓든 가슴을 헺이는 그 反面엔 奧腦에 心臟은 다시금 바지작하고 타기 비롯하엿읍니다. 웨. 너무나 느젓고 도로혀 未安한 感이 없이 안으나 金은 언제붇어 氏의 復案을 듯고 알고 싶엇사웨다. 다못 直接으로 何等의 말을 듯지 못하엿기 때문에. 그러나 金은 말할 期會 좇아 엇이 못하였던 것만은 事實입니다. 그런데 金은 面會하는 그때에 있어서도 가슴에 엉키고 사못친 그 모든 말을 다 하지 몯하엿읍니다. 막우 쓰랴니 또 거북하나 긴 말은 그만두고라도 簡單히 말하면 秘密이란 時間과 空間을 지나서 露出되는 것만이 原則인 것을 是認하는 同時에 무엇보담도 女性視 그것도 아니 二重的 心理를 가저서는 안이 되겟다는 것만 最後로 權誘하야 말해두고 싶읍니다. 가장 理解力이 豊富하시니가 或 反感을 사신다거나 誤解하시지 안을 줄 암니다. 그리고 일즉이 覺悟한 바 이지만서두 只今에 당신에 曖昧한 生活을 많이 슲어합니다. 權 · 우리는 안는 곳곳마다 先生의 말노 꽃을 피게 한담니다. 아무렷튼 그 안에서도 많은 맛을 보시어요. 滋味잇게 지내주시오. 갑갑어하지 마시구 그러한 곳에라야 生의 源泉을 發見할 수가 잇지요. 여러 가지 事情은 여러 동무를 通하여 大綱 듯겟지만은 仔細한 것은 각금 通信 주시와 알니워주십쇼. 또 쓰고자 하오며 언뎋은 늘 健康하시여서 많은 修業의 塔을 쌓으시기를 빎니다. 未安 千萬이지만 憧憬하시는 바 그 点에 있어서나마 꾸준히 잘 進行하시라는 겄으로써 언제나 祝하야 마지안습니다. 그리고 그 안에 規

則을 작 직히시어서 아니 하로잇틀 감에 따라서 속히 깨끗한 새로운 天地 새 햇빗을 쪼이시기를 속 깊이 願하는 바웨다. 그리고 付托하신 牛乳도 許君의게도 五箕 氏도 맛나보고 傳하엿음니다. 참 控訴 포기하신 것은 잘 알고 있음니다. 必要에 應해서 글 쓰실나면 桂洞 一四八로. 最后로 언제나 安寧하시기를. 남아지로 깊은 바람에 엉킴임니다. 끝.

金瑛禧 올림

1920년대 후반 옥중 추정

아버지가 답장한 편지

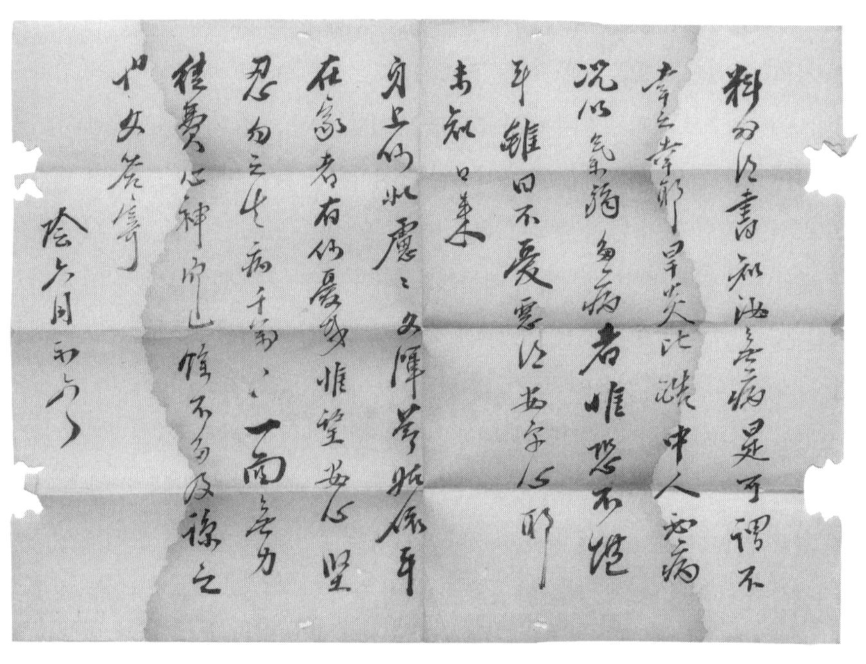

料外得書 知汝無病 是可謂不

幸之幸耶 旱炎比酷中 人必病

況以氣弱多病者 惟恐不堪
耳 雖曰不憂 惡得安乎心耶
未知 日來
身上何如 慮慮 父 渾節姑依耳
在家者 有何憂哉 惟望安心 堅
忍 勿之生病 千萬千萬 一面 無力
徒費心神而已 餘不多及 諒之
也 父答寄
陰 六月 初六日

뜻밖에 편지 받고 네가 병이 없음을 알았다. 이것은 가히 불행 중 다행이라 할 수 있지 않겠는가? 가뭄과 더위가 심할 때는 사람이 반드시 병이 나는데 하물며 기운이 약하고 병이 많은 사람이랴? 오직 견디지 못할까 두려울 뿐이다. 견디기 어려운 것이다. 비록 걱정을 안 한다 한들 어찌 마음이 편안할 수가 있겠느냐 알지 못하겠나니. 일간에 몸은 어떠한가? 걱정이고 걱정이다. 아비는 모든 것이 그대로다. 집에 있는 사람이야 무슨 걱정이겠느냐? 오직 안심하고 마음을 굳게 가지고 병이 나지 않도록 천만 바랄 뿐이다. 한편 아무런 힘도 없고 마음만 쓸 뿐이다. 나머지는 다 말하지 못한다. 이해해라.

아비가 답장한다. 음 유월 초육일

1930년 1월 8일자 소인

아버지 述朝가 權五卨에게 보낸 답장

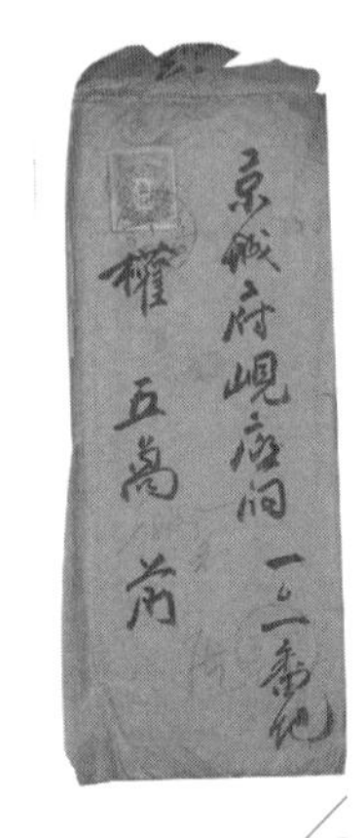

❶

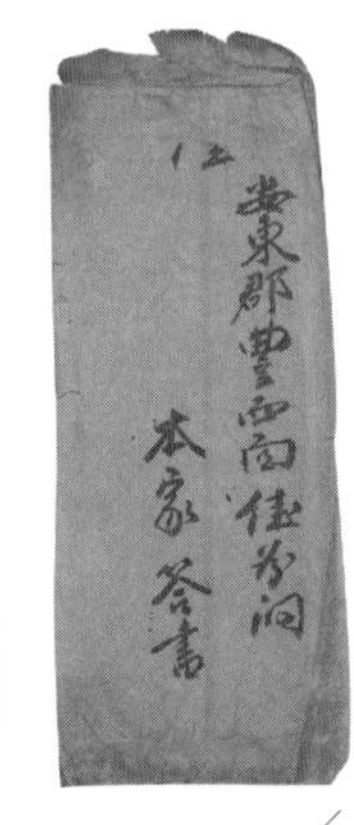

❷

京城府 峴底洞 一0一番地 權五卨 前

安東郡 豊西面 佳谷洞 本家答書

與 權五卨

間因汝兄弟往復便하야聞汝安否而踰時越月에未即修一字以問者雖若忘情而豈敢忘諸아況今饕風虐雪이砭人肌骨之時乎아無益一念이未嘗不一夕九往返而徒費心而已오亦不過空言而已라豈可曰父子之情耶아方云云之際에 忽承汝手書하야 以代面目하니 欣豁不可量이라 其中無恙二字가 安知非出於慰安之辭而今年冬令이 尙幸不大肆寒威하야 鐵窓獨處에 慮或然矣而前頭寒事가 豈爲寒者以歇后也哉아 屈指春和에 仰蒼天而已未知書後有日에 寒風猝酷何以堪處而能安保也否아爲念更切이라 父는 依樣僅遣하고 省事幸免大損節而李君之欲致金而往者未詳其緣何故而所送之物이 不過十餘圓而止하고 中間又得病而未能從事於役所하야 反負債金云하니 荒年仰望之家眷이 賴誰而資生也오 此皆火腸㥧火之事오 汝母氏幸無見苦하고 婦阿亦依是爲差强이오 仲婦阿母女난 日前奉來而大竹兒난 春間歸覲而似爲過冬計耳라 去不可遏其情이오 來之亦無悰況則所謂在上者肯曰安乎甚嘆甚嘆이라 箕兒난 前月卄일에 上來하야 卄六回下하니 渠以卄二

日 進甲而來而雨雪中來往이 亦日惱心處이나 渠所觀商店은 無自下遏本하고 徒爲人役하야 無一滋味云云則未知宗佑君所料何以爲之而第觀下回而已라 何可以中止耶아 以是勉渠而去耳라 無本者安得不如是耶아 所謂家作은 畓谷則池水波及하야 不至旱損而秋穫이 爲九十餘斗나 然이나 谷價低落하야 折半入水利契代錢與國土拂下代與稅金而不足하고 錢荒이 搔搔하니 竦懼不可言이라 田則種得晩粟하야 一斗落에 可量爲三四十斗하니 非此則孟浪矣라 天不生無祿이 其以此耶아 前浦則舜七이 今夏에 娶婦於美洞金秉燁兄家하야 前月卄九延婦于行故達寓汝內叔이 菊秋上來檢秋而尙留矣러니 近當向寓耳라 凡節似極 叶云耳汝所託은 箕也必觀勢周旋而安得如料入手耶아 惟望堅定心安保身하야 以爲相面千萬祝天而已餘不一一

一月 八日 父 述朝 答書

권오설에게

간혹 너희 형제들이 왕복하는 편에 너의 안부를 들었으나 때가 지나고 달이 넘도록 한 자도 문안하지 못하였으니 비록 정이 없어서 그런 것 같으나 어찌 정이 없어 그렇겠느냐? 더구나 지금 매서운 바람과 차가운 눈보라가 사람의 살과 뼈에 스며드는 때이잖느냐? 아무 소용없는 생각이 하룻밤에도 수없이 오가기를 거듭하여 그저 헛걱정일 뿐이요 또한 헛소리에 불과할 뿐이니 어찌 부자의 정이라 하겠느냐? 방금 이 말을 하고 있는데 마침 너의 편지를 받아서 얼굴을 대하는 듯하니 반갑기 한량없다. 그 가운데 무양이라는 두 글자는 나를 위안하려는 말임을 어찌 모르겠느냐? 금년 겨울은 다행히 아직 그다지 춥지 않으나 철창에 홀로 갇힌 사람을 걱정하여 앞으로 추위가 어찌 덜할 수 있겠느냐? 따뜻한 봄이 빨리 오기를 손꼽아 하늘에 빌 따름이다. 편지를 보낸 후 며칠 사이에 찬바람과 혹독한 추위가 오면 어떻게 견디겠느냐? 걱정이 태산이다.

아비는 그런 대로 지내고 있고 어른들도 별 탈이 없으시며 아우는 돈을 구하러 갔는데 무슨 일인지는 잘 모르겠으나 보낸 것이 십여 원에 불과하고 중간에 또 병을 얻어 일터에서 일은 하지 못하고 도리어 빚만 지게 되었다고 하니 흉년에 그를 바라보고 있는 가족들이 누구를 의지하고 살아가겠느냐? 이것이 모두 불난 집에 부채질하는 꼴이다. 너의 어머니는 다행히 별 일이 없고 며느리도 그런 대로 건강하고 둘째 며느리 모녀는 일전에 같이 왔는데 대죽(한대-역자 주) 아이는 봄에 근친을 와서 겨울을 지나고 갈 것 같다. 가도 그 정을 막을 수 없고 와도 또한 기쁠 것이 없으니 윗사람이 어찌 편할 수가 있겠느냐? 한스럽고 한스럽다.

오기는 지난달 20일에 와서 26일에 돌아갔는데 22일이 진갑이라서 왔으나 눈비 속에서 오가니 이 또한 마음 아픈 일이다. 그가 보는 상점은 스스로 자본을 대지 아니하고 그저 일만 하여 아무런 재미가 없다고 하고 종우 군이 삯을 어떻게 하려는지 모르겠어서 그저 결과를 기다릴 따름이니 어찌 중지할 수 있겠느냐? 이것으로 그 아이를 면려하여 보낼 뿐 자본이 없는 사람이 어찌 이와 같지 않겠느냐?

이른바 작황은 논농사는 못물이 있어서 가뭄이 들지 않아 가을 추수가 90여 말이나 되었으나 곡가가 떨어져서 절반은 수리대금에 들어가고 국토불하대금과 세금은 부족하고 돈 가뭄이 심하여 어려움을 이루 말할 수가 없다. 밭은 늦 서속을 갈아서 한 두락에 3 · 40말 정도를 수확했는데 이것이 아니었더라면 맹랑할 뻔하였다. 하늘이 모두 살지 못하도록 두지 않는다는 것이 이를 두고 한 말인가?

전포는 순칠이가 올 여름에 미동 김병협 형 집에 장가들게 되어 지난달 29일에 아내를 맞아 오게 되었다. 그래서 대구에 사는 너의 고모부가 가을에 와서 가을걷이를 하고 아직 머물러 있는데 근간에 돌아갈 것이다. 모든 일이 잘되어 간다고 한다.

네가 부탁한 것은 오기가 형편을 보아서 주선할 텐데 어떻게 생각대로 입수할 수 있을지 모르겠다. 오직 마음을 굳게 가지고 몸을 보전하여 서로 만나게 되기를 천만 하늘에 빌 따름이다. 나머지는 일일이 다 말하지 못한다.

1월 8일 아비 술조 답함

1930년 1월 25일자 소인

아버지 述朝가 權五卨에게

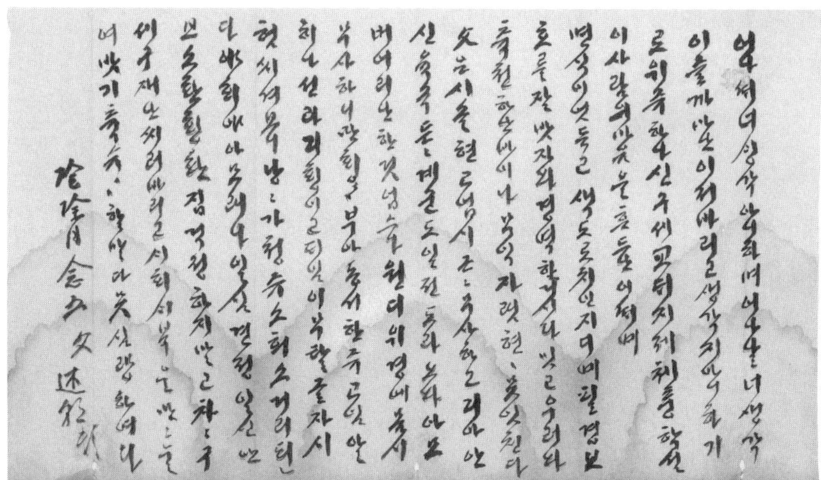

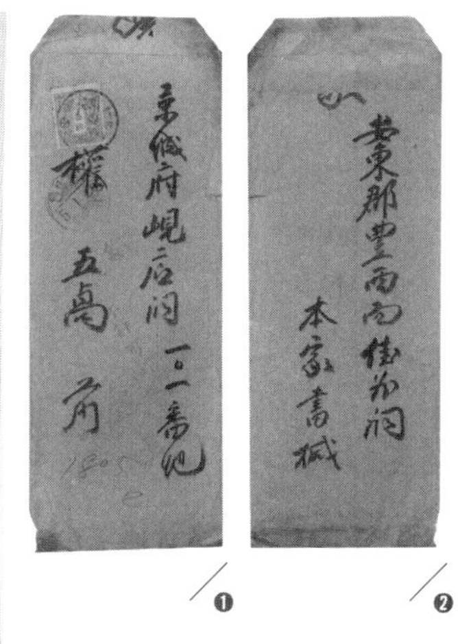

❶ ❷

京城府 峴洞 一0一番地 權五卨 前

安東郡 豊西面 佳谷洞 本家書緘

어나쎄 너 생각 아니하며 어나날 너 생각 이즐까마난 이저버리고 생각지 아니하기로 위쥬하나 신구세교딕지제체충학설이 사람의 마음을 흔드난 이쎄예 면식이 엇든고 색도로치인지디예(索道로 治人之地에-역자 주) 필경 보호를 잘 밧자와 경역할 거시라 믿고 우러와 츅천하난바이나 무익자렴 현현 못잇친다. 父은 시솔 현고업시 근근 무사하고 긔아 안신육속 든든 계군도 일전 도라오와 아모 버어리난 한 것 업스나 원디 위경에 몸시 무사하니 만힝만힝. 부아 동서한쥬고임 알히나 선과긔 힝이고 딕임이 무탈 글자시험 씨겨보니 낭낭가청 슈소희소거리된다. 야히야 아모래나 일심견정일신안보소환힝환 집걱정 하지 말고 차차 구세구재난 씨러바리고 새해 새복을 만만 눌여 밧기 츅슈츅슈. 할 말 다 못 심량하여라.

陰除月 念五 父 述朝 頓

1930년 2월 6일자 소인

五箕가 西大門刑務所에 있는 權五卨에게

京城府 西大門刑務所 權五卨 氏 殿

大邱府 德山町 三五 公認大邱廉賣場 內 舍弟 五箕 上

兄主前 上書

兄主의 消息을 오래도록 듯지 못하오니 굼겁을 쑨 안이라 밋칠 듯한 마음 禁치 못하겟사외다. 요사이는 더구나 新正을 當하오니 더구나 散亂한 마음 억제할 수 업읍니다. 집에는 늘그신 父母님, 獄에다 兄님을 둔 이놈은 가슴이 쓰라리다 못하여 터지드이 앞읍니다. 그리고 또 마음 놋치 못할 것은 대구 신兄의게 드른니 兄主 몸씨 그덧할 쑨 욕을 만히, 아 兄主시여 못조록 몸씨 健康하시도록 安保하시기를 업드려 祝願하나이다. 날시는 이덧 쌀쌀하온 잇재 獄中 兄主 몸씨 健康이 엇드신지요. 잠전 이즐 수 업습니다. 舍弟는 늘 한글갓삽고 內叔主 亦 安寧하시오니 倖이옵고 渾節이 모두 福들 하오니 客中 倖이로소이다. 집 消息은 月前 듯사와 泰平하신 줄 질겁삽고 또 叔父主게 還故하신 줄 깃겁습니다. 그리고 저는 今月 望間에는 집에 가

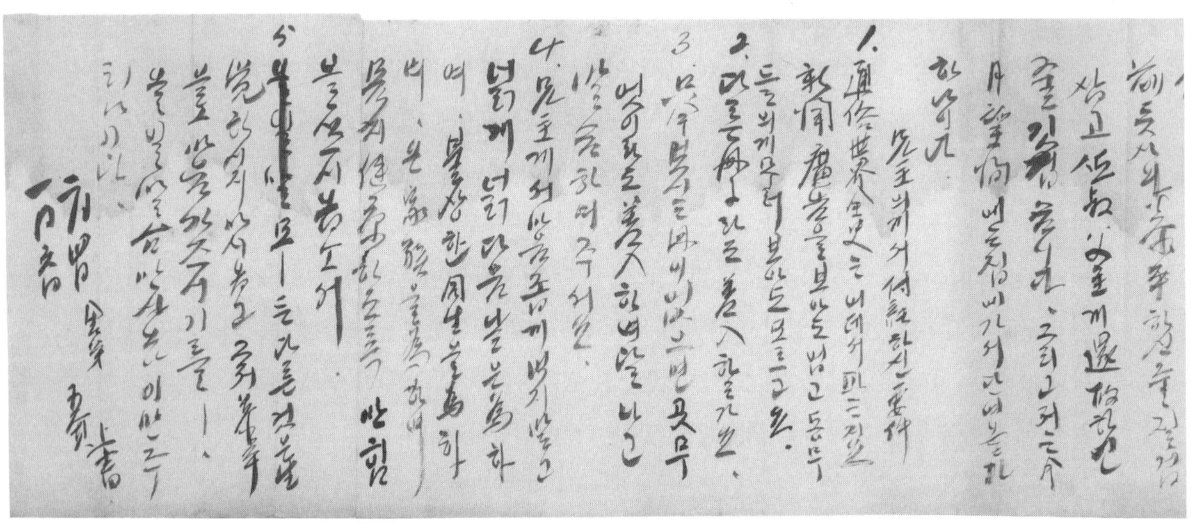

서 단여올가 하나이다.

兄主의게서 付託하신 要件

1. 通俗世界全史는 어데서 파는지요. 新聞 廣告을 보아도 업고 동무들의게 무러보아도 모르고요.
2. 다른 册子라도 差入할가요.
3. 只今 보시는 册이 없으면 곳 무엇이라도 差入하여 달나고 말슴하여 주서요.
4. 兄主게서 마음 좁게 먹지 말고 넑게 넑(게), 다음날을 爲하여 불상한 同生을 爲하여 온 家族을 爲하여 몸씨 健康하도록만 힘을 쓰시옵소서.
5. 모든 다른 것은 生覺하시지 마시옵고 그저 泰平으로 마음 가즈시기를! 올일 말슴 만사오나 이만 주리나이다.

二月 四日 舍弟 五箕 上書

一月 六日

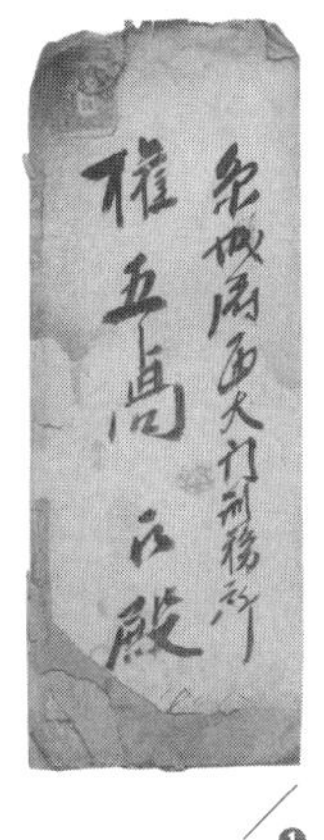

❶

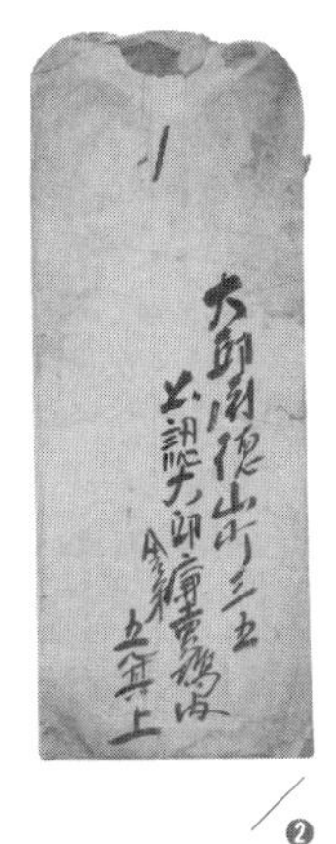

❷

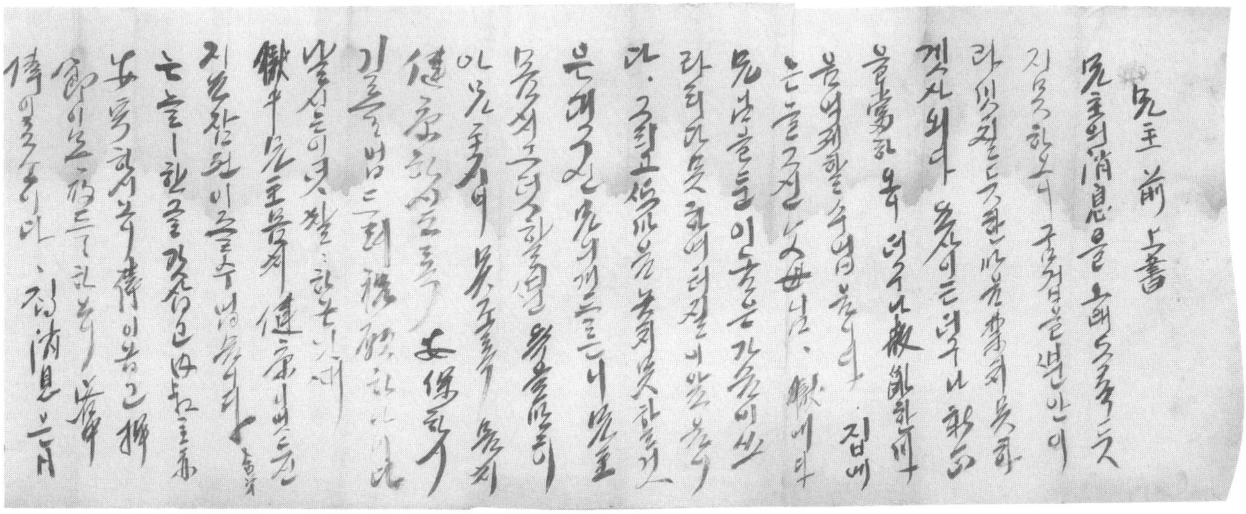

1930년 4월 18일자 소인

권오설 옥사 전보

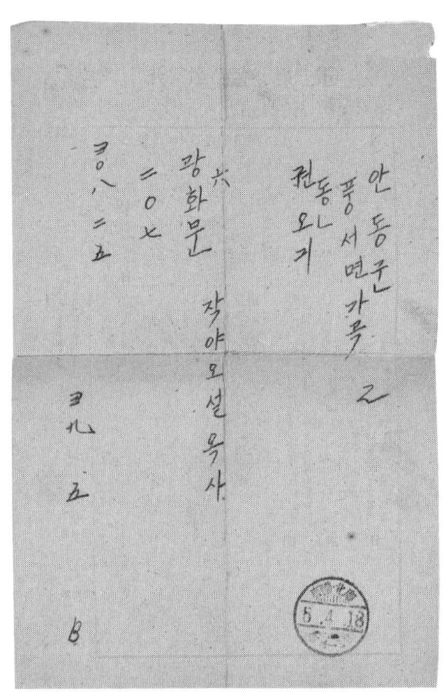

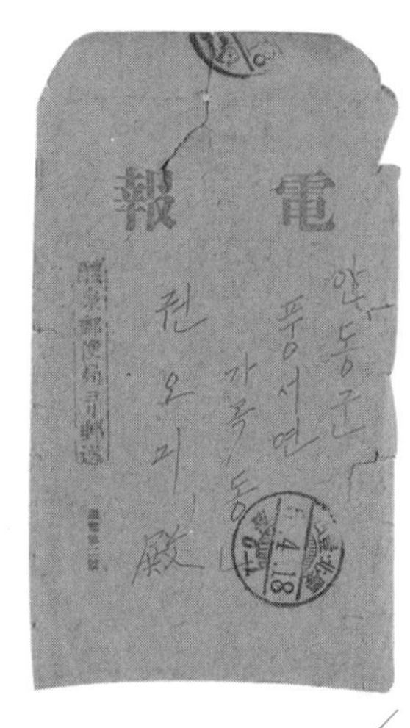

❶

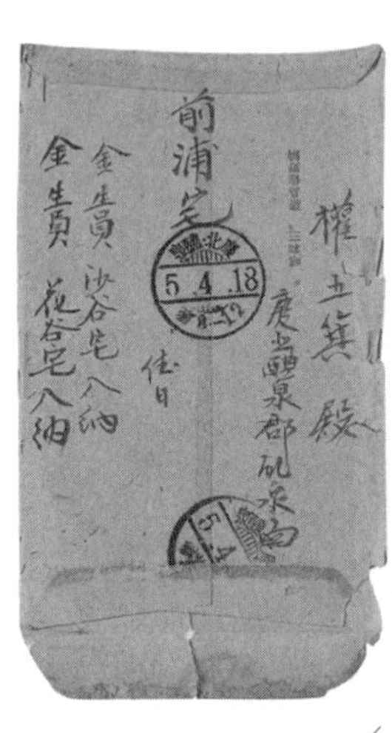

❷

안동군 풍서면 가곡동 권오긔

六 작야 오설 옥사

광화문 二〇七

ㅋ〇八 二五 ㅋ九五 B

若乎所謂天者果不可謂知也福善禍淫是乃天道之常而
仁不壽爲善不必福[illegible]議之以未定之天則天將福善人也必厄窮
苦之增益其所不能而以待其定之之日耶善焉仁焉而徒使
窮困若以試其身者何也抑亦有命於有生之初者參差而已
剝而不能斡旋於其間者耶是所以天地之大也人猶有憾焉者
乎噫子於公爲寘錫於人世者四十年餘矣竊觀公制心行事
出人名世之實而守於內者毅然雖奪之操應乎外者慨然而
之仁病世之桅蠟財獨尚其志嘆人之功主則保我本真貞不絕
病流殁人樂人慈所失焉則或曰未福之善人即命不信也天既賦
焉之其則宜其報施公者亦必有可觀者存焉而厄窮之間苦之如
宜福不福者何也人所取公者多矣於子羽之貌公之自養和靄佬
奉[illegible]中年致賢不爲不多而無施見矣於風角竊人絛[illegible]晚來洞
復漲若仍不得免廉儉之嘆則未知公之天定於何情而認而
君子病夫歿歲內初母喜然其往而於主以其亏入主喜事
也之業庶幾有托而公之身後也年壽等喜士有子夫心炤

기타자료

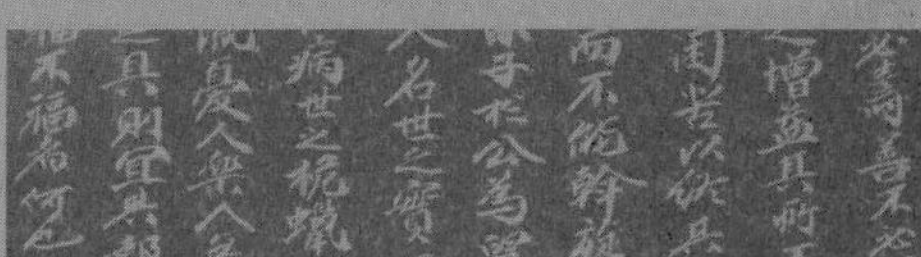

- 私立東華學校 修業証書 (1912년 4월)
- 私立東華學校 卒業證書 (1914년 3월 6일)
- 插秧論 (1914년 대구고등보통학교 시절의 작문으로 추정)
- 풍산학술강습회 개설 인가 신청서 (1922년 10월 5일)
- 豐山夏期講習會 聽講生 名簿와 支出長 (1923년)
- 元興學術講習會 봉투 (1920년대 전반기)
- 豐山靑年會 연설문 초고 (1920년대 전반기)
- 勞働夜學書 修業料 九日分 (1920년대 전반기 추정)
- 權五箕가 西大門刑務所에 있는 權五卨에게 보낸 현금 우송 봉투 (1927년 6월 18일자 소인)
- 전보문과 봉투 (1927년 12월 11일자 소인)
- 회비기록장
- 革風團의 전단 (1920년대 후반기)
- 略歷
- 권오설의 아버지가 죽은 아들에게 쓴 제문 (1932년 3월 19일)

1912년 4월

私立東華學校 修業証書

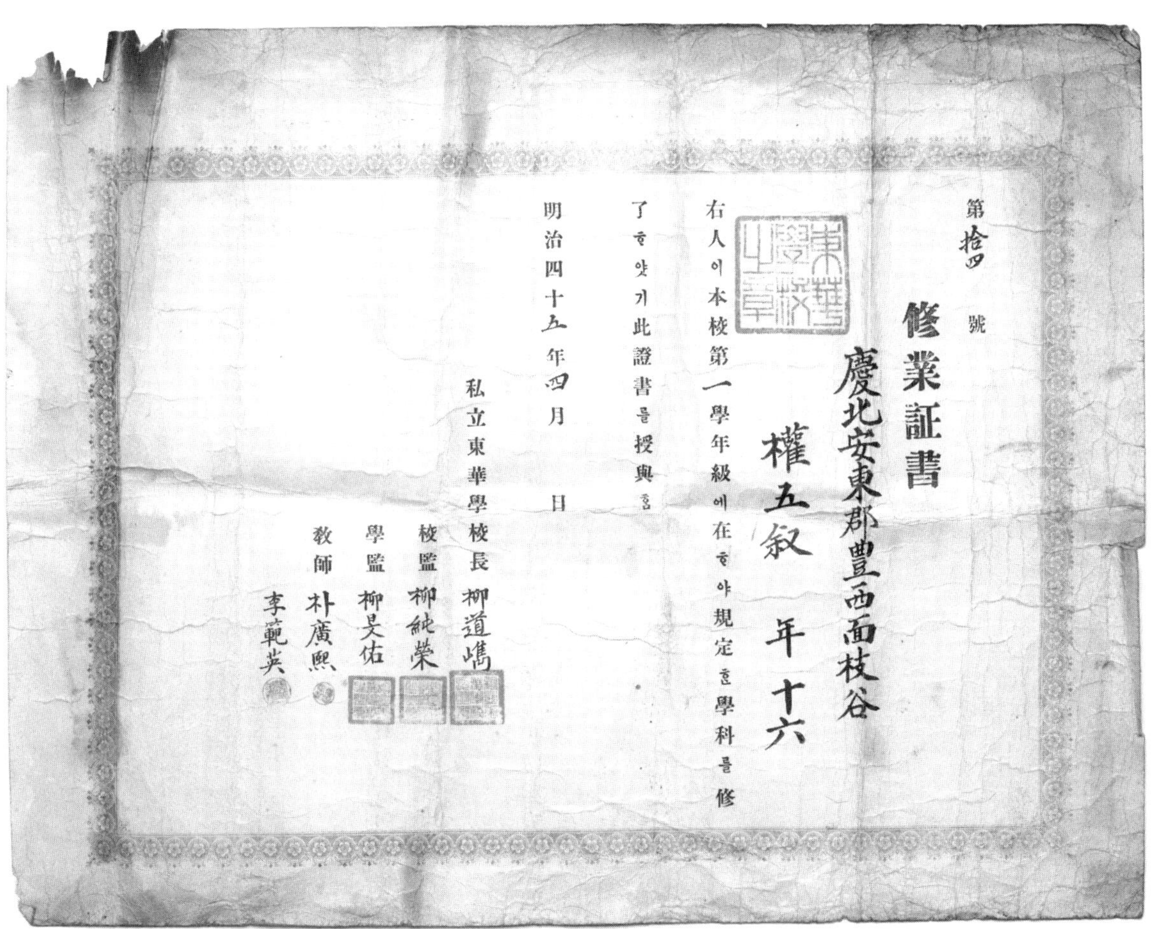

第拾四號

修業証書

慶北安東郡豊西面枝谷

權五叙 年十六

右人이本校第一學年級에在ᄒᆞ야規定ᄒᆞᆫ學科를修了ᄒᆞ얏기此證書를授與ᄒᆞᆷ

明治四十五年四月 日

私立東華學校長 柳道[illegible]

校監 柳純榮

學監 柳是佑

教師 朴廣熙

李範英

1914년 3월 6일

私立東華學校 卒業證書

第七號

卒業證書

權五敍

年十八

右人이本校에셔本科를

卒業ᄒᆞ얏기玆에證書를

授與홈

大正三年三月六日

私立東華學校長柳道嶋

1914년 대구고등보통학교 시절의 작문으로 추정

揷秧論

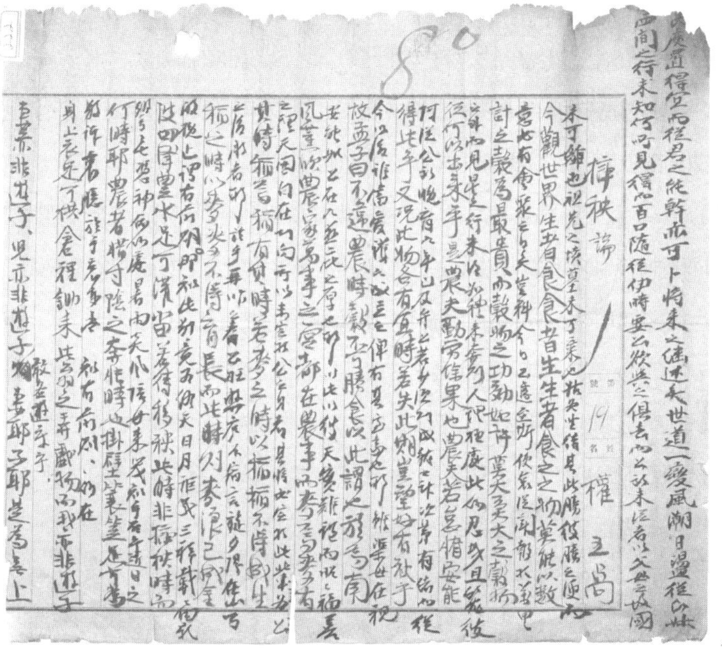

❶

❷

挿秧論

今觀世界 生者食 食者生 生者食之之物 莫能以數計之 穀爲最貴而穀物之功效 如許莫大 莫大之穀物從何以出來乎 是農夫勤勞餘果也 農夫若怠惰 安能得此乎 又況此物各有宜時 若失此期 豈望好有秋乎 故孟子曰 不違農時 穀不可勝食 以此謂也 於焉 南風薰吹 農家萬事之營 都在農事 而麥焉麥有其時 稻焉稻有其時 若麥之時以稻 稻不得成生 稻之時以麥 麥不得育長 而此時則麥浪已成金波 四澤豊水 足可灌畓 若待移秧此時非挿秧時而何時耶 農者惜寸陰之奔忙時也 掛壁　笠 身上衣足可供 倉裡鋤　此 翁之弄戲物而我亦非遊子 妻亦非遊子 兒亦非遊子 敢圖遊車乎 妻耶子耶 是爲無上------.

--------得宜而從君之能幹 亦可卜將來之繼述矣 世道一變 風潮一　從氏○○○之行 未知何所見得而百口隨從 伊時要公欲與之俱去而公所未從者 以父母之故國 未可離也 祖先之墳墓 未可棄也 姑爲坐待 其此勝彼勝之便 而意必有會聚之日矣 豈料今日公遽至斯 使哀從聞報於萬里之外 而見星之行 未得如禮來奔 則人理極處 此何忍哉 且籠彼阿從公所晩育而年已及弁 公若少須則成就之計 次第有緖而從今以後 誰當愛護而成立之　有其室家也耶 雖渠母在視 安能如公在而慈庇之厚也耶 以此以彼 天實難諶而昭昭福善之理 天固自在 則向所以未定於公之身者 其將必定於此輩 爲公之後承者耶 於乎 再昨之春 公枉弊廬不宿言旋 夕陽在山 百般挽止 謂有前期 知有前期何在 那知此別竟爲終天 日月　幾三祥載届 影響無憑神依何處 暑雨炎風陪母來哭 知乎否乎 近日之躬訴衷臆 於乎哀哉尙

모내기를 논함

오늘날 세계를 보면 산 사람은 먹고 먹는 사람은 살게 되어 있다. 산 사람이 먹는 물건은 헤아릴 수 없이 많지마는 곡물이 가장 귀한 것으로서 곡물의 공효가 이와 같이 큰 것이다. 이와 같이 중대한 곡물은 어디에서 오는가? 이것은 농부가 부지런히 노력한 결과다. 농부가 만약 게을리 한다면 이를 얻을 수가 있겠는가? 그리고 더구나 이 곡물은 각기 마땅한 때가 있으니 만약 그 시기를 잃게 되면 어찌 좋은 수확을 바랄 수가 있겠는가? 그러므로 맹자는 "농사짓는 때를 어기지 아니하면 곡식을 다 먹을 수가 없다"고 한 것은 바로 이것을 말함이다.

어느덧 남풍이 훈훈하여 농가에서 경영하는 일은 모두 농사일에 있다. 그런데 보리는 보리의 때가 있고 나락은 나락의 때가 있다. 만약 보리의 때에 나락을 심으면 나락이 자라지 아니하고 나락의 때에 보리를 심으면 보리가 자라지 아니하는 법이다. 지금은 보리가 이미 누렇게 익어

금물결을 이루고 사방 못에 물이 가득하여 논에 물을 대어 모심기를 기다리고 있으니 이때에 모내기를 하지 아니하고 어느 때에 하랴? 농사짓는 사람들은 촌음을 아껴서 바빠할 때다.

벽에 걸어두었던 도롱이와 삿갓은 쓰일 때가 되고 창고 안에 있는 호미와 가래는 이들이 쓸 물건들인데 나도 노는 사람이 아니고 아내도 노는 사람이 아니고 아이도 노는 사람이 아니니 어찌 감히 놀기를 꾀하랴? 처자는 이 위에 더할 수 없는--------(보이지 않음)

종군의 훌륭한 처리도 장래의 계승을 기대할 수가 있었다. 세상이 한번 변하고 풍조가 날로 어지러워져 종씨○○○의 행동이 무슨 이득을 보았는지 알 수 없으되 온갖 말이 많으니 그때 공이 함께 가고자 했으면서도 따라가지 못한 것은 부모의 고국을 떠날 수 없었기 때문이었고 조상의 분묘를 버릴 수 없었기 때문에 그냥 주저앉아 이러는 것이 좋을지 저러는 것이 좋을지 기다리는 형편이었으니 생각건대 반드시 다시 모이는 날이 있으리라 믿었던 것입니다.

그런데 어찌 공이 갑자기 돌아가셔서 종씨가 만리 밖에서 슬픈 소식을 듣게 할 줄 짐작했으며 밤새워 달려올지라도 예식에 닿지 못할 것이니 이 지극한 슬픔을 어찌 참을 수 있으리오? 또한 농(아이 이름)이는 공이 늦게 낳아서 나이가 이미 시집을 보낼 때가 되었는데 공이 조금만 더 기다렸던들 두서 있게 성취를 시켰을 터인데 앞으로 누가 애호를 하여 키워서 시집을 보낼 것입니까? 비록 그의 어머니가 보살핀다 할지라도 어찌 공이 살아 계서서 사랑으로 돌보는 것만 하겠습니까?

이런저런 일을 생각하면 하늘은 참으로 믿기 어려운 것이나 착한 사람에게 복을 주는 밝고 밝은 하늘의 이치가 있으니 공에게 없었던 복이 장차 이들에게 있어서 공의 뒤를 받들게 하려는 것인지요?

아아 재작년 봄에 공이 저의 집에 오셨을 때 주무시지 아니하고 바로 돌아가셨습니다. 이미 저녁 때가 되었는지라 억지로 말렸는데도 앞으로 기회가 있다고 하셨습니다. 앞으로의 기회가 어디에 있다는 말입니까? 어찌 이 이별이 영원한 이별이 될 줄 알았겠습니까? 나달은 흘러 3년이 가까워 오는데 모습은 볼 길 없고 혼령은 의지할 바 없는데 더운 여름날 비바람에 모녀가 와서 곡하는 것을 아십니까? 모르십니까? 요즘의 가슴속 답답함 아아 슬픕니다.

권오설 선생의 학생 시절(대구고등보통학교로 추정)의 작문인데 둘째 줄에서 시작하여 한 칸씩 띄어서 써서 점선 친 데서 끝이 난다. 점선 이하는 누구를 위한 제문을 초한 글인데 그 빈 칸에 써 넣은 것이다. 제문을 쓴 사람이 누구인지도 분명하지 아니하다.

1922년 10월 5일

풍산학술강습회 개설 인가 신청서

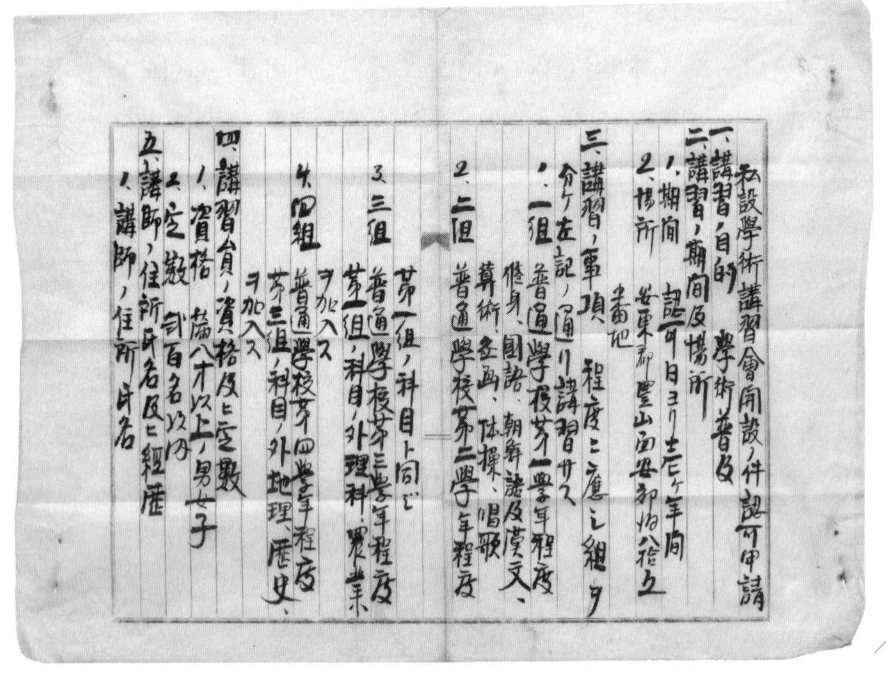

私設學術講習會開設ノ件認可申請
一、講習ノ目的　學術普及
二、講習ノ期間及場所
1、期間　認可ノ日ヨリ壹ケ年間
2、場所　安東郡豊山面安郊洞八拾五番地
三、講習ノ事項　程度ニ應シ組ヲ分ケ左記ノ通リ講習サス
1、一組　普通學校第一學年程度
修身、國語、朝鮮語及漢文、算術、図画、体操、唱歌
2、二組　普通學校第二學年程度
第一組ノ科目ト同ジ
3、三組　普通學校第三學年程度
第一組ノ科目ノ外理科、農業ヲ加入ス
4、四組　普通學校第四學年程度
第三組ノ科目ノ外地理、歷史、ヲ加入ス
四、講習員ノ資格及ヒ定數
1、資格　滿八才以上ノ男女子
2、定數　貳百名以內
五、講師ノ住所氏名及ヒ經歷
1、講師ノ住所氏名

❶

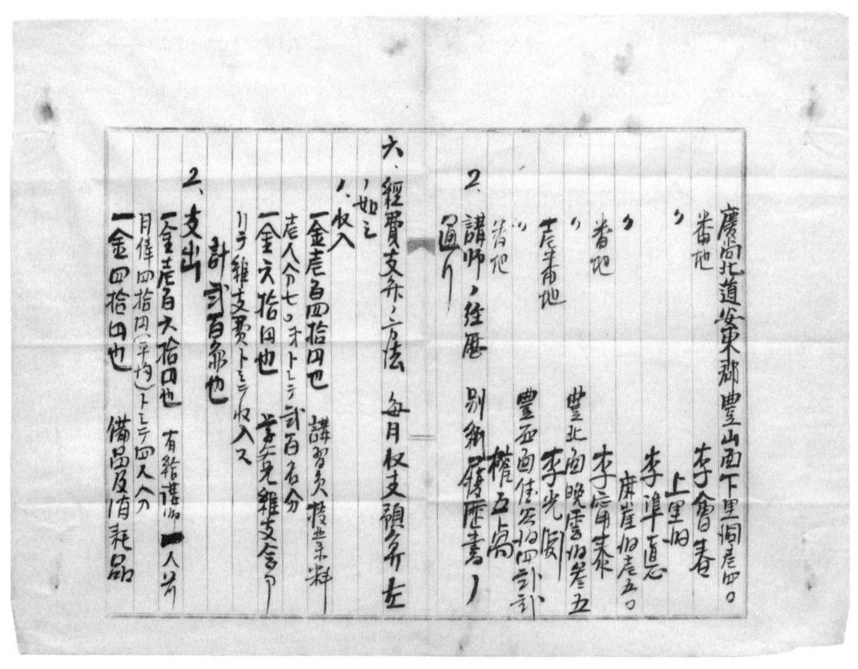

慶尙北道安東郡豊山面下里洞壹四〇番地　李會春
〃　上里洞　李準悳
〃　廣崖洞壹五〇番地　李富泰
〃　豊北面晩雲洞參五番地　李光賢
〃　豊西面佳谷洞四[illegible]番地　權五高
2、講師ノ經歷　別紙履歷書ノ通リ
六、經費支弁ノ方法　每月收支預算左ノ如シ
1、收入
一金壹百四拾円也　講習員授業料
壹人分七〇銭トシテ貳百名分
一金六拾円也　當會員雜支金ヨリ雜支費トシテ收入ス
計貳百円也
2、支出
一金壹百六拾円也　有給講師一人分
月俸四拾円(平均)トシテ四人分
一金四拾円也　備品及消耗品

❷

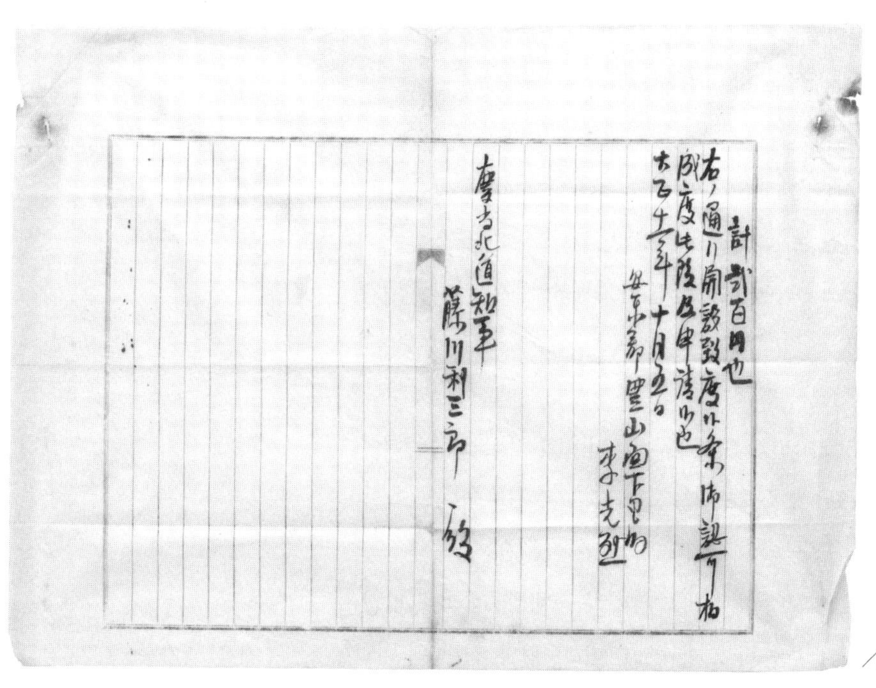

計 貳百円也

大正十二年十月五日

慶尚北道知事 藤川利三郎 殿

❸

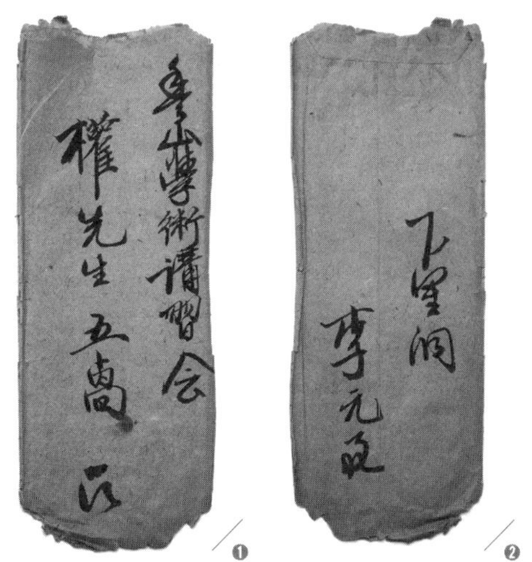

❶ ❷

사설학술강습회개설의 건 인가신청
一. 강습의 목적 : 학술보급

二. 강습의 기간 및 장소
1. 기간 : 인가일로부터 일 년간
2. 장소 : 안동군 풍산면 안교동 85번지

三. 강습사항
정도에 따라 조組를 나누어 다음과 같이 강습한다.
1. 1조 : 보통학교 제1학년 정도, 수신 · 국어 · 조선어 및 한문
산술 · 도화圖畫 · 체조 · 창가
2. 2조 : 보통학교 제2학년 정도, 제1조의 과목과 같음
3. 3조 : 보통학교 제3학년 정도, 제1조 과목 외 이과理科 · 농업을 추가함
4. 4조 : 보통학교 제4학년 정도, 제3조의 과목 외 지리 · 역사를 추가함

四. 강습원의 자격 및 정수定數
1. 자격 : 만 8세 이상의 남 · 여자
2. 정수 : 200명 이내

五. 강사의 주소 · 이름 및 경력
1. 강사의 주소 · 이름

경상북도 안동군 풍산면 하리동 140번지	이회춘李會春
경상북도 안동군 풍산면 상리동	이준덕李準悳
경상북도 안동군 풍산면 마애동 150번지	이영태李甯泰
경상북도 안동군 풍산면 만운동 351번지	이광연李光淵
경상북도 안동군 풍서면 가곡동 422번지	권오설權五卨

2. 강사의 경력 : 별지의 이력서대로임

六. 경비 지출의 방법 : 매월 수입 · 지출 예산이 다음과 같음

1. 수입

일금 140엔 : 강습원講習員 수업비, 일인분 70전錢으로서 200명분

일금 60엔 : 학부형 유지회가 있어 유지비로 들어옴

계 200원

2. 지출

일금 160엔 : 유급강사 일인 앞으로 월봉月俸 40엔(평균)으로 4인분

일금 40엔 : 비품 및 소모품

계 200엔

위와 같이 개설하고자 하니 인가하여 주기를 신청함

1922년 10월 5일

안동군 풍산면 하리동 이지열李支烈

경상북도지사 등천이삼랑藤川利三郎 전展

1923년

豊山夏期講習會 聽講生 名簿와 支出長

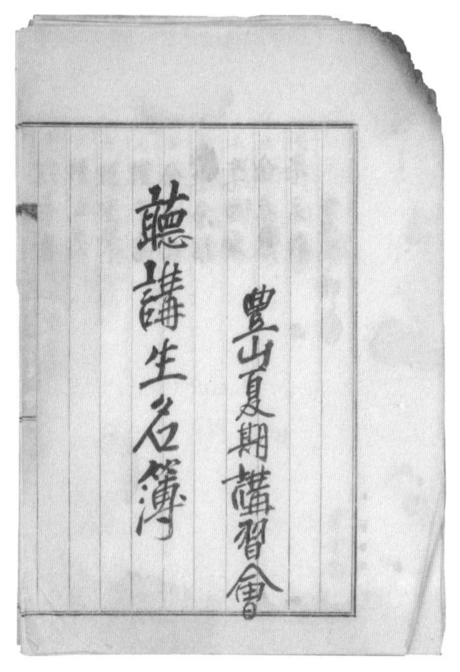

豊山夏期講習會

聽講生名簿

❶

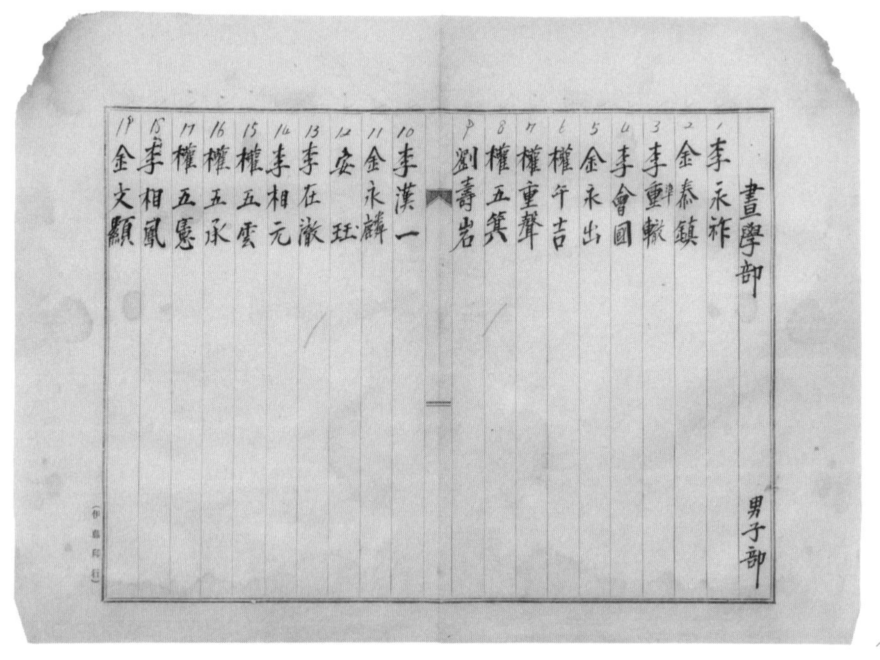

晝學部

1 李永祚
2 金泰鎭
3 李重轍
4 李會國
5 金永出
6 權午吉
7 權重聲
8 權五箕
9 劉壽岩
10 李漢一
11 金永麟
12 安珏
13 李在澈
14 李相元
15 權五雲
16 權五承
17 權五憲
18 李相鳳
19 金文顯

男子部

❷

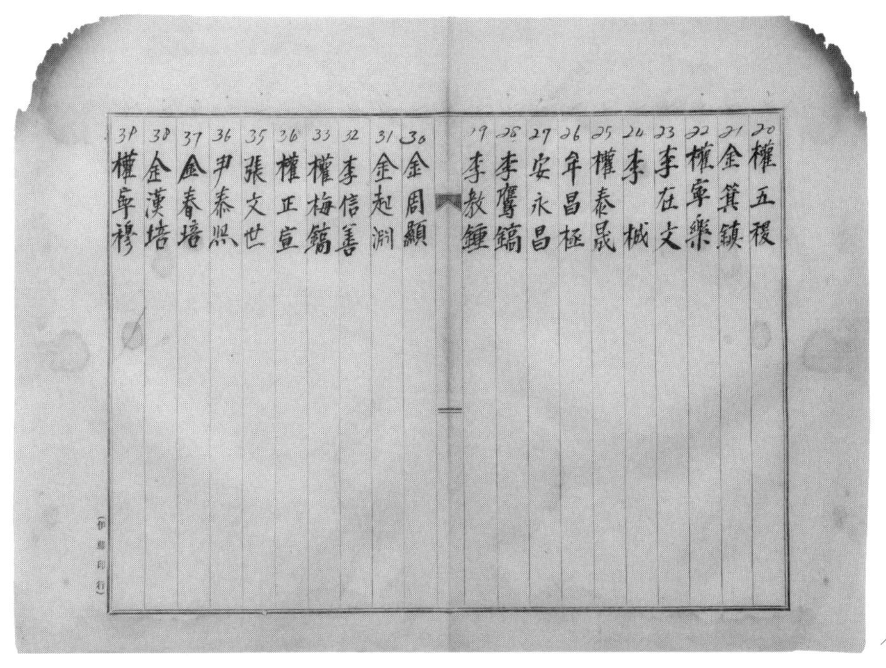

20 權五稷
21 金箕鎮
22 權寧樂
23 李在文
24 李棫
25 權泰晟
26 牟昌極
27 安永昌
28 李鷹鎬
29 李教鍾
30 金周顯
31 金起淵
32 李信善
33 權梅鎬
34 權正宣
35 張文世
36 尹泰熙
37 金春培
38 金漢培
39 權寧穆

❸

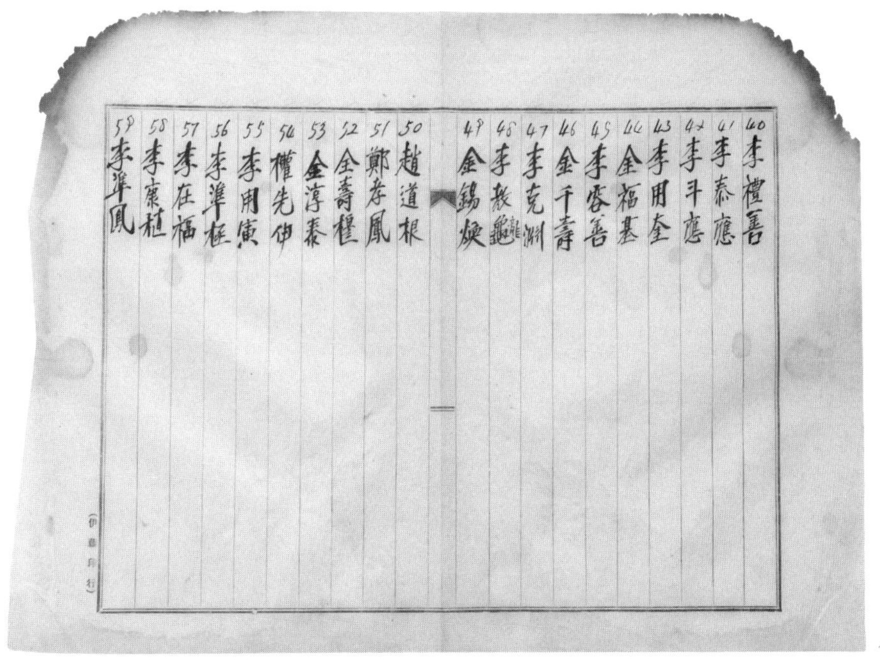

40 李禮善
41 李泰應
42 李斗應
43 李用奎
44 金福基
45 李容善
46 金千壽
47 李克淵
48 李教龜
49 金錫煥
50 趙道根
51 鄭孝鳳
52 金壽槿
53 金淳泰
54 權先伊
55 李用寅
56 李準極
57 李在福
58 李康植
59 李準鳳

❹

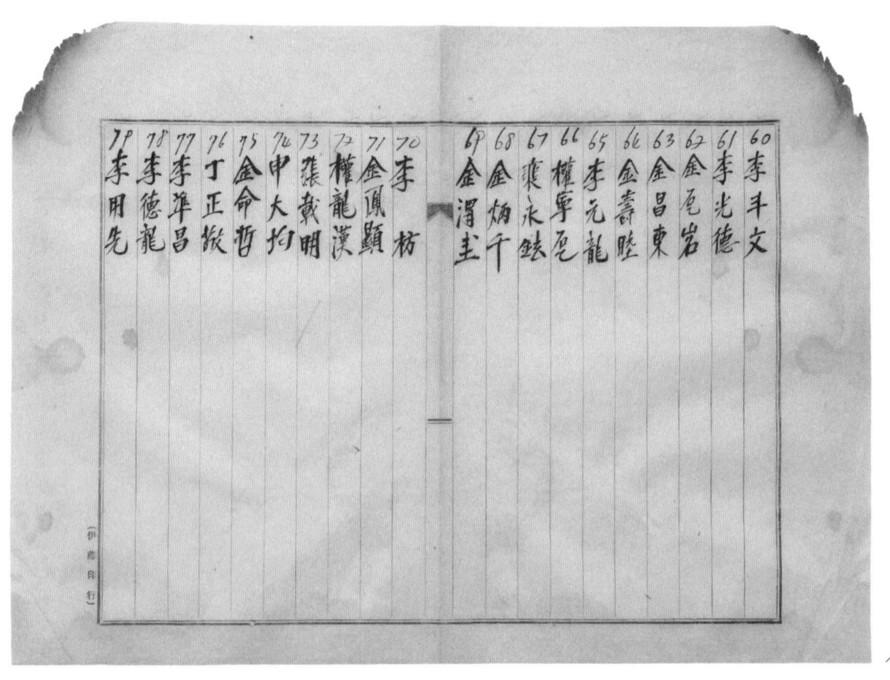

60 李斗文
61 李光德
62 金範岩
63 金昌東
64 金壽睦
65 李元龍
66 權寧範
67 裵永鉉
68 金炳千
69 金渭圭
70 李 枋
71 金鳳顯
72 權龍漢
73 張載明
74 申大均
75 金命哲
76 丁正撤
77 李準昌
78 李德龍
79 李用先

⑤

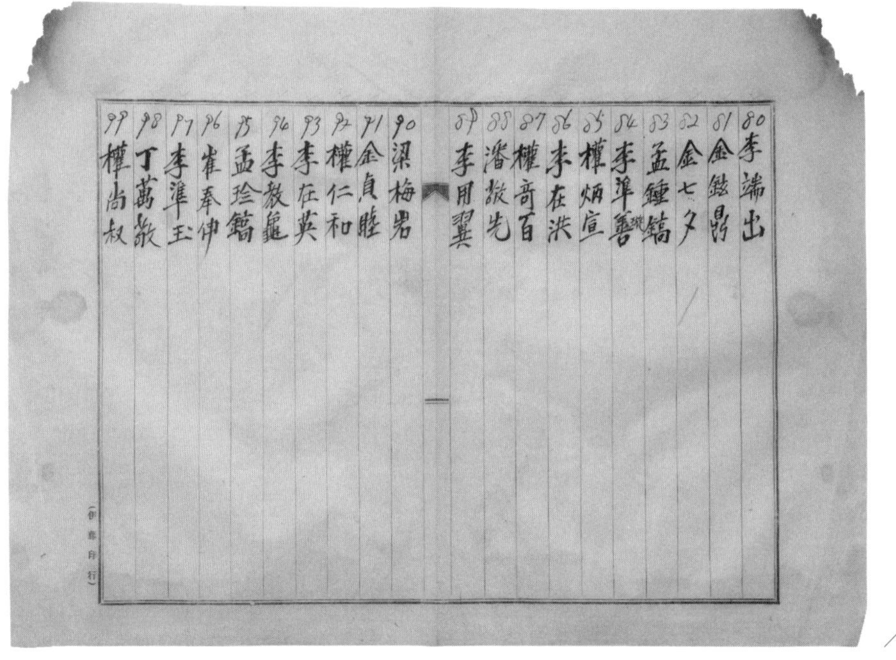

80 李端出
81 金鉉昌
82 金七夕
83 孟鍾鎬
84 李準善
85 權炳宣
86 李在洪
87 權奇百
88 潘敬先
89 李用翼
90 梁梅君
91 金貞睦
92 權仁和
93 李在英
94 李敎龜
95 孟珍鎬
96 崔奉仲
97 李準玉
98 丁萬敬
99 權尙叔

⑥

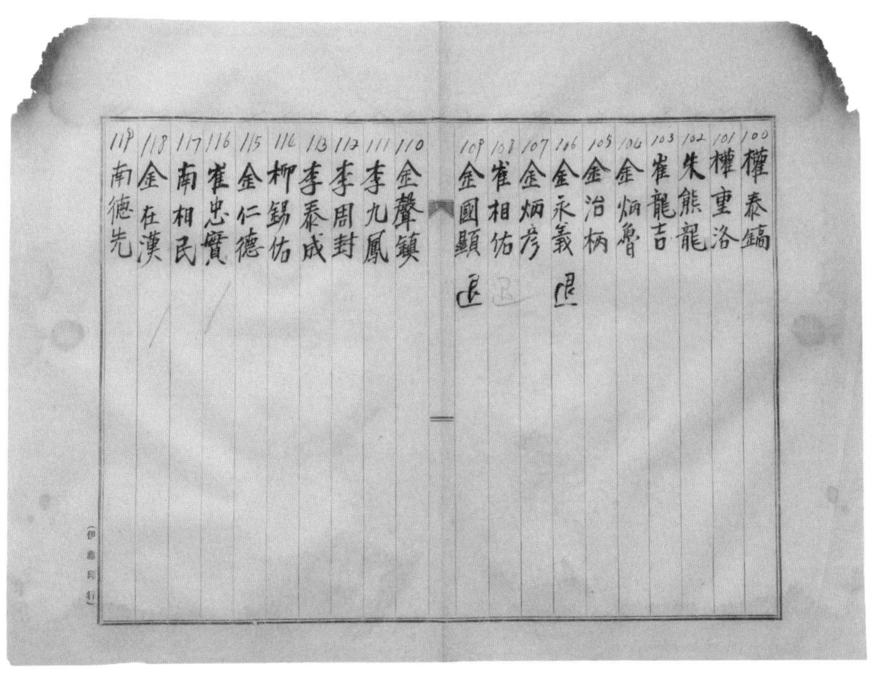

번호	성명	비고
100	權泰鎬	
101	權重洛	
102	朱熊龍	
103	崔龍吉	
104	金炳魯	
105	金治柄	
106	金永義	退
107	金炳彦	
108	崔相佑	退
109	金國顯	退
110	金聲鎭	
111	李九鳳	
112	李周封	
113	李泰成	
114	柳錫佑	
115	金仁德	
116	崔忠實	
117	南相民	
118	金在漢	
119	南德先	

❼

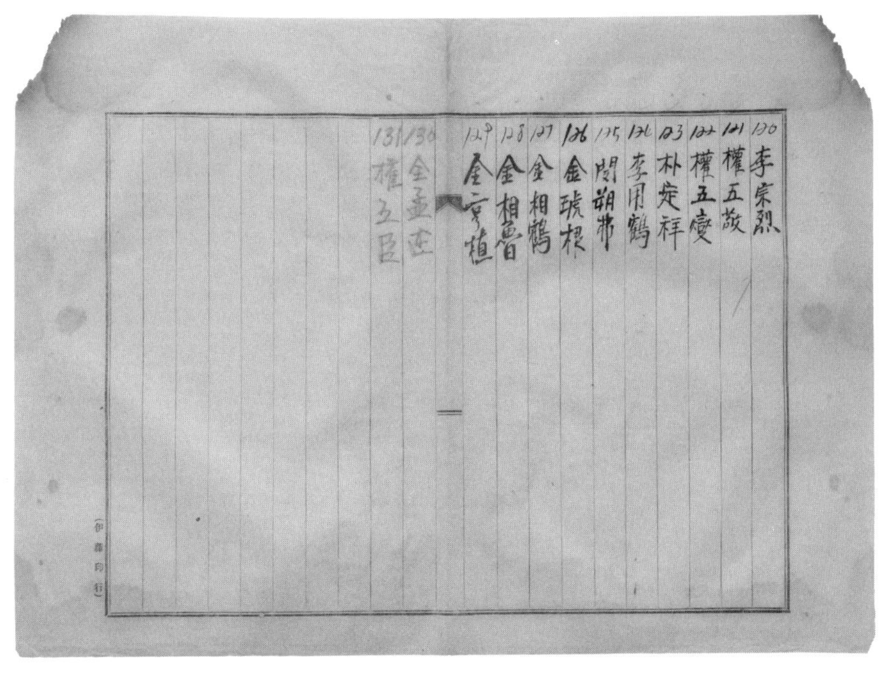

120	李宗烈
121	權五敍
122	權五燮
123	朴定祥
124	李用鶴
125	閔胡帯
126	金琥根
127	金相鶴
128	金相魯
129	金亨植
130	金孟堅
131	權五邑

❽

女子部

⑨

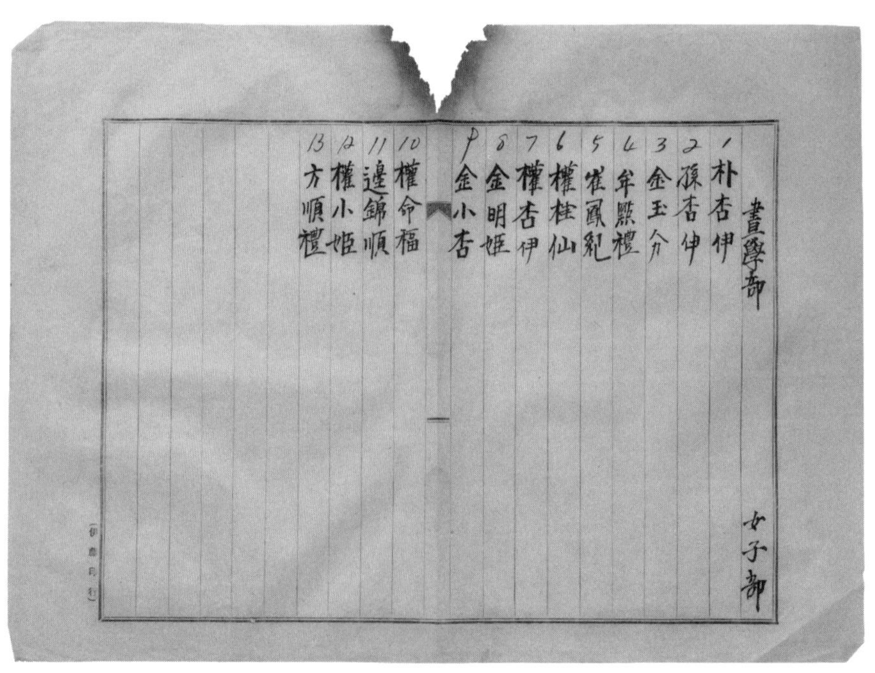
畫學部
1 朴杏伊
2 孫杏伊
3 金玉分
4 牟點禮
5 崔鳳紀
6 權桂仙
7 權杏伊
8 金明姫
9 金小杏
10 權命福
11 邊錦順
12 權小姫
13 方順禮

女子部

⑩

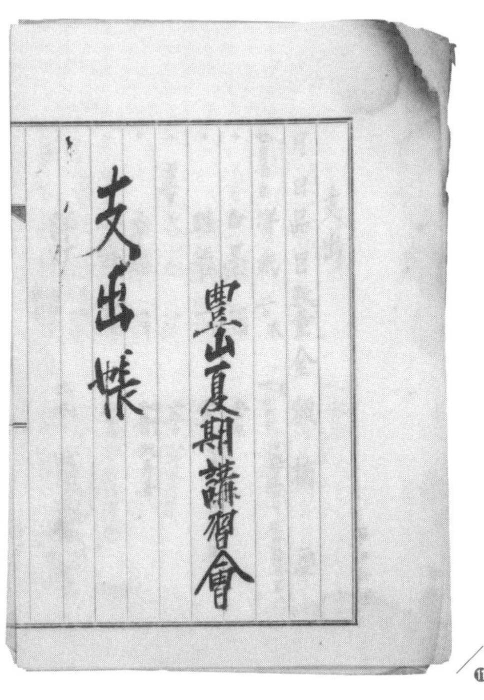

豐山夏期講習會

支出帳

⑪

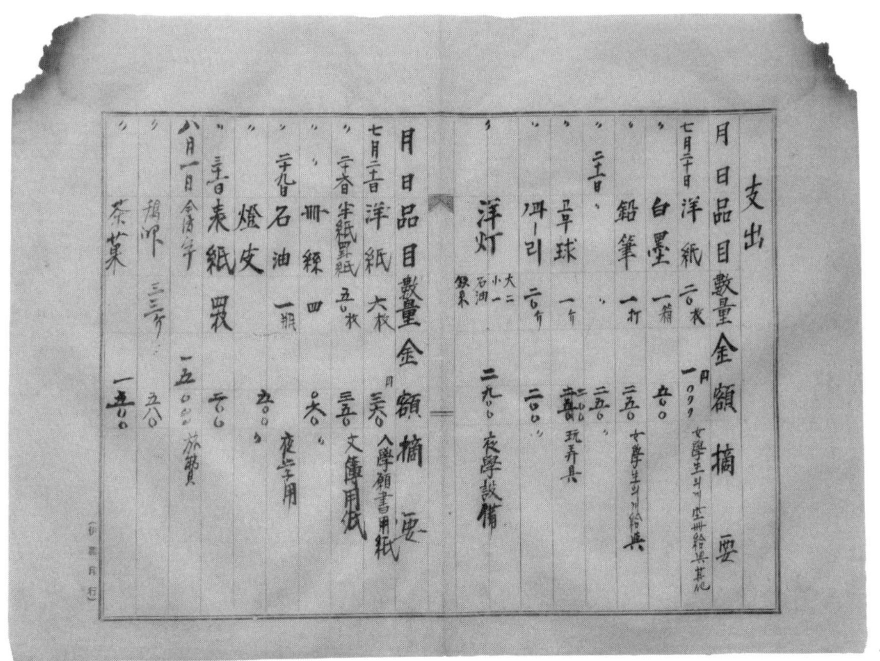

支出

月日	品目	數量	金額	摘要
七月二十日	洋紙	二〇枚	一円〇七七	女學生의게 空冊給與其他
〃	白墨	一箱	五〇	
〃	鉛筆	一打	二五〇	女學生의게 給與
〃二十日	〃	〃	二五〇 〃	
〃	고무球	一个	二〇〇	玩弄具
〃	따─리	二〇个	二〇〇 〃	
〃	洋灯	大二 小一 石油 鉄木	二九〇	夜學設備

月日	品目	數量	金額	摘要
七月二十三日	洋紙	六枚	三六	入學願書用紙
〃二十四日	半紙罫紙	五〇枚	三五〇	文傳用紙
〃	冊	四	八〇 〃	
〃二十九日	石油	一瓶	五〇 〃	夜學用
〃	燈皮			
〃三十日	表紙	四枚	二〇	
八月一日	金濟宇		一五〇〇	旅費
〃	鶏卵	三十个	五〇	
〃	茶菓		一五〇	

⑫

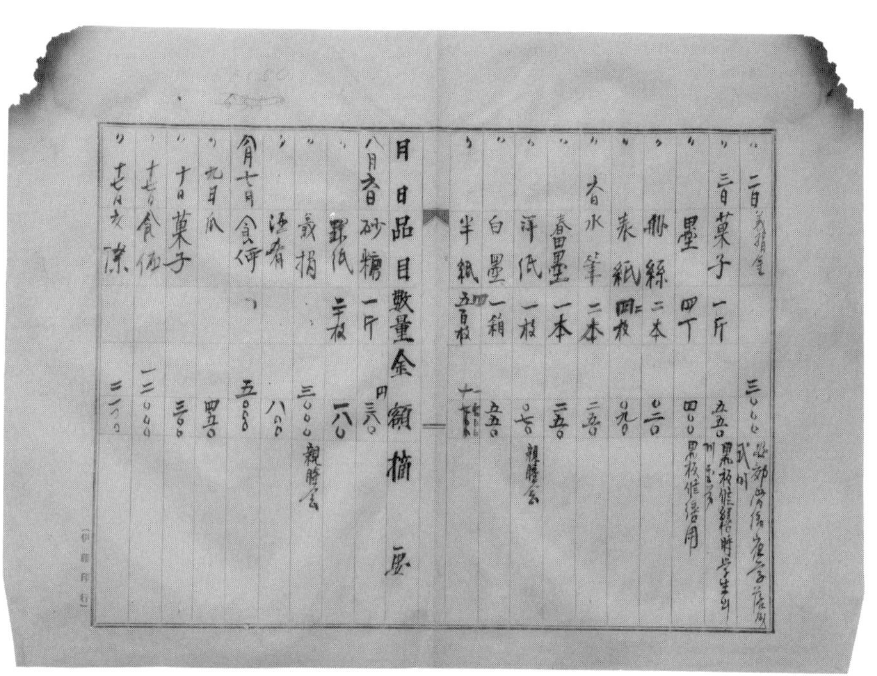

月日	品目	數量	金額 円	摘要
二日	[illegible]補金		三〇〇〇	[illegible]
〃 三日	菓子	一斤	五五〇	黑板[illegible]
〃	墨	四丁	四〇〇	黑板[illegible]用
〃	[illegible]絲	二本	一二〇	
〃	表紙	四枚	九〇	
〃	水筆	二本	二五〇	
〃	畵墨	一本	二五〇	
〃	洋紙	一枚	〇七〇	親睦会
〃	白墨	一箱	五五〇	
〃	半紙	五百枚	[illegible]	
八月十日	砂糖	一斤	三五〇	
〃	罫紙	二十枚	一八〇	
〃	義捐		三〇〇〇	親睦会
〃	酒肴		八〇〇	
九月七日	食餅	〃	五〇〇〇	
〃 九日	瓜		四五〇	
〃 十日	菓子		三〇〇	
〃 十七日	食価		一二〇〇〇	
〃 十七日	友[illegible]		二一〇〇	

⑬

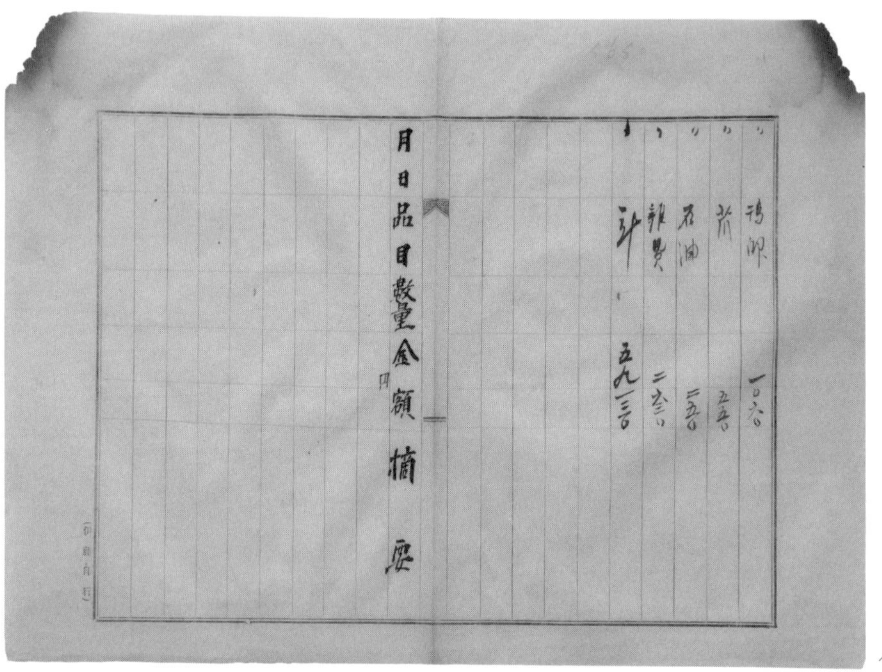

月日	品目	數量	金額 円	摘要
〃	鷄卵		一〇六	
〃	[illegible]		五五〇	
〃	石油		二五〇	
〃	雜費		二[illegible]	
	計		五九[illegible]	

⑭

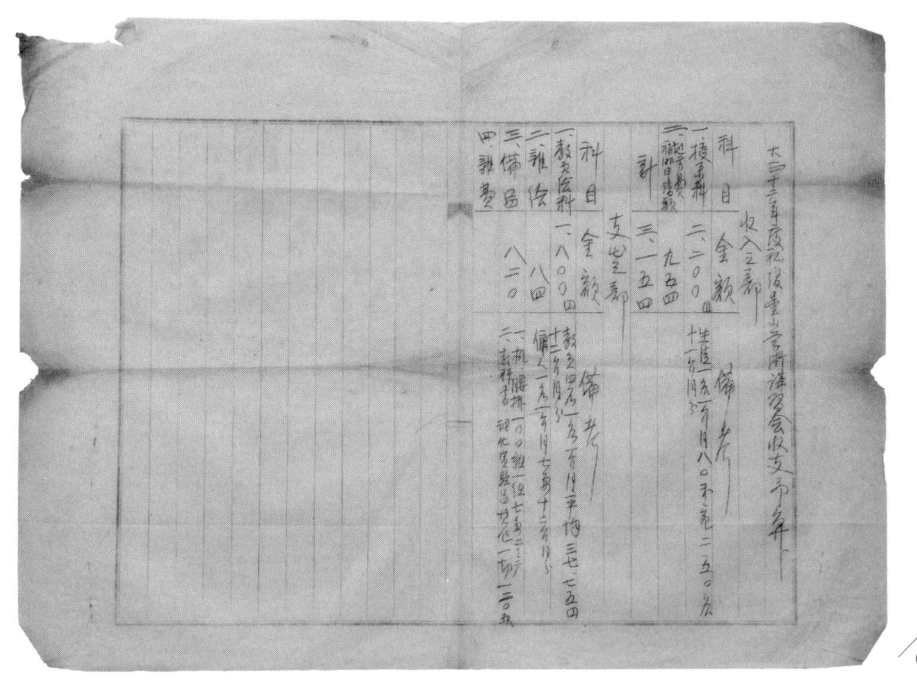

大正十三年度[illegible]学術講習会収支予算

收入之部

科目	金額	備考
一、授業料	二、二〇〇円	生徒一名一ヶ月八〇銭[illegible]二五〇名 十一ヶ月分
二、[illegible]	九五四	
計	三、一五四	

支出之部

科目	金額	備考
一、教員給料	一、八〇〇円	教員四名一名一ヶ月平均三七、五〇 十二ヶ月分
二、雑給	八四	傭人一名一ヶ月七円 十二ヶ月分
三、備品	八二〇	一、机[illegible] 二、教科書[illegible]
四、雑費		

1920년대 전반기

元興學術講習會 봉투

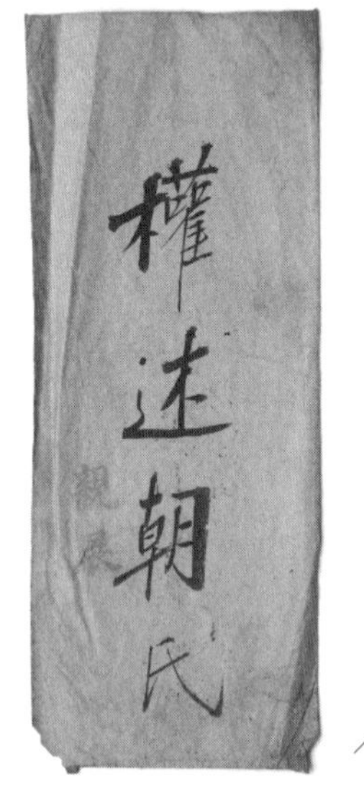

❶

❷

1920년대 전반기

豊山靑年會 연설문 초고

우리는 서로 갈리어 딴판을 벌리지 말지어다. 서로 얼근거리어 남 보듯 하지 말지어다. 서로 멀그머니 보아 눈쌀 찌푸리지 말지어다. 갈리면, 얼근거리면, 멀그머니 보면, 업더진다. 잡바진다. 고만이다. 오직, 우리는, 서로 손목을 꽉 잡고 한 곳으로 한 길로 같이 나아갈지며, 서로 마음을 가치하여 한 뜻으로 한 일로 늘 힘쓸지며, 서로 언제던지 함끠하여, 모지고 굳세인 뭉테기를 이룰지어다. 이리하여야 일어난다. 살지로다, 오래도록.

풍산청년회

보시오. 다 크지 안이한 나무가 열매를 맺던가요. 덜 익은 열매가 맛이 조흐며, 씨를 퍼주던가요. 사람도 마치 한 가지올시다. 다 크지 안이한 아이로 갓을 쓰이나 엇지 어른 노릇을 할 수 잇스며, 아이가 아이를 나흐나 엇지 끗끗하고 슬기롭은 아이를 나흘 수 잇스리오. 줄어감

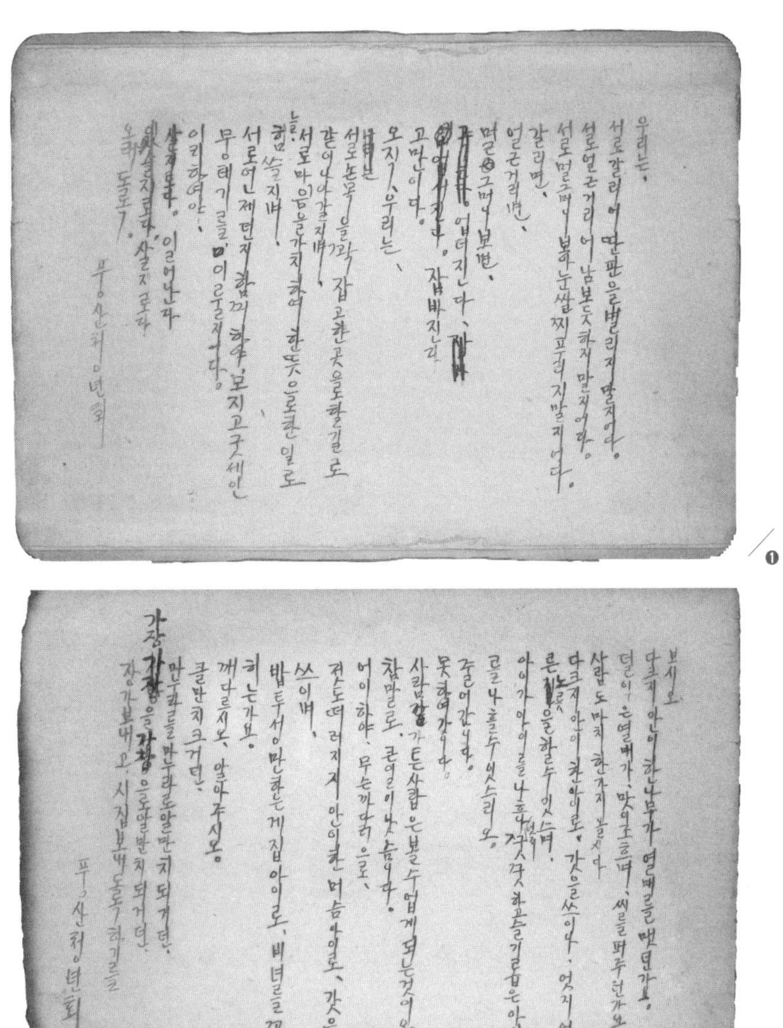

니다. 못하여감니다. 사람 가튼 사람은 볼 수 업게 되는 것이오. 참말로 큰일이 낫습니다. 어이하야 무슨 까닭으로, 젓도 떠러지지 안이한 머슴아이로 갓을 쓰이며, 밥투성만 하는 게집아이로 비녀를 꼽히는가요. 깨다르시오. 알아주시오. 클 만치 크거든, 마누라를 마누라로 알 만치 되거든, 가장을 가장으로 알 만치 되거든, 장가 보내고 시집 보내도록 하기를.

풍산청년회

1920년대 전반기 추정

勞働夜學書 修業料 九日分

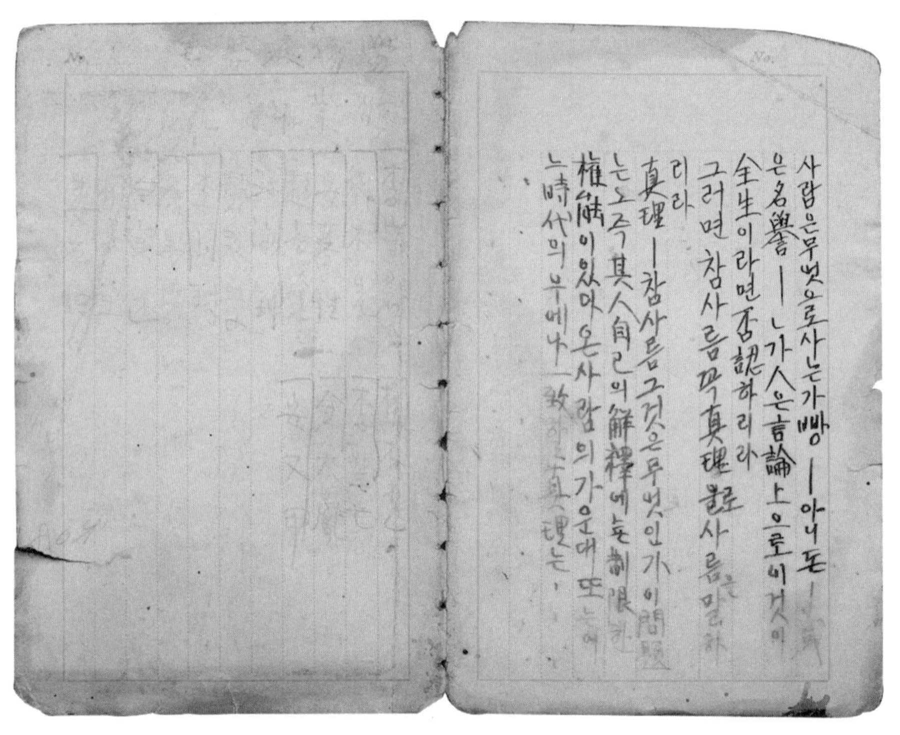

사람은 무엇으로 사는가 빵 – 아니 돈 – 或은 名譽 – ㄴ가 人은 言論上으로 이것이 全生이라면 否認하리라. 그러면 참사름 꼭 眞理로 사름을 말하리라. 眞理 – 참사름 그것은 무엇인가 이 問題는 오즉 其人 自己의 解釋에 無制限한 權能이 있다. 온 사람의 가운대 또는 어느 時代의 우에나 一致할 眞理는.

勞働夜學書

修業料 九日分

李守岩 劉木先 安基性 趙封先 孫海釗 鄭文學 李小封 康萬岩 白寅述 權壽工 姜石伊 權木乭 李聖七 金大鳳 安又甲

1927년 6월 18일자 소인

權五箕가 西大門刑務所에 있는 權五卨에게 보낸 현금 우송 봉투

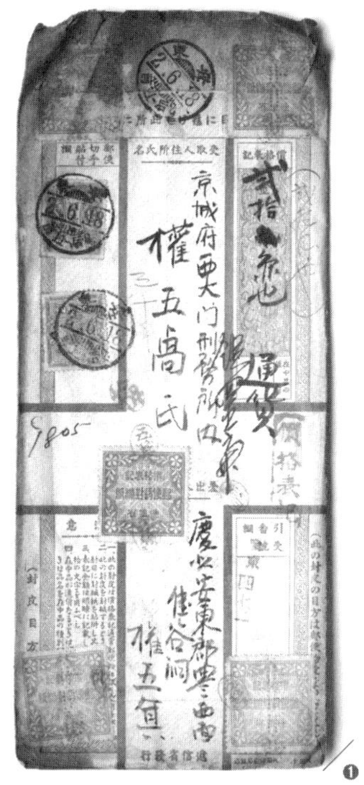

❶

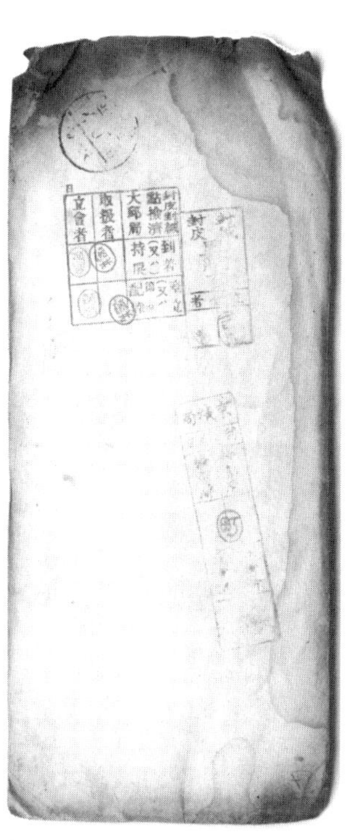

❷

1927년 12월 11일자 소인

전보문과 봉투

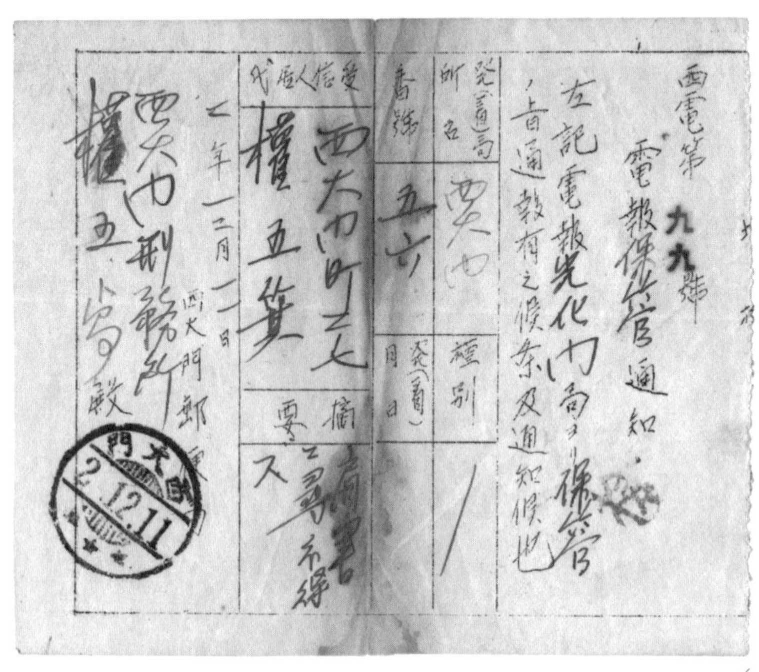

❶

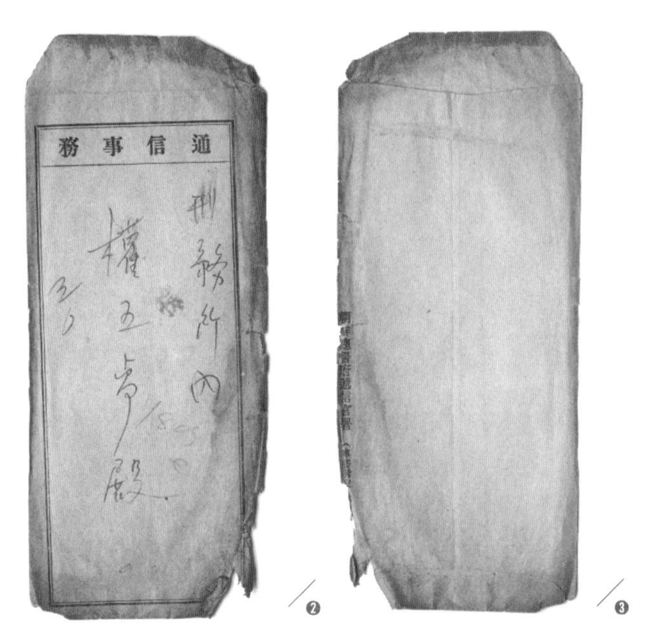

❷ ❸

회비기록장

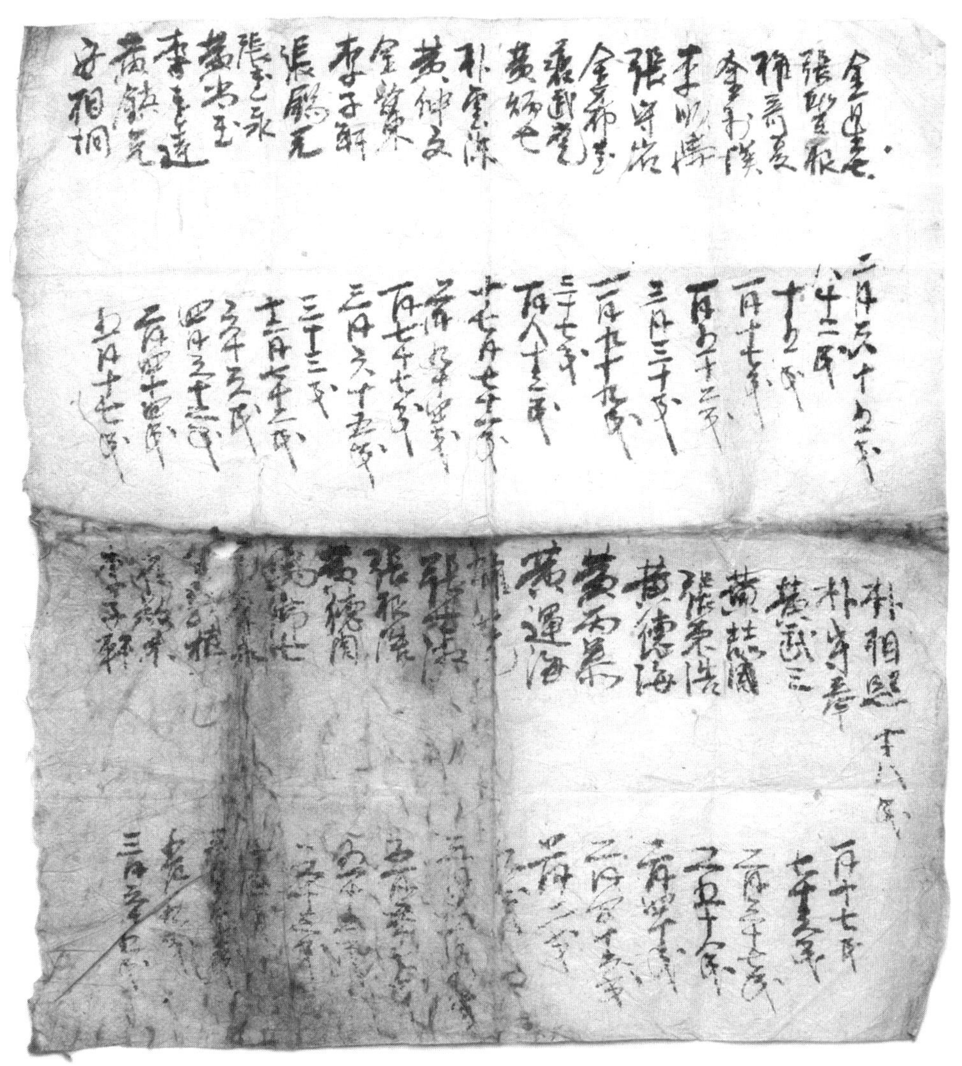

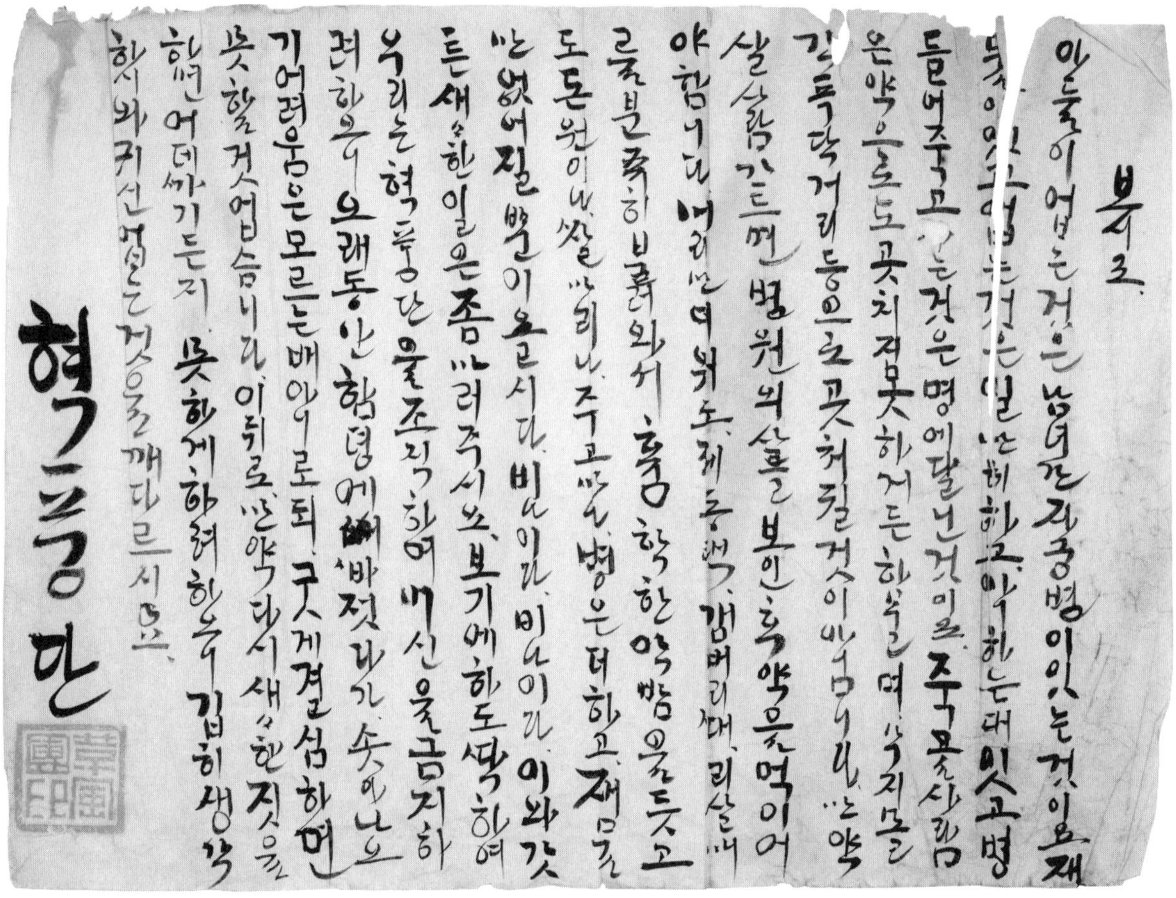

아들이 업는 것은 남녀 간 자궁병이 잇는 것이요. 재물이 잇고 업는 것은 일 만히 하고 안하는 대 잇고 병들어 죽고 사는 것은 명에 달닌 것이요. 죽을 사람은 약으로도 곳치지 못하거든 하물며 무지몰긴 독닥거리 등으로 곳처질 것이 아닙니다. 만약 살 사람 가트면 병원 의사를 보인 후 약을 먹이어야 합니다. 머리만 더워도 제동맥, 갬버리재, 리살매를 분쥬히 불러와서 흉학한 악담을 듯고도 돈원이나 쌀마리나 주고 말. 병은 더하고, 재물만 없어질 뿐이올시다. 빔니다. 비나이다. 이와 갓튼 새새한 일은 좀 마러주시오. 보기에 하도 싹하여 우리는 혁풍단을 조직하여 미신을 금지하려하오니 오래동안 함명에 싸젓다가 솟아나오기 어려움은 모르는 바 아니로되 굿게 결심하면 못할 것 업습니다. 이 뒤로 만약 다시 새새한 짓을 하면 어데 싸지든지 못하게 하려 하오니 깁히 생각하시와 귀신 업는 것을 깨다르시오.

혁풍단 보시오

* 이 글은 누구에 의해 작성되었는지 정확하게 알 수 없다. 혁풍단은 1927년 안동군 풍서면에서 조직된 단체다(동아일보 1927년 2월 2일자). 이 무렵 권오설은 서대문형무소에 있었다.

略歷

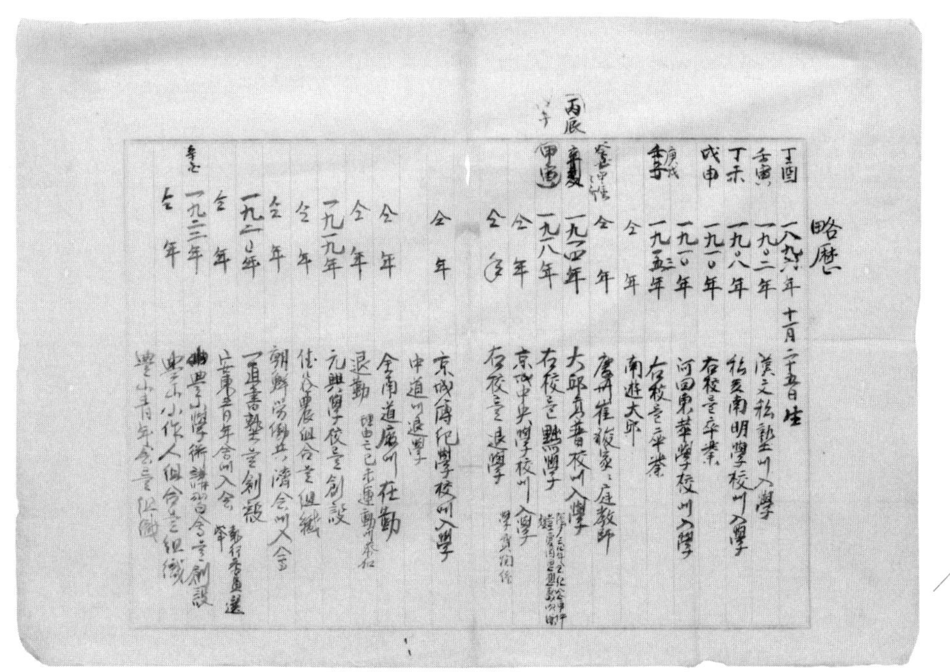

略歷
丁酉 一八九[illegible]年 十月二十五日 生
壬寅 一九〇二年 漢文私塾에 入學
丁未 一九〇八年 私立南明學校에 入學
戊申 一九一〇年 右校를 卒業
一九一〇年 河回東華學校에 入學
庚戌 壬子 一九一三年 右校를 卒業
仝 年 南遊大邱
仝 年 慶州崔稜家에 庭敎師
一九一四年 大邱高普校에 入學
仝 年 右校를 黜學
一九一八年 京城中央學校에 入學
仝 年 右校를 退學
仝 年 [illegible]學校에 入學
中道에 退學
仝 年 全南道廣州에 在勤
退勤
仝 年 元興學校를 創設
仝 年 [illegible]農組合을 組織
一九一九年 朝鮮勞働共濟會에 入會
仝 年 一直書塾을 創設
一九二〇年 安東靑年會에 入會
仝 年 豐山學術講習會를 創設
一九二三年 豐山小作人組合을 組織
仝 年 豐山靑年會를 組織

一九二三年 上京
仝 〃 火曜会에 入會
仝 〃 朝鮮勞農總同盟에 入盟
〃 〃 火曜会執行委員當選
〃 〃 勞總中央執行委員當選
〃 〃 印刷職工組合을 組織
〃 〃 印工罷業指導
〃 〃 洋靴職工罷業指導
〃 〃 고무職工罷業指導
〃 〃 洋靴職工罷業指導
〃 〃 勞總總務로 當選
〃 〃 新興青年同盟中央執行委員
當選
一九二三年 漢陽青年聯盟中央執行委員
一九二四年 員當選
一九二四年 [illegible]青年同盟中央委員候
補當選
仝 年 [illegible]社會運動者懇親會出
席
仝年四月十八日 朝共黨中央執行委員候
補當選
仝 年 在京社會運動者懇親會
發起
仝 年 全朝鮮民衆運動者大會

❷

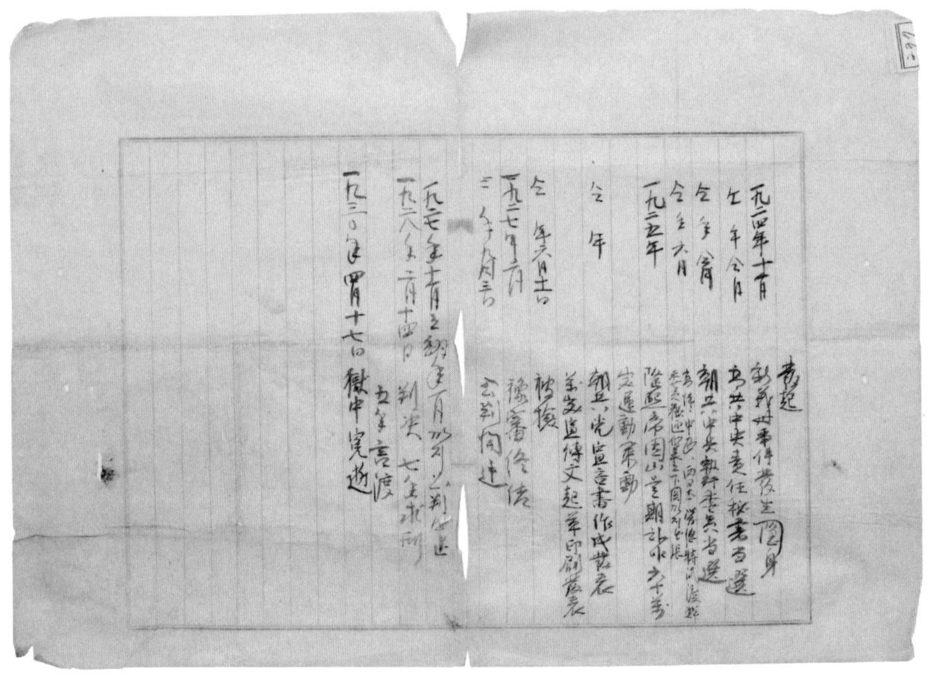

一九二四年十一月 新義州事件發生 隱身
仝 年 仝月 高共中央責任秘書當選
仝 年 十二月 朝共中央執行委員當選
仝 年 六月 [illegible]
一九二五年 [illegible]
仝 年 朝共黨宣言書作成發表
[illegible]文起草印刷發表
仝 年六月十二日 被檢
一九二七年六月 豫審終結
三 年 九月 公判開廷
一九二七年 十二月 [illegible]判決
一九二八年 二月 十四日 判決 七年求刑 五年言渡
一九三〇年 四月十七日 獄中逝去

❸

略歷

丁酉 一八九六年 十一月 二十五日 生

壬寅 一九 二年 漢文私塾에 入學

丁未 一九 八年 私立南明學校에 入學

戊申 一九一 年 右 校를 卒業

一九一 年 河回 東華學校에 入學

庚戌 一九一三年 右 校를 卒業

同 年 南遊 大邱

同 年 慶州 崔浚家 家庭敎師

甲寅 一九一四年 大邱高普校에 入學

戊午 一九一八年 右 校를 黜學, 陰歷忘年會記念事件으로 愛國思想鼓吹嫌疑

同 年 京城 中央學校에 入學

同 年 右 校를 退學 學費關係

同 年 京城簿記學校에 入學 中道에 退學

同 年 全南道廳에 在勤

同 年 退勤 理由는 己未運動에 參加

一九一九年 元興學校를 創設

同 年 佳谷農組合을 組織

同 年 朝鮮勞働共濟會에 入會

一九二0年 一直書塾을 創設

同 年 安東靑年會에 入會, 執行委員選擧

壬戌 一九二二年 豊山學術講習會을 創設

同 年 豊山小作人組合을 組織, 豊山靑年會를 組織

一九二三年 上京

同 火曜會에 入會

同 朝鮮勞農總同盟에 入盟

火曜會 執行委員 當選

勞總中央執行委員 當選

印刷職工組合을 組織

印工罷業 指導

洋末織工罷業 指導

고무織工罷業 指導

洋靴織工罷業 指導

勞總總務로 當選

新興青年同盟 中央執行委員 當選

一九二三年 漢陽青年聯盟 中央執行委員 當選

一九二四年 高共青 組織 中央委員 候補 當選

同　　年 慶北社會運動者 懇親會 出席

同　　年 四月 十八日 朝共黨 中央執行委員 候補 當選

同　　年 在京社會運動者 懇親會 發起

同　　年 全朝鮮民衆運動者大會 發起

一九二四年 十一月 新義州事件 發生 隱身

同　　年 同 月 高共中央責任秘書 當選

同　　年 同 月 朝共中央執行委員 當選

同　　年 六 月 高 · 中西 兩 日本勞總特派渡鮮委員 歡迎代表로 下關까지 出張

一九二五年 隆熙帝 因山을 期하야 六十萬歲運動 策動

同　　年 朝共黨宣言書 作成 發表, 萬歲宣傳文 起草 印刷 發表

同　　年 六月 十一日 被檢

一九二七年 二月 豫審終結

同　　年 九月 三日 公判開廷

一九二七年 十一로 翊年 一月까지 公判 遲延

一九二八年 二月 十四日 判決 七年 求刑 五年 言渡

一九三0年 四月 十七日 獄中 寃逝

1932년 3월 19일

권오설의 아버지가 죽은 아들에게 쓴 제문

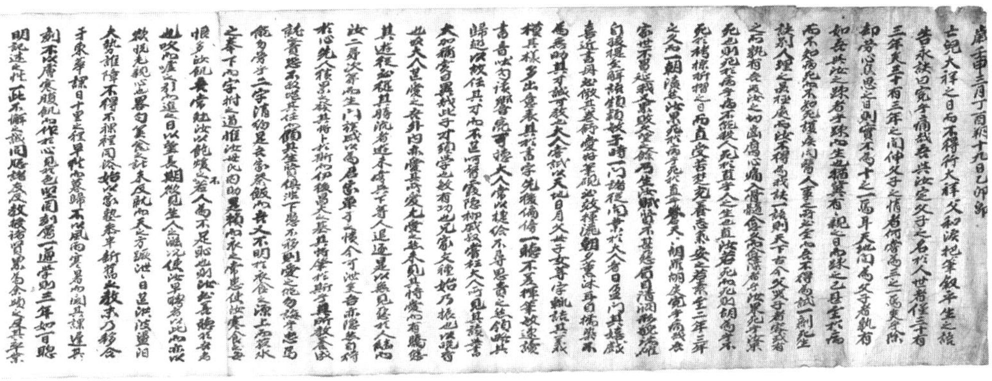

❶

❷

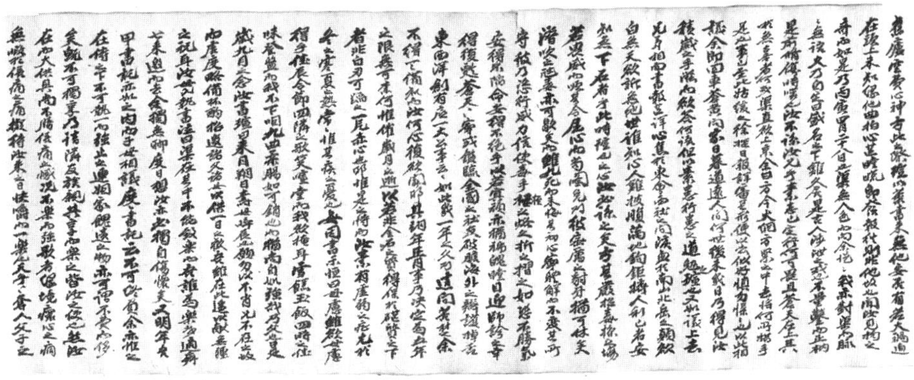

❸

❹

❺

임신년壬申年(1932) 3월 정유삭丁酉朔 19일 을묘乙卯는 곧 죽은 아이의 대상일大祥日이나 대상大祥의 제례祭禮를 행할 수 없어 아비는 눈물을 머금은 채 붓을 잡고 평생의 회포를 서술하여 영원히 하직하는 말을 고하여 이르노라.

아! 원통하고 슬프도다! 내가 너와 인간세상에서 부자父子라는 이름으로 정해진 것이 겨우 33년인데, 이 33년 사이에 부자의 정을 나눈 것이 어찌 일찍이 그 삼분의 일이라도 되었겠으며 노심초사한 기간을 제외하면 실로 십분의 일도 되지 않을 것이다. 천지간에 부자가 된 자로 누가 나와 너처럼 소원하게 산 자가 있겠는가? 소원疏遠하게 산 것은 그래도 친근할 날이 있을 것이란 소망이 있어서였는데 그 소원함이 너무 심하여 병이 들어도 병든 것을 알지 못하고 죽어도 그 죽음을 알지 못하였다. 병을 간호하고 의원에게 묻는 것은 사람으로서 반드시 할 일인데 나는 약 한 첩도 써볼 수 없었고 생사生死의 결별訣別은 인간의 도리에 있어서 가장 지극한 일임에도 너는 나에게 한마디의 말도 할 수가 없었으니 천하고금天下古今에 아비로서

혹 아들에게 곡哭하는 자가 있을지라도 내가 너에게 곡하는 것처럼 절치부심하면서 슬픔이 골수에 사무쳐 오래될수록 깊어지는 자가 있겠는가!

네가 과연 죽었느냐? 죽었다면 병으로 죽었느냐? 병은 함부로 사람을 죽이지 못할 것이니 충직忠直 때문에 죽었느냐? 사람의 삶은 올바름에 있는 것이니 네가 만약 죽을 자리에서 죽었다면 어찌하겠는가! 고문拷問으로 꺾이고 분질러짐을 당하던 날에도 죽지 않았고 고초苦楚를 직접 받으면서도 의지와 기개를 충실히 기르면서 평소와 다름없는 것같이 편안하게 2년, 3년 오랜 기간을 견뎌왔는데 하루아침에 갑자기 변을 당하였으니 네가 과연 병으로 죽었는가? 충직 때문에 죽었는가? 하늘이여! 하늘이여! 어찌 도리라고 하겠으며 어찌 허물이라고 하겠습니까! 원통하고 슬프도다!

우리 집안이 대대로 번창하지 못하였고 나 또한 여러 번 실패하고서 오랫동안 바라던 나머지 네가 태어났던 것이다. 타고난 바탕이 과히 나쁘지 않고 미목眉目이 맑고 깔끔하며 생김새가 단정하고, 어릴 적부터 말을 배울 때에도 자못 영민하였다. 그때 집안의 여러 사람들이 아버님께 수학受學하러 오는 이가 날마다 방에 가득 찼다. 어린 너는 장난치고 즐겁게 놀면서도 서책書冊을 가까이하기를 좋아하였고 반드시 책을 펴고 덮는 것을 흉내 내었으며, 붓과 벼루를 좋아하였고 글씨를 본받으면서 아침저녁으로 배우며 귀와 눈으로 익히는 데 도움이 없지 않았으니 그 재주가 진실로 가르칠 만하였다. 아버님께서 일찍이 천天 · 지地 · 일日 · 월月 · 부父 · 모母 · 자子 · 녀女 등의 글자로써 시험해보시니 문득 그 뜻을 캐묻고 그 자형字形을 모사模寫함에 있어서 많은 의외의 일을 드러내었다. 네가 글씨를 씀에 있어서는 획劃의 선후先後며 변과 방을 한 번 듣고서도 틀림이 없었고, 붓의 놀림이 민첩 · 신속하였으며 글을 읽음에 있어서는 음音과 토吐와 구두句讀를 띔이 또록또록하게 들렸다. 아버님께서는 네가 깊이 생각하지 않고 금방 쉽게 대답하는 것을 나무라셨지만 너는 그 취지를 대강 짐작하여 알았겠으므로 그 재주에 맡기시고 심한 꾸중이나 독려를 하지 않으셨다. 류하은柳霞隱 척숙戚叔께서 일찍이 아버님에게 다니러 오셨다가 너의 글 읽고 글씨 쓰는 것을 보고 크게 칭찬하여 말씀하시기를 "참으로 비범非凡하구나. 이 아이 재주가 있으니 반드시 학문을 해야 할 것이고 명민明敏하니 틀림없이 성공할 것이며 형의 집에 글이 뿌리내려 비로소 크게 떨칠 것이다."라고 하였다.

만득晩得으로 낳아 기른 탓으로 아버님께서는 매우 사랑하셨으며 우리 내외內外 또한 너에 대한 사랑은 어버이로서의 본연적本然的 사랑으로써 더욱 사랑하였다. 그러나 너는 그 사랑을 믿고 교만한 태도를 보이지 않았다. 남과 어울려 놀 때에는 반드시 너보다 나은 사람을 따라 놀았으며 일찍이 한 번도 너보다 못한 사람을 추종追從하지 않았으므로 사람들의 미움을 사는 일이 없었다. 이어서 너의 두 동생이 차례로 태어남에 문족門族들이 모두 "군의 집이 외로웠던 분을 이제야 씻는구나." 하였으며 나 또한 겉으로 드러내지는 않았지만 마음속으로 기대하면서 조상님들이 덕德과 인仁을 쌓으신 보람이 장차 여기에 발현發現되고 이후로 창성昌盛할 기반이 장차 이에서 시작될 것으로 믿었다. 나는 너를 가르치고 길러서 성취시킬 책임이 있음에 그 소임을 감당하지 못할까 두렵기도 하였지만, 돌이켜 생각하면 너의 바탕이 못나지 않았고 성장하면서도 어리석게 되지 않았으니 사랑스러웠다. 가르치지 않아도 능히 충직忠直하고 노력하지 않아도 능히 청렴하고 검약할 수 있는 것이 우리집의 예사로운 일이었다. 나는 또 살림살이에 밝지 못하여 위로는 가난한 가운데 부모를 봉양하는 일과 아래로는 자식을 양육養育하는 일에 오직 네 어미의 내조에 힘입었으니, 옷은 항상 너에게 추위를 근심하게 하였고 밥은 매양 배고픔의 한恨이 많게 하였다. 내가 항상 너에게 "배부르게 먹고 따스한 옷을 입는 것이 남들만 못한 것은 부끄러운 것이 아니다."라고 하면 너는 반드시 내가 말하는 뜻을 잘 알아들었다. 권장하고 인도하여 날마다 성장하기를 바라면서 세상사는 재미를 보고자 하였으며, 너로 하여금 일찍 장가들게 한 것 역시 늙으신 부모님의 마음을 기쁘게 하려는 것이었는데, 그 단조로운 생각이 독장수가 셈하는 꾀와 같아서 뜻을 이루지 못하였다. 그런데 세상이 바야흐로 뒤집혀서 그 어수선함이 날로 심해지고 큰 파란이 밀어닥치니 대세大勢를 누가 막겠느냐? 부득이 시속時俗에 따라 처신하고 공부하지 않을 수 없기에 가숙家塾을 시작하여 신구학문新舊學文을 반반씩 가르치다가 끝내는 동화학교東華學校로 옮겨 합병合倂하였다. 날마다 십리 길을 일찍 등교했다가 늦게 귀가하였지만, 비바람과 춥고 덥기 때문에 학업을 빠뜨리거나 지각하지 않았으며, 살을 에는 듯한 추위와 배고픔을 마음에 두거나 얼굴색에 드러내지 않고 굳게 마음에 새겨 한결같이 힘쓰면서 학칙學則을 준행遵行함이 3년 동안 하루같이 하였다. 총명하게 기술하는 성품과 시종 게으르지 않고 정성껏 힘쓰는 데 대하여 동창同窓·제우諸友·교수敎授·제위諸位가 여러 번 나에게 칭송하였다.

너는 졸업한 뒤에도 상급학교로 진학하려고 했으나 힘이 마음을 따르지 못하고 너의 요구를 들어주지 못하였다. 하루는 네가 나에게 대구로 유학하고 싶다고 했는데 내가 자력으로 학자금을 마련할 수 없음에도 차마 굳이 말리지 못하였다. 네가 떠난 지 수개월이 되는 동안에 계속 오가는 편지로 번번이 돌아오기를 재촉했지만 여관비가 쌓였으니 어찌하겠는가? 다행히 경주의 최준崔浚 형이 한 번 보고서 그 재주를 아깝게 여겨 부채를 상환하고 곧 불러다가 고등학교에 입학시키고 학비를 담당한다는 편지를 받고서는 다행으로 여기고 그 기쁨이 뛸 듯하여 마음속으로 어진 주인을 만났다고 치하致賀하였다. 그런데 그 약속이 얼마나 굳은 것이었던지 그 사이에 이간하는 자가 끼어들어 틈을 냄에 사람으로서 자발自發한 양심을 거스르고 사람이 나아갈 앞길을 빼앗아 중도에서 길을 바꾸게 하고 누대樓臺에 오르려는 사람의 사다리를 떼어버렸다. 부득이 물러나와 다까하시高橋 선생에게 말하니, 다까하시 선생은 개탄하면서 말하기를 "자네가 퇴학한다면 학교가 학교답게 되겠는가?" 하면서 몸소 주변에서 사람을 찾아 달성達成에 사는 서군徐君에게 부탁하여 학업을 마치게 하였다. 아! 다까하시 선생은 우리나라 사람이 아니고 또한 오래 알아둘 만한 사람도 아니며 다만 일시적인 교수敎授일 뿐인데 이런 일을 당하고 보니 그의 사람을 사랑하고 성공을 좋아하는 공리심功利心이 우리들 선비와는 특별히 다름을 알 수 있었다. 아! 내가 힘이 없어서 아비로서 자식을 교육하는 책임을 다하지 못하고, 너로 하여금 사회에 출발하는 초기부터 짠맛·신맛을 모두 맛보게 하였으니, 소경이 개천 나무라기로 어느 여가에 원망인들 하겠는가? 고난苦難을 겪지 않으면 격발激發하지 않는다는 것이 내가 너를 면려勉勵한 바며, 고난苦難이 복福의 근원이 된다고 한 것이 네가 나를 위로한 바였다. 조각배가 큰 나루에서 모두 빠지려는 대중을 건너게 하고 작은 힘으로 황하의 넘치는 탁류에서 구하려 하였다. 먼저 알고서 뒷사람을 깨우치게 하였으니 공상자空桑子가 아니고 그 누구며, 먼저 근심을 하고 나중에 즐거워함은 범희문范希文이 없으니 누구와 더불어 돌아갈 것인가?

전남全南 광양光陽에서 일년 있는 동안에 비록 오오쯔까大塚 선생을 만나서 알게 되었지만 뜻한 바가 아니었기에 마침내 그 길에서 되돌아오기를 결심하였다. 풍서豊西에 학교를 다시 열고 교원을 초빙하여 창설하고 인재를 모아 교육함에 한 지방의 명예를 크게 얻었으며, 이들을 계도하고 밝게 이해시켜서 오직 새로운 사람이 되게 하는데 마음을 다하였다. 약간의 월급도 사사로운 일에 쓰지 않았고 학비를 대지 못하는 자가 있으면 두루 도와주고 지필紙筆을 갖출 수 없는 자가 있으면 이들에게 나누어주었으니, 이럼으로써 도처의 학도들이 마음으로 복종하지 않는 이가 없었는데, 그것은 마땅히 거친 체험으로써 잘 미루어 헤아렸기 때문이다. 간혹 단점이 있다는 것은 재물과 이익이 지나치게 담박한 것이라 할 것이니, 이것은 지금 세상 사람으로서 생업生業으로 삼을 것이 아니다.

내 또한 일찍이 "살아가는 계책 때문에 너의 마음을 더럽히지 말라."고 하였고 너는 매양 말하기를 “제가 가난하기 때문에 이런 마음이 있는 것이며 만약 부유富裕하였다면 이런 마음이나마 지니고 있었겠습니까? 빈궁함을 탓하지 마소서. 지금 초췌하고 극심한 고통을 겪는 것이 어찌 다만 필부필부匹夫匹婦들이 제자리를 얻지 못한 것뿐이겠습니까? 비록 진초秦楚의 부富라도 저는 저의 의義에 따라 살 것이며, 무릇 지금 사람으로서야 그 어찌 좋아질 수 있겠습니까마는 조만간早晩間에 부모를 위할 날이 어찌 없겠습니까?”라고 하였다. 그때 다행히 손자를 보게 되어 집안의 경사慶事가 천금千金의 보배를 얻은 것보다 더하였는데, 하늘이 나에게 복을 주지 아니하여 갑자기 죽고 말았다.

너의 두 아우가 동경東京에 고학苦學하러 갔으니, 이것을 어찌 내가 차마 시켰을까마는 너는 좋아서 권하였는데 겨우 일 년 만에 예전에 없는 지진地震의 재난災難이 일어나고 무고無辜한 사람을 독살毒殺한다는 풍문風聞이 사방에서 들끓었다. 가고 싶어도 길이 막혔고 묻고자 하여도 우편이 끊기어 너도 또한 그 아우들이 꼭 죽은 줄로 추측하였고 나 또한 그들이 살아서 온전할 가망이 없다고 하였으니, 이때에 당황하고 어쩔 줄 몰라한 실상은 오직 내가 알고 네가 알 뿐으로 어찌 감히 무병자無病者를 향하여 그 슬픔을 말하겠는가? 만사일생萬死一生의 위난危難 중에서 다행히 살아서 돌아왔으니, 까닭 없이 사지死地에 몰아넣은 나이고 사지死地에 빠진 것을 살려낸 것은 하늘이다. 부자 형제가 같이 모여 경사慶事를 함께하였으니 우리 집의 하늘 역시 믿을 수 있는 것이 아니겠느냐? 이것은 모두 너희들이 불능不能한 바를 증익增益되게 한 것이다.

일찍이 말하기를 “천하의 허다한 일반적인 사물事物은 모두 천하의 허다한 일반적인 사실事實에서부터 비롯되며 모두 우리가 마땅히 해야 할 바니, 사물事物의 자아自我하는 것은 사실事實의 당위當爲인 것이다. 괴롭고 즐겁고 달고 쓴 것을 생각하지 않고 오직 마땅히 자신의 힘을 다하여 자신의 몸을 세울 뿐이다.”라고 하였으니, 어찌 가히 타인에게 의지하고 기댈 수 있겠는가? 매양 열국列國의 위인偉人들이 흥폐를 도모하고 명신名臣, 지사志士가 보국報國함에 있어서 공훈을 세우는 등의 역사를 개연慨然히 여기고 사랑하며 완상하고 흠모하였다. 저것은 어떻고 이것은 어떻다고 한다면, 이것은 기어서 우물에 들어가려는 어린애는 어린애의 잘못이 아님과 같으니, 진실로 차마 하지 못하는 사람의 마음이 있는 자가 가만히 앉아서 보기만 하고 그를 구제할 방도를 생각하지 않을 수 있겠는가? 이익을 즐기고 염치를 버린 채 도도히 혼란한 세상은 계속되는데 피가 끓어오르고 울음을 삼키면서 늠름하게 나라를 생각하며 의논하는 것이 어찌 능수陵手의 행인行人이라도 호구지책糊口之策만을 하고 있겠으며, 맥구麥邱의 노인인들 어찌 오로지 자신의 몸만을 도모하는 계획을 쓰겠는가?

이때 만아滿兒는 곧 오직五稷인데, 너를 따라 서울에서 노닐었는데 생소한 곳에서 적수공권赤手空拳이라 일이 뜻대로 되지 않음에 간다는 말도 없이 멀리 러시아로 떠났으며, 선아瑄兒는 곧 오기五夔인데, 외사촌 종우宗佑군을 따라 대구의 상점商店(무영백화점)에 머물고 있었다. 그리하여 오직 나 홀로 옛집을 지키면서 쓸데없이 심신을 허비하였는데, 바로 이즈음에 선아瑄兒가 엽서葉書를 보내왔는데 달리 안부도 없이 큰 화禍가 앞에 닥친 것 같다는 것이었으니, 그 연유緣由나 별다른 까닭을 알지 못했으나 가슴이 두근두근거리고 눈앞이 캄캄하였다. 즉시 전보를 치고 갔더니 다른 사고가 아니라 네가 구속되는 것을 보았다는 기별을 들었다는 것이었으며, 이는 곧 병인년丙寅年(1926년) 4월 28일이었다. 그는 안색顏色이 없이 나를 향해 근심스러워하였고, 나 또한 그를 대하여 우두커니 바라보며 말이 없다가 한참 만에 스스로 마음을 안정시키고 말하기를 "명성이 높이 드러나면 오래 살기 어렵다는 이 말은 고인古人의 세상 살아가는 계명戒銘이고, 둥근 구멍을 생각하지 않고 모난 자루를 맞추려고 한다는 이 말은 선현先賢들이 시대를 한탄한 경구警句다. 너는 너의 형을 알지 못하였느냐? 본디 품은 뜻이 이미 정해졌으니 행함에 두려울 것이 무엇이겠으며 또 푸른 하늘이 위에 있으니 죄 없는 사람에게 어떻게 하겠느냐?"라고 하였다. 그는 곧바로 상경上京하려고 하였지만, 나는 말하기를 "방금 불같이 경계망이 펼쳐져서 매우 긴박한 가운데 있으니 간들 어떻게 손써볼 수 있겠느냐. 일이 이미 이 지경에 이르렀으니 아직은 마음을 느긋이 하고 천천히 기다리면서 신문을 보고 그 형편을 자세히 살펴본 뒤에 가는 것이 좋을 듯하니 조심하고 너무 조급히 서둘지 말라"고 하였다. 이렇게 상의하고 나는 즉시 차를 돌려 허둥지둥 정신없이 집으로 향했는데 날은 저물고 길은 먼지라 이것이 인간의 어느 세상인가 싶었다. 그 뒤 며칠이 못 되어 너의 여러 해 만의 편지를 받았는데 답서答書를 하려고 해도 무슨 말을 쓰겠는가? 다만 평소에 환란患亂을 겪은 것으로써 현재의 환란患亂을 이겨내는 길에 힘쓰라고 할 뿐이었다. 선아瑄兒는 또 의논한 바와 같이 서울로 올라가서 형제가 상면한 것을 매우 상세히 알려왔는데 동회東會와 서사西社 사이에서 마음을 초조히 하고 남산南山과 북악北岳의 산마루에서 피눈물을 흘렸으며 아뢰려고 해도 알아줄 하늘이 없고 호소하려고 해도 들어줄 땅이 없으니 세상에서 누가 그 마음을 알겠는가? 사람은 그 뱃속을 헤쳐보기 어려우니 땅에는 사람을 낚아 함정에 빠뜨리고 제 이익을 취하려는 무리로 가득하니, 어찌 함정에 빠진 사람에게 돌을 굴러 내리는 자가 없다고 하겠는가? 이때의 선아瑄兒의 마음을 나는 헤아려 알 수 있었다. 바야흐로 그 엄한 문초問招와

혹독한 매질을 당하는 자리에서 만약 위세威勢를 두려워하여 명령에 복종하고 마음을 굽혀 구차하게 곤경을 면하려고 하였다면, 몰래 사나움을 감춘 승냥이의 어금니도 오히려 멈추었을 것이고 가만히 내뿜는 살모사의 독毒도 또한 쉬웠을 것이다. 그러나 비록 아홉 번 죽더라도 후회하지 않겠다는 그 초심初審은 차라리 몸이 해체解體되는 한이 있더라도 변하지 않고 굳게 지켰던 것이다. 그러기에 저들은 위력을 함부로 행사하고 독수毒手를 마구 써서 수족手足을 묶고 단근질을 하며 꺾고 비틀면서 이기지 못할까 두려워하는 듯하였으니, 어찌 기운이 빠지지 않을 수 있으며 목숨이 끊어지지 않을 수 있겠는가? 그처럼 사리에 어둡고 미련한 자들이라 할지라도 또한 오히려 넋이 달아나고 눈이 휘둥그레져서 의사를 불러 진찰하니 다행히 다시 소생할 수 있었다. 하늘이여 하늘은 혹시 굽어 살폈나이까? 전국의 사우社友는 간담이 찢어졌고 해외海外의 변호인辯護人도 혀를 내둘렀으며 동서양東西洋에서 처음 있는 가장 큰 공적사건公的事件이라 하였다. 이와 같이 하여 사건이 거의 일 년이나 오래 끌었으니 그동안의 고초를 내가 하나하나 다 알 수 없으며 너도 무슨 마음으로 들려주려고 하였겠느냐? 그 이듬해에 사건이 결정되었는데 5년 징역이었다. 어찌할 수가 없어 오직 세월이 가기만을 재촉하였다. 금석金石이 아닌 체질體質을 가지고 방칫돌 밑에 깔려서 몸을 보전함은 날카로운 칼날이라도 밟고 갈 수 있다는 일편단심一片丹心이 아니었겠느냐? 오직 이렇게 믿지마는 너는 본디 허약한 증상이 있으니 겨울 추위와 여름 더위가 더욱 심할 때에는 언제나 병이라도 날까 하여 근심스러웠는데 너는 편지할 때마다 항상 심려하지 말라고 하였다. 비록 염려하지 않으려 한다고 하여 그렇게 되겠느냐? 좋은 날이나 명절에 사방 이웃에서 노래와 웃음소리가 집집마다 떠들썩하게 들리면 나는 귀를 막아 가리고자 하였고, 백설白雪 같은 떡, 구슬알 같은 쌀밥이며 사철의 맛 좋은 음식이 반 위에 올라도 나는 목구멍으로 내려가지 않았으며, 구곡九曲의 연한 창자가 마치 녹을 듯하여도 오히려 강건強健한 척한 것이 네 아비였느니라.

이해 9월 20일 네가 선아瑄兒에게 편지하여 말하기를 "다음달 초하룻날은 어머님의 회갑생신回甲生辰이다. 불초不肖한 형이 집에 있지 않다고 하여 그냥 헛되게 넘기지 말고 간략하게나마 음식을 갖추어서 숙부叔父님들과 숙모叔母님들을 초청하여 하루를 즐겁게 해드리기 바란다. 내가 비록 여기에 있지만 멀리서나마 끝없는 장수長壽를 빌어 드리겠다" 하였는데 너의 어머니는 편지를 보고 울면서 말하기를 "네가 옥중獄中에 있으니 즐거울 수 없을 것이며 나 또한 누구와 즐거워하겠는가?" 하였다. 마침 순칠舜七(五高의 外叔 柳幾榮의 字)이 왔다가 돌아갔으며 나는 홀로 무료하게 그날을 보냈는데 너 또한 반드시 홀로 서러운 감회에 젖었을 것으로 생각하였다. 또 그 이듬해는 나의 갑일甲日이었는데 편지로 부탁함이 또한 전과 같기에 '안으로 모자母子가 상의相議하기를 번번이 편지로 부탁하는 것이니 끝내 저버릴 수 없다' 하였으며, 나 역시 생각건대 시하侍下에 있으면서(계모 정씨가 생존하여 있었음) 한결같은 고집으로 굳이 말릴 수 없었고 여러 인척들 집에서 보내온 음식물 또한 경비를 들여 새로 장만하지 않더라도 넉넉하다고 할 만하였다. 기왕에 혼자 먹을 수 없기에 이웃과 벗들과 족친族親들을 청하여 함께 먹으며 즐겼는데 모두 네가 시킨 것이었다. 그러나 네가 있어서 잔치를 크게 베풀었더라도 오히려 생일을 맞아 돌아가신 부모를 추모하는 슬픔을 이기지 못하였을 것인데, 하물며 즐겁지 않으면서 억지로 노래하는 것인지라 이 경우에는 아픈 마음의 쓰라림 때문에 부모를 추모하는 슬픔은 느껴볼 겨를도 없었다. 네가 출옥出獄하여 돌아오는 날을 기다려 잔치를 마련하고 즐거운 마음을 곱씹으면서 한 번 즐겨보려 하였는데 하늘이여! 하늘이여! 부자의 정을 앗아감이 어찌 이토록 극단에 이르게 하십니까? 원통하고 슬프도다.

빈부貧富의 문하門下에서 사귄 손들의 정이 달라서 손끝을 뒤집듯하고 풍우風雨가 변태變態하듯 하며, 남의 불행을 보고 좋아하는 사람은 전면前面에서는 칭찬하면서도 불난 집에 부채질을 하면서 화재火災를 구제救濟한다는 자들을 흔히 볼 수 있다. "잘난 아들이 있으니 그대는 무슨 근심이 있으며 아들이 공산주의운동共產主義運動(실제로는 항일독립운동)을 하고 있으니 그대는 살 길이 있는데 무엇을 남에게 구하고 무엇 때문에 가난함을 걱정하는가?" 하고 핀잔하였다. 내 비록 글을 알아듣는 귀는 없지마는 어찌 말을 듣는 귀야 없겠는가? 살갗을 갈라놓고 소금을 뿌리듯 어찌 이처럼 악독惡毒한 것이 있는가! 입을 다물고 달게 받아들이며 아픔을 참고 뼈에 새기면서 감히 남에게 말을 하지 못하였으나, 장차 부자父子가 서로 만나는 날에 그들을 향해 일장설파一場說破하고 일소一笑에 부치려고 다짐했는데 이제는 모두 글렀구나. 사람들이 나의 불행을 보고 좋아했던 것이 가히 적중敵中한 것이라 하겠으며, 심장과 머리에 쇠못을 박는 것보다 통한痛恨이 더욱 격렬하니, 지금 너에게 말하지 않고 다시 누구와 더불어 말하겠는가?

원통하도다! 기사년己巳年(1929년) 섣달그믐쯤 너의 편지에 "지금부터 190여 일 지나면 불초不肖는 마땅히 귀가歸家하여 뫼시겠습니다"라고 하지 않았던가! 나 또한 마음속으로 기뻤지만 오랫동안 구속된 생활을 한 나머지 조급한 생각으로 빚어지는 해害가 있을까 두려워서 답장으로써 "백리百里를 가는 자는 구십리九十里를 반半으로 삼는 것이니 마음을 급하게 먹지 말고 날짜가 한정되어 있으니 저절로 감해져서 줄어질 것이므로 원컨대 평소와 같이 마음을 편하게 가져라"고 했던 것이다. 나 또한 암산暗算하여 보니 당초에 햇수를 계산했을 때는 족히 2,800여 일이나 되어 오히려 망망茫茫하였는데 이제 일수日數를 헤아려보니 날이 가고 달이 줄어들어 얼마 남지 아니하였다. 또 봄이 장차 돌아오면 천지天地에 화기和氣가 펼쳐질 것이고 오는 여름의 혹서를 평온하게 지나면 두렵게 생각할 날은 따라서 면할 수 있을 것이며 닥쳐오는 한 겨울은 다시 걱정할 것이 없었다. 하루 이틀 손꼽아 기다렸는데 또 뜻밖의 일이 생겼다. 정월 28일 만아滿兒가 러시아에서 학업을 마치고 돌아와서 구속되었다는 것을 신문에서 처음 보고 이 사실을 알게 된 것이며, 그다음에 그가 보낸 편지를 보아도 과연 그러하였다. 남은 혼이 다시 놀람에 어찌 심정을 진정하겠는가? 선아瑄兒는 이때까지 대구에 머물고 있었는데 이 소문을 듣고 곧바로 상경上京하여 상면相面한 후에 곧 편지로써 이르기를 "형님의 형모形貌가 환골탈태換骨奪胎하듯 전일前日과 크게 다급합니다. 형님은 비록 병이라 하지마는 대단한 것이 아니며 여기서도 치료할 길이 있으니 놀라거나 두려워하지 말고 또 부모님께 걱정을 끼치지 말아달라고 하십니다. 그러나 병이 가볍지는 않은 것 같으니 조금 걱정스럽습니다"라고 하였다. 듣고 보니 비록 놀랍고 염려스러웠지만 측은할 뿐 손을 쓸 수가 없었다. 평소의 병을 묵혀버려 두어서 허虛한 틈을 타고서 갑자기 발병發病한 것일까? 이미 이르기를 병을 치료할 마땅한 곳이 있다고 하였는데 그들에게 어찌하여 짐독鴆毒으로 사람을 죽인 양숙자羊叔子가 있었을까? 하늘을 바라보고 마음으로 빌었으며 날마다 병이 나았다는 기별을 바랐는데 3월 23일 문득 전보가 날아들었으니 흉음凶音을 알리는 것이었다. 하늘인가 땅인가! 귀신인가 사람인가! 시대時代의 탓인가 운명의 탓인가! 꿈인가 생시生時인가! 땅을 치고 하늘에 부르짖어도 망망茫茫하고 참담하기만 하였다. 여비旅費에 구애되어 즉시 출발하지 못하고 그 이튿날 일찍 출발하였는데 종군宗君 문현文顯이 수행하였으며 그의 부축을 받으며 서쪽으로 향하여 걸어가니 마치 술에 취한 것 같았고 미친 것과도 같았다. 살아서 서로 만나지 못하였는데 죽은 뒤에 누구를 만나려고 허둥지둥 이렇게 가고 있는 것일까!

기차에 이르렀는데 차중車中에서 너와 마음으로 통하는 벗을 뜻밖에 만나 손을 잡고 피눈물을 흘리며 술과 음식으로써 나를 위로하고 일마다 앞을 인도하여 나로 하여금 창황하여 어찌할 바를 모르고 허둥거리는 중에도 넘어지고 자빠지지 않게 한 것은 모두 이 사람의 덕택이었다. 밤에 남대문南大門 앞에 다다르니 밤은 이미 깊었다. 여관에 투숙하고 이튿날 아침에 일찍 당지當地에 갔더니 소위 형무소 문 밖이었으며 경위를 물으니 일은 이미 치상治喪하여 나갔으나 어디로 갔는지 알 수가 없다는 것이었다. 형무소의 문을 바라보자니 당장 머리를 박아

부수어 피눈물을 쏟으면서 흔쾌히 한 번 죽어지고 싶었으나 또한 산 사람도 그 안에 있는지라 굳이 참고 머리를 돌려 무서운 발길을 옮겼지만 어느 곳에 누구를 따라갈 것인가? 길을 끼고 좌우에는 모두 사식점私食店이었는데 한 노파에게 물었더니 그 노파는 근심스러운 표정으로 말하기를 "그 사람이라……그 사람 참으로 장합니다. 그 사람은 어제 동생이라는 사람이 들것에 담아서 나갔습니다. 하늘을 향해 울부짖으며 발을 동동 구르는 형상이랑, 땅에 엎드려 애통해하는 모습을 이 거리에서 본 사람은 전을 거두고 눈물을 뿌리지 않은 사람이 없었습니다. 정확히는 알 수 없지만 그가 간 곳이 필시 신간회新幹會일 것입니다"라고 하였다. 비로소 선아瑄兒가 먼저와 시신을 수렴收斂한 것을 알게 되었으니 망연자실茫然自失하고 어찌할 바를 모르던 중에서도 오히려 조금은 마음이 놓이는 듯하였다. 즉시 신간회新幹會로 갔더니 선아瑄兒는 이미 사우社友들과 더불어 대렴을 마쳤으며 시신을 갈무리할 널과 반장返葬할 계획까지 이미 정해놓았다. 관棺을 어루만지면서 한 차례 통곡을 하고 선아瑄兒의 말을 들으니 "이미 17일에 급하다는 전보를 받고 즉시 달려와서 18일 형님이 계시는 속으로 달려갔더니 이미 숨이 끊어지려 하고 정신을 잃은 것 같았습니다. 그리하여 '형님! 형님!' 하고 부르면서 저를 아시겠습니까? 하였더니 이에 눈을 뜨시고 말하기를 '내 아우가 왔느냐? 내가 내 동생을 어찌 모르겠느냐?' 하였습니다. 곧 두 손으로 목을 껴안고 볼을 비비면서 형님은 저를 껴안고 저는 형님을 껴안았습니다. 무슨 말을 하려고 해도 말에 앞서 이가 갈렸으며 이를 갈고 다시 말을 하려고 해도 문득 울분이 격해져서 말을 끝내 할 수가 없고 분격한 주먹으로 땅을 치며 이를 갈기를 그치지 않았습니다. 형님께서는 '아우야 오늘 밤은 나와 같이 자자' 고 하였으니 이는 곧 형제간이 생사生死의 즈음에서 결별訣別한 처지인데, 승냥이의 마음이요 이리의 성질이지 저들이 어찌 사람이라고 할지 함께 외박外泊하기를 청했으나 허락하지 않았으며 그곳에서 함께 자고저 하였으나 그것마저 허락하지 않았습니다. 눈물을 감추고 나와서 자고 아침에 들어가니 형님은 이미 운명殞命하였으니 이에 말하기를 '살아서 내 보내지 않음은 법法이라 하더라도 죽어도 또한 내 보냄을 허락하지 않겠느냐? 산에 묻게 할 것인가? 형무소에 빈소를 마련하게 할 것인가?' 하였더니 저들은 말하기를 '산은 갑자기 허락할 수가 없고 형무소는 더욱 불가하다.' 바야흐로 분을 머금고 있던 나머지 치솟는 격분과 분통한 마음을 이기지 못하고 이에 실성失聲하여 울부짖고 흥분하여 꾸짖으며 말하기를 '너희들은 개나 돼지만도 못하다. 산도 안 되고 형무소도 안 된다면 시신屍身을 등에 지고 종로鐘路거리를 돌아다닐 것이다' 하였습니다. 저들도 또한 사람인지라 둘러서서 듣고는 눈물을 흘리는 자도 있었습니다. 이에 말하기를 '그러면 장차 어디로 갈 것인가?' 하였는데 신간회新幹會로 가겠다고 하였더니 그들은 말하기를 '빈소殯所를 마련할 만한 빈방이 있느냐?' 하기에 있다고 하니 '그러면 가라' 고 하여 비로소 여기에 이르게 되었습니다" 하고 전후좌우의 일을 말하는 것이었다.

신간회의 여러 친우들이 면면이 와서 조문을 하며 너를 위하여 눈물을 흘리는 사람도 있었고 세상을 위하여 피눈물을 쏟는 사람도 있었으며 나를 위하여 눈물을 거두는 사람도 있었다. 말하기를 "저희들 또한 모두 일찍이 수형생활受刑生活을 겪은 것이 3, 4년 혹은 6, 7년이며 구차스럽게 죽음을 면하고 다행히 살았으나 모두 이 형에 대한 죄인입니다. 이제 이 형은 죽을 곳에서 죽었습니다. 원컨대 부자의 사사로운 정으로 너무 슬퍼하지 마십시오" 하면서 나에게 깊은 사례를 하고 빈소에도 후의厚誼를 베풀었으며 도로道路에 버리지 않은 것이 다행스러웠다.

나는 하룻밤을 묵고 먼저 떠났으며 선아瑄兒와 종군宗君은 너를 싣고 뒤에 출발하였다. 그날은 저물어서 집에 도착했는데 곧 23일이었다. 원통하고 슬프도다! 네가 말한 바의 앞으로의 기간 190일은 이제 앞으로 남은 날짜가 100일도 되지 않는데 이 무슨 행색行色인가! 살아서 10년 동안 네가 돌아오기를 바란 것은 어찌 그토록 더디었으며 죽어서 하루 만에 상여에 실려감은 어찌 그토록 빠르단 말인가! 10년 동안 고대苦待하며 바라던 마음으로써 이 하루 만에 실려오는 빠른 상여차를 맞이하니 앞이 캄캄하고 아득하였다. 하나의 나무토막처럼 넘어진 시체니 네가 참아 할 짓이며 내가 바란 일이겠는가!

하늘이여! 하늘이여! 이 어찌 차마 할 짓입니까? 칠순七旬의 조모祖母께서 부여잡고 불러봐도 응답이 없고 갑절로 사랑하는 자애慈愛로운 어미가 절규絶叫하며 불러도 들음이 없으며 우러러 바라보는 너의 아내가 자절自絕하려 하여도 돌아보지 않는가? 네가 무척이나 사랑했던 자는 질녀姪女 임任인데 그가 비록 얼굴은 알지 못하지만 언제나 백부伯父가 돌아오실 기일을 물었으며 백부伯父는 어디로 돌아가시느냐고 목이 메도록 울부짖어도 너는 어찌 가여워하지 않았던가? 숙부叔父들과 숙모叔母들, 온 문중門中이 함께 슬퍼하여도 알지 못하니 이 어찌 네가 날짜를 손꼽으며 돌아와서 모시겠다던 마음이며 무심함이 어이 이 같단 말인가! 이튿날 새벽이 밝을 무렵 수의가 대략 갖추어져서 장차 반함飯含과 대렴大斂을 고쳐 하려고 관棺 뚜껑을 열어보니 단정한 모습은 변함이 없이 잠자는 듯하였으며 금니도 번쩍번쩍하였다. 고문拷問한 흔적은 푸릇푸릇한 검은 점을 이루었으니 이 모두가 독毒을 쏜 자국이었다. 내 비록 목석木石이라 할지라도 무슨 마음으로 차마 네 몸에 손을 대고 싶었겠느냐마는 나는 내 손으로 너의 입에 반함飯含을 하고 너의 시신을 염하였다. 다음에 입관入棺하려고 목수에게 관棺

을 만들게 하는데 이를 엄금嚴禁하니 저들은 어찌하여 쇠사슬을 펴고 그물을 치듯 속속들이 경계警戒하였으며 죽어도 오히려 뉘우치지 않을 것처럼 사방에 가시를 무너뜨려 놓고 손님의 출입을 금지하고 예禮에 따라 장사葬事를 치르게 하지 못하게 하였을까? 관은 서울에서 서푼 송판으로 만들었고 외관外棺은 함석으로 납땜을 하여 시취屍臭가 풍기지 않게 하였는데 처음의 그 관을 쓰게 하였으며 공동묘지共同墓地에 장사하되 봉분을 짓지 말고 평장平葬으로 하게 하였으며 외래조객外來弔客을 일체 엄금하였다. 내가 강직한 사람이 못될 뿐 아니라 그로 인하여 부랴부랴 관을 묻어둔 채 1년, 2년이 지나도록 아직도 부자父子의 정에 따른 일을 펴지 못하였다. 하늘이여! 하늘이여! 이 어찌 사람이라 하겠습니까? 원통하고 슬프도다! 너의 밝은 혼령은 나를 따라왔느냐? 마루에 있느냐? 뜰에 있느냐? 오로지 형식形式만 티끌 세상에 부쳐두고 몸을 깨끗이 하여 어느 높은 곳으로 갔느냐? 마침 봄의 화창함을 만나 만물과 함께 변화變化하였느냐? 우뢰가 되고 천둥이 되어 원한과 노여움을 펼치려느냐? 온화한 바람이 되고 단비가 되어 못 물로써 광야廣野로 흘러내리려느냐? 배가 되고 노가 되어 많은 사람을 건너게 하려느냐? 진秦나라를 물리친 고사高士 노중달魯仲達을 만나고 대나무 위 높은 곳의 봉황이 되려느냐? 송나라 원수를 갚은 문천상文天祥의 충혼과 인사하고 땅에 뿌리박지 않은 꽃다운 난초를 그리려느냐? 희생적犧牲的이고 영생적永生的임이 곧 너의 마음이니 옥玉으로서 부서질지언정 온전한 질그릇이 되지 않으려 하였고, 차라리 난초로서 꺾일지언정 쑥으로서 무성하지 않으려 한 것이 곧 너의 뜻이었다. 그러기에 전날 밤 꿈에 나에게 웃음을 머금고 나에게 고하고 죽어서 땅속으로 들어갔으니 어찌 이런 것이 아니겠느냐? 때때로 신문지상에 너를 아는 벗들이나 여러 사람들의 애도라고 애석해하는 말을 보아 그것이 너를 송축頌祝하는 것임을 알 수 있다. 그런 사람도 없지 않으니 입에 재갈을 물리고 혀를 묶는다고 하여 누가 감히 말하지 않겠느냐? 하물며 네가 보국구민報國救民에 급급汲汲했던 피나는 정성을 여러 문자文字로 등재謄載된 것을 찾아 모으면 수레에 실을 만큼 그 수를 헤아릴 수 없을 것이니, 그것은 후일에 역사의 자료가 될 것이며 하늘의 뜻도 여기에 있을 것이다. 동서양東西洋에 사회社會가 없다면 그만이지만, 만약에 있다면 그것은 능히 대서특필大書特筆로써 선구자先驅者 누구라 할 것이며 그리하여 너는 영원히 살아서 사라지지 않을 것이므로 나는 장차 눈을 높은 곳에 달아두고 그것을 기다릴 것이다.

원통하고 슬프도다! 남녀 사이에 부부夫婦의 낙樂은 사람으로서 크나큰 소원인데 아! 가엽게도 네 아내는 우리 문중門中에 들어온 시초始初부터 일찍이 하루라도 금슬琴瑟의 낙을 즐겨

보았을까? 만약 전에 잃어버린 아이를 잘 보육하였다면 이미 성장하였을 것이며, 그렇게 되었더라면 너 또한 의탁할 곳이 있을 것이고 네 아내 또한 따를 곳이 있을 것이며 나 또한 무슨 걱정이 있겠느냐? 또 형제가 무고함도 인간의 한 가지 낙인데 선아璿兒는 네가 죽은 이래로 분이 치솟아 정을 붙이지 못하여, 집에 있어도 일이 손에 잡히지 않고 밖에 나가서도 마음에 맞는 일이 적으며 행오行伍를 잃은 찬 하늘의 기러기처럼 슬피 울고 무거운 짐을 진 약한 말처럼 이겨내기 어려우니, 마음에 스치고 눈에 띄는 것마다 창자를 가르고 마음에 불을 일으키지 않는 것이 한 가지도 없다. 눈앞에 벌어진 일의 형세形勢가 마치 놀란 파도와 거센 물결 위에서 노를 가벼운 쪽배가 닿아서 쉴 언덕이 없는 것 같건만 백번을 생각해도 되는 다른 사람에게 있는 것이 아니다.

하늘이여! 하늘이여! 원통하고 슬프구나. 어느 사이에 일 년이 지나고 또 일 년이 되는구나. 장례 · 우제虞祭 · 부사祔祀 · 소대상小大祥과 담제禫祭의 예를 한가지도 예例에 따라 못하였고, 기왕에 예禮에 맞게 못하였으니 변칙적으로 줄인 범절이 또한 어찌 예절禮節답게 할 수 있었겠느냐? 참최의 복을 차마 기일이 지나도록 오래 몸에 걸치고 싶지 않아 부득이 벗기로 결심하였지만, 아직까지 한쪽에 두면서 너를 다시 양례襄禮를 잘 치르는 후일을 기다려서 우제며 부사 및 담제를 행하고 너에게 고하고서 복服을 벗으려고 한 것이다. 이것도 예에 없는 예인지라 반드시 큰 꾸짖음을 면할 수 없을 것인데, 너는 또 이렇게 하는 것을 어떻게 생각하겠느냐? 위고危苦를 행하고 번거로운 욕도 피하지 않는 것이 덕이라는 말이 없지 않으니 비애悲哀를 주로 삼은 것이다. 위로 집에 있으면서 학업에 종사한 고생은 그만두고라도 아래로 네가 구속되기 전 3, 4년에서부터 금일에 이르기까지 나는 너의 얼굴을 보지 못하였으며, 너도 나의 얼굴을 보지 못하고 끝내 서로 만나지 못한 채 이 지경에 이르렀으니, 네가 나에게 말하고자 하는 것이 어찌 끝이 있겠으며 나도 너에게 말하고자 하는 것이 가슴속에 가득하다. 네가 말하고 싶은 것은 다음 구천九泉에서 서로 만나는 날을 기다려다오. 나는 이제 마음이 날로 약해지고 기운도 날로 줄어드니 이 세상에 오래 살지 못할 것 같으며, 너와 더불어 서로 회포를 펼 날도 반드시 멀지 않았을 것이다. 내가 너에게 말하고자 하는 것도 마음이 아프고 붓이 더듬거려 간략히 만분의 일을 서술하면서 너에게 고하는 것이니, 이것이 곧 유명幽明의 사이에서 부자간父子間의 영결永訣의 말이로다. 너는 혹 이 말을 듣고 나의 마음을 알려는가? 원통하고 슬프도다! 상향(한국국학진흥원 한국유교문화박물관, 《정산자락에 드리운 절의》 제6회 기탁문중 특별전-안동권씨 가일문중, 2009에서).

찾아보기

ㄴ

ㄷ

ㄹ

ㅁ

ㅂ

ㅅ

ㅇ

ㅈ

ㅊ

ㅌ

ㅍ

ㅎ

안동독립운동기념관 자료총서 2

권오설 2 – 엽서와 편지

● 2010년 12월 27일 초판 1쇄 인쇄
● 2010년 1월 4일 초판 1쇄 발행
● 편집 · 발행: 안동독립운동기념관 학예연구실
우 760-833 경북 안동시 임하면 천전리 240
전화: 054) 823 - 1555
팩스: 054) 823 - 1550
homepage: www.815andong.or.kr
● 제작 · 판매: 도서출판 푸른역사
우 110-040 서울시 종로구 통의동 82
전화: 02)720 - 8921(편집부) 02)720 - 8920(영업부)
팩스: 02)720 - 9887
전자우편: 2007history@naver.com
등록: 1997년 2월 14일 제13-483호

ISBN 978-89-94079-19-6 93900
ISBN 978-89-94079-20-2 (전 2권)